陈 瑞 华 作 品

Criminal
Evidence Law

刑事证据法
（第四版）

陈瑞华 / 著

图书在版编目(CIP)数据

刑事证据法/陈瑞华著. —4版. —北京:北京大学出版社,2021.9
ISBN 978-7-301-32389-2

Ⅰ. ①刑… Ⅱ. ①陈… Ⅲ. ①刑事诉讼—证据—法的理论—中国 Ⅳ. ①D925.213.1

中国版本图书馆 CIP 数据核字(2021)第 158164 号

书　　名	刑事证据法(第四版) XINGSHI ZHENGJUFA(DI-SI BAN)
著作责任者	陈瑞华　著
责任编辑	邓丽华
标准书号	ISBN 978-7-301-32389-2
出版发行	北京大学出版社
地　　址	北京市海淀区成府路 205 号　100871
网　　址	http://www.pup.cn
电子邮箱	编辑部 law@pup.cn　总编室 zpup@pup.cn
新浪微博	@北京大学出版社　@北大出版社法律图书
电　　话	邮购部 010-62752015　发行部 010-62750672　编辑部 010-62752027
印刷者	北京中科印刷有限公司
经销者	新华书店
	730 毫米×1020 毫米　16 开本　37 印张　606 千字 2012 年 6 月第 1 版　2014 年 3 月第 2 版 2018 年 8 月第 3 版 2021 年 9 月第 4 版　2025 年 6 月第 5 次印刷
定　　价	108.00 元

未经许可,不得以任何方式复制或抄袭本书之部分或全部内容。
版权所有,侵权必究
举报电话: 010-62752024　电子邮箱: fd@pup.cn
图书如有印装质量问题,请与出版部联系,电话: 010-62756370

作 者 简 介

陈瑞华,北京大学法学院教授,博士生导师。2004年获得中国法学会第四届"全国十大杰出青年法学家"称号,2010年获得教育部"长江学者奖励计划"特聘教授资格。主要学术兴趣是刑事诉讼法、证据法、司法制度和程序法理学。独立出版学术专著二十余部,代表作主要有:《刑事审判原理论》《刑事诉讼的前沿问题》《刑事诉讼法》《刑事证据法》《程序正义理论》《程序性制裁理论》《刑事诉讼的中国模式》《刑事证据法的理论问题》《论法学研究方法》《比较刑事诉讼法》《量刑程序中的理论问题》《刑事辩护的理念》《司法体制改革导论》《企业合规基本理论》等。

内 容 简 介

《刑事证据法》是一部以刑事证据问题为研究对象的法学教科书。本书以我国刑事诉讼法和相关司法解释所确立的证据规则为基本线索,全面阐述了刑事证据法中的基本概念、基本理论和基本证据制度。本书既可以作为法学本科生、研究生的证据法学教科书,也可以作为律师、法官、检察官、警察以及其他法律工作者学习和研究刑事证据问题的重要参考书。

本书分"导论""证明力与证据能力""证据的法定形式""司法证明"等四个部分。在"导论"部分,本书讨论了证据法的品格、体系和功能,总结了刑事证据法的主要渊源,提炼出了刑事证据法的六项基本原则,试图为读者认识和掌握刑事证据制度,提供一些基础性的知识和理论。

在"证明力与证据能力"部分,本书分析了证据的概念,从证据载体和证据事实这两个角度揭示了证据的基本特征,对证据的理论分类作出了全新的总结,并通过比较分析英美法和大陆法中的证据概念,提出了以证明力与证据能力为核心的中国证据概念体系。在此基础上,本书分析了我国证据法对证据证明力的限制规则,从适用对象和适用程序这两个角度讨论了非法证据排除规则,对实物证据的鉴真规则作出了简要的分析,并对一些特殊主体所提供的证据的证据能力问题,进行了理论上的解释。

在"证据的法定形式"部分,本书对证据法限制证据法定表现形式的立法传统进行了反思,依次对物证、书证、视听资料、电子数据、笔录证据、鉴定意见、证人证言、被告人供述和辩解等证据形式作出了系统的分析,揭示了这些证据形式的性质和发挥证明作用的原理,讨论了相关的证据规则。

最后,在"司法证明"部分,笔者分析了司法证明的概念和要素,讨论了证明对象、证明责任、证明标准和推定等问题,结合最新立法发展动向和相关指导性案例,在展开比较分析的基础上,全面概括了司法证明的基本概念和基本原理,对我国刑事法官的司法证明理念进行了提炼和总结,以引导读者了解法律条文背后的制约因素,掌握司法证明的基本逻辑。

作为一部法学教科书,《刑事证据法》属于证据法和刑事诉讼法这两个法学学科的交叉地带。在学习和研究刑事证据法过程中,将本书与笔者出版的《刑事诉讼法》教科书一并使用,将是读者非常明智的选择。

第 四 版 序

2012年6月,笔者推出了一部名为《刑事证据法学》的教科书。两年后,该书的第二版面世。自初版以来,作为一部证据法教科书,该书受到了读者异乎寻常的厚爱和青睐。不仅许多大学的法学院系将该书作为法科学生学习证据法的教科书,而且很多法官、检察官、律师、警察等从事法律实务的人士也把该书作为研习中国刑事证据法的重要参考书。该书所确立的体系结构以及所讨论的主要概念和理论问题,历经数年时间的检验,被证明是具有生命力的。作为一部刑事证据法教科书,该书经过不断更新,具有继续出版的价值。

2018年,笔者推出了该教科书的第三版,并将书名改为《刑事证据法》。根据2013年以来我国刑事证据立法的发展变化情况,《刑事证据法》第三版对一些新确立的规则和制度作出了理论解读。这个版本共分四个部分:"证据法导论""证明力与证据能力""证据的法定形式"和"司法证明"。其中,"证据法导论"和"司法证明"部分仍然分别保留原有的三章和五章;在"证明力与证据能力"部分,加强了对非法证据排除规则的讨论,对其"适用对象"和"适用程序"作出了较为充分的分析。同时,对"证据证明力的法律限制""实物证据的鉴真"这两章的内容进行了细化,将有关理论研究的成果吸收进该书的论述之中。为充分发挥刑事证据法教科书的功能,本书不再设置"特殊证据规则"这一章,但将该章的一些知识和理论置入相关章节中进行讨论。

但是,自2018年以来,我国刑事证据立法又有了新的进展。2018年《刑事诉讼法》的修正,尽管没有改变我国刑事证据制度的整体框架,却对证据规则作出了一些调整。对于这些立法调整,需要作出理论上的解读。例如,随着监察体制改革的完成,监察委员会调查收集的证据材料,如何作为刑事诉讼证据使用;随着认罪认罚从宽制度的确立,控辩双方达成的认罪认罚具结书的证据效力问题浮出水面,此类案件的证明标准也有待讨论……

最高人民法院2020年通过的《关于适用〈中华人民共和国刑事诉讼法〉的解释》,对刑事证据的审查判断问题确立了一些全新的证据规则。对于这些证据规则,有必要从理论上作出解释和分析。例如,该司法解释在吸收最高人民法院通过的"三项规程"的基础上,重新调整了法庭调查规则和非法证据排除规则;该司法解释为回应司法实践中亟待解决的证据运用问题,赋予六种特殊证据"可以在刑事诉讼中使用"的资格;该司法解释对于同步录音录像、侦查人员说明材料等确立了新的限制性规则……

为体现上述刑事证据法立法的变化,总结新的刑事证据理论,笔者推出了《刑事证据法》教科书的第四版。新的版本仍然分"导论""证明力与证据能力""证据的法定形式"与"司法证明"四个部分,共二十三章。对于该书第三版中与最新法律和司法解释不一致的地方,全都作出了调整,对于最新的刑事证据理论,尽可能进行了有针对性的分析和讨论。

为了使读者了解刑事证据法在司法实践中的适用情况,也为了帮助法科学生全面了解刑事法官的思维方式,笔者在本书每章后面都设置了"讨论案例",并列出了可供讨论的问题。这些案例要么来自《最高人民法院公报》《刑事审判参考》等权威出版物,要么属于近年来影响较大的刑事案例。笔者将这些案例的裁判文书或裁判理由附在正文之后,读者可以根据证据法理论来进行案例分析,也可以透过这些案例,发现刑事证据法在实施中存在的诸多问题。

"中国的问题,世界的眼光"。以开放的胸襟来研究中国的问题,这一直是笔者孜孜以求的学术理想。在修订《刑事证据法》教科书的过程中,笔者既追求对刑事证据法中的理论问题作出通透的解释和论述,也试图引领读者进入中国司法实践的现实层面,对其中的证据运用问题给予充分的分析和讨论。笔者期望,读者通过对本书的阅读和使用,既可以提高运用证据规则分析案例的能力,也可以增强证据法学研究的水平。

在修订本书过程中,北京大学出版社的邓丽华编辑,以专业的态度、敬业的精神和严谨的作风从事编辑工作,对本书的装帧版式进行了全新设计,使本书从内容到形式都呈现出焕然一新的面貌。在她的建议下,笔者将《刑事诉讼法》《比较刑事诉讼法》与《刑事证据法》置于同一系列之中,形成了刑事程序法教科书的"三部曲"。在此,对邓丽华女士的大力支持和有效工作表示衷心感谢。

陈瑞华

2021 年 3 月 1 日于北京大学中关园

第 一 版 序

经过近一年的笔耕不辍,《刑事证据法学》终于面世了。

这是我出版的第一部法学教科书。自进入法学研究领域以来,我一直都是按照专题研究的形式撰写论文,出版专著。迄今为止,我已经出版了十余部法学著作,发表的法学论文也已经超过百篇。但是,我一直没有集中时间和精力完成一部教科书。

我以为,一个学者出版本专业领域的教科书,应该是一件十分神圣的事情。一个初入法学之门的年轻学者,最应从事的是专题研究。那是一种活跃在法学前沿领域,通过"开疆拓土"来追求学术创新的活动。一般而言,法学博士论文就属于这种专题研究的产物,通常也代表着一个学者最初的学术贡献。一个经过若干年学术积累的学者,可能在不少课题上都发表了论著,有了自己独特的学术见解。但他(或她)也只是在几个问题上具有发言权而已,还远远谈不上对本领域的主要理论问题都有了"通透"的见解。而一个长期潜心从事学术研究的学者,唯有在一系列专题研究上取得了理论突破,能够超越对西方法学的肤浅崇拜,而又对各种专业问题都有了较为成熟的看法,才有资格从事法学教科书的写作。教科书不是一般意义上的法学著作,而应是一个法学研究者多年学术积累的结晶,也是一个学者理论成果的阶段性总结。

笔者的研究领域主要是刑事诉讼法学和刑事证据法学。长期以来,我国的《刑事诉讼法》一直处于持续不断的修改过程之中。自1979年我国出现第一部《刑事诉讼法》以来,历经1996年和2012年两次大规模的修订,这部法律已经出现了三个不同版本。《刑事诉讼法》的每次修订都涉及几十甚至上百个条文的增删和修正,不少制度的改动都非常大。令人心有余悸的是,每当法律发生重大的修订,"整箱整柜的法学书籍都不得不被废弃"。其中,各种法学教科书就是最容易受到立法变更冲击的书籍。就在2012年《刑事诉讼法》通过后不久,几乎所有版本的刑事诉讼法教科书都失去了效力,几乎所有出版过教科书的学者都不得不中断手头的学术研究,而投入到对自己教科书的修订之中。

教科书是法解释学研究的集大成者。如果没有一部较为成熟的法典,或者一部法典一直处于变动不居的状态,那么,我们在法学教科书中所付出的心血将是徒劳的。因为我们纵然对本学科主要法律理论问题都有了自己的见解,但这些理论都只是揭示了法律制度背后的规律。离开了对具体制度的分析,任何理论可能都是无本之木。君不见,有些学者煞费苦心地出版了纯理论教科书,追求一种带有"普适化"的解释方式,甚至被抽象成了"某某法学原理",但其生命力也受到了程度不同的消极影响。因为这类法学著作已经失去教科书的性质,也无法发挥法学教材的功能,而最多属于一种特殊类型的专著。

正是考虑到以上种种因素,笔者对于出版刑事诉讼法学教科书一直颇感踌躇。偶尔兴致来了,还能写上几页。但一旦要赶其他方面的稿子,就只能将教科书的只言片语散置于电脑中。与几家出版社签署的教科书出版合同,也被束之高阁。一些出版社的编辑朋友最初还一再提醒,试图催生出陈瑞华版的教科书。但后来实在经不起笔者的"久拖不决",最后大都放弃了出版计划。

但是,机会终于还是来了。几年前,我与北京大学出版社签订了撰写一部"学术教科书"的合同。我不仅担纲了《刑事诉讼法学》教科书的写作,而且还参与了这个教科书系列的策划工作。在笔者看来,我国法学教育一直处于"第一代教科书"的阴影之中,这一代教科书往往采取的是主编制,没有较为成熟的理论体系,往往流于对各部法律的简单注释。我国法学界经过几十年的学术积累,对中国法律问题也逐渐具有了独立的理论解释,特别是出现了不少以学术为业的法学研究者。因此,出版"第二代教科书"的时机已经到来了。出版社方面接受了这一设想,联系各个学科的学者组成了作者队伍。笔者有幸参与了这一出版计划。

最初,笔者打算写出一部篇幅为50万字左右的刑事诉讼法教科书。但是,2010年,最高人民法院、最高人民检察院会同其他三个部门颁布实施了"两个证据规定",初步确立了中国的刑事证据规则。"两个证据规定"的颁布实施,说明我国刑事证据法的制定已经走在《刑事诉讼法》修订的前面。而笔者也逐渐将研究的重心转移到刑事证据法领域,并相继发表了多篇证据法方面的论文。在此背景下,一个先行出版刑事证据法学教科书的想法在笔者心中油然而生。经过征询出版社方面的意见,也考虑到法学学术教科书的体例,几经讨论,最终确定了出版两本教科书的计划:一是《刑事证据法学》,二是《刑事诉讼法学》。考虑到前一部教科书无论在体例还是在内容上都较为成熟,因此笔者决定率先推出《刑事证据法学》。

《刑事证据法学》是一部有关刑事证据问题的学术教科书。这部教科书以2010年"两个证据规定"和2012年《刑事诉讼法》为主要研究对象,对我国刑事证据法中的主要制度进行了全面的理论解读。

这部教科书共分四个部分23章。其中,在"导论"部分,本书讨论了刑事证据法的体系和功能、刑事证据法的法律渊源和刑事证据法的基本原则,力图使读者对刑事证据法这一学科有一个概要性的认识。在"证据"部分,本书分别研究了证据的概念、证明力和证据能力、证据的理论分类、证据的法定形式、实物证据的鉴真、鉴定意见的审查、被告人口供、证人证言、侦查人员的证人地位等问题,从而解释了一些与证据有关的基本概念和基本理论,帮助读者理解各类证据规则背后的理论背景。在"司法证明"部分,本书重点研究了司法证明的概念和要素、证明对象、证明责任、证明标准、推定等五个问题,对中国司法证明机制作出了理论分析。最后,"证据规则"包含了六章内容,涉及刑事证据法所确立的一些特殊证据规则。在这一部分,本书讨论了中国的非法证据排除规则,分析了中国特有的瑕疵证据的补正规则,剖析了那种以规范证明力为中心的"新法定证据主义"理念,研究了贯穿刑事证据法始终的"证据相互印证规则",并对两个特殊领域——程序性裁判程序和量刑程序中的证据问题,作出了较为系统的理论解释。

本书的部分章节曾经在多家重要法学期刊发表过。本书的写作得益于诸多朋友的帮助。《中国法学》杂志社的李仕春副总编,中国社会科学院法学研究所的熊秋红教授,多年来一直对笔者的研究给予鼓励和支持。北京大学出版社的邹记东先生和白丽丽女士,对这部教科书的编辑贡献了智慧和辛劳。在此一并对他们表达诚挚的谢意。

陈瑞华
2012年4月谨记于北京大学中关园

凡　例

1. 1979年7月1日第五届全国人民代表大会第二次会议通过的《中华人民共和国刑事诉讼法》,简称为1979年《刑事诉讼法》。

2. 1996年3月17日第八届全国人民代表大会第四次会议修改后的《中华人民共和国刑事诉讼法》,简称为1996年《刑事诉讼法》。

3. 1998年9月2日最高人民法院发布的《关于执行〈中华人民共和国刑事诉讼法〉若干问题的解释》,简称为《最高法院1998年解释》。

4. 2005年2月28日第十届全国人民代表大会常务委员会第十四次会议通过的《关于司法鉴定管理问题的决定》,简称为《司法鉴定管理决定》。

5. 2010年6月13日最高人民法院、最高人民检察院、公安部、国家安全部、司法部发布的《关于办理死刑案件审查判断证据若干问题的规定》,简称为《办理死刑案件证据规定》。

6. 2010年6月13日最高人民法院、最高人民检察院、公安部、国家安全部、司法部发布的《关于办理刑事案件排除非法证据若干问题的规定》,简称为《非法证据排除规定》。

7. 《办理死刑案件证据规定》和《非法证据排除规定》,需要一并加以分析和评论的场合,将其并称为"两个证据规定"。

8. 2012年3月14日第十一届全国人民代表大会第五次会议修改后的《中华人民共和国刑事诉讼法》,简称为2012年《刑事诉讼法》。

9. 2012年12月20日最高人民法院公布的《关于适用〈中华人民共和国刑事诉讼法〉的解释》,简称为《最高法院2012年解释》。

10. 2012年12月26日最高人民法院、最高人民检察院、公安部、国家安全部、司法部、全国人大常委会法制工作委员会发布的《关于实施刑事诉讼法若干问题的规定》,简称为《2012年刑事诉讼法实施规定》。

11. 2016年9月9日由最高人民法院、最高人民检察院、公安部发布的《关于办理刑事案件收集提取和审查判断电子数据若干问题的规定》,简称为《电子数据规定》。

12. 2017年6月20日由最高人民法院、最高人民检察院、公安部、国家安全部、司法部发布的《关于办理刑事案件严格排除非法证据若干问题的规定》，简称为《严格排除非法证据规定》。

13. 2017年11月27日由最高人民法院发布的《人民法院办理刑事案件庭前会议规程(试行)》，简称为《庭前会议规程》。

14. 2017年11月27日由最高人民法院发布的《人民法院办理刑事案件排除非法证据规程(试行)》，简称为《排除非法证据规程》。

15. 2017年11月27日由最高人民法院发布的《人民法院办理刑事案件第一审普通程序法庭调查规程(试行)》，简称为《法庭调查规程》。

16. 2018年10月26日由第十三届全国人民代表大会常务委员会第六次会议修改后的《中华人民共和国刑事诉讼法》，简称为2018年《刑事诉讼法》。

17. 2020年11月5日最高人民法院、最高人民检察院、公安部、国家安全部、司法部发布的《关于规范量刑程序若干问题的意见》，简称为《量刑程序规范意见》。

18. 2020年12月7日由最高人民法院通过的《关于适用〈中华人民共和国刑事诉讼法〉的解释》，2021年3月1日起施行，简称为《最高法院2020年解释》。

目录

第一部分 导 论

第一章
刑事证据法概述

一、证据法学的法学品格 / 004
二、证据法与诉讼法 / 006
三、刑事证据法的体系 / 008
四、刑事证据法的功能 / 011
【讨论案例之一】 浙江省高级人民法院(2013)浙刑再字第 2 号刑事附带民事判决书(摘录) / 018

第二章
刑事证据法的渊源

一、刑事证据法的主要法律渊源 / 023
二、2018 年《刑事诉讼法》/ 025
三、《司法鉴定管理决定》/ 027
四、《非法证据排除规定》/ 028
五、《办理死刑案件证据规定》/ 029

六、《电子数据规定》/ 032
七、《严格排除非法证据规定》/ 033
八、《最高法院2020年解释》/ 035
九、刑事证据法的渊源与证据法的发展 / 037
【讨论案例之二】 最高人民法院（2003）刑提字第5号刑事再审判决书（摘录）/ 040

第三章
刑事证据法的基本原则

一、刑事证据法的基本原则概述 / 049
二、证据裁判原则 / 050
三、实质真实原则 / 054
四、无罪推定原则 / 058
五、证据合法原则 / 063
六、直接和言词原则 / 066
七、禁止强迫自证其罪原则 / 072
八、刑事证据法基本原则的体系 / 077
【讨论案例之三】 黄新故意杀人案 / 079

第二部分 证明力与证据能力

第四章
证据的概念

一、"事实说"的缺陷 / 086
二、"材料说"的确立 / 088
三、"证据载体"与"证据事实" / 089
四、证据的定义 / 094
【讨论案例之四】 李旭利利用未公开信息交易案 / 097

第五章
证据的理论分类

一、证据理论分类概述 / 103
二、实物证据与言词证据 / 104
三、原始证据与传来证据 / 107
四、直接证据与间接证据 / 109
五、不利于被告人的证据与有利于被告人的证据 / 113
六、实质证据与辅助证据 / 115
【讨论案例之五】 张建国贩卖毒品案 / 118

第六章
证明力与证据能力

一、证据转化为定案根据的条件 / 123
二、英美法中的可采性与相关性 / 124
三、大陆法中的证据能力与证明力 / 126
四、中国法中的证明力和证据能力 / 128
五、证明力 / 132
六、证据能力 / 142
【讨论案例之六】 李刚、李飞贩卖毒品案 / 148

第七章
证据证明力的法律限制

一、证明力评判的两种方式 / 153
二、我国刑事证据法对证明力的限制 / 156
三、对相关性和真实性的法律要求 / 158
四、对传来证据采信的限制性规则 / 159
五、相互印证规则 / 161
六、被告人供述的补强 / 164

七、利害关系人的证言 / 165
八、特殊言词证据的证明力 / 166
【讨论案例之七】 徐科故意杀人、强奸案 / 168

第八章
非法证据排除规则（Ⅰ）——适用对象

一、非法证据排除规则的性质 / 174
二、非法证据排除规则的诉讼功能 / 178
三、非法证据排除规则的简要比较 / 182
四、非法证据排除规则在我国法律中的确立 / 189
五、强制性排除规则 / 191
六、裁量性排除规则 / 195
七、瑕疵证据的补正规则 / 197
【讨论案例之八】 广东省高级人民法院(2014)粤高法刑一终字第351号刑事附带民事判决书(摘录) / 204

第九章
非法证据排除规则（Ⅱ）——适用程序

一、非法证据排除程序概述 / 216
二、非法证据排除程序的基本原则 / 218
三、相关的证据规则 / 221
四、司法证明机制 / 223
五、审判前的排除程序 / 226
六、非法证据排除程序的启动方式 / 228
七、初步审查 / 230
八、正式调查 / 231
九、二审法院的审查 / 232
【讨论案例之九】 李志周运输毒品案 / 235

第十章
实物证据的鉴真

一、概述 / 239
二、鉴真的性质 / 240
三、鉴真的诉讼功能 / 242
四、鉴真的方法 / 243
五、对无法鉴真的实物证据的排除规则 / 246
【讨论案例之十】 吴金义故意杀人案 / 249

第十一章
特殊证据的证据能力

一、概述 / 252
二、行政证据 / 252
三、监察证据 / 257
四、技侦证据 / 259
五、境外证据 / 261
【讨论案例之十一】 王志余、秦群英容留卖淫案 / 263

第三部分　证据的法定形式

第十二章
证据的法定形式概述

一、证据表现形式的法定化 / 270
二、对证据形式法定化的反思 / 272
【讨论案例之十二】 田龙泉、胡智慧销售假冒注册商标的商品案 / 274

第十三章
物证与书证

一、物证、书证的概念 / 279

二、物证、书证的特点 / 280

三、对传来证据的限制使用 / 281

四、物证、书证的鉴真 / 282

五、物证、书证的排除规则 / 285

【讨论案例之十三】 内蒙古高级人民法院刑事再审判决书(2014)内刑再终字第00005号(节录) / 288

第十四章
视听资料与电子数据

一、视听资料与电子数据的概念 / 292

二、视听资料、电子数据的证据属性 / 294

三、视听资料、电子数据的鉴真 / 295

四、视听资料、电子数据的排除规则 / 301

【讨论案例之十四】 北京市海淀区人民法院(2015)海刑初字第512号刑事判决书(节选) / 304

第十五章
笔录证据

一、笔录证据的概念 / 319

二、笔录证据的分类 / 320

三、笔录证据的作用 / 322

四、侦查过程的验证 / 323

五、笔录证据的排除规则 / 324

【讨论案例之十五】 深圳市中级人民法院(2013)深中法刑一初字第234号刑事判决书(摘录) / 327

第十六章
鉴定意见

一、多维视角下的鉴定意见 / 331

二、鉴定意见的性质 / 332

三、鉴定人出庭作证问题 / 335

四、专家辅助人的地位 / 336

五、鉴定检材的鉴真问题 / 339

六、鉴定意见的排除规则 / 342

七、专门性问题报告和事故调查报告 / 345

八、鉴定意见规则的制度空间 / 347

【讨论案例之十六】 福建省高级人民法院(2012)闽刑终字第10号刑事附带民事判决书(节录) / 350

第十七章
证人证言

一、证人证言的概念 / 364

二、证人的资格和条件 / 365

三、证言笔录的证据能力 / 367

四、证人出庭作证制度 / 369

五、交叉询问规则 / 373

六、证言排除规则 / 377

七、证言印证规则 / 380

八、侦查人员作证问题 / 382

【讨论案例之十七】 云南省高级人民法院(1998)云高刑初字第1号刑事判决书(节录) / 391

第十八章
被告人供述和辩解

一、被告人供述和辩解的概念 / 394

二、被告人供述和辩解的特点 / 396

三、被告人供述的自愿性 / 398

四、非法供述排除规则 / 400

五、口供印证规则 / 405

六、口供补强规则 / 408

【讨论案例之十八】 广东省高级人民法院(2014)粤高法刑四终字第127号刑事附带民事判决书(摘录) / 413

第四部分 司法证明

第十九章
司法证明的概念与要素

一、证明的性质 / 426

二、司法证明的定义 / 427

三、诉讼构造与司法证明 / 429

四、司法证明的基本要素 / 431

五、审判前程序中的事实认定 / 433

【讨论案例之十九】 吴联大合同诈骗案 / 435

第二十章
证明对象

一、证明对象的概念 / 442

二、证明对象的分类 / 444

三、严格证明与自由证明 / 447

四、免证事实 / 449

【讨论案例之二十】　郭永明等绑架案 / 452

第二十一章
证明责任

一、证明责任的概念 / 459

二、英美法中的举证负担与说服负担 / 461

三、大陆法中的结果责任与行为责任 / 463

四、我国刑事证据法中的证明责任 / 466

五、证明责任的转移与倒置 / 469

六、被告人的证明责任 / 472

七、法官的真相探知活动 / 477

【讨论案例之二十一】　文某非法持有毒品案 / 480

第二十二章
证明标准

一、证明标准的概念 / 484

二、英美法中的证明标准 / 486

三、大陆法中的证明标准 / 489

四、中国法中的证明标准 / 491

五、"事实清楚,证据确实、充分"的标准 / 493

六、"排除合理怀疑"标准的运用 / 498

七、死刑案件的证明标准 / 510

【讨论案例之二十二】　最高人民法院(2016)最高法刑再 3 号刑事判决书(摘录) / 515

第二十三章
推定

一、推定的性质 / 531

二、刑事法中的推定 / 536
三、推定的功能 / 541
四、推定与司法证明 / 543
五、推定与犯罪构成要件的可证明性 / 550
【讨论案例之二十三】 胡祥祯诈骗案 / 553

参考文献 / 560

索　引 / 563

第一部分 导论

第一章　刑事证据法概述
第二章　刑事证据法的渊源
第三章　刑事证据法的基本原则

第一章　刑事证据法概述

　　　　　　　法是公正和良善的技艺。

一、证据法学的法学品格
二、证据法与诉讼法
三、刑事证据法的体系
四、刑事证据法的功能
【讨论案例之一】　浙江省高级人民法院(2013)浙刑再字
　　　　　　　　　第2号刑事附带民事判决书(摘录)

一、证据法学的法学品格

对证据问题的研究,通常有两个不同的角度:一是从"如何发现证据""如何探求事实真相"的角度,讨论证据的收集、审查、判断以及案件事实的认定等问题;二是从"如何限制证据使用""如何规范发现事实真相的程序"的角度,讨论证据的法定形式、法律资格、司法证明的标准等问题。对于前者,我们过去曾一度称之为"证据学",后来有学者将其命名为"证据科学"。而对于后者,我们则称之为"证据法学"。

"证据法学"与"证据学""证据科学"都只有一字之差,却具有迥然不同的性质。过去,"证据学"的称谓是与法律学者对证据制度的基本认识密不可分的。按照一般的理解,证据制度是指法律规定的关于在诉讼中如何收集证据,如何审查、判断证据,如何运用证据认定案情的规则体系;证据制度"所要解决的核心问题",是如何保证司法人员能够正确认识案件事实,亦即如何保证其主观认识符合客观实际情况。由于将诉讼活动主要视为一种以发现事实真相为目标的认识活动,因此,过去的证据学论著一度将那种带有浓厚意识形态色彩的认识论作为"证据学的理论基础"。

由于将认识论奉为证据制度的理论基础,这种"证据学"并不具有完全的法学学科性质。从理论体系来看,"证据学"这门学科包含着大量的逻辑、经验和认识规律的混合知识,而少有关于证据规则的分析和归纳。这使得有关证据规则的研究并没有与诉讼制度的发展发生联系,而流于一般意义上的证据分析。这种"证据学"研究带有较为明显的一般性和通用性,可以适用于诸如历史研究、科学实验、医生诊断、新闻调查等一系列的证据运用活动,却忽略了诉讼活动的特殊性。因此,以认识论的视角观察并分析诉讼的过程,将发现事实真相作为诉讼活动的最高目标,这不仅有简单化之嫌,而且会给证据规则的建立和完善带来一定的消极影响。

后来,在英美证据理论的影响下,又一种旨在探求证据属性、讨论事实发现原理以及分析证据与事实之关系的研究登堂入室,成为一种蔚为壮观的"证据科学"。与曾经昙花一现的"证据学"不同,后来出现的"证据科学"试图从多学科角度研究证据问题,将哲学(主要是认识论)、心理学、概率论、逻辑学、司法鉴定科学甚至语言学的一些研究成果或研究方法,引入对证据问题的研究,从而在更大视野下观察证据和事实认定问题。有些学者甚至豪迈地宣称,包括实体法和程序法在内的一般法律学科,无非是研究"法律适用"问题,而证据科学所要研究的则是普遍的"事实认定"问题;与研究诉讼程序问题的"诉讼法学"不同,"证据科学"所要研究的是跨文化、跨法系甚至跨意识形态的"事实认定"问题,这种研究带有"纯科学"的性质。

由于各种诉讼活动确实存在着认识案件事实的问题,尤其是在刑事诉讼过程中,无论是侦查人员还是辩护律师,都要通过收集证据来重建案件的事实原貌,因此,一种建立在多学科交叉基础上的"证据科学"无疑是有其存在空间的。美国证据理论大师威格莫尔(John Wigmore)在20世纪初期曾出版了《在普通法审判中的英美证据体系专论》和《建立在逻辑学、心理学和一般经验科学基础之上的司法证明科学》等著作,倡导建立一门超越英美传统可采性规则的"司法证明科学",在吸收司法心理学、法庭科学、逻辑学以及哲学知识的基础上,研究如何理性地"寻求案件事实真相"的问题。①

但是,威格莫尔所提出的建立"司法证明科学"的设想并没有取得成功。究其原因,主要在于这门学科与其他多门学科具有复杂的交错关系,而很难建立起独立的功能和体系。其实,要研究如何全面地收集案件证据、如何发现案件事实真相,不仅需要前面所说的逻辑学、心理学、哲学认识论、概率统计学等方面的理论和知识,还需要物证技术、法医、司法精神病、司法鉴定以及侦查学等方面的知识。换言之,只要案件中涉及哪方面的知识,我们就应研究哪一方面的问题,从而创建一门以发现案件事实真相为宗旨的"证据科学"。例如,我们可以犯罪现场的重建、同一认定以及各种证据的收集规律等问题为主要研究对象,建立一门专门的"侦查科学";我们可以刑事案件中经常遇到的DNA、指纹、脚印、血迹等问题为研究对象,创建一门"物证技术学";我们可以侦查过程中讯问嫌疑人问题为研究对象,建立一门"预审讯问学";我们可以诉讼案件中出现的电子数据问题为研究对象,吸收最新的电子计算机、互联网、多媒体等方面的知识,创建一门"电子证据学"……甚至根据威格莫尔设想的启示,我们还可以吸收心理学、逻辑学、概率统计学和哲学认识论的知识,创建一门旨在研究发现案件事实真相问题的"司法心理学"。

与传统的"证据学"和"证据科学"都不相同的是,"证据法学"是一门法律学科,它的研究对象主要是证据的法律属性、证据转化为定案根据的条件以及司法证明的法律要求等问题。随着证据立法的快速发展,一系列证据规

---

① See William Twining, *Theories of Evidence: Bentham and Wigmore*, Weidenfeid & Nicolson Co., London, 1985, pp. 109-164.

则被确立在诉讼法和相关司法解释之中,"证据法"逐步在诉讼法中得到发育,成为一种存在于诉讼法之中而又有别于一般诉讼程序的法律规范体系。在此情况下,传统的"证据学"走向衰落,新兴的"证据科学"也不得不对其研究对象作出一定的限制。从形式上看,将那种限制证据资格和规范认定事实活动的学科命名为"证据法学",就等于承认这一学科的法律学科属性,将其从纯粹的经验论、逻辑学、认识论中解脱出来,使研究者从法律的视角观察和研究证据问题,使证据规则真正成为诉讼法的一部分。而从内容上看,"证据法学"与以往研究如何收集证据、如何发现事实真相的"证据学"和"证据科学"都不同,将如何限制证据的法律资格、如何控制司法人员发现事实真相的方式作为研究目的,从而为各种证据规则确立理论的根基。

既然将证据法确定为法律学科的一部分,那么,我们在为证据法学确立体系和功能时,就必须将其与法律程序的理论分析联系在一起。假如诉讼被视为裁判者对案件事实真相的事后揭示活动的话,那么查明事实真相的途径和方式可以说是多种多样的。例如,医生对患者病情的诊断,科学家对科学真理的探求,新闻记者对新闻事件的调查和采访,历史学家对某一历史事件的考证等,都涉及查明"真相"的问题,也都会遇到如何收集、审查和运用证据的问题。但是,与这些调查活动明显不同的是,诉讼领域中的调查活动不仅仅要达到恢复事实真相这一目标,而且还要实现其他方面的重要目标和价值。例如,为实现某种特定的价值,保护特定的利益,证据法有时会为某一诉讼当事人提供一些特殊的便利,如在取得证据手段方面的司法保障,刑事被告人所享有的不被强迫自证其罪的特权等。证据法为了防止控辩双方在对抗方面出现不公平现象,也会设计出一种确保双方公平分担诉讼风险的程序机制。显然,如果将发现案件事实真相和实施实体法视为诉讼活动的唯一目标,那么证据法就会失去存在的基础和理由。其实,证据法所要考虑的首要问题不是案件事实真相能否得到准确揭示,而是事实真相应通过什么样的途径和手段得到揭示,也就是发现事实真相所采用的方式如何具备正当性、人道性和公正性的问题。

二、证据法与诉讼法

既然证据法学已经超越了传统的"证据学",并与通常所说的"证据科学"具有实质性的区别,那么,这一学科与诉讼法学究竟存在怎样的关系呢?换言之,是否存在一种普遍意义上的"证据法学"呢?

要回答这一问题,我们需要分析一下不同法系中诉讼法的性质,然后才能看清楚诉讼法与证据法的关系。在英美法国家,尽管刑事诉讼与民事诉讼具有一定的差异,立法机关也颁行了不同的法典,但是,在对证据可采性的限制以及对司法证明的规范方面,却确立了大量相似的规则。尤其在美国,立法机关颁行了同时适用于刑事诉讼和民事诉讼的统一证据规则。既然有一部统一的证据法典作为研究文本,那么,英美法就存在一种相对独立于刑事诉讼法学和民事诉讼法学的"证据法学"。

与英美法国家不同的是,大陆法国家不仅分别颁行了刑事诉讼法典和民事诉讼法典,而且基于其法官主导的审判组织和职权主义的构造模式,其证据规则并不发达,而最多被编入诉讼法典的章节之中,成为附属于诉讼法程序规范的规则。尤其需要指出的是,由于大陆法国家的两大诉讼法无论是在理念、原则还是在制度安排上都具有一些实质性的差异,因此,其刑事证据规则与民事证据规则也相距甚远,而难以被糅合进一部统一的"证据法"之中。结果,无论是在法国、德国还是在意大利,作为独立法律学科的"证据法学"基本上是不存在的。有关证据问题的研究,也基本上附属于相应的诉讼法学之中。例如,刑事诉讼法学会研究刑事证据问题,而民事诉讼法学则关注民事证据问题。

在21世纪之前,我国并没有较为成熟的证据规则,所谓的"证据法"也并不存在。但自2000年以后,随着最高人民法院相继颁行民事证据规则和行政诉讼证据规则,尤其是随着2010年刑事证据规则的陆续出台,我国在三大诉讼领域逐步确立了各自的证据规则。最初,这些证据规则大都是以司法解释的形式出台的,但后来,随着三大诉讼法典的相继修订,不少较为成熟的证据规则还被吸收进诉讼法之中,成为诉讼法的有机组成部分。其中,民事证据规则与行政诉讼证据规则并不具有较大的区别,而在基本理念、诉讼原则和制度安排上较为接近。但相比之下,刑事证据规则却与这两种证据规则具有实质性的差异,并且随着刑事证据规则的逐渐专业化和复杂化,还存在着差异逐步加大的发展趋势。因此,与英美法明显不同的是,我国既没有颁行一部统一的"证据法",也不存在一种横跨三大诉讼领域的统一"证据法学"。

在可以预见的未来,证据法可能会沿着两条线索向前发展:一是在刑事诉讼制度的框架下,随着刑事司法改革的逐步推进,一种以限制公诉方证据资格、规范法院认定犯罪事实为核心的证据规则,会逐步得到发育和成长;二是在民事诉讼和行政诉讼制度的体系内,随着民事司法改革和行政诉讼制度改革的深入展开,一种以规范证据能力、限制法官在认定事实上的自由裁量权为核心的证据规则,也将得到确立和发展。因此,有关证据问题的研究最有可能形成两大法律学科分支:一是刑事证据法学,二是民事(行政)证据法学。

刑事证据法与民事证据法可能都使用一些共同的概念,如证明力、证据能力、证明对象、证明责任、证明标准、推定等,但是,两者就如同各自所隶属的诉讼法学科一样,在价值理念、基本原则和规则体系上都具有实质性的差异。

三、刑事证据法的体系

刑事证据法究竟是调整整个刑事诉讼过程的法律,还是主要规范法庭审判活动的规范体系?刑事证据法究竟应包括哪些规则?对于这些问题,过去曾存在着一些似是而非的观点,我们有必要加以澄清。

一种观点认为,刑事证据法是规范刑事诉讼活动的法律,任何涉及证据收集、审查、判断的诉讼活动,如立案、侦查、审查逮捕、审查起诉、审判等程序,都应被纳入证据法的调整对象。另一种观点认为,刑事证据法所调整的对象包括"取证""举证""质证"和"认证"等诉讼环节,其证据规则可分为"取证规则""举证规则""质证规则""认证规则"等主要方面。

上述两种观点异曲同工,都将刑事证据法的调整对象界定为收集、审查和判断证据的全部诉讼活动。然而,这些观点混淆了诉讼法和证据法的界限,对刑事证据法的体系作出了不准确的解释,甚至否定了刑事证据法的独立价值。其实,刑事证据法所调整的主要是单个证据的法律资格以及认定案件事实的法律标准问题,它主要是为法庭审理所确立的法律规则,也就是为法庭采纳证据和认定案件事实所确立的法律规范体系。与刑事诉讼法不同,刑事证据法不可能为"取证""举证""质证"和"认证"等各个诉讼环节确立法律规范,而主要为法庭采纳证据和认定案件事实确立限制性法律规则。

那么,刑事证据法究竟包括哪些方面的法律规范呢?

要回答这一问题,我们有必要将"证据规则"与"程序规则"作出明确的区分。一般来说,法律有实体法和程序法之基本分类。凡是规范各种法律主体之实体权利、义务和责任的法律,可归入实体法的范围;而那些为实施实体法而确立的程式、方法、步骤,则构成程序法的主要内容。刑事证据法作为刑事诉讼程序规范的有机组成部分,自然具有广义上的"刑事程序法"的性质。不过,上述有关实体法与程序法分类的说法也不能绝对化,在刑事诉讼法所确立的诉讼程序中就可能包含着一些特定的"实体要素"和"程序要素"。其中,前者所确定的是特定诉讼行为的标准、范围、条件、法律后果等,后者则涉及实施该项诉讼行为的主体、行为方式、期限、裁决方式以及救济途径等事项。在刑事证据法所包含的证据规则中,有些就属于这种带有"实体要素"的规则(简称为"实体性规则")。这主要是指两种证据规则:一是有关证据能力的规则;二是有关司法证明的范围、责任和标准的规则。还有些证据规则属于带有"程序要素"的规则(简称为"程序性规则"),也就是所有那些旨在实施上述"实体性规则"的程序规范。在法庭审判中,法官所实施的无论是证据能力方面的规则还是司法证明规则,都需要遵循相关的程序规则,以便确定申请者、裁判者、申请阶段、调查方式、期限、裁决方式和救济途径等问题。这些旨在规范证据调查方法的规范显然也属于"证据法"的重要组成部分。

当然,那些被用来实施司法证明规则的"证据调查方法",由于本身同时属于审判程序的一部分,因此通常不被视为典型的"证据规则"。例如,法庭上证据调查的范围、顺序、方式,控辩双方询问证人的方式,交叉询问的具体步骤,法官询问证人、被告人的时机和方式,法官就证据举行庭外调查的条件和方式,法官就公诉方的指控是否成立所作的裁判结论等问题,就不被视为证据法所调整的范围,而基本上被归入"审判程序规则"的范畴。

与此同时,那些旨在实施证据能力规则的"证据调查方法",则既可以被视为一种"审判程序规则",也可以称为"证据规则"的一部分。例如,在控辩双方就被告人庭外供述的自愿性发生争议的场合,法官为确定该口供笔录是否具有证据能力,就需要举行一系列的"证据调查"活动:如果问题是在庭审前阶段出现的,法官就需要考虑是否就此举行专门的庭前听证程序,并确定控辩双方提出申请和辩论的方式、证明责任之分配、证明标准、裁决方式以及相关的救济形式;如果该项申请是在法庭审判过程中提出的,法官则需要考虑是否受理该项申请,受理后要否暂时中止原案的庭审过程,以及要否举行类似于庭前听证那样的审查程序。很显然,这既涉及庭前准备和法庭审判的程序安排问题,也涉及新的证明范围、证明责任、证明标准等实体性问题。如果刑事证据法对这些事项作出规范,则相关的规则就属于"证据规则"与"审判程序规则"的交叉部分。

由此看来,假如将那些涉及"证据调查方法"的规则略而不问的话,那么,刑事证据法所规范的主体内容就是有关证据能力的规则和司法证明的规则。这两类证据规则也构成了刑事证据法的主要规则体系。

所谓"证据能力",又称为证据的可容许性或者证据的法律资格,是指允许出现在法庭上的证据的资格和条件。在任何刑事诉讼制度中,证据都需要具备一定的条件和资格才能够被法庭接受为合法的证据。有关证据能力的规则通常与证据排除规则有着密切的联系。迄今为止,几乎所有旨在限制证据之法律资格的规则,都需要有相应的证据排除规则加以保障和实施。从广义上看,所有允许法庭将那些不具有证据能力的证据加以排除的规则,都可以被称为"证据排除规则"。例如,有关被告人口供自愿性的证据规则一旦得到实施,必然导致那些不具有自愿性的口供被排除于法庭之外;作为限制证人证言之证据能力的重要规则,证人出庭规则也赋予法庭将那些无法辨明真伪的"证言笔录"加以排除的权利……当然,狭义的证据排除规则主要是指"非法证据排除规则",也就是那些旨在限制侦查人员以非法手段所获取的证据之证据能力的规则。对于侦查人员采用违反法律程序或者严重侵犯某一重要权益的方法所获得的证据,法庭不仅有权将其宣告为"非法证据",否定其证据能力,而且有权作出将其排除于法庭之外的裁决。

在有关证据能力的规则之外,刑事证据法还会确立有关司法证明的各种规则。所谓"司法证明",是指在法庭审判过程中,承担证明责任的一方提出证据证明各项待证事实的证明活动。按照证据裁判原则的基本要求,法庭要作出任何可能影响某一方利益的裁决,都不能是任意的和随机的,而必须以某种经过司法证明的事实为基础。该项作为司法裁判之根据的事实,必须有充足的证据加以证明,并被法庭确信为可以成立的。因此,刑事证据法不仅要对所有证据的证据能力作出严格的规范,而且还必须对控辩双方的这种司法证明活动作出有效的约束。否则,控辩双方就可能在举证、质证和辩论过程中出现混乱无序的现象,法庭也可能滥用其自由裁量权,以致损害了公平游戏规则。

要对司法证明活动作出有效的规范,刑事证据法首先需要确定司法证明的范围和对象。有些事实可能是不需要经过司法证明就可以成立的,这主要是指那些被推定的事实。但在这种不需要证明的事实之外,其他大多数事实,无论是实体上的事实还是程序上的事实,都需要以证据加以证明。作为证明对象的待证事实一旦得到确定,紧接下来的问题就是证明责任的分配和证明标准的确定问题。前者是指由何方提出证据证明某一事实之成立的规则，意味着何方在无法证明某一事实之成立时可能要承担消极法律后果；后者则是指承担证明责任的一方需要将某一待证事实证明到何种程度，才能成功地促使法庭确信该项事实成立的规则。当然，无论是证明责任还是证明标准，都会根据证明对象的不同和所涉及利益的重要程度，而存在相应的差异。这些旨在调整司法证明活动的规则，与那些规范证据调查之范围、顺序和方式的程序规则一起，成为整个审判程序的有机组成部分。

四、刑事证据法的功能

在讨论证据法的功能的时候，经常有人不假思索地指出，刑事证据法的最大功能就是保证公检法三机关发现案件事实真相，正确地认定犯罪事实，防止冤假错案。还有人将这一功能概括为"积极的实体真实发现主义"。有些司法界人士在谈论冤假错案的防止和纠正问题时，也想当然地以为，刑事证据法所确立的诸多证据规则，如证人出庭作证规则、限制传来证据规则、非法证据排除规则、证明标准规则等，都具有发现案件事实真相的功能。

那么，这些观点真的成立吗？要回答这些问题，我们就必须从刑事证据法所确立的规则出发，对这一法律的功能作出反思。我们需要回答，确立刑事证据规则的目的究竟是什么？通过建立刑事证据规则，我们要达到什么样的法律效果？唯有回答这些问题，才能为刑事证据法确立富有说服力的理论基础。

（一）防止事实认定错误

基于刑事证据法的法律品格，它并不是保证司法人员收集犯罪证据、发现犯罪事实的法律，而是对证据资格和认定事实标准作出法律限制的法律。例如，证据法之所以要确立证人出庭作证制度，并不是要从积极的层面"发现案件事实真相"。要探求事实真相，侦查人员或者辩护律师单方面地探访证人，更容易迫使其说出事实真相。而将证人传召至法庭上，使其接受控辩双方的交叉询问，有时恰恰不利于发现案件真相。又如，证据法之所以要确立非法证据排除规则，并要求法院将那些取证手段不合法的证据排除于法庭之外，显然不是为了发现犯罪事实真相，而是为了实现保障被告人人格尊严、维护程序法的有效实施等其他目的。其实，侦查人员通过非法手段所获取的证据,尤其是有罪供述,经常是真实可靠的。而将这些证据以"非法证据"的名义予以排除,恰恰不利于发现犯罪事实真相。再如,证据法之所以要确立事实清楚、证据确实、充分甚至排除合理怀疑的证明标准,也不是为了保证司法人员最大限度地探求犯罪事实真相。其实,在发现犯罪事实方面,法庭审理以及司法证明机制本身,并不具有明显的优势。而刑事侦查机制则更有利于探明事实真相。在一些文学作品中,无论是西方的"福尔摩斯探案模式",还是中国的"包拯断狱模式",所说的无非是刑事侦查机制在发现案件事实真相方面的独特作用。

既然刑事证据法对于积极地搜集证据和发现犯罪事实没有明显的价值,那么,它究竟能发挥什么功能呢?其实,就刑事证据法的存在价值而言,它尽管在"积极的实体真实发现"方面没有突出价值,却在"消极的实体真实发现"方面具有不可或缺的意义。具体而言,刑事证据法的最大功用在于避免认定事实的错误,防止错误的事实裁判。用句通俗的话说,刑事证据法的最大功能是避免"冤假错案",防止"刑事误判"。在"不枉"与"不纵"难以兼顾的时候,刑事证据法会优先于实现"不冤枉无辜者"的目标。

刑事证据法是为法庭审判所确立的法律规范。而法庭审判的使命则是"裁断",而不是"发现"。通过司法裁判活动,法庭要对公诉方提交的证据作出审查判断,以确定其是否可转化为定案根据;法庭要对公诉方提出的事实判断进行审核,以确认其是否可转化为裁判事实;法庭还要对公诉方对法律适用的观点进行验证,以判断其是否可成为裁判案件的法律依据。可见,法官作为司法裁判者,对公诉方的证据和事实加以核实并加以裁判本身,就决定了他们不是案件事实真相的"发现者"。刑事证据法作为规范法庭审判活动的法律,自然也无法保证法官发现案件事实真相,而最多发挥避免错误事实认定的功能。

前面所列举的几个证据规则,也在避免刑事误判方面得到了较为充分的解释。例如,我们之所以要确立证人出庭作证制度,主要是考虑证人有说谎的可能性,侦查人员所提交的证人证言笔录有可能提供不真实、不可靠的书面证言,而通过当庭的交叉询问,控辩双方可以有效地盘问证人,揭露伪证,避免错误证言得到法庭的采纳。又如,我们之所以要确立非法证据排除规则,除了基于维护被告人权利、保证程序法实施的考虑以外,还主要是因为有些非法证据,如侦查人员通过刑讯逼供、威胁、非法拘禁等非法手段所获取的有罪供述,有可能是屈打成招的结果,其真实性和可信性经常是令人怀疑的。

通过排除这类非法证据,法庭就可以避免在事实认定上出现可能的错误。再如,我们之所以要为法院定罪设立最高的证明标准,主要意图在于要为法院认定有罪设定最高的法律障碍,并在公诉方无法越过这一法律障碍的情况下,作出"被告人不构成犯罪"的事实判定。这种证明标准规则的功用显然在于避免无根据的定罪。

(二) 维护程序正义

刑事诉讼是强大的国家专门机关对被告人所发动的法律追诉活动,其结果很可能是使被告人受到定罪判刑,其财产、自由乃至生命被国家剥夺。被告人一般不可能与国家公共权力机构进行平等的对抗,刑事诉讼一旦操作不当,就容易变成一种"弱肉强食"或者带有"公共报复"性质的刑事追究活动,以致失去了最起码的公正性。因此,如何有效抑制公共权力机构的权力,进而避免被告人受到不公正、非人道的对待,这是现代刑事诉讼制度所要解决的一个永恒难题,同时也是刑事证据法所要发挥的一项重要功能。

程序正义价值体现在一系列证据规则之中。一般而言,任何可能对被告人利益产生重大影响的实体事实和程序事实,都必须被纳入司法证明的对象,使得控辩双方有机会参与该项裁判的制作过程,并对裁判者施加积极的影响。司法证明规则所体现的这种参与理念,显然有助于维护程序价值的实现。这是其一。

其二,根据无罪推定原则,被告人在被法院生效裁判认定为有罪之前,应当被推定为法律上无罪的人。这一可推翻的推定针对被告人相对弱势的地位构成了一种保护性假定,使得被告人不再承担证明自己有罪或者无罪的义务,公诉方所承担的证明其指控的犯罪成立的责任在任何情况下都不得转移给被告人;被告人享有辩护权,并可以为此提出本方证据、论证本方主张,但法庭不得因为被告人没有提出辩解和证据即判决其有罪,而仍然要审查公诉方提出的证据是否足以达到法定证明标准。无罪推定原则所包含的上述理念和制度设计,显然体现了"天平倒向弱者"和"平等武装"的程序正义理念。

其三,刑事证据法对法院定罪标准的严格要求,以及将定罪标准与民事胜诉标准的严格区分,使得有罪裁判受到最严格的法律限制,从而给国家剥夺个人财产、自由和生命的活动施加了法律上的障碍。无论是英美法中的"排除合理怀疑",大陆法中的"内心确信无疑",还是中国法中的"事实清楚,证据确实、充分",都是在各自法律体系中确立的最高证明标准。对于未能达到此等最高标准的案件,法院只能按照"有疑义时作有利于被告人的解释"的原则,作出法律上无罪的裁判。

(三) 限制裁判者的自由裁量权

按照现代法治原则的要求,法院在作出裁判时必须遵循一系列明确的规则,以确保控辩双方对于证据的采纳、事实的认定以及法律的适用具有最基本的明确性和可预期性,否则,就可能出现任意裁判甚至恣意妄为的危险后果。刑事证据法对于证据资格的设定,对法官在审查和采纳证据方面的自由裁量权具有限制作用。尤其是在某一方对对方证据的证明力或证据能力提出异议的场合,法庭究竟如何组织有关审查活动,要否将那些存在争议的证据排除于法庭之外,这些显然都需要有明确的证据规则加以规范。否则,法庭在裁判时就可能进行自由裁量,或者加以任意处置,以至于失去基本的公正性。

正是出于限制裁判者自由裁量权的考虑,刑事证据法为各类证据设定了基本的法庭准入资格。例如,原则上,物证、书证的复制品或复印件,在没有原物或原件的情况下,不得单独作为定案的根据;物证、书证来源不明,没有在勘验笔录、检查笔录、搜查笔录等记录其真实来源的,都不得作为定案的根据;证人所作的评论性、猜测性或推断性证言,以及证人在没有个别询问情况下所作的证言,都不能作为定案的根据;侦查人员通过刑讯逼供、威胁、非法拘禁等非法手段所获取的有罪供述,都不能作为定案的根据;等等。这些较为明显的排除性证据规则,为法官裁断是否采纳某一证据确立了明确的标准和尺度。这些规则一旦得到有效的实施,那么,法官在采纳或者不采纳证据方面的自由裁量权就受到了限制。

也正是出于限制法官自由裁量权的考虑,刑事证据法确立了基本的司法证明机制。对于哪些事实应被列为"证明对象",以及哪些事实应被纳入"推定"的适用对象,证据法都作出了明确界定,这可以避免法官任意跨越司法证明的法律界限,严格遵循"未经司法证明,任何事实不得被确立为裁判根据"的原则。而基于无罪推定原则,公诉方要承担证明被告人犯罪事实的责任,这一责任未经法律明确授权,是不可转移的,被告人承担证明责任只是法定的例外情形。不仅如此,公诉方要说服法官作出有罪裁判,就必须将被告人犯罪事实证明到排除合理怀疑的最高程度。法官只要对此存有合理疑问,就一律作出有利于被告人的解释。这种对证明标准的严格限定,也从根本上限制了法官任意认定犯罪事实的空间,对于防止法官任意出入人罪,具有积极而显著的作用。

(四) 对侦查和审查起诉的倒逼机制

刑事证据法尽管是规范法庭审判活动的法律规范,但它对于审判前的刑事追诉活动也具有一定的指导作用,甚至可以成为法庭约束侦查活动和审查起诉活动的法律准则。法官在严格遵守刑事证据法的情况下,会在证据采纳和事实认定方面提出较为严格的法律要求,这种法律要求既是针对辩护方提出的,也是针对公诉方提出的。通常情况下,法官对证据所作的排除性结论,以及对公诉事实所作的否定性裁判,会对控辩双方产生较大的约束作用,对公诉方甚至侦查人员产生显著的威慑作用。

通过确立非法证据排除规则,刑事证据法要求法庭将侦查行为的合法性列为司法裁判的对象,侦查人员成为事实上的"被告",其侦查过程的合法性要经受一次严格的司法检验。这种对侦查行为的司法审查过程本身,就足以对侦查人员产生程度不同的震撼,迫使其在侦查过程中遵守法律程序,避免处于这种被控告的地位。而法庭一旦作出排除非法证据的决定,就不可避免地会削弱公诉方的指控证据体系,甚至导致其指控证据体系被推翻,其指控难以成立。这种裁决会对出庭公诉的检察官产生较大压力,迫使其在以后的公诉活动中严格审查证据,尽量避免将那些非法证据作为指控犯罪的证据。可以说,严格遵守刑事证据法的法官,会将法庭变成一所"法律培训学校",将那些本来难以教化的"学员",如警察、检察官等,教育成严格遵守法律程序的"优秀学员"。

通过为法院认定有罪设定明确的证明标准,刑事证据法也为公诉方提起公诉确立了尺度和标准。法庭一旦严格依据刑事证据法对那些事实不清、证据不足的案件,作出宣告无罪的裁决,那么,公诉方势必会产生一种强烈的挫败感。如果引导得当、说理透彻,那么,法庭会促使支持公诉的检察官认真研究法院作出无罪判决的案例,学习和掌握法官所确立的具体标准,尽量避免再将那些存在重大合理怀疑、无法排除其他可能性的案件,向法院提起公诉。可以说,法庭越是严格遵守刑事证据法所设定的证明标准,法庭越是敢于对公诉方的指控适时作出否定的评价,公诉人和侦查人员严格遵守刑事证据法的可能性就更大一些。

（五）避免诉讼拖延

任何制度的建立和法律的制定，都必须顾及司法资源的有限性问题。刑事证据法在发挥上述诉讼功能的过程中，也不得不考虑节省司法资源、降低诉讼成本和提高诉讼效率的问题。在任何诉讼制度中，那种"重复的""不必要的"或"显属拖延诉讼的"证据，即使具有相关性和合法性，也会被法庭根据诉讼经济原则予以排除。

例如，刑事证据法固然确立了证人出庭作证规则，要求证人亲自出庭作证提供证言，并接受控辩双方的质证和盘问。但是，在一些法定例外情况下，如控辩双方对证言不持异议、证人身患重病或者因不可抗力之原因无法按时出庭的，其证言笔录或者书面证言就可以被作为定案的根据。这显然是考虑到证人出庭作证不能是绝对的，而必须有适当的界限和范围。在此界限和范围之外，法庭还需要考虑诉讼效率的提高和诉讼成本的降低问题。

又如，刑事证据法尽管确立了非法证据排除规则，要求将法定的非法证据排除于法庭之外，但是，该法也对不同的非法证据作出了区别对待，分别确立了"强制性排除""自由裁量的排除"以及"可补正的排除"等规则。刑事证据法允许法庭对侦查人员通过非法手段所获取的物证、书证，在没有"严重影响司法公正"的情况下，不作出予以排除的决定；也允许法庭对侦查人员通过轻微违法手段所获取的"瑕疵证据"，责令办案人员通过补正或者说明情况的方式进行程序补救，而对得到补救的瑕疵证据则不再予以排除。显然，这些规则在一定程度上兼顾了程序法有效实施与刑事追诉有效展开等不同价值要求，使得国家追诉犯罪的效率问题得到了兼顾。

再如，刑事证据法通过确立推定规则，减轻或者弱化公诉方的证明责任，使得部分事项的证明责任被转移给被告人。毕竟，对于某些刑事案件而言，被告人可能掌握着侦查人员极难获悉的事实和信息，除非他们本人亲自作出澄清，否则，公诉方很难提供证据加以证明。与此同时，鉴于某些特定的犯罪案件不仅具有严重的社会危害性，而且具有高度的隐蔽性，犯罪人极其容易逃脱法网，因此，法律需要建立一些特殊的刑事政策，以确保针对这些犯罪的刑事追诉活动能够正常地进行。在中国刑事法中，对于巨额财产来源不明罪的司法证明就体现了这种刑事政策，包含了证明责任转移的理念。很显然，这种规则使得公诉方对上述犯罪指控的证明变得容易了一些，控辩双方在法庭上的质证和辩论也会简略许多,诉讼周期的延长、案件的久拖不决等问题也会得到相应的解决。

【深入思考题】

1. 如何区分"证据科学"与"证据法学"?
2. 有学者认为,证据法所要规范的对象包括"取证""举证""质证"和"认证"四个环节,你是否同意这一观点?为什么?
3. 有学者认为,证据法就是保证司法人员发现事实真相的法律规范。你同意这一观点吗?为什么?

【讨论案例之一】

浙江省高级人民法院
(2013)浙刑再字第 2 号刑事附带
民事判决书（摘录）

浙江省杭州市人民检察院指控原审被告人张辉、张高平犯强奸罪，及附带民事诉讼原告人王某某、吴某甲提起附带民事诉讼一案，杭州市中级人民法院于 2004 年 4 月 21 日作出（2004）杭刑初字第 36 号刑事附带民事判决。附带民事诉讼原告人王某某、吴某甲及被告人张辉、张高平均不服，分别提出上诉。本院于 2004 年 10 月 19 日作出（2004）浙刑一终字第 189 号刑事附带民事判决。张辉之父、张高平之兄张高发不服，向本院申诉。本院于 2013 年 2 月 6 日作出（2012）浙刑申字第 20 号再审决定书，决定对本案进行再审。本院依法另行组成合议庭，于 2013 年 3 月 20 日不公开开庭审理了本案。浙江省人民检察院指派检察员翁跃强、王菊芬，代理检察员竺咏华出庭执行职务。原审被告人张辉及其委托的北京中关律师事务所律师朱明勇和本院通知浙江省法律援助中心指派的浙江泽大律师事务所律师阮方民，原审被告人张高平及本院通知浙江省法律援助中心指派的浙江泽大律师事务所律师李华、姜小明到庭参加诉讼。原审附带民事诉讼原告人王某某、吴某甲经本院传票传唤，未到庭。本案经本院审判委员会讨论，现已审理终结。

杭州市中级人民法院一审判决认定，被告人张辉、张高平系叔侄关系。2003 年 5 月 18 日晚 9 时许，两人驾驶皖 J-11260 解放牌货车送货去上海，途中经过安徽省歙县竹铺镇非典检查站时，遇要求搭车的同县女青年王某，张高平同意将王捎带至杭州市。当晚 12 时左右，该车到达浙江省临安市昌化镇停车休息片刻，于次日凌晨 1 时 30 分到杭州市天目山路汽车西站附近。王某借用张高平的手机打电话给朋友周荣箭要求其前来接人，周荣箭让王某自己打的到钱江三桥后再与其联系。张辉见此遂起奸淫王某的邪念，并将意图告诉张高平后，驾车调头驶至杭州市西湖区留下镇留泗路东穆坞村路段僻静处停下，在驾驶室内对王某实施强奸。王某挣扎，张高平即应张辉要求按住王某的腿，尔后张辉采用掐颈等暴力手段对王某实施奸淫，并致王某因机械性窒息死亡。随后，张辉、张高平将被害人尸体抛于路边溪沟，并在开车逃离途中将被害人所携带的背包等物丢弃。

一审判决认为，被告人张辉因被害人孤立无援而产生奸淫之念，并与被告人张高平沟通后，采用掐颈等暴力手段，对王某实施强奸并致其窒息死亡的行为,均已构成强奸罪。公诉机关指控罪名成立。本案系共同犯罪,其中,张高平的作用虽较张辉小,但尚不属于次要或辅助,不能构成从犯。张辉刑满释放后五年内又犯本罪构成累犯,应依法从重处罚判决……一、被告人张辉犯强奸罪,判处死刑,剥夺政治权利终身;二、被告人张高平犯强奸罪,判处无期徒刑,剥夺政治权利终身;三、被告人张辉、张高平各赔偿附带民事诉讼原告人经济损失人民币5000元,互负连带责任。

被告人张辉、张高平及其辩护人上诉提出,原判认定事实不清,证据不足,原有罪供述系在侦查人员刑讯逼供下取得,且两被告人供述的作案细节不一,本案DNA鉴定不能排除他人作案的可能等,要求撤销原判,宣告两被告人无罪。张高平的辩护人还提出原判既然作有罪判决,又未认定张高平系从犯不当。

本院二审判决认定的事实与一审判决一致。

二审判决认为,被告人张辉、张高平违背妇女意志,采用暴力手段奸淫妇女,致人死亡,其行为均已构成强奸罪。其犯罪行为给附带民事诉讼原告人造成的损失,依法应予赔偿。张辉、张高平及其二审辩护人分别提出应宣告无罪的理由不能成立,均不予采纳。张辉又系累犯,依法应当从重处罚。但鉴于本案的具体情况,张辉尚不属必须立即执行死刑的罪犯。张高平帮助他人强奸,系从犯,依法可以从轻处罚。张高平的二审辩护人就此提出的意见成立,原判未予认定确有不妥,应予纠正……判决被告人张辉犯强奸罪,判处死刑,缓期二年执行……被告人张高平犯强奸罪,判处有期徒刑十五年……

再审中原审被告人张辉、张高平及其辩护人均提出,再审阶段的新证据相关DNA鉴定反映,排除张辉和张高平作案,不能排除有其他人致死王某。两原审被告人在被刑事拘留后长时间被非法关押。一、二审法院认定张辉、张高平犯罪的事实,主要证据是两人的有罪供述,但两人的供述包括指认现场的笔录系侦查机关采用刑讯逼供等非法方法收集,公安机关对其收集证据的合法性至今未提供充分的证据予以证明,应依法予以排除。侦查机关还违法使用同监犯袁某某采用暴力、威胁等方法参与案件侦查,协助公安机关获取张辉有罪供述,同时又以该同监犯的证言作为证据,直接炮制了本起冤案。退一步讲,两人的供述即使不能以非法证据予以排除,其供述相互间也存在矛盾,且与尸体检验报告等证据反映的情况不符;原判认定张辉、张高平犯罪,没有证据能够证实。要求依法改判张辉、张高平无罪。

出庭检察员认为,本案没有证明原审被告人张辉、张高平强奸杀人的客观性直接证据,间接证据极不完整,缺乏对主要案件事实的同一证明力,没有形成有效的证据链。重要的技术鉴定不能排除勾某某作案的可能。公安机关在侦查本案时,侦查程序不合法,相关侦查行为的一些方面确实存在不规范或个别侦查人员的行为存在不文明的情况,不能排除公安机关在侦查过程中有以非法方法获取证据的一些情形。本案定案的主要证据是两原审被告人的有罪供述,依法不能作为定案的依据。应宣告两原审被告人无罪。

经再审查明,原判认定原审被告人张辉、张高平系叔侄关系,2003年5月18日晚9时许,被害人王某(殁年17岁)经他人介绍搭乘张辉、张高平驾驶送货去上海的皖J-11260解放牌货车,途经浙江省临安市昌化镇,次日凌晨1时30分到达杭州市天目山路汽车西站附近的事实清楚。有王某某、潘某某、许某某、周某某、吴某乙等人的证言及杭州市公安局西湖区分局出具的《关于5.19案件通话时间的说明》等证据证实。张辉、张高平对此所作的供述与上述证据证明的情况相符,再审予以确认。

再审又查明,原判认定被害人王某离开汽车西站后于2003年5月19日早晨被人杀害,尔后尸体被抛至杭州市西湖区留下镇留泗路东穆坞村路段路边溪沟的事实清楚。有黄某某、刘某甲、刘某乙、吴某甲等人的证言,公安机关的现场勘查笔录、尸体检验报告等证据证实。再审予以确认。

但原判认定原审被告人张辉、张高平犯强奸罪的证据,现已查证不实。

一、有新的证据证明,本案不能排除系他人作案的可能

根据杭州市公安局2003年6月23日作出的《法医学DNA检验报告》,所提取的被害人王某8个指甲末端检出混合DNA谱带,可由死者王某和一名男性的DNA谱带混合形成,排除张辉、张高平与王某混合形成。

杭州市公安局于2011年11月22日将王某8个指甲末端擦拭滤纸上分离出来一名男性的DNA分型与数据库进行比对时,发现与勾某某DNA分型七个位点存在吻合的情况,该局将此结果送公安部物证鉴定中心再次进行鉴定。2011年12月6日,该中心出具《物证鉴定查询比对报告》证明,经查询比对,王某8个指甲末端擦拭滤纸上的DNA检出的混合STR分型中包含勾某某的STR分型。上述鉴定意见具有科学依据,符合客观性的要求。

经再审查实,罪犯勾某某是吉林省汪清县人,2002年12月4日始在杭州市从事出租汽车司机工作,2005年1月8日晚7时30分许,勾某某利用其驾驶出租汽车的便利,采用扼颈等手段将乘坐其出租汽车的浙江大学城市学院学生吴某某杀死并窃取吴随身携带的财物。2005年4月22日,勾某某因犯故意杀人罪、盗窃罪被终审判处死刑,剥夺政治权利终身,并处罚金人民币1000元,经核准已于同年4月27日被执行死刑。

综合本案现有的相关事实证据不能排除系勾某某杀害被害人王某的可能。检、辩双方对此所提的意见予以采纳。

二、原判据以认定案件事实的主要证据不能作为定案依据

原判认定原审被告人张辉、张高平强奸的事实,主要依据两原审被告人有罪供述与现场勘查笔录、尸体检验报告反映的情况基本相符来定案。再审庭审中,张辉、张高平及其辩护人以两原审被告人的有罪供述和指认犯罪现场笔录均是采用刑讯逼供等非法方法收集等为由,申请本院对上述证据予以排除。出庭检察员认为,本案不能排除公安机关在侦查过程中有以非法方法获取证据的一些情形。经再审庭审查明,公安机关审讯张辉、张高平的笔录、录像及相关证据证明,侦查人员在审讯过程中存在对犯罪嫌疑人不在规定的羁押场所关押、审讯的情形;公安机关提供的张辉首次有罪供述的审讯录像不完整;张辉、张高平指认现场的录像镜头切换频繁,指认现场的见证人未起到见证作用;从同监犯获取及印证原审被告人有罪供述等侦查程序和行为不规范、不合法。因此,本案不能排除公安机关存在以非法方法收集证据的情形,张辉、张高平的有罪供述、指认现场笔录等证据,依法应予排除。

综上,原判据以定案的主要证据即原审被告人张辉、张高平的有罪供述、指认现场笔录等不能作为定案依据。

再审另查明,2006年10月21日,本院作出(2006)浙刑执字第953号刑事裁定,将张辉的刑罚减为无期徒刑,剥夺政治权利终身。

本院认为,原一、二审判决认定原审被告人张辉、张高平强奸并致被害人王某死亡的证据经查证不实。原判定罪、适用法律错误,依法应予改判纠正。检、辩双方要求撤销原判,宣告张辉、张高平无罪的意见成立,均予以采纳……判决原审被告人张辉、被告人张高平无罪。

可讨论的问题:

1. 浙江高院认为,本案不能排除公安机关存在以非法方法收集证据的情形,被告人供述、指认现场笔录等证据都应被排除。据此,刑事证据法在本案中发挥了哪些功能?

2. 根据法院判决,综合全案证据来看,无法排除其他人实施犯罪行为的可能性,因此应改判两被告人无罪。请问,刑事证据法在这一裁判结果中发挥了什么作用?

3. 有人认为证据法就是一种"证据排除法",甚至认为"没有证据排除,就没有证据法"。对此,你怎么看?

第二章　刑事证据法的渊源

> 法律的立法理由一旦消失,法律本身也就不复存在了。

一、刑事证据法的主要法律渊源
二、2018 年《刑事诉讼法》
三、《司法鉴定管理决定》
四、《非法证据排除规定》
五、《办理死刑案件证据规定》
六、《电子数据规定》
七、《严格排除非法证据规定》
八、《最高法院 2020 年解释》
九、刑事证据法的渊源与证据法的发展

【讨论案例之二】　最高人民法院(2003)刑提字第 5 号刑事再审判决书(摘录)

一、刑事证据法的主要法律渊源

刑事证据法是专门规范刑事诉讼中证据运用问题的法律规范。刑事诉讼中的证据运用问题,大体可分为两个方面:一是确定单个证据的证明力和证据能力问题,这是狭义上的证据审查判断问题;二是确定对案件事实的司法证明问题,这主要是指运用证据认定案件事实的问题。长期以来,我国没有制定专门的证据法或统一的刑事证据法,有关刑事证据方面的法律规范主要确立在立法机关通过的刑事诉讼法以及最高司法机关发布的司法解释之中。然而,无论是1979年《刑事诉讼法》还是1996年《刑事诉讼法》,有关证据问题的法律规范不仅数量较少,而且原则性较强,缺乏基本的可操作性。而最高人民法院和最高人民检察院在司法解释中也疏于确立具体的证据规则。可以说,在2010年以前,中国基本上不存在一部较成体系的"刑事证据法"。

但是,自2010年以来,这种局面开始出现了变化。2010年6月,最高人民法院、最高人民检察院、公安部、国家安全部、司法部联合发布了《非法证据排除规定》和《办理死刑案件证据规定》。"两个证据规定"对刑事诉讼中证据运用问题作出了较为系统的规定,属于我国首次确立的刑事证据规则。其中,《非法证据排除规定》可以适用于所有刑事案件,而《办理死刑案件证据规定》则只适用于死刑案件,但对司法机关办理其他刑事案件具有参考价值。

"两个证据规定"对我国刑事证据运用的实践经验作出了系统的总结,对法律界和社会高度关注的证据问题作出了回应。为解决侦查机关存在的刑讯逼供以及其他非法取证问题,"两个证据规定"确立了较为系统的非法证据排除规则,并将该类规则分为强制性的排除规则、裁量性的排除规则以及瑕疵证据的补正规则。为防止冤假错案的发生,"两个证据规定"明确规定了证明被告人有罪的标准,引入了诸如"相互印证""排他性"以及"排除合理怀疑"等具有可操作性的验证标准。此外,"两个证据规定"还确立了各类证据的审查判断标准和排除性规则。可以说,《办理死刑案件证据规定》和《非法证据排除规定》为我国刑事证据法的发展奠定了基础。

2012年3月,第十一届全国人大第五次会议对《刑事诉讼法》作出了重大修改。作为我国1949年以后出台的第三部刑事诉讼法律,2012年《刑事诉讼法》对证据制度作出了重大的修改和调整。该法吸收了"两个证据规定"的很多内容，但又确立了一些新的证据规则。例如，该法以"两个证据规定"为蓝本，以国家基本法律的形式确立了非法证据排除规则，强化了证人、鉴定人出庭作证制度，增加了法定证据种类的范围，明确了检察机关的证明责任，引入了"排除合理怀疑"的证明标准；等等。

2012年12月，最高人民法院颁布了《关于适用〈中华人民共和国刑事诉讼法〉的解释》（《最高法院2012年解释》），对2012年《刑事诉讼法》的相关规定作出了全面的解释。作为具有法律效力的规范性文件，《最高法院2012年解释》不仅对《刑事诉讼法》有关证据制度的规定进行了细化，使之具有更强的可操作性，而且还对"两个证据规定"的大量内容进行了吸收，使之成为可适用于所有刑事案件的证据规则。同时，在总结"两个证据规定"实施经验和教训的基础上，《最高法院2012年解释》也对一些证据规则作出了一定的调整。

2016年以后，伴随着我国刑事司法改革的逐步推进，"以审判为中心的诉讼制度改革"得到启动，最高人民法院会同其他部门又相继通过了几个重要的规范性文件，其中涉及证据收集和审查判断问题的文件主要有：2016年10月1日发布的《电子数据规定》；2017年6月27日通过的《严格排除非法证据规定》。这些规范性文件从不同角度对刑事证据法作出了发展，确立了一些新的证据规则。从法律渊源的角度来看，这些规范性文件具有司法解释的效力。

2018年，全国人大常委会对《刑事诉讼法》再次作出修订，在确立了监察机关调查制度、认罪认罚从宽制度、缺席审判制度的基础上，对证据制度作出了一些具体的调整。2018年《刑事诉讼法》规定，监察机关调查案件，应遵守《刑事诉讼法》所确立的程序规范和证据规则，调查所获取的证据材料，可以直接成为检察机关审查起诉的依据，并接受法院和检察机关对其证明力、证据能力和证明标准等方面的审查核实；在认罪认罚程序中，无论是检察机关还是法院都要严格遵循证据法所确立的证据规则和证明要求，适用认罪认罚程序的案件要达到事实清楚，证据确实、充分的证明标准；对适用缺席审判程序的案件，法院定罪判刑也要达到普通程序所需要达到的证明标准；等等。

2020年12月，最高人民法院通过了《关于适用〈中华人民共和国刑事诉讼法〉的解释》，对2018年《刑事诉讼法》的司法适用问题作出了全面的解释。在证据制度方面，《最高法院2020年解释》在全面确立《最高法院2012年解释》有关证据规定的基础上，还吸收了最高人民法院2012年以后发布的相关司法解释和规范性文件的规定,对非法证据排除规则、电子数据运用规则、同步录音录像运用规则、行政机关和监察机关收集证据材料的运用规则、境外证据材料的运用规则以及技术侦查、调查证据的运用规则等,作出了适度的调整和补充,回应了刑事司法实践所提出的诸多方面的问题,对我国刑事证据法作出了一定程度的完善。

迄今为止,我国的刑事证据法的法律渊源主要有两种:一是法律,二是司法解释。其中,2018年《刑事诉讼法》确立了我国刑事证据制度的基本框架,"两个证据规定"和《最高法院2020年解释》则对证据采信和司法证明问题确立了较为系统的法律规则,最高人民法院发布的其他司法解释和规范性文件则对相关证据的收集和审查判断问题确立了一些具体规则。

二、2018年《刑事诉讼法》

我国没有专门的刑事证据法,立法机关通过制定和修改刑事诉讼法,确立了重要的刑事证据规则。1996年《刑事诉讼法》确立了证据的概念和法定证据种类,强调审判人员、检察人员、侦查人员必须依照法定程序,全面客观地收集证据,严禁刑讯逼供和以威胁、引诱、欺骗以及其他非法方法收集证据。同时,该法强调对一切案件的判处,都要"重证据,重调查研究,不轻信口供";只有被告人供述和辩解,没有其他证据的,不能认定被告人有罪和处以刑罚;没有被告人供述和辩解,其他证据确实、充分的,可以认定被告人有罪和处以刑罚。不仅如此,1996年《刑事诉讼法》还强调证人证言必须在法庭上经过控辩双方质证并且经过查证属实以后,才能作为定案的根据,同时对证人作证的年龄和精神状况作出了一些限制性的规定。该法还初步吸收了无罪推定原则的精神,在确立法院统一定罪原则的同时,还明确要求法院对于事实不清、证据不足的刑事案件,应当作出"证据不足、指控犯罪不能成立的无罪判决"。2012年以后,以上这些原则都被继续确立在《刑事诉讼法》之中。

2012年《刑事诉讼法》对我国的刑事证据制度作出了重大改革,确立了一些新的证据规则。该法对证据的概念和法定种类作出了调整。根据这一法律,证据是指可以用于证明案件事实的材料。同时,证据的法定种类出现了一些变化:原来的"鉴定结论"被改称为"鉴定意见";笔录证据在原有的"勘验、检查笔录"的基础上又增加了"辨认笔录"和"侦查实验笔录"等;在原有的"视听资料"的基础上增加了"电子数据"这一新的证据种类。

2012年《刑事诉讼法》确立了证明责任规则,明确规定公诉案件对被告人有罪的"举证责任"由检察机关承担,而自诉案件中被告人有罪的举证责任则由自诉人承担。该法还对"事实清楚,证据确实、充分"的证明标准作出了具体规定,特别是增加了"排除合理怀疑"的证明程度。

2012年《刑事诉讼法》确立了"不得强迫任何人证实自己有罪"的原则。这标志着对嫌疑人、被告人供述自愿性的高度重视,为针对非自愿的有罪供述确立排除规则奠定了基础。但是,《刑事诉讼法》仍然保留了嫌疑人对侦查人员的提问"如实回答的义务",也没有禁止法院以"认罪态度不好""无理狡辩"为由对被告人作出从重处罚。这显示出这一原则的贯彻将会面临重重困难。

2012年《刑事诉讼法》对两类证据材料的证据能力作出了较为宽松的规定。一是行政机关在行政执法和查办案件过程中收集的物证、书证、视听资料、电子数据等实物证据材料,在刑事诉讼中可以作为证据使用;二是侦查人员依法采取技术侦查措施收集的证据材料,在刑事诉讼中可以作为证据使用。在过去的刑事司法实践中,这两类证据材料都被禁止作为证据出现在法庭上,更不能作为法院定案的根据,而最多只能作为侦查破案的证据线索。而根据2012年《刑事诉讼法》,这两类证据材料完全可以成为法定的证据种类。当然,这并不影响法院依法对这类证据材料的证明力和证据能力进行审查判断,也不影响法院针对非法所得的这类证据材料适用排除规则。

2012年《刑事诉讼法》完善了我国的非法证据排除规则。该法针对非法所得的言词证据,确立了强制性的排除规则;而对非法所得的实物证据,则确立了裁量性的排除规则,同时给予办案人员进行程序补正的机会。该法还将非法证据排除规则的适用贯穿于整个刑事诉讼过程,尤其强调检察机关和法院在排除非法证据方面的法律义务。在法庭审判阶段,该法确立了法院依据职权自行启动与被告方申请启动这两种排除非法证据程序启动方式。在被告方申请启动方面,法律赋予被告方提供相关线索或证据的义务。而在法院启动排除非法证据程序之后,检察机关一律负有证明"证据收集合法性"的责任,为此检察机关可以申请法院通知侦查人员或其他人员出庭作证。法院也可以主动对证据收集的合法性进行法庭调查。经过法庭审理,法院确认侦查人员以非法方法收集证据,或者检察机关"不能排除存在"以非法方法收集证据情形的,应当将有关证据予以排除。

2012年《刑事诉讼法》确立了证人、鉴定人出庭作证的制度。根据该法，控辩双方"对证人证言有异议"，该证人证言"对案件定罪量刑有重大影响"，并且"人民法院认为证人有必要出庭作证"的，证人应当出庭作证。经法院通知，证人没有正当理由拒不出庭作证的，法院可以强制其到庭，对于无理由逃避出庭或者出庭后拒绝作证的，还可处以拘留。同时，控辩双方"对鉴定意见有异议"，并且人民法院"认为鉴定人有必要出庭作证"的，鉴定人应当出庭作证。经法院通知，鉴定人拒不出庭作证的，鉴定意见不得作为定案的根据。不仅如此，控辩双方还可以申请法院通知有专门知识的人出庭，就鉴定意见发表意见。这实际等于确立了专家证人出庭作证并辅助双方对鉴定意见进行当庭质证的制度。另外，对于证人的保护和作证补偿问题，2012年《刑事诉讼法》也作出了较为具体的规定。

对于2012年《刑事诉讼法》所确立的上述制度，2018年《刑事诉讼法》都进行了充分吸收，并从三个方面确立了一些新的证据规则：一是对于监察机关移送审查起诉的案件，检察机关可以将其搜集的证据材料作为审查起诉的根据，但要适用刑事证据法所确立的证据规则和证明标准；二是在适用认罪认罚从宽制度过程中，检察机关指控的犯罪事实仍然要达到事实清楚，证据确实、充分的证明标准，对于达不到这一标准的认罪认罚案件，即便被告人签署了认罪认罚具结书，法院仍然要作出无罪判决；三是对于适用缺席审判程序的案件，法院在认定犯罪事实和科处刑事处罚方面，仍然要遵循刑事证据法所确立的证据规则和证明标准。

三、《司法鉴定管理决定》

全国人大常委会于2005年通过的《司法鉴定管理决定》，在对我国司法鉴定管理体制作出改革的同时，还就鉴定意见的证据运用问题确立了一些规范。根据这一规定，司法鉴定是指"在诉讼活动中鉴定人运用科学技术或者专门知识对诉讼涉及的专门性问题进行鉴别和判断并提供鉴定意见的活动"。这是我国法律第一次将刑事诉讼法中的"鉴定结论"改称为"鉴定意见"。同时，该规定将我国的司法鉴定分为三大类：一是法医类鉴定，包括法医病理鉴定、法医临床鉴定、法医精神病鉴定、法医物证鉴定和法医毒物鉴定；二是物证类鉴定，包括文书鉴定、痕迹鉴定和微量鉴定；三是声像资料鉴定，包括对录音带、录像带、磁盘、光盘、图片等载体上记录的声音、图像信息的真实性、完整性及其所反映的情况过程进行的鉴定和对记录的声音、图像中的语言、人体、物体作出的种类或者同一认定。

《司法鉴定管理决定》要求侦查机关根据侦查工作的需要可以设立鉴定机构，但鉴定机构不得面向社会接受委托从事司法鉴定业务。而法院和司法行政部门则不得设立鉴定机构。该决定对鉴定人和鉴定机构的资格、鉴定业务、登记管理、名册登录作出了具体规定。同时，根据该决定，各鉴定机构之间没有隶属关系，鉴定机构接受委托从事司法鉴定业务，不受地域范围的限制，但鉴定人应当在一个鉴定机构中从事司法鉴定业务。不仅如此，进行司法鉴定，应当委托列入鉴定人名册的鉴定人进行鉴定，鉴定人从事司法鉴定业务，由所在的鉴定机构统一接受委托；鉴定人和鉴定机构应当在鉴定人和鉴定机构名册注明的业务范围内从事司法鉴定业务，鉴定人依照法律规定实行回避；司法鉴定实行鉴定人负责制度，鉴定人应当独立进行鉴定，对鉴定意见负责并在鉴定书上签名或者盖章。

《司法鉴定管理决定》明确提出了鉴定人出庭作证的要求。在刑事诉讼中，控辩双方对鉴定意见有异议的，经人民法院依法通知，鉴定人应当出庭作证。

四、《非法证据排除规定》

2010年生效实施的《非法证据排除规定》，是我国最高司法机关参与颁布的重要司法解释。该规定确立了我国非法证据排除规则的基本框架。

从实体构成角度来看，非法证据可以包括两大类：一是侦查人员非法所得的言词证据，也就是采用刑讯逼供等非法手段取得的被告人供述和采用暴力、威胁等非法手段取得的证人证言、被害人陈述；二是侦查人员非法所得的实物证据，也就是取得方式"明显违反法律规定，可能影响公正审判的"物证、书证。对于非法言词证据，该规定确立了强制性排除的后果；而对于非法实物证据，该规定则确立了自由裁量的排除后果，并给予办案人员进行程序补正的机会。这些有关非法证据范围及其排除后果的规定，后来基本上为2012年《刑事诉讼法》所吸收。

在实施程序方面，《非法证据排除规定》确立了一种程序性审查优先的原则，并主要针对被告人庭前供述，就非法证据排除程序的启动、初步审查、正式庭审、证明责任、证明标准等问题作出了明确规定。根据这一规定，被告人及其辩护人在开庭审理前或者法庭审理中,都可以提出排除非法证据的申请。对于被告方的这一申请,一审法院没有审查的,二审法院还可以对有关证据的合法性进行审查,并可以排除非法证据。被告方提出被告人审判前供述是非法取得的,法庭应当要求其提供相应的线索或者证据。法庭经过初步审查,"对被告人审判前供述取得的合法性有疑问的",可以正式启动非法证据排除程序。在这一程序中,公诉方就侦查行为的合法性承担证明责任,并可以通过三种方式承担这一证明义务:一是提供讯问笔录;二是提供原始的讯问过程录音录像证据;三是提请法庭通知侦查人员或其证人出庭作证。法庭对非法证据排除问题的审查,可以通过开庭方式进行,也可以进行庭外调查核实证据的工作。经过审查,法庭认为公诉方不提供证据证明侦查行为的合法性,或者已提供的证据不够确实、充分的,可以直接排除有关被告人供述。

该规定还对被告人供述以外的其他言词证据的排除程序作出了原则性规定。无论是检察机关还是被告方,提出"未到庭证人的书面证言""未到庭被害人的书面陈述"是非法取得的,"举证方"应当对其取证的合法性予以证明。这就等于对非法证人证言、非法被害人陈述的排除确立了"谁申请法院采纳该证据,谁承担证明责任"的规则。这一点其实已经为2012年《刑事诉讼法》所确立。根据该法,检察机关要对证据收集的合法性承担证明责任。这就意味着只要检察机关向法院提出的证据在收集合法性方面存在着争议,检察机关就须承担证明侦查行为合法性的责任。

五、《办理死刑案件证据规定》

最高人民法院2010年参与制定的《办理死刑案件证据规定》,是我国又一部有关刑事证据问题的司法解释。尽管该规定属于针对死刑案件的专门证据规则,但它对于其他刑事案件的办理具有"参照"效力。该规定从"一般规定""证据的分类审查与认定"以及"证据的综合审查和运用"等三个方面,较为详细地规定了刑事证据运用方面的规则。

《办理死刑案件证据规定》确立了我国刑事证据法的基本原则。这些原则主要有:认定案件事实,必须以证据为根据;司法人员应当严格遵守法律程序,全面客观地审查核实证据;经过当庭出示、辨认、质证等法庭调查程序查证属实的证据,才可以作为定罪量刑的根据;办理刑事案件,对被告人犯罪事实的认定,必须达到"证据确实、充分"的程度。该规定对"证据确实、充分"的含义及其具体标准作出了明确规定。这在我国刑事证据立法中具有重大意义。

《办理死刑案件证据规定》针对不同的证据种类,从证据审查方法、排除规则以及证据采信规则等方面,确立了具体的证据规则。该规定对物证、书证、证人证言、被告人供述和辩解、鉴定意见、勘验检查笔录、视听资料、电子数据、辨认笔录以及侦查人员出具的情况说明等具体证据材料,都分别确定了审查判断的方法。但值得高度重视的是,该规定针对不同证据种类的情况,还确立了更多非法证据排除规则。这些排除规则,较之《非法证据排除规定》而言,不仅种类更多,适用的范围更广,而且还设定了一些新的排除后果。

首先,《办理死刑案件证据规定》大大拓展了强制性排除规则的适用范围。例如,针对物证、书证,该规定要求"经勘验、检查、搜查提取、扣押的物证、书证,未附有勘验、检查笔录,搜查笔录,提取笔录,扣押清单,不能证明物证、书证来源的,不能作为定案的根据"。又如,"询问证人没有个别进行而取得的证言""没有经被告人核对确认并签名(盖章)、捺指印的"讯问笔录、在鉴定机构或鉴定人不具备法定资格和条件情况下所做的鉴定意见、"不是在侦查人员主持下进行的"辨认笔录等,都属于强制性排除规则的适用对象。据统计,这类强制性排除规则所适用的"非法证据",可达到20种之多,几乎涵盖了所有常见的证据种类。

其次,《办理死刑案件证据规定》针对瑕疵证据确立了可补正的排除规则。该规定将那些在笔录制作上存在一些遗漏或错误的不规范行为,视为"程序瑕疵";对于侦查人员以此方法所取得的证据,则称为"瑕疵证据"。对于瑕疵证据,该规定没有采取一律排除的处理方法,而是给予办案人员进行补正或者作出合理解释的机会。这类瑕疵证据的种类较多,也几乎涵盖了所有常用的证据种类。例如,"收集调取的物证、书证,在勘验、检查笔录,搜查笔录,提取笔录,扣押清单上没有侦查人员、物品持有人、见证人签名或者物品特征、数量、质量、名称等注明不详的","询问笔录反映出在同一时间段内,同一询问人员询问不同证人的",讯问笔录"填写的讯问时间、讯问人、记录人、法定代理人等有误或者存在矛盾的",勘验、检查笔录存在明显不符合法律及有关规定的情形,"辨认记录过于简单,只有结果没有过程"的,等等,侦查人员所制作的这些瑕疵证据,都可以成为可补正的排除规则的适用对象。

再次,针对特定证据种类的证明力问题,《办理死刑案件证据规定》确立了一些证据采信规则。例如,在证人证言的审查过程中,遇有证人作出"猜测性、评论性、推断性的证言",以及那些"处于明显醉酒、麻醉品中毒或者精神药物麻醉状态"的证人所作的证言,都可以不作为"定案的根据"。又如,未到庭作证证人的书面证言出现矛盾,不能排除矛盾且无其他证据印证的,不能作为"定案的根据"。再如,被告人庭前供述一致,庭审中翻供,但被告人不能合理说明翻供理由或者其辩解与全案证据相矛盾,而庭前供述与其他证据能够相互印证的,可以采信被告人庭前供述。而被告人庭前供述和辩解出现反复,庭审中不供认,且无其他证据与庭前供述印证的,不能采信庭前供述。

最后,《办理死刑案件证据规定》还确立了针对实物证据的鉴真制度。对于经勘验、检查、搜查所取得的物证、书证,该规定要求应附有勘验、检查笔录,搜查笔录,扣押清单,提取笔录,以便证明该物证、书证的来源;对于物证、书证的来源和收集过程,应有相应的证据加以证明;对于视听资料和电子数据,也要有来源合法、制作过程规范、保管完善以及没有经过剪辑、增加、删改、编辑等伪造、编造的证明;等等。不仅如此,对于鉴定意见,还要审查送检材料、样本的来源。由此,该规定对于实物证据的真实性和同一性,确立了一种旨在验证保管链条完整性的鉴真方法。

在"证据的综合审查和运用"部分,《办理死刑案件证据规定》确立了司法证明的基本规则以及量刑证据的采信规则。根据这一规定,对于单个证据的证明力,应当"从各证据与待证事实的关联程度、各证据之间的联系等方面进行审查判断",证据之间只有具有内在的联系,"共同指向同一待证事实,且能排除合理矛盾的",才能作为定案的根据。而在证据的综合审查方面,该规定确立了根据间接证据定案的基本标准,尤其强调间接证据之间的"相互印证",排除矛盾和疑问,间接证据相互间形成完整的证明体系,依据间接证据认定的案件事实,得出唯一的结论,足以排除一切合理的怀疑。与此同时,在案件存在被告人供述的情况下,规定要求通过对被告人供述的补强,来认定被告人的犯罪事实。

《办理死刑案件证据规定》首次对量刑情节的调查以及量刑证据的审查判断确立了证据规则。根据该项规定,法院在审查法定情节以外,还应对以下酌定情节加强审查:案件起因、被害人过错、被告人家属是否协助抓获被告人、被告人平时表现及其悔罪态度、被害人获得赔偿的情况、被告人是否取得被害方的谅解,等等。同时,对于自首、立功、检举揭发、累犯、年龄等法定情节,在存在疑问时如何认定的问题,该规定确立了一些可操作的规则。

六、《电子数据规定》

2010 年的《办理死刑案件证据规定》曾对电子数据的收集和审查作出过初步的规定。2014 年,最高人民法院还会同最高人民检察院和公安部发布过一部有关办理网络犯罪案件适用刑事诉讼程序的规范性文件,其中对电子数据的取证和审查作出了一些较为具体的规定。2016 年 10 月 1 日,在总结刑事司法相关经验的基础上,最高人民法院会同最高人民检察院、公安部通过了《电子数据规定》。

《电子数据规定》对电子数据的收集提取和审查判断确立了较为详细的证据规则。该规定将电子数据定位为"案件发生过程中形成的,以数字化形式存储、处理、传输的,能够证明案件事实的数据",并将电子数据区分为四个基本类型。该规定特别强调在电子数据的收集和审查判断过程中,司法人员应当采取一些法定方法保护电子数据的完整性;侦查人员在立案前的初查阶段所收集提取的电子数据,以及通过网络在线所获取的电子数据,都可以作为证据使用。

在电子数据的收集和提取方面,《电子数据规定》确立了一些新的规则。原则上,收集、提取电子数据,应当扣押、封存电子数据的原始存储介质,也就是具备数据信息存储功能的电子设备、硬盘、光盘、优盘等载体。在法定情形下无法扣押原始存储介质的,可以提取电子数据,但应注明援引、原始存储介质存放地或者来源,并计算电子数据的完整性校验值。由于客观原因无法收集、提取电子数据的,可以采取打印、拍照、录像等方式固定电子数据。该规定还对电子数据的冻结、调取、检查、鉴定等活动确立了一些具体的操作规则。

在电子数据的移送和展示方面,《电子数据规定》要求,对于收集、提取的原始存储介质或者电子数据,应当以封存状态随案移送,并制作电子数据的备份一并移送。侦查机关必要时应当随案移送网页、文档、图片等电子数据的打印件,或者附展示工具和展示方法说明。对于无法直接展示的电子数据,应当附电子数据属性、功能等的说明。控辩双方向法庭提交的电子数据需要展示的,可以借助多媒体设备进行出示、播放或者演示,必要时可以聘请专家进行操作,并说明技术问题。

在电子数据的审查和判断方面,《电子数据规定》要求应对电子数据的真实性、完整性和合法性进行专门审查,对于被告人网络身份与现实身份的同一性以及被告人与存储介质的关联性,可以通过核查相关 IP 地址、网络记录、上网终端归属以及相关言词证据进行综合判断。控辩双方对电子数据鉴定意见有异议的,可以申请通知鉴定人出庭作证,也可以申请通知有专门知识的人出庭发表意见。该规定确立了两方面的排除规则:一是可补正的排除规则,对于电子数据没有以封存状态移送的,笔录或清单上没有相关人员签名或者盖章的,对电子数据的名称、类别、格式等注明不清的,等等,无法补正或者无法作出合理解释的,都不得作为定案的根据;二是绝对排除规则,对于那些被篡改、伪造或者无法确定真伪的电子数据,以及存在增加、删除、修改等情形并影响真实性的电子数据,一律不得作为定案的根据。

七、《严格排除非法证据规定》

为推进以审判为中心的诉讼制度改革,完善针对侦查行为合法性的司法审查制度,最高人民法院会同其他四个部门于 2017 年发布了《严格排除非法证据规定》。该项规定对刑事证据法作出了一些重大发展。尤其是在非法证据排除规则的适用对象和适用程序上,该项规定确立了一些新的规则。

《严格排除非法证据规定》维持了我国原有的非法证据排除规则的三种模式,对于裁量性排除规则和可补正的排除规则,在适用对象上都没有作出调整。该规定所改变的主要是强制性排除规则的适用对象,其中最为显著的是非法供述的适用范围。过去,法律将侦查人员以刑讯逼供等非法手段所获取的供述,作为强制性排除的适用对象。而根据该项规定,以下三项供述也被纳入强制性排除规则的适用对象:一是侦查人员以威胁手段所获取的供述,也就是"以暴力或者严重损害其本人及其近亲属合法权益等"相威胁所获得的有罪供述;二是侦查人员以非法拘禁手段所获取的被告人有罪供述;三是侦查人员采取刑讯逼供措施后再次获取的重复性供述,也就是受到前次刑讯逼供手段直接影响的重新供述。

《严格排除非法证据规定》加强了对律师辩护权的保障。该项规定将法律援助值班律师制度扩大适用到犯罪嫌疑人、被告人申请排除非法证据的场合。同时,辩护律师自审查起诉之日起可以查阅、摘抄、复制讯问笔录、提讯登记、采取强制措施或侦查行为的法律文书等证据材料,还可以向法院、检察机关申请调取侦查机关收集但未提交的讯问录音录像、体检记录等证据材料。

《严格排除非法证据规定》确立了检察机关在审判前程序中对非法证据排除程序的主导权。检察机关在审判前阶段主导非法证据排除程序，这是我国刑事诉讼制度的鲜明特色。为发挥这一制度优势，该项规定要求检察机关在侦查期间接受犯罪嫌疑人及其辩护律师的申请，启动非法证据排除程序。检察机关主导非法证据排除程序的方式主要有三种：一是在侦查终结前对侦查人员是否存在刑讯逼供等非法取证行为进行核查，这要由驻看守所检察官通过询问犯罪嫌疑人来进行，并对核查过程进行录音录像；二是检察机关在审批逮捕期间可以对犯罪嫌疑人及其辩护人提出的排除非法证据的申请进行调查核实；三是检察机关在审查起诉期间也可以对侦查行为的合法性进行调查核实。检察机关经过上述调查核实工作，认定侦查人员存在非法取证行为的，可以排除有关证据，并提出纠正意见，不得将有关证据作为逮捕和公诉的依据。

《严格排除非法证据规定》确立了庭前会议的初步审查功能。被告人及其辩护人提出排除非法证据申请，并提交相关线索或者材料的，法院应当启动庭前会议程序。在庭前会议上，法官应要求检察官对证据收集的合法性作出说明，允许控辩双方就非法证据排除问题达成合意。经过听取意见和了解情况，法官对侦查人员收集证据的合法性有疑问的，就可以决定启动正式调查程序，否则就将驳回被告方的相关申请。

《严格排除非法证据规定》完善了非法证据排除的法庭审理程序。首先，该项规定重申了先行调查原则，强调程序性审查的优先性。在庭审期间，法庭决定对证据收集的合法性进行调查的，应当先行进行当庭调查。其次，该项规定确立了当庭裁决原则。法庭对侦查人员证据收集的合法性进行调查后，应当当庭作出是否排除相关证据的决定。再次，该规定完善了二审法院对非法证据排除问题的裁决方式。对于一审法院对被告方有关排除非法证据的申请没有审查，可能影响公正审判的，二审法院应将其视为违反法定诉讼程序的行为，作出撤销原判、发回重审的裁定。这就将一审法院拒绝审查被告方排除非法证据申请的行为纳入了程序性制裁的轨道。与此同时，对于一审法院应当排除而没有排除的证据，二审法院经过调查确认其为非法证据后，可以将其予以排除。但是，在决定排除相关证据后，二审法院认为一审法院不予排除的裁决属于"无害错误"的，也就是不影响原审定罪裁判的，就可以作出维持原判的裁决。相反，二审法院认为一审法院不予排除非法证据的裁决属于"有害错误"的，也就是足以影响原审有罪判决结论成立的，则可以作出撤销原判、发回重审的裁定。

八、《最高法院 2020 年解释》

《最高法院 2020 年解释》对 2018 年《刑事诉讼法》进行了全方位的解释。该项司法解释在对《刑事诉讼法》有关证据制度的规定进行解释的同时,还全面吸收了"两个证据规定"和《最高法院 2012 年解释》所确立的原则和规则,使之成为对所有刑事案件都具有法律效力的证据规范。不仅如此,《最高法院 2020 年解释》还吸收了最高人民法院有关非法证据排除、电子数据运用、法庭调查和庭审质证等问题的司法解释和规范性文件的规定,将 2010 年以来的刑事司法改革成果确立下来,完善了我国的刑事证据制度。

《最高法院 2020 年解释》确立了证据裁判原则,要求法官应当"依照法定程序收集、审查、核实、认定证据",一般情况下,证据未经当庭出示、辨认、质证等法庭调查程序,不得作为定案的根据。该司法解释还明确了刑事诉讼的证明对象,在对犯罪事实作出列举的同时,引入了程序性事实和量刑事实这两种新的证明对象。为解决司法证明中存在的一些难题,该司法解释还首次对"认定被告人有罪"和"对被告人从重处罚",都确立了"证据确实、充分"的最高证明标准。

《最高法院 2020 年解释》沿袭了《办理死刑案件证据规定》的立法体例,对物证、书证、证人证言、被害人陈述、被告人供述和辩解、鉴定意见、笔录证据、视听资料、电子数据的审查与认定,确立了较为具体的规则。这些规则既包括了法院对上述各类证据的审查内容和审查方法,也包括了相应的排除性规则。而在这些排除性规则中,该司法解释除确立了较为繁杂的强制性排除规则和瑕疵证据补正规则以外,还针对那些明显不具有证明力的情况,确立了一些旨在限制特定证据的证明力的规则。

《最高法院 2020 年解释》确立了证据的综合审查和运用规则。该司法解释确立了法院运用间接证据定案的具体标准,对被告人口供补强规则作出了更为细化的规定。除此以外,该司法解释还对程序性争议事实和量刑事实的认定,确立了一些新的证据规则,从而对这两类事实认定中证据的审查问题确定了采信的标准。

在非法证据排除规则方面,《最高法院 2020 年解释》对于强制性的排除和裁量性的排除作出了更为具体的规定,同时在各类证据的审查中也吸收了瑕疵证据的补正规则。这显示出自 2010 以来我国非法证据排除规则的基本框架大体保持了一定的延续性。该司法解释对"刑讯逼供"的含义以及"可能严重影响司法公正"的情况作出了具体的解释。而在排除非法证据的实施程序方面，该司法解释确立了一种较成体系的程序性裁判规则。这些规则的主要内容有：法院在送达起诉书副本时，可以告知被告人有权提出排除非法证据的申请；被告人提出这类申请的，应当提交申请书，申请书副本应及时被送达检察机关；被告方一旦提出此类申请，法院应当召开庭前会议，就非法证据排除问题听取控辩双方的意见；原则上，被告方提出了排除非法证据的申请，法院应当立即启动初步审查和正式调查程序，并对是否排除非法证据问题作出决定，但在法定例外情况下，法院也可以不中断实体性审判程序，而在法庭调查结束之前，再来审查被告方的有关申请；对于所有排除非法证据的申请，法院都要首先进行初步审查，在对侦查行为的合法性存有疑问的前提下，才能启动正式调查程序；在正式调查程序中，法院通过听取公诉方提交的证据材料，或者通过庭外调查核实证据等方式，来对侦查行为的合法性进行审查，公诉方承担证明责任，并达到排除合理怀疑的最高标准；对于法院拒绝启动初步审查程序的决定，或者法院就是否排除某一公诉方证据作出的决定，控辩双方都可以向二审法院提出抗诉或者上诉，二审法院应对一审法院就排除非法证据问题所作的决定进行重新审查，并与案件的实体问题一起，一并作出是否推翻原判的裁决。

《最高法院 2020 年解释》对行政机关和监察机关收集的证据材料确立了证据规则。原则上，行政机关在行政执法和查办案件过程中所收集的物证、书证、视听资料、电子数据，检察机关可以直接将其作为审查起诉的依据，法院经查证属实，认为这些证据的收集程序符合有关法律、行政法规规定的，可以将其作为定案的根据。对于行政机关收集的上述实物证据以外的其他证据材料，检察机关不得将其作为审查起诉的依据，法院也不得将其采纳为定案的根据。与此同时，该司法解释还承认了行政机关主持起草的事故调查报告的证据效力。这类事故调查报告在刑事诉讼中可以作为证据使用，报告中涉及专门性问题的意见，经法庭查证属实，调查程序符合法律和有关规定的，可以作为定案的根据。

《最高法院 2020 年解释》正式承认了监察机关收集的证据材料的证据效力。监察机关在查办国家公务人员职务犯罪案件过程中，依法收集的证据材料，可以在刑事诉讼中作为证据使用。检察机关可以直接将其作为审查起诉的依据,法院经过查证属实,认为这些证据的收集符合有关法律规定的,可以作为定案的根据。

《最高法院2020年解释》吸收了《电子数据规定》所确立的证据规则,对于电子数据的审查和采信问题作出了简要但有针对性的规定。该司法解释规定了司法机关对电子数据真实性、完整性和合法性加以审查的基本内容,确立了电子数据的强制性排除规则和瑕疵证据补正规则。

《最高法院2020年解释》还对讯问录音录像、技术侦查或调查证据、法定代理人或合适成年人不在场的未成年被告人供述的证据能力问题,作出了一些限制性的规定。

九、刑事证据法的渊源与证据法的发展

迄今为止,上述七个重要的法律文本,构成了我国刑事证据法的基本法律渊源,也形成了我国刑事证据制度的基本框架和体系。过去,我们在研究刑事证据问题时,由于缺乏基本的法律文本,不得不侧重从理论上来阐述刑事证据中的诸多问题。但这种所谓的"证据理论",大都属于从西方国家证据理论中借鉴过来的理论,它们对于解释中国刑事证据运用的问题缺乏普遍的可信度和说服力。我国刑事证据规则的颁布实施,打破了那种"言必称英美证据法"的局面。这七个刑事证据法律文件不仅总结了我国刑事证据审查判断的经验,而且具有一定的前瞻性和指导性,可以成为我们研究中国刑事证据问题的基本法律样本。

中国的刑事证据理论应如何构建?从过去的经验和教训来看,直接照搬照抄西方国家的法学理论,是注定无法建立起来的。比较可行的方法是,通过分析中国刑事证据法律文本,观察中国刑事证据运用的案件情况,从中发现问题,总结经验和教训,提炼出具有解释力的概念和理论。经过三十余年的刑事司法实践,中国司法机关已经遇到过多方面的证据运用难题,也总结出了解决这些问题的经验和智慧。对于证据法问题的研究者们来说,与其不加分析地"照搬照抄"西方国家的证据理论,与其对刑事证据问题进行抽象的理性思辨,倒不如脚踏实地地研究中国刑事证据立法的发展情况,观察中国的刑事司法实践,通过对这些立法发展和实践经验的总结,发现证据运用的一些规律,从而推动中国刑事证据理论的发展。

通过分析中国刑事证据法的渊源,我们不难看出,一些由立法机关和最

高司法机关所创制的制度，正逐渐成为刑事证据制度的有机组成部分。例如，在排除非法证据问题上，中国刑事证据法出现了"非法证据"与"瑕疵证据"的区分，并分别确立了强制性的排除规则与可补正的排除规则；在实物证据的鉴真问题上，中国刑事证据法更为注重"保管链条的完整性"，强调通过勘验、检查笔录，搜查笔录，提取笔录，扣押清单等笔录证据的验证，来证明实物证据在来源、收集、保管、出示等诸多方面的真实性和同一性；在对鉴定意见的质证方面，中国刑事证据法在强调鉴定人出庭作证的同时，注重专家辅助人对鉴定意见的意见，使得控辩双方在对鉴定意见进行质证方面，能够获得专家的协助；在单个证据的证明力以及证据的综合审查判断方面，中国刑事证据法不是简单地遵从自由心证原则，由法官根据经验、理性和良心进行自由评判，而是吸收法定证据制度的一些因素，对证据的证明力大小强弱作出了一些限制，对于证明犯罪事实的标准确立了一些明确具体的规则，这对于有效地规范和约束法官的自由裁量权显然有一定的积极意义……

当然，指出中国刑事证据法律文本中的一些特殊经验，并不是要对这些经验进行一味的肯定。其实，从价值判断的角度来看，这些特殊经验并不是完美无缺的，有的甚至还存在着一些难以克服的局限性甚至缺陷。不过，站在法律发现的立场，我们可以从中国的证据法制经验中发现刑事证据法的发展脉络和基本逻辑，由此逐步塑造中国的刑事证据法学。

需要指出的是，我国的法律渊源主要以成文法为主，而基本上没有判例法的存在空间。刑事证据法的法律渊源也同样如此。但是，在我国刑事证据法的成长和发展过程中，仅仅由立法机关通过修订刑事诉讼法，或者最高人民法院制定和修订司法解释，来创制一些新的证据规则，这经常造成法律与司法实践脱节的问题，以至于无法及时回应司法界、律师界乃至法学界对刑事证据立法的实际需求。与此同时，一些新创制的证据规则，也经常存在无法操作、难以实施甚至彻底被架空和搁置的问题。假如不对法律制度的形成路径作出适度的调整，而继续沿着立法推进主义（或者成文法推进主义）的道路前行的话，那么，立法、司法解释与司法实践的脱节问题将会愈演愈烈。在2012年《刑事诉讼法》实施之后，诸如非法证据排除规则、排除合理怀疑的证明标准规则以及口供补强规则等，都程度不同地出现法律规避的现象，就说明了成文法乃至成文司法解释具有明显的局限性。

最高人民法院推行的指导性案例制度，可望对这种以成文法为主导的刑事证据立法局面作出一定的改变。尽管这些被最高人民法院精心遴选出来的案例,在体现法律适用争议方面不一定具有典型性,这些指导性案例所表达的判案要旨也充其量不过是另一种形式的司法解释,其法律效力也具有一定的不明确性,但是,案例指导制度的推行,至少结束了成文法一支独大的局面,最高人民法院开始通过对个案的具体裁判来解释法律并创制新的法律规则。当然,最高人民法院发布的指导性案例还极少涉及对刑事证据问题的解释。不过,根据目前的发展趋势,最高人民法院通过案例指导制度来解释证据规则甚至发展刑事证据法,这将是迟早会发生的事情。这种指导性案例尽管并不属于一种正式的法律渊源,而对各级法院仅仅具有"应当参考"的效力,然而,这对于克服成文的刑事证据法之不足,解决我国刑事证据法的过分单一性问题,却是一个可期待的良好开端。

【深入思考题】

1. 我国为什么没有颁布统一的"证据法典"?

2. 我国的刑事证据法为什么主要以司法解释的形式存在?

3. 我国证据法学界向来推崇英美证据法的理论和制度,为什么我国刑事证据法并没有吸收这些制度?比如证据法理论所推崇的相关性规则、传闻证据规则、沉默权规则、交叉询问规则等,在我国现行刑事证据法中都没有得到确立。请对此作出理论上的解释。

【讨论案例之二】

最高人民法院
（2003）刑提字第 5 号刑事再审判决书（摘录）

辽宁省铁岭市人民检察院于 2001 年 8 月 10 日向铁岭市中级人民法院提起公诉,指控被告人刘涌犯组织、领导黑社会性质组织罪,故意伤害罪,抢劫罪,敲诈勒索罪,私藏枪支、弹药罪,妨害公务罪,非法经营罪,偷税罪,行贿罪。同时,附带民事诉讼原告人扈艳、刘宝贵对被告人刘涌等人提起附带民事诉讼。铁岭市中级人民法院于 2002 年 4 月 17 日作出（2001）铁中刑初字第 68 号刑事附带民事判决,认定被告人刘涌犯故意伤害罪,判处死刑,剥夺政治权利终身;犯组织、领导黑社会性质组织罪,判处有期徒刑十年;犯故意毁坏财物罪,判处有期徒刑五年;犯非法经营罪,判处有期徒刑五年,并处罚金人民币 1500 万元;犯行贿罪,判处有期徒刑五年;犯非法持有枪支罪,判处有期徒刑三年;犯妨害公务罪,判处有期徒刑三年。决定执行死刑,剥夺政治权利终身,并处罚金人民币 1500 万元。判处刘涌赔偿附带民事诉讼原告人扈艳人民币 1 万元,赔偿附带民事诉讼原告人刘宝贵人民币 5420 元。对刘涌聚敛的财物及其收益,以及用于犯罪的工具,依法追缴、没收。判决宣告后,刘涌不服,提出上诉;附带民事诉讼原告人扈艳、刘宝贵亦不服,提出上诉。辽宁省高级人民法院于 2003 年 8 月 11 日作出（2002）辽刑一终字第 152 号刑事附带民事判决,撤销原一审判决中对刘涌故意伤害罪的量刑部分及对附带民事诉讼原告人扈艳的民事赔偿部分。认定刘涌犯故意伤害罪,判处死刑,缓期二年执行,剥夺政治权利终身;犯组织、领导黑社会性质组织罪,判处有期徒刑十年;犯故意毁坏财物罪,判处有期徒刑五年;犯非法经营罪,判处有期徒刑五年,并处罚金人民币 1500 万元;犯行贿罪,判处有期徒刑五年;犯非法持有枪支罪,判处有期徒刑三年;犯妨害公务罪,判处有期徒刑三年。决定执行死刑,缓期二年执行,剥夺政治权利终身,并处罚金人民币 1500 万元。判处刘涌赔偿刘宝贵人民币 5420 元;赔偿扈艳人民币 1 万元,对扈艳的赔偿与其他同案被告人共同承担连带责任。对刘涌组织、领导黑社会性质组织犯罪聚敛的财物及其收益,以及用于犯罪的工具,依法追缴、没收。该判决发生法律效力后,本院于 2003 年 10 月 8 日作出（2003）刑监字第 155 号再审决定,以原二审判决对刘涌的判决不当为由,依照审判监督程序提审本案。本院依法组成合议庭,公开开庭审理了本案。最高人民检察院指派检察员姜伟、张凤艳出庭支持公诉。再审被告人刘涌及其辩护人佟林、徐冲到庭参加诉讼。现已审理终结……

辽宁省高级人民法院原二审判决认为,一审判决认定被告人刘涌的主要犯罪事实和证据未发生变化,应予以确认。对刘涌及其辩护人提出的公安机关在对刘涌及其同案被告人讯问时存在刑讯逼供的辩解及辩护意见,经查,不能从根本上排除公安机关在侦查过程中存在刑讯逼供。刘涌系黑社会性质组织的首要分子,应当按照其所组织、领导的黑社会性质组织所犯的全部罪行处罚。其所犯故意伤害罪,论罪应当判处死刑,但鉴于其犯罪的事实、性质、情节和对社会的危害程度以及本案的具体情况,对其判处死刑,可不立即执行。

本院再审开庭审理时,公诉人认为原判认定的刘涌的犯罪事实清楚,证据确实、充分。但原二审判决认为不能从根本上排除公安机关在侦查过程中存在刑讯逼供,并对刘涌改判死刑,缓期二年执行不当,应予纠正。

再审被告人刘涌对原判认定的部分事实提出异议,辩解称:未指使程健、宋健飞等人殴打被害人王永学,程健、宋健飞等人殴打王永学系为绰号叫"老狐狸"的赵德军进行报复;未指使、授意他人殴打、伤害刘燕、崔岩、周刚、范振斌等被害人;未指使他人打砸沈阳中街大药房;未枪击佟俊森、刘宝贵;故意伤害宁勇已经过公安机关调解处理,不应再追究刑事责任;只向马向东行贿2万美元,未向刘实、姜新本、凌德秀行贿,未请托刘实、马向东等人为自己谋取不正当利益;未组织、领导黑社会性质组织;公安机关在侦查过程中存在刑讯逼供。

再审被告人刘涌的辩护人提出的辩护意见与刘涌的辩解相同,并认为刘涌及其同案被告人在侦查阶段的口供不应作为证据使用。

经再审开庭审理查明:再审被告人刘涌自1995年以来,先后纠集原审同案被告人宋健飞、吴静明、董铁岩、李志国、程健、张建奇、刘凯峰等人,在原审同案被告人朱赤、刘军、孟祥龙、房霆(均系警察)的参与及纵容下,逐步形成以其为首、以其建立的企业为依托的黑社会性质组织,采取暴力等非法手段聚敛钱财,收买国家工作人员马向东、刘实、焦玫瑰、高明贤、凌德秀、姜新本、杨礼维(均另案处理)等人为其提供非法帮助,在一定区域和行业范围内有组织地进行违法活动。具体事实如下:

1998年2月25日,再审被告人刘涌因沈阳市盛京饭店起诉其公司拖欠购房款,而对该饭店总经理刘燕不满,指使宋健飞、张建奇、刘凡(在逃)持片刀、枪刺在盛京饭店东门前向刘燕头、面、臂等处连砍数刀,致刘燕重伤,伤残程度五级。该饭店职工崔军、刘淑贤见状上前解救刘燕时,也被砍为轻微伤。

上述事实,有下列经庭审举证、质证的证据证实:

1. 被害人刘燕陈述:因与刘涌发生债务纠纷,1998年2月25日,刘涌雇人在盛京饭店门前用刀将她头、面、臂等处砍伤。

2. 被害人刘淑贤、崔军陈述:1998年2月25日,他们在盛京饭店门前随刘燕外出时,被人持刀砍伤。

3. 法医鉴定结论:被害人刘燕左尺骨骨折,左面部神经断裂,损伤程度为重伤,伤残程度五级;被害人刘淑贤、崔军均为轻微伤。

4. 原审同案被告人宋健飞、张建奇供述:在刘涌指使下,他们伙同刘凡将刘燕、刘淑贤、崔军砍伤。

5. 再审被告人刘涌在侦查阶段的供述与上述证据相符,可相互印证。

上述证据,本院予以确认……

1999年10月,再审被告人刘涌得知有人销售"云雾山"牌香烟,影响其经销同种香烟后,指使程健去市场查看并"收拾"销售"云雾山"牌香烟的业户。同年10月15日上午,在沈阳市和平区南市农贸大厅,经程健派人指认,宋健飞、吴静明、董铁岩、李志国及李凯(原审同案被告人)等人对销售"云雾山"牌香烟的业户王永学进行殴打,宋健飞并威胁他人"看谁还敢卖云雾山烟"。王永学因右肺门、右心房破裂,急性失血性休克合并心包填塞而死亡。

上述事实,有下列经庭审举证、质证的证据证实:

1. 法医鉴定结论:被害人王永学因遭受钝性外力作用,造成右肺门破裂、右心房破裂,急性大失血合并心包填塞死亡。

2. 证人张宝福、扈刚、扈艳、邢广海、王丽证明:1999年10月15日上午,有一伙人在沈阳市和平区南市农贸大厅殴打王永学,并威胁"看谁还敢卖云雾山烟"。

3. 原审同案被告人程健、吴静明、宋健飞、董铁岩、李志国、李凯供述:为垄断"云雾山"牌香烟的销售市场,在刘涌的指使下,他们到沈阳市和平区南市农贸大厅殴打了王永学。董铁岩、李志国还供述:殴打王永学后,宋健飞威胁他人"看谁还敢卖云雾山烟"。

4. 再审被告人刘涌在侦查阶段的供述与上述证据相符,可相互印证。

上述证据,本院予以确认……

1998年5月的一天,沈阳春天休闲广场销售服装的业主王传泰、刘志兰发生口角厮打。再审被告人刘涌受王传泰之弟王传正之托,要求有关管理人员清除刘志兰未果,遂指使宋健飞、刘凯峰伙同刘凡持刀划坏刘志兰经销的服装,砸毁试衣镜,造成经济损失价值人民币2180元。

上述事实,有下列经庭审举证、质证的证据证实:

1. 被害人刘志兰陈述及证人王传正、王传泰、姚辉证明:1998年5月的一天,王传泰与刘志兰发生口角厮打。后来有三个人划坏了刘志兰经销的服装,砸毁试衣镜。

2. 估价鉴定结论:刘志兰被毁坏的物品价值人民币2180元。

3. 原审同案被告人宋健飞、刘凯峰供述:受刘涌指使,他们伙同刘凡划坏了刘志兰经销的服装,砸毁试衣镜。

4. 再审被告人刘涌在再审开庭时对上述事实供认不讳。

上述证据,本院予以确认……

经再审开庭审理查明,再审被告人刘涌在其黑社会性质组织形成之前,还进行了下列违法活动:

1989年9月11日晚8时许,再审被告人刘涌因怀疑其女友孙曼江与宁勇关系暧昧,纠集宋健飞及张俊民、姜铁刚、陆宏武(均在逃)等人在沈阳市和平区水上乐园歌舞厅附近,用木棍、拳脚猛击宁勇面、胸、腹部,致宁勇脾破裂,脾摘除,造成重伤,伤残程度五级。

上述事实,有下列经庭审举证、质证的证据证实:

1. 被害人宁勇陈述:1989年9月11日晚,其在沈阳水上乐园歌舞厅附近,被刘涌带一伙人打伤。

2. 法医鉴定结论:被害人宁勇脾破裂、脾摘除,为重伤,伤残程度五级。

3. 原审同案被告人宋健飞供述及证人孙曼江、张俊民、姜铁刚证明:1989年夏季的一天,刘涌因怀疑宁勇与孙曼江关系暧昧,伙同宋健飞、张俊民、陆宏武、姜铁刚等人将宁勇打伤。

4. 再审被告人刘涌在再审开庭时对上述事实供认不讳。

上述证据,本院予以确认……

综上,再审被告人刘涌组织、领导黑社会性质组织实施违法活动27起;在黑社会性质组织形成之前,实施违法活动4起,共实施违法活动31起。其中,直接参与或者指使、授意他人故意伤害13起,致1人死亡,5人重伤并造成4人严重残疾,8人轻伤;指使他人故意毁坏财物4起,毁坏财物价值共计人民币33090元;非法经营1起,经营额人民币7200万元;向国家工作人员行贿6起,行贿金额人民币41万元、港币5万元、美元95000元,行贿物品价值人民币 25700 元,共计折合人民币 1275497 元;指使他人妨害公务 1 起;非法持有枪支 1 支。

对于再审被告人刘涌提出的未指使程健、宋健飞等人殴打被害人王永学,程健、宋健飞等人殴打王永学系为绰号叫"老狐狸"的赵德军进行报复的辩解,经查,赵德军否认自己叫老狐狸,并称自己不认识王永学;程健、宋健飞等人均未证明赵德军是"老狐狸";证人扈艳(王永学之妻)证明,王永学与赵德军没有矛盾;程健、宋健飞等人的供述均证明,因王永学销售"云雾山"牌香烟,影响刘涌销售同种香烟,在刘涌指使下,他们殴打了王永学,宋健飞并威胁他人"看谁还敢卖云雾山烟";证人扈刚、邢广海、王丽等人证明,宋健飞、吴静明等人殴打王永学并威胁他人"看谁还敢卖云雾山烟"。上述证据足以证明,宋健飞等人殴打王永学,系为了刘涌的利益,在刘涌的指使下所为。对此,刘涌在侦查阶段亦曾多次供认。其辩解与已查明的事实不符,本院不予采纳。

对于再审被告人刘涌提出的未指使、授意他人殴打、伤害刘燕、崔岩、周刚、范振斌等被害人,未指使他人打砸中街大药房,未枪击佟俊森、刘宝贵的辩解,经查,经庭审举证、质证并经本院确认的被害人陈述、证人证言、原审同案被告人供述均证实,宋健飞、程健、吴静明、董铁岩、李志国、孙乃洪、张晓伟等人殴打、伤害上述被害人,打砸中街大药房等,均系在刘涌的指使、授意下所为。刘涌故意枪击佟俊森、刘宝贵,不仅有被害人指认,目击证人证明,还有同案被告人的供述证实。对上述事实,刘涌本人亦曾供认在案,证据确实、充分,足以认定。刘涌的辩解与已查明的事实不符,本院不予采纳。

对于再审被告人刘涌提出的未向刘实、姜新本、凌德秀行贿,只向马向东行贿美元 2 万元,以及没有请托马向东、刘实等人为自己谋取不正当利益的辩解,经查,刘涌向刘实行贿人民币 20 万元、美元 3 万元,向姜新本行贿人民币 10 万元,向凌德秀行贿人民币 2 万元,向马向东行贿美元 4 万元的事实,以及请托马向东、刘实等人利用职务上的便利,为其谋取不正当利益的事实,有经庭审举证、质证,并经本院确认的受贿人马向东、刘实、姜新本、凌德秀等人的证言和其他证人证言、书证证实,刘涌本人亦曾供述在案。证据确实、充分,足以认定。刘涌的辩解与已查明的事实不符,本院不予采纳。

对于再审被告人刘涌及其辩护人提出的公安机关在本案侦查阶段存在刑讯逼供的辩解及辩护意见,经查,庭审中公诉人出示的参与刘涌一案的预审、监管、看守人员的证言证明,公安人员未对刘涌及其同案被告人刑讯逼供;辽宁省人民政府依法指定的鉴定医院沈阳市公安医院2000年8月5日至2001年7月9日对刘涌及其同案被告人先后进行的39次体检病志载明,刘涌及其同案被告人皮肤黏膜均无出血点,双下肢无浮肿,四肢活动正常,均无伤情。刘涌的辩护人在庭审中出示的证明公安人员存在刑讯逼供的证人证言,取证形式不符合有关法规,且证言之间相互矛盾,同一证人的证言前后矛盾,不予采信。据此,不能认定公安机关在侦查阶段存在刑讯逼供,刘涌及其辩护人的辩解和辩护意见,本院不予采纳。

对于再审被告人刘涌及其辩护人提出的刘涌的行为不构成组织、领导黑社会性质组织罪的辩解和辩护意见,经查,经庭审举证、质证并经本院确认的证人证言和同案被告人的供述证实,自1995年以来,刘涌先后纠集宋健飞、吴静明、董铁岩、李志国、程健、张建奇、刘凯峰、朱赤、刘军等人,形成了以刘涌为首,以宋健飞、吴静明、董铁岩、李志国、程健为骨干,以张建奇、刘凯峰、朱赤、刘军等人为主要成员的犯罪组织。该组织以刘涌建立的企业为依托,通过非法经营、欺行霸市等违法犯罪活动或其他非法手段获取经济利益,具有较强的经济实力;在刘涌领导、指使、授意下,为了刘涌及该组织的利益,长期在一定区域内采用暴力、威胁或者其他手段,有组织地多次进行故意伤害、毁坏公私财物、非法经营、行贿、妨害公务、非法持有枪支等违法犯罪活动,为非作恶,欺压、残害群众;通过实施违法犯罪活动,并利用国家工作人员的包庇、纵容、帮助,称霸一方,在当地形成恶劣影响,严重破坏了当地经济、社会生活秩序,符合《全国人民代表大会常务委员会关于〈中华人民共和国刑法〉第二百九十四条第一款的解释》所规定的黑社会性质组织的构成要件。刘涌及其辩护人的辩解和辩护意见不能成立,本院不予采纳。

对于再审被告人刘涌提出的故意伤害宁勇已经公安机关调解,不应再追究刑事责任的辩解,经查,刘涌伤害宁勇,致其重伤并造成严重残疾,已构成故意伤害罪。依据法律规定,公安机关立案侦查后应当将此案移送人民检察院提起公诉。司法机关依法应当对刘涌的该起犯罪追究刑事责任。刘涌的辩解不能成立,本院不予采纳。

本院认为:再审被告人刘涌组织、领导具有黑社会性质的组织,大肆进行违法犯罪活动,其行为已构成组织、领导黑社会性质组织罪。刘涌在黑社会性质组织形成之前和在组织、领导黑社会性质组织的犯罪活动中,直接或者指使、授意他人实施故意伤害的行为已构成故意伤害罪,后果特别严重;指使他人故意损坏公私财物的行为已构成故意毁坏财物罪,数额巨大,情节特别严重；违反国家烟草专卖规定,异地购进香烟批发销售的行为构成非法经营罪,经营数额特别巨大,情节特别严重；为了谋取不正当利益,给予多名国家工作人员财物的行为已构成行贿罪,情节严重；指使他人以暴力方法,阻碍国家机关工作人员依法执行职务的行为,已构成妨害公务罪；违反枪支管理规定,非法持有枪支的行为已构成非法持有枪支罪。刘涌系组织、领导黑社会性质组织的首要分子,应对该组织的全部罪行承担责任。其直接或者指使、授意他人持刀、持枪实施故意伤害犯罪,致1人死亡,5人重伤并造成4人严重残疾,8人轻伤,手段特别残忍,情节特别恶劣,罪行极其严重,社会危害极大,且不具有法定或者酌定从轻处罚情节,依法应当判处死刑,立即执行。其所犯其他罪行,亦应依法惩处,数罪并罚。原一审判决认定的事实清楚,证据确实、充分,定罪准确,量刑适当。原二审判决定罪准确,但认定"不能从根本上排除公安机关在侦查过程中存在刑讯逼供情况",与再审庭审质证查明的事实不符；原二审判决"鉴于其犯罪的事实、性质、情节和对于社会的危害程度以及本案的具体情况",对刘涌所犯故意伤害罪的量刑予以改判的理由不能成立,应予纠正……撤销辽宁省高级人民法院(2002)辽刑一终字第152号刑事附带民事判决中对再审被告人刘涌故意伤害罪的量刑及决定执行的刑罚部分……再审被告人刘涌犯故意伤害罪,判处死刑,剥夺政治权利终身……对刘涌上列被判处的刑罚并罚,决定执行死刑,剥夺政治权利终身……

可讨论的问题：

1. 该案的再审判决发生在2003年,当时适用的是1996年《刑事诉讼法》,本书所讨论的刑事证据法大都还没有得到实施。请根据当时的刑事诉讼法,对本案再审判决书运用证据的逻辑进行讨论。

2. 该再审判决书一共认定再审被告人刘涌犯有30余项犯罪事实,但对被告人有罪供述的采信却有两种不同方式：一是认定"再审被告人刘涌在侦查阶段的供述与上述证据相符,可相互印证",这主要发生在被告人刘涌在再审中当庭翻供的情形；二是认定"再审被告人刘涌在再审开庭时对上述事实供认不讳",这主要发生在被告人刘涌在再审中当庭供述有罪的情形。请对最高人民法院采信被告人供述的方式作出评论。

3. 该再审判决书大量援引侦查案卷中同案被告人的有罪供述,以及相关证人证言笔录和被害人陈述笔录,并将这些侦查笔录材料作为印证被告人刘涌有罪供述的证据材料,甚至直接作为认定被告人刘涌犯罪事实的根据。请问:在最高人民法院再审过程中,没有通知任何证人、被害人、鉴定人出庭作证的情况下,这种对侦查案卷中被告人供述笔录、证人证言笔录等证据的援引,会造成怎样的后果?

4. 根据这份再审判决书,原二审法院曾对被告人诉称的"非法证据排除问题"作出过裁判:"经查,不能从根本上排除公安机关在侦查过程中存在刑讯逼供",同时"考虑到本案的具体情况",不宜判处死刑立即执行,因此二审判决书将被告人刘涌改判为死刑缓期二年执行。请对此改判及其所依据的理由作出评论。

5. 根据这份再审判决书,最高人民法院对被告人所诉称的"非法证据排除问题",作出了最终的裁判:"经查,庭审中公诉人出示的参与刘涌一案的预审、监管、看守人员的证言证明,公安人员未对刘涌及其同案被告人刑讯逼供;辽宁省人民政府依法指定的鉴定医院沈阳市公安医院 2000 年 8 月 5 日至 2001 年 7 月 9 日对刘涌及其同案被告人先后进行的 39 次体检病志载明,刘涌及其同案被告人皮肤黏膜均无出血点,双下肢无浮肿,四肢活动正常,均无伤情。刘涌的辩护人在庭审中出示的证明公安人员存在刑讯逼供的证人证言,取证形式不符合有关法规,且证言之间相互矛盾,同一证人的证言前后矛盾,不予采信。"据此,最高人民法院不能认定公安机关在侦查阶段存在刑讯逼供,对刘涌及其辩护人的辩解和辩护意见,不予采纳。你对此裁判方式作何评论?

第三章 刑事证据法的基本原则

> 在未被证明有罪之前,任何人都应被推定为无罪的人。

一、刑事证据法的基本原则概述
二、证据裁判原则
三、实质真实原则
四、无罪推定原则
五、证据合法原则
六、直接和言词原则
七、禁止强迫自证其罪原则
八、刑事证据法基本原则的体系
【讨论案例之三】 黄新故意杀人案

一、刑事证据法的基本原则概述

对于刑事证据法的基本原则,法学界曾经作出一定的研究,从理论上进行过一些整理和归纳。但是,由于我国过去不曾有一个刑事证据规则的法律文本,这些有关证据法基本原则的研究往往带有较强的理想化色彩,与中国刑事证据规则和证据运用的实践存在脱节现象。有的证据法学者尽管倾向于从英美证据法中引入一些基本理论,但在对证据法基本原则的总结上,却受到大陆法国家证据理论的影响。这种主要依据比较法研究的成果所作的理论概括,未必完全符合中国刑事证据制度的实际情况。

然而,自2010年以来,这种局面开始发生了变化。2010年颁行的《办理死刑案件证据规定》,首次确立了审查判断证据的"一般规定"。该规定明确要求,认定案件事实,必须以证据为根据;司法人员应当严格遵守法律程序,全面收集、审查、核实和认定证据;经过当庭出示、辨认、质证等法庭调查程序查证属实的证据,才能作为定罪量刑的根据。这些属于"一般规定"的证据规范,被认为带有刑事证据法基本原则的性质。2018年《刑事诉讼法》尽管没有专门确立证据法的基本原则,但《最高法院2020年解释》则全面吸收了《办理死刑案件证据规定》有关证据运用问题的一般规定,确立了我国刑事证据法的基本原则。其中,"证据裁判原则"和"证据合法原则"已经成为公认的证据法基本原则。

刑事证据法的基本原则不仅被确立在相关法律文本的"一般规定"之中,而且还体现在各类证据规则之中,成为证据规则赖以形成的理念基础。在我国的刑事证据法律渊源中,无罪推定原则、直接和言词原则、实质真实原则、禁止强迫自证其罪原则,已经被贯彻于大量证据规则之中。这些原则尽管在法律文本中并没有明确的相关表述,却属于潜存在证据规则背后并对证据规则具有指导作用的基本原则。一般情况下,无论证据法的条文表述发生怎样的变化,这些基本原则都具有相对的稳定性。不仅如此,与西方两大法系国家的刑事证据法不同的是,我国刑事证据法不仅仅满足于对证据能力的限制,而确立了大量旨在限制证明力的规则,使得不同证据证明力的大小强弱具有了明确的法律规定。与此同时,在认定案件事实的标准方面,我国刑事证据法还对诸如"事实清楚,证据确实、充分"等证明标准确立了明确的法律规则。可以说,那种容许司法官员根据经验、理性、良心自由判断证据证明力的"自由心证原则",在我国刑事证据法中并没有得到完整的确立。

二、证据裁判原则

我国刑事诉讼法确立了"以事实为根据,以法律为准绳"的原则。但根据《最高法院 2020 年解释》,"认定案件事实,必须以证据为根据"。据此,我国刑事证据法正式确立了证据裁判原则。

证据裁判原则的确立,并没有取代原有的"以事实为根据,以法律为准绳"的原则,而是对后一原则作出了进一步发展。这是因为,根据"以事实为根据,以法律为准绳"的原则,法院应当在准确认定案件事实的基础上,正确地适用法律,并以此为根据形成裁判结论。但是,这一政治性较强的原则并没有回答"事实从何而来""没有证据如何认定事实""证据应具备怎样的法律资格"等方面的问题。而证据裁判原则恰恰弥补了这些缺憾。根据这一原则,法院只能根据证据来认定案件事实;没有证据支持的事实,根本不能成立。

(一)证据裁判原则的要素

那么,证据裁判原则究竟包含哪些要素呢?原则上,证据裁判原则主要解决的是认定事实的根据问题,也就是只有根据证据才能认定案件事实的问题。考虑到司法实践的具体情况,这一原则所要解决的是那些不根据证据来认定案件事实的问题。为避免事实裁判者任意认定案件事实,以致作出非理性的甚至错误的事实认定,这一原则具有以下四个方面的要求:一是认定案件事实只能以证据为根据;二是认定案件事实只能以具备证据资格的证据为根据;三是证据只有经过法庭调查程序,才能作为裁判的根据;四是全案证据只有达到确实、充分的程度,才能证明犯罪事实。下面依次对这些内容作出分析。

1. 认定案件事实只能以证据为根据

在证据制度的发展历史上,伴随着弹劾式诉讼制度,曾经出现过神明裁判的证据制度。各国历史上曾实行过的"水审""火审""宣誓裁判""司法决斗"等证明方式,就属于神明裁判制度的表现形式。根据这一证据制度,司法官员在对案件事实的认定存有疑问的情况下,可以依赖上天的启示或者神明的感应来认定案件事实,裁断孰是孰非。因为那时人们普遍相信:上帝和神明会帮助有理的一方获得正义。当然,随着科学的发展和人类理性能力的提高,这种证据制度最终被视为非理性的和不科学的,后来逐渐被法定证据制度所取代。

法定证据制度的出现,及其对神明裁判制度的取代,标志着证据裁判原则逐渐浮出水面,成为引领证据规则发展的基本理念。根据这一原则,法官认定案件事实,只能以证据为根据,而不能依赖于各种非理性的神明启示或无根据的猜测。从积极的层面来说,在诉讼活动中,只有那些得到证据证明的事实,才应被视为真实存在的事实。因此,只有证据及其所包含的事实信息,才属于认定案件事实的直接根据。而从消极的角度来看,凡是没有证据加以证明的事实,则一律应被视为不存在或者不曾发生过。法官无论是凭借经验和常识,还是根据理性推断,在没有任何证据的情况下,都不能认定任何事实的成立。① 对于法官来说,不存在什么离开证据存在的"客观事实"。所谓"事实",只能是根据证据所包含的信息所重新形成的对案件事实的认识,也就是法官从证据事实中所形成的事实印象。

中国的刑事司法哲学,一直将"客观事实"与"案件事实"等同起来,以为每个案件都存在着一种可以认识的"客观事实",要求办案人员发挥主观能动性,积极调查收集证据,发现事实真相。即便在部分犯罪构成要件没有证据证明的情况下,办案人员也倾向于认定被告人有罪。这种先假定"客观事实"(通常是犯罪事实)的存在,然后再通过运用证据加以证实或揭露的思维方式,是违背证据裁判原则的,也是造成一些案件形成冤假错案的主要原因。而根据证据裁判原则,先有证据的存在,然后才能认定从证据中推论出来的案件事实。对于任何一个犯罪构成要件事实,办案人员只要没有掌握证据,就都应作出该事实不成立的判定。这种思维方式的转变,对于避免冤假错案的发生,具有很强的现实意义。

2. 认定案件事实只能以具备证据资格的证据为根据

法定证据制度的出现,使得人类的证据制度开始摆脱非理性的司法证明方式。但是,法定证据制度是一种有着重大缺陷的制度。根据这一制度,对于各类证据的证明力大小强弱,法律都要作出明确的限定。尤其是对于被告人的供述和自白,法律给予高度评价,将其视为"证据之王",也就是最具有证明力的证据。这种对被告人供述高度强调的证据制度,促成了纠问式诉讼中

---

① 参见林钰雄:《刑事诉讼法》(上册),台湾元照出版有限公司2004年版,第410页以下。

酷刑取证的合法化,使得一种片面重视证明力、忽略证据法律资格的证明方式大行其道。近代以来,随着宪政运动的兴起,司法改革的浪潮最终结束了纠问式诉讼制度,法定证据制度也逐渐被自由心证制度所取代。

法定证据制度的消失,标志着证据的法律资格开始成为法律所规范的对象。证据固然是认定案件事实的唯一根据,但是,法院也不能将任何证据都作为定案的根据,而必须对证据的法律资格作出严格的限制。否则,那些通过不人道、不规范的手段所获取的证据,如侦查人员通过酷刑手段所获取的被告人供述等,就可以成为法院认定事实的根据了。这显然是不可接受的。正是基于对证据法律资格加以限制的要求,才诞生了现代意义上的证据法。换言之,现代证据法的主要功能就在于对各类证据的法律资格作出明确的限制,并据此将那些不具备法律资格的证据排除于法庭之外。①

根据证据裁判原则,认定案件事实,只能以那些具有法律资格的证据为根据。所谓证据的法律资格,又称为证据的合法性或者证据能力,是指法律对证据转化为定案根据所提出的法律要求。一般来说,证据法是从三个方面来规范证据的法律资格的:一是取证主体的合法性;二是取证手段的合法性;三是所作证据笔录的规范性。例如,对于被告人供述和辩解这一证据而言,负责讯问的侦查人员应符合法定的资格和人数,侦查人员所属的侦查机关应拥有对案件的立案管辖权;侦查人员在预审讯问时应遵循法定的诉讼程序;侦查人员的讯问笔录制作得较为规范,并记录了完整的内容;等等。

从积极的角度来说,证据裁判原则要求法院认定案件事实,只能以具备法律资格的证据为根据。也就是说,证据只有同时具备证明力和证据能力,才能转化为定案的根据。但从消极的方面来看,证据裁判原则强调那些不具备法律资格的证据,包括在取证主体、取证手段或者法庭调查方式方面出现问题的证据,法院都不能将其作为定案的根据,而只能排除于法庭之外。

在中国,无论是刑事证据立法还是刑事司法实践,都比较重视证据的证明力,关注证据的真实性和相关性问题,而程度不同地忽略了证据的法律资格问题。两个证据规定的颁布实施,确立了不少旨在限制证据法律资格的规则。但在司法实践中,这些证据能力方面的规则很难得到有效的实施。无论是对实物证据还是对言词证据,法庭都很少进行资格准入的审查。即便是被告方提出了排除非法证据的申请,法庭也很少就侦查行为的合法性进行专门

---

① 参见〔日〕田口守一:《刑事诉讼法》,张凌等译,中国政法大学出版社2010年版,第267页以下。

调查,更不用说作出排除非法证据的决定了。在绝大多数情况下,法庭仅凭公诉方出具的书面说明材料和经过剪辑的录像资料,就可以轻而易举地否定被告方的诉讼请求,认定"侦查行为不存在违法情形"。这种重证明力、轻证据能力的传统做法,导致证据法很少为控方证据设定法律上的障碍,也导致法庭审判很难对侦查人员的取证活动产生规范作用。

3. 证据只有经过法庭调查程序才能成为裁判的根据

证据的法律资格属于证据法对证据所提出的静态要求。从动态上看,任何证据都必须经过法庭调查程序,经受法庭上的举证、质证、查证属实,才能最终转化为定案的根据。可以说,对证据在法庭上接受调查并被查证属实的要求,属于证据裁判原则的第三项内容。

证据裁判原则的这一内容特别注重法庭调查的程序。从消极的角度来说,未经法庭调查程序,任何证据都无法在法庭上经受出示、辨认、宣读等举证程序,更无法经受控辩双方的询问、盘问、辩驳等质证程序。这类证据一旦被采纳为定案的根据,往往会剥夺被告人的辩护权,也无法给予控辩双方当庭质疑其证明力的机会,其真实性和可靠性也容易引起人们的合理怀疑。对这类没有经过法庭调查程序的证据,无论它们是否具备证明力和证据的法定资格,法院都不能将其作为定案的根据。

我国刑事诉讼法早就确立了这一要求。但在司法实践中,对于公诉方移交的那种未经法庭质证的证据,法庭有时会直接采纳为定罪的根据;有些法官遇有法庭上来不及调查的证据的,有时会进行庭外调查核实,并单方面地制作证据笔录,直接将其作为定案的根据。这些做法都规避了法庭调查程序,使得一些证据未经当庭举证和质证程序就被转化为定案的根据。这显然是违背证据裁判原则的。

4. 证据只有达到确实、充分的程度,才能证明犯罪事实

案件事实必须根据证据来加以认定,这是证据裁判原则的基本要求。按照这一要求,没有证据,当然不能认定任何案件事实。但是,在刑事诉讼中,假如案件事实不清,证据不足,裁判者能否认定案件事实呢?

答案显然是否定的,这是因为,在证据不足的情况下,被告人的"犯罪事实"处于无法确定的状态,也就是裁判者无法对被告人的犯罪行为形成"内心确信",也无法消除内心的"合理疑问"。在此情况下,裁判者假如认定被告人实施了某一犯罪行为,这等于不是根据证据证明犯罪事实,而往往是根据偏

见、预断、猜测等非理性的方式任意认定犯罪事实。而这种认定事实的方式显然违背证据裁判原则。

（二）证据裁判原则的例外

当然，没有无例外的原则。证据裁判原则主要是针对犯罪事实的认定所适用的基本原则。而在犯罪事实的认定之外，法院还有可能对量刑事实和程序事实作出认定。在这两类事实认定过程中，证据裁判原则的适用就不是十分严格的。例如，对于量刑事实和程序事实的认定，证据法在证据法律资格要求上就不是特别严格，一般也不适用非法证据排除规则。同时，对这两类事实的证明，也不需要达到事实清楚，证据确实、充分的最高证明标准。

即便在犯罪事实的认定环节，证据裁判原则的适用也有一些例外情形。其中，推定制度的确立应属于典型的例外。作为一种替代证明的方法，推定是一种根据"基础事实"直接认定"推定事实"成立的事实认定方法。例如，根据被告人属于国家工作人员，其财产收入与支出存在重大差额这一"基础事实"，就可以不经证据证明而直接认定差额部分属于"非法所得"这一"推定事实"。在推定制度中，对于"基础事实"的认定，是需要有证据加以证明的。但对于"推定事实"的认定，则可以从"基础事实"中直接推导出来，而无需有任何证据加以证明。这种旨在替代司法证明的认定事实方法，显然属于证据裁判原则的一种例外。当然，作为证据裁判原则的例外，推定的设立和适用都是有条件的，也都是有着一定的价值和政策方面的考虑的。

三、实质真实原则

民事诉讼由于只涉及当事人双方的民事利益，因此实行当事人处分原则，尊重当事人的自由选择权。而刑事诉讼是一种以解决被告人刑事责任为目的的诉讼活动，实行国家追诉原则，强调对犯罪的追诉和处罚应由国家专门机关依据法律统一进行，不受被害人意思表示的影响和左右。与民事诉讼的当事人处分主义相对应的是形式真实原则，而与刑事诉讼中国家追诉原则相对应的则是实质真实原则。

（一）实质真实原则的含义

民事诉讼中的形式真实原则，强调法院仅仅根据争议双方提交的证据认定案件事实,并根据双方的和解、调解、撤诉、缺席审判来直接确定民事责任,被告方的自认也对法院的判决具有约束力。可以说,这一原则并不要求法院负担查明案件事实真相的责任,而只是要求法院根据双方提交的证据对案件事实作出裁断。相反,所谓"实质真实"原则,是指法院在"忠实于事实真相"的前提下,对案件事实应根据全案证据来加以认定,不受被告人供述和辩解以及其他当事人陈述的拘束。以下对实质真实原则的含义进行简要分析。

1. 法官不受控辩双方提出的证据范围的限制,可以自行调查核实证据

根据民事诉讼中的形式真实原则,法官只能就双方当事人提出的诉讼主张进行裁判,并将双方提交的证据作为认定案件事实的基础。相反,刑事诉讼实行实质真实原则,要求法官主要依据控辩双方当庭提交的证据进行事实裁判,但在仅仅依据当庭调查的证据不足以发现真相的情况下,法官也可以进行庭外调查核实,并将新发现的证据作为裁判的依据。换言之,法官认定案件事实不以控辩双方提交的证据为限,而可以自行扩大证据调查的范围。这是实质真实原则的第一个含义。

尽管我国1996年《刑事诉讼法》吸收了对抗式诉讼的若干因素,但仍然保留职权主义诉讼模式的基本特征。其显著标志就在于法官继续保留了庭外调查权。根据1996年《刑事诉讼法》的要求,在法庭审理过程中,合议庭对证据有疑问的,可以对证据进行庭外调查核实。在核实证据过程中,法院可以进行勘验、检查、查封、扣押、鉴定、查询、冻结等调查工作,并可以调查新的证据。《最高法院2020年解释》则明确规定,合议庭对证据有疑问的,可以对证据进行庭外调查核实;在庭外调查中,法庭可以通知检察官、辩护人到场,通过庭外调查所收集的证据,法庭可以征求双方的意见,在任何一方提出要求的情况下,法庭都应当恢复法庭调查。这显然说明,法庭不仅可以进行庭外调查,而且还可以获取新的证据,并将其作为定案的依据。

2. 被告人即便作出了有罪供述,法官也不能据此认定被告人有罪

根据形式真实原则,民事被告一旦作出自认,也就是对原告方诉讼主张的自愿承认,法院就会终止民事诉讼活动,直接宣告被告方败诉。这显示出被告方的自认具有终止民事诉讼的效力,法院可以仅仅根据被告方的自认来认定其承担民事责任。而实质真实原则对被告人供述则采取较为慎重的态度。被告人即便自愿认罪,法院仍然不能仅仅以此为由作出有罪的判定。换言之,刑事被告人的供述和自白,并不具有终止刑事诉讼的效力,法院认定案

件事实所依据的是全案的证据,而不仅仅是被告人对其犯罪事实的承认。

我国刑事诉讼法确立了"重证据,重调查研究,不轻信口供"的原则。对于那些只有被告人供述,没有其他证据的案件,不能认定被告人有罪和处以刑罚。相反,没有被告人供述,证据确实充分的,可以认定被告人有罪和处以刑罚。这些规范所体现的除了不夸大口供、防止刑讯逼供这一传统观念以外,还有一种实质真实的理念。因为根据这一理念,被告人即便自愿供述了犯罪事实,法院仍然不能终止刑事诉讼活动,而应继续调查全案证据;被告人对公诉方诉讼主张的承认,对案件的实体结局不具有处分效果。

3. 在被告人作出有罪供述的情况下,法官需要对口供的真实性进行补强,然后才能认定被告人有罪的事实

根据民事诉讼中的自认规则,被告方认可原告方的诉讼请求的,法院即可宣告被告方败诉。这一规则只重视被告方陈述的自愿性和明智性,而不在乎这种自认的真实性,对其是否有其他证据加以印证不予关注。相反,根据实质真实原则,在被告人作出有罪供述的情况下,法院不仅要审查被告人所作的供述是否出于自愿,而且还要审查这种供述是否得到了其他证据的印证。尽管任何证据的真实性都需要得到其他证据的印证,但这种针对被告人供述所采取的特殊印证规则,又称为口供补强规则。

"两个证据规定"确立了口供补强规则。根据这一规则,根据被告人的供述获得了隐蔽性较强的物证、书证,并且与其他证据互相印证,并排除串供、逼供、诱供可能性的,法院可以认定被告人有罪。这显然意味着,对被告人供述的补强,不仅仅是对其真实性的印证,还属于对被告人供述所包含的犯罪构成要件事实的逐一印证,使得这些事实不仅可以得到被告人供述的证明,还可以得到来自其他信息源的证据的验证。这种对被告人供述真实性及其所包含的证据信息的验证,体现了"不轻信口供"的理念,并对口供同时提出了自愿性和真实性两个方面的要求。这显然不是形式真实原则的要求,而属于实质真实原则的一项重要含义。

4. 无论被告人是否作出有罪供述,也无论控辩各方是否达成协议,法院认定有罪要达到事实清楚、证据确实充分的证明标准

在民事诉讼中,被告方作出了自认,或者当事人双方完成了和解,接受了调解,原告方选择了撤诉,或者控辩双方选择了缺席法庭审判时,法院都会终止民事诉讼活动,并直接宣告被告方或者原告方败诉。因为形式真实原则更

强调双方当事人的自由选择对法院裁判结论的制约作用,法院也更为尊重双方当事人的自由处分权。而在刑事诉讼中,被告人即便作出了有罪供述,法院仍然不能终止诉讼活动;检察官与辩护方即便达成了某种认罪协议,法院仍然要通过法庭审理,结合全案证据,来认定案件事实;被害方与被告方即便形成了某种谅解协议,法院也不会受到这种协议的影响,对案件事实的认定仍然要达到法定的证明标准。

正因为如此,我国刑事诉讼法基本没有引进英美法中的有罪答辩和辩诉交易制度,也不承认这类有罪协商制度的正当性。我国刑事诉讼法也不承认被害方与被告方"私了"或"私下交易"的正当性,即便被害方对被告方的犯罪行为给予了谅解,甚至提出了不再追究被告人刑事责任的建议,这对于司法机关仍然不具有约束力。对于被告人刑事责任的认定还是要取决于法院对全案证据的审查判断。

(二) 实质真实原则的例外

迄今为止,我国刑事诉讼制度仍然坚持实质真实原则。随着刑事证据规则的逐步完善,这一基本原则没有发生弱化的迹象。尽管如此,随着我国刑事司法改革的逐步推进,实质真实原则的适用也不再是绝对的,而有其适用的范围和边界。在这些范围和边界之外,就有可能出现这一原则的例外。

例如,根据2018年《刑事诉讼法》,基层法院审判的一审案件,案件事实清楚,且被告人自愿认罪的,法院可以适用简易程序。在这种简易程序中,法庭可以省略法庭调查的顺序和步骤,甚至在控辩双方没有异议的情况下,可以省略整个法庭调查程序本身。结果,在被告人自愿认罪并同意适用简易程序之后,被告人放弃了进行无罪辩护的机会,法院几乎全都作出有罪判决。尽管从理论上说,被告人的自愿认罪对法院的有罪判决并不具有必然的影响,但实际上,被告人一旦自愿作出有罪供述并选择简易程序,也就意味着失去了获得无罪判决的机会,法院作出有罪判决几乎是必然的结局。于是,一种实践的逻辑就此产生了:被告人作出自愿认罪,导致法院不再对被告人是否有罪问题进行实质审理,并进而导致法院作出有罪判决。这里所适用的是一种类似于形式真实原则的理念,而事实上成为实质真实原则的例外。

又如,自2000年以来逐步兴起的刑事和解制度,在中国司法实践中得到越来越普遍的适用,并在《刑事诉讼法》中得到正式确立。根据这一制度,在被告人自愿认罪、真诚悔罪并愿意提供民事赔偿的前提下,被害方可以与被告方达成协议,并向检察机关提出对被告人不起诉的建议,或者向法院提出在量刑上予以宽大处理的建议。检察机关、法院对此协议经过审查后,同意作出不起诉或者从轻量刑之决定的,刑事和解即告成立。从理论上说,即便在被告方与被害方达成协议的情况下,检察机关和法院仍然要结合全案证据,来对被告人是否有罪的问题作出裁决。但实际上,当事人双方和解协议的达成,对于检察机关作出不起诉的决定仍然产生了较大影响。而不起诉的决定在法律上则属于无罪决定。这就意味着被告方与被害方的协议有可能直接带来了检察机关宣告被告人无罪的结局。当然,法院即便接受双方达成的协议,也不会作出无罪判决,而最多予以从轻处罚。但这也意味着双方的协议对量刑结果带来了较大影响。可以说,被告方与被害方的和解协议最终可能影响定罪量刑的结果。这似乎有些形式真实的色彩,从而构成实质真实原则的例外。

四、无罪推定原则

从历史上看,无罪推定是在否定中世纪纠问式诉讼制度的基础上形成并发展起来的一项法律原则。它与刑法中的"罪刑法定"原则一起,构成了现代刑事法律的基石。无罪推定首先是现代刑事诉讼的一项基本原则,其次才属于刑事证据法的基本原则。

(一)作为刑事诉讼基本原则的无罪推定

作为一项刑事诉讼基本原则,无罪推定的基本含义是,未经法院作出生效的有罪判决,任何人都应被推定为法律上无罪的人。要准确地理解这一原则的含义,我们需要从三个方面进行解释。

作为一种旨在规范刑事诉讼过程的基本原则,无罪推定适用于刑事程序启动之后和法院作出生效判决前的诉讼过程之中。在法院作出生效裁判之后,被告人要么被宣告为法律上有罪的人,要么被认定为法律上无罪的人,此时刑事诉讼过程已经结束,无罪推定也失去了发挥作用的空间。在刑事诉讼过程中,被告人所具有的"法律上无罪"的地位,并不是一种终局性的裁判结论,而只是法律为其所设定的诉讼地位。这是其一。

其二,无罪推定为嫌疑人、被告人设定了"法律上无罪"的诉讼地位。无罪推定明确地将"事实上有罪"与"法律上有罪"作出了区分:它不是对被告人是否构成犯罪的事实状态的描述,而是对被告人所作的一种保护性假定。所谓"法律上无罪",是指法院并没有以权威的方式对被告人的行为作出定性和谴责,因此,不应该将被告人置于犯罪人的地位。反过来,法院要将被告人确定为法律上有罪的人,也必须经过法定的诉讼程序,并通过生效的裁判,作出被告人有罪之宣告。只有到此时,被告人才可以从一个"法律上无罪的人"转化为一个"法律上有罪的人"。

其三,无罪推定为嫌疑人、被告人确立了一系列基本的程序保障,使其能够与国家追诉机构展开诉讼对抗,并对法院的司法裁判施加积极的影响。在刑事诉讼中,被告人因为涉嫌犯罪而陷入讼累之中,可能被采取拘留、逮捕、审讯、审查起诉、提起公诉等一系列刑事追诉行动。但这只是说明他正在受到刑事追诉而已,而并不意味着他具有犯罪人的地位。为避免被告人受到无根据和不公正的定罪,法律对国家追诉机构的行动施加了诸多限制,同时也给予被告人从事辩护和防御的权利和能力。例如,无罪推定原则要求对嫌疑人、被告人采取一种"自由推定"的态度,也就是对嫌疑人、被告人应当尽量采取非羁押性强制措施,适用未决羁押只能属于一种例外;对于嫌疑人、被告人采取的强制措施和强制性侦查行为,应当交由中立的司法机关加以审查,并给予救济的机会;嫌疑人、被告人应获得律师的有效帮助,及时获知指控的罪名和理由,并为参与诉讼获得进行防御准备的时间和便利;在法庭审理中,被告人应获得提出本方证据并对公诉方证据进行当庭质证的机会;等等。

(二) 作为刑事证据法基本原则的无罪推定

作为一项刑事证据法的基本原则,无罪推定的基本要求是,在被依法证明有罪之前,任何人都应被推定为无罪的人。在证据法上,无罪推定首先属于一种"推定",也是一种可反驳的推定。只有从这一角度进行认识,我们才能揭示这一刑事证据法基本原则的真实含义。

在证据法上,认定某一事实存在的途径主要有两种:一是运用证据加以证明,二是根据法律作出推定。所谓"推定",是指根据某一"基础事实"确定一项"推定事实"成立的事实认定方法。推定一般可分为两种:确定性的推定和可反驳的推定。"确定性的推定"又称为"不可反驳的推定",是指根据某一基础事实所推断出来的推定事实是不可反驳和推翻的,具有确定的法律效力。"可反驳的推定"则是指根据充分的相反证据,某一推定事实能够被推翻或否定的推定。在刑事诉讼中,包括无罪推定在内的绝大多数推定均属于

"可反驳的推定"。①

作为一项可反驳的推定,无罪推定是一种最稳固的推定,构成司法证明活动的逻辑前提,也构成被告人抵御国家追诉的法律屏障。公诉方要说服法院作出有罪裁决,就必须越过这道法律障碍,通过提出证据证明被告人构成犯罪,从而推翻无罪推定。

为了推翻无罪推定,公诉方就需要提出相反的证据,证明被告人构成某一犯罪。也就是说,推翻无罪推定、提出反证的责任必须由公诉方承担。为达成此目的,公诉方必须承担证明责任,并将被告人构成犯罪证明到最高的证明标准。在英美证据法中,这一证明标准被界定为"超越合理怀疑";而在大陆法国家的证据法中,这一证明标准则被确定为"内心确信无疑"。在中国法中,这一证明标准则是"事实清楚,证据确实、充分"。公诉方只有将被告人构成犯罪这一点证明到最高的程度,使法官、陪审员形成内心的确信,才能推翻无罪的推定,并将无罪的推定转化为有罪的判定。相反,假如公诉方提不出任何证据,或者所提出的证据没有达到最高的证明程度,使得裁判者对被告人是否构成犯罪存在合理的疑问,那么,就等于无罪推定没有被推翻,原来的无罪的推定也就只能转化为无罪的判定。法庭可以据此宣告被告人不构成犯罪。

那么,在公诉方承担证明责任的框架下,被告人是否承担证明责任呢?换言之,被告人需要提出证据证明自己无罪吗?答案是否定的。无罪推定作为一种司法证明的逻辑前提,等于赋予被告人一种带有保护性和特权性的假定:被告人在法律上是无罪的,法律上的推定已经免除了被告人进行证明的义务。公诉方所承担的证明被告人有罪的责任,是不可转移的。法庭只需要审查公诉方的证据是否足以证明被告人有罪,审查公诉方的证明活动是否具有说服力,就足够了。法庭不得责令被告人承担证明自己无罪的责任,更不得对那些无法证明自己无罪的被告人,直接作出不利的推论。从理论上讲,无论是保持沉默,还是积极地提供证据来证明自己的清白,都属于被告人的权利,而不是他所要承担的法律义务。法庭判定公诉方指控的罪名是否成立的唯一标准,不是被告人是否提出了无罪证据,或者能否证明自己无罪,而是公诉方能否令人信服地证明被告人有罪。

这样,无罪推定原则就确立了现代刑事诉讼中司法证明的基本框架,这

---

① 参见陈瑞华:《刑事审判原理论》(第二版),北京大学出版社2003年版,第128页以下。

一框架是由三个要素构成的:一是证明被告人有罪的责任由公诉方承担,这一责任是不可转移的;二是被告人不承担证明自己无罪的责任,但拥有进行积极的无罪辩护的权利,被告人是否提出无罪证据,能否证明自己无罪,都不影响公诉方的证明责任;三是在公诉方提不出有罪证据,或者无法将被告人有罪这一事实证明到最高证明标准的情况下,法庭对被告人是否有罪形成合理的疑问,对此疑问只能作有利于被告人的解释,也就是在无罪推定无法被推翻的情况下,只能宣告被告人无罪。概括起来,上述三项要素也就是通常所说的司法证明的三大法则,它们分别可以被简要表述为"公诉方承担证明责任""被告人不承担证明责任"以及"疑罪从无"。

(三) 我国法律对无罪推定原则的吸收

自1996年以来,我国《刑事诉讼法》逐步吸收了无罪推定原则的部分内容。根据这一法律,"未经人民法院依法判决,对任何人都不得确定有罪"。一般认为,这一原则包含了法院统一行使定罪权、法院依照法律程序进行审理以及在法院依法判决之前不得认定被告人有罪等多方面的含义,因此,体现了无罪推定原则的精神。与此同时,刑事诉讼法明确地区分"犯罪嫌疑人"与"被告人"的称谓,将被追诉者在检察机关提起公诉之前统称为"犯罪嫌疑人",对那些被提起公诉的人则统称为"被告人",而不再使用"犯罪人""人犯"等称呼。这显然也是与无罪推定的要求相符合的。

无罪推定原则也越来越多地体现在我国刑事证据制度之中。根据刑事诉讼法的要求,对于"证据不足,不能认定被告人有罪的",应当作出"证据不足,指控的犯罪不能成立的无罪判决"。这显然等于确立了疑罪从无的原则,贯彻了"有疑义时作有利于被告人的解释"的理念。不仅如此,根据《刑事诉讼法》确立的规则,"公诉案件中被告人有罪的举证责任由检察机关承担,自诉案件中被告人有罪的举证责任由自诉人承担"。这是我国法律首次明确了刑事诉讼中证明责任的分配规则,属于在吸收无罪推定原则方面取得的重大进展。

尽管我国刑事诉讼法吸收了无罪推定原则的不少内容,但是,这种吸收大都还停留在法律宣示层面,对刑事司法实践还没有产生实质性的影响。一些有悖于无罪推定原则的实践还在大行其道,并成为我国刑事司法的文化传统。例如,在案件刚刚移送起诉之后,一些公安机关就举行所谓的"公开逮捕大会"或者"立功嘉奖大会",向社会和新闻媒体披露嫌疑人的身份和"犯罪事实",或者对那些参与案件侦破的办案人员进行表彰和奖励;在案件进入下一个诉讼阶段之前,一些地方公安机关、检察机关就自行处置所谓的"犯罪所得",对"赃款赃物"进行"追缴",造成对嫌疑人、被告人财产权予以剥夺的既定事实,从而对法院的审判施加了强大的压力,以便迫使其作出有罪裁决;对于那些事实不清、证据不足的案件,二审法院不是直接宣告无罪,而是反复地、无休止地撤销原判、发回重审,造成那些存在重大合理怀疑的案件长时间地被搁置在程序流转途中,而没有一个权威的、终局的裁判结论;遇有外界施加较大压力的案件,二审法院即便发现案件事实不清、证据不足的,也不作无罪判决,而是作"留有余地"的裁判,也就是采取"疑罪从有"的裁判逻辑,但在量刑上作出一定的宽大处理……这些显然都属于"有罪推定"的做法,背离了无罪推定的精神。

(四)无罪推定原则的例外

通过修改法律来进一步吸收无罪推定原则的理念,逐步废弃那种崇尚有罪推定的法律传统,是我国刑事司法改革的永恒主题。但也应看到,无罪推定并不是放诸四海而皆准的真理,其适用范围也应受到一定的限制。这些范围之外的场合,就可能成为无罪推定适用的例外。

无罪推定原则的主要功能在于避免法院作出无根据和不公正的定罪,它主要适用于法院的定罪裁判环节。但在法院已经作出有罪裁决的场合,这一原则的适用就受到一些限制。正因为如此,无罪推定所包含的证明责任、证明标准、疑罪从无等方面的法则,对于量刑程序就不一定完全适用。量刑程序有必要重新构建一种有别于定罪程序的证据规则。

无罪推定为被告人从事诉讼防御活动提供了法律上的保障。但在被告人自愿认罪的案件中,被告人作为一种特殊的"控方证人",供述自己的犯罪事实,放弃了与公诉方的诉讼对抗,甚至放弃了无罪辩护的机会。在此类案件中,无罪推定所赖以发挥作用的前提不复存在。正因为如此,在那些建立在被告人自愿认罪基础上的简易程序中,无罪推定的适用就受到了较大限制。

无罪推定主要被用来规定公诉方一定的特殊义务,使被告人获得一系列的诉讼特权,以便纠正原本并不对等的控辩地位。但在控辩双方发生程序争议的场合下,法院为解决这类争议所举行的程序性裁判程序,可能更多地适用民事诉讼的基本原则,无罪推定的适用也就具有了较大的局限性。为解决包括申请回避、变更管辖、延期审理、证据展示、证人出庭等方面的程序争议，法院所举行的程序性裁判活动，可能不会遵循无罪推定的原则。即便在被告人申请排除非法证据的情况下，法院为解决侦查行为的合法性所举行的程序性裁判程序，也不完全适用无罪推定的理念。

五、证据合法原则

根据我国刑事证据法，侦查人员、检察人员、审判人员都应严格遵守法定程序，"全面、客观地收集、审查、核实和认定证据"。有些学者和法官据此认为我国刑事证据法确立了"程序法定原则"。[①] 也有些法官认为，这一条款要求办案人员遵守法律程序，对严重的程序违法要追究办案人员的责任，还可以导致诉讼不能进行，因此应被视为"程序法治原则"。[②] 在笔者看来，这些貌似"宏大"的理论概括不仅含义模糊，也没有体现我国刑事证据法的特点。其实，侦查人员、检察人员、审判人员在刑事诉讼中应当遵守刑事诉讼法所确立的程序，这早已为《刑事诉讼法》第一章所确立。刑事证据法只不过重申了《刑事诉讼法》的这一规定而已，并没有确立新的证据法原则。

如果对证据法进行认真研究，就不难发现其中存在一条重要的理论线索，并为一系列证据规则的确立提供了理论依据。这一理论线索以侦查人员调查取证手段的合法性为中心，强调侦查人员在收集证据时应当严格遵守法律程序；对于采取违法手段所获取的证据，法院应当将其排除，不得作为定案的根据；对于被告方提出的排除非法证据的申请，法院应当启动专门的程序性裁判程序，以便对侦查行为的合法性进行司法审查。对于这条理论线索，本书称之为"证据合法原则"。

（一）证据合法原则的含义

所谓"证据合法原则"，是指对于侦查人员收集证据的行为，法院应当对其合法性进行司法审查，对于违反法律程序的侦查行为，法院可以在宣告违法和无效的前提下，作出排除非法证据的裁决。刑事诉讼法对侦查人员提出遵守法律程序的要求，这是远远不够的。要促使侦查人员严格遵守法律程

[①] 参见张军主编：《刑事证据规则理解与适用》，法律出版社2010年版，第54页以下。
[②] 参见沈德咏：《中国刑事证据制度改革发展的路径选择——以〈刑事证据两个规定〉为视角》，载《清华法学》2011年第5期。

序,法律还应为侦查行为确立较为完善的程序规范,并在违法侦查行为发生后,允许被告人、辩护人提出程序合法性之诉,法院针对侦查行为的合法性进行专门的司法裁判,并将非法所得的证据排除于法庭之外。表面看来,这种对非法证据的排除也属于对控方证据之法律资格的否定,这似乎被包含在证据裁判原则之中。但是,诸如侦查活动要严格遵守法律程序、侦查行为的合法性要接受司法审查等方面的内容,却是无法为证据裁判原则所包含的。

证据合法原则体现了法律保留原则的精神。根据法律保留原则,国家机关行为的合法性建立在法律明文授权的前提之下。对于这些机关的行为,凡是法律不明确授权的,都属于禁止的。同样,对于侦查机关的调查取证行为而言,凡是法律不授权的,也都属于禁止的。刑事诉讼法不仅为侦查机关的刑事调查取证权进行了授权,而且确立了行使侦查权的方式、方法、步骤和顺序。凡是违反了法定诉讼程序的侦查行为,都属于侦查机关的越权行为。对于这些越权实施的侦查行为,法院应当通过专门的司法审查机关,对其合法性进行司法审查,并对其作出无效之宣告。可以说,证据合法原则就属于法律保留原则在刑事证据法中的重要体现。

(二) 证据合法原则的基本内容

1. 侦查人员遵守法律程序

证据合法原则的第一项要求是,侦查人员调查收集证据,应当严格遵守法定的程序,不得采取法律所禁止的取证手段。刑事诉讼法为侦查行为确立了一系列法律规范。例如,在讯问嫌疑人方面,法律要求只能由侦查人员进行,负责讯问的侦查人员不得少于二人;在询问证人方面,法律要求询问应当个别进行;在进行勘验、检查方面,法律要求勘验、检查笔录应当由参加勘验、检查的人和见证人签名或者盖章;在搜查之前,侦查人员应当向被搜查人出示搜查证;等等。这些都属于法律为侦查行为所设定的基本程序规范,从积极的方面来说,侦查人员负有遵守这些程序规范的义务。而从消极的角度来说,刑事诉讼法也为侦查人员的调查取证行为设定了一些禁止性规范。例如,法律严禁侦查人员刑讯逼供和以威胁、引诱、欺骗以及其他非法的方法收集证据。侦查人员一旦采取这些法律所禁止的方法收集证据,就构成了程度不同的越权和违法。

2. 非法证据之排除

证据合法原则的第二项要求是,对于侦查人员采取非法手段获取的证据,应当宣告侦查行为属于非法行为,将非法所得的证据宣告为"非法证据",并将其排除于法庭之外。这是针对非法取证行为所确立的程序性制裁后果。

自"两个证据规定"确立非法证据排除规则以来,我国立法机关和司法机关通过立法和司法解释逐步完善了这一制度。2018年《刑事诉讼法》确立了非法证据排除规则的基本框架。证据合法原则是非法证据排除规则得以确立的重要依据。之所以要确立非法证据排除规则,是因为法院一旦发现侦查行为属于越权和违法的行为,就要对侦查行为的合法性进行三个方面的处置:一是作出侦查行为违法之宣告,这其实也是一种对非法侦查行为的权威谴责;二是将侦查人员非法取得的证据宣告为"非法证据",也就是受到非法侦查手段"污染"的证据;三是宣告"非法证据"不具有证据能力,也就是宣告有关证据不具有法律效力。针对不同的非法证据,2018年《刑事诉讼法》分别确立了"强制性的排除规则"和"自由裁量的排除规则"。当然,对于侦查人员违反法律程序所获取的证据,两个证据规定并不都视为"非法证据"。对于那些在取证程序上存在一定不规范或者程序瑕疵的证据,司法解释将其视为"瑕疵证据"。对于"瑕疵证据",司法解释所确立的一般是"可补正的排除规则"。①

3. 侦查行为合法性的审查

证据合法原则的第三项要求是,对于被告人、辩护人提出的排除非法证据的申请,法院应当依法启动程序性裁判程序。这是针对非法取证行为所确立的合法性审查机制。

针对被告方所提出的排除非法证据的申请,法院经过初步审查后,一旦对侦查行为的合法性存有疑问的,就可以正式启动一种程序性裁判程序。这种程序性裁判通常被称为"诉中诉""案中案"或者"审判之中的审判",是发生在实体性裁判过程之中但又具有独立性的司法审查程序。在这种程序性裁判中,被告人具有"程序上的原告"的地位,侦查人员成为"程序上的被告",法庭暂时中止对被告人刑事责任问题的审判活动,而临时充当一种程序法庭,本案的诉讼标的变为侦查行为的合法性问题。其实,不论法院是否作出排除非法证据的裁决,单就针对侦查行为的合法性进行程序性裁判活动而言,这就已经贯彻了证据合法原则的精神了。

---

① 参见陈瑞华:《非法证据排除规则的中国模式》,载《中国法学》2010年第6期。

六、直接和言词原则

直接和言词原则是由"直接审理原则"和"言词审理原则"组合而成的基本原则。这两项原则均要求诉讼各方亲自到庭出席审判，法官的裁决须建立在法庭调查和辩论的基础上，而不得以控诉方提交的书面卷宗材料作为法庭裁判的根据，因此两者有着极为相似的含义和功能，往往被统称为"直接和言词原则"。

（一）直接和言词原则的含义

直接审理原则有两方面的含义：一是"在场原则"，即法庭开庭审判时，被告人、检察官以及其他诉讼参与人必须亲自到庭出席审判，而且在精神上和体力上均有参与审判活动的能力；二是"直接采证原则"，即从事法庭审判的法官必须亲自直接从事法庭调查和采纳证据，直接接触和审查证据；证据只有经过法官以直接采证方式获得才能作为定案的根据。

言词审理原则又称为"言词辩论原则"，是指法庭审判活动的进行，须以言词陈述的方式进行。这一原则也有两个方面的含义：一是参加审判的各方应以言词陈述的方式从事审理、攻击、防御等各种诉讼行为，所有没有在法庭审判过程中以言词或口头的方式进行的诉讼行为，均应视同没有发生，或不存在，而不具有程序上的效力；二是在法庭上提出任何证据材料均应以言词陈述的方式进行，诉讼各方对证据的调查应以口头方式进行，如以口头方式询问证人、鉴定人、被害人等，以口头方式对实物证据发表意见，任何未经在法庭上以言词方式提出和调查的证据均不得作为裁判的根据。

在大陆法国家，直接和言词原则是经过对中世纪纠问式诉讼制度的改革而确立下来的。根据纠问式诉讼制度，法院一般直接以调查官员所作的书面笔录为根据制作最终的裁决，而不再举行任何形式的法庭审判。这种书面笔录记载着调查官员所制作的证据记录。根据当时的法律，证人和被告人对调查官员所陈述的事项如果不被记载于书面笔录之中，即被视为没作过这种陈述（拉丁 *Quod non est in actis, non est in mundo*）。相反，对于调查官员所作出的书面笔录上所记载的事项，即使证人和被告人没有作出这种陈述，也应视为有这种陈述（拉丁 *Quod est in actis, est in mundo*）。由于法院的裁判直接建立在调查官员书面笔录的基础上，因此纠问式的审理又被称为间接审理主义和书面审理主义。①

随着人类理性的发达和正义观念的发展,这种间接和书面原则的不合理性和非正义性逐渐引起人们的反思和批评。19世纪,一种被称为"革新的纠问式诉讼"的制度在大陆法系各国建立起来。在这一制度下,法庭审判作为法院判决的唯一基础,一般要按照公开、口头和直接的方式进行。审判庭应该根据审问被告人和审查全部证据所得的直接印象作出裁判,而完全不是根据现成的案卷作出裁判。这样,在大陆法系诸国的刑事审判制度中,直接和言词原则就通过取代间接和书面原则而得到确立。

(二) 直接和言词原则与传闻证据规则

英美法尽管没有确立直接和言词原则,却设有与之相关的"传闻证据规则"。根据这一规则,某一证人在法庭外就案件事实所作的陈述内容被他人以书面方式提交给法庭,或者被另一证人向法庭转述或复述出来,这种书面证言和"转述证言"均为"传闻证据"。这种"传闻证据"既不能在法庭上提出,也不能成为法庭据以对被告人定罪的根据。按照英美学者的观点,排除传闻证据"不是因为它不相关",而是因为它不可靠和不可信;同时"在许多审判中,采纳传闻证据容易拖延诉讼过程"。"由于传播过程中的错误以及人为的欺骗,传闻证据很容易被歪曲:它来源于不在场的证人,该证人既不能对其证言起誓,也不会受到质证,因而其可信程度得不到检验。"而且,本来可以通过有效的交叉询问来揭露证人过去的不诚实行为,从而为鉴别其证言的真伪提供参考,由于证人不出庭,这种机会就失去了。② 由此可见,传闻证据规则旨在确保控辩双方与提供证言的证人亲自直接接触,获得询问、质证和当面听取其陈述的机会。

直接和言词原则与传闻证据规则尽管性质不同,却具有相似的要求和功能。两者均不承认证人在法庭之外所作的陈述具有证据资格,而不论这种证言是以书面方式还是以他人转述的方式在法庭上提出。传闻证据规则尽管是对抗式诉讼的产物,禁止传闻证据的主要理由在于传闻证据剥夺了控辩双方对证人进行交叉询问的机会,因此更多地关注控辩双方与证据的关系。但是,这一规则在客观上也会起到确保审判者与证人亲自接触并直接听取当庭

---

① 参见陈瑞华:《刑事审判原理论》(第二版),北京大学出版社2003年版,第161页以下。
② 参见〔英〕特纳:《肯尼刑法原理》,王国庆等译,华夏出版社1989年版,第530页以下。

陈述的作用。毕竟，传闻证据所剥夺的也是控辩双方在裁判者面前实施反询问的机会，因而无法给予裁判者直接接触和审查证据的机会。同样，直接和言词原则尽管是职权主义诉讼中的基本原则，更加强调裁判者直接接触证据，禁止根据公诉方的案卷笔录来认定案件事实，但是，这一原则的适用，客观上也使得控辩双方获得对各类证据进行当庭质证的可能，尤其是获得对证人进行当庭质证的机会。由此，这种本来强调裁判者与证据之关系的基本原则，也使得控辩双方的当庭质证具有现实的基础，被告人的辩护权由此得到保证。

（三）刑事证据法中的直接和言词原则

直接和言词原则既是一项规范审判程序的基本原则，也是一项证据法原则。作为一项审判原则，直接和言词原则要求法庭只有以直接和言词的方式对案件事实进行调查和辩论，它所作出的裁判才能具有法律上的效力，否则审判程序与法庭的裁判均将失去法律效力。按照这一原则，法庭审判必须在被告人、检察官亲自在场的情况下进行；法官应与证据进行直接接触，亲自对证据进行调查和采纳，而一般不得委托其他法官或其他法院进行这种活动；法庭审判须持续而集中地进行，一般不得间断；法官、陪审员应自始至终地参加审判，不得中途更换；等等。①

但是，作为一项证据法原则，直接和言词原则对证据的法律资格提出了专门要求，也就是所有证据必须在法庭上由法官、陪审员亲自接触，经控辩双方当庭质证，才能作为定案的根据。从消极的角度来说，那些未经裁判者当庭接触、未经控辩双方当庭质证和盘问的证据，原则上不得作为定案的根据。下面对此作出具体的分析。

1. 公诉方提交的案卷笔录对法院认定事实不具有预定的效力

纠问式诉讼制度下的间接和书面审理主义，允许法官当庭调查追诉官员所制作的庭外案卷笔录，并通过简单的宣读和出示而将其采纳为定案的根据。与此相反，直接和言词原则否定公诉方案卷笔录的证据效力，禁止法官、陪审员从案卷笔录中获取认定事实的信息来源。从理论上讲，那些记载着侦查人员收集证据过程和结果的案卷笔录，既不应当为裁判者所接触，也不应被采纳为定案的根据。

---

① 参见〔德〕罗科信：《刑事诉讼法》（第24版），吴丽琪译，法律出版社2003年版，第428页以下。

法官、陪审员既然被禁止接触案卷笔录,那么,他们究竟根据什么来认定案件事实呢?按照直接和言词原则的要求,法官、陪审员不仅要直接接触证据,而且还要接触证据的最原始形式,除亲自查看物证、书证外,还要亲自接触案件中的证人所提供的当庭证言,被害人的当庭陈述,等等。通过这种直接和言词的证据调查过程,法官、陪审员根据其当庭所接受的事实信息,来形成对案件事实的认定。

2. 提供言词证据的证人、被害人应当出庭作证

法官、陪审员既然要接触证据的最原始形式,那么,对证人证言、被害人陈述、鉴定意见等言词证据,就应亲自听取证人、被害人等当庭所作的口头陈述。证人、被害人只有出庭作证,才能使法官、陪审员获得对其作证情况进行"察言观色"的机会,并通过听取这些口头陈述,来对这些陈述的真实性、相关性作出直观的判断。不仅如此,证人、被害人只有出庭作证,控辩双方才能获得对其当庭询问的机会,所谓的"交叉询问"才有操作的基础。在审判心理学上,控辩双方对对方证人、被害人的交叉询问向来被视为揭露伪证、避免误判的重要程序设计。而离开了证人、被害人的出庭作证,这些制度设计将会形同虚设,失去存在的意义。

3. 证人、被害人所作的庭外证言、陈述不具有证据能力

既然公诉方提交的案卷笔录对于法庭审判不具有预定的证据效力,那么,作为这种案卷笔录组成部分的庭外证言和庭外陈述,也应被否定其证据能力。无论是证人、被害人还是鉴定人,所作的庭外证言、陈述,大都是侦查人员秘密侦讯的结果,属于侦查人员对其询问过程的记录。这些书面证言和陈述所记载的无非是证人、被害人向侦查人员所作的单方面陈述,或者记录了鉴定人为迎合侦查人员的想法所提供的专家意见。无论是法官、陪审员,还是被告人、辩护人,都没有直接接触这些言词证据的提供者,对其内容的真实性和取证过程的合法性无从作出判断。凭借这些书面证言和陈述的内容,法官、陪审员一般都会得出与侦查人员大体相同的审查结论。但是,法官、陪审员在不亲自接触证人、被害人、鉴定人的情况下,对其书面证言、陈述的采纳只会流于形式,等于放弃了对这些言词证据的实质审查。

正因为如此,在证人、被害人拒绝出庭作证的情况下,他们所作的庭外证言和陈述,原则上应被排除于法庭之外,而不具有证据能力。在证人、被害人出庭作证的情况下,证人、被害人在法庭之外所作的证言笔录和陈述笔录,也

不具有证据能力。当然,这些庭外证言和陈述也并不是绝对被禁止出现在法庭上,而具有一些法定的例外情形。

例如,在控辩双方达成合意的情况下,证人、被害人都可以不出庭作证,他们所作的证言笔录和陈述笔录,可以被法庭采纳为定案的根据。这可以构成控辩双方合意的例外。

又如,在证人、被害人当庭作出与庭前不一致的陈述的情况下,这些庭外证言和书面陈述可以发挥一种"弹劾证据"的作用。也就是说,在证人、被害人出庭作证的情况下,假如证人、被害人当庭提供的证言与原来所作的庭外证言和陈述不一致,或者当庭改变原来的证言和陈述的,法院可以允许控辩双方宣读证人、被害人的庭外证言和陈述。不过,这种庭外证言和陈述的作用只能被用来对当庭证言和陈述进行质证,而不能被法庭采纳为定罪的根据。这可被视为一种"弹劾不一致证言的例外"。

再如,在证人、被害人当庭遗忘了案件事实的情况下,法庭也可以允许宣读该证人的庭外证言笔录,宣读该被害人庭外所作的陈述笔录,以便起到"唤醒记忆"的作用,但上述庭外证言笔录、被害人陈述都不得作为定罪的证据。这可以被称为一种"唤醒记忆的例外"。

(四) 我国法律对直接和言词原则的吸收

在我国刑事审判中,公诉方移送的案卷笔录对于法院认定案件事实具有重要的影响。证人、被害人、鉴定人、侦查人员很少出庭作证,无论是对证人证言、被害人陈述,还是对鉴定意见、侦查人员的说明材料,法庭几乎都是通过听取公诉方宣读书面笔录的方式来进行法庭调查的。在理论上,法学界一般将这种审查证据的方式称为书面和间接审理方式。

2010年颁布实施的两个证据规定,提出了证人出庭作证的要求,并规定证人应当出庭而没有出庭,其书面证言经质证无法确认的,不能作为定案的根据。2018年《刑事诉讼法》确立了证人、鉴定人出庭作证的制度。该法确立了证人、鉴定人、侦查人员出庭作证的法定情形,规定了证人、鉴定人不出庭作证的法律后果,甚至还建立了专家证人出庭作证的制度。多数学者据此认为,我国刑事证据法开始吸收了直接和言词原则的内容。

直接和言词原则尽管已经成为我国刑事证据法的基本原则,但这一原则要真正被贯彻到刑事审判过程之中,还会面临一些困难和挑战。

首先,2012年《刑事诉讼法》废除了1996年《刑事诉讼法》有关限制检察机关移送案卷范围的制度安排,恢复了1979年《刑事诉讼法》曾实行的案卷移送制度,使得法官在开庭前就可以全面接触公诉方移交的案卷笔录。对这一制度设计,2018年《刑事诉讼法》给予了全面确认。

令人担心的是,法官只要事先全面接触了公诉方的案卷材料,就可能不再传召证人、被害人、鉴定人出庭作证,而会直接采纳书面证言和陈述,并根据这些书面证言和陈述认定案件事实。那些庭前查阅过案卷笔录的法官,甚至可能在开庭前先行进行实质性的证据调查,而将法庭审理过程彻底地变成一种法律仪式。这对于直接和言词原则的贯彻构成实质性的挑战。

其次,法院在司法实践中奉行一种以案卷笔录为中心的庭审方式。这种庭审方式对于直接和言词原则的贯彻也构成消极的影响。在这种庭审方式下,法庭对案件事实只能进行形式化的审查和确认,而难以展开实质性的全面审理。在对单个证据的审查方面,法庭所接触的大多是那些记录侦查过程和证据材料的笔录,而根本不是各类证据的原始形式。法庭既无法亲自听取证人、鉴定人、被害人就案件事实的当庭陈述,也无法通过询问侦查人员来获取案件侦查过程的事实信息。这种书面的和间接的证据调查方式,必然导致案卷笔录成为法庭认定案件事实的主要信息来源。而在案件事实的认定方面,法庭所接受的主要是公诉方已经形成的案件事实,而没有对案件事实进行实质性的重新调查。法庭没有责令公诉方通过举证来重现案件事实的全部过程,而是简单地接受公诉方业已形成的事实认定结论。

最后,《刑事诉讼法》尽管已经确立了证人、鉴定人甚至侦查人员出庭作证的规则,但是,遇有证人、鉴定人、侦查人员拒不出庭作证的情形,法庭如何处理他们的庭外证言、陈述和说明材料,这也将是存在问题的。假如法院仍然像以往一样,对公诉方提交的书面证言、陈述和说明材料不加区别地一律采纳为定案的根据,那么,证人、鉴定人、侦查人员出庭作证的制度设计,可能将形同虚设。

(五) 直接和言词原则的例外

直接和言词原则在贯彻实施上可能面临一些困难,但长远来说,这一原则将是指导我国刑事证据立法的重要法律理念。与其他基本原则一样,直接和言词原则也有一定的适用范围,超出这些范围,就可能构成一种适用上的例外。

首先,直接和言词原则一般只能适用于初审法院就案件实体问题所进行的审判活动。而初审法院就程序方面的争议问题(如回避、管辖错误等问题)所进行的程序性裁判活动,则不适用这一原则。一般情况下,除非存在重大的事实争议,否则,遇有被告方提出排除非法证据申请的情形,法庭为解决侦查行为的合法性问题所举行的裁判程序,一般也不适用这一原则。

其次,直接和言词原则只适用于普通的刑事审判程序,而一般不适用于各种为提高诉讼效率而设立的简易程序。在我国的简易程序中,被告人已经作出自愿认罪,法庭对案件事实的调查和辩论都将大大简化,甚至对控辩双方不持异议的证据和事实都不再进行法庭调查。在此程序中,法庭就可以有条件地按照书面和间接审理原则,进行证据的审查和案件事实的认定。

最后,在我国相对独立的量刑程序中,法庭对量刑问题的裁判过程一般不适用直接和言词原则。在普通程序中,法庭对定罪和量刑问题是通过混合程序进行审理的,也就是将法庭调查分为定罪调查和量刑调查两个环节。而在简易程序中,法庭审理的重心只是量刑问题。无论是普通程序还是简易程序,法庭在对量刑事实的调查环节中,主要围绕着各类量刑情节是否成立来展开法庭调查,一般不传召证人、鉴定人、侦查人员出庭作证,而只是宣读相关的证言笔录、被害人陈述笔录以及各类说明材料。可以说,直接和言词原则主要适用于定罪审理环节,而不适用于量刑裁判活动。

七、禁止强迫自证其罪原则

本来,禁止强迫自证其罪是西方国家刑事诉讼的基本原则,它通常被确立在西方国家宪法和国际人权公约之中。但是,中国 2012 年《刑事诉讼法》在证据规则部分首次明文确立了这一原则,并通过一些具体的制度设计吸收了这一原则的内容,2018 年《刑事诉讼法》再次确立了这一条款,因此,这一原则也成为中国刑事证据法的基本原则。

(一) 禁止强迫自证其罪的含义

何谓"禁止强迫自证其罪"?对于这一原则,不同国家的刑事诉讼理论都有各不相同的解释。本书仅从刑事证据法的角度,解释这一原则的主要含义。

通常来说,这一原则是围绕着被告人口供的证据能力所提出的基本理念,它对侦查机关收集被告人口供和法院审查被告人供述都提出了一些一般性要求。对于侦查机关而言，不得采用那些违背被告人真实意愿的方式迫使其作出有罪供述。而对于法院而言，对于侦查机关通过强迫手段所获取的被告人有罪供述，一律不得采纳为定罪的根据，而应排除于法庭之外。可以说，对侦查机关而言，这一原则构成了一种法定的禁止性规范；而对法院而言，这一原则则构成了对口供的法律资格加以限制的证据法则。

在宪法和刑事诉讼法中，禁止强迫自证其罪可以适用于任何一个正在接受官方调查或参与诉讼活动的人。一般而言，这一原则被用来赋予每个公民一种特权，即面对国家机关的刑事追诉活动，享有不被强迫供述自己犯罪事实的自由。但在刑事证据法上，这一原则所要保护的对象主要是犯罪嫌疑人和被告人。

那么，何谓"自证其罪"？何谓"强迫"？对于"强迫自证其罪"的侦查行为，法律应确立怎样的程序后果呢？如果对这些问题不加以解释，我们就无法准确把握这一原则的含义。

所谓"自证其罪"，是指嫌疑人、被告人向侦查人员或法庭供述自己的犯罪事实，也就是提供不利于自己的有罪供述或自白，而这种有罪供述和自白可能被公诉方作为指控其构成犯罪的证据。但需要注意的是，该原则只适用于嫌疑人、被告人的有罪供述，而不涉及他们提交实物证据、提供鉴定检材、接受侦查实验、被要求参加辨认或者接受搜查、扣押、查封、冻结、勘验或人身检查等收集证据的方法。侦查人员即便强迫嫌疑人提交了实物证据或者从事了上述任何一种配合侦查的行为，这种行为也不构成"强迫自证其罪"行为。

作为一项证据法原则，"禁止强迫自证其罪"原则并不禁止"自证其罪"的行为，所禁止的只是"强迫自证其罪"的行为。这一原则的核心在于界定"强迫"行为的内涵和外延。所谓"强迫"，通常是指侦查人员所采取的各种违背嫌疑人真实意愿的行为。在证据法上，"强迫"与"非自愿性"是经常可以画等号的。在我国刑事诉讼法中，诸如"刑讯逼供""威胁""引诱""欺骗"等非法取证行为，就都属于法定的"强迫"行为，也都是被视为"违背嫌疑人意愿"的非法讯问行为。当然，作为这一原则所禁止的对象，"强迫"行为的含义是开放的，可以随着法律制度的发展而发生相应的变化。例如，最初的"强迫"，可能只限于那些使人肉体或精神产生痛苦的酷刑行为，但后来这一行为还可以包含诸如长时间的羁押、剥夺律师帮助、未告知沉默权等一系列不当侦查行为。正因为如此，对于"非自愿性"，也不能仅仅从社会心理学的角度来解释为"不同意"或"不情愿",而应对其作出法律意义上的解释。原则上,只有那些构成"强迫"的侦查行为,才属于法律上的"非自愿供述行为"。

那么,侦查人员的讯问行为一旦构成"强迫自证其罪"的行为,刑事证据法应确立怎样的法律后果呢?根据前面所说的"证据合法原则","强迫自证其罪"行为本身就属于法律所禁止的非法侦查行为。对此行为,法院可以根据被告方的申请,或者依据职权,将其宣告为非法行为,将由此所获取的被告人供述视为"非法证据",并将这一供述排除于法庭之外,否定其证据的法律资格。可以说,对"强迫自证其罪"行为的禁止,主要靠非法证据排除规则来完成。

(二)禁止强迫自证其罪与沉默权

迄今为止,我国刑事诉讼法尚未确立沉默权规则,没有赋予嫌疑人、被告人保持沉默的权利。但是,由于众多法律学者和律师都主张确立沉默权规则,并将这一点视为中国刑事司法改革的努力方向,因此,对沉默权问题的讨论颇为热烈,对沉默权问题的研究也几乎成为一门"显学"。有鉴于此,本书也有必要对沉默权与禁止强迫自证其罪的关系作一简要分析。

大体说来,沉默权与禁止强迫自证其罪并不是同一层面上的概念。恰如"疑罪从无"与"无罪推定"的关系一样,"沉默权"只是一个较为具体的诉讼规则,而"禁止强迫自证其罪"则属于一项基本原则。

根据"禁止强迫自证其罪"的原则,嫌疑人、被告人在刑事诉讼中享有选择诉讼角色的自由,比如他可以选择作出有罪供述,可以选择无罪辩护,还可以拒绝回答任何问题,从而保持沉默。但无论是作有罪供述、选择无罪辩护还是保持沉默,嫌疑人、被告人都应拥有自由选择权,而不应在被剥夺自愿性的情况下被迫充当其中某一种角色。

所谓"沉默权",又称为"保持沉默的自由",这只不过是嫌疑人、被告人自由选择诉讼角色的一种具体方式而已。"沉默权规则"只是"禁止强迫自证其罪原则"的一项具体要求。但作为一项基本原则,"禁止强迫自证其罪"并不只有"沉默权规则"这一项要求,本书前面所说的"禁止强迫取证行为""排除非法证据""禁止无理羁押""确保律师有效帮助"等规则,都属于这一原则的具体要求。

按照通常的理解,"沉默权规则"也是由一系列法律规则所组成的规范体系。例如,侦查人员在讯问嫌疑人之前,应告知其享有保持沉默的权利;在讯问过程中,侦查人员遇有嫌疑人保持沉默的,应当中止讯问活动;在法庭审理过程中,遇有被告人选择保持沉默的,法庭应不再对其询问,也不再给予其发问和质证的权利,而由辩护律师代其行使诉讼权利;对于嫌疑人、被告人保持沉默的行为,法官、陪审员不得作出任何对其不利的推论;对于那些剥夺或限制沉默权的侦查行为,法庭有权将由此所得的有罪供述排除于法庭之外;等等。

(三)禁止强迫自证其罪在我国证据法中的体现

2018年《刑事诉讼法》明确提出了"不得强迫任何人证实自己有罪"的原则要求。对此立法表述,有人提出了异议,认为将此条款置于证据规则之中加以表述的方式,似乎削弱了这一原则的权威性。还有人担心这种带有宣示性的立法表述,难以产生有效的规范作用。尽管如此,笔者认为,《刑事诉讼法》对这一原则的明文确立,不仅对于将来的刑事司法改革将产生重要的指导作用,而且对于那些已经得到确立的证据规则也可以起到理念统率作用。

我国刑事诉讼法明文规定,禁止刑讯逼供和以威胁、引诱、欺骗以及其他非法手段获取证据。这种禁止性规则所宣示的就是一种"禁止强迫被告人作出有罪供述"的理念。

自2012年以来,我国《刑事诉讼法》和两个证据规定所确立的非法证据排除规则,将非法所得的言词证据列为强制性排除适用的对象。特别是那些以"刑讯逼供等非法手段"所获取的被告人供述,更是被确立为非法证据排除规则的首要适用对象。这显示出立法者不仅表述了禁止强迫取证的要求,而且还对强迫取证行为确立了宣告无效的后果。

刑事诉讼法还确立了预防刑讯逼供的制度机制,如逮捕、拘留后应尽快送交看守所羁押,至迟不得超过逮捕、拘留后的24小时;侦查人员将嫌疑人送交看守所以后,应当在看守所内进行讯问,禁止将嫌疑人提出看守所进行讯问;确立了对讯问过程同步录音录像的制度,要求对那些可能判处无期徒刑以上刑罚的重大案件,一律应当安排同步录音录像,而对其他案件,则可以进行录音录像。

(四)禁止强迫自证其罪面临的实施困难

禁止强迫自证其罪尽管属于我国刑事证据法的基本原则,但它作为一种理念性较强的法律规范,并没有得到全面的确立。通过观察我国的刑事证据规则以及刑事司法实践，我们可以发现这一原则在我国的贯彻还将遇到诸多方面的困难。

首先，"坦白从宽，抗拒从严"的刑事政策，与禁止强迫自证其罪原则存在着一定的冲突，并会在很大程度上削弱这一原则的适用效果。这是因为，所谓"坦白从宽"，其实就是对那些作出有罪供述的被告人予以宽大处理；所谓"抗拒从严"，是指对那些拒不供认有罪的被告人，给予较为严厉的惩罚。根据这一刑事政策，我国刑法确立了包括坦白、自首、立功、缓刑等在内的一系列刑罚制度。而在刑事证据法上，这一政策适用的直接后果是，那些选择无罪辩护或者保持沉默的嫌疑人、被告人，将可能会因此承受不利的法律后果。我国法院长期将"认罪态度"作为酌定量刑情节，尤其是将"认罪态度不好，无理狡辩"作为从重量刑的情节，就与这一政策的运用有着直接的关系。在此情况下，嫌疑人、被告人无疑将会面临"辩护从严"的窘境，实际被剥夺了供述或者不供述的自由选择权。

其次，刑事诉讼法至今保留的"如实回答"义务，使得嫌疑人在面对侦查人员的讯问时，实际负有被迫自证其罪的义务，而不享有拒绝自证其罪的自由。所谓"如实回答义务"，其实意味着嫌疑人面临着双重义务：一是"回答提问的义务"，而不得保持沉默，拒绝回答问题；二是"如实回答的义务"，而不得作出虚假的辩解。这一"如实回答义务"条款所剥夺的是嫌疑人选择诉讼角色的自由，使得嫌疑人不得不承担配合侦查机关侦讯的义务。

最后，我国的未决羁押体制决定了在押嫌疑人被强迫自证其罪的情况时有发生。在公安机关直接控制看守所的体制下，公安机关实际等于集中了刑事案件的侦查权和对嫌疑人的羁押权，因此可以运用其羁押的便利来为侦破刑事案件提供有效的帮助。如今，公安机关控制下的看守所，不仅具有侦查延伸职能，成为名副其实的"第二侦查战场"，而且还拥有了刑罚执行职能，将那些对罪犯的矫治、帮教措施直接运用到在押嫌疑人、被告人身上，混淆了看守所与监狱的职能定位。结果，在押嫌疑人、被告人不仅得不到人身权利和福利的必要保障，就连其获得律师帮助和司法救济的权利都无法得到保障。例如，迄今为止，看守所都不允许在押嫌疑人、被告人与外界进行电话联系，不允许他们自行委托辩护律师，更不允许他们提出会见辩护律师的要求。又如，在押嫌疑人、被告人即便受到超期羁押或者不当羁押，也无法获得有效的救济机会。他们无法向一个中立的司法机关提出申诉，也无法获得就其未决羁押合法性和必要性进行司法审查的机会。

八、刑事证据法基本原则的体系

如同刑事诉讼基本原则一样,刑事证据法的基本原则也没有一个超越法律文化和法律制度的普遍模式,而与一个国家的刑事司法制度存在密切的联系。我国刑事证据法所确立的上述基本原则,既有从西方国家借鉴和移植的部分,也有一些体现我国证据制度特色的理念。其中,证据裁判原则、无罪推定原则、直接和言词原则、禁止强迫自证其罪原则就属于前者,而实质真实原则和证据合法原则则属于后者。特别需要指出的是,我国刑事证据法没有确立自由心证原则,这与一般大陆法国家的证据立法体例有着显著的区别。我国刑事证据法没有确立法官、陪审员自由评价证明力的理念,而是对单个证据的证明力大小强弱作出了一定的限制,同时对于全部证据如何达到法定证明程度提出了明确要求。这显然就与那种法律不限制证据证明力、裁判者根据其从庭审中所获取的全部印象来认定案件事实的自由心证理念,有着实质上的区别。[1]

我国刑事证据法在不同程度上吸收了上述六项基本原则的内容和精神。这说明,至少,立法者对这六项原则的基本内容是不排斥和不抵触的。这种对六项基本原则的接受和吸收,为我国刑事证据制度的进一步完善创造了理论前提,并设定了这一制度的长远发展方向。

当然,我国刑事证据法还存在一些有悖于上述原则的规则和制度设计。有些规则甚至还与基本原则形成南辕北辙的态势。我国的刑事司法实践情况也表明,即便是法律已经吸收和确立的基本原则,也可能会面临实施困难的问题。这显示出基本原则所体现的一些价值和理念,还难以在现实中得到司法人员的普遍接受,或者无法转化为规范办案人员行为的具体指针。

当然,没有无例外的原则。随着我国刑事司法改革的逐步推进,也随着司法机关对一些新制度的逐步探索,一些新的法律理念逐渐为人们所接受。这些新的改革和理念对一些基本原则的适用构成了挑战,也帮助人们发现这些原则的局限性和适用范围。由此,我们总结了这些基本原则的例外。而按照法律制度形成的规律,"例外的累积往往会孕育着新的原则"。或许,随着这些从经验事实中提炼出来的例外的逐步增加,一些新的法律原则也有可能

---

[1] 参见〔日〕松尾浩也:《日本刑事诉讼法》(下卷),丁相顺译,中国人民大学出版社2005年版,第3页以下。

逐渐出现,并成为未来刑事证据制度发展的重要推动力量。

【深入思考题】

1. 我国刑事证据法确立"自由心证原则"了吗?为什么?
2. 我国刑事证据法确立"程序法定原则"了吗?为什么?
3. 作为两项重要的基本原则,"无罪推定"和"禁止强迫自证其罪"原则在我国刑事证据法中得到全面贯彻了吗?为什么?
4. 本章讨论的各项刑事证据法基本原则,有哪些方面的例外?

【讨论案例之三】

黄新故意杀人案①

被告人黄新故意杀人案,由河南省郑州市人民检察院于2001年2月1日向河南省郑州市中级人民法院提起公诉。

起诉书指控:1998年10月23日晚,被告人黄新与女友刘燕在与刘燕同村的王三梅家打牌。打牌过程中,黄、刘二人发生了口角,后两人一同回到同居的住处。第二天早上9时许,黄新离开该住处。上午10时30分左右,刘燕父亲刘转运上楼查电话线时发现刘燕被害。经法医鉴定:刘燕系被他人扼勒颈部并用单刃刺器刺伤左颈部致机械性窒息合并失血性休克而死亡,死亡时间约为1998年10月24日凌晨1时许。公安机关经过现场调查及讯问黄新,同时根据法医对刘燕死亡时间的鉴定证实:刘燕被害的时间,只有黄新在场。根据黄新的供述、刘转运等证人证言、鉴定结论、现场勘查笔录,以及有关查证情况等证据,公诉机关认为,黄新故意非法剥夺他人生命,致刘燕死亡,其行为已构成故意杀人罪。

被告人黄新否认杀害刘燕。

被告人黄新的辩护人辩称:公诉机关仅依据关于刘燕死亡时间的鉴定结论,指控被告人黄新构成故意杀人罪,严重不符合"证据应当确实充分"的法定证明标准。在本案中,黄新没有故意杀害刘燕的犯罪动机;起诉书认定的刘燕死亡时间与刑事技术鉴定书记载的刘燕尸体的尸斑、角膜、瞳孔等尸体现象明显不符;死者体内检出了非黄新所留的"大量精子",说明刘燕有可能是在黄新离开后被他人所害,刘燕被害一案应另行核实定性为强奸杀人案。

法庭调查中,控辩双方对公诉机关提供的证据进行了质证:

1. 公诉机关提供的被告人黄新的所有供述材料、刘转运、任素勉、王三梅等证人证言以及黄新当庭供述可以证明:案发前一天晚上,黄新和刘燕在王三梅家打牌时发生了口角。案发当天上午9时许,黄新离开刘燕家,并与刘燕之母任素勉有过对话。黄新离开刘燕后帮其姐去买电脑配件。上午10时30分左右,刘转运发现女儿刘燕被害死亡。

被告人黄新辩称没有杀害刘燕,自23日晚至次日上午9时许,他和刘燕始终在一起,他离开时刘燕还活着。辩护人认为:黄新与刘燕发生口角之事,不能证明黄新具有杀害刘燕的动机。

---

① 本案例来自《最高人民法院公报》2003年第3期。

2. 公诉机关提供的郑州市公安局(98)公法医鉴字第243号刑事技术鉴定书(以下简称243号鉴定书)"现场情况"一栏中有关刘燕被杀案现场勘查笔录记载:刘燕遇害的现场位于二楼的西侧,为一室一厅居室,门锁完好,无撬压痕迹;室内的厕所外窗开启,纱窗关闭,未见攀爬痕迹。卧室西侧、南侧窗户均为铝合金推拉窗,未见攀爬痕迹。

被告人黄新的辩护人认为:该刑事技术鉴定书"现场情况"的有关记载是错误的。有关该案现场的照片显示:卧室西侧窗户铝合金推拉窗及纱窗均呈开启状,卧室南侧窗户铝合金推拉窗开启、纱窗关闭。

3. 公诉机关提供的243号鉴定书记载:"根据尸检情况,死者颈前及右侧有散在片状擦伤及皮下出血,甲状软骨有一水平走向的环形闭锁式索沟,颈部皮下及肌肉组织出血,结合颜面部青紫肿胀、眼结膜点状出血、心肺外膜下点状出血等窒息征象,说明刘燕生前曾被人扼颈(手)、勒颈(电源线)致机械性窒息。死者颈部插一匕首,检验见其创道斜向内后下方,致左侧颈内静脉贯通创、左侧锁骨下动脉一分枝横断,左胸腔内大量积血,结合尸斑较浅淡、两肺苍白等失血征象,说明刘燕系在心脏尚未完全停跳时被人用单刃刺器(匕首)刺伤左颈部致大量失血。""刘燕系被他人扼勒颈部并用单刃刺器刺伤左颈部致机械性窒息合并失血性休克而死亡。"

被告人黄新的辩护人认为:由于凶器之一的匕首来源不明,凶器上也没有提取到指纹,没有证据证明是黄新实施了用手扼颈、用电源线勒颈并用单刃刺器刺伤刘燕左颈部致刘燕死亡的行为。

4. 公诉机关提供的243号鉴定书、公安部(99)公物证鉴字第3994号物证鉴定书、最高人民检察院(2000)高检技鉴第05号鉴定书(以下简称05号鉴定书)和省、市有关部门的法医关于刘燕死亡时间的研究记录,均证明刘燕的死亡时间为1998年10月24日凌晨1时或2时许。

被告人黄新的辩护人认为:刘燕死亡时间的结论存在疑点。其一,刘燕的死亡时间是以尸冷为唯一尸体现象作出的结论,未实际考虑死者当时赤身裸体、大量失血并置于非木质地板上等这些影响尸冷进而影响死亡时间推定的重要因素。其二,243号鉴定书记载,死者"尸斑分布于尸体背侧未受压部位,淡紫红色,指压部位褪色","角膜透明","瞳孔圆形散大,直径约0.5CM"。根据法医学文献,上述尸体现象应分别出现于死后2—3小时、1小时以内和4小时以内。被害人的这些尸体现象,均不符合已死亡12小时的现象,表明上述法医鉴定关于被害人已死亡12小时的推定是不可靠的。其三,公安部(99)公物证鉴字第3994号物证鉴定书没有鉴定人签名,不宜作为定案的证据;有关部门研究刘燕死亡时间的会议纪要,不属于刑事诉讼法规定的证据种类范围,不具有证据效力;最高人民检察院05号鉴定书,是根据郑州市公安局的243号鉴定书作出的,证据效力有限。

5. 公诉机关提供的公安部(98)公物证鉴字第3059号物证检验报告记载:"刘燕的阴道擦拭检见大量精子,并检出A、B型物质。"经公安部(98)公物证鉴字第3276号物证鉴定书、(2001)公物证鉴字第2303号物证鉴定书证实,"该精子DNA基因型与黄新DNA基因型不同"。

辩护人认为:死者体内有他人"大量精子"表明,刘燕被害的时间应发生在24日早晨9时许黄新离开刘燕之后。根据公安部的三份鉴定书中对"简要案情"均描述为"刘燕被强奸杀害"这一事实,本案应定性为强奸杀人案。

郑州市中级人民法院认为:

公诉机关指控被告人犯罪,必须做到指控的事实清楚,证据确实、充分。在本案中,根据现有证据,起诉书指控被告人黄新杀害刘燕的动机事实不清,证据不足。根据证据显示,凶手杀害刘燕时所使用的手段是用手扼颈、用电源线勒颈并用单刃刺器刺伤左颈部,致刘燕因"机械性窒息合并失血性休克而死亡",而公诉机关出示的证据,不能证实黄新实施了这一直接、具体的行为杀害了刘燕。起诉书指控黄新犯故意杀人罪的证据,只有关于被害人刘燕死亡时间的鉴定结论这个唯一的间接证据,而刑事技术鉴定书记载的被害人尸斑、角膜、瞳孔等尸体现象,按照法医学文献推定的死亡时间与鉴定书关于刘燕死亡时间的鉴定结论之间存在着明显矛盾,现有证据对此不能予以合理的解释。公诉机关在法庭调查中没有能够对"死者刘燕阴道分泌物中的大量精子出自何人""刘燕遇害前是否被他人强奸"等重大疑点问题进行说明,现有证据亦不能对此给予合理的解释。这说明,本案的事实并没有调查清楚,公诉机关提供的现有证据,明显不足以证明刘燕确系黄新所杀。由于事实不清,证据不足,郑州市人民检察院指控被告人黄新杀害刘燕不能成立,故不予支持。被告人黄新及其辩护人关于公诉机关的指控事实不清、证据不足的辩解、辩护意见依法得以成立,应予采纳。

据此,郑州市中级人民法院于2002年7月30日依照《中华人民共和国刑事诉讼法》第一百六十二条第(三)项之规定,判决如下:

被告人黄新无罪。

本判决已发生法律效力。

可讨论的问题：

1. 在被告人具有犯罪嫌疑而又证据不足的情况下，为什么要作出疑罪从无的裁决？

2. 请结合案例材料，对证据裁判原则的运用作一评论。

3. 本案在被害人死亡时间问题上存在多个不一致的鉴定意见，对于这些不一致的鉴定意见，法院是如何审查判断和采信的？

4. 公安机关在被害人体内发现了精子，经过 DNA 鉴定，发现与被告人黄新不一致。在发现有另一名异性在被害人死前与其进行过接触并发生过性关系的情况下，本案无法排除其他人作案的可能性。为什么在没有达到"排他性"的情况下，法院要宣告事实不清、证据不足？

第二部分 证明力与证据能力

第四章　证据的概念

第五章　证据的理论分类

第六章　证明力与证据能力

第七章　证据证明力的法律限制

第八章　非法证据排除规则（Ⅰ）

第九章　非法证据排除规则（Ⅱ）

第十章　实物证据的鉴真

第十一章　特殊证据的证据能力

第四章　证据的概念

> 在法庭上,凡是没有证据加以证明的事实,一律应被视为不存在的。

一、"事实说"的缺陷
二、"材料说"的确立
三、"证据载体"与"证据事实"
四、证据的定义
【讨论案例之四】　李旭利利用未公开信息交易案

在法律规范中为证据下一个权威的定义,这属于我国刑事证据立法的一个传统。在 2012 年《刑事诉讼法》颁行之前,我国刑事诉讼法曾将证据界定为"证明案件真实情况的一切事实"。而自 2012 年以来,我国《刑事诉讼法》则将其修改为"可以用于证明案件事实的材料,都是证据"。

在证据法学理论中,有关证据的概念问题,一直存在着较多的争论。对于证据的含义问题,法学界出现了多种观点,有的将证据定义为"证明案件真实情况的事实"[①],有的将证据视为"证明案件事实的根据"[②],有的把证据界定为"证明案件事实的材料"[③],还有些学者持一种折中的观点,将证据看做"证据内容和证据形式的统一"[④]。学者们各持己见,这些观点的分歧也一直存在。但随着 2012 年《刑事诉讼法》的通过,"材料说"得到了立法的采纳,被确立为权威的证据定义。

法律的修改或许能够解决实践中的部分问题,却无法终止有关的学术讨论。对于法定的证据概念,人们有理由提出以下几个疑问:证据都是"材料"吗?如果说包括物证、书证、视听资料、电子数据在内的实物证据都是证据材料,而各类笔录类证据都属于书面材料的话,那么,被告人当庭所作的供述或辩解、证人当庭所作的证言、鉴定人当庭所作的陈述等,难道也可以被称为"材料"吗?不仅如此,证据究竟有无传统的三种属性,即客观性、相关性和合法性?证据与"定案的根据"究竟有什么区别?

一、"事实说"的缺陷

作为一种为证据下定义的方法,"事实说"一度是带有意识形态色彩的理论学说,加上刑事诉讼法曾长期将其确立为法定的"证据定义",因此,要对这一论点作出清理和反思,确实是比较困难的。但是,时过境迁,在立法部门最终放弃这一证据定义之后,我们回过头来反思一下"事实说"的问题,仍然是不无裨益的。

刑事诉讼法一度所采纳的"事实说",将证据直接定义为"事实"。这是一

[①] 参见陈一云主编:《证据学》,中国人民大学出版社 2000 年版,第 99 页以下。
[②] 参见杨荣新主编:《民事诉讼法教程》,中国政法大学出版社 1991 年版,第 210 页;何家弘、刘品新:《证据法学》,法律出版社 2004 年版,第 108 页。
[③] 参见应松年主编:《中国行政诉讼法讲义》,中国政法大学出版社 1994 年版,第 136 页。
[④] 参见卞建林主编:《证据法学》,中国政法大学出版社 2000 年版,第 70 页以下;樊崇义主编:《证据法学》,法律出版社 2001 年版,第 45 页以下。

个值得认真反思的问题。其实,在刑事诉讼中,"事实"具有两种形态:一是"客观事实",二是"主观事实"。前者属于一种"本体论"意义上的事实,也就是尚未进入办案人员主观视野的先验事实,由于没有为办案人员所收集,因此不可能成为证据。而后者则属于"认识论意义上的事实",是人们对案件事实所形成的主观认识或判断,这些事实几乎都被记载于实物、笔录或者言词之中,离开了那些记录案件事实和信息的载体,这些事实和信息是根本不可能存在的。由此可见,无论将案件事实界定为上述哪一种形态,"事实说"都无法证明"证据就是事实"这一论断。

在同一法律条文中,立法者还一度将证据视为"材料",也就是包括书证、物证、证人证言、被害人陈述、被告人供述和辩解、勘验检查笔录、视听资料等在内的八种法定证据形式。既然已经将证据定义为"事实",立法者怎么又将八种证据形式称为"材料"呢?难道那些"证明案件事实的材料"与"通过材料反映的案件事实"是一回事吗?

这种前后自相矛盾的立法表述,显示出立法者在坚持"事实说"的同时,也将那些能够证明案件事实的实物、笔录、陈述视为"证据的法定形式"。因为根据经验和常识,任何出现在法庭上的证据,都不可能是那种抽象的事实,而只能是记载案件事实的载体。任何事实,未经实物、笔录或者言词陈述的记载,都不可能为裁判者所接受。罗马法时代的法谚"谁主张,谁举证",说的其实就是任何事实,未经举证方提出证据加以证明,都是不能成立的。而罗马法时代的另一句法谚"没有证据证明的事实,应被视为不存在的",也足以说明事实不可能离开证据而独立存在,那种没有证据加以支持的事实,根本是不成其为法律事实的。

"事实说"还存在另一个无法自圆其说的问题,那就是将证据定义为"证明案件真实情况的事实",混淆了证据与定案根据的区别。既然证据可用来证明案件的"真实事实",那么,刑事诉讼法又何来证据只有"经过查证属实,才能成为定案的根据"之类的规定呢?既然证据已经能够证明案件"真实情况",那么,那些为审查证据真实性而举行的举证、质证、辩论活动岂不就是多余的吗?

事实上,所谓"证据"不过是裁判者用来认定案件事实的根据。未经法庭上的举证、质证和辩论,这些证据有可能是虚假的、伪造的、不真实的,有可能是与案件事实毫无关联的,也有可能是非法取得或者不符合法定证据资格的。所谓"定案的根据",说的其实是证据审查的结果,也就是裁判者经过一系列法定的审理程序,最终将那些具备真实性、相关性和合法性的证据,采纳为定案的根据。裁判者在采纳这些证据的同时,也采纳了这些证据所记载的案件事实,并经过综合的推理,根据这些证据事实最终形成了对案件事实的整体认识,从而完成了对案件事实的认定过程。因此,从"证据"到"定案的根据",所经历的其实是整个刑事诉讼对证据的审查判断过程。

在笔者看来,作为"定案根据"的证据,只不过是证据运用的最终结果,而不是前提条件。法官所要解决的关键问题在于:证据应具备哪些资格和条件才能成为法院定案的根据?也就是说,诸如物证、书证、证人证言之类的证据,究竟应具备哪些条件,才能被司法裁判者采纳为定案的依据?在这一点上,刑事诉讼法对证据材料转化为定案根据,并没有设定较多的法律资格要求。尽管研究者在理论上一直坚持证据要同时具备客观性、关联性和合法性,但刑事诉讼在这里只提出"查证属实"的要求,也就是所谓客观性的要求。人们不禁要问:难道一份证据材料只要是"客观存在"的,而不是被伪造、变造的,它就可以直接被法院采纳为定案的根据吗?答案可能没有这么简单。

二、"材料说"的确立

从2012年开始,我国《刑事诉讼法》将证据定义为"可以用于证明案件事实的材料",明显采纳了证据概念中的"材料说",抛弃了原有的"事实说"。这是有其正当理由的。但是,"材料说"尽管已经被吸收进立法之中,它究竟是不是一种较为理想的立法选择,却也是值得思考的。

刑事诉讼法对证据概念的重新界定,克服了"事实说"所存在的一些缺陷。一方面,立法者将证据称为"材料",而不再定义为"事实",这显示出对证据运用的常识、经验和规律的尊重,也解决了原有的将"事实"混同于"材料"的逻辑难题。这里所说的"证据材料",其实也就是一种证据载体。

另一方面,将证据定义为"可用于证明案件事实的材料",也不再对证据提出可证明案件"真实情况"这一过高要求,回到了刑事诉讼运用证据的逻辑起点,将证据与"定案根据"明确区分开来,这显然是一种立法上的进步。不仅如此,"材料说"在注重证据表现形式的同时,也没有走向另一个极端。立法者也注重了证据内容与证据形式的统一,强调证据既是一种材料,也要包含着特定的案件事实。从表现形式来看,证据是指各种法定的证据材料;而从证据所要证明的内容来看,证据又是能够证明案件事实的材料。可以说,在我国刑事诉讼立法传统中,立法者倾向于为证据确定一个法定的"定义"。在此背景下,这种对"材料说"的采纳无疑是一种较为合理的选择。

但是,作为一种普遍的法律论断,证据真的都属于"能够证明案件事实的材料"吗?从刑事诉讼法所确立的法定证据形式来看,有些证据的确是以"材料"的形式被使用的。例如,物证可以被视为"实物证据材料";书证可以被视为"书面材料";录音、录像可以被称为"音像材料";电子数据可以算作"电子科技材料";勘验、检查、辨认、侦查实验笔录,可以被称为"笔录类材料";甚至证言笔录、被告人供述笔录等,也可以被视为"言词笔录材料"。但是,也有些证据形式是不能被称为"证据材料"的。这主要是指那些当庭出现的言词陈述,包括被告人当庭所作的供述或辩解、证人出庭所作的证言、被害人当庭所作的言词陈述以及鉴定人或专家证人所作的当庭证言。这些通过自然人的回忆和口头陈述所提供的证据,与一般意义上的"证据材料"似乎并不是一回事。

其实,这种将证据定义为"证据材料"的方式,明显地具有偏重实物证据和笔录证据的嫌疑,而大大忽视了当庭言词陈述的特殊性。作为言词证据,证人证言、被告人供述和辩解、被害人陈述以及鉴定意见都可以同时包含着两种证据形式:一是庭前言词证据笔录,包括庭前证言笔录、被告人供述和辩解笔录、被害人陈述笔录和书面鉴定意见;二是当庭言词陈述,如证人当庭证言、被告人当庭供述或辩解、被害人当庭陈述以及鉴定人当庭证言等。考虑到证人、鉴定人、被害人出庭作证的情况较少发生,刑事法庭采纳的大都是庭前言词笔录,因此,立法者想当然地将证据定义为"证据材料"。与此同时,鉴于被告人当庭所作的翻供或辩解,通常难以为法庭所采纳,被告人所作的庭前供述往往被转化为法庭定案的根据,因此,立法者误以为被告人供述和辩解都是以笔录材料的形式作为证据使用的。

三、"证据载体"与"证据事实"

通过分析证据的各种定义,我们不难发现,有些定义注重的是证据所要揭示或者说明的事实,有些定义则强调证据的外在表现形式。其实,证据无非是所包含的事实与其外在形式的有机统一。对于证据所包含的事实,我们通常称为"证据事实"。而对于证据的外在表现形式,我们则称之为"证据载体"。

如果说各类证据所记载或证明的只是"证据事实"的话,那么,这些作为证据表现形式的实物、笔录或言词陈述就属于"证据载体"。所谓"证据载体",是指那些记载或者证明一定证据事实的证据形式。根据证据运用的经验和常识,只有那些进入办案人员主观认识领域,并以法定形式表现出来的证据载体,才是我们考察证据问题的逻辑起点,也是我们构建证据规则的前提。这是因为,为人们所收集、调查而来的证据,不论是以实物证据还是以言词证据的形式表现出来,都已经注入办案人员的主观认识和判断,成为可操作、可审查的证据形式。这些证据载体所包含的信息不一定就是正确可靠的,也不一定与案件中所要证明的事实具有内在的关联性,甚至其收集的手段也不一定合乎证据法的要求。但是,这些证据载体却为我们证明案件事实的存在或者不存在,提供了具体的依据和参考。据此,我们可以通过证据相互间的比对和印证,发现哪些证据以及证据的哪些部分是伪造、变造或真伪难辨的,也可以验证证据材料究竟能证明案件事实的哪些环节。

另一方面,为了防止那些虚假的、不相关的证据材料转化为定案根据,从而酿成误判,也为了避免那些以严重违反法律程序的手段获取的证据材料顺利通过法庭上的审查程序,我们需要建立一系列的证据规则,以便对证据的资格、证据的收集程序、证据的法庭审查程序以及司法证明的体系作出明确的法律规范。这些证据规则无一不是对证据材料的规范,它们所导致的是对那些不具备证据资格的材料的抛弃,以及对那些符合法定条件的证据材料的采纳。

对证据概念的认识应当同时兼顾"证据事实"和"证据载体",而不能顾此失彼,否则,就无法形成对证据本质属性的完整认识。一方面,要从证据事实的角度认识证据的属性。证据之所以被称为"证据",就是因为包含着特定的证据事实,而这些证据事实又对办案人员形成对案件事实的认识具有积极作用,或者说证据事实本身就是案件事实的一部分。另一方面,要注重证据的外在表现形式,强调特定的证据载体记载证据事实的观念。离开了证据的载体,证据事实将成为无源之水、无本之木。

(一)证据载体

从形式上看,证据不仅表现为各种物体、痕迹、文本、录音、录像、光盘、优盘等材料,也可以表现为各种对诉讼过程的书面笔录,还可以表现为各种知情者的言词陈述。这似乎表明证据载体就表现为上述材料、笔录或者陈述。

但是,假如我们对各类证据作出深入的考察,就会发现证据载体其实是非常复杂的。在各类证据形式中,物证具有较为单一的载体,也就是通常所说的物体或者痕迹。但是,书证、视听资料、电子数据却不仅具有类似于物证的物理表现形式,而且还要包括所记录的各类内容或者信息。如书证所记录的文字、图画、符号等;视听资料所记录的声音、图像等;电子数据所记录的数据、信息等。对于证据的外在物理表现形式,我们可以称为"外部载体"。而对于证据所记录的文字、画面、声音、图像、数据等内容,我们可以称为"内部载体"。

外部载体是所有证据都具有的物理表现形式。前面所说的实物证据都具有这种外部载体,如物证的外部载体一般表现为物体、痕迹;书证的外部载体通常为书面文字材料,有时也表现为记载文字、符号、画面的其他材料;视听资料的外部载体一般是录音带、录像带以及其他记录声音、图像的设备;电子数据的外部载体则有多种表现形式,常见的有光盘、硬盘、优盘、服务器等电子设备,除了上述原始的存储介质以外,还可以有打印件、照片等复制品。那些记录各种诉讼过程的笔录证据,其外部载体通常表现为各种书面记录材料,如勘验笔录、检查笔录、搜查笔录、扣押清单、提取笔录、辨认笔录、侦查实验笔录,等等。言词证据的外部载体可能相对复杂一些。假如在法庭上出现的是以书面形式记录的讯问(询问)笔录或者鉴定报告,那么,其外部载体也就是这些书面的讯问笔录、询问笔录或者鉴定意见材料。但假如法庭传召证人、被害人、鉴定人出庭作证,或者被告人当庭也作出了口头陈述,那么,这些言词证据的外部载体也就不复存在了。上述当庭口头陈述也就是直接传播给裁判者的证据内容,它们实际属于只具有内部载体的言词证据,而失去了一般证据所具有的外部物理表现形式。当然,这些当庭所作的言词陈述,一旦被记录下来,成为法庭审理笔录的组成部分,那么,这些书面审理笔录也就成为上述言词证据的外部载体。

内部载体是证据所记录的内容或者信息。除了物证以外,其他实物证据都具有形式各异的内部载体,如书证的内部载体是文字、图画、符号等;视听资料的内部载体一般是声音、图像等;电子数据的内部载体通常为数据、信息等。记录诉讼过程的笔录证据,内部载体通常有文字、图画、照片、录像等多种表现形式。而言词证据笔录所记录的口头陈述,也属于这类证据的内部载体。

通过区分证据的外部载体和内部载体,我们可以对证据的性质作出深刻的揭示,也有利于从外部载体和内部载体两个方面来建构证据的收集、审查、判断规则。例如,对于实物证据的真实性,我们既要审查外部载体的真实性和同一性,避免其存在伪造、变造的可能性,也要审查其内部载体的可靠性,防止其内容被篡改、删除、增加等。又如,对于言词证据的真实性,我们既要审查笔录、录像、书面材料等证据的来源和表现形式,防止其被伪造或者变造,又要审查这些言词证据所记载的陈述,避免其被任意剪辑或删改。

(二) 证据事实

无论是证据的外部载体还是内部载体,都属于证据的表现形式,也都属于"材料"或者"陈述"的范畴。这些材料或者陈述本身,是对特定事实的表达和记载,但不是事实本身。所谓证据事实,是指各种证据载体所揭示或者说明的案件事实信息。例如,在案发现场提取的指纹、血迹等,经过鉴定,被证明为嫌疑人所留。这些证据载体可以证明"嫌疑人到过犯罪现场"这一事实。又如,一份记录侦查人员讯问嫌疑人过程的录像资料,显示侦查人员对嫌疑人采取暴力、威胁等行为的过程,这些证据载体可以证明"侦查人员存在刑讯逼供等非法取证行为"这一事实。再如,被告人就案件所作的有罪供述笔录,可以证明"被告人实施了检察机关指控的犯罪行为"这一事实。

证据的内部载体经常被误判为证据事实。其实,无论是文字、图画、符号、声音、图像,还是数据、信息、陈述等,都仍然属于一种承载事实的表现形式,还不属于事实本身。任何证据载体要转化为证据事实,都需要加入人的判断或者推理,也就是从证据载体这一"此案世界",合乎经验和逻辑地推导出证据事实这一"彼岸世界"。

将证据载体与证据事实作出区分,有助于提醒我们在对证据进行收集和审查判断时,既要关注证据的表现形式,也要重视证据所要揭示的事实本身。在证据的真实性判断方面,我们既要重视证据载体的真实性,更要关注证据事实的真实性。在证据的合法性方面,我们主要关注证据载体的合法性。而在证据的相关性方面,我们所要审核的是证据事实与待证事实之间的逻辑联系。

(三) 从"证据载体"到"待证事实"

在区分了"证据载体"与"证据事实"之后,我们需要简要总结一下证据运用的整个过程。原则上,司法人员最先所接触的都是各种证据材料,如物证、书证、视听资料、电子数据、笔录证据、被告人供述、被害人陈述、证人证言,等等。在对上述证据的外部载体和内部载体作出审查核实的基础上,司法人员需要进入对其所证明的证据事实的审查判断。

任何证据所揭示的"证据事实",都包含着特定的事实信息。但这些事实信息并不一定与案件的待证事实具有相关性。在一定程度上,所有证据所表达的证据事实,都属于一个个较为具体的事实片段。司法人员即便经过审查判断过程,最终将这些证据事实采纳为定案的根据,也要经历一种将这些事实加以编织、综合和推论的过程,最终形成对案件事实的主观认识。在这一过程中,"证据事实"首先要转化为"要件事实",然后才能统一转化为"待证事实",从而完成向案件事实的转变。

所谓"要件事实",是指根据法律所设定的实体构成要件,司法人员将诸多证据事实加以综合分析和推论,最终形成的对某一构成要件事实的主观认识。例如,在一起故意杀人案件中,司法人员经过对各种证据的审查判断,认定了以下几个证据事实:被告人张某在案发时到过犯罪现场;被告人手持利器到达现场;被告人与被害人发生过斗殴;被害人死于利器刺破心脏……根据上述"证据事实",司法人员遵循经验法则和逻辑法则,认定被告人张某对被害人实施加害并造成被害人死亡这一"综合事实"。而这一"综合事实"已经不再是证据事实的简单累积,而符合法律所确立的犯罪行为和因果关系的要求,成为司法人员赖以定案的一项"要件事实"。

又如,在一起合同诈骗案件中,司法人员经过对诸多证据的审查判断,认定了以下证据事实:一是被告人李某与被害人签订了购货合同,承诺收到货款后立即交付货物;二是被害人依照合同支付了货款;三是被告人拒绝交付货物;四是被告人将收到的货款挥霍一空;五是被告人没有任何货物可供交付;六是被告人逃亡国外。根据这些证据事实,司法人员认定被告人存在着"非法占有"的目的,这符合合同诈骗罪成立的主观要件。这里所说的"以非法占有为目的"的事实,也就是一种主观方面的"要件事实"。

当然,在完成从"证据事实"到"要件事实"的认定后,司法人员还要根据所认定的若干项"要件事实",经过进一步的综合推论,最终形成对案件"待证事实"的认定。所谓待证事实,也就是提出诉讼请求的一方为证明自己诉讼主张的成立,所提出的有待确认的案件事实。待证事实只是举证方所提出的对案件事实的一种假设,其本身并不等于客观的案件事实,更不等于法院最终加以认定的裁判事实。尽管如此,在若干项要件事实得到认定的基础上,司法人员可以判定这些事实结合起来,能否认定待证事实的成立。当然,在公诉案件中,法院假如确认检察机关指控的"待证事实"能够成立,也就等于认定被告人构成了检察机关指控的犯罪事实,这就等于宣告整个案件事实得以成立。

例如,在一起侵犯个人信息案件中,经过对全部"证据事实"的认定,司法人员认定了以下"要件事实":一是发生了侵犯公民个人信息的事实;二是侵犯公民个人信息的行为是由被告人实施的;三是被告人具有侵犯公民个人信息的主观故意;四是侵犯公民个人信息的行为达到情节严重的程度。根据上述要件事实,法院就可以认定检察机关指控被告人侵犯公民个人信息的事实可以成立,案件的"待证事实"由此得到证实。

可以说,从"证据载体"到"证据事实",司法人员所获取的都是较为具体的"事实片段"。从"证据事实"到"要件事实",司法人员要结合法律规范所设定的构成要件,经过逻辑推理和经验判断,完成一种事实认定上的跳跃。而从"要件事实"再到"待证事实",司法人员则完成了整个事实认定的过程。在整个司法裁判过程中,这一事实认定过程构成了法院适用法律的前提,也构成法院司法裁判的事实根据。

四、证据的定义

那么,究竟如何为证据下一个定义呢?需要指出的是,证据概念问题主要是一个学术问题,刑事证据法没有必要对此确立专门的法律规范。因为在证据概念问题上,经常存在研究者仁者见仁、智者见智的现象,而难以有公认的、一致的见解。更何况,这种对证据定义所确立的法律规则,最多是一种法律立场的宣示,而很难对法院审查证据、认定事实产生有效的规范作用。

但是,作为一个学术问题,我们仍然有必要对证据的概念作出澄清,界定其基本内涵和外延,以避免一些不准确、不科学的认识。在笔者看来,对证据的定义需要同时考虑证据的两个侧面:一是证据所包含的"证据事实",二是作为证据表现形式的"证据载体"。

其实,证据是"证据载体"与"证据事实"的有机统一。下面以实物、笔录和言词陈述为例,来对证据的概念作出全面的分析。

案例

办案人员在犯罪现场提取了一根毛发,经勘验、检查笔录证明,这属于在犯罪现场提取的实物证据。经鉴定意见证实,这枚毛发与被告人的 DNA 分子结构具有 99% 以上的同一性。这可以说明一个事实:被告人到过犯罪现场。又如,针对被告人提出的受到刑讯逼供、申请排除非法证据的诉讼请求,办案人员出具了一份"情况说明",以证明侦查人员在侦查过程中遵守法律程序,没有发生刑讯逼供的行为。再如,办案人员向被害人进行了调查,被害人出具了一份书面陈述,证明被告人在案发后对其实施了积极救助行为,不仅认罪悔罪、赔礼道歉,而且还向其提供了高额赔偿金,被害人对被告人的行为予以谅解,并要求司法机关对其予以宽大处理。在随后的法庭审理中,被害人出庭作证,就上述请求作出了当庭陈述。

上述三类证据分别具有实物证据、笔录证据以及言词陈述的形式,并且分别就犯罪事实、程序事实和量刑情节提供了证明。我们可以看出,离开了"实物""笔录"和"言词陈述"这三种表现形式,上述证据就不具备证据事实的载体,而不成其为"证据";而假如上述证据不能证明"犯罪事实""程序事实"或者"量刑事实",那么,这些证据也就徒具证据的形式,而没有实质的内容。

原则上,任何证据都最多只是记载特定案件事实的形式,它们未经法定的审查程序,还不能被转化为"定案的根据"。而这些证据要转化为定案的根据,需要同时具备证明力和证据能力。证明力是证据能够发挥证明作用的能力,包括证据载体的真实性和证据事实的可靠性,以及证据事实与犯罪事实、量刑事实或者程序事实的相关性。证据能力是证据能够被采纳为定案根据的法律资格,包括证据收集主体的合法性、证据取得手段的合法性以及证据表现形式的合法性。对于那些不具备证明力或者不具备证据能力的证据,法庭可以将其排除于法庭之外,而不采纳为定案的根据。

概括起来,本书倾向于将证据定义为"用来证明特定案件事实的载体"。这里所说的"载体"并不仅仅是指特定的"证据材料",而可以包括实物、笔录以及各类言词陈述在内的证据形式。但这些记载着案件事实的载体,并不是事实本身,更不是法院定案的根据。同时,这里所说的"案件事实"也不同于所谓的"客观事实",而最多属于办案人员从证据中所获悉的"证据事实"而已。

【深入思考题】

1. 如何区分"证据"与"定案的根据"？
2. 如何区分"客观事实"与"主观事实"？
3. 如何区分"证据载体"与"证据事实"？
4. 以电子数据为例，分析证据的外部载体与内部载体的特征。

【讨论案例之四】

李旭利利用未公开信息交易案①

2005年8月至2009年5月,被告人李旭利担任交银施罗德基金公司投资决策委员会主席、投资总监,2007年8月开始兼任该公司蓝筹基金经理。在此期间,李旭利参与基金公司所有基金的投资决策,并对蓝筹基金进行股票投资拥有决定权。

2009年4月7日,在基金公司旗下蓝筹基金、交银施罗德成长股票证券投资基金(以下简称成长基金)进行工商银行和建设银行股票买卖的信息尚未披露前,李旭利指令五矿证券深圳华富路证券营业部(现为五矿证券深圳金田路证券营业部,以下简称五矿金田营业部)总经理李智君,在名为"岳彭建""童国强"实为李旭利等控制的证券账户内,先于或者同期于基金公司买入工商银行、建设银行股票,累计成交额人民币(以下币种同)52263797.34元,并于同年6月将上述股票全部卖出,股票交易累计获利8992399.86元,同时分得股票红利1723342.50元。

上海市第一中级人民法院认为,被告人李旭利作为基金管理公司的从业人员,利用因职务便利获取的未公开信息,违反规定,从事与该信息相关的证券交易活动,情节严重,其行为构成利用未公开信息交易罪。据此,依照《中华人民共和国刑法》第一百八十条第一款、第四款,第五十三条,第六十四条之规定,上海市第一中级人民法院以利用未公开信息交易罪,判处被告人李旭利有期徒刑四年,并处罚金1800万元;违法所得10715742.36元予以追缴。

一审判决后,被告人李旭利向上海市高级人民法院提起上诉,辩称其未指令李智君购买工商银行、建设银行股票。

上诉人李旭利的二审辩护人向上海市高级人民法院提出以下辩护理由:

(1)李旭利的认罪供述,是在侦查阶段受到侦查人员以缓刑引诱、以"不配合工作便抓捕其妻子袁雪梅"相胁迫的情况下作出的;袁雪梅的证言,是在侦查人员要求李旭利给袁雪梅写信,李在信中描述相关情节后,袁按信中内容陈述的。故请求排除李旭利在侦查、审查起诉、一审期间的所有认罪供述以及证人袁雪梅于2011年9月5日在侦查机关指证李旭利指令李智君购买股票的证言。

---

① 参见《李旭利利用未公开信息交易案——利用未公开信息交易罪司法认定中的证据和法律问题》,载《刑事审判参考》(第96集),法律出版社2014年版,第7—19页。

(2) 证明李旭利指令李智君购买工商银行、建设银行股票的证据不足，不排除涉案相关股票系李智君为提高自己的业绩自行决定购买，原判认定李旭利犯利用未公开信息交易罪的事实不清，证据不足。

(3) 涉案账户对工商银行、建设银行股票的交易，不符合以低价先于基金公司买入，并以高价先于基金公司卖出的"先买先卖"的客观特征，李旭利的行为不构成利用未公开信息交易罪。

(4) 工商银行、建设银行都是超级大盘股，基金公司旗下基金对其股票的买入，不可能拉升其股价，认定李旭利利用未公开信息指令李智君购买上述股票，不符合情理。

(5) 根据《刑法》第一百八十条第四款的规定，构成利用未公开信息交易罪必须"违反规定"，李旭利没有违反规定，故不构成犯罪。

本案二审开庭审理前，上海市高级人民法院召开了庭前会议。根据辩护人在庭前会议上提出的申请，合议庭开庭审理前调取了李旭利在侦查阶段写给袁雪梅的2封信提供给辩护人，并向辩护人提供了李旭利在侦查机关第一次作出认罪供述的完整同步录音录像让其观看。

在开庭审理过程中，法庭就证据收集的合法性进行了调查。上海市人民检察院出庭检察员当庭决定，对袁雪梅2011年9月5日在侦查机关指证李旭利指令李智君购买股票的证言予以撤回，不做指控证据使用。辩护人出示和宣读了二审期间会见李旭利所作的笔录及检察机关对李旭利所作的讯问笔录、李旭利在侦查阶段写给袁雪梅的2封信以及其写给李智君的1封信、袁雪梅亲笔书写的情况说明等线索材料。根据出庭检察员的申请，法庭通知本案两名侦查人员出庭说明情况。合议庭经休庭评议后当庭宣布，根据对李旭利供述认罪过程和相关录音录像资料的审查，结合法庭调查查明的事实和证据，李旭利及其辩护人提供的相关线索材料，不能证明侦查人员讯问李旭利时实施了刑讯逼供行为，也不能证明侦查人员胁迫、引诱李旭利供认犯罪事实。李旭利供认的作案过程及相关细节系其自行叙述形成，李旭利及其辩护人提出侦查人员胁迫、引诱李旭利供述犯罪事实查无实据。据此，合议庭决定，对李旭利及其辩护人提出排除李旭利认罪供述的申请不予支持；对袁雪梅2011年9月5日在侦查机关所做的证言，鉴于李旭利及其辩护人申请排除，检察员也已当庭决定撤回不做指控证据使用，故决定予以排除。

上海市高级人民法院经审理后认为，原判认定李旭利犯利用未公开信息交易罪的事实清楚，证据确实、充分，适用法律正确，量刑适当，审判程序合法。上诉人李旭利提出的上诉理由及其辩护人提出的辩护意见均不能成立。据此,依照《中华人民共和国刑事诉讼法》第二百二十五条第一款第(一)项之规定,上海市高级人民法院裁定驳回上诉,维持原判……

　　本案中,李旭利在一审庭审及之前的供述中均供认是其指令李智君购买涉案股票,但在二审过程中翻供,否认其指令李智君购买涉案股票。李旭利妻子袁雪梅指证李旭利指令李智君购买涉案股票的证言,又因为侦查人员的不当行为被二审法庭排除,而李智君的证言在李旭利是否指令其购买涉案股票的问题上又含糊其词,称"记不清"了,"想不起详细情况"了,本案在二审中的人证就只有李旭利在侦查、审查起诉以及一审庭审中的认罪供述,在这种情况下,是否还可以认定李旭利指令李智君购买了涉案股票,是本案的一个焦点和难点……

　　……本案中,二审法院认为,即使排除袁雪梅2011年9月5日的证言,综合下列事实和证据亦足以认定涉案岳彭建、童国强五矿金田营业部证券账户中的工商银行、建设银行股票系李旭利指令李智君购买的……

　　……在案证据证实,基金公司投资决策委员会是基金投资的最高决策机构;投资总监全面负责公司的投资管理业务;投资总监及基金经理在投资决策委员会制定的权限范围内负责基金投资具体工作;基金公司基金经理的职责是在公司投资管理制度和投资决策委员会授权范围内,进行本人管理基金的投资决策……

　　……在案证据证实,涉案购买工商银行和建设银行股票的岳彭建、童国强五矿金田营业部证券账户系李旭利之妻袁雪梅借用岳彭建、童国强的身份证件于2007年5月30日开户,李旭利系两账户实际控制人之一……

　　……在案证据证实,童国强五矿金田营业部证券账户于2009年4月7日上午买入建设银行982900股,买入金额为446万余元……

　　……李旭利及其辩护人提出,涉案证券账户购买工商银行和建设银行股票不排除由李智君自行决定的可能,并提供了袁雪松、袁雪梅证言等相关证据。

　　……李旭利及其辩护人上述主张不能成立,理由如下:首先,袁雪松关于李智君说因为看到涉案账户很长时间没有使用,就帮助购买了工商银行和建设银行股票的说法得不到李智君证言的印证。至于袁雪梅关于其听袁雪松和李旭利讲涉案工商银行、建设银行股票是李智君决定购买的证言,仅仅是对袁雪松和李旭利述称的转述,属传闻证据,且又得不到袁雪松证言和李旭利供述的印证。同时,鉴于袁雪松、袁雪梅与本案有重大利害关系,二人的证言难以采信。

其次,李智君缺乏甘冒风险擅作购买决定的基本行为动机……

再次,李智君的证言不具有可信度。侦查机关就本案共两次找李智君取证,时间分别为2011年8月16日和2012年2月7日。在两次调查中,侦查人员问李智君为何要在2009年4月7日代为购买工商银行和建设银行股票,是否和袁雪梅或者其他人商量过,李智君分别回答:"记不清了","想不起详细情况了"。另外,中国证监会在2010年10月15日还找李智君调查过,李智君在此次调查中回答也是非常含混、前后矛盾的,她首先表示:"2009年4月7日这次帮袁雪梅买入工商银行、建设银行股票前我没有跟袁雪梅打电话,买入之后我没有立即通知袁雪梅,具体什么时候通知袁雪梅我记不清楚了。"当调查人员再问:"你再想想清楚,2009年4月7日你帮岳彭建、童国强证券账户下单之前,你与袁雪梅通过电话吗?"李智君回答:"2009年4月6日、7日我与袁雪梅应该通过电话,具体内容记不得了。2009年4月7号我帮袁雪梅的岳彭建、童国强证券账户下单之后应该与袁雪梅通过电话,具体内容记不得了。"本案涉案交易系涉及5000余万元的巨额满仓交易,对如此巨额的交易行为"记不清",显然不符合常理。同时,鉴于李智君与本案有重大利害关系,结合李旭利在原审以及侦查机关的认罪供述内容,李智君在接受调查过程中的含混其词,具有明显的不合理性,充分表明其证言不具有可信度。

此外,本案涉案交易的特殊背景以及李旭利在原审和侦查阶段供认系其本人向李智君发出了购买指令的事实,进一步排除了李智君擅作决定购买股票的可能性……

……李旭利在本案一审判决前稳定供述系其指令李智君购买工商银行和建设银行股票。李旭利本人在侦查、审查起诉及一审庭审中均供认是其本人指令李智君购买涉案工商银行、建设银行股票,且供述一直较为稳定,在二审中才以侦查人员对其实施引诱、胁迫为由翻供。对此,二审法庭依法启动证据收集合法性调查程序。合议庭在庭审前即将李旭利在侦查机关第一次作出认罪供述的完整同步录音录像交予辩护人观看。庭审中,李旭利的辩护人对录音录像未提出异议。同时,合议庭还依法通知本案侦查人员出庭说明情况,并由控辩双方对其进行了询问。经过庭审,未发现李旭利辩解所称侦查人员对其实施胁迫、引诱的证据。李旭利上述辩解查无实据,不能成立。法庭据此认定,侦查机关讯问取得的李旭利认罪供述合法有效,依法可以作为定案的证据。

综上，本案现有证据和相关事实，足以认定涉案岳彭建、童国强五矿金田营业部证券账户中的工商银行、建设银行股票系李旭利指令李智君购买，辩护人提出的不排除涉案股票系李智君为提高自己的业绩自行决定购买的辩护意见，与事实不符，不能成立……

可讨论的问题：

1. 上海市高级人民法院的二审判决认定："对袁雪梅2011年9月5日在侦查机关所做的证言，鉴于李旭利及其辩护人申请排除，检察员也已当庭决定撤回不做指控证据使用，故决定予以排除"。请根据这一裁决，讨论一下"证据"与"定案根据"的区别。

2. 在二审审理过程中，被告人及其辩护人一直申请将被告人有罪供述予以排除。对此，二审法院认定，"李旭利及其辩护人提出侦查人员胁迫、引诱李旭利供述犯罪事实查无实据"，因此，"对李旭利及其辩护人提出排除李旭利认罪供述的申请不予支持"。请根据证据载体与证据事实的区分理论，讨论这一裁决究竟是对被告人供述的载体作出了否定性评价，还是对证据事实不予采纳？

3. 二审判决书对三份证人证言作出了否定评价。其中，"袁雪梅关于其听袁雪松和李旭利讲涉案工商银行、建设银行股票是李智君决定购买的证言，仅仅是对袁雪松和李旭利述称的转述，属传闻证据，且又得不到袁雪松证言和李旭利供述的印证。同时，又鉴于袁雪松、袁雪梅与本案有重大利害关系，二人的证言难以采信"。与此同时，"鉴于李智君与本案有重大利害关系，结合李旭利在原审以及侦查机关的认罪供述内容，李智君在接受调查过程中的含混其词，具有明显的不合理性，充分表明其证言不具有可信度"。请结合法院的裁判理由，对上述证人证言的采信作出评论。

第五章　证据的理论分类

> 良心抵得上一千个证人。

一、证据理论分类概述
二、实物证据与言词证据
三、原始证据与传来证据
四、直接证据与间接证据
五、不利于被告人的证据与有利于被告人的证据
六、实质证据与辅助证据

【讨论案例之五】　张建国贩卖毒品案

一、证据理论分类概述

证据的理论分类,是指从理论上对证据所作的类型化分析。如同对任何事物的分类一样,对证据的分类也可以有不同的标准。根据这些不同的分类标准,证据可以被划分为相应的证据类型。例如,根据证据载体的表现形式,证据可以分为实物证据与言词证据;根据证据载体的来源,证据可以分为原始证据与传来证据;根据证据与诉讼主张的关系,证据可以分为不利于被告人的证据与有利于被告人的证据……

迄今为止,有关证据分类的研究都采取了一种"二分法"的方法,也就是根据某种标准,将证据划分为两大证据类型。但无论根据哪一种标准进行分类,证据都会达到被穷尽的程度。换言之,根据某种标准进行分类后,证据要么被归入第一种类型,要么被归入第二种类型,而不能再出现第三种独立的类型。例如,根据证据与案件主要事实的关系,证据可以分为直接证据与间接证据。从这一标准出发,任何证据要么可以被归类为直接证据,要么可以被划入间接证据的范围,而不能存在那种既不属于直接证据也不属于间接证据的证据类型。否则,这一证据分类在逻辑上就是不周延的。

本书后面还要讨论证据的法定形式,这与证据的理论分类不是一个范畴。迄今为止,我国刑事诉讼法共确立了八种证据法定形式:物证,书证,证人证言,被害人陈述,犯罪嫌疑人、被告人供述和辩解,鉴定意见,勘验、检查、辨认、侦查实验笔录,视听资料、电子数据。上述八种证据法定形式并不必然属于某一证据类型。例如,物证并不必然属于原始证据,证人证言并不必然属于间接证据,被告人供述和辩解并不必然属于原始证据。其实,在不同的案件中,具备同一种法定形式的证据可能会被归入不同的类型。例如,证人证言在某一案件中有可能是直接证据,但在另一案件中则可能是间接证据;物证、书证在某一案件中可能是原始证据,但在另一案件中则可以是传来证据。与此同时,即使在同一案件中,同一证据也可以与不同的证据类型发生交叉。例如,某一被告人供述和辩解既是原始证据、言词证据,同时也是直接证据;某一份视听资料、电子数据既是传来证据、实物证据,同时也是间接证据;某一份勘验、检查笔录既属于原始证据、实物证据,同时也属于间接证据。

对证据的分类是一个不断发展而又充满争议的理论问题。有学者已经提出了一些新的理论分类,有些还得到了证据法的初步接受。例如,根据"口供补强规则",被告人所作的包含全部犯罪构成要件事实的供述,只有在得到其他证据的佐证和补强的情况下,法院才可以据此对被告人作出有罪认定。这显然说明,有一部分证据具有"补强功能",可以被称为"补强证据"。有些学者据此从理论上将证据划分为"补强证据"与"主证据"。又如,在一些西方国家证据制度中,侦查人员所制作的证言笔录或被告人供述和辩解笔录,不能成为证明被告人有罪的证据。但在一些特定场合下,如证人当庭所陈述的事实与原来向侦查人员所陈述的事实明显不符,公诉方在征得法庭准许的情况下,可以宣读和出示有关证据笔录,以证明证人、被告人当庭所陈述的事实是不真实的。证据法理论通常将这类证据称为"弹劾证据"。顾名思义,这类证据只能被用来否定其他证据的证明力,而不能被法庭用作定罪的根据。有人据此也提出了"弹劾证据"与"立证证据"的理论分类。

但从被普遍接受的程度来看,上述两种证据分类要么不具有普遍的意义,要么还没有为中国刑事证据法所确立。迄今为止,中国证据法学理论普遍承认的证据分类主要是五种:一是实物证据与言词证据,二是原始证据与传来证据,三是直接证据与间接证据,四是不利于被告人的证据与有利于被告人的证据,五是实质证据与辅助证据。其中,前两种分类都是围绕着证据载体来进行区分的。前者区分的标准是证据载体的表现形式,后者分类的根据则是证据载体的来源。而后三种证据分类所依据的分类标准却是证据发挥证明作用的方式。例如,根据证据事实与案件主要事实的证明关系,我们可以将证据分为直接证据和间接证据;根据证据事实与诉讼主张的证明关系,我们可以将证据分为不利于被告人的证据与有利于被告人的证据;而根据证据所发挥的证明作用,我们可以将证据区分为实质证据和辅助证据。

在以下的讨论中,本书依次对上述五种理论分类作出简要的分析。其中,对各种证据分类的标准、不同证据类型的基本特征以及不同证据类型的运用规律,将是本书重点分析的问题。

二、实物证据与言词证据

证据是证据载体和证据事实的统一体。对实物证据与言词证据的分类,与证据事实没有太大的关系,而主要涉及证据的载体和表现形式。在我国刑事诉讼法所确立的八种法定证据形式中,有些证据是以实物、文件等形式表现出来的,如物证、书证、视听资料、电子数据等,而有些证据则具有自然人的言词陈述形式,如证人证言、被害人陈述、被告人供述和辩解等。因此,根据证据载体的表现形式不同,我们可以将证据区分为实物证据和言词证据。

具体说来,凡是以实物、文件等方式记载证据事实的证据,都是实物证据。实物证据主要包括前面所说的物证、书证、视听资料、电子数据。当然,有些证据尽管以书面笔录的形式发挥着证明作用,但它们不过是记载某一类言词证据的书面形式。例如,刑事诉讼法所规定的勘验、检查、辨认、侦查实验笔录,尽管通常表现为书面笔录的形式,却属于侦查人员对其侦查过程和相关证据线索的记录,体现了侦查人员的主观认识和判断,因此不应被归入实物证据的范围。又如,被告人供述和辩解笔录、证人证言笔录、被害人陈述笔录等,不过是办案人员对被告人供述和辩解、证人证言、被害人陈述所作的书面记录而已,这些笔录都可以被归入言词证据的范围。不仅如此,那些以录音录像或电子数据形式存在的实物证据,假如仅仅是办案人员对被告人供述和辩解、证人证言、被害人陈述的一种记录方式,也仍然属于言词证据。

与实物证据不同,言词证据又称为"口头证据",是以自然人的言词陈述为载体的证据形式。根据言词证据形成的方式和时间的不同,言词证据可以分为三类:一是办案人员通过询问或讯问所获取的言词陈述笔录,如被告人供述和辩解笔录、证人证言笔录、被害人陈述笔录等;二是某一了解案件事实情况的自然人,就案件情况提供的陈述资料,如被告人的亲笔供词、证人的亲笔证言、被害人的亲笔陈述以及记录这些陈述的录音录像资料等;三是某一了解案件情况的自然人向法庭亲自所作的口头陈述,如证人当庭证言、被告人当庭供述或辩解、被害人当庭陈述等。

实物证据与言词证据的划分,除了有证据载体的表现形式这一分类标准以外,还与这两类证据的形成机理有着密不可分的关系。通常说来,实物证据是伴随着案件事实的发生所形成的一种证据形式,它们所记录的是案件事实的某一环节或者片段。例如,犯罪人作案时留在现场的血迹、脚印、指纹、毛发、皮屑等,犯罪人策划或实施犯罪过程中形成的书面材料,犯罪人通过互联网实施某一行为所留下的电子印记等,就都属于案件事实发生后所造成的实物载体。这些实物载体无论是否为办案人员所提取,它们都是客观存在的。

相反,言词证据是随着刑事诉讼程序的启动,办案人员通过讯问或询问方式收集起来的证据载体。尽管案件原始事实给某些自然人造成了某种印象,这些人通过感官感知了解了案件事实,并将对这些事实的感知印象留在记忆之中,但不经过口头表达过程,这些被记忆和储存的案件事实,是不可能转化为言词证据的。只有在办案人员介入并进行面对面的讯问或询问后,证人、被告人、被害人才能通过口头表达来提供言词证据。我们将这种通过向办案人员口头表达其记忆事实或判断意见所形成的证据,称为言词证据。

鉴定意见的形成机理也是如此。作为一种意见证据,鉴定意见尽管通常都是以书面文件的形式记录的专家意见,但它仍然属于鉴定人提供的一种主观判断材料。更何况,鉴定意见的证明力和证据能力一旦受到质疑,法庭也有可能传召鉴定人出庭作证,就其鉴定意见作出解释和说明,并回答控辩双方的询问。鉴定人当庭所作的专家证言也属于鉴定意见的组成部分。正因为如此,鉴定意见才被归入言词证据的范围。

其实,各种笔录证据的情况也不例外。表面看来,包括勘验、检查、辨认、侦查实验笔录在内的笔录证据,似乎都具有"书面文件"的形式,但其实都是侦查人员对其侦查行为的过程所作的记录。这种记录尽管主要以书面形式发挥着证明作用,但它们都记录了侦查人员对某一侦查过程的主观认识,有些笔录甚至还记录了特定自然人对侦查行为的说明。只不过,这类笔录所记载的大多是一些程序事实,涉及侦查行为的合法性问题,而不是一般意义上的犯罪事实。与鉴定意见一样,这类笔录证据一旦在证明力或证据能力上面临质疑,那些制作勘验、检查、辨认、侦查实验等笔录的侦查人员,还有可能出庭作证,就其侦查过程和制作笔录的情况进行解释和说明,并回答各方的询问和质疑。既然侦查人员的当庭证言属于言词证据,那么,他们所作的各类笔录证据也就具有言词证据的性质了。

正是因为实物证据和言词证据的表现形式和形成机理有着实质性的差异,我们才对这两类证据分别确立了不同的证据审查方法。

通常情况下,对于物证、书证、视听资料和电子数据等实物证据,可以从两个方面来对其证明力和证据能力进行审查:一是鉴真方法,对那些不具有独特性的实物证据,要通过对其来源、收集、提取、保管、出示等诸多环节的确认,来验证其保管链条的完整性,而对那些具有独特性的实物证据,则通过辨认其独特性来验证其真实性和同一性;二是鉴定方法,也就是通过鉴定人的鉴定意见来揭示其相关性和验证其真实性。

而对于言词证据,则可以通过另外三种方法来验证其证明力和证据能力:一是通知言词证据的提供者出庭作证,令其当庭提供言词陈述,或者对其原来向办案人员所作的陈述进行必要的解释和说明,回答控辩双方的询问和质证;二是对言词证据前后是否存在矛盾进行审查,遇有某一言词证据前后存在矛盾或不一致的情形,需要审查这种矛盾或不一致是否能得到合理的解释,否则,就不应确认其证明力;三是对言词证据与其他证据是否存在矛盾进行审查,以观察言词证据所包含的事实信息是否与其他证据所证明的事实发生了交叉和验证,对于那些无法得到其他证据印证的言词证据,可以不确认其证明力。

三、原始证据与传来证据

在刑事诉讼活动中,很多证据都可以被区分为第一手材料和第二手材料,有时候甚至还会有第三手甚至第四手以上的证据材料。例如,物证有原件和复制件之分,书证有原件和复印件之分,录音录像有原始录音录像与复制品之别。相比之下,办案人员更加重视原件,而对复制件或复制品采取慎重使用的态度。

根据证据载体的不同来源,我们可以把证据区分为原始证据和传来证据。所谓证据来源,主要是指证据与案件原始事实之间的距离。凡是直接来源于案件原始事实的证据,或者距离案件原始事实最近的证据,都属于原始证据。例如,案件事实发生后在犯罪现场形成的物品、痕迹、书面材料、录音录像资料、电子邮件等,或者某一证人就其耳闻目睹的事实所作的证言等,都属于距离案件原始事实最近的原始证据。相反,那些不是来源于案件原始事实,而是经过对原始证据进行传播、复制所形成的第二手或者第二手以上的证据,都属于传来证据。例如,某一物品的照片、某一书面文件的复印件、某一录音资料的复制品、某一手机短信的打印件、侦查人员通过询问证人所作的证言笔录等,都不是原始证据,而是经过对原始证据进行复制、拍摄、摘录、加工等中间环节所形成的传来证据。

原始证据与传来证据是一对不可分离的证据种类。一般而言,没有原始证据,就没有传来证据。原始证据是案件事实发生后所最先形成的证据载体,而传来证据则是在原始证据的基础上,经过各种传播、复制等中间环节所再次形成的证据形式。即便某一证据的原始形式已经消失,现存的传来证据的源头也仍然是原始证据。只不过,这时的传来证据已经变成了没有原始证据的传来证据。

需要注意的是，这里所说的传来证据不同于通常所说的"传闻证据"。在英美证据法中，有一个非常重要的"传闻证据规则"。根据这一规则，那些不是证人亲自感知案件事实所形成的证言，都属于传闻证据。例如，某证人不是耳闻目睹而是转述他人的陈述所作的证言，记录证人证言的书面笔录，等等，都属于传闻证据。原则上，传闻证据一旦出现在法庭上，就会剥夺对方的反询问机会，也容易造成证言的不真实。因此，在英美证据法中，传闻证据不具有可采性。但是中国证据法理论并没有把"传闻证据"作为一种证据种类，中国证据法也没有确立传闻证据规则。中国证据法理论中的"传来证据"，是一种适用范围更广的证据分类，它可以适用于证人证言、被告人供述和辩解等言词证据，也可以适用于物证、书证、视听资料等实物证据。

根据经验法则，原始证据由于直接来源于案件原始事实，因此，其真实性更容易得到审查和验证。例如，只有对物证、书证的原件，鉴真和辨认方法才可以得到有效的运用；对于录音录像资料的原件，鉴定方法的使用才有意义；而只有对证人的原始证言，控辩双方才可以获得当庭反询问的机会，法庭也才可以通过察言观色，听取各方的询问和证人的当庭陈述，对其真实性作出准确的判断。正因为如此，控辩双方应当尽可能向法庭提供证据的原件、原物或第一手材料，法庭也应当尽量接触各类证据的原始形式。

从相关性的角度来看，传来证据与原始证据并没有明显的区别。但在真实性审查方面，传来证据确实存在更大的失真的可能性。经验表明，作为第二手或第二手以上的证据，传来证据所经历的传播、复制、录制、摘抄的环节越多，证据失真的可能性也就越大，而对证据真实性的审查也会变得更加困难。正因为如此，司法人员应尽可能使用原始证据。只有在原始证据不复存在，或者原始证据已经明显失去真实性的情况下，才可以使用传来证据。对传来证据的使用应当控制在适当的限度之内，而不能滥用。

两个证据规定总结了我国刑事司法实践的经验，对于原始证据和传来证据的审查确立了一些具体的方法。根据这些司法解释，据以认定案件事实的物证应当为原物，书证应当为原件；只有在原物不便搬运、不易保存或无法出示到法庭上的时候，才可以使用照片、录像或其他形式的复制品；只有在书证的原件取得确有困难时，才可以使用副本、复制件。与此同时，对于传来证据不能反映原始证据外形特征和内容的，司法解释还建立了排除性规则。例如，对于原物的照片、录像或者复制品，不能反映原物的外形和特征的，一律不能作为定案的根据；对于书证有更改或更改迹象不能合理解释的，或者书证的副本、复制件不能反映书证原件及其内容的,也不能作为定案的根据。

四、直接证据与间接证据

直接证据与间接证据的分类,与证据载体本身的特征没有直接关系,而主要依据的是证据事实与案件主要事实的证明关系。要对这一证据分类作出准确的认识,我们首先需要了解"案件主要事实"的含义。

按照主流的观点,案件主要事实是指两个方面的事实:一是犯罪行为是否发生,二是犯罪行为是否为被告人所实施。据此,案件主要事实可以分解为以下四个方面的事实:犯罪行为已经发生的事实;犯罪行为没有发生的事实;被告人实施犯罪行为的事实;被告人没有实施犯罪行为的事实。当然,近来也有一种观点认为,案件主要事实只是那些能够说明被告人是否实施犯罪行为的事实。由此,犯罪行为没有发生的事实,也可以被归入案件主要事实之列,因为既然连犯罪行为都没有发生,那么,被告人实施犯罪行为也就属于不能成立的事实了。但是,那些仅仅说明犯罪行为已经发生的事实,并不能被归入案件主要事实之中,因为仅仅证明犯罪行为的发生,既无法证明被告人实施了犯罪,也无法证明被告人没有实施犯罪。

看来,在对案件主要事实的认识上,并不是没有争议的,也并不是没有进一步讨论的空间。在笔者看来,证据法学理论之所以要提出"案件主要事实"的概念,主要是用来区分两种司法证明的方式:一是由某一证据所包含的事实信息而直接证明犯罪构成要件事实,当然,这种司法证明的逻辑前提是这一证据事实本身必须是真实可靠的;二是由某一证据所包含的事实信息最多证明犯罪构成要件事实的一个环节,而只有将多个证据事实连接起来,经过逻辑推理,形成完整的证据锁链,才能证明犯罪构成要件事实的成立。要完成上述第一种司法证明过程,犯罪构成要件事实必须与某一类证据事实完全重合。而要完成第二种司法证明过程,有关证据所包含的事实信息尽管不等于犯罪构成要件事实,却可以构成这一事实的环节或片段,它们相互联系,经过逻辑推理,最终形成完整的证据锁链,足以证明犯罪构成要件事实的成立。正因为如此,我们应当围绕着犯罪构成要件事实是否成立来界定案件主要事实的内涵。假如某一事实足以肯定或者否定犯罪构成要件事实的成立,那么,这一事实就是案件主要事实。相反,假如某一事实无法肯定或否定犯罪构成要件事实的成立,而最多只是证明被告人实施犯罪行为具有更大的可能性,那么,这一事实就不属于案件主要事实,而只能算作案件主要事实的组成部分。

有鉴于此,笔者认为前述第二种对案件主要事实的界定是可以接受的。具体而言,案件主要事实其实就是旨在说明被告人是否实施犯罪行为的事实。按照这一指向,案件主要事实可以分为积极的案件主要事实和消极的案件主要事实两类,前者是指足以说明被告人构成某一犯罪的事实,后者则是指足以说明被告人不构成犯罪的事实。那些旨在说明犯罪没有发生的事实,可以被归入消极的案件主要事实;而那些旨在说明犯罪行为已经发生的事实,则不属于案件主要事实,最多只是说明被告人可能实施犯罪行为的事实。

根据证据与案件主要事实的证明关系,我们可以提出直接证据与间接证据的分类。所谓直接证据,是指那种所包含的事实信息足以证明案件主要事实成立或者不成立的证据。例如,在一起故意杀人案件中,公诉方获取了两份言词证据:一个目击证人提供的证言,证明被告人实施了犯罪行为的全部过程;而被告人则对犯罪事实作出了否定,证明自己在案件发生时不在犯罪现场,没有作案时间。前一种证据证明了被告人实施犯罪行为的事实,包含了积极的案件主要事实,因此属于直接证据;后一种证据证明了被告人没有实施犯罪行为的事实,包含了消极的案件主要事实,因此也属于直接证据。但就直接证据所证明的证据事实来说,要么与案件主要事实形成了完全重合,要么能够否定案件主要事实的成立。办案人员从直接证据中就足以获取案件主要事实的全部信息,剩下的工作就只是证明该直接证据本身的真实性了。换言之,只要直接证据的载体和信息是真实可靠的,那么,办案人员单凭这类证据,就足以完成对被告人是否构成犯罪的证明过程。

与直接证据不同,间接证据却没有包含如此丰富的事实信息,单靠某一间接证据,最终能够证明案件主要事实的环节或片段,而既不能直接证明案件主要事实的成立,也不能证明案件主要事实的不成立。办案人员获取的任何一个间接证据,都只是相当于获得了案件主要事实的一个链条或环节而已。要完成整个司法证明过程,办案人员除了要获得足够数量的间接证据以外,还必须根据各个间接证据所提供的事实信息,来进行逻辑推理,使得各个间接证据所提供的事实信息能够环环相扣,形成一个较为完整的证据事实的锁链或证据体系。当然,与直接证据一样,间接证据本身也必须是真实可靠的,其证明力和证据能力也必须是没有争议的。否则,无论是直接证据还是间接证据都不能作为定案的根据。

案例

在一起入室盗窃案件中,被告人始终否认自己实施过盗窃犯罪行为,本案也没有其他直接证据。但是,侦查人员获取了以下间接证据:一是被盗窃的受害者证言,证明盗窃事实确已发生以及盗窃事实的细节;二是现场勘验、检查笔录,证明盗窃的现场情况以及现场遗留的脚印、指纹、烟蒂;三是受害方失窃的财物情况;四是物价部门根据受害者对失窃财物的描述和说明作出的物价鉴定意见;五是在被告人住处搜查获取的财物若干,经辨认,受害者证明确属被盗财物;六是被告人对上述财物的来源拒绝回答;七是有证人证明被告人在案发时间前后曾到达犯罪现场附近;八是被告人对案发时间前后的行踪说不清楚;九是经鉴定,现场遗留的指纹、脚印和烟蒂均为被告人所留;十是有证据表明被告人与受害者没有任何社会关系。

在这一案件中,没有任何一个证据足以证明被告人实施了盗窃犯罪行为。本案除了被告人无罪辩解这一直接证据以外,不存在任何积极的证明案件主要事实的证据。上述十种证据都最多能够证明以下事实:被告人到过犯罪现场、被告人持有被盗财物、被告人具有作案时间、被告人无法对持有被盗财物和案发时的去向提供合理的说明,等等。办案人员在对这些间接证据进行查证属实的基础上,需要根据这些证据所提供的事实信息进行逻辑推理,以便观察案件证据是否形成了完整的证据事实锁链。如果认为形成了这一事实锁链,法官就可以认定被告人盗窃事实成立;而一旦认定这一事实锁链无法形成,法官就可以否定对被告人盗窃罪的指控。

可以看出,直接证据与间接证据的相关性是截然不同的。直接证据由于能够证明案件主要事实的成立或者不成立,因此具有较强的相关性。相反,间接证据由于只能证明案件事实的某一环节和片段,因此相对于直接证据来说其相关性是较弱的。例如,那些记载被告人犯罪行为过程的直接证据,如被告人供述和辩解、目击证人证言、被害人陈述、书面材料、录音录像资料、电子数据等,既包含着较为丰富的事实信息,又能够直接证明案件主要事实。而那些仅仅证明案件事实环节和片段的间接证据,如证明被告人犯罪前后表现的证据、证明被告人平时表现的证据、证明被告人具有犯罪动机的证据、证明被告人具有作案时间或到过犯罪现场的证据、证明被告人持有犯罪赃物的证据等,都无法直接证明案件主要事实,所提供的信息量较少,而最多能够证明被告人实施犯罪行为的可能性更大或更小而已。

另一方面,直接证据与间接证据的分类还提供了两种司法证明方式:在存在直接证据的案件中,司法人员所要完成的是一种直接证明,也就是根据直接证据所包含的事实信息,来认定案件主要事实。而在只有间接证据的案件中,司法人员所要完成的是一种间接证明,也就是根据各个间接证据所包含的事实信息,来形成证据事实的锁链和体系,并通过逻辑推理,来完成案件事实的重建。可以说,直接证据和间接证据的分类有助于我们对两种司法证明方式的认识。

对于直接证据和间接证据的分类以及两种司法证明方式的区分,在我国刑事证据法中得到了确立和吸收。例如,根据《最高法院2020年解释》,在没有直接证据证明犯罪行为系被告人实施的情况下,法庭单靠间接证据也可以认定被告人有罪。但是,运用间接证据证明被告人有罪必须同时满足以下条件:一是据以定案的间接证据已经查证属实;二是据以定案的间接证据相互印证,不存在无法排除的矛盾和无法解释的疑问;三是据以定案的间接证据已经形成完整的证明体系;四是依据间接证据认定的案件事实,结论是唯一的,足以排除一切合理怀疑;五是运用间接证据进行的推理符合逻辑和经验判断。

很显然,这种对运用间接证据定案所确立的限制性规则,与直接证据定案规则是有所不同的。除了强调单个间接证据要查证属实、相互印证以外,司法解释还要求间接证据形成完整的证明体系,并且达到了"结论唯一""排除合理怀疑"的证明程度。当然,司法解释对间接证据的运用也显示出一种较为慎重的态度,强调"根据间接证据定案的,判处死刑应当特别慎重"。这主要是考虑到根据间接证据进行的司法证明,很难达到"排除其他可能性"的程度,而对死刑的适用又应当极为慎重,因此,按照间接证据定案所达到的证明程度,一般就不宜适用死刑。这种规定显示出司法解释对间接证据定案所能达到的证明程度,持一种较为谨慎的态度。

根据《最高法院2020年解释》,对于那些被告人作出有罪供述的案件,法庭只要完成对被告人口供真实性的补强过程,就足以认定被告人有罪了。具体来说,在存在被告人供述这一直接证据的情况下,法庭所要做的就是对被告人供述的真实性进行印证和佐证。只要被告人供述本身是真实可靠的,那么,由被告人供述所得出的被告人实施犯罪行为的事实也就是可以成立的。当然,对被告人供述的补强需要具备几个条件:一是从被告人供述中"提取到了隐蔽性很强的物证、书证";二是被告人供述与其他证据相互印证;三是"排除了串供、逼供、诱供等可能性"。

五、不利于被告人的证据与有利于被告人的证据

我国刑事诉讼法规定，审判人员、检察人员、侦查人员必须依照法定程序，收集能够证实犯罪嫌疑人、被告人有罪或者无罪、犯罪情节轻重的各种证据。证据法理论据此认为，根据证据的证明方向，证据大体可以分为证明被告人有罪或者犯罪情节较重的证据，以及证明被告人无罪或者犯罪情节较轻的证据。

当然，围绕着这一证据分类的命名问题，证据法理论上一直有一定的争论。有些学者主张采用"本证"与"反证"这一分类方法，有些学者则坚持"有罪证据"与"无罪证据"的区分，还有些学者认为"控方证据"与"辩方证据"的分类是可取的。此外，还有诸如"有利于被告人的证据"与"不利于被告人的证据"，"控诉证据"与"辩护证据"之类的分类观点。

在笔者看来，有关"本证"与"反证"的分类，似乎对民事证据更为适用。在民事诉讼中，基于较为彻底的辩论主义理念，对同一方当事人而言，那些能够证明本方诉讼主张的事实成立的证据，可以称为"本证"；而那些能够证明本方诉讼主张的事实不成立的证据，则可以称为"反证"。但是，本证与反证的这种分类，其实建立在两个假设基础上：一是证据要么是控方提出的，要么是辩护方提出的，而没有第三方的；二是证据要么是支持控方主张的，要么是支持辩护方主张的，除此则没有第三种选择。这在民事诉讼中大体是可以适用的。但在刑事诉讼中，证据主要是由公诉方提出的，但辩护方有时也会提出本方的证据，而在那些有被害人参与的案件中，被害方也有可能提出本方的证据。这三方提出的证据，可能大多数都能够证明本方诉讼主张的事实是成立的，但同时也可以证明另外两方的主张是不成立的。这就意味着同一证据从证明本方主张的角度来说就属于本证，而从否证对方诉讼主张的角度来说，则又属于反证。同时还可能存在这样的证据，它们只能被用来证明本方的主张，却不一定能够证明另外两方主张的不成立。既然如此，将证据划分为"本证"与"反证"，就没有太大的意义了。不仅如此，我国刑事诉讼并没有走向真正的对抗式诉讼模式，法官在审判中仍然保留了强大的司法调查权，可以依据职权主动调查核实证据，甚至收集独立于控辩双方证据之外的裁判方证据。既然如此，刑事诉讼中的证据就不仅仅包括"本证"和"反证"，可能

还存在着独立于控辩双方的"裁判方证据",这类证据究竟是被用来证明某一诉讼主张成立还是不成立的,有时并不是很清楚,但它们却可以被用来核实验证其他证据的真实性。这也说明,将"本证"和"反证"直接套用到刑事证据的分类上,并不是很合适的。当然,所谓的"控诉证据"与"辩护证据"的分类观点,也存在着同样的问题。

至于将证据划分为"有罪证据"和"无罪证据"的观点,可能存在着更大的问题。假如我们将刑事诉讼仅仅视为确定被告人是否构成犯罪的裁判活动,那么,证据确实可以分为"有罪证据"和"无罪证据"。但是,在围绕着定罪问题进行裁判活动的同时,法院还要对那些构成犯罪的被告人确定具体的刑罚。迄今为止,围绕着量刑事实的证明问题,可以存在着法定情节与酌定情节之分,也可以存在着有利于被告人的情节与不利于被告人的情节之别,前者包括从轻、减轻和免除刑罚的情节,而后者则主要是指从重情节。假如将证据仅仅区分为"有罪证据"和"无罪证据",那么,任何量刑情节,无论是有利于被告人的情节,还是不利于被告人的情节,就都属于"有罪证据"。既然如此,这种证据分类的意义也就十分有限了。不仅如此,在围绕着程序性争议的裁判活动中,那些旨在证明侦查人员非法侦查行为成立或者不成立的证据,如证明侦查人员存在刑讯逼供的证据,或者证明侦查人员存在程序瑕疵的证据,只能被用来证明程序性事实是否成立的问题,而与被告人是否构成犯罪的问题没有关系。对这些在程序性裁判中发挥证明作用的证据,所谓的"无罪证据"和"有罪证据",就都无法将其纳入其中。很显然,"有罪证据"与"无罪证据"的分类观点,已经无法跟上刑事司法制度的改革进程,不能反映刑事证据的多元化情况,因此是不可取的。

那么,究竟应当如何确定证据的这种分类呢?在笔者看来,刑事诉讼中的证明活动主要是围绕着被告人的刑事责任问题而展开的。而证据无论是由哪一方提出的,在证明方向上都可以分为两种:一是不利于被告人的证据,二是有利于被告人的证据。也就是说,根据证据事实所要发挥的证明作用,可以将证据区分为不利于被告人的证据和有利于被告人的证据两大类。

这一分类可以涵盖全部证据形式,并可以适用于三种主要司法裁判形态。例如,在定罪裁判活动中,所有旨在证明被告人有罪的证据,都是不利于被告人的证据,而那些能够证明被告人无罪的证据,则属于有利于被告人的证据。又如,在量刑裁判活动中,那些能够证明被告人具有从重情节的证据,属于不利于被告人的证据,而那些能够证明被告人具有从轻、减轻、免除刑罚情节的证据,则属于有利于被告人的证据。再如,在程序性裁判活动中,那些能够证明侦查行为违反法律程序,或者能够证明非法证据存在的证据,都属于有利于被告人的证据,而那些能够证明侦查行为合法、非法证据不存在的证据,则属于不利于被告人的证据。

那么,将证据划分为"不利于被告人的证据"与"有利于被告人的证据",对于证据的审查判断究竟具有怎样的意义呢?

在笔者看来,根据实质真实原则,法官不能仅仅满足于对控辩双方提出的证据的评判,而应负有发现案件事实真相的使命;而根据检察官所要承担的"客观义务",检察官也要同时关注不利于被告人和有利于被告人的证据。这是刑事诉讼区别于民事诉讼的主要之处。正因为如此,某一证据究竟是由哪一方提出的,这并不是重要的问题。例如,法官也会通过庭外调查核实活动,提出有利于被告人的证据;检察官也经常提出一些有利于被告人的法定情节或酌定情节。问题的关键在于证据的证明方向究竟是怎样的。将证据区分为不利于被告人的证据与有利于被告人的证据,其意义就在于要求法官、检察官甚至侦查人员既要收集和关注不利于被告人的证据,同时也要重视那些有利于被告人的证据。只有将这两类证据结合起来,办案人员才能获得案件事实的全部面貌。

六、实质证据与辅助证据

根据证据所发挥的证明作用,可以将证据区分为实质证据和辅助证据。顾名思义,"实质证据"是在刑事诉讼中发挥实质证明作用的证据,也就是被用来证明与定罪量刑有关的案件事实的证据。从事实构成的角度看,这些案件事实既包括犯罪是否成立的事实,也包括相关的量刑事实和量刑情节。从发挥证明作用的指向上看,这些案件事实既包括检察机关提出的公诉事实,被害方提出的指控事实,也包括被告方提出的辩护事实。

"辅助证据"则是指不发挥实质性的证明作用,而是旨在证明某一实质证据是否具有证明力或者是否具有证据能力的证据。从所发挥的证明作用来看,辅助证据可分为佐证证明力的证据和佐证证据能力的证据。前者主要是指那些被用来证明某一实质证据具有或者不具有证明力的证据。例如,那些被用来证明物证、书证、视听资料、电子数据真实来源的证据材料,如勘验、检查笔录,搜查笔录,扣押清单,辨认笔录,侦查实验笔录,以及相关侦查人员的情况说明材料等，就都属于证明上述实物证据（实质证据）是否具有证明力的辅助证据。后者则是指那些被用来证明某一实质证据具有或者不具有证据能力的证据。例如，我国司法实践中常见的看守所的体表检查登记表、侦查人员对讯问过程的同步录音录像、同监所的在押人员的证言、看守所内医务人员的诊断记录或证言、侦查人员的情况说明材料或者证言，等等，就都属于证明被告人供述（实质证据）是否具有合法性的辅助证据。

我国刑事诉讼法主要围绕着公诉方实质证据的收集、审查和判断问题确立了证据规则，这些证据规则既有证明力方面的要求，也有证据能力方面的规定。但是，对于公诉方实质证据证明力方面的要求，主要局限在实物证据的鉴真规则方面；而对于公诉方实质证据的证据能力方面的要求，则主要局限在非法证据排除程序中证据的审查和采信方面。而无论是在适用鉴真规则，还是在适用非法证据排除规则方面，我国刑事诉讼法都没有对辅助证据本身作出证据资格方面的明确限制。

例如，在针对实物证据确立了一般性的鉴真规则之后，刑事诉讼法并没有对作为佐证实物证据真实来源的证据的资格作出规定。在司法实践中，对实物证据进行鉴真的主要是侦查人员制作的笔录证据，如勘验、检查笔录、搜查笔录、扣押清单、查封笔录、冻结笔录，等等。当然有时也会有侦查人员制作的情况说明类材料，如"抓捕经过""破案经过""情况说明"等。在较为罕见的情况下，法庭也有可能通知侦查人员就某一侦查过程出庭"说明情况"，从而提供相关的证人证言。但是，对于上述发挥鉴真功能的辅助证据，刑事诉讼法既没有作出证明力方面的限制，也没有在法律资格方面作出明确的规定。

又如，在确立了非法证据排除规则之后，刑事诉讼法对于那些被用来证明公诉方证据合法性的辅助证据，也没有作出证明力和证据能力方面的规范。对于司法实践中经常被用来证明被告人供述合法性的辅助证据，如体表检查登记表、同步录音录像、同监所在押人员的证言、监所管理人员和医务人员的证言、侦查人员提供的情况说明类材料等，法院在审查和采纳方面显得极为随意，而没有可遵循的证据规则。尤其是对于侦查人员是否出庭作证问题，究竟采纳侦查人员的书面"情况说明"，还是采信其当庭证言，法院更是享有较大的裁量空间。

一般情况下，侦查人员对其侦查活动所制作的情况说明和过程记录，属于最为典型的辅助证据。无论是在鉴真领域，还是在排除非法证据过程中，公诉方都会将这类证据作为证明某一实质证据真实性或合法性的辅助证据。尽管在鉴真和非法证据排除领域，我们无法建立较为严格的证据规则，但至少，对于公诉方提交的辅助证据，还是应该作出证明力和证据能力的最低限制。否则，法院在认定实质证据的真实性和合法性方面，就无法保证基本的合理性。例如，对于侦查人员提交的笔录类证据，刑事诉讼法应作出资格方面的基本要求，对于不符合法律资格的笔录证据，应适用瑕疵证据补正规则；对于侦查人员提交的同步录音录像，刑事诉讼法应确立完整性、同步性和连续性的要求，对于违背要求的，应将其排除于定案根据之外；对于侦查人员、同监所在押人员、监所工作人员等所提交的书面说明材料或者询问笔录材料，被告方对其真实性或合法性提出合理质疑的，法院都应传召侦查人员、在押人员、工作人员等出庭作证，否则，公诉方所提交的书面材料或笔录材料都不能作为定案的根据。

【深入思考题】

1. 两个证据规定确立了被告人口供的补强规则，据此，在证据的理论分类中是否可以增加"补强证据"与"被补强证据"？

2. 2012年《刑事诉讼法》首次确立了专家证人出庭作证制度，控辩双方可以申请法院通知有专门知识的人出庭，对鉴定意见发表意见。根据证据法理论，这种专家证人所出具的证言可以有效地帮助控辩双方对鉴定意见进行质证，但它本身又不是鉴定意见，而具有"弹劾证据"的性质。请问：在证据分类理论中可否增加"弹劾证据"与"实质证据"这一分类？

3. "传来证据"与"传闻证据"是一回事吗？

4. 根据主流的证据法理论，直接证据与间接证据的分类标准是"与案件主要事实的证明关系"。请问：什么是"案件主要事实"？"犯罪是否发生的事实"是不是案件主要事实？

5. 包括勘验、检查笔录、辨认笔录、侦查实验笔录在内的"笔录证据"，究竟是实物证据还是言词证据？为什么？

【讨论案例之五】
张建国贩卖毒品案①

江苏省南京市人民检察院以被告人张建国犯贩卖毒品罪,向南京市中级人民法院提起公诉。

被告人张建国辩称未参与贩毒。其辩护人的辩护意见为:本案证据不充分,不能形成完整的证据锁链,不能证实张建国贩卖毒品。

南京市中级人民法院经公开审理查明:

1. 2005年2月26日,被告人张建国通过蒋国栋(同案被告人,已判刑)以15,000元的价格贩卖给刘艺(同案被告人,已判刑)100克海洛因。

认定上述事实的证据有:(1)刘艺、蒋国栋证言证实,2005年2月25日左右,刘艺打电话给张建国要100克海洛因。次日,张建国让其付15,000元。刘艺即到南京市下关区414医院对面的农业银行将15,000元打到张建国指定的农业银行账户上。27日下午,张建国让蒋国栋将100克海洛因送到南京交给刘艺。刘艺并安排蒋国栋在"老战友"饭店住了一晚。(2)南京市公安局扣押物品、文件清单证实,2005年3月9日扣押张建国农业银行信用卡1张,卡号为9559980430103941315。(3)中国农业银行无锡分行营业部账单证实,2005年2月26日,张建国卡号为9559980430103941315的银行卡收入15,000元。(4)南京"老战友"旅馆服务有限公司住宿登记单证实,2005年2月27日20时蒋国栋入住该旅馆,于2005年2月28日12时02分结账。(5)书证手机通话记录显示2005年2月25日、26日张建国、刘艺、蒋国栋间曾分别通话。

2. 2005年3月6日,刘艺、梁学强(同案被告人,已判刑)与被告人张建国经事先商议,决定分别向张建国购买海洛因150克和200克,并经刘艺联系,三人伙同蒋国栋一起租车从江苏省南京市前往广东省广州市购毒。3月7日,张建国在广州市向他人购入海洛因355克后转手贩卖给梁学强、刘艺,得赃款58,500元。3月8日,梁学强携该355克海洛因以及另外向穆占江(在逃)购买的102.5克海洛因,蒋国栋携412.5克海洛因驾车先行从广州市返回南京市。3月9日凌晨3时许,梁学强、蒋国栋驾车至宁合高速公路南京段杰海加油站附近时被公安机关抓获,公安机关在杰海加油站附近的高速公路路

---

① 参见陆建红、王培中:《张建国贩卖毒品案——如何理解和把握刑事诉讼法关于"没有被告人供述,证据充分确实的,可以认定被告人有罪和处以刑罚"的规定》,载《中国刑事审判指导案例5:妨害社会管理秩序罪(增补版)》,法律出版社2012年版,第354—357页。

基下缴获蒋国栋扔掉的毒品2包。2005年3月9日,张建国、刘艺乘坐广州至南京的长途汽车到达南京中央门长途汽车站时,被公安机关抓获。经鉴定,蒋国栋携带的长方形块状物8块净重412.5克、梁学强和刘艺携带的圆形块状物7块净重355克、梁学强携带的圆柱形块状物2块及1包白粉净重102.5克,均系海洛因,含量15%。

认定上述事实的证据有:

(1)蒋国栋、梁学强、刘艺关于上述事实的供述;(2)证人吕顺强证言及辨认笔录证实,2005年3月6日、7日,梁学强、刘艺、张建国、蒋国栋同乘其开的车辆并同住一宾馆;(3)抓获现场及物证照片,提取笔录;(4)物证鉴定书证实梁学强等人携带海洛因的重量及含量;(5)中国农业银行无锡分行账单证实,2005年3月7日张建国银行卡支出40,100元。

南京市中级人民法院认为,被告人张建国明知是毒品而进行贩卖,且数量大,其行为构成贩卖毒品罪。系累犯,应从重处罚。经查,2005年2月26日张建国贩卖给刘艺100克海洛因,是蒋国栋送到南京交给刘艺的,此节有刘艺、蒋国栋的供述证明,还有刘艺打入张建国农行卡15,000元以及蒋国栋在南京的住宿登记可以印证。2005年3月7日张建国贩卖给梁学强、刘艺的350克海洛因,有蒋国栋、梁学强、刘艺的供述证明,且各被告人供述之间能相互印证,另外还有张建国在广州农行卡上提款人民币40,100元的记录、被查获的355克海洛因予以佐证。故判决……被告人张建国犯贩卖毒品罪,判处死刑,剥夺政治权利终身,并处没收个人全部财产。

一审宣判后,张建国不服,提出上诉。

江苏省高级人民法院经审理认为,张建国贩卖海洛因的事实清楚,证据确实、充分。张建国明知是海洛因而进行贩卖,其行为构成贩卖毒品罪,且数量达455克,应依法严惩。原审对张建国定罪准确、量刑适当、审判程序合法……裁定驳回上诉,维持原判。本案依法报最高人民法院核准。

最高人民法院经复核后认为,被告人张建国贩卖海洛因455克,其行为已构成贩卖毒品罪,且贩卖毒品数量大。张建国曾四次被判刑,其中三次系服刑期间重新犯罪,其间还因抗拒改造被加刑,仍不思悔改,在刑满释放后五年内又故意犯罪,系累犯,犯罪主观恶性极深,依法应从重处罚。一审判决、二审裁定认定张建国贩卖毒品的事实清楚,证据确实、充分,对张建国定罪准确,量刑适当。一、二审审判程序合法。裁定核准江苏省高级人民法院(2005)苏刑终字第0312号维持一审以贩卖毒品罪判处被告人张建国死刑,剥夺政治权利终身,并处没收个人全部财产的刑事裁定。

在本案中,被告人张建国一直不供述犯罪事实,辩称其没有参与毒品犯罪。但最高人民法院的法官认为,其他证据都无一例外地指向张建国的贩毒犯罪,并且各证据之间形成了互相印证的完整、缜密的证明体系,达到了确实、充分的定案程度,足以认定其两笔贩毒事实。具体理由如下:

1. 关于 2005 年 2 月 26 日,张建国以 15,000 元的价格贩卖给刘艺 100 克海洛因的事实。经查,该事实是梁学强归案后检举,经公安人员讯问刘艺、蒋国栋得以查证属实的。刘艺、蒋国栋的供述可以相互印证此次毒品交易的过程,包括送毒的时间、交货地点和毒品数量等,都是一致的。刘艺、蒋国栋供述的交易过程并得到以下间接证据的印证:(1) 书证手机通话记录显示 2005 年 2 月 25 日、26 日张建国、刘艺、蒋国栋间曾分别通话,可以印证张、刘供述的真实性。(2) 公安机关于 2005 年 3 月 9 日抓获张建国时扣押其持有的卡号为 95599 8043 01039 41315 的中国农业银行信用卡 1 张,该卡交易记录显示 2005 年 2 月 26 日收入 15,000 元。这与刘艺关于汇款给张的供述相吻合。二审期间,江苏省高级人民法院并向农业银行南京市盐仓桥分理处调取了 2005 年 2 月 26 日刘艺向张建国银行卡汇入 15,000 元的原始单据,进一步印证了张建国收受毒资的事实。张建国称此款系刘艺归还的欠款,但无法解释是什么欠款,而刘艺在庭审中的供述证实不存在欠款问题。(3) 南京"老战友"旅馆服务有限公司住宿登记单证实,2005 年 2 月 27 日 20 时蒋国栋以其名字和身份证入住该旅馆,于 2005 年 2 月 28 日 12 时 02 分结账,这与刘、蒋供述相印证。该起事实中,通话记录、住宿登记等书证的证明力应该说是无可辩驳的,再结合同案被告人刘艺、蒋国栋的供述,形成了一个互相印证、完整、缜密的证据体系。

2. 关于 2005 年 3 月 7 日,张建国在广州市贩卖给刘艺、梁学强海洛因 355 克的犯罪事实,有蒋国栋、刘艺、梁学强的供述予以一致证实。张建国向上线购毒、让刘艺验货以及完成交易的过程均有蒋国栋在场,其供述真实可信;刘艺、梁学强对购买海洛因的事实也供认不讳,均可互相印证。三人的供述并有以下间接证据印证:(1) 张建国银行卡交易记录证实 2005 年 3 月 7 日异地取款 40,100 元,与蒋国栋供称张建国到广州后先到银行取款的事实印证;(2) 缴获的 355 克海洛因与刘艺、梁学强供认的毒品特征和购毒数量以及购毒价格印证;(3) 司机吕顺强证言证实蒋国栋将(装有海洛因的)皮包放到汽车后座平台的事实与蒋国栋、刘艺、梁学强的供述印证;(4) 张建国被抓获时扣押现金人民币 14,300 元,其在广州提取部分现金,加上刘艺付给他购毒款 22,500 元,梁学强付给他购毒款 36,000 元,合计为 98,600 元,其在广州应该实际用去 84,300 元。扣除部分吃住费用,余款去向与实际购毒的数量可以印证。

综上可见,上述两起犯罪事实的证据中,虽然没有被告人张建国的有罪供述,但综合全案其他证据可以得出唯一的排他性结论,而且本案不存在特情引诱或者特情介入的情况。因此,本案中被告人张建国虽不承认其犯罪事实,但根据现有证据仍足以认定其共贩卖毒品 455 克的事实,法院据此作出的定案结论是客观准确的。

可讨论的问题:

1. 根据本案材料所提供的信息,对"不利于被告人的证据"与"有利于被告人的证据"进行分别分析。

2. 在没有被告人有罪供述的情况下,本案还有哪些直接证据和间接证据?间接证据是如何印证直接证据的证据事实的?

3. 本案中有哪些言词证据和实物证据?相互间的关系是怎样的?

第六章　证明力与证据能力

> 在法庭上所做的供认强于一切证明。

一、证据转化为定案根据的条件
二、英美法中的可采性与相关性
三、大陆法中的证据能力与证明力
四、中国法中的证明力和证据能力
五、证明力
六、证据能力
【讨论案例之六】　李刚、李飞贩卖毒品案

一、证据转化为定案根据的条件

我国法学界向来注重对"证据属性"问题的研究,曾出现过"两性说"与"三性说"的长期争论。坚持这两种学说的学者对于证据具有"客观性"和"关联性"的问题并无原则上的分歧,却对证据是否具有"合法性"问题提出了不同看法。当然,这一争论在近年来的证据法学研究中逐渐式微,大多数学者似乎都接受了"三性说",认为"合法性"应属于证据的基本属性。

但是,假如我们站在动态的角度进行观察的话,司法人员对证据进行审查判断的过程,也就是考察"证据"能否转化为"定案根据"的过程。可以说,如何避免证据被任意采纳为定案根据,如何为证据转化为定案根据设定必要的条件,这属于证据法所要解决的首要问题。正因为如此,我们无需再去关注所谓的"证据属性"问题,而应更多地讨论证据转化为定案根据的条件问题。

我国刑事证据制度的发展也验证了这一判断。2018年《刑事诉讼法》规定,证人证言必须在法庭上经过公诉人、被害人和被告人、辩护人双方质证并经查实以后,才能作为定案的根据。根据《最高法院2020年解释》,办案人员应当严格遵守法定程序,全面、客观地收集、审查、核实和认定证据;证据只有经过当庭出示、辨认、质证等法庭调查程序,并被查证属实,才能作为"定罪量刑的根据"。这两种法律规定都对证据转化为定案根据的条件提出了明确的要求,那就是证据要经过法定的质证和调查程序,并且要经过"查证属实"。这显然属于证据法为证据转化为定案根据所设定的资格要求。

那么,证据要转化为定案的根据,究竟要符合哪些资格要求呢?在本书看来,这里包含着两项基本的资格要求:一是证明力,二是证据能力。前者可以包含"真实性"和"相关性"两项基本要求,是证据法对证据在事实和逻辑上提出的必要条件;后者则是证据法对证据所提出的资格要求,也就是一个证据转化为定案根据的法律资格。

从刑事诉讼的动态过程来看,任何证据的证明力和证据能力都要经受两个环节的审查:一是"法庭准入资格"的审查,二是"定案根据资格"的审查。前者是在法庭审理过程中,法院或者依据控辩双方的申请,或者依据职权,对某一证据的证明力和证据能力进行必要的审查,将那些不具备证明力或者不具备证据能力的证据,随时排除于法庭之外。在某种意义上,所谓的"证据排除规则",就主要是一种否定证据之"法庭准入资格"的证据规则;所谓"非法证据排除规则",则属于一种对非法证据的"法庭准入资格"加以否定的证据规则。

而所谓"定案根据资格"的审查,则集中在证据审查和事实认定的最后环节,也就是对某一证据是否具有证明力和证据能力的问题作出最终的确定。经过完整的法庭审理程序,裁判者对证据的证明力和证据能力作出确认的,就可以直接将此证据作为认定案件事实的基础。相反,法庭若认为某一证据不具有证明力或者不具有证据能力的,则可以直接弃而不用,不再将其采纳为定案的根据。与"法庭准入资格"的审查不同,"定案根据资格"的审查,无须由法庭作出专门的排除证据的裁决,法庭可以在判决书中通过裁判理由的说明,对各项证据的证明力和证据能力作出综合性评判。

二、英美法中的可采性与相关性

在英美法中,负责事实裁判的无论是法官还是陪审团,都只能根据法庭上出现的证据作出裁判。英美证据法所要解决的首要问题在于哪些证据是可采的(admissible),也就是具有出现在法庭上的资格。只有那些具备可采性(admissibility)的证据,才是可以在法庭上出现的证据。至于该证据是否具有证明价值,以及具有多大程度的证据价值,则属于事实裁判者自由判断的事项,并不是一个需要由证据法加以规范的法律问题。事实裁判者根据他们的经验、理性和一般知识就可以作出裁判。

在陪审团充当事实裁判者的审判中,确定证据的可采性是法官的主要使命。一旦法官决定准许某一证据出现在法庭上,陪审团就要负责确定这个证据的证明力(weight)。例如,陪审团可以裁断某一证人的可信性(credibility),如果认为证人提供了错误的证言或者故意说谎,陪审团可以自行将某一被法官认定为具有可采性的证言,排除于裁判根据之外。

对于证据的可采性,法官通常并不负有主动裁判的使命。按照对抗制(adversary system)的基本理念,诉讼的另一方(the other party)负有对该证据的可采性提出异议的责任。只有在诉讼一方对对方证据的可采性及时提出反对动议之后,法官才可以将该证据的可采性问题纳入裁判的范围。

与可采性密切相关的另一概念是相关性(relevancy)。原则上,一个证据具有相关性,是它具有可采性的前提条件。那些不具有相关性的证据,都是不可采的。但这并不意味着,所有具有相关性的证据都必然具有可采性。相关证据也有可能被排除于法庭之外。这是英美证据排除规则存在的逻辑前提。例如,非法所得的证据尽管可能具有相关性,却仍然可能不具有可采性。

当我们说某一证据与某一案件具有相关性时,其实是在指出该证据与案件具有以下两个方面的联系:一是证明关系(probative relationship),也就是说,一项证据的存在必须使某一事实主张更有可能成立;二是实质性(materiality),一项证据被视为具有实质性的(material)证据,意味着该证据所要证明的某一事实主张与实体法之间具有直接的联系。对于证据所要证明的任何一项事实主张而言,证据都要么与控方的主张具有相关性,要么与被告方的抗辩有直接的联系,而不可能与这两者都不相干。

即便某一证据具有相关性,法官仍然可以基于若干自由裁量的考虑将其排除于法庭之外。通常情况下,法官通常可以根据以下考虑将那些具有相关性的证据加以排除:(1) 证据对诉讼一方所造成的不公正的损害(unfair prejudice)超过了它的证明价值;(2) 证据对争议事项所造成的混淆(confusion of the issues)超过了它的证明价值;(3) 证据对陪审团所造成的误导(misleading the jury)超过了它的证明价值;(4) 证据可能导致不适当的诉讼拖延或者浪费时间。

原则上,对于所有不具有可采性的证据,控辩双方都可以向法庭提出异议,要求法官依据证据规则将其排除于法庭之外。对于这种旨在限制证据可采性的规则,英美法一般将其视为广义上的"证据排除规则"。其中,假如某一证据由于在取得方式或手段上违反了法定的诉讼程序,因而被法官排除于法庭之外的,就被称为"非法证据"。有关排除非法证据的规则也被称为"非法证据排除规则"。

根据《美国联邦证据规则》,证据即使具有相关性,但可能导致不公正的偏见、混淆争议或误导陪审团的危险大于该证据可能具有的价值时,或者考虑到采纳该证据将导致过分拖延、浪费时间时,法官也可以不采纳该项证据。典型的例子是"品格证据"(character evidence)。作为一般要求,有关某人品格的证据,不能被用来证明该人在特定场合下的行为与其品格特征相一致,也就是不具有相关性。但也有一些例外情况:(1) 被告人品格,被告人提供的旨在证明其品行良好的证据,或者起诉方提供的旨在反驳被告人品格的证据;(2) 被害人品格,被告人提供的关于被害人品格的证据,或者起诉方提供的用以反驳被告人有关被害人品格的证据;(3) 证人的品格,对于证人的诚信,任何一方都可以提出质疑,但有法定的例外。①

不仅如此,《美国联邦证据规则》对于证据相关性还作出以下的限制性规定:关于某人的习惯或某一机构日常工作的惯例,对于证明该人或该机构在特定场合的行为与其习惯或日常惯例相一致,是具有相关性的;原则上,某人在一起事件发生后采取了某种补救措施的,有关这些事后补救措施的证据不能被采纳为证明该人存在过失或者实施了应受处罚的行为;有关某一方提出、表示或者接受和解的证据,不能被用来证明该方对该项诉讼争议负有责任;支付或者表示、允诺支付医疗费用的证据,不能被用来证明对某一伤害负有责任;关于某人曾经或者未曾进行责任保险的证据,不能被采纳来证明该人行为有疏忽或其他过失……

可以看出,英美证据法中的可采性,是指证据能够出现在法庭上的资格和条件,任何不具有可采性的证据都不被准许出现在法庭上,更不得为事实裁判者所接触。而证据的相关性,则是其具有可采性的前提。对于那些不具有相关性的证据,法庭会对其可采性作出否定的评判。但是,证据即便具有相关性,也必须同时满足其他方面的条件,否则,仍然不具有可采性。这些相关性以外的条件包括很多方面,如证据的取得方式和手段要合乎法律程序,证据的采纳不会对事实裁判者造成误导,等等。随着证据规则越来越复杂,排除规则也越来越多,那些具有相关性的证据被法庭加以排除的情况也就越来越多。

三、大陆法中的证据能力与证明力

在德国、法国、意大利等大陆法国家,由于不存在陪审团与法官分享审判权力的制度,加上定罪与量刑在程序上是合二为一的,法院经过一场连续的刑事审判,既要解决被告人是否构成犯罪的问题,又要解决有罪被告人的刑罚问题,因此,总体上不存在类似于英美证据法那样的证据制度体系。尽管如此,大陆法国家仍确立了一些证据规则,并存在着一些有别于英美证据法的概念。

对于单个证据的审查运用问题,大陆法国家存在两个重要的概念:一是证据能力,二是证明力。证据能力是指证据在法律上所具有的证据资格。而

---

① 参见《美国联邦刑事诉讼规则和证据规则》,卞建林译,中国政法大学出版社1996年版,第1—29页。

证明力又被称为"证据价值"或"证明作用",是指证据所具有证明案件事实的能力或条件。原则上,证据只有首先具备证据能力,也就是在法律上具备法庭准入的资格,才能被作为定案的根据。法院在对证据作出具有证据能力的判断的前提下,才谈得上考虑证据的证明力问题。因此,在对证据的审查判断上,法院应首先考虑证据能力问题,只有对那些具有证据能力的证据,才需要对其证明力作出审查和判断。

一般而言,证据能力是证据在法律上所具有的法庭准入资格。一项证据要成为法庭认定事实的依据,就必须以具有证据能力为前提条件。从消极的层面来说,一项证据要具有证据能力,就不能属于法定的"证据禁止"之范围。而从积极的角度来看,一项证据要具有证据能力,还必须具有合法的证据形式,如证言由证人亲自出庭提供,而不是简单地宣读证言笔录,同时要经历严格的法庭调查程序。

例如,在德国法中,证据禁止是一项极为重要的制度,包括"证据取得之禁止"与"证据使用之禁止"两个基本要素,与英美法的非法证据排除规则相对应的主要是证据使用之禁止。按照证据使用之禁止所适用的法律规定,这一证据禁止又分为"非自主性证据使用之禁止"与"自主性证据使用之禁止",前者主要是指根据《德国刑事诉讼法》第136a条所适用的证据使用禁止,后者则是根据德国宪法对于那些一旦使用就会侵犯公民宪法权利的证据所作的禁止。

大陆法中的证据能力规则,并非对一切程序都一视同仁地平等适用。在德国法中,有关认定案件事实的方式有"释明"与"证明"之分,后者又进一步有"严格证明"与"自由证明"之别。所谓"证明",是指使法官确信某一事实存在的活动。"释明"则是使裁判者对某一事实的可信性产生一定程度的确信的活动。一般而言,凡涉及法定回避、要求重新设定开庭日期、刑事拒绝陈述、拒绝作证权等诉讼事实时所提出的理由,都使用"释明"而不使用"证明"的概念。

对于涉及认定犯罪行为的过程、行为人的责任以及量刑的幅度等实体问题的事实认定,所采用的证明方法,称为"严格证明"。对于严格证明所运用的证据存在两个方面的限制:(1)法定证据方法的限制;(2)证据规则的限制。而对于不涉及定罪量刑的事实情节的认定,可以采取任何方式加以证明,如通过查阅案卷、电话询问等方式,这称为"自由证明"①。由此看来,德国刑事证据规则也主要是在严格证明程序中才有全部适用的可能性。

作为证据的法律资格,证据能力主要是一种法律问题,但相比之下,证明力却是一种经验、事实和逻辑问题,也就是证据所具有的证明案件事实的价值或者作用。按照大陆法的证据理论,对于证据的证明力,法律原则上不作任何限制,而交由法官、陪审员进行自由判断。

按照大陆法中的"自由心证"或者"自由判断证明力"原则,证据的证明力大小强弱要由裁判者根据自己的理性、经验和良心,进行自由判断,法律不作任何限制性的规定。按照公认的观点,这是对中世纪欧洲大陆实行的"形式证据制度"或"法定证据制度"的取代,是将法官从那些非理性的证明力规则重压之下解放出来的标志,属于法国大革命的司法成果之一。

尽管在大陆法的理论中,证据的证明力要由裁判者根据经验法则和逻辑法则进行自由判断,但是,为避免特定的利益或价值受到损害,并基于历史经验和教训的考虑,法律也对特定证据的证明力作出了一些限制性的规定。例如,对于被告人的有罪供述,只有在得到其他证据补强的情况下,法庭才会采纳并作出有罪裁决。对于只有被告人的有罪供述,而没有其他证据或者其他证据无法对有罪供述加以补强的案件,法庭不得作出有罪判决。

四、中国法中的证明力和证据能力

那么,英美证据法中的"可采性"与大陆法中的"证据能力"究竟有何区别呢?对于这两个概念,一些证据法学方面的论著经常混为一谈。一些学者认为,"可采性"也就是"证据能力",两者只是英美法和大陆法对证据合法性的不同称呼而已。其实,这种简单化的概括存在着一些错误的理解,需要重新加以梳理和澄清。

原则上,"可采性"和"证据能力"都属于证据法为证据所确立的"法庭准入资格",也都属于证据法所赖以确立的基础概念。两者与"证明力""证明价值"或"证明作用"属于不同层面的概念。但是,两者无论是在规则的结构还是在所发挥的诉讼功能方面,都存在着一些实质性的区别。下面对此作出两方面的总结。

---

① 参见宋英辉、孙长永、刘新魁等:《外国刑事诉讼法》,法律出版社2006年版,第402页以下。

首先,"可采性"侧重强调某一不可采纳的证据不得为陪审员接触,以避免使陪审员受到不当的误导。因此,可采性规则在庭前准备程序中即得到适用,法官可以就某一证据的可采性举行听证程序,以防止那些有争议的证据进入法庭。当然,作为一项例外,那些已经被准许进入法庭的证据,在庭审中还要继续接受可采性方面的审查。法官一旦对某一证据的可采性作出否定的裁决,就可以要求陪审员"遗忘"该证据,不得将其作为认定事实的依据。

而大陆法中的"证据能力"规则,则既强调某一不合法的证据不得进入法庭,也要求法官、陪审员在法庭审理中不得将其作为"制作判决的依据"。考虑到大陆法实行案卷移送制度,法官在开庭前已经查阅、研读过全部案卷材料,接触了控辩双方的全部证据,因此,庭前禁止法官接触不合法的证据的要求显然是难以操作的。可见,大陆法中的"证据能力"规则,主要在法庭审理中得以适用。'

其次,"可采性"与"证据能力"的内涵有着明显的区别。作为英美证据法的核心概念,可采性既包含了法律政策方面的要求,也包含限制证据相关性的规则。而相关性是指证据证明案件事实成立或不成立的能力,它显然与证据的证明价值或证明作用有着密切的联系。在某种程度上,对证据相关性的限制,也就等于对证据证明力的限制。这显然是考虑到作为法律外行的陪审员,容易对证据的相关性问题作出错误的认识,或者受到控辩双方的误导,因此从法律上对一些证据的相关性问题作出限制性的规定。

相反,大陆法中的"证据能力"则属于单纯的法律问题,主要是指证据在取证手段、证据形式以及证据调查程序等方面的法律资格。证据能力与证明力是截然不同的两个概念,两者不具有任何形式的包容关系。对于一个证据的相关性大小和强弱问题,大陆法一般将其视为证明力问题,交由法官、陪审员依据经验、理性和良心进行自由裁断,而一般不在法律上作出限制或规范。大陆法即便对某些证据的证明力作出了一些限制,也与该证据的证据能力没有必然的联系。例如,对于口供补强规则的确立,向来是大陆法的一项传统,也属于自由心证原则的一项例外。但对口供所作的补强要求,充其量只是针对口供证明力所确立的规则,而与口供的证据能力没有关系。

最后,相关性在两大证据法体系中的地位有所不同。在英美证据法中,相关性是证据具有可采性的前提,也是审查证据是否具有法庭准入资格的依据。而在法官确认证据具有可采性的情况下,对该证据的证据价值和证明作用,则由事实裁判者自由加以判断。这显然说明,英美法庭对于证据相关性可以有两次评判过程：一是证据是否具有相关性，这是可采性问题，解决的是相关性的"有"和"无"的问题；二是证据相关性的大小强弱，这是事实裁判者在裁判时要作出评判的问题，解决的是证据相关性的强弱程度问题。

相反，在大陆法的证据体系中，证据能力与证明力是截然分离的，只有证据能力才具有"有"和"无"的问题，是审查证据是否具有法庭准入资格和定案根据资格的依据。而在职业法官对审判活动具有主导性的情况下，对于证据是否具有证明力的问题，通常不需要证据法加以规范，而是由法官进行自由评判。因此，作为证明力核心要素的相关性，一般不会成为限制证据资格的条件，而通常是评判证据证明力大小强弱的依据。因此，大陆法中的相关性只有程度高低的问题，基本不存在"有"和"无"的评判问题。

那么，中国刑事证据法究竟应采纳英美法中的"可采性"和"相关性"概念，还是应接受大陆法中的"证明力"和"证据能力"概念呢？

迄今为止，那种将相关性包含于可采性之中的证据理念，尽管为部分法学研究者所青睐，却并没有被确立在刑事诉讼法之中。而那种将"证明力"与"证据能力"加以分离的证据立法体例，则得到了立法机关和最高人民法院的接受。这集中表现在大量旨在限制证据能力的规则得到相继确立，各类旨在否定"定案根据"资格的证据排除规则纷纷出台。与此同时，中国法还存在着一种与大陆法迥然有别的证据立法理念，那就是为规范和限制法官的自由裁量权，对各类证据的证明力也作出了一定的规范和限制，使得一系列"证明力规则"纷纷出现在刑事证据法之中。在以下的讨论中，我们可以对这些问题作出简要的分析。

英美证据法中的"可采性"规则之所以没有为中国证据立法所接受，是由多个方面的因素造成的。首先，在审判组织上，中国法没有实行陪审团制度，而实行人民陪审员有限参与诉讼的制度，职业法官完全控制着事实认定和法律适用问题。因此，中国刑事审判中不存在法官和陪审员受到误导的风险，证据规则也无需发挥这样的功能，也无需就证据的相关性问题确立大量的限制性规则。

其次，在审判程序上，中国法一直没有放弃案卷笔录中心主义的审判方式，法官通常会接触公诉方提交的大量证据材料。特别是2012年《刑事诉讼法》重新恢复了案卷移送主义的起诉方式，法官在开庭前就可以全面接触和研读公诉方的全部案卷材料。在此制度背景下，要允许控辩双方就每一证据的"可采性"展开抗辩，是不切实际的。即便法官对某一证据的可采性作出否定的裁决,他们在认定案件事实方面也会受到该证据的影响。可以说,全面构建旨在限制"证据准入资格"的可采性规则,对于那些已经全面接触公诉方案卷笔录的法官而言,可能没有太大的实际意义。

最后,从预防冤假错案的角度来看,中国法更为重视证据的真实性问题。为避免刑事误判的发生,法官特别重视对证明力的审查判断,以防止那些虚假和不可靠的证据被转化为定案的根据。即使是对证据能力问题的审查,也更多地侧重于那些不合法证据对证据真实性的影响。正因为如此,证据的相关性很难成为一个需要证据法加以规范和限制的问题,而证据的真实性问题才属于证据法所要致力解决的关键问题。

至少是基于上述理由,我国立法机关和司法机关才接受了"证明力"和"证据能力"的概念,并将这一对概念作为构建我国刑事证据规则的逻辑基础。在这一点上,中国法与大陆法确有其相似之处。但是,中国刑事证据法是否确立了与大陆法完全相同的证据规则了呢?答案也是否定的。

尽管在对证据的法律资格加以限制方面,中国法与大陆法具有相似之处,但是,中国法基于防止事实误判的考虑,还确立了大量的证明力规则,也就是对各种证据的证明力大小强弱加以限制的规则。在这一点上,中国刑事证据法与奉行自由心证原则的大陆法是存在很大差异的。

例如,对于单个证据的证明力判断问题,我国证据法确立了一些限制性规则。为防止偏听偏信被告人供述,我国证据法确立了口供补强规则;为解决被告人翻供问题,我国证据法针对自相矛盾的被告人供述和辩解确立了相互印证规则;针对证人证言前后自相矛盾的问题,我国证据法确立了证言印证规则;针对那些精神上、生理上有缺陷以及与被告人有密切关系的人所提供的证言,我国证据法确立了慎重使用的规则;针对那些来源不明或者原始证据灭失的传来证据,我国证据法确立了排除规则;等等。又如,对于全案证据的证明力判断问题,我国证据法还确立了一些限制性规则,包括确立了对事实清楚、证据确实、充分的法定判断标准,设定了根据间接证据来认定案件事实的判断标准,等等。

我国证据法之所以要对一些证据的证明力作出限制性的规定,主要是考虑到在那种以案卷笔录为中心的庭审方式下,法官没有机会直接接触证人、鉴定人,无法听取控辩双方对他们的当庭询问,更无从亲自对证人、鉴定人察言观色,以直观的方式判断证言、鉴定意见的真伪虚实。法官不得不主要通过审查证人的书面证言、鉴定人的书面鉴定意见,来对其证明力作出审查和取舍。为了规范和约束法官的自由裁量权,刑事证据法不得不对那些难以判定真伪虚实的情况(如被告人翻供、证人翻证、有利害关系的证人出具证言等),根据经验和逻辑法则,确立一些旨在限制证明力的证据规则。

正因为如此,我国证据法针对证据能力和证明力分别确立了限制性规则。其中,那些旨在限制证据能力的规则,可以被称为"证据能力规则";而那些适用于证明力的规则,则可以被称为"证明力规则"。可以说,"证明力规则"的存在,使得中国刑事证据法与建立在自由心证基础上的大陆法国家的证据法具有明显的区别。当然,这些"证明力规则"几乎很少涉及证据的相关性问题,而主要是旨在防止法官错误采信证据的真实性规则。

五、证明力

(一)证明力的两个侧面

证明力又称为"证明价值""证明作用",是指一个证据所具有的证明某一待证事实可能存在或可能不存在的能力。从积极的角度来说,任何一个证据,要转化为定案的根据,都必须具有证明力。从消极的方面来说,任何不具有证明力的证据,都不仅不能转化为定案的根据,而且不具备基本的法庭准入资格,而应被司法机关予以排除。

要对证明力的性质作出深入的解释,我们需要将证明力分解为不同的侧面。这里可以通过一个例子作出说明。

 案例

某公安机关破获了一起盗窃案,将某甲确定为本案的犯罪嫌疑人。侦查人员经过连续三天三夜的不间断预审讯问,最终迫使某甲承认了盗窃犯罪的事实。不仅如此,侦查人员通过某甲的供述,还掌握了一条重要的证据线索:某甲三年前曾以相似的手段实施过盗窃行为。经过查证核实,侦查人员调取了三年前的侦查笔录,最终证实某甲确实因为盗窃而被定罪判刑,而且盗窃手段与这次较为相似:都是深夜破窗入室,也都是从高楼顶端进入室内。在法庭上,被告人当庭翻供,并辩称原来的有罪供述是在遭受疲劳审讯的情况下所作出的,既违背自己的意愿,也是不真实、不可靠的。同时,被告方还辩称,被告人三年前曾实施过相似的盗窃行为,这一点与被告人是否实施这次盗窃行为没有任何关系,因此不能作为定罪证据使用。

在这一案例中,控辩双方对两个证据是否具有证明力的问题发生了争议。这种在中国法庭上司空见惯的场景,说明围绕着证据的证明力问题,控辩双方经常发生两个方面的争议:一是证据真实性、可靠性的争议,二是证据相关性的争议。这显示出,证据的证明力其实是由两个侧面组成的:一是真实性,也就是证据无论是从其载体还是从所揭示的事实来看,都是真实可靠的,而不是伪造或变造的;二是相关性,即证据所揭示的事实与待证事实具有逻辑上的联系,能够证明案件事实的更可能成立或者不成立。

在证明力所包含的两个侧面中,真实性其实是对证明力所作的"定性",一个证据真实与否,不存在程度的高低强弱问题,而只存在着"有"或"无"的问题。相反,相关性则带有"定量"的特性,一个证据的相关性固然存在着是否"存在"的问题,但在大多数情况下,那些具有相关性的证据也还存在着相关性高低强弱的问题。正因为如此,我们通常会将某一得不到其他证据印证的被告人供述视为"不真实的证据",将某一自相矛盾的证言视为"不可靠的证言";我们也会将某一证明被告人存在前科、劣迹或具有犯罪动机的证据,视为"相关性较弱的证据",而将那些能够证明案件犯罪构成要件事实的证据,则视为"相关性较强的证据"。

(二)真实性

过去,法学界曾普遍认为证据具有"客观性"这一属性。法律学者无论是主张"两性说",还是坚持"三性说",对于证据的"客观性"都是不持异议的。但是,"客观性"这一提法,容易使人将"主观事实"与"客观事实"加以混淆,也容易将那种尚未进入办案人员主观认识领域的"先验事实"与作为定案根据的"案件事实"混为一谈。毕竟,证据是被用来证明案件事实的载体,也就是特定的证据事实与证据载体的综合体。无论是言词证据还是实物证据,只有进入办案人员的主观认识领域,并能够被收集起来,接受审查和评判,才能算作法律意义上的"证据"。可以说,任何进入诉讼程序进程之中的证据,都不再属于"客观"的事实,而成为能够为办案人员所掌握和控制的证据载体。无论这些证据载体表现为物证、书证、视听资料、勘验笔录还是各类言词陈述,都带有明显的"主观性"。正因为如此,用"客观性"来概括证据的本质属性,就属于不能成立的命题了。

那么,作为证据转化为定案根据的首要条件,证明力所包含的"真实性",究竟是指什么意思呢?其实,这里所说的"真实性",又可以称为"可靠性"或"可信性",它有两个层面的含义:一是从"证据载体"的角度来说,证据的表现形式本身必须是真实存在的,而不能是虚假的或者伪造的。二是从"证据事实"的角度来说,证据所揭示或反映的事实必须是可靠和可信的,而不能是虚假的。

1. 证据载体的真实性

除了物证只具有单一的外部载体以外,其他证据一般都同时具有外部载体和内部载体。要确保证据的真实可靠性,就要同时审查核实外部载体的真实性和内部载体的真实性。

所谓外部载体的真实性,是指证据的外部物理表现形式是真实可靠的,而不是伪造或者变造的。例如物证必须是真实存在过的物品或痕迹,其真实来源得到笔录证据的印证;电子数据的原始存储介质必须是真实的,经过了完整的证据保管链条的检验;证人证言笔录也必须是真实存在过的,而不能是侦查人员伪造的书面记录;等等。在确保证据外部载体真实性的前提下,司法人员才有必要进一步审查证据所包含的文字、符号、图像、信息、数据等内部载体的真实性。

所谓内部载体的真实性,则是指证据所包含或记载的内容是真实可靠的,而不是被伪造或者变造的。对于诸如书证、视听资料、电子数据之类的实物证据,司法人员仅仅审查其外部表现形式的真实性,还不足以确保证据的可靠性。假如这些证据所记载的文字、图画、声音、图像、数据、信息、陈述等,存在着被增加、改变、删除的可能性,那么,这些证据的真实性仍然无法得到保证。因此,司法人员在审查核实这些证据的外部表现形式是否真实可靠之外,还要进一步审查这些证据所记载的文字、图画、声音、图像、数据、信息、陈述等是否真实可信,确保其没有发生过被篡改、删除、增加的情况。

从消极的角度来说,证据载体的真实性一旦无法得到保证,该证据的证明力就有可能受到否定性的评价。例如,一份记载特定事实信息的录音资料,一旦来源不明,或者不能排除被剪辑、篡改的可能性,那么,这种作为"视听资料"的证据,就失去了可信性,也就不具有证明力了。又如,假如一份被告人供述笔录的签名存在着被伪造的可能性,或者供述笔录的内容存在着被篡改的可能性,那么,该供述笔录的真实性就可能受到否定性的评价。

2. 证据事实的真实性

证据载体的真实性,仅仅可以说明该证据所存在的形态和所记载的内容是真实无误的,而无法说明该证据所证明的证据事实是真实可信的。要确保证据的真实性,还需要进一步审查核实证据所揭示的事实信息是准确无误的。例如,对于一枚指纹,司法人员除了要审查其是否真实可靠以外,还要审查它所揭示的事实——被告人在犯罪现场留下了指纹——是否可信。又如,对于一份董事会决议,司法人员除了审查决议文本和决议内容是否真实无误以外,还要审查其所证明的事实——被告单位集体决策实施某一行贿行为——是否是成立的。再如,对于一份电子邮件,司法人员除了要审查其原始存储介质和所记载的文字内容有没有被伪造或者篡改,还要审查该证据所揭示的事实——被告人向他人泄露了商业秘密——是否成立。还有,对于证人证言、被告人供述等言词证据,司法人员除了要审查证言笔录和被告人供述笔录的文本和文字内容是真实可靠的,还要进一步审查这些证据所揭示的事实——被告人实施了侵犯个人信息的行为——是否成立。

从消极的角度来说,证据所要证明的事实信息只要是不可靠或不可信的,那么,该证据就可以被视为"不真实的"。例如,一份证人证言笔录前后存在矛盾,或者一份被告人供述和辩解笔录前后出现严重的不一致,从逻辑上说,同一人就同一事实所作的两种相互矛盾的陈述,是不可能同时正确的,其中必有一种陈述是虚假的,假如我们无法证明哪一种陈述是真实的,或者无法证明哪一种陈述是虚假的,那么,这两种自相矛盾的证言或被告人供述和辩解就都无法辨明真伪。在此情况下,根据经验法则和逻辑法则,法官就可能将这种自相矛盾的证言或被告人供述和辩解全部加以排除,从而否定其真实性。

3. 证据真实性的审查方式

我国刑事证据法特别重视证据真实性的审查,并将其视为证据证明力的首要条件。原则上,任何证据只有在"查证属实"的情况下,才可以作为定案的根据。这里所说的"查证属实",就是指证据载体的真实性和证据事实的可靠性都得到了验证。同时,作为我国刑事证据法所确立的证明标准,认定犯罪事实必须达到"事实清楚,证据确实、充分"的程度。其中,所谓"证据确实",就是指据以认定案件事实的所有证据都必须是真实可靠的,也就是能够对客观事实作出准确的反映和证明。

我国刑事证据法对于各类证据的审查判断,都确立了较为详细的证据规则。其中,对于证据真实性的审查,被作为证据审查的重要内容。值得注意的是,有些证据审查规则较为强调证据载体的真实性,而其他一些证据规则则注重对证据事实真实性的检验。

在证据载体的真实性方面,刑事证据法特别关注证据来源的真实性,强调证据保管链条的完整性,并且对证据笔录的形式提出了法律要求。例如,"物证的照片、录像或者复制品,不能反映原物的外形和特征的,不得作为定案的根据";同时,"书证有更改或者更改迹象不能作出合理解释,或者书证的副本、复制件不能反映原件及其内容的,不能作为定案的根据"。又如,物证、书证未附有勘验、检查笔录,搜查笔录,提取笔录或者扣押清单,无法证明其真实来源的,一律不得作为定案的根据;对于物证、书证的来源和收集程序有疑问,不能作出合理解释的,该物证、书证也不能作为定案的根据。与此同时,对于视听资料经过审查或鉴定无法确定真伪的,或者对视听资料的制作和取得的时间、地点、方式存有异议,不能作出合理解释或者提供必要证明的,也不得作为定案的根据。不仅如此,鉴定对象与送检材料、样本不一致,或者送检材料、样本来源不明或者因为被污染而不具备鉴定条件的,根据该检材、样本所作的鉴定意见,不得作为定案的根据。再如,证据法对于各类笔录证据的形式要件提出了明确具体的要求。原则上,无论是勘验、检查笔录,搜查笔录,扣押清单,提取笔录,辨认笔录,侦查实验笔录,还是被告人供述和辩解笔录、证人证言笔录等,都必须记录时间、地点、条件、制作方法、制作过程,同时要有调查人、提取人、讯问(询问)人、被调查人和见证人的签名或盖章。对于这些笔录存在形式瑕疵或者可能存在记录错误的情形,司法解释还确立了可补正的排除规则。

而在证据事实的真实性方面,刑事证据法则强调通过鉴定、相互印证等方法来验证各类证据的真实性。对于那些在证据载体方面不存在异议的实物证据,司法解释强调交由鉴定人运用其科学知识、技术、经验和设备,来制作鉴定意见,从而揭示那些足以证明案件事实的真实信息。同时,为避免采纳孤证所可能带来的认识错误,刑事证据法反复强调证据相互印证的重要性;而对那些前后自相矛盾或出现明显不一致的被告人供述和辩解、证人证言,假如无法得到其他证据印证的,都应将其排除于法庭之外。

当然,对于证据的真实性也存在着完全证明、部分证明以及完全证伪这三种形态。对于完全证明和完全证伪的情形,法院可以分别确认或者不确认证据的证明力,这是没有争议的。存在争议的是证据的真实性只得到部分证明的情况。在此情况下,法官对该证据的真实性可能存在合理的怀疑。在刑事诉讼中,为防止被告人受到无根据的、不公正的定罪判刑,对于被用来证明被告人有罪或者证明那些法定从重情节的证据,在真实性的证明上必须达到最高证明标准,而不能存在合理的怀疑。而对于与定罪量刑密切相关的证据,假如在真实性的证明上存在着合理怀疑的,法院应当将其推定为不真实的证据。这一点,体现了"天平倾向弱者"的理念,属于"有疑义时作有利于被告人解释"的具体表现。

(三) 相关性

一个证据要具有证明力,除了要具有真实性以外,还必须具备相关性。与真实性不同,相关性通常体现在证据在证明案件事实的价值方面,而与证据载体没有直接的关系。通常情况下,在证据的真实性没有异议的情况下,证据是否具有证明力,取决于证据是否与待证事实具有相关性;证据的证明力大小强弱,与证据相关性的大小强弱成正比例关系。所谓相关性,又称为关联性,是指证据所揭示的证据事实与案件待证事实之间所具有的逻辑联系。具体而言,一项证据的存在,使得某一证据事实得到证明,而该证据事实的成立,又可以导致某一作为证明对象的案件事实的成立变得可能性更大一些,或者变得可能性更小一些。对于证据所具有的这种证明作用,我们一般称之为相关性。

 案例

例如,在一起入室抢劫案发生后,侦查人员在被告人住处查获了被害人被抢去的财物;侦查人员在犯罪现场收集到一个玻璃杯,上面留有被告人的指纹,这显示出被告人曾经到过案发现场;某证人提供的证言证明,被告人曾经与被害人发生过争执,且与被害人存在一些利益上的冲突;被告人向侦查人员所作的供述表明,他对被害人实施了暴力行为,且直接造成了被害人的死亡;等等。这些证据的存在,以及它们所证明的证据事实,就可以使被告人构成犯罪这一事实的成立变得更具有可能性。

又如,在一起杀人案发生后,某证人证明被告人在案发时不在犯罪现场,没有作案时间;侦查人员认为被告人对被害人实施了暴力行为,并造成了被害人的死亡,但始终没有找到被害人的尸体或者被害人尸体的下落,也没有任何证据证明有人遇害;等等。这些证据所包含的证据事实,足以证明被告人实施犯罪的可能性是不存在的,或者可能性更小一些。

从上述例子可以看出,证据的相关性取决于它与案件待证事实之间的证明关系。只要该证据对于证明某一待证事实能够发挥一些积极作用(证明该事实存在更具有可能性),或者能够发挥消极作用(证明该事实存在更不具有可能性)的,就可以说该证据对于特定的待证事实而言,具有相关性。

1. 相关性的构成要素

从相关性的构成来看,它可以包括两个要素:一是经验上的相关性,二是法律上的相关性。所谓"经验上的相关性",是指证据及其所包含的证据事实的成立,足以使另一事实的成立变得更加可能或者可能性更小一些。而所谓"法律上的相关性",则是指证据所证明的事实与实体法上的诉讼主张有直接的联系,也就是该证据的存在足以支持公诉方的某一主张,或者与被告方的抗辩事由具有一定的联系。换言之,证据所要证明的不是一般意义上的事实,而是与控辩双方所发生争议的问题密切相关的待证事实。

例如,某证人提供证言,证明被告人在实施犯罪行为时不满12周岁。从经验和逻辑层面来看,这一证言能够使被告人犯罪时不满12周岁这一事实,更具有可能性。但离开实体法上的规定,这一证言可能没有实质的意义。而从法律层面来看,只有在犯罪时年满12周岁以上的人,才有可能具有刑事责任能力,也才有可能具有被定罪的法律资格。因此,该证言除了证明被告人犯罪时不满12周岁这一自然事实以外,还证明了被告人犯罪时尚未达到法定刑事责任年龄这一法律事实。这一证言只有同时在逻辑上和法律上具有相关性,才能被视为具有完整的相关性。

又如,在一起侵犯商业秘密案件的审理中,公诉方出示了一份由侦查人员调取的电子邮件,这份由被告人发给与被害公司具有竞争关系的公司的电子邮件,详细记录了被害公司电子产品的技术数据和图纸资料。而该技术数据和图纸资料经过鉴定,被认定属于刑法所保护的"商业秘密"。这份电子邮件的存在,可以证明两种事实:一是被告人未经被害单位授权,向具有竞争关系的企业提供了商业秘密;二是被告人实施了侵犯被害单位商业秘密的行为,也就是刑法所确立的侵犯商业秘密罪的构成要件事实。前一证明关系属于经验上的相关性,后一证明关系则属于法律上的相关性。

一般说来,一个证据是否具有"经验上的相关性",属于典型的事实判断问题。无论是职业法官,还是陪审员,只要具备必要的社会阅历,受过相当程度的教育,就都可以依据经验法则和逻辑法则,对此作出适当的判断。但是,一个证据是否具备"法律上的相关性",则需要法官、陪审员将"事实"与"规范"连接起来,在熟悉实体法或相关实体规则的前提下,对于证据事实与待证事实的关系作出准确无误的判断。

2. 相关性与待证事实的关系

相关性是证据所具有的证明待证事实更可能成立或者更不可能成立的能力。判断一个证据的相关性,离不开对待证事实的精准把握。同样一个证据,对某一项待证事实具有相关性,但对于另一项待证事实,则不一定具有相关性。而对待证事实的把握,又需要与特定的诉讼请求联系起来作出判断。

在刑事诉讼中,根据控辩双方所提出的诉讼主张的不同,相关的待证事实可以分为三个类型:一是定罪事实,也就是检察机关、被害方或者被告方提出的据以认定被告人构成特定罪名或者不构成该项罪名的事实;二是量刑事实,也就是检察机关、被害方或者被告方提出的据以作出从重处罚或者从轻、减轻、免除处罚的量刑情节;三是程序争议事实,也就是检察机关、被害方或者被告方提出的足以影响法院作出某一程序裁决的事实。

一般情况下,检察机关和被害方所提出的证据,可以证明指控的犯罪事实的成立。在被告方作无罪辩护的情况下,被告方所提出的证据,通常可以证明指控的犯罪事实不能成立。凡是可以证明犯罪构成要件事实成立或不成立的证据,都与"定罪事实"具有相关性。例如,被告人所作的有罪供述或无罪辩解,被害人就行为人实施犯罪的过程所作的陈述,证人所作的目击证言,等等,都属于与"犯罪事实"具有相关性的证据。

有些证据可能无法证明"犯罪事实"是否成立,却可以成为对被告人从重或者从轻量刑的依据。例如,证明被告人的前科劣迹、特定动机、主观恶性、刑事和解、认罪认罚、犯罪后果、坦白、自首、立功等方面的证据,证明被害人存在过错、获得赔偿、愿意谅解等方面的证据,等等,就都与"量刑事实"具有相关性。

还有些证据既无法证明犯罪构成要件事实的成立或者不成立,也无法证明特定量刑情节是否存在,但可以成为证明某一程序争议事实是否存在的依据,因此与"程序争议事实"具有相关性。例如,对侦查讯问过程的同步录音录像,侦查人员的情况说明,看守所的体表检查登记表,同监所在押人员的证言,看守所监管人员和医疗人员的证言,侦查人员制作的抓捕经过和破案经过说明,等等,就都可以证明侦查人员是否实施了违法侦查行为,与"侦查行为合法性"这一程序争议事实具有相关性。

3. 积极的相关性与消极的相关性

从证据的证明作用来看,证据的相关性可以分为"积极的相关性"和"消极的相关性"两种。所谓积极的相关性,是指证据的存在足以证明某一待证事实的成立具有更大的可能性,或者该证据足以支持某一待证事实的成立。相反,所谓消极的相关性,则是指证据的存在足以证明某一待证事实的成立更不具有可能性,或者该证据不支持某一待证事实的成立。前面所说的某一玻璃杯上留有被告人的指纹,这一证据就证明被告人到过犯罪现场,因而具有积极的相关性;相反,某一证人证明被告人在案发时没有到过犯罪现场,没有作案的时间,这一证据就具有消极的相关性。这一规律表明,我们既要注意证据的积极相关性,也要对证据的消极相关性给予同样的重视。刑事诉讼法要求办案人员既要收集不利于被告人的证据,又要收集有利于被告人的证据,体现了证据相关性的这一原理。

4. 相关性的大小强弱

通常说来,对于证据的真实性,只能作出"有"或者"无"的判断,而对于证据的相关性,则不仅可以作"有"或者"无"的判断,还可以作出"大小强弱"的判断。在对一个证据与特定待证事实存在证明关系加以明确的前提下,我们需要对该证据具有多大程度的相关性作出判断。

由于职业法官是法庭审理程序的主持者,陪审员在事实裁判中不会发挥主导性的作用,也不会在评判相关性和待证事实时受到误导,因此,对证据是否具有相关性的判断,通常不是我国证据法所要解决的主要问题。可以说,在我国刑事证据法中,证据相关性的"有"和"无"问题,不需要通过建立证据规则来加以解决。证据法所要关注的主要是各种证据相关性的强弱程度问题。

对于证据相关性的大小强弱,刑事证据法尽管很少作出一些限制性的规定,但根据经验法则和逻辑法则,还是有一定的分布规律可循的。一般说来,证据相关性的大小强弱主要是由两个因素决定的:一是证据所包含的证据信息量的多少,二是证据与案件主要事实的关系。根据前一个因素,证据所包含的信息量越大,相关性一般就越强,反之,相关性则越弱。例如,对于被告人是否构成犯罪这一待证事实而言,证明犯罪行为过程的目击证人证言,相关性就较强,而证明被告人曾经到过犯罪现场的证人证言,相关性则较弱。

而根据后一要素,证据距离案件主要事实越近,也就是越能直接证明案件主要事实,其相关性就越强,反之,相关性就越弱。例如,对于被告人是否构成犯罪这一待证事实而言,被告人对犯罪行为全部过程的供述笔录,就足以证明犯罪行为已经发生,且被告人实施了犯罪行为,因此具有较强的相关性。而那种仅能证明被告人具有作案时间或犯罪动机的证据,则既不能证明犯罪行为是否发生,也难以证明犯罪是否为被告人所实施,因此相关性要弱得多。

5. 相关性的审查方式

在不同的证据制度中,围绕着证据的相关性问题,通常会确立各不相同的证据规则。英美证据法不仅将证据的相关性视为可采性的必要条件,而且还围绕着证据的相关性问题确立了一些限制性的规则。例如,美国联邦证据规则对品格证据、意见证据、相似行为证据、事后补救行为证据、事后和解证据等所作的限制性规定,就都属于旨在限制证据相关性的证据规则。

与英美法不同,大陆法将相关性视为证明力问题,根据自由心证原则,对于证据的相关性不作明确的法律限制,而交由法官、陪审员根据经验、理性和良心进行自由评判。原则上,大陆法对于证据相关性没有确立法律规则。

自2010年以来,我国刑事证据法逐渐形成了基本的框架体系。立法机关和司法机关围绕着证据的证明力和证据能力都确立了相应的证据规则。但在很大程度上,我国刑事证据法对证据证明力的规范,更主要地体现在对真实性的重视上面,并为此确立了各种限制性规则。至于证据的相关性,证据法只是提出了一些原则性的要求,而很少作出明确的限制性规则。

例如,我国刑事证据法强调对各种证据,都要审查证据"与案件待证事实有无关联",或者"与案件事实有无关联性"。至于如何审查证据与案件事实的"关联性",证据法则语焉不详,没有给出进一步的解释。法官在司法实践中则倾向于对此作出自由判断。

又如,对于证人证言,刑事证据法要求对于证人的"猜测性""评论性""推断性"的证言,不得作为证据使用,但根据一般生活经验判断符合事实的除外。这一旨在对"意见证据"加以限制使用的规则,确实属于对证人证言相关性的限制性规则。但是,司法人员对于何谓"根据一般生活经验判断符合事实"的情况,可能享有较为宽泛的自由裁量权。

与大陆法相似的是,我国证据法之所以没有对证据的相关性作出诸多方面的限制,主要原因在于,我国没有确立陪审团制度,而是建立了类似于大陆法国家参审制度的人民陪审员制度。尽管经过数次司法改革,我国法律对人民陪审员制度进行了改革完善,但是,那种完全由陪审员裁决事实问题的制度,始终没有在我国得到确立。目前,我国实行事实认定与法律适用的相对分离,使得法官与陪审员共同行使事实裁判权,法官单独行使法律适用的权力。再加上我国刑事诉讼法没有全盘引进英美对抗式诉讼制度,法官对于事实调查始终保持着一定的职权主导作用。因此,在我国刑事诉讼中一般不会出现陪审员受到误导的可能性,也不会产生陪审员根据不相关的证据认定事实的危险。因此,那种围绕着限制相关性问题来构建证据规则的立法设想,一般很难得到实现。

六、证据能力

所谓"证据能力",又称为证据的"合法性",是指证据能够转化为定案根据的法律资格。如果说证明力主要属于经验问题或逻辑问题的话,那么,证据能力则属于典型的法律问题。在某种意义上,证据法主要是一种对各种证据的证据能力加以限制和规范的法律。对于不具有证据能力的证据,证据法往往会确立排除性的法律后果,也就是否定其法庭准入资格,或者对那些已经进入法庭审理程序的证据,将其排除于定案根据之外。对于这种旨在排除证据之法庭准入资格和定案根据资格的证据规则,我们一般称为"证据排除规则"。

那么,对于证据的证据能力究竟应从哪些方面加以规范和限制呢?我们可以通过以下案例加以说明。

 案例

检察机关对被告人某乙以受贿罪提起公诉。在法庭审理过程中,被告人及其辩护人对公诉方证据的合法性提出以下质疑:一份证人证言笔录是由一名侦查人员单独进行询问后作出的,这违背了刑事诉讼法有关询问证人需要由两名以上侦查人员进行的规定;一份勘验、检查笔录既没有记录进行勘验、检查的时间和地点,也没有见证人的签名,这违背了刑事诉讼法有关勘验、检查笔录需要记载时间、地点和见证人签名的规定;一份被告人供述笔录是侦查人员通过三天三夜的连续审讯,并使用严刑拷讯获得的,违背了刑事诉讼法有关严禁刑讯逼供等非法取证方法的规定。对于公诉方证据的合法性问题,法庭经过审查后,认为被告方没有提出充分的证据支持本方的观点,因此公诉方的上述证据在证据能力上没有问题。法庭最终判定检察机关的指控是成立的。在取得法院送达的判决书后,辩护律师对该判决据以认定被告人有罪的证据逐一进行了核对,发现有三份证据是公诉方没有当庭举证的,辩护方也没有机会对其加以质证。被告方据此提起上诉。二审法院最终以"一审法院违反法律规定的诉讼程序,影响公正审判"为由,作出了撤销原判、发回重审的裁定。

在上述案例中,控辩双方发生争议的并不是证据的证明力问题,而是证据的"合法性",也就是证据的证据能力问题。在这一问题上,被告方对公诉方证据的合法性从四个方面提出了质疑:一是证据的取证主体;二是证据的表现形式;三是证据的取证手段;四是证据是否经过合法的法庭调查程序。在这一案例中,法院认定公诉方的证据在上述前三个方面不存在问题,从而否定了被告方对这些证据的证据能力的质疑。但对于那三份没有经过一审法院举证、质证程序的控方证据,二审法院则采纳了被告方的意见,这种撤销原判的裁定实际也就等于对这些证据合法性的否定。

那么,作为证据法对证据法律资格所确立的限制条件,证据能力究竟表现在哪些方面呢?根据我国刑事证据法的基本框架体系,证据能力大体上体现在五个方面的证据规则上面:一是证据需要属于法定的证据表现形式;二是证据的搜集者需要具备法定的主体资格;三是证据需要具备法定的形式要件;四是证据的搜集方式和手段要合乎法律的规定;五是证据要经过法定的法庭质证程序。

(一) 证据表现形式的合法性

对于证据的载体类型作出明确法律限制,是我国刑事诉讼立法的传统。1979年《刑事诉讼法》开创了规范证据的"法定形式"的先河,确立了法定的证据形式。2012年《刑事诉讼法》对此作出了相应的调整。2018年《刑事诉讼法》基本沿袭了2012年《刑事诉讼法》所确立的证据法定类型。迄今为止,证据只有具备以下八种证据表现形式的,才可以在刑事诉讼中作为证据使用:一是物证;二是书证;三是证人证言;四是被害人陈述;五是犯罪嫌疑人、被告人供述和辩解;六是鉴定意见;七是勘验、检查、辨认、侦查实验等笔录;八是视听资料、电子数据。

我国刑事诉讼法尽管确立了八种法定的证据表现形式,但对于不符合上述证据表现形式的"材料",究竟是否具有证据能力或者证据资格,以及司法机关是否可以将其予以排除,并没有作出明确的规定。不过,在司法实践中,刑事诉讼法对上述八种证据表现形式的规定,等于确立了一种"证据能力法定原则"。对于不符合法定证据表现形式的材料,控辩双方也可以对其合法性提出质疑和挑战。司法机关有时也会据此否定这类材料的证据资格或证据能力。

当然,这种由刑事诉讼法对证据的法定表现形式作出明确限定的立法体例,也引发了一定的争议。对于这一问题,本书后面将会作出专门分析。

(二) 取证主体的合法性

刑事诉讼法对控方证据的取证主体作出了明确的限制性规定。例如,讯问嫌疑人应当由检察机关或公安机关的侦查人员负责进行,负责讯问的侦查人员不得少于 2 人;搜查或检查妇女的身体,应由女工作人员进行,等等。《最高法院 2018 年解释》对取证主体则提出了更加严格的要求,特别是对那些在取证主体方面存在违法或不规范的控方证据,规定可以适用证据排除规则。例如,鉴定机构、鉴定人不具备法定的资格和条件,或者鉴定事项超出本鉴定机构项目范围或鉴定能力的,鉴定意见一律不得作为定案的根据;对于非侦查人员主持所作的辨认笔录,或者对于主持辨认的侦查人员少于 2 人情况下所作的辨认笔录,都可以适用排除规则。

所谓取证主体的合法性,是指负责对控方证据进行调查取证的人员应当符合法律规定的条件和资格。从消极的角度来说,那些不具备法定资格的人员所调查收集的证据,都是不具备证据能力的。在我国刑事证据法中,为取证主体所限定的资格主要有四个方面:一是负责取证的机关必须是国家侦查机关,那些不享有侦查权的行政机关,无权进行调查取证,所收集的证据不具有证据能力;二是负责调查取证的机关必须是对案件拥有立案管辖权的侦查机关,没有立案管辖权的侦查机关对案件也就不享有侦查权,如公安机关对走私、贪污、受贿、渎职等案件所收集的证据,海关对杀人、抢劫等暴力犯罪案件所收集的证据,都不具有证据能力;三是负责调查取证的人员必须是侦查人员,而非侦查人员即便属于侦查机关内部的工作人员,也无权调查收集证据,所收集的证据不具有证据能力;四是负责调查取证的侦查人员必须满足法定的人数,如讯问嫌疑人必须由两个以上侦查人员进行,由一名侦查人员所收集的证据,不具有证据能力。

对于取证主体的合法性问题,我国法律确立了一些例外情形。为保证行政处罚程序与刑事诉讼程序的有效衔接,行政机关在行政执法和查办案件过程中所获取的物证、书证、视听资料、电子数据等证据材料,可以作为侦查机关指控犯罪的证据。这就意味着上述并非由侦查机关收集的证据材料,在刑事诉讼中也可以作为指控犯罪的证据使用。这些证据材料不因取证主体不是侦查机关而失去证据能力。

随着国家监察体制改革的完成,包括贪污、贿赂、渎职在内的职务犯罪调查权由各级监察委员会统一行使。根据监察法的规定,监察委员会不是侦查机关,所行使的调查权同时具有行政调查和刑事调查的性质。但是,经监察委员会调查的案件,可以直接被移送检察机关审查起诉,监察委员会所收集、获取的所有证据材料,都可以成为检察机关提起公诉的证据。由此,监察委员会尽管不是国家侦查机关,但它在调查贪污、贿赂、渎职案件过程中所取得的证据材料,也不因取证主体不是侦查机关而失去证据能力。

(三) 证据形式要件的合法性

所谓证据形式要件的合法性,是指证据载体在记录证据收集过程和证据相关情况方面符合法定的要求。大体说来,这些证据形式要件的要求主要有以下方面:一是对证据收集的时间、地点予以载明;二是主持证据收集活动的侦查人员应当签名或者盖章,如笔录制作人、勘验人、讯问人、询问人、搜查人、扣押人、主持辨认人的签名或者盖章;三是参与证据收集活动的被讯问人、被询问人、被搜查人、持有人以及见证人,应当签名或者盖章;四是对于证据收集、制作、固定、保全的过程和情况,作出书面记录;五是对所收集的相关证据的具体情况加以记录,包括证据的原来方位、特征等内容。

通常情况下,侦查人员所收集的证据如果在形式要件方面存在违反法律规定的情况,也被视为不具有证据能力。因为对上述内容记载不详或者记录存在错误的证据载体,通常无法证明其来源的真实性和保全的妥善性。当然,与取证手段的违法性相比,那些在表现形式方面存在违法之处的证据不一定都属于"非法证据",可能更多地属于一种"瑕疵证据"。对这些瑕疵证据,刑事证据法更多地适用可补正的排除规则。

(四) 取证手段的合法性

所谓取证手段的合法性,是指侦查人员在调查取证的方法、手段、方式、步骤等方面符合法定的诉讼程序要求。刑事诉讼法对于侦查人员收集调取证据提出了多方面的法律要求,唯有通过合法手段所获取的证据,才具有证据能力。

之所以对证据的取证手段提出合法性的要求,主要是出于三个方面的考虑:一是侦查人员在收集证据时遵守法律程序,才能成为遵守法律的楷模,避免以损害程序法制为代价来实施实体法;二是侦查人员依法收集证据,才能确保当事人的合法权益得到尊重和维护,避免出现侵犯个人基本权利的行为发生;三是侦查人员遵守法律程序,可以避免收集不真实、不可靠的证据,尤其是非自愿的有罪供述,防止出现认定事实的错误。

在实物证据的证据能力方面,刑事证据法要求侦查人员依法进行勘验、检查、搜查、扣押、提取等证据收集活动,避免出现重大的程序瑕疵,防止提取那些可能严重影响司法公正的证据;刑事证据法要求实物证据要经过完整的鉴真过程,该证据的来源、收集、保全、出示等证据保管链条要得到全面的验证。

在言词证据的证据能力方面,刑事证据法更多地强调讯问或询问过程的合法性。例如,无论是对于被告人供述和辩解,还是对被害人陈述和证人证言,法律都要求讯问(询问)笔录要经过被讯问(询问)人的核对确认和签名盖章;在讯问或询问对象为外国人、无国籍人或者少数民族的法定情形下,要为其提供翻译;不得采取刑讯逼供或者威胁、暴力等非法取证手段;等等。又如,对于鉴定意见,证据法要求鉴定人应遵循规范的鉴定程序和方法,遵循有关鉴定的标准,等等。

侦查人员违反法定诉讼程序所获取的控方证据,一般被称为"非法证据"。对于"非法证据",刑事证据法一般对其证据能力作出否定性评价,并适用"非法证据排除规则"。其中,对于严重违反法律程序所获取的言词证据,刑事证据法确立了强制性的排除规则;而对于那些通过违法手段所获取的实物证据,刑事证据法则确立了裁量性的排除规则。当然,对于侦查人员通过不规范的取证方法所获取的控方证据,刑事证据法有时也将其称为"瑕疵证据",并适用可补正的排除规则。

(五)法庭调查程序的合法性

根据刑事诉讼法的要求,证人证言必须在法庭上经过公诉人、被害人和被告人、辩护人双方质证并且查证属实以后,才能作为定案的根据。最高人民法院的司法解释更是明确强调,证据必须经过当庭出示、辨认、质证等法庭调查程序,才能作为定罪量刑的根据。可见,未经当庭举证、质证等法庭调查程序,任何证据都不能转化为定案的根据。这种对证据要经过法庭调查程序的规定,也属于对证据所提出的证据能力方面的要求。

未经完整的法庭调查程序,任何证据都不具有证据能力,这来源于证据合法原则的要求。一般而言,凡是规避了法庭调查程序的证据,都无法在法庭上经过法定的出示、宣读、询问程序,证据所包含的信息无法全面展示在法庭上,尤其是无法接受另一方的当庭质证,法官也就难以对其真实性和可靠性作出准确的判定。与此同时,这些规避了法庭质证程序的证据,法官一旦将其采纳为定案的根据,还有可能规避了整个法庭审理程序,剥夺了控辩双方参与法庭审理过程的机会,特别是对被告方的辩护权,将构成程度不同的侵害,以至于违背程序的正义。正因为如此,一审法院一旦将那些未经当庭质证的证据采纳为定罪的根据,二审法院就不仅要否定其证据能力,还要将整个一审程序宣告无效,从而作出撤销原判、发回重审的裁定。

【深入思考题】

1. "可采性"与"证据能力"是一回事吗?为什么?

2. 有一个有意思的现象:英美证据法十分注重证据的"相关性"问题,而中国证据法却非常强调证据的"真实性"问题。你能对此作出解释吗?

3. 在中国刑事证据法中,一个证据要转化为定案的根据,一般要具备哪些方面的条件?

【讨论案例之六】

李刚、李飞贩卖毒品案①

安徽省阜阳市人民检察院以被告人李刚、李飞犯贩卖毒品罪,向阜阳市中级人民法院提起公诉。

阜阳市中级人民法院经公开审理查明:2012年3月20日,被告人李刚以每克人民币(以下币种同)400元的价格将20克海洛因卖给韦可发(已判刑)。同月28日15时许,李刚以相同价格将199.94克海洛因卖给韦可发。2012年4月1日,韦可发与李刚联系购买毒品,李刚将一装有毒品的塑料袋交给其子李飞,让李飞送到安徽省临泉县瓦店东侧路边一大棚子处交给韦可发。李飞到达后即被公安人员抓获,毒品被当场查获。经鉴定,塑料袋内的毒品重199.7克,海洛因含量为51.37%。阜阳市中级人民法院认为,被告人李刚的行为构成贩卖毒品罪,且贩卖毒品数量大。公诉机关指控李飞犯贩卖毒品罪的证据不足。李刚系毒品再犯、累犯,应当依法从重处罚。据此判决如下:

1. 被告人李刚犯贩卖毒品罪,判处死刑,缓期二年执行,剥夺政治权利终身,并处没收个人全部财产;

2. 被告人李飞无罪。

宣判后,阜阳市人民检察院以一审判决被告人李飞无罪属认定事实和适用法律错误为由,提出抗诉。

被告人李刚上诉提出,一审认定其前两起贩卖219.94克海洛因的证据不足,要求从宽处罚。

安徽省高级人民法院经二审公开审理查明:2012年4月1日14时许,韦可发打电话给上诉人李刚,要求购买200克海洛因,李刚表示同意,并在电话里和韦可发商定交易毒品的价格和地点。李刚在家中用黑色塑料袋把海洛因包好后,让其子李飞把装有毒品的黑色塑料袋送到安徽省临泉县瓦店东侧路边一大棚子处交给韦可发。李飞到达指定地点后即被公安人员抓获,毒品被当场查获。经鉴定,查获的毒品中海洛因含量为51.37%,重199.7克。

安徽省高级人民法院认为,上诉人李刚贩卖199.7克海洛因的行为构成贩卖毒品罪。一审认定李刚第一、二起贩卖219.94克海洛因的证据不足,不

---

① 参见《李刚、李飞贩卖毒品案——如何审查未查获毒品实物的指控事实,以及在毒品案件中如何运用非法证据排除规则》,载《刑事审判参考》(第97集),法律出版社2014年版,第90—96页。

应认定,二审予以纠正。李刚系累犯、毒品再犯,依法应当从重处罚。原审被告人李飞在审判前的有罪供述不能排除系侦查机关办案人员采取非法方法取得,应予排除,一审根据在案证据判决李飞无罪正确。二审期间,安徽省人民检察院认为阜阳市人民检察院抗诉不当,撤回抗诉,本院予以准许。据此,依照《中华人民共和国刑事诉讼法》第二百二十五条第一款第三项、第二百三十七条之规定,裁定驳回上诉,维持原判,并核准阜阳市中级人民法院以贩卖毒品罪判处被告人李刚死刑,缓期二年执行,剥夺政治权利终身,并处没收个人全部财产的刑事判决。

本案中,公诉机关指控被告人李刚三次将海洛因贩卖给韦可发,李刚对现场查获的第三起贩卖毒品事实不持异议,但始终否认之前的两起贩卖毒品事实。故对李刚犯罪事实认定的争议焦点,是对韦可发指供李刚前两起贩卖毒品的证据如何审查认定。

法院认为,对于没有查获毒品实物的被告人既往犯罪事实,只有当依法取得的被告人口供与同案被告人供述及其他证据能够相互印证,且不存在合理怀疑时,才可以依法认定。本案中,韦可发供述其于2012年3月20日左右、3月28日和4月1日共三次从李刚处购买共计419.64克海洛因,每次都是事前与李刚用手机联系好交易事项,前两次购买的219.94克海洛因卖给了王秀起。证人王秀起虽然供认毒品是从韦可发处购买,但不知道毒品具体来源,因此王秀起的供述不能证明韦可发卖给其的毒品是李刚卖给韦可发的。公安机关调取的韦可发与李刚的通话记录证明,韦、李二人在2012年3月8日至15日之间通话11次,3月18日至21日通话7次,3月23日至27日通话7次,3月28日至31日没有通话,4月1日通话4次,由此可以印证韦可发关于3月20日左右和4月1日与李刚进行电话联系的供述,但与韦可发关于3月28日同李刚用手机联系毒品交易的供述相矛盾。李刚本人归案后始终否认自己前两次卖给韦可发219.94克海洛因,对于4月1日之前的手机通话,李刚辩称两人是同乡兼朋友关系,通话内容没有涉及毒品的事情。从常理分析,李刚曾因毒品犯罪被判刑,应当知道贩卖200克海洛因的法律后果,如果韦可发和李刚之前没有任何毒品交易,李刚一般不会接到韦可发电话后就同意直接卖给韦可发200克海洛因。由此推测李刚和韦可发之间可能有多次毒品交易。但是,公诉机关主要根据韦可发的指供和二人的通话记录指控李刚实施了前两起毒品犯罪,而通话记录、韦可发指供与李刚供述在本案中形成的证明关系是,通话记录能够印证李刚与韦可发关于第三起贩卖毒品事前电话联系的供述。对于韦可发指供李刚的前两起贩卖毒品而言,通话记录仅能证明韦可发与李刚在 3 月 20 日左右有电话联系,并不能证明两人的通话内容就是联系毒品交易,更无法作为独立证据印证韦可发关于李刚前两次贩卖 219.94 克海洛因的供述。通话记录与韦可发的指供在李刚前两次贩卖毒品事实的证明方向上仍属单向证明,没有得到李刚的供述或者在案其他证据的相互印证。综合韦可发的指供与通话记录,并不能必然得出李刚前两次贩卖海洛因的结论,故韦可发对李刚前两起毒品的指供和二人之间的通话记录,不能作为认定李刚前两次毒品犯罪的根据,公诉机关指控李刚前两次贩卖 219.94 克海洛因证据不足,不能认定。

此外在本案中,被告人李飞以其不知道父亲李刚让其送的是毒品,其在侦查机关的有罪供述是侦查人员刑讯逼供的结果为由,申请对其庭前有罪供述予以排除,并依法判决其无罪。阜阳市中级人民法院经审理查明:侦查机关于 2012 年 4 月 1 日下午将李飞抓获,当晚 20 时 3 分至 22 时 19 分对李飞第一次讯问;4 月 2 日凌晨 1 时,办案人员带李飞到临泉县人民医院,进行 B 超、心电图、血液、双下肢外伤等检查,但检查后侦查人员并未把李飞送看守所羁押;4 月 3 日,李飞被送看守所羁押后,看守所对李飞再次进行健康检查,体检结果为李飞身体健康,无外伤。

对李飞提出排除其审判前供述的申请,合议庭组织召开庭前会议,听取控辩双方对非法证据排除的意见,归纳双方争议焦点。开庭审理时,公诉人通过宣读李飞在侦查机关的供述,出示看守所收押登记表及侦查机关依法办案的情况说明等材料,以证明侦查人员没有对李飞刑讯逼供,但对侦查人员讯问结束后于凌晨带李飞到医院检查身体的原因没有作出说明。为查明侦查人员在临泉县人民医院对李飞健康检查的原因,法庭要求侦查机关对李飞在临泉县人民医院的检查情况进行说明,侦查机关没有回应;法庭依法通知办案人员出庭说明情况,但办案人员无合适理由拒绝出庭。鉴于公诉机关在一审开庭时出示的李飞的有罪供述笔录、在押人员体检登记表以及侦查机关依法办案的情况说明不足以证明取证的合法性,侦查机关对李飞讯问时也没有按照法律规定进行同步录音或者录像,当法庭通知侦查办案人员出庭说明情况时办案人员无正当理由拒绝出庭,故法庭认为不能排除李飞审判前的有罪供述系采取非法方法取得。据此,依照《刑事诉讼法》第五十八条的规定,李飞在审判前的有罪供述不能作为定案的根据,应当依法排除。

一审法院对李飞审判前供述排除后,综合全案证据分析,不能认定李飞明知自己所送物品系毒品,故认定公诉机关指控李飞犯贩卖毒品罪的证据不足,依法判决李飞无罪。宣判后,检察机关对李飞的无罪判决提出抗诉。二审期间,检察机关阅卷后,二审法院就认定事实、排除非法证据以及与审判相关的其他问题与检察机关、辩护人进行沟通、交换意见。通过庭前会议,安徽省人民检察院认为阜阳市人民检察院抗诉不当,决定撤回抗诉,二审法院按照上诉程序继续审理本案。二审法院审理认为,李飞在审判前的有罪供述不能排除系采取非法方法取得,不能作为定案的根据,应予排除;一审法院认定李飞贩卖毒品证据不足,对李飞作出无罪判决正确,故二审维持一审对李飞的无罪判决。

可讨论的问题:

1. 法院认定无法排除被告人李飞的供述系采取非法手段所获取的,因此将其排除于法庭之外。这种排除是对该供述证明力的否定,还是对其证据能力的否定?

2. 请运用真实性和相关性的原理,分析一下法院为什么没有认定被告人李刚被指控的前两次贩毒事实。

第七章　证据证明力的法律限制

> 孤证不能定案。

一、证明力评判的两种方式
二、我国刑事证据法对证明力的限制
三、对相关性和真实性的法律要求
四、对传来证据采信的限制性规则
五、相互印证规则
六、被告人供述的补强
七、利害关系人的证言
八、特殊言词证据的证明力

【讨论案例之七】　徐科故意杀人、强奸案

一、证明力评判的两种方式

证据法主要是通过限制证据的证据能力而建构起来的规则体系。而对于证据的证明力问题,证据法并不作出太多的规范和限制。原则上,证据是否具有证明力以及证据的证明力大小强弱问题,并不属于法律问题,而可以由裁判者依据经验法则或逻辑法则来加以判定。但是,对于这一点的认识却经历了长期的演变过程。

从历史上看,对证据证明力的评判存在着两种基本方式:一是法定证据主义的评判方式,二是自由心证主义的评判方式。

中世纪欧洲各国实行的法定证据制度,建立在纠问式诉讼制度的基础之上,使法官同时行使刑事追诉和司法裁判的职能,不承认被告人的诉讼主体地位,将被告人口供奉为"证据之王",承认酷刑取证的合法性。[①] 在法定证据制度下,每一种证据的证明价值都是由法律明文确定的,法官没有自由评判的权利,也不能根据其内心确信和良知意识作出认定。刑事案件只要存在"符合法定证明力要求"的证据,法官即应作出有罪判决。[②]

德国1532年由卡尔五世颁布的《卡罗琳娜法典》,对各种证据的证明力或证据价值作出了明确的区分,并对法官在何种条件下宣告有罪判决,作出了具体的列举。这些对证据证明力和定罪标准的法律规定,对于法官的裁判具有约束力。例如,被告人的自白具有全部的证明力。据此,被告人自白可以成为法官定罪的唯一根据,甚至只要被告人作出有罪供述,法官就应该作出有罪判决。又如,一个证人的证言只有一半(百分之五十)的证明力。据此,如果被告人未作自白,而只有一个证人作证,法官就不得判处被告人有罪。相反,如果两个证人作证指出被告人有罪,那么,法官就应当作出有罪判决。[③]

法国1670年颁布的《刑事裁判法令》也确立了法定证据制度。根据这一制度,所有证据根据其证据价值的不同被分为三个等级:完全证据、半证据和不完全证据。完全证据是可以单独据此作出有罪认定甚至判处死刑的证据,

---

① 参见〔法〕卡斯东·斯特法尼等:《法国刑事诉讼法精义(上)》,罗结珍译,中国政法大学出版社1998年版,第75页以下。
② 参见〔法〕贝尔纳·布洛克:《法国刑事诉讼法》,罗结珍译,中国政法大学出版社2008年版,第79页。
③ 参见林钰雄:《严格证明与刑事证据》,法律出版社2002年版,第85页。

其范围主要是被告人的自白以及两名以上证人关于犯罪事实的证言。所谓"半证据",是指一名证人关于犯罪事实的证言,或者两名证人关于间接事实的证言。根据半证据只能对被告人适用刑讯来强迫其提供供述,却一般不能据此作出有罪判决。不完全证据则是指范围极广的间接证据,据此证据只能对被告人进行传唤讯问,但不能以此为根据进行定罪,也不能据此进行拷讯活动。①

所谓"法定证据制度",主要是在两个方面对证据的证明力作出了法律规定:一是单个证据的证明力大小和强弱;二是据以认定被告人有罪的证明标准。正是由于这一制度强调从形式上区分证据的证据价值,从形式上确定认定被告人有罪的证据标准,因此,人们又将其称为"形式证据制度"。②

在过去的证据法学研究中,中国法学界对于法定证据制度连同与之有着密切联系的纠问式诉讼制度,基本上作出了否定的价值评价。其实,在对一项制度进行价值评判之前,我们需要对其产生的原因及其存在的理由进行价值无涉的分析,唯有采取基本的科学方法,才能得出经得起历史考验的结论。

按照一种公认的观点,法定证据制度对证据的证明力所作的有约束力的规定,主要用意在于对法官采纳证据的权力加以限制,以防止法官恣意擅断。③ 毕竟,在纠问式诉讼中,法官集调查证据、发动诉讼和作出裁判的权力于一身,很容易在采纳证据甚至认定事实方面独断专行。尤其是考虑到中世纪的法庭主要注重对言词证据的应用,而言词证据的特点决定了它们的可靠性和稳定性都存在着某种固有的缺陷。在此背景下,假如一味地强调法官对证明力的自由判断,则无异于承认法官拥有任意裁判的权威。另一方面,法定证据制度也在一定程度上总结社会生活的经验和人情世故,将其上升到一般化、规范化的高度。④ 在摆脱了非理性的神明裁判制度之后,人类面临如何运用证据认定案件事实的问题。在很多情形下,被告人一旦作出了有罪供述,犯罪事实往往就大白于天下;两名证人的证言一旦相互印证,并且都得出相同的结论,那么,案件事实也就得到了证明,而一名证人的证言的却属于"孤证",据此定案有误判的风险;在法庭科学没有得到发展的情况下,法官借助于物证、书证等间接证据认定案件事实的能力也势必是较弱的。正因为如

---

① 参见王亚新:《刑事诉讼中发现案件真相与抑制主观随意性的问题——关于自由心证原则历史和现状的比较法研究》,载《比较法研究》1993年第2期。
② 参见〔德〕罗科信:《刑事诉讼法》(第24版),吴丽琪译,法律出版社2003年版,第117页。
③ 同上。
④ 参见林钰雄:《严格证明与刑事证据》,法律出版社2002年版,第86页。

此,中世纪才出现了那些针对言词证据证明力的法律规则。

当然,法定证据制度所赖以产生的原因一旦消失,它存在的理由也就不复存在了。随着纠问式诉讼制度的正当性受到越来越多的批评,人们对与之相伴而生的法定证据制度也提出了越来越多的质疑。对被告人自白的严重依赖,以及与之相对应的对酷刑逼供行为的容许,成为法定证据制度的最显著的污点。不仅如此,那种将有限的甚至个别的社会经验、人情世故动辄上升为法律规则的做法,也逐渐受到挑战。因为社会生活的经验恰恰证明,法定证据制度所主张的诸如被告人自白是"证据之王"、依据两名证人的证言足以定案的说法,并不是在任何情况下都能成立,而是有着大量的例外,甚至相反的结论更具有说服力。于是,本来来源于社会经验的法定证据规则,却越来越多地违背了经验法则和逻辑法则。再加上很多划分证明力大小的标准本身,还经常体现了特定的宗教、性别、阶级等方面的偏见。因此,在政治、社会、文化等方面的变革过程中,这种体现特定意识形态的证据制度很容易成为社会各界批评的对象。正因为如此,法定证据制度尽管将防范法官擅断奉为主要目标,但对证据的证明力施加明确限制,却不是达到这一目标的适当手段。①

随着纠问式诉讼制度逐渐退出历史舞台,法定证据制度也最终被抛弃,取而代之的是自由心证的证据制度。根据这一制度,对于证据的证明力或证据价值问题,法律不作任何限制性的规定,而由法官、陪审员根据经验、理性和良心,进行自由评价和判断。需要注意的是,自由心证所适用的对象是证据的证明力问题,而不是证据能力问题。证据能力是法律容许一项证据进入法庭、为裁判者所接纳的法律资格。无论是刑事诉讼法还是刑事证据法,所确立的证据规则都主要是限制证据的证据能力,而不是证明力。在某种意义上,证据法主要是关于证据能力和证明机制的规则体系。证据能力是一项证据有无证据效力的问题,法官对此要作出"有"或"无"的裁判。而证明力则通常涉及一项证据的证据价值问题,法官对此通常要作出"大"或"小"、"强"或"弱"的裁判。任何一项证据一经出现法庭上,法庭首先要解决它是否具备证据能力的问题。在对该证据的证据能力作出确认之后,法庭才会考虑该证据的证明力问题。而对这一问题的评判,法官、陪审员则要遵循自由心证原则,又称为"自由评判证明力"的原则。

---

① 参见〔德〕克劳斯·罗科信:《刑事诉讼法》(第24版),吴丽琪译,法律出版社2003年版,第117页。

在德国,根据"自由评价证据证明力"的原则,法庭在判断证据的证明力时,应当按照其从整个庭审过程中所获得的内心确信作出判断。① 在法国,证据的证明力大小不是由法律作出强制性的规定,而是由法官、陪审员对各种证据的价值作出自由判断,并根据当庭形成的内心确信来裁决被告人是否构成犯罪。②

由此可以看出,自由心证制度建立在对证据能力与证明力加以明确区分的理论基础之上。证据法主要对证据能力(也就是证据的法律资格)作出明确的限制,并为此确立相应的证据排除或证据禁止规则。例如,对于通过刑讯拷问所获取的被告人自白,法律否定其证据能力,并将其排除于法庭之外。这种不具有证据能力的自白,既然无法成为法官认定事实的依据,法官当然也就无从评判其证明力了。而对于那些具备证据能力的证据,法律则对其证明力不作限制性的规定,而交由法官、陪审员根据经验、理性和良心,对其证明力作出自由评判,并根据自己在庭审中所形成的内心确信,来对案件事实作出认定。

尽管如此,自由心证原则也并不意味着法官、陪审员在采纳证据、认定事实方面是完全随心所欲的,而应受到一系列的内部约束和外部限制。首先,法官在评判证据之证明力方面,要受到经验法则、逻辑法则的拘束,并需要尊重自然科学上的定论。其次,在被告人自白具备合法性的前提下,法官不得将该项自白作为定罪的唯一证据,而应有其他证据对其真实性加以佐证。这种"口供补强法则"其实是对法官评判口供证明力的一种限制。不仅如此,诸如"疑问时作有利于被告人的解释"、不得仅仅根据被告人保持沉默这一事实作出有罪推断等一系列评判标准,这些旨在限制自由心证原则的理念,所要解决的是被告人的权利保障问题。

二、我国刑事证据法对证明力的限制

根据现代证据法的基本假定,证据法所要规范的主要是证据的法律资格和司法证明的基本方式,而对于单个证据的证明力大小强弱以及法官对案件

---

① 参见〔美〕弗洛伊德·菲尼、〔德〕约阿希姆·赫尔曼、岳礼玲:《一个案例两种制度——美德刑事司法比较》,郭志媛译,中国法制出版社2006年版,第350页。

② 参见〔法〕贝尔纳·布洛克:《法国刑事诉讼法》,罗结珍译,中国政法大学出版社2008年版,第79页。

事实内心确信的标准,法律一般不作限制性的规定,而交由法官进行自由评判。法官根据自己在法庭审理中对案件证据和事实所形成的直观印象,根据经验、理性和良心,来对证据的证明力和案件事实作出裁判。这也就是一般意义上的自由心证原则。

但是,中国刑事证据法在规范证据的法律资格的同时,还对证据的证明力问题作出了法律限制。自 2010 年以来,我国刑事证据法对单个证据的证明力大小强弱作出了区分,在证明同一案件事实的不同证据出现矛盾的情况下,还就不同种类证据的证明力确立了优先采信的标准。不仅如此,我国刑事证据法还对裁判者对全案证据的证明力评判的标准作出了明确规定,甚至对认定犯罪事实的证明标准加以法律界定。可以说,刑事证据法对证据证明力所作的法律限制,延续了中国证据立法的传统。对于这种以限制证据的证明力为核心的理念,我们称之为"新法定证据主义"。作为一种基本的证据理念,新法定证据主义在相当长的时间内一直影响着中国的证据立法,并逐渐成为支撑中国证据立法的指导性原则。

我国刑事证据法对证据证明力所作的这些法律限制,体现了一种将经验法则、逻辑法则法定化的立法努力。其立法宗旨主要在于限制法官在采信证据、认定事实上的自由裁量权,避免法官任意采信证据,防止法官错误地采纳证据,避免在认定事实方面作出错误判定。

我国刑事证据法对证据证明力的限制有积极限制和消极限制之分。前者是指法律对符合特定条件的证据确认其具有证明力,可以成为法院定案的根据。而后者则对那些违背特定条件的证据,作出否定其证明力的评价,要求法院不得将其作为定案的根据。

从 2010 年两个证据规定到《最高法院 2020 年解释》,我国刑事证据法在限制各类证据的证据能力的同时,还针对证据的证明力确立了各种限制性规则。例如,对于证据的真实性和相关性,刑事证据法作出了明确的要求;对于原始证据与传来证据的证明力,证据法规定了优先采纳的顺序;对于直接证据真实性的审查,证据法确立了补强证据规则;对于间接证据的审查,证据法提出了证明体系的要求;在几乎所有证据真实性的审查方式上,证据法确立了相互印证规则;等等。对于这种旨在限制证据证明力的立法理念,法学界存在着一些观点分歧和学术争议。要对我国刑事证据法作出全面认识,就需要对这些"证明力规则"作出准确无误的认识和评价。

三、对相关性和真实性的法律要求

我国刑事证据法对于各类证据的审查判断,都要求司法人员从相关性和真实性两个角度来评判证据的证明力。例如,在对鉴定意见、视听资料、电子数据、勘验和检查笔录的审查方面,刑事证据法都明确要求结合案件其他证据,审查其真实性和相关性。又如,根据证据法的要求,司法人员对于证据的证明力,应当结合案件的具体情况,从各证据与待证事实的关联程度、各证据之间的联系等方面进行审查判断;证据之间具有内在的联系,共同指向同一待证事实,且能排除合理怀疑的,才能作为定案的根据。

对于证据的相关性,刑事证据法在作出原则性的审查要求的同时,还确立了一些相关的证据规则。例如,对于证人所做的猜测性、评论性、推断性的证言,一般不得作为定案的根据。但根据一般生活经验判断符合事实的除外。这被称为"意见证据规则"。之所以要确立这一规则,一方面是考虑到证人所发表的意见并不是其耳闻目睹的事实,而带有主观推断的成分,法官很难根据证人的感知能力、记忆能力、表达能力来对证言的真伪虚实作出评判,另一方面也是对该类证言的相关性作出了否定性评价。因为证人所发表的猜测、评论或推断意见,往往与案件事实没有直接的关联性,难以证明某一案件事实的成立与否。

又如,根据刑事证据法的要求,司法人员在对鉴定意见进行审查时,应当关注鉴定意见与案件待证事实是否具有关联性,尤其要对检材的来源、取得、保管、送检等环节进行审查,保证鉴定对象与送检检材、样本的同一性。对于这种对鉴定检材的鉴真要求,本书在以后的章节中要作出专门讨论。但从保证鉴定意见的相关性方面来看,假如鉴定人所鉴定的检材与送检对象出现不一致的情况,那么,鉴定人纵然对案件的专门问题作出了科学的鉴别,其鉴定意见对于证明案件事实也不具有任何相关性。

在对各类证据的相关性提出明确要求的同时,刑事证据法更多地关注证据的真实性问题。一方面,证据法对于证据载体的真实性提出了明确的法律要求,另一方面,对于证据所要证明的证据事实,证据法也提出了真实性、可靠性的要求。

在证据载体方面,刑事证据法对于实物证据的来源、形态、样式等提出了同一性和真实性的要求。例如,对于物证、书证在收集、保管、鉴定过程中是否受到破坏或者改变,证据法要求司法人员要加以关注;原物的照片、录像或者复制品,不能反映原物的外形和特征的,不能作为定案的根据;书证有更改或者更改迹象不能作出合理解释的,不能作为定案的根据;在对视听资料、电子数据进行审查时,司法人员要关注视听资料、电子数据的内容和制作过程是否真实,有无经过剪辑、增加、删改、编辑等伪造、变造情形,对于那些经过审查或者鉴定无法确定真伪的视听资料、电子数据,一律不得作为定案的根据。

而在证据所要证明的证据事实方面,刑事证据法也对其真实性、可靠性提出了多方面的要求,确立了相关的证明力判断规则。例如,对于所有证据,刑事证据法都要求证据只有"查证属实",才能成为定案的根据。又如,对于证人证言、被告人供述和辩解等言词证据,证据法要求司法人员关注证言、供述是否符合案情和常理,有无矛盾;证人证言、被告人供述和辩解与其他证据是否能够相互印证,有无矛盾;证言内容是否为证人直接感知,证人与案件当事人、案件处理结果有无利害关系;被告人供述和辩解是否前后一致,有无反复以及出现反复的原因;等等。再如,对于鉴定意见、勘验和检查笔录,刑事证据法要求审查这些证据与其他证据之间是否存在矛盾,等等。证据法对两种证据相互之间是否印证、有无矛盾的关注,以及对被告人供述和辩解、证人证言前后是否自相矛盾以及能否得到其他证据印证的要求,直接反映了立法者对于证据事实真实性的强烈关注。

四、对传来证据采信的限制性规则

根据经验法则,原始证据与传来证据必须保持一致,在原始证据不存在时,来源不明或者无法反映原始证据原貌的传来证据,其真实性都难以得到切实的保障,而存在着不可靠、不真实的可能性。但这属于一般的情况,并不意味着在任何情况下那些与原始证据不一致的传来证据都是不可靠的。比如说,在传来证据形成之后,原始证据遭到灭失或者被伪造、变造的,这时传来证据就可能成为据以认定案件事实的唯一可靠证据。

但是,为了规范法官的证据采纳和事实认定活动,我国刑事证据法却将"原始证据优先于传来证据"的经验法则予以法定化,使其转化成为一项法定的证据规则。这显示出立法者对于传来证据证明力的不信任。

根据刑事证据法,原则上,据以定案的物证应当是原物,据以定案的书证应当是原件。只有在原物不便搬运、不易保存或者取得原件确有困难时,才可以使用照片、录像、复制品、复制件等传来证据。与此同时,原物的照片、录像或者复制品,书证的副本、复制件,经与原物、原件核对无误或者经鉴定证明为真实的,才可以作为定案的根据。

在对传来证据的审查过程中,刑事证据法对于物证、书证确立了两项排除证明力的规则:一是物证的照片、录像或者复制品,不能反映原物的外形和特征的,不得作为定案的根据;二是书证的副本、复制件不能反映书证原件及其内容,或者对书证的更改或者更改迹象不能作出合理解释的,都不能作为定案的根据。

这种对物证原物、书证原件证明力的高度强调,以及对物证复制品、书证复制件证明力的不信任,使得传来证据一般不能单独成为定案的根据,传来证据在无法得到原始证据印证时,也难以转化为定案的根据。这一限制物证复制品、书证复制件证明力的规则,其出发点是保证物证、书证的真实性,防止物证、书证在传播、复制过程中出现失真现象,避免法官在采纳证据、认定事实方面出现错误的判断。

当然,在对原始证据的强调方面,英美证据法确立了一项重要的证据规则——"最佳证据规则"(The Best Evidence Rule)。经常有研究者将我国刑事证据法对传来证据的限制性规则与"最佳证据规则"混为一谈。为作出知识上的澄清,有必要对"最佳证据规则"作一简要介绍。

在英美普通法上,"最佳证据规则"又被称为"原始书证规则",是指那些作为原始材料的书证相对于复制件而言,具有优先的可采性。传统上,最佳证据规则主要适用于信件、文件等文字材料。但随着证据法的发展,这一规则也逐渐适用于诸如录音、照片、电影胶片、X光片。根据判例法,"最佳证据规则在其现代的应用中仅指这样一条规则,即一份文字材料的内容必须通过引入文书本身来证明,除非对原始文书的缺失提出令人信服的理由"。作为一种例外,假如一份重要的文字材料的原件,如一封信的原本,不能在法庭上提出,那么,举证方只有在同时满足以下三个条件的情况下,才能证明该复制件的可采性:一是证明该原件确实曾经存在过;二是证明原件是真实的;三是提供不能提供原件的正当理由。[①]

相比之下,中国刑事证据法中对传来证据的限制性规则,尽管也强调优

[①] 参见〔美〕华尔兹:《刑事证据大全》,何家弘等译,中国人民公安大学出版社1993年版,第335页以下。

先使用原始证据,但所适用的对象并不限于书面材料,而可以涵盖物证和书证。在对物证的使用上,中国刑事证据法也强调对复制品、复制件的限制使用,并确定了采信的限制性条件。这显然是与英美证据法中的最佳证据规则有着实质区别的。

五、相互印证规则

从理论上说,要使一项证据的真实性得到准确的验证,就需要使其所包含的事实信息得到其他证据的印证。所谓"印证",是指两个以上的证据在所包含的事实信息方面发生了完全重合或者部分交叉,使得一个证据的真实性得到了其他证据的验证。与一般意义上的"证明"不同,"印证"不是指一个证据对案件事实或信息的简单揭示,而是描述了两个以上证据相互之间的验证关系。这种印证既可以发生在两个证据相互之间的验证上,也可以发生在若干个证据对某一证据的佐证方面。在中国刑事证据法中,这种旨在确保单个证据真实性的印证规则,被普遍适用于所有证据的审查判断上面,甚至被作为判断证据证明力的法律准则。而在证人证言出现自相矛盾、被告人推翻有罪供述的情况下,证据相互印证原则又可以对如何采信不一致的言词证据起到直接的指导作用。

(一) 作为证明力判断依据的印证规则

无论是对物证、书证、勘验、检查笔录,还是对被告人供述和辩解、证人证言等证据,我国刑事证据法都针对其证据能力和证明力确立了审查判断的方法。其中,对于上述证据证明力的审查,法律特别注重它们与其他证据"能否相互印证"。例如,被告人口供包含了被告人实施了盗窃行为的信息,而录像资料也证明了被告人实施盗窃行为的全部过程,这两份证据由于证明方向一致,所揭示的事实信息是重合的,因此可以说形成了相互印证。又如,证人陈述被告人在案发时到过犯罪现场的事实,而勘验、检查笔录以及经过鉴定意见验证的指纹,则显示被告人确实在犯罪现场留下了指纹,有可能到过现场,证人证言与这些证据之间也就达到了相互印证的状态。再如,证人证明被告人可能患有精神疾病,而司法精神病方面的鉴定意见也显示,被告人确实不具有刑事责任能力,这两种证据也同时证明了同一案件事实,形成了相互印证。

我国刑事证据法之所以重视证据之间的相互印证,是因为对于同一案件事实而言,至少有两个具有独立信息来源的证据加以证明,可以避免"孤证证明"的局面。所谓"孤证证明",是指对于某一案件事实的认定,只是依靠某一孤立证据的证明。由于该孤证本身的真实性尚需要得到其他证据的证明,因此,孤立存在的证据是难以证明任何案件事实的。根据经验法则,孤立存在的证据一般被视为"真伪难辨""虚实不明"的证据。而要使证据所包含的事实信息的真实性得到验证,最简便易行的办法就是为该证据寻找另一个独立的证据信息源,使得该证据所包含的事实能够得到其他证据事实的佐证。

证据相互印证是证据事实具备可靠性的保证。在我国刑事证据法中,证据相互印证经常与"排除证据之间的矛盾"相提并论。所谓"证据之间存在矛盾",通常是指两个证据分别证明了两个不同的事实,或者证明了完全相反的事实。例如,被告人作出了亲自实施伤害行为的供述,而证人则证明被告人在案发前后根本没有去过犯罪现场,也不可能有作案的时间,这两个证据所证明的事实就是相互矛盾的。又如,证人作证说被告人有交通违章行为,并认为这是造成交通肇事的主要原因,而录像资料则显示是被害人违章在先,被告人并没有任何违章行为,这两种证据所证明的案件事实也是完全不一致的。假如证据之间存在上述矛盾,那么,司法人员就应当判断哪一证据是伪造、变造或者虚假不实的,同时还要审查哪一证据能够得到其他证据的印证。在此基础上,那些无法得到印证的证据就将被排除,而那些可以得到其他证据印证的证据则可以作为定案的根据。

(二) 被告人供述的印证

我国刑事证据法对于被告人供述的印证问题给予了特殊强调。这主要是考虑到被告人经常出现推翻有罪供述的情况。这种通常所说的"翻供"情况既可以发生在审判前程序之中,也可以发生在法庭审理过程之中。前者通常是指被告人在作出无罪辩解之后,后来改作有罪供述,或者在供述了犯罪事实之后,又推翻供述,转而辩解自己无罪。后者则是指被告人在审判前程序中作出了有罪供述,却在法庭上推翻供述。面对这些翻供现象,法官究竟是采信庭前供述还是采信庭上辩解呢?假如法官采信的是庭前供述的话,那么,对于庭前供述中自相矛盾的部分究竟应如何认定呢?

为规范法官对口供证明力的审查判断活动,《最高法院2018年解释》确立了专门用来解决翻供问题的口供印证规则。这一规则包括三个层面的内容。首先,被告人庭审过程中推翻原来的有罪供述,但不能合理说明翻供原因,或者其当庭辩解与全案证据存在矛盾,而其庭前供述与其他证据相互印证的,可以采信其庭前供述。这说明,在被告人当庭翻供的情况下,司法人员可以有条件地采信庭前有罪供述,这些采信主要有两种情形:一是被告人不能合理地提供翻供的原因,而庭前供述与其他证据相互印证;二是被告人当庭辩解与其他证据存在矛盾,而庭前供述与其他证据相互印证。很显然,司法人员采信庭前供述的前提条件之一,就是庭前供述得到其他证据的印证。

其次,被告人庭前供述和辩解存在反复,但庭审中作出有罪供述,并且该供述与其他证据相互印证的,可以采信庭审供述。换言之,被告人庭前就出现了翻供情况,但当庭作出有罪供述的,司法人员原则上采信庭审供述,但前提条件是该有罪供述得到其他证据的印证。这显示出得到其他证据印证的当庭有罪供述,被视为具有更大的证明力。

最后,被告人庭前供述和辩解存在反复,庭审中拒绝作出有罪供述,且没有其他证据与庭前供述相互印证的,不得采信庭前供述。换句话说,被告人庭前存在翻供情况,并且当庭继续翻供的,司法人员原则上不得采信庭前供述。但前提条件是庭前供述得不到其他证据的印证。这也说明,在被告人当庭翻供的情况下,得不到其他证据印证的庭前供述,一般不具有证明力。

(三) 证人证言的印证

对证人证言证明力的审查判断,有时也会面临与被告人供述极为相似的情况。那就是证人在审判前程序作出了自相矛盾的证言,或者证人当庭所作的证言与其庭前证言明显不一致。遇此情况,法官究竟应采信哪一份证言呢?

自2010年以来,我国刑事证据法针对证人改变证言问题,确立了旨在限制证人证言证明力的相互印证规则。这一规则包括两项内容。首先,证人当庭作出的证言与庭前证言发生矛盾的,如果证人能够对其"翻证"作出合理解释,并且又有其他证据印证的,法官应当采信庭审证言。换言之,证人当庭改变原来所作的庭前证言的,司法人员原则上采纳当庭所作的证言。但这种采信要同时具备两个前提条件:一是证人能够对当庭改变证言作出合理解释,如庭前作证是缘于暴力、威胁、欺骗、引诱等非法取证手段,或者庭前作证时存在错误的认识或者判断,等等,这种解释必须是符合经验,或者不违背生活常识的;二是庭审证言得到了其他证据的印证,其真实性得到准确无误的验证。

其次,对于当庭改变证言问题,证人不能作出合理解释,而其庭前证言有相关证据印证的,可以采信其庭前证言。换句话说,司法人员也可以采信庭前证言,但前提有两个:一是证人不能合理解释当庭改变证言的原因;二是庭前证言得到其他证据的印证。

可见,在证人当庭改变证言的情况下,司法人员无论是采信庭审证言,还是庭前证言,都要考虑两个基本问题:一是当庭改变证言是否得到合理的解释;二是庭审证言或者庭前证言是否得到其他证据的印证。可见,证言是否得到其他证据的印证,仍然是判定其证明力的重要标准。

六、被告人供述的补强

我国刑事诉讼法对于采信被告人有罪供述采取了极为慎重的态度。原则上,案件只有被告人供述,没有其他证据的,不能认定被告人有罪和处以刑罚;没有被告人供述,其他证据确实、充分的,可以认定被告人有罪和处以刑罚。这一规定曾被概括为"重证据,不轻信口供"的原则,体现了实质真实的基本理念,是刑事诉讼与民事诉讼的本质区别之一。

那么,在被告人作出有罪供述,而案件又有其他证据的情况下,法院究竟如何认定案件事实呢?针对这一问题,《最高法院 2020 年解释》确立了被告人供述补强规则。根据这一规则,在被告人作出有罪供述的情况下,只有同时具备以下三个条件的,才能认定被告人有罪:一是根据被告人供述、指认提取到了隐蔽性较强的物证、书证;二是被告人供述与其他证据相互印证;三是排除了串供、逼供、诱供等可能性的。其中,第二项条件极为重要,意味着被告人供述只有得到其他有罪证据的印证,其真实性得到了其他证据的补强,法院才能对被告人作出有罪的裁决。

被告人供述补强规则的实质在于,在被告人作出有罪供述的情况下,被告人供述所揭示的证据事实与案件的待证事实大体保持一致,被告人供述具有最大程度的证明力,只要将该供述采纳为定案的根据,检察机关指控的"犯罪事实"也就得到了证明。在此情况下,司法人员对该有罪供述的采信就具有极大的风险。基于历史上因为偏重口供证明力而导致刑事误判的教训,我国刑事证据法对被告人有罪供述的证明力作出了明确限制,确立了这种口供补强规则。这一规则可以发挥两个方面的功能:一是对于那种所证明的证据事实与待证事实达到重合程度的被告人有罪供述,采取慎重采信的态度,避免其证明力轻易地得到司法人员的确认;二是对于司法人员根据被告人有罪供述来认定犯罪事实的,施加一些特殊的限制,也就是只有在得到其他证据补强的情况下,才可以采信被告人供述,进而认定犯罪事实。

当然,被告人供述补强规则究竟应发挥积极的认定作用,还是消极的限制作用,法学界对此有着不同的认识。假如是前者,那就意味着被告人供述只要得到其他证据印证,并符合其他法定条件的,法院就可以认定被告人有罪。而根据后一认识,在被告人有罪供述得不到其他证据印证的情况下,法院不得对被告人作出有罪裁决。但无论如何,这种对被告人供述证明力的法律限制,对于避免夸大口供的作用,禁止刑讯逼供,避免冤假错案,都有着积极的意义。

七、利害关系人的证言

对那些与案件或者当事人有利害关系的证人所提供的证言,我国证据法向来较为重视,并对其证明力作出过一些限制性规定。根据经验法则,那些与当事人有亲属关系或者其他密切关系的证人,往往会倾向于作出有利于该方当事人的证言,其可信性和真实性难以得到保证。因为根据社会生活的经验和基本的人性,证人一般会因为与案件的利害关系而选择自己的立场,而难以保持其证言的客观性。

我国刑事证据法对于利害关系人的证言,也采取了较为慎重的态度。根据《最高法院2020年解释》,在对证人证言审查判断时,都要求司法人员审查证人与案件当事人以及案件处理结果有无利害关系。同时,对于那些与被告人有亲属关系或者其他密切关系的证人所做的对该被告人有利的证言,或者与被告人有利害冲突的证人所做的对该被告人不利的证言,司法人员在使用上应当特别慎重。只有在有其他证据加以印证的情况下,这类证人证言才能被作为定案的根据。

刑事证据法对有利害关系人证言的证明力问题,采取了限制其证明力的采信方式。这显然是根据经验法则所推导出来的证据规则。从生活经验上看,那些与当事人存在亲属关系或者其他密切关系的证人,有可能因为这种关系的存在而提供有利于该当事人的证言。例如,被告人的配偶、子女或其他近亲属,经常会提供被告人无罪或者罪轻的证言。但这种证言完全有可能是不真实、不可靠的,甚至有可能是编造的证言。相反,那些与被告人有利害冲突的人,如被害人的近亲属、同案被告人、辩称受到"索贿"的行贿人等,则完全有可能提供不利于被告人的证言,但这种证言却因为上述利害冲突的存在,而存在虚假的可能性。对于上述两类利害关系人的证言,刑事证据法采取慎重对待的态度,并对法院采信其证明力提出了"得到其他证据印证"的要求。这显然是出于防止利害关系人作出虚假证言的考虑,目的在于保证这类证言的真实性和证明力。

不仅如此,刑事证据法在有关被告人是否已满18周岁的审查上,也对无利害关系人的证言的证明力给予了明确强调。具体而言,对被告人是否已满18周岁存在疑问的,一般应根据户籍证明来加以判断。但在对户籍证明存有异议时,司法人员可以出生证明文件以及无利害关系人的证言为根据作出判断。而在没有户籍证明和出生证明文件的情况下,司法人员则要根据人口普查登记和无利害关系人的证言等进行综合判断。这种在对被告人年龄的证明上采信无利害关系人证言的规则,体现了对证人与当事人是否存在利害关系的关注。根据这一规则,被告人的父母、兄弟姐妹、子女以及其他近亲属,在证明被告人是否已满18周岁问题上,其证言的证明力是值得怀疑的。相反,那些与被告人没有利害关系的人,如村委会干部、居委会工作人员、派出所警察、基层组织的人员等,所提供的证言则被认为具有更强的证明力。

八、特殊言词证据的证明力

为规范对一些特殊言词证据的采信问题,刑事证据法还确立了一些特殊的证明力规则。所谓"特殊言词证据",主要是指以下几类言词证据:一是生理上、精神上有缺陷的被害人、证人、被告人所提供的陈述;二是那些处于明显醉酒、中毒或者麻醉状态,不能正常感知或者准确表达的证人所提供的证言。

根据经验法则,那些生理上、精神上有缺陷的人通常不具有完整的辨别是非和正确表达的能力,他们所做的陈述不一定是可信的。刑事证据法要求对此类陈述采取慎重采信的态度,只有在此陈述有其他证据印证的情况下,才能确认其证明力。

同时,那些处于明显醉酒、中毒或麻醉状态的证人,由于部分或全部丧失了正常感知和表达的能力,其证言很难具有真实性和可靠性。为避免误判,刑事证据法对此类证言确立了一律不予采信的规则。

我国刑事证据法对于上述特殊言词证据的证明力所作的限制性规则,就是将经验法则上升为证据规则,赋予其强制性的法律效力。这种对特殊言词证据证明力的限制,也体现了一种强调证据的真实性,避免司法人员对证据作出错误采信的立法宗旨。

【深入思考题】

1. 有人认为,所谓"证据相互印证",其实是刑事证据法为法官认定案件事实所设定的外在标准。这一外在标准将法官审查证据真实性的方式给予了"格式化",限制了法官的自由裁量权。也有人认为,根据经验法则,"证据之间相互印证",也就意味着证据事实的真实性得到了验证,这是对证据证明力进行审查判断的客观标准。你对此有何看法?

2. 我国刑事证据法对那些自相矛盾的被告人供述和辩解及证人证言,都确立了印证规则,要求确认那些得到其他证据印证的证据的真实性。但有人担心,在司法实践中,那些得到其他证据印证的被告人供述和辩解不一定是真实的,而那些没有得到其他证据印证的证言则有可能是真实的。请谈谈你的看法。

3. 有人认为,对被告人口供的补强,其实就是一种特殊的"印证"。你同意这一看法吗?

【讨论案例之七】

徐科故意杀人、强奸案①

山东省莱芜市人民检察院以被告人徐科犯强奸罪、故意杀人罪,向莱芜市中级人民法院提起公诉。

被告人徐科辩称,其没有强奸和杀害被害人,其在侦查阶段的有罪供述系被刑讯逼供所致,被害人系死于交通事故。其辩护人提出,认定徐科犯强奸罪、故意杀人罪的证据不足。

莱芜市中级人民法院经不公开审理查明:被害人鞠某(女,殁年18岁)于2008年6月15日到被告人徐科开办的山东省莱芜市浩阳美术学校应聘担任临时代课教师。6月20日19时许,徐科驾驶摩托车到浩阳美术学校将鞠某带至莱芜市兆峰陶瓷公司宿舍区其租住处练习画画。当日21时许,徐科向鞠某提出发生性关系,鞠某拒绝并大声呼救和拨打报警电话。后徐科驾驶摩托车将鞠某送回浩阳美术学校,在途经莱芜市第一中学老校区东侧南北街与莱芜市凤城西大街路口时,徐科驾驶的摩托车撞上路桩。鞠某从摩托车后座摔下,并称头疼、头晕。徐科唯恐事情败露,遂产生将鞠某抛弃之念。当夜,徐科驾驶摩托车将鞠某带至莱芜市莱城区牛泉镇云台山风景区"红旗飘万代"石碑南侧后,又产生强奸之念。当徐科欲对鞠某实行强奸时,遭到鞠某的强烈反抗,徐科即从地上捡起一块石头朝鞠某头部猛砸一下,后又用双手掐鞠某的颈部,致使鞠某不再反抗。随后,徐科将鞠某抱至"红旗飘万代"石碑东南侧山沟旁的路基上,又从地上捡起一块石头朝鞠某的后脑部猛砸数下并将鞠某推至沟内。徐科在确认鞠某已经死亡后逃离现场,并在逃跑途中将鞠某的衣物和眼镜、手表、手机等物品丢弃。

莱芜市中级人民法院认为,被告人徐科违背妇女意志,采用暴力手段强行与妇女发生性关系,其行为构成强奸罪;徐科故意杀死被害人,又构成故意杀人罪,应依法数罪并罚。徐科强奸未遂,可依法对其所犯强奸罪从轻处罚。判决被告人徐科犯故意杀人罪,判处死刑,剥夺政治权利终身;犯强奸罪,判处有期徒刑三年;决定执行死刑,剥夺政治权利终身。

宣判后,被告人徐科上诉提出,其行为不构成故意杀人罪、强奸罪,其有罪供述系刑讯逼供所致;被害人鞠某系交通事故致死。其辩护人提出,认定

---

① 参见刘静坤、王英:《徐科故意杀人、强奸案——如何审查判断被告人的翻供和辩解及如何结合被告人的庭前认罪供述认定案件事实》,载《刑事审判参考》(2011年第5集)(总第82集),法律出版社2012年版,第40—49页。

徐科构成强奸罪和故意杀人罪的证据不足。

山东省高级人民法院经依法审理,裁定驳回上诉,维持原判,并依法报送最高人民法院核准。

最高人民法院经复核认为,被告人徐科违背妇女意志,采用暴力手段强行与妇女发生性关系,为防止罪行败露,又故意非法剥夺他人生命,其行为构成强奸罪、故意杀人罪,依法应数罪并罚。裁定核准山东省高级人民法院的刑事裁定。

最高人民法院的法官认为,本案争议的焦点有两个:第一,徐科在归案之初多次作出认罪供述,此后又翻供称其认罪供述系刑讯逼供所致,并辩解被害人死于交通事故,这种翻供和辩解是否成立;第二,如果徐科的翻供理由和辩解不能成立,其庭前认罪供述与本案其他证据能否相互印证,进而达到死刑案件的证明标准。

1. 在案证据能够排除侦查人员刑讯逼供的可能性

徐科在侦查阶段以证人身份主动帮助公安人员寻找被害人,侦查人员在调取被害人的手机通话清单后,发现被害人失踪前曾与徐科通话,但徐科对此予以否认,公安人员据此认为徐科具有一定的嫌疑。在公安人员又调取被害人当晚的电话报警录音后,徐科才承认案发当晚其曾将被害人带回自己租住处欲与被害人发生性关系遭拒的事实。在被害人的尸体被人发现后,徐科即供认其强奸、杀害被害人的犯罪事实,并带领公安人员指认了现场。公安人员根据其指认提取了被害人的衣物等证据。徐科在侦查、起诉阶段一共作出十次完整的认罪供述,但在一审庭审阶段开始翻供,称其庭前认罪供述系刑讯逼供所得。

为证明徐科的认罪供述具有自愿性和合法性,公诉机关出示了相关证据,能够足以认定徐科的翻供理由不能成立。具体理由如下:第一,徐科未能提供非法取证的人员、时间、地点、内容等相关线索或者证据。第二,看守所出具的健康检查表证实,徐科入所时未见明显异常。第三,侦查人员在二审阶段出庭证实,被害人失踪后,徐科主动到派出所帮助公安人员寻找被害人,此后随着公安机关不断获取新的线索,徐科开始对本案事实作出有罪供述,公安人员并未对徐科非法取证。第四,从全程同步录音录像看,徐科指认现场的整个过程均是主动进行的,没有受到任何暗示,其神色坦然,体态正常,无任何异常表现。

基于前述分析,被告人徐科作出认罪供述的过程自然,供述的内容能够与在案证据相互印证,该案侦查人员亦出庭证实讯问过程合法,故能够认定其庭前认罪供述具有自愿性和合法性,并非刑讯逼供所得。

2. 在案证据证实徐科编造了被害人系交通事故致死的辩解

在审理阶段,徐科辩称案发当晚其从租住处驾驶摩托车载着被害人途经一丁字路口时,摩托车撞到该路口的路桩上,其和摩托车均未摔倒,但被害人摔倒在摩托车右侧地面上,头部碰到路沿,并因此死亡。然而,在案证据证实这一辩解不能成立。理由如下:

首先,尸体检验结论及法医分析意见书证实,被害人尸体枕骨距"人字缝"顶端下3cm处见一"Y"字形骨折,右侧颅顶骨见一3cm×3cm的骨荫,"Y"形骨折与骨荫不在同一平面内,二者不是同一次外力作用形成,且骨荫为生前损伤;"Y"形骨折与骨荫明显不符合被害人在交通事故中头部往右倒地形成的损伤形态,也不符合抛尸过程中形成,被害人系头部受到钝器作用致严重颅脑损伤死亡的可能性大。同时,该路段路况较差,且所处方位正好是丁字路口,徐科驾驶摩托车的车速不是很快(徐科当时并未摔倒,摩托车也未倒地)。因此,即使徐科驾驶的摩托车撞到路桩,也不会产生很大的作用力,结合被害人头部骨折和骨荫分别位于枕骨和右侧颅顶的情形,可以认定被害人头部损伤并非徐科所称的交通事故造成。结合尸体检验结论,法医也专门出庭针对被害人的死亡原因作出说明,排除了被害人系交通事故致死的可能性。

其次,徐科除辩解被害人系交通事故致死外,还对其将被害人带至抛尸现场的方式作出如下供述:被害人在交通事故中受伤致死后,其将被害人放在摩托车后座上,用右手驾驶摩托车、左手在自己胸前抓住被害人的双手,将已死亡的被害人带至案发现场抛尸。该案法医亲自查看现场情况后出具意见表明,被告人租住处到抛尸现场距离约60公里,该路段路况较差,山路坡度较陡,行程时间长,徐科不借助其他固定方式,难以将死亡的被害人放置在两轮摩托车后座并骑行带至抛尸现场。同时,侦查实验表明,与被害人身高相仿的女子在放松的状态下坐在被告人驾驶的摩托车后座上,双脚会自然地垂落在地面上。此种情况下被告人驾驶摩托车骑行数十公里,加上山路崎岖不平,必然导致被害人所穿的鞋子严重磨损,但提取在案的被害人所穿的鞋子并无明显磨损,该情况能够反证徐科所称其将已死亡的被害人带至抛尸现场的说法不能成立。

3. 徐科的庭前供述能够得到其他证据的印证

本案中,被告人徐科的庭前认罪供述具有自愿性和合法性,能够排除系刑讯逼供所得,且经过当庭出示、质证等法庭调查程序查证属实,具有真实性,并能够与尸检报告、现场勘查笔录、在案隐蔽性很强的物证相互印证,因此能够作为定案的根据使用。由于被告人的认罪供述能够直接证明案件事实,因此具有很强的证明力。在此基础上,我们需要进一步确定,徐科的庭前认罪供述与其他在案证据整合起来,能否认定案件事实。

本案中,公诉机关提供的证据能够印证被告人徐科的庭前认罪供述,综合全案证据,可以认定案件事实,并且达到"证据确实、充分"的证明标准。徐科在侦查、起诉阶段曾作出十次完整的认罪供述,其认罪供述均能得到在案证据的印证:

第一,被害人手机通话清单证实,被害人在案发当晚19时许使用手机与徐科联系,并在当晚21时49分使用手机拨打110报警(有报警录音佐证),该情况与徐科供述的要求与被害人发生性关系遭拒绝,被害人随后拨打电话报警的情节相印证。

第二,徐科肋部损伤照片证实,其右胸壁外侧有四处皮肤划伤,从徐科租住处提取的带血被面和带血卫生纸中检出徐科的血迹,该情况与徐科供述的将被害人带至抛尸现场附近准备实施强奸时,被害人突然醒来并用两只手推他抓他,其随后发现自己肋部受伤的细节相印证。

第三,抛尸现场所处位置、被害人尸体仅戴有一乳罩及被害人身体一侧放有石块的情况,均与徐科的供述相印证。

第四,关于被害人头部损伤的形成原因,法医认为,钝器打击可以造成被害人的颅骨骨折与骨荫,该意见与徐科供认的持石头两次击打被害人头部的细节相印证。

第五,公安人员从徐科处扣押一辆摩托车,徐科供认该摩托车系将被害人带至抛尸现场的作案工具,并称案发当晚骑该摩托车带被害人撞到路桩上后导致摩托车前挡泥瓦损坏,其于次日去摩托车修理店修理前挡泥瓦,该情况有摩托车修理店工作人员的证言印证。

第六,徐科作出认罪供述后带领公安人员在抛尸现场找到被害人的手表表扣,并带领公安人员在其抛尸后返回家中途经的关联现场找到其作案后丢弃的被害人的衣服、鞋子、手表、眼镜等物证,经被害人家属辨认和DNA鉴定,确认上述衣物均为被害人的衣物;经比对,抛尸现场提取的表扣和关联现场提取的手表能够匹配，上述物证均系先供后证，能够建立徐科与犯罪现场及被害人之间的关联。本案中，徐科归案后供述并指认的其作案后丢弃被害人衣物的关联现场距离抛尸现场较远，该现场为一座桥下的河流，当时徐科指认其作案后站在桥上将被害人衣物丢至该河流上游一侧，但公安人员经查找未能找到，后扩大搜索范围，最终在该河流下游找到被害人衣物。该关联现场及现场物证均具有极强的隐蔽性，如非徐科事先知晓案情，根本不可能知晓该现场及物证情况，同时，公安人员从该关联现场提取被害人衣物时，被害人衣物的包裹形态与徐科的庭前供述能够相互印证。前文分析已经表明，本案能够排除串供、逼供、诱供等可能性，由于根据徐科供述、指认提取到上述隐蔽性很强的证据，且其供述能够与其他证明犯罪事实发生的证据互相印证，故可以认定徐科有罪。

可讨论的问题：

1. 对于被告人徐科的翻供，最高人民法院的法官为什么认为是不成立的？

2. 在被告人徐科的有罪供述得到采信后，最高人民法院的法官为什么认为该供述得到其他证据的印证？

3. 通过这一案件的裁判过程，请简要分析口供补强规则的基本要点。

第八章 非法证据排除规则（Ⅰ）
——适用对象

任何人不得从其不法行为中获得利益。

一、非法证据排除规则的性质

二、非法证据排除规则的诉讼功能

三、非法证据排除规则的简要比较

四、非法证据排除规则在我国法律中的确立

五、强制性排除规则

六、裁量性排除规则

七、瑕疵证据的补正规则

【讨论案例之八】 广东省高级人民法院（2014）粤高法刑一终字第351号刑事附带民事判决书（摘录）

一、非法证据排除规则的性质

(一) 非法证据排除规则的含义

"非法证据排除规则"的基本要求是,对于侦查人员以非法手段所获取的证据,司法机关依法将予以排除,不作为定案的根据。根据这一规则,侦查人员通过违反法律程序的方式所获得的证据,被称为"非法证据";所谓"排除",是指司法机关否定非法证据的法庭准入资格,并不得将其作为判决的根据。

从程序法实施的角度来看,非法证据排除规则是程序性制裁制度的重要组成部分。所谓"程序性制裁",是指对于侦查机关、公诉机关、审判机关违反法律程序的行为,依法宣告无效的制裁方式。相对于传统的"实体性制裁"而言,程序性制裁并不遵循责任自负的归责原则,不对违法者追究刑事责任、行政责任或者民事责任,而是否定其行为及其结果的法律效力。迄今为止,我国刑事诉讼法已经针对一审法院违反法定程序的审判行为,确定了撤销原判、发回重新审判的法律后果。这里所说的"撤销原判"即宣告一审判决无效,而"发回重新审判"则具有恢复违法行为发生前的状态、原审法院进行程序补救的性质。与撤销原判制度相似,非法证据排除规则也具有程序性制裁的性质。在程序意义上,司法机关将侦查人员违法所得的证据予以排除,也就是在否定该侦查行为合法性的前提下,对侦查行为与其结果一并作出无效之宣告。

从宪法实施的角度来看,非法证据排除规则既属于一种宪法上的责任追究方式,也具有宪法性权利救济制度的性质。在那些建立了宪法诉讼制度的国家,公民的宪法性权利一旦受到侵害,司法机关就应对违宪行为实施宪法性制裁,并为那些受到违宪行为之侵害的个人提供宪法性救济。其中,针对侦查机关以调查犯罪事实为名侵犯公民权利的行为,如任意搜查、非法逮捕、施用酷刑等,司法机关在将其宣告为违宪行为之后,就可以作出排除非法证据的裁决。这里所说的"排除非法证据",其实是指排除那些通过违反宪法的方式所获取的"违宪证据"。可以说,美国联邦最高法院对那些通过非法搜查、扣押等方式所获取的证据予以排除,德国宪法法院对那些以侵犯公民人格尊严的方式所获取的证据作出"证据使用禁止"的裁决,这都带有实施宪法性救济的性质。当然,中国迄今为止尚未建立宪法诉讼制度,对于侦查机关侵犯公民宪法性权利的行为,法院还无法通过非法证据排除规则来提供权利救济。

而在证据法意义上,非法证据排除规则属于一种针对公诉方证据所建立的证据能力规则。原则上,任何一个公诉方证据要转化为定案的根据,就必须同时具有证明力和证据能力。非法证据排除规则与证明力问题没有直接的关系,而基本属于证据能力层面的规则。针对侦查人员以非法手段所获取的证据,法院假如在开庭前将其排除于法庭之外,也就意味着对其证据能力作出了否定性评价,剥夺了该证据的法庭准入资格。而在该证据已经进入法庭调查程序之后,法院假如将其排除于法庭之外,则意味着该证据不能成为法院认定案件事实的根据。

本书对非法证据排除规则的分析主要是从证据法意义上来展开的。若非专门强调,本书后面所说的"非法证据排除规则",主要是指法院针对侦查人员非法所得的证据否定其证据能力的规则。

(二) 排除规则与非法证据排除规则

我国刑事证据法确立了大量的"证据排除规则"。这些排除规则有的被表述为"不得作为证据使用",有的被表述为"不得作为定案的根据",还有的则被表述为"应当予以排除"。但不论采取了哪一种表述方式,这些排除规则都禁止法院将其作为认定案件事实的根据。不过,这些排除规则并不都是非法证据排除规则。

有些"证据排除规则"具有限制证据证明力的功能。根据这些规则,法院对于那些被认为无法保证其真实性或相关性的证据,可以不作为证据使用,或者不作为定案的根据。例如,对于那些处于明显醉酒、中毒或者麻醉状态,不能正常感知或者准确表达的证人所提供的证言,不得作为证据使用;证人的猜测性、评论性或推断性的证言,不得作为证据使用;被告人庭前供述存在反复,庭审中不供认,且无其他证据与庭前供述印证的,不得采信其庭前供述,等等。这些排除规则既没有限制证据的证据能力,也不是针对侦查人员非法取得的证据所确立的排除规则,因此都不属于"非法证据排除规则"。

我国刑事证据法为限制公诉方证据的证据能力,确立了一系列排除规则。但这些排除规则也不都属于非法证据排除规则。例如,证据未经当庭出示、辨认、质证等法庭调查程序查证属实,不得作为定案的根据;鉴定机构、鉴定人不具备法定资质或者鉴定人不具有相关专业技术或者职称,或者违反回避规定的,鉴定意见不得作为定案的根据;证人、鉴定人经法院依法通知,拒绝出庭作证的,其证言笔录、鉴定意见不得作为定案的根据;等等。这些规则所针对的要么是规避了法庭质证程序的证据,要么是那些不符合法定资质要求的鉴定人所做的鉴定意见,要么是证人、鉴定人所做的庭外证言笔录或鉴定意见。而这些证据都属于不具备证据能力的证据。但是,这些证据都不属于侦查人员通过违法手段所获取的证据,也都不在"非法证据"的范围内,因此它们也就不属于非法证据排除规则的适用对象。

与一般的"证据排除规则"不同,"非法证据排除规则"所适用的对象是"非法证据",也就是侦查人员通过违反法律程序的手段所获取的证据。在刑事诉讼中,侦查人员违反法律程序的情形是多种多样的,有的违反了法定的侦查主体资格要求,有的在取证过程中没有遵循刑事诉讼法所设定的程序要求,还有的在收集证据的形式要件方面不符合刑事诉讼法的规定。对于侦查人员通过上述非法手段所获取的证据,法院否定其法庭准入资格,或者不将其作为认定案件事实的根据,由此所适用的"证据排除规则",都属于"非法证据排除规则"。

(三)非法证据排除规则的构成要素

作为一种旨在限制证据能力的证据规则,非法证据排除规则一般由三项基本要素构成:一是排除的对象;二是排除的后果;三是排除的主体。下面依次对这三项要素作一分析。

1. 排除的对象

前面已经说过,非法证据排除规则的适用对象是侦查人员非法获取的证据,也就是通常所说的"非法证据"。其实,证据本身不存在"非法"或者"合法"之说,这里所说的"非法证据",是指在收集证据的手段或者方式上存在着违反法律程序的情况。例如,侦查人员通过刑讯逼供等非法手段获取了被告人供述,这种供述就被称为"非法供述";侦查人员通过暴力、威胁等非法手段获取了证言笔录,这种证言就可称为"非法证言";侦查人员违反个别辨认原则组织辨认活动并制作了辨认笔录,这种辨认笔录可被称为"非法辨认笔录";等等。

需要注意的是,非法证据排除规则所适用的对象只限于公诉方证据,而不适用于被告方所提供的证据。在刑事诉讼中,被告人及其辩护人也有可能采取违法手段获取证据材料,如通过非法拘禁方式强迫证人出具书面证言,通过欺骗方式获得物证、书证,等等。但这种由被告方通过非法方法所获取的证据,一般都不属于"非法证据",也不适用非法证据排除规则。不仅如此,对于其他当事人或其诉讼代理人通过非法手段所获取的证据,刑事证据法也不将其视为"非法证据",不适用非法证据排除规则。对于上述当事人、辩护人或诉讼代理人通过非法手段所获取的证据,刑事证据法作出明确禁止性规定的,可以否定其证据能力,但不适用非法证据排除规则。

2. 排除的后果

法院一旦作出排除非法证据的决定,会带来哪些法律后果呢?原则上,侦查人员以非法手段获取指控被告人有罪的证据,法院作出排除非法证据的决定,这会带来三个方面的后果:一是否定该侦查行为的合法性;二是否定该侦查行为的法律效力;三是否定该"非法证据"的证据能力。

首先,法院对侦查人员取证行为的合法性作出否定性评价。非法证据排除规则的适用,意味着法院对侦查人员违反法律程序的情况作出了权威的宣告,也对侦查人员的非法取证行为进行了法律谴责。在一定程度上,这种宣告和谴责类似于法院对个人的定罪,它们构成了对非法证据加以处置的法律前提。

其次,法院在确认侦查行为非法性的前提下,否定该侦查行为的法律效力。例如,对于侦查人员采取刑讯逼供等非法取证手段的,法院应将这种行为宣告为非法讯问行为;对于侦查人员对证人、被害人采取暴力或者威胁行为的,法院应将该行为宣告为非法询问行为;对于侦查人员以非法手段进行搜查、扣押、查封、冻结、辨认、侦查实验的,法院应将其宣告为非法侦查行为……无论对于何种非法侦查行为,法院一旦否定其法律效力,即意味着该侦查行为不能发生预期的法律效果,在法律上视其为没有发生过,有关记录该项侦查行为的笔录或者材料,应全部加以撤除。

再次,非法证据排除规则的适用,可以导致侦查人员通过非法侦查行为所获取的证据,被宣告为非法证据,并被否定证据能力。这通常会带来两个法律后果:一是对公诉方提交的非法证据,法院不允许其出现在法庭上,从而否定其法庭准入资格;二是对于那些已经出现在法庭上的非法证据,法院不得将其作为定案的根据,不仅在判决书中不得援引该项证据,而且不得将其作为认定案件事实的依据。

最后,根据侦查人员违反法律程序的严重程度,法院在排除非法证据的前提下,可以允许公诉方进行必要的程序补救。简单说来,对于那些适用强制性排除规则的非法证据,法院将不给予公诉方进行任何程序补救的机会。而对于那些适用裁量性排除规则的非法证据或者法定的瑕疵证据,法院则可以给予公诉方进行程序补救的机会,使得这些证据在其非法取证或程序瑕疵得到补救的前提下,继续成为定案的根据。

3. 排除的主体

原则上,适用非法证据排除规则的主体主要是法院。通过对侦查行为的合法性进行审查和确认,法院一方面确认侦查人员存在非法取证行为,所获取的某一证据属于非法证据,另一方面则对非法证据作出否定性的评价。在绝大多数情况下,被告方主要向法院提出排除非法证据的申请,非法证据排除程序也主要在法庭审理过程中加以启动和运行,对非法证据加以排除或者不予排除,也主要是由法院作出决定。

但是,我国刑事诉讼法还确立了检察机关在排除非法证据方面的主导性地位。在刑事审判前程序中,检察机关有两次排除非法证据的机会:一是在审查逮捕程序中,对于侦查人员非法获取的证据,可以予以排除,不得将其作为批准逮捕的根据;二是在审查起诉过程中,对于侦查人员非法获取的证据,可以将其排除,不得作为提起公诉的根据。当然,无论检察机关在哪一阶段启动排除非法证据的程序,也无论是否作出排除非法证据的决定,被告方仍然可以向法院提出排除非法证据的申请,法院也仍然可以重新启动排除非法证据的程序。

二、非法证据排除规则的诉讼功能

为什么要建立非法证据排除规则?非法证据排除规则的适用,可以发挥什么样的诉讼功能?对于这一问题,本书拟从权利救济的提供、对侦查人员违法行为的有效遏制、司法公正的维护、程序法实施的保障等四个角度作出解释。

(一)权利救济的提供

侦查人员违法取证的行为既是一种程序性违法行为,也是一种侵权行为,它们要么侵犯了嫌疑人的隐私、财产权、人身自由,要么侵害了嫌疑人的人格尊严。我国宪法所确立的住宅秘密、通信自由、个人隐私等宪法性权利,也会受到侦查人员违法取证行为的侵害。无救济则无权利。对于侦查人员以调查犯罪事实的名义所实施的侵权行为,被侵权者唯有获得有效的救济,其权利才能得到维护,宪法和法律所确立的权利条款也才不至于流于一纸空文。

法院对侦查人员非法取得的证据予以排除,就是一种为被侵权者提供权利救济的手段。一方面,通过将公诉方所提供的非法证据排除于法庭之外,法院对作为侵权者的侦查人员进行了谴责和否定评价,将侵权行为的结果宣告为非法证据,并不再将其作为定案的根据。这种对公诉方证据的证据能力的否定,使得公诉方的证据体系受到削弱,在客观上使得被告人的辩护处于相对有利的地位,甚至有助于无罪辩护的成功。在一定意义上,法院通过排除非法证据对被侵权者进行了一定的程序补偿。另一方面,通过申请法院启动非法证据排除程序,被告人可以将侦查人员非法取证的侵权行为诉诸司法程序,法院也可以启动对其侦查行为合法性的司法审查。被告人在其权利遭受侵犯之后,可以获得法院公正审判的机会。这本身就属于对被告人权利的一种程序救济。无论法院最终是否作出排除非法证据的决定,被告人都至少获得了为权利而斗争的机会。这就使得被告人可以通过行使诉权来纠正侦查人员的程序性违法行为,并向法院寻求对自己合法权利的补救措施。

(二) 对侦查人员违法行为的有效遏制

从形式上看,法院一旦作出排除非法证据的决定,即意味着否定了公诉方某一有罪证据的证据能力,使其不再转化为定案的根据。但从实质上看,法院对公诉方非法证据的排除,相当于对侦查人员取证行为的合法性作出了否定性评价,并进而对其侦查行为及结果作出了无效宣告。这种否定评价和宣告无效无疑会对侦查人员造成一种程序上的威慑,从而对其实施非法取证行为会具有一种外在的遏制作用。不仅如此,非法证据排除规则一旦得到有效适用,使得侦查人员客观上处于"程序被告"和"接受审查"的地位,其侦查行为的合法性要经受全面的审查和检验。相对于那种从不接受法庭审查的侦查人员而言,那些面临非法取证之指控的侦查人员更有可能受到威慑或约束,更有可能尊重法律程序。

在我国刑事司法实践中,刑讯逼供、暴力取证已经成为一种屡禁不止的程序性违法现象。迄今为止,为遏制刑讯逼供所采取的几乎所有实体性制裁措施,都出现运转失灵的问题。除非侦查人员实施的刑讯逼供行为造成了严重的后果,如使嫌疑人受到严重伤害、造成死亡、带来恶劣社会影响或者造成重大冤假错案的发生等,否则,侦查机关极少会追究办案人员的行政纪律责任,检察机关也一般不会对其予以立案侦查。不仅如此,除非办案人员因为刑讯逼供造成刑事误判的发生,否则,那种旨在为被告人提供民事救济的国家赔偿程序,也根本无法启动。

相对于实体性制裁而言,以宣告无效为标志的程序性制裁,具有更为明显的制度优势。法院对公诉方非法证据的排除,尽管不一定会带来追究办案人员个人责任的后果,却在客观上使得违法者违法所得的利益受到剥夺,使其通过刑讯逼供行为所获取的有罪供述,失去了有罪证据的作用。这种利益剥夺机制可以阻断其刑讯逼供的动力,从根本上铲除侦查人员实施刑讯逼供行为的激励机制。法院由此可以改变侦查人员的侦查习惯和行为方式:既然通过刑讯逼供方式所获取的有罪证据是不能转化为定案根据的,那么,侦查人员就有可能追求那种更容易转化为定案根据的证据;既然刑讯逼供行为很容易受到法院的否定和谴责,那么,侦查人员也就可能避开这种容易遭受否定和谴责的非法取证方式,转而采取那些受到鼓励和肯定的合法取证方式。

(三) 司法公正的维护

对于侦查人员非法取得的证据,法院将其排除于法庭之外,对其证据能力作出否定性评价,这是维护司法公正的标志。在维护司法公正方面,非法证据排除规则主要是从以下三个方面来发挥保障作用的。

首先,通过审查侦查行为的合法性问题,法院为被告方提供了程序救济的机会,使得被告方可以与公诉方就侦查行为的合法性展开平等的抗辩。本来,侦查人员在实施逮捕、搜查、扣押、讯问等专门调查获得证据方面具有先天的优势地位,这是处于被动接受调查地位的被告人所无法比拟的。但是,被告方假如以侦查人员违法取证为由,申请法院启动非法证据排除程序,那么,法院就可以为被告人与公诉方提供一个平等辩论侦查行为合法性的舞台。可以说,通过启动非法证据排除程序,法院就侦查行为合法性举行司法审查本身,就为被告方提供了参与审查过程、与公诉方平等对抗的机会。

其次,对于侦查行为的合法性作出否定评价,并对侦查人员非法取得的证据作出无效之宣告,可以彰显法院司法公正的形象,使法院阻断侦查人员侵权行为的危害后果,不沦为侦查人员违法取证行为的"共犯"或者"帮凶"。反过来,假如法院对于侦查人员的非法取证行为采取听之任之的态度,既不去严格审查,也不加以纠正和制止,那么,这无形之中就会对非法侦查行为造成一种纵容和包庇的后果。可以说,一个对非法侦查行为无所作为、对被告人拒绝司法救济的法院,在维护司法公正方面是彻底失职的。

最后,对侦查人员非法取得的证据予以排除,在一定程度上也可以排除虚假证据,避免案件出现错误裁判。侦查人员非法取得的证据,尽管主要是在取证的合法性上出了问题,但通常也会间接影响证据的真实性。例如,侦查人员通过刑讯逼供、威胁、引诱、欺骗等非法手段所获取的被告人供述和辩解笔录,经常被证明是不可靠、不可信的。这种非法所得的供述笔录不仅不具有证据能力,而且也无法具有较强的证明力。又如,侦查人员通过暴力、威胁等非法手段所获取的证人证言,也剥夺了证人作证的自愿性,容易造成证人提供虚假的证言。再如,侦查人员收集的来源不明的物证、书证、视听资料、电子数据,一方面因为没有附具相关笔录或清单而不具有证据能力,另一方面也由于其证据保管链条得不到完善的验证,其真实性和同一性得不到切实的鉴真,因而无法具有证明力。可以说,无论是对非法言词证据的排除,还是对非法实物证据之证据能力的否定,都具有排除不可靠证据的功能,这对于实体正义的实现,无疑具有一定的保障意义。

(四) 程序法实施的保障

刑事诉讼法所确立的侦查程序规范,唯有通过非法证据排除规则的适用,才能得到有效的实施。刑事诉讼法有关讯问嫌疑人、询问证人、搜查、扣押、辨认、勘验、检查、侦查实验等方面的程序规范,一方面对侦查人员提出了大量禁止性要求或义务性规范,另一方面也为嫌疑人确立了一系列权利保障措施。在一定意义上,非法证据排除规则构成了上述侦查规范的法律责任部分。遇有侦查人员违反法律程序的情形,法院唯有通过排除非法证据的方式,才能对侦查人员违反法律程序的行为加以否定和谴责,对该侦查行为的法律后果宣告为无效,由此遏止那些违反法律程序的行为,保证侦查规范的有效实施。

我国刑事司法实践的经验表明,凡是没有建立非法证据排除规则的侦查规范,往往会变成一种无法实施的政策性宣示。比如说,在辩护律师会见在押嫌疑人、侦查机关立案管辖、侦查机关适用强制措施等多个程序环节,对于侦查人员无理剥夺律师会见权、立案管辖出现错误或者滥用强制措施等程序性违法行为,刑事诉讼法并没有确立相应的证据排除规则。结果,这些程序规范就变成一些无法得到实施的法律条款。又如,对于侦查人员动辄采取长达数十小时连续讯问的行为,法院极少将其归入"刑讯逼供"的范围,也几乎没有将侦查人员由此获取的证据予以排除。结果,侦查人员对"疲劳审讯"的使用,在司法实践中已经达到普遍化的程度,这种违法侦查行为根本得不到有效的遏止。

三、非法证据排除规则的简要比较

(一) 美国的非法证据排除规则

排除规则(the exclusionary rule)是美国最重要的宪法权利救济方式,也是迄今为止适用最广、争议最大的一种程序性制裁措施。根据该规则的要求,对于警察通过侵害公民宪法权利的方式获得的非法证据,无论其是否具有相关性,法院都应禁止其出现在法庭上,禁止为陪审团所接触。如果此类证据出现在法庭上,法官应当立即排除其证据效力,事实裁判者也不得将其采纳为认定事实的根据。

很显然,证据排除规则所要排除的不是一般意义上的"非法证据",而是警察以侵犯公民宪法权利的手段所获得的证据。不过,美国联邦宪法所确立的公民宪法权利内容十分庞杂,范围也非常广泛。但排除规则所要救济的不是所有的宪法权利,甚至不是刑事被告人所享有的全部宪法权利。根据美国联邦最高法院的解释,能够作为排除规则救济对象的通常是以下四项宪法权利:(1) 联邦宪法第四修正案关于不受无理搜查和扣押的权利;(2) 联邦宪法第五修正案关于不被强迫自证其罪的权利;(3) 联邦宪法第六修正案关于被告人获得律师帮助的权利;(4) 联邦宪法第五和第十四修正案关于未经正当法律程序不得被剥夺自由、财产和生命的权利。[①] 由此,排除规则的适用范围可以包括非法逮捕所得的证据,非法搜查、扣押所得的实物证据,非法讯问所得的被告人供述,非法辨认所获取的证据等。[②]

当然,排除规则所针对的不仅仅是那些侵犯公民宪法权利的行为,还可适用于某些违反特定成文法的证据。例如,警察违背《联邦反窃听条例》的规则,对某一公民实施了非法窃听,并获得了可证明被告人有罪的证据。对于

[①] Joel Samaha, *Criminal Procedure*, Wadsworth Publishing Company, 1999, p.431.
[②] Wayne R. LaFave and Jerold H. Israel, *Criminal Procedure*, second edition, West Publishing Co., 1992, pp.459-498.

这种经非法窃听所得的证据,法院也应予以排除。不过,与非法搜查、扣押一样,非法窃听行为也侵犯了公民的隐私权。排除规则对这一非法行为的适用,同样也是基于对公民基本权利的保护和救济。

排除规则的适用主要有两个重要的例外,即"附带使用的例外"(collateral use exception)与"善意的例外"(good faith exception)。根据前一例外,排除规则的适用对象主要是检察官用来指控被告人有罪的证据,而在定罪后的量刑听证(sentence hearing)程序、大陪审团审查公诉程序、假释撤销程序、人身保护令申请程序以及民事诉讼程序中,警察以违反宪法第四、五、六和十四修正案的方式所获取的证据,仍然具有可采性,而不受排除规则的直接限制。不仅如此,即便在刑事审判程序中,非法所得的证据尽管不能被检控方用来作为支持其指控的根据,却可以用来弹劾被告人在审判中所作的证言。①

而根据"善意的例外",如果侦查人员在实施搜查时"合理地依赖"某一法官所签发的搜查令,而该搜查令最终被发现并没有"可能的理由"(probable cause)加以支持,那么,通过该搜查所获取的证据仍然可以在法庭上使用。这里所说的"合理地依赖"法官签发的搜查令,是指警察"善意地"认为法官签发的搜查令是合法的,且他的搜查行为也没有违反宪法。

排除规则不仅被用来排除那些作为违宪行为直接结果的非法证据,而且还适用于那些由该非法证据所间接派生出来的证据。根据"毒树之果规则"(fruit of the poisonous tree doctrine),如果警察以违反宪法的手段所获取的证据是不可采纳的,那么,所有由该证据所派生出来的其他证据也同样应被排除。不难看出,警察在以违反宪法的手段获得物品、书证和有罪的供述之后,按照其从这些"非法证据"中所得到的线索和信息,继续展开讯问、搜查、扣押、辨认等侦查活动,从而又获得了某种证据。这种证据虽然不是直接来源于违宪行为,但仍为其所派生而来的证据,也就是受到了违反宪法行为的"污染",因此也应在被排除之列。典型的"毒树之果"主要有:警察在对被告人采取非法逮捕后,经过讯问所获得的被告人有罪供述;警察经非法讯问并获得供述后,又根据供述的信息逮捕了新的被告人,从而获得了新的供述;警察经过非法讯问后,了解到某一实物证据的所在地,从而经过搜查获取了该证据。

当然,"毒树之果规则"的适用也不是绝对的。美国联邦最高法院为"毒树之果规则"确定了三项重要的例外:一是"微弱联系的例外"(attenuation

---

① Jerold H. Israel and Wayne R. LaFave, *Criminal Procedure: Constitutional Limitation*, West Publishing Co., 1993, pp.311-320.

exception);二为"独立来源的例外"(independence source exception);三是"不可避免的发现之例外"(inevitable discovery exception)。

所谓"微弱联系的例外",又被称为"污染消除"(purged taint)的例外。如果违反宪法的行为与某一证据之间的联系极其微弱,以至于违宪行为对该证据的"污染"已经基本上被消除殆尽,那么,该证据尽管为"毒树之果",却仍可以被采纳为证据。

所谓"独立来源的例外",是指警察最初通过非法搜查发现了某一证据,但并没有立即将其扣押,而是随后通过与原先的非法行为毫无关联的活动,最终以合法的方式获取了该证据。在这种情况下,该证据不被视为受到最初非法行为"污染"的证据,因而具有可采性。当然,检察官要想使法官适用这一例外,就必须提出证据证明该证据最终是通过某一独立和合法的来源而获得的,该来源与原先的非法搜查行为没有关系。

"毒树之果"规则的最后一项例外是"不可避免的发现"。根据这一例外规则,某一证据尽管属于"毒树之果",并且其取得也没有独立和合法的来源,但检控方如果能够证明警察即使采取合法的手段,也最终能够发现该证据,则法官可以将这种派生证据在法庭上使用。

(二) 英国的非法证据排除规则

按照英国普通法的传统,对于以不适当的手段获取的控方证据,法官除了在极为有限的场合下可以行使自由裁量权加以排除以外,一般是承认其可采性的。而在行使自由裁量权时,法官排除非法证据的理由,通常是经过权衡,认为有关证据对事实裁判者所造成的不利于被告人的影响大大超过该证据的证明价值。不过,上述原则对于被告人供述并不适用。一般而言,被告人庭外供述只有在检控方能够证明其自愿性(voluntary)的情况下才可以被采纳。具体而言,被告人在面对侦查官员的讯问时,不能因为害怕受到不利对待或者希望受到有利对待而作出有罪的供述,甚至在受到压迫的情况下作出供述。否则,该供述就应被法官排除。如果证据系侦查官员通过欺骗、逼迫被告人的方式所获得的,那么,这种收集证据的方式本身就损害了禁止自证其罪的普通法原则。因此,法官在对非法所得的被告人供述加以排除时,需要考虑被告人供述的自愿性是否受到损害。而考虑自愿性是否受损的依据则是被告人在作出供述时是否受到强迫(oppression)、欺骗(trick)、引诱(inducement)等不正当行为。

在对一系列相关判例进行总结的基础上,英国议会颁布的 1984 年《警察与刑事证据法》确立了非法证据排除规则的基本框架。其中,该法第 78 条确立了非法证据排除规则的一般原则,而该法第 76 条则对被告人供述的排除确立了实施规则。该法第 78 条规定:

"在任何诉讼中,法庭在考虑了包括证据取得在内的所有情况之后,如果认为采纳该证据将会对诉讼的公正性造成如此不利的影响,以至于不应将其采纳为证据的,就可以将检控方提出的证据加以排除。"

1984 年《警察与刑事证据法》以成文法的形式确认了法官对于排除控方证据的自由裁量权。这显然符合英国普通法的传统。但较之以往的法院判例而言,该法对于法官排除证据问题实施了两项重要的改革:一是明确规定法官行使自由裁量权的一般标准不是前述"丧失诚信""逼迫"或者"欺诈"等警察不法行为,而是诉讼不公正这一总体的评价;二是明确将警察获得证据的方式作为确定诉讼是否公正的一项重要因素,当然仅凭警察以非法手段取得证据本身尚不足以形成排除证据的充分依据。很显然,1984 年《警察与刑事证据法》赋予法院更加广泛的排除证据的权力。

20 世纪 80 年代以来的判例显示,英国法官运用 1984 年《警察与刑事证据法》第 78 条对非法证据的排除主要是针对以下违法行为而进行的:故意不遵守有关保证被告人及时获得律师帮助的规则;违反有关对警察讯问嫌疑人过程录音的规则;违反有关"适当的成年人"在场的规则;警察在侦查过程中不适当地使用了诱惑侦查(entrapment)手段;等等。当然,按照法院的解释,采纳某一证据将会对诉讼的公正性造成不利的影响,这并不必然意味着法庭对该证据的排除。证据排除的前提是这种不利的影响如此之大,以至于排除该证据属于正义的要求。同时,对被告人造成不公正并非法官排除控方证据的唯一理由,法官一般会对控辩双方的利益予以同等的考虑,并防止因为排除非法证据而使得检控方受到明显不公平的对待。

1984 年《警察与刑事证据法》第 76 条确立了被告人供述的可采性规则。根据该法第 76 条第 1 款的规定,被告人供述只有与案件的待证事实具有关联性,并且没有被法院依法加以排除,才可以被采纳为证据。第 76 条第 2 款确定了新的排除被告人供述的标准。根据该条款的规定,在检控方提议将被告人供述作为本方证据提出的任何诉讼中,如果法庭认为该供述确系或者可能是通过以下方式获得的:(1) 对被告人采取强迫的手段;或者(2) 该供述的作出系在当时情况下那些可能使任何供述都不可靠的任何语言或者行为的结果,那么,法庭不得将该供述采纳为不利于被告人的证据,除非检控方能够向法庭证明该供述(尽管可能是真实可靠的)并非以上述方式取得,并且该证明要达到排除合理怀疑的程度。

相对于英国法院以往所作的判例而言,1984年《警察与刑事证据法》第76条第2款对被告人供述的排除问题确立了以下几项新的规则:首先,与其他证据的排除不同,被告人供述如果是通过该条所禁止的非法手段获取的,那么,法官在排除该供述方面就不再拥有任何自由裁量权,也不需要对不同的利益进行所谓的"权衡",而可以直接排除。相对于对其他证据的"自由裁量的排除"而言,这种排除可以称为"强制性的排除"(mandatory exclusion)。

其次,与前一规则有关的是,检验被告人供述是否具有可采性的标准不是证据的真实可靠性,而是警察获取被告人供述的方式是否合法。无论被告人供述真实与否,只要检控方没有证明它并非是通过上述两种方式获得的,那么,法官就必须将该供述加以排除。当然,与其他任何证据一样,被告人供述的真实可靠性最终要由陪审团通过听审作出裁断,但在此问题出现之前必须首先由法官确定供述是否具有可采性。

事实上,该条所规定的导致供述不具有可采性的非法方式,也就是法官据以排除供述证据的标准。它们包括:(1)供述系通过强迫(oppression)手段而获得;(2)供述系通过那些可能导致任何陈述不可靠的语言或者行为所取得的。

对于"强迫"行为,该法第76条第8款是这样解释的:"在本条中,'强迫'包括刑讯、不人道或者有损尊严的对待,以及暴力或者以暴力相威胁(不论是否相当于刑讯)。"由此可见,"强迫"行为大都是严重侵害被告人肉体、折磨其精神或者损害其尊严的行为。当然,从法院在该法颁布后所作的判决来看,"强迫"行为还不仅仅限于上述行为。诸如剥夺嫌疑人与律师接触的权利、非法的羁押等,都可能构成该法所说的"强迫"行为。

但是,何谓"可能导致任何陈述均不可靠的语言或行为"?1984年《警察与刑事证据法》对此并没有给出明确的解释。但英国法院在该法颁布后所作的判决则显示,这里用来衡量语言或行为适当性的标准有二:一是该语言或行为必须是违法和不当的,二是该语言或行为可能导致供述不可靠。很显然,这一点是为"强迫"以外的其他不当行为确定的法律界限。这些行为可以有欺骗、引诱、恐吓、施加压力、长时间的讯问、讯问前不给嫌疑人足够的休息时间、不能保障嫌疑人基本的休息条件等。这些行为如果构成"强迫",就足以成为法官排除供述的条件;但如果不能达到"强迫"的程度,那么,法官就需要考虑这些行为是否可能导致供述不可靠,并将那些可能损害供述真实性的行为,作为排除供述的前提。

(三) 德国的证据禁止制度

德国法中的证据禁止制度,是指禁止特定的收集、取得、提出和使用证据方法的法律规范。大体说来,证据禁止有两种基本的形态:证据取得之禁止(德文 Beweiserhebungsverbot)与证据使用之禁止(德文 Beweisverwertungsverbote)。前者是指有关证据收集、取得程序和方式上的禁止性规范,主要用来限制警察、检察官的侦查活动,当然也可以直接对法官依据职权调查证据的活动产生规范作用。警察以非法手段所获取的证据即使违反了法定的禁止性规范,也不一定会带来证据排除之后果。在证据取得之禁止与证据排除之间,并不存在必然的因果关系。①

所谓"证据使用之禁止",大体相当于英美法中的证据排除,是指作为事实裁判者的法官对于特定的证据不得用作裁判的根据。这种被法官排除于法庭之外的特定证据,既可能是侦查人员非法取得的证据,也可能是侦查人员合法取得但使用该证据本身将侵犯公民权利的证据。

证据使用之禁止,按照法官是否依据法律明文规定的证据取得禁令来确定其成立的标准,可以分为"自主性证据使用禁止"(德文 selbstverständige Beweisverwertungsverbote)与"非自主性证据使用禁止"(德文 unselbstverständige Beweisverwertungsverbote)两大类。

所谓"自主性证据使用禁止",是指法院不是依据法律中的证据取得禁令而作出排除证据的裁定,而是从宪法有关保障公民基本权利条款中所推导出来的证据使用禁止。因此,法院在作出这种证据使用禁止裁决时所要考虑的不是证据取得方式和手段是否违反了刑事诉讼法的禁止性规则,而是使用该种证据是否会直接造成对基本法所确立的基本权利的侵害。正因为如此,自主性证据使用禁止就不是由普通法院依据刑事诉讼法而适用的证据排除规则,而主要是由德国联邦宪法法院和最高法院依据德国基本法的权利保障条款所建立的宪法性救济制度。根据其发挥的法律功能,自主性证据使用禁止

---

① 参见〔德〕克劳斯·罗科信:《刑事诉讼法》(第 24 版),吴丽琪译,法律出版社 2003 年版,第 210 页以下。

又被称为"宪法上的证据使用禁止"。

根据德国联邦宪法法院所作的司法判例,某些证据不论是否为侦查人员所获取,也无论是否在取得方式上违反刑事诉讼法的规定,法院只要认为使用该证据作为起诉根据本身,就侵犯了宪法所保护的人格尊严、个人隐私、人格权等基本权利,就不得将其作为指控犯罪的证据。

非自主性证据使用禁止又称为"依附性证据使用禁止",它是由证据取得之禁止所推导出来的,意指法院将那些以严重违反法定禁止性规范的方式所取得的证据排除于法庭之外,拒绝将其作为裁判的根据。需要注意的是,非自主性证据使用禁止尽管是以证据取得方式违反法定禁令为根据的,但证据取得方式违反法定禁令本身,并不必然导致证据使用之禁止。①

与自主性证据使用禁止不同,非自主性证据使用禁止通常被称为"依据刑事诉讼法的证据排除",它与美国、英国、加拿大等国所讨论的非法证据排除属于同一层面的问题。

对于非法证据的排除问题,德国《刑事诉讼法典》只在第136条中明确规定了针对非法讯问所得的证据的排除规则。按照一般的理解,该条款前半部分确立的是"证据取得之禁止",也就是法律明文禁止的取证手段,包括:(1) 对被告人意思决定和活动自由加以侵犯的行为,如虐待、伤害身体、服用药物、折磨、欺诈和催眠等;(2) 在刑事诉讼法准许的范围之外实施强制措施;(3) 以刑事诉讼法所禁止的措施相威胁;(4) 以法律没有规定的利益相许诺;(5) 有损被告人记忆力、理解力的措施。该条款的后半部分确立的则属于证据使用之禁止,也就是对于违反上述禁止性规则所获得的被告人陈述,即使被告人本人同意,法院也不得采用为证据。

按照德国联邦最高法院的解释,被告人所作的陈述只要受到法律所禁止的讯问行为之影响的,不得作为证据使用。不仅如此,该条款所确立的证据使用禁止具有继续性效力,也就是被告人即使在后来的程序中接受合法的讯问,但只要其陈述仍然受到先前违法讯问行为的继续影响时,则该陈述仍然

---

① 按照德国法院所作的判决解释,对于那种违反了法定禁止性规则的证据取得方式,法院在作出是否排除证据的裁决时,通常需要考虑以下因素:一是违法取证行为是否损害了那些能从排除证据中受益的人(通常是被告人)的法定利益;二是该证据是否非使用违法手段不能取得;三是该证据的排除是否与那些被破坏的程序规则之目标相称;四是证据排除是否与"依据实体真实裁判案件"这一最高利益相冲突。参见〔德〕托马斯·魏根特:《德国刑事诉讼程序》,岳礼玲等译,中国政法大学出版社2004年版,第195页。

不得作为证据使用。①

德国联邦最高法院在一系列司法判决中大大发展了这种非自主性证据使用禁止制度。这种发展可以表现为两个方面：一是对《刑事诉讼法典》第136条作出了进一步的解释，使得法院对非法取得的证据的范围能够有更加明晰的理解；二是将其他方面的证据取得之禁止性规定采纳为证据使用禁止的直接依据，从而使非法证据排除规则大大突破了《刑事诉讼法典》第136条所限定的范围。而在这些发展证据使用禁止制度的过程中，该法院还直接借助了基本法的权利保障条款，使得非自主性证据禁止制度也与宪法性权利的保护发生了有机的联系。

四、非法证据排除规则在我国法律中的确立

在2012年以前，非法证据排除规则在中国刑事诉讼法典中并没有得到确立。1979年《刑事诉讼法》针对"刑讯逼供""威胁""引诱""欺骗"等非法取证行为，确立了明确的禁止性规则。但对于侦查人员采取这些非法手段获取的证据，没有确立排除规则。1996年《刑事诉讼法》基本遵循了1979年《刑事诉讼法》所确立的立法体例，只对刑讯逼供等非法取证方法确立了禁止性规则，但对侦查人员非法获取的证据能否作为定案的根据却语焉不详。

出于严禁刑讯逼供、防范冤假错案的考虑，最高人民法院尝试逐步通过司法解释来确立非法证据排除规则。该法院所发布的《最高法院1998年解释》在禁止侦查人员非法取证的同时，还对侦查人员采取非法方法所获取的证据确立了排除后果。根据这一司法解释，凡经查证属实属于采用刑讯逼供或者威胁、引诱、欺骗等非法的方法取得的证人证言、被害人陈述、被告人供述，不能作为定案的根据。这一排除规则所针对的主要是刑讯逼供、威胁、欺骗、引诱等非法取证行为，其适用范围则局限在被告人供述、证人证言、被害人陈述等言词证据。但是，对于非法证据排除规则的适用程序，该司法解释却没有作出明确规定。与此同时，对于侦查人员以非法方法所获取的物证、书证等实物证据，最高人民法院却回避了是否可以排除的问题，而赋予刑事法官对此问题加以自由裁量的权力。

1998年的这份司法解释在排除非法证据方面作出了首次尝试。从立法

---

① 赵彦清：《受基本人权影响下的证据禁止理论——德国刑事诉讼中的发展》，载《欧洲法通讯》第五辑，法律出版社2003年版，第276页以下。

理念上看,该司法解释将证据排除的重点放在侦查人员通过刑讯逼供等非法方法获取的被告人供述、证人证言等言词证据上面。这显然是因为刑讯逼供等非法取证方法不仅会带来极为负面的社会影响,而且还容易导致被告人屈打成招,作出虚假供述,甚至酿成冤假错案。经验表明,几乎所有冤假错案的发生,都与侦查人员实施刑讯逼供等非法取证手段有着密切的联系。另一方面,最高人民法院之所以没有将非法取得的实物证据作为排除的对象,主要是考虑到实物证据的稳定性比较强,不容易受到侦查人员取证方式的影响。再考虑到公安机关、检察机关的侦查人员素质和侦查水平状况,采取过于严格的非法证据排除规则容易对侦查破案带来严重的影响,因此,法院排除的重点不应是侦查人员非法所得的实物证据,而应是非法所得的言词证据,特别是通过刑讯逼供等手段所获取的被告人供述。

2010年,最高人民法院经过长时间的酝酿、争论和完善,最终会同其他四个部门颁行了"两个证据规定"。其中,《非法证据排除规定》确立了非法证据排除规则的基本框架;《办理死刑案件证据规定》对各类证据的审查判断确立了证据规则,也进一步完善了非法证据排除规则。

《非法证据排除规定》对侦查人员非法所得的言词证据与实物证据作出了区别对待。根据这一规定,对于侦查人员通过刑讯逼供、暴力、威胁等非法手段所获取的言词证据,一律适用强制性排除规则;而对侦查人员非法所得的物证、书证,则适用裁量性排除规则。在确立两种排除规则的同时,《非法证据排除规定》还确立了法院排除非法证据的程序。该规定确立了非法证据排除程序的启动方式,确立了程序审查优先原则,规定了法院对侦查行为合法性的审查方式和救济途径,明确建立了非法证据排除问题的司法证明体系。

《办理死刑案件证据规定》针对各种证据形式,适度扩大了强制性排除规则的适用范围,并针对那些带有技术性违法性质的程序瑕疵,确立了瑕疵证据的补正规则。

两个证据规定颁行之后,立法机关启动了刑事诉讼法典的修订工作,并最终颁布了2012年《刑事诉讼法》。这部法律在吸收两个证据规定相关内容的基础上,以国家基本法律的形式确立了非法证据排除规则的基本框架。那种针对非法言词证据适用强制性排除规则,而对非法实物证据适用裁量性排除规则的立法体例,在这部法律中正式确立下来。与此同时,这部法律还将非法证据排除程序分为初步审查与正式调查两个环节,在正式调查程序中确立了证明责任倒置规则,并明确了公诉方的证明标准。

2017年通过的《严格排除非法证据规定》,对非法证据排除规则的适用对象和适用程序作出了进一步的完善。在排除对象上,该规定扩展了非法供述的范围,将侦查人员通过"威胁""非法拘禁"手段所获取的供述以及受到刑讯逼供行为影响的"重复性供述",均纳入强制性排除规则的适用对象。在适用程序上,该规定赋予庭前会议以初步审查的职能,而对非法证据问题的正式调查则被置于法庭审理过程中展开;该规定重申了先行调查原则,确立了当庭裁决原则,使得针对侦查行为合法性问题的程序性裁判相对于实体性裁判活动而言,具有程序上的优先性;该规定完善了正式调查程序,设定了公诉方承担证明责任的主要方式;该规定还对二审程序中的非法证据排除程序确立了一些新的规则。

在非法证据排除规则的适用对象和适用程序上,2018年《刑事诉讼法》没有发生较大的变动。《最高法院2020年解释》则吸收了2012以来非法证据排除规则的进展情况,在保留非法证据排除规则基本框架的前提下,对排除的对象和排除的程序作出了进一步的完善。

五、强制性排除规则

在证据法理论上,非法证据排除规则有两种基本的分类:一是"强制性的排除",也就是法院将某一控方证据确认为"非法证据"的,即将其自动排除于法庭之外,而不享有排除或者不排除的自由裁量权;二是"裁量性的排除",亦即法院即便将某一证据确认为"非法证据",也不一定否定其证据能力,而是要考虑非法取证行为的严重性、损害的法益、采纳该非法证据对司法公正的影响等若干因素,并对诸多方面的利益进行一定的权衡,然后再作出是否排除非法证据的裁决。

我国刑事证据法区分"强制性的排除"与"裁量性的排除"的主要标准,并不是非法证据的表现形式,而是侦查人员违法取证的严重性。这是刑事证据立法所取得的一项制度突破。在以往的司法解释中,最高人民法院将非法证据排除规则的适用范围仅仅限制在非法言词证据上面,但对于侦查人员非法所得的物证、书证、视听资料,无论非法取证手段有多么严重,一般都不对其适用排除规则。2010年颁布实施的两个证据规定抛弃了这种证据排除标准,确立了一种"程序中心主义"的排除规则。只要侦查人员采取了严重违反法律程序的手段获取了证据,那么,不论这种证据的种类和表现形式是什么样的,也不论这些非法证据本身是真实的还是不可靠的,是相关的还是不相关的,法院都要予以排除。这就是"强制性的排除"规则的精髓之所在。这一证据立法理念最终为2012年以后的《刑事诉讼法》所吸收。

(一) 强制性排除规则的理论根据

一般说来,强制性排除规则又被称为"绝对的排除规则",它具有三个方面的特征:首先,该规则所适用的都是侦查人员严重违反法定程序所获取的非法证据,如通过刑讯逼供等非法手段所获取的被告人供述,通过暴力、威胁等非法方法所获取的证人证言等。其次,在适用强制性排除规则方面,法官不享有排除与不排除的自由裁量权。也就是说,只要认定某一言词证据或实物证据属于可以适用强制性排除规则的法定情形,法官就应无条件地将该证据排除于法庭之外。正因为如此,强制性的排除又被称为"自动的排除"或"绝对的排除"。最后,"强制性的排除"都是"不可补正的排除"。也就是说,法庭对那些严重的非法取证行为所作的都是自动排除的决定,而不会给公诉方作出程序补救的机会。

为什么要对上述非法证据确立"强制性的排除"后果呢？这主要是考虑到这些非法取证行为违法情节较为严重,要么侵犯了较为重要的利益,要么违反了法律确立的禁止性规定,要么通常会造成严重的后果,因此,对于这种严重的违法侦查行为,唯有确立最严厉的程序性制裁,也就是无条件地宣告无效的方式,才能达到有效地抑制程序性违法行为的效果。例如,侦查人员通过刑讯逼供方式获得的被告人供述,就明显违反了刑事诉讼法有关禁止刑讯逼供的规定,并且严重侵害了被告人的身体健康、人格尊严,违背了国际公约中有关禁止酷刑的规定,并且严重损害了刑事司法的人道性、公正性。因此,对这类非法证据就应采取"强制性的排除",使违反法律程序的侦查人员受到最严厉的程序制裁。

(二) 强制性排除规则的适用对象

那么,强制性排除规则究竟适用于哪些非法证据呢？

在我国刑事证据法中,强制性排除规则的适用对象主要有三类:一是侦查人员通过严重违法手段获取的被告人供述;二是侦查人员通过严重违法手段获取的被害人陈述、证人证言;三是侦查人员通过严重违法手段获取的其他证据。

1. 通过刑讯逼供等非法手段获取的被告人供述

强制性排除规则的适用对象是随着刑事证据法的进展而逐步得到扩大的。根据 2018 年《刑事诉讼法》，侦查人员通过刑讯逼供等非法手段获取的被告人供述，应当被依法排除，司法人员不得将其作为定案的根据。围绕着"刑讯逼供"和"其他非法手段"的理解问题，最高人民法院从 2010 年开始，先后作出了一系列解释。《最高法院 2020 年解释》对于"刑讯逼供"的含义作出了较为成熟的解释，并对与"刑讯逼供"具有同等违法性的"其他非法手段"，作出了列举式规定。具体说来，侦查人员采用以下非法手段所获取的被告人供述，一律被纳入强制性排除规则的适用对象：

一是采用殴打、违法使用戒具等暴力方法或者变相肉刑的恶劣手段，使被告人遭受难以忍受的痛苦而违背意愿作出的供述。这就是通常所说的"刑讯逼供手段"。

二是采用以暴力或者严重损害本人及其近亲属合法权益等进行威胁的方法，使被告人遭受难以忍受的痛苦而违背意愿作出的供述。这可以被简称为"暴力手段"，尽管与"刑讯逼供"具有实质性差异，但也会造成被讯问人肉体或精神上的痛苦。

三是采用非法拘禁等非法限制人身自由的方法收集的供述。这可以简称为"非法限制人身自由手段"，既侵犯了被讯问人的人身自由，也给其造成痛苦和伤害。

四是侦查人员通过刑讯逼供手段获取了被告人供述，被告人在受到上述违法手段直接影响下作出重复性供述的。这可以简称为"重复性供述"或"重复自白"，是在刑讯逼供手段直接影响下的非法供述。

五是侦查人员对于应当对讯问过程录音录像的案件没有提供讯问录音录像，或者讯问录音录像存在选择性录制、剪接、删改等情形，现有证据不能排除以非法方法收集证据情形的。这可以简称为"录音录像程序不合法"，属于无法禁止甚至放纵刑讯逼供的情况。

六是侦查人员没有在法定办案场所讯问，现有证据不能排除以非法方法收集证据情形的。这可以简称为"讯问场所不合法"，容易造成刑讯逼供行为的发生。

七是检察人员在重大案件侦查终结前没有对讯问合法性进行核查，或者没有对核查过程同步录音录像，或者录音录像存在选择性录制、剪接、删改等情形，现有证据不能排除以非法方法收集证据情形的。这可以简称为"核查程序不合法",也容易造对刑讯逼供行为的放任和纵容。

2. 非法获取的被害人陈述、证人证言

侦查人员在调查取证过程中严重违反法律程序的情况,除了以刑讯逼供或其他非法手段获取被告人供述的行为以外,还有采用类似的非法手段获取被害人陈述、证人证言的情况。这些手段主要有采用暴力、威胁或者剥夺人身自由等非法方法,给被害人、证人造成疼痛或痛苦的行为。对于这种非法取证行为,刑事证据法确立了类似的非法证据排除规则,但又对适用范围作出了一定的限制。具体而言,侦查人员采用暴力、威胁以及非法限制人身自由等非法方法收集的证人证言、被害人陈述,也被纳入强制性排除规则的适用对象。当然,除了"暴力""威胁""非法限制人身自由"手段以外,侦查人员采取其他足以造成被害人、证人疼痛或痛苦的非法取证行为,司法人员也应将有关证据予以强制性排除。对于这些非法行为,刑事证据法没有作出具体列举,而是交由司法人员根据经验、理性和良心作出自由裁量。

3. 非法获取的其他证据

除了上述两种非法证据以外,侦查人员通过其他非法方法获取的证据也被纳入强制性排除规则适用的对象。这里所说的其他非法方法主要是刑事证据法明文列举的非法取证情形。通常而言,刑事证据法之所以明文确立这些强制性排除规则,主要是考虑到这些非法取证行为属于严重侵犯法益的行为,既破坏了重要的程序法律秩序,也侵害了被追诉人、被害人、证人等的权益,还容易带来刑事误判的后果。

这类强制性排除规则的适用对象可以涵盖几乎所有证据种类。对于这类非法证据,司法人员在作出排除决定时,不享有太大的自由裁量权,也不给予办案人员进行程序补救的机会。

例如,对于物证、书证,侦查人员在勘验、检查、搜查过程中提取、扣押的物证、书证,未附有笔录或者清单,不能证明物证、书证来源的,不得作为定案的根据。

又如,对于证人证言,侦查人员询问时没有个别进行,没有经过证人核对确认的,所获取的证人证言一律不得作为定案的根据。

再如,对于被告人供述笔录,侦查人员所作的讯问笔录没有经被告人核对确认,讯问聋哑人没有提供通晓聋哑手势的人员,或者讯问不通晓当地通用语言、文字的被告人,应当提供翻译而没有提供的,所获取的被告人供述一律不得作为定案的根据。

还有,对于辨认笔录,侦查人员在组织辨认时,"没有个别进行",辨认前使辨认人见到辨认对象,给辨认人明显暗示或者明显有指认嫌疑的,所获取的辨认笔录一律不得作为定案的根据。

当然,这里所列举的只是一部分强制性排除规则。对于这些强制性排除规则的适用对象,我们将在后面的相关章节进行具体分析和讨论。

六、裁量性排除规则

我国刑事证据法对于侦查人员非法取得的物证、书证,确立了裁量性排除规则。所谓"裁量性排除规则",又称为"相对的排除规则",是指对于侦查人员采用非法方法获取的物证、书证,可能严重影响司法公正的,应当责令公诉方进行程序补正或者作出合理的解释或说明,对于不能补正或者不能作出合理解释的,法院仍然可以将该证据予以排除。

与强制性排除规则相比,裁量性排除规则具有以下三个方面的特征。首先,这一排除规则所适用的对象是侦查人员非法所得的物证、书证;其次,法官在是否排除某一非法证据方面享有较大的自由裁量权,也就是享有排除与不排除的自由选择权;最后,对于侦查人员非法收集的物证、书证,法官在考虑违法取证的情形以及所造成的法律后果的同时,还要给予公诉方进行程序补正的机会,并将该方能否补正以及补正的效果作为是否排除非法证据的重要依据。

之所以要对侦查人员非法所得的物证、书证适用裁量性排除规则,主要是考虑以下因素:侦查人员对物证、书证的取证方法,即便存在违法行为,通常违法情节并不严重,侵害的利益也不大,所造成的后果也不是特别严重。对于侦查人员违法所得的这些证据,法院假如一律采用无条件排除的做法,未免过于严厉,容易破坏程序性违法与程序性制裁相均衡的原则,并且也可能导致一些有价值的证据仅仅因为取证手段的轻微违法而被否定了证据能力,使得案件的事实真相难以发现,甚至带来放纵犯罪的消极后果。尤其是那些违法获取物证、书证的侦查行为,通常在侦查行为的步骤、方式、地点、时间、签名等方面存在着一些不符合法律程序的问题,而不存在违反基本法律原则的问题,也没有明显侵犯任何一方的利益,更没有造成诸如证据虚假、案件系属错案等严重的后果。对于这些非法实物证据,法院唯有采取区别对待的原则,综合考虑各项有关的因素,通过对各项利益的权衡,本着"两害相权取其轻"的原则,对于采纳该证据所获得的利益超过排除该证据所带来的收益的情形,就可以不作出排除证据的决定。

在适用裁量性排除规则时,有两个问题需要引起注意:一是法院如何行使自由裁量权,二是公诉方如何进行程序补正。

裁量性排除规则适用的前提是侦查人员违反法定程序的行为,需要达到"可能严重影响司法公正"的程度。何谓"可能严重影响司法公正"?根据《最高法院2020年解释》的解释,认定"可能严重影响司法公正",应当综合考虑收集物证、书证违反法定程序以及所造成后果的严重程度等情况。换言之,法院需要考虑两个方面的情况:一是侦查人员违反法定程序的严重程度,二是非法取证所造成的后果。对于第一个因素,法官需要考虑侦查人员非法取证的性质及其违法程度,非法取证行为是否侵犯了重要的利益,是否违反了重要的法律准则,尤其是法律所确立的禁止性规则,等等。而对于第二个因素,法官则需要考虑侦查人员违法取证行为是否严重影响司法机关的声誉,是否造成较为恶劣的社会影响,是否会影响证据的真实性,是否会造成冤假错案,等等。

当然,法官在行使这种自由裁量权方面,也不是绝对自由的,而要考虑一系列的因素,进行适当的利益权衡,并给出排除或者不排除的理由。"裁量性排除规则"要得到有效的实施,就需要法官保持善意解释的态度,对多种因素进行全面的考虑,对多方面的利益进行合理的权衡。所谓"自由裁量权",其实是法官透过法律条文来发现正义,以弥补成文规则的不足。"裁量性的排除"绝不意味着法官在排除非法证据方面可以为所欲为,更不意味着法官对于适用"强制性的排除"以外的其他非法证据,都无一例外地采取包庇、纵容的态度。"自由裁量的排除"绝不简单地等于"自由裁量的不排除"。否则,立法者确立这种排除规则的初衷就根本无法实现了。

那么,法院在发现侦查人员违反法定程序,已经达到"可能严重影响司法公正"的程度之后,究竟如何责令公诉方进行程序补正呢?原则上,公诉方可以通过两种方法进行程序补正:一是对原来的非法证据进行必要的程序补救,如重新制作相关笔录或者清单,或者对相关侦查行为进行一些补充和完善;二是对原有的非法取证行为进行说明,以证明原来的非法取证行为并没有构成严重违法,也没有造成严重的后果,原有的违法情况已经得到补救;等等。

法院经过审查,认为公诉方已经对原有的非法取证行为进行了适当的程序补救,或者对原有非法行为的严重程度及其所造成的后果已经给出了合理的解释,就可以认定该项非法取证行为已经得到了补救,法庭没有必要对该项证据予以排除。但是,假如公诉方拒绝进行任何程序补救行为,或者所进行的程序补救毫无意义,也无法对非法取证行为作出合理的解释或者说明,那么,法院仍然保留排除非法证据的权力。由此可见,在"裁量性排除规则"适用过程中,法庭应将"非法取证行为能否得到补正"的问题作为考虑的因素之一,并依据这一点作出是否排除的决定。

七、瑕疵证据的补正规则

在我国刑事证据法中,强制性排除规则属于一种不可补正的排除规则,"裁量性排除规则"则带有"可补正的排除规则"的性质。而在非法所得的物证、书证以外,侦查人员通过不规范或轻微违法行为所获取的瑕疵证据,也适用这种"可补正的排除规则"。

所谓"可补正的排除规则",是相对于"不可补正的排除规则"而存在的一种排除规则,是指法院对于侦查人员非法所得的物证、书证,或者侦查人员通过轻微违法行为所获取的瑕疵证据,在宣告其系属非法证据或瑕疵证据的前提下,责令公诉方进行必要的程序补救,对于那些成功获得补救的证据不再适用排除规则,而对那些无法补救的证据则予以排除。"可补正的排除规则"主要适用于两种证据:一是侦查人员以非法手段获取的物证、书证;二是侦查人员以不规范手段所获取的瑕疵证据。对于瑕疵证据,"可补正的排除规则"又被称为"瑕疵证据的补正规则"。

(一) 对瑕疵证据进行程序补正的必要性

一般而言,非法证据排除规则属于一种带有"极端性"的程序性制裁机制。这种排除规则一旦得到适用,就可能导致侦查行为的合法性受到否定,使得公诉方的证据体系受到削弱,甚至可能造成公诉方追诉犯罪的努力归于失败。尤其是那种"不可补正"的排除规则,一旦得到适用,更是会对公诉方的指控带来消极的影响。

既然非法证据排除规则具有如此严厉的制裁后果,那么,刑事证据法就不能不对它的适用范围作出适度限制。对于那些带有技术性违法性质的"程序瑕疵",法庭如果动辄采取"强制性的排除",显然会违背比例性原则,使得宣告无效的制裁行为与非法取证行为的严重程度不相适应,并且容易导致其他重要利益受到不应有的损害。所谓"程序瑕疵",主要是指那些在程序、方法、步骤、时间、地点、签名等技术环节存在违法情节的调查取证行为。这种技术手续上的非法取证行为,由于没有违反重大的法律准则,没有侵犯重大的利益,没有违反法律明文规定的禁令,也没有造成严重的后果,因此没有必要采取"强制性的排除",而应给予公诉方补救的机会。

(二) 瑕疵证据的主要类型

侦查人员在收集物证、书证、证人证言、被告人供述和辩解等证据过程中,假如存在着一些带有技术性的轻微违法情形的,我们可以将其称为"程序瑕疵",由此所获取的证据则被称为"瑕疵证据"。在我国刑事证据法中,"瑕疵证据"大都是侦查人员在制作相关证据笔录时存在着一些技术性的缺陷,如笔录记录有错误、笔录遗漏了重要的内容、笔录缺乏相关人员的签名等。当然,对于那些在收集证据过程中存在的违规情况,有关法律也将其列入"程序瑕疵"之列。以下依次对这些"瑕疵证据"作出简要的分析。

1. 证据笔录存在记录上的错误

侦查人员提供的证据笔录存在着记录上的错误,这是在刑事诉讼中经常发生的情况。比如,证人询问笔录反映出在同一时间段内,"同一询问人员询问不同证人"。这显示出询问笔录记载的时间不合情理,违背基本的经验法则。又如,被告人讯问笔录"填写的讯问时间、讯问人、记录人、法定代理人等有误或者存在矛盾"。这些记录错误尽管对讯问笔录的内容没有直接的影响,却显示出侦查人员所提供的证据笔录存在着形式上的缺陷。至于侦查人员是否实施了违法侦查行为,这从证据笔录本身并无法得到验证。

2. 证据笔录遗漏了重要内容

在侦查过程中,很多侦查人员由于疏忽大意或者对证据规则的轻视,经常发生没有完整地记载侦查过程的情形。这种形式上的程序违规尽管不一定意味着侦查人员违反了法律程序,却属于不容忽视的证据瑕疵。例如,勘验、检查笔录,搜查笔录,提取笔录,扣押清单没有载明物品的特征、数量、质量、名称,物证、书证的复制品没有记载制作人关于制作过程的说明,等等。这种记载上的疏忽,使得法院无法判断物证、书证的真实来源,也无从查明物证、书证收集、提取过程的完整性,以至于无法对这两类证据的"保管链条"作出完整的判定。

又如,侦查人员在询问证人过程中没有填写"询问人、记录人、法定代理人姓名"或者"询问的起止时间、地点",询问笔录"没有记录告知证人应当如实提供证言"等内容。这种记录上的缺失尽管属于形式上的手续违法,但也会令人怀疑询问过程的规范性。再如,侦查人员对被告人的首次讯问笔录"没有记录告知被讯问人诉讼权利内容"。尽管这并不一定说明侦查人员没有作出这种权利告知,也有可能曾经进行过权利告知,只是存在着记录上的疏漏,但这毕竟属于侦查程序上的明显漏洞,有待侦查人员给出合理的解释或说明。

3. 证据笔录缺少有关人员的签名或盖章

在侦查过程中,无论是主持侦查的办案人员、物品持有人、被讯问人、被询问人,还是侦查过程的见证人,都要对有关证据笔录进行签名或者盖章,这是上述人员确认侦查过程规范性和侦查结果真实性的重要制度保证。一旦缺乏这些人员的签名或者盖章,证据笔录即属于"瑕疵证据"。例如,在收集物证、书证过程中,侦查人员制作的勘验笔录、搜查笔录、提取笔录、扣押清单没有侦查人员、物品持有人、见证人签名;讯问被告人笔录上"讯问人没有签名";勘验、检查笔录没有勘验、检查人员和见证人签名;辨认笔录没有侦查人员、辨认人、见证人签名或者盖章……这些缺乏相关人员签名或者盖章的证据笔录,一方面属于证据笔录制作上的技术性失误,另一方面也足以令人怀疑相关侦查过程的合法性、规范性,甚至有关侦查过程是否发生过都可能引起人们的合理怀疑。

4. 侦查活动存在"技术手续上的违规"

除了在证据笔录的记载上存在瑕疵以外,《最高法院 2012 年解释》所列举的"证据瑕疵"还有一个显著的特征:侦查人员程度不同地存在轻微的程序违规情况,由于违反法律程序的情况并不严重,我们可以称其为"技术手续上的违规"。例如,询问证人的地点不符合规定。侦查人员将证人传唤到看守所,或者安置在某一使证人丧失人身自由的场所,然后进行询问活动。这种在询问地点上的违规操作,容易导致证人丧失陈述的自愿性,甚至被迫作出不符合真实情况的事实陈述。又如,勘验、检查过程没有见证人到场参与。这明显违反了刑事诉讼法有关勘验、检查需要见证人参与的规定,使得整个勘验、检查过程缺乏中立第三方的监督,其真实性和合法性难以得到保证。再如,在组织辨认过程中,主持辨认的侦查人员少于二人,侦查人员没有向辨认人详细询问辨认对象的具体特征,等等。这些在辨认过程中的违规操作,都既违背辨认本身的程序规范,又容易造成辨认人的错误辨认,甚至导致刑事误判现象的出现。

(三) 瑕疵证据的补正

所谓"程序补正",又称为"违法诉讼行为的治愈",是指法院对于那些情节轻微的程序性违法行为,在对其作出无效之宣告的同时,允许侦查人员、公诉方或者下级法院在纠正原有的程序性违法情况的前提下,重新实施各种带有补救性的诉讼行为。

我国刑事证据法确立了法院责令办案人员进行程序补正的制度,并为此规定了两种程序补正的方式:一是进行必要的补正,二是进行合理的解释或说明。但对于这两种补正的具体方式、方法和手段,则缺乏必要的具体规定。不过,根据诉讼行为补正的基本原理,结合中国的刑事司法实践情况,我们可以对此作出进一步的阐释。

 案例

浙江省宁波市人民检察院指控被告人王维喜先后对被害人王某、孙某实施强奸。宁波市中级人民法院经审理查明,孙某于2007年9月27日下午在安徽省怀远县城关镇兴昌小学的厕所内被一男子挟持到旁边的石榴林中的事实客观存在。虽然安徽省公安厅出具的生物物证检验报告和浙江省公安厅物证鉴定中心出具的DNA检验报告证实,案发当时被害人孙某所穿的内裤上检见的精斑为被告人王维喜所留,被害人孙某与证人冯某均提到案犯脸上长有黑痣的特征与王维喜两眉之间所长的黑痣相吻合,但除此之外,没有其他证据证明挟持孙某的男子是王维喜。本案孙某的内裤是生物物证检验报告和DNA检验报告的重要检材,但该关键物证既未严格按照物证收集程序收集,也未制作照片并妥善保存。

在本案中,公安机关对被害人孙某内裤的收集、复制、保管工作存在多处违反法律规定的地方。具体体现在:一是侦查人员在提取内裤时没有制作提取笔录,或者通过扣押物品清单客观记录提取情况,导致有关内裤来源的证据不充分。二是起诉书的证据目录虽然记载提取了被害人孙某的内裤,但未将该内裤随案移送,也没有采用照片形式对该内裤予以复制移送。三是由于该起犯罪久未侦破,其间办案人员更换,加之移交、登记、保管等环节存在疏漏,被害人孙某的内裤已遗失,导致出现疑问后相关复核工作无法进行。

一审期间,公安机关曾就被害人孙某内裤的收集、复制、保管工作出具了说明材料:"案发后,某县公安局将孙某的内裤进行了提取,后一直放在刑警支队保管。2008年5月30日,民警将孙某的内裤送到省公安厅刑警总队进行DNA鉴定。现此内裤已作技术处理。"该说明材料没有对未制作提取笔录或扣押物品清单、未拍摄照片复制以及为何将内裤处理等情况进行合理的解释。因为孙某的内裤已遗失,即使通过询问被害人、被害人亲属,重现提取过程,也无法通过辨认、质证等方式确认被害人、被害人亲属所述的内裤与侦查机关曾经提取的内裤的关联关系,被害人孙某的内裤来源存疑问题无法解决。因此法院依法认定办案机关无法对该瑕疵证据给出合理的解释和说明,被害人孙某的内裤不能作为定案的根据。

法院在将被害人孙某的内裤予以排除后,以送检材料、样本来源不明为由,认定对该内裤所做的生物物证鉴定意见和DNA鉴定意见均不能作为定案的根据。[①]

所谓"办案人员补正",是指办案人员对于存在程序瑕疵的证据进行必要的补充和纠正。具体说来,这种补充和纠正可以有以下两种方式:一是对证据笔录进行必要的修正,包括对笔录内容的增加、删除或者修改;二是重新实施特定的侦查行为,并重新制作笔录。

对证据笔录进行的修正主要适用于那些在记录上遗漏重要内容或者遗漏有关人员签名的情形。办案人员通过对证据笔录作出必要的修改、增加或者删除,尽量对原有的程序瑕疵作出弥补。例如,勘验、检查笔录没有侦查人员、见证人签名的,法院可以责令办案人员在原勘验、检查笔录上加上侦查人员、见证人的签名;询问证人笔录没有记载询问人、记录人姓名和起止时间、地点的,办案人员也可以重新填写姓名和起止时间、地点;讯问被告人笔录没有讯问人签名的,办案人员也可以增补上类似的签名……需要注意的是,对于这类在记录方面存在瑕疵的证据笔录,办案人员除了在原笔录上作出必要

---

① 参见聂昭伟:《王维喜强奸案——关于瑕疵证据的采信与排除》,载《刑事审判参考》(2012年第2集)(总第85集),法律出版社2012年版,第46—51页。

修改和补充之外,也需要就程序补正过程作出必要的说明,以便对程序补正的过程和结果给出解释,以备法院对其补正情况的审查。

而对于那些侦查活动存在重大瑕疵的情形,法院仅仅要求办案人员修改证据笔录是不够的,而应令其重新实施有关侦查行为,以便有效地弥补原有的程序瑕疵。例如,主持辨认的侦查人员少于二人的,明显违背刑事诉讼法有关辨认活动应由两名侦查人员进行的规定。对此程序瑕疵,办案人员无论怎样修改辨认笔录,也不足以弥补原有的程序缺陷,而唯有重新组织辨认,方可以进行有效的程序补正。又如,侦查人员"没有向辨认人详细询问辨认对象的具体特征的",很有可能造成辨认结果的错误,法院只能责令办案人员重新组织辨认,才有可能将原有的程序瑕疵予以补正。

所谓"作出合理的解释或说明",是指办案人员对于原来的程序瑕疵以及进行程序补正的情况作出一定的解释,这可以分为两种情况:一是对于已经进行的程序补正情况进行必要的说明,二是对于那些实在无法补充和纠正的瑕疵证据作出一定的解释。对于前一种情况,本书前面已经作出了分析。这主要是指法院在责令办案人员修正证据笔录或者重新实施侦查行为的同时,对其程序补正过程给出必要的说明,以供法院进行审查,并以此来说服法院采纳相关的瑕疵证据。

而后一种情况则属于办案人员对那些因为时过境迁而无法补正的瑕疵证据所作的情况说明。特别是那些没有必要重新实施侦查行为,或者重新进行侦查已经不具备现实条件的案件,办案人员作出合理的解释和说明,就成为一种必要的补正程序。例如,对于询问证人的地点不符合规定的,办案人员假如能够证明询问的方式是合法的,证人的陈述也是自由自愿的,并没有受到任何形式的强迫、暴力、威胁等非法对待,那么,法院责令其作出有关询问情况的说明就可以了。又如,对于询问笔录没有记录告知证人如实提供证言的义务以及有意作伪证的法律责任的,法院假如认为证人所提供的证言是真实的,询问证人的程序也是合法的,就没有必要命令办案人员重新进行该项询问活动,而令其作出合理的解释即可。

【深入思考题】

1. 有人对非法证据排除规则的正当性提出质疑,认为"因为警察违法,就放纵犯罪",这一制裁程序违法的方式会削弱公诉方的证据体系,甚至导致放纵犯罪,难以维护被害方以及整个社会的利益。请对此作出评论。

2. 2012年《刑事诉讼法》和两个证据规定都确立了"强制性的排除规则"和"自由裁量的排除规则"。有人评论说,前一种排除规则适用的非法侦查行为存在着"界限模糊"的问题,尤其是刑事诉讼法所明文禁止的"威胁""欺骗""引诱"等非法行为,都没有被纳入强制性排除规则的适用范围。而后一种排除规则又赋予法官相当大的自由裁量权,很有可能在司法实践中变成"自由裁量的不排除规则"。你对这些问题有何看法?

3. 两个证据规定确立了"可补正的排除规则",并使其同时适用于"非法所得的物证、书证"以及各种"瑕疵证据"。有人认为,对于侦查人员非法所得的物证、书证,已经确立了自由裁量的排除规则,也就是迁就了侦查人员的侦查水平和破案困难,如今还要给予公诉方进行程序补正的机会,这就等于将"非法实物证据"等同于"瑕疵证据"。你对此有何看法?

4. 在非法证据排除规则的实施方面,存在着"书本法律"与"现实法律"的严重脱节问题。比如说,刑事证据法要求法官对于法定的非法证据一律排除,而不必考虑这些非法证据的证明力大小强弱问题;而在司法实践中,法官即使确认某一证据为非法证据,也不一定会加以排除,但对于那些很可能不真实、不可靠的非法证据,法官还是会加以排除的。你对这种现象如何认识?

【讨论案例之八】

广东省高级人民法院
(2014) 粤高法刑一终字第351号
刑事附带民事判决书(摘录)

广东省广州市中级人民法院审理广东省广州市人民检察院指控被告人陈灼昊犯故意杀人罪,附带民事诉讼原告人张建华、陈秀慧提起附带民事诉讼一案,于2012年1月10日作出(2010)穗中法刑一初字第20号刑事附带民事判决,认定被告人陈灼昊犯故意杀人罪,判处死刑,缓期二年执行,剥夺政治权利终身。判令被告人陈灼昊赔偿附带民事诉讼原告人张建华、陈秀慧丧葬费、死亡赔偿金、交通费、误工费等共计人民币505299.5元。驳回附带民事诉讼原告人张建华、陈秀慧的其他诉讼请求。宣判后,原审被告人陈灼昊不服,提出上诉。本院于2010年9月14日作出(2012)粤高法刑三终字第251号刑事附带民事裁定,以原判认定的事实不清,证据不足为由,裁定撤销原判,将本案发回广州市中级人民法院重新审判。广州市中级人民法院依法另行组成合议庭进行审理,于2014年8月12日作出(2013)穗中法刑一重字第16号刑事附带民事判决。宣判后,原审被告人陈灼昊对刑事及民事部分的判决均不服,以原判认定事实不清,没有实施杀人行为,不应承担赔偿责任为由提出上诉。本院依法组成合议庭,于2015年5月18日公开开庭审理了本案。广东省人民检察院指派代理检察员付璐、易健成出庭履行职务,上诉人陈灼昊及其辩护人程有社、高杨到庭参加了诉讼。在法庭审理中,合议庭还依法通知了证人刘某全、肖某谦、林某、贺某雄、陈某辉、方某华及鉴定人招某红出庭作证。本案现已审理终结。

原判认为,被告人陈灼昊与被害人张璐璐是同乡并曾是男女朋友。两人原在陈灼昊租住的本市天河区新塘西约新村大街上十巷横三巷11号502房同居。2008年年底,张璐璐向陈灼昊提出分手,并于同年12月初搬到本市天河区新塘西约新村大街上十巷横三巷9号203房单独租住。随后,张璐璐有了新男朋友,但仍与陈灼昊保持往来。2009年1月11日,在陈灼昊的建议下,刚到广州投靠陈灼昊的杨帆和陈灼昊一起到天河区新塘街卫生服务中心开取了安定片。同月13日下午,张璐璐去到陈灼昊的住址。陈灼昊和杨帆一起去买菜回来做晚饭与张璐璐同吃。22时许,张璐璐因没有煤气洗热水澡而生气,并提出要离开。陈灼昊遂将张璐璐送回到新塘西约新村上十巷横三巷9号203房。在房间内,两人因故发生争执。陈灼昊用手捂住被害人张璐璐的口鼻并将其按倒在床上,致被害人张璐璐窒息死亡。随后,陈灼昊将一只布玩具放在侧卧的张璐璐胸前作双手环抱状并盖上被子。23时30分33秒,陈灼昊用张璐璐使用的号码为13719268575的飞利浦手机向自己留在住处号码为15818863538的手机发出了一条要约出来吃夜宵的短信。在陈灼昊住址的杨帆发现上述手机短信后,以为是陈灼昊发给自己的,即用该手机回复了短信称不去。之后,陈灼昊拿着张璐璐的小挂包及手机离开。离开时,陈灼昊在门外用张璐璐的钥匙锁上挂锁,并将钥匙从门上的小门扔进屋内,然后关上小门离开。在返回途中,陈灼昊将张璐璐的手机卡丢弃,并将张璐璐的手机及随身小挂包带回了自己住处。

同月15日中午,张璐璐的父亲因无法联系上张璐璐而电话联系陈灼昊,并请求帮忙寻找。陈灼昊和杨帆吃完午饭后动身前往张璐璐住处寻找。15时许,当杨帆陪同陈灼昊开门进入张璐璐住处并发现张璐璐死亡后,随即报了警。随后,在接受公安机关调查询问时陈灼昊谎称张璐璐使用的是一部新买索爱手机。同年2月24日,公安机关在陈灼昊住处将其抓获,并缴获了张璐璐的小挂包(内有人民币62.5元、银行卡、学生证、白色金属链及吊坠等)及手机等物品……

上诉人陈灼昊提出,原判认定事实不清,证据不足,判决无事实依据……

上诉人陈灼昊的辩护人提出,本案的侦查取证程序存在违法问题,原判认定事实不清,经过二审庭审排除非法证据的审查后,现有证据不足以证实上诉人实施了指控的犯罪,且现有证据不能排除合理怀疑。具体辩护意见是:1. 本案办理中在诉讼的各阶段均出现程序问题。在侦查阶段,侦查人员实施无证搜查,在看守所以外审讯,部分的审讯过程无审讯笔录,未能查明被害人死亡时间,审讯录像及指认现场的录像不连续。在审查起诉阶段,检察员未依法提讯上诉人陈灼昊,使陈灼昊丧失了在该阶段翻供的机会。在重审阶段,重审法院未审审讯笔录的完整性,未审查录像以及指认现场录像的不连续,未审查证据与证据之间的矛盾或不一致。2. 本案存在诸多的证据问题,无证搜查所查获的物证应予排除;天河区公安分局刑警大队于2013年5月12日出具的两份情况说明不符合刑诉法司法解释的规定要求,不应作为证据采信;审讯录像及指认现场的录像均没有显示时间,也不应被采信;新收押人员一周身体状况跟踪检查记录经鉴定上面的签名不是陈灼昊所签署的,也应被排除;上诉人所作的供述是受到刑讯逼供、恐吓才按照要求或者指示作出的,其所有的有罪供述都应认定为非法证据予以排除。3. 上诉人供述的作案手段与死因鉴定显示机械性窒息死亡等事实不符,案发现场提取到多枚指纹未能鉴定,不能排除合理怀疑,证据不确实、不充分。4. 检察员发表的出庭意见也基本认同本案的侦查过程中的程序瑕疵以及部分证据应当排除的情况,检察员同时也认同本案证据不能排除合理怀疑。综上,经过本案非法证据排除及对本案证据的对比分析,本案犯罪事实不清,证据不足。恳请合议庭充分注意本案办案机关出现的种种问题,充分考虑上诉人的无罪辩解和庭审陈述,根据《刑诉法》第一百九十五条的规定,作出证据不足,指控的犯罪不能成立的无罪判决。

检察员的出庭意见认为,本案在办理中确实存在程序上的疑点及瑕疵,导致证据上也存在疑问。具体如下:1. 认定陈灼昊构成故意杀人罪的证据相对薄弱。本案认定陈灼昊构成故意杀人罪的直接证据主要是陈的供述,但陈的其中一份有罪供述已经在重审时被以非法证据予以排除,其余的有罪供述与证人杨帆的证言存在不一致,与在案证据也不能相互印证。更重要的是,杨帆本身的证言不稳定,陈灼昊一直辩称杨帆的证言内容不实,而杨帆在作证后便无踪迹可寻。2. 鉴定结论及现场勘验笔录证实在房间提取到的指纹经鉴定为陈灼昊所留,但该证据的证明力有限。因为陈灼昊经常出入该房间,而且案发后又到过此处,所以指纹鉴定意见的意义不大。3. 本案无法完全排除其他可能性。现场勘验记录显示案发现场没有被破坏或者撬压痕迹,不可能是陌生人作案,而根据陈灼昊的供述,他配有被害人房间的钥匙。这也是一审法院认定其有罪的依据之一,但被害人还有另一男友梁达威,仅以陈灼昊配有被害人房门钥匙就排除其他人作案可能性稍显牵强。4. 从动机上分析,上诉人与被害人是同居了三年的男女朋友,直到案发前被害人还去上诉人住处吃饭、聊天。根据陈灼昊的有罪供述内容,仅仅因为陈不希望被害人去张的老师处玩耍就杀死被害人不符合常理。尽管作案动机并不是犯罪构成要件,但对定罪也有重大意义。综上,本案中的程序确实存在一些疑点和瑕疵,认定陈灼昊构成故意杀人罪的证据相对薄弱,请二审法院依法裁判。

本院在二审开庭前依法向侦查机关收集、调取三项证据,分别是被害人张璐璐的新男友梁达威证言提到的陈灼昊盗用张璐璐QQ号与之聊天的记录、对陈灼昊于2009年2月25日进入天河区看守所的健康检查笔录及新收押人员一周身体状况跟踪检查记录上有关陈灼昊的签名作笔迹鉴定,以确定以上记录上的签名是否为陈灼昊本人所签署。针对辩方有关陈灼昊在侦查阶段受到刑讯逼供、指事问供及侦查人员存在无证搜查等违法取证行为的控告，本院庭前通知了参与本案侦查、鉴定工作的六名侦查人员及一名鉴定人员出庭作证回应。

经本院第二审公开开庭审理，并在庭审中启动非法证据排除调查程序，对原判认定的事实、据以定罪量刑的证据及二审期间调取的证据审理情况如下……

本院重点审查了原判所采信证据的证据能力及证明力，审查结果及对原判的定罪理由综合分析评判如下：

1. 关于现场勘验

根据前述现场勘验记录，既然锁功能完好，未见橇压痕迹，而张璐璐自己的房门钥匙就在案发现场，那么，提取并固定陈灼昊所持有的另外一套钥匙就尤为重要。然而侦查人员却没有提取陈灼昊所持有的钥匙。本案的现场是个封闭的场所，如果提取并固定了陈灼昊所持有的张璐璐居所的房门钥匙，并且排除张璐璐、陈灼昊以外的人持有房门钥匙，对认定案件具有关键作用。因为陈灼昊未被作为犯罪嫌疑人前，曾于2009年1月16日作为证人作证称自己和张璐璐各持一套张的房门钥匙，但同时亦证明房东持有楼下大门及203房外面的小门的钥匙。而张璐璐结交了新男友梁达威，梁亦有可能配有张的房门钥匙。检方在出庭意见中也指出前述取证上的疏漏。

2. 关于法医学尸体检验鉴定意见

广州市公安局天河区分局刑事科学技术室出具[2009]穗公天刑尸鉴字7号法医学鉴定意见，认定张璐璐符合因口鼻部被捂导致机械性窒息死亡。但该鉴定意见未对张璐璐的死亡时间作检验鉴定，根据发现张璐璐尸体的时间及当时的尸体状况，鉴定机构具有作出死亡时间鉴定的条件。根据原判采信的手机通话清单上显示陈灼昊发短信的时间并结合证人杨帆的相关证言，可以证明陈灼昊是在2009年1月14日零时后回到自己的住处。但由于鉴定机构未能作出张璐璐死亡时间的鉴定意见，无法得知张璐璐是否在2009年1月14日零时前已经死亡，因此无法判断陈灼昊于2009年1月14日零时后回到自己的住处与张璐璐死亡之间的关联性。

3. 关于化验鉴定意见

广州市公安局刑事警察支队刑事技术所出具穗公刑技（化验）[2009]125号化验检验意见，认定张璐璐的尿液验出安定成分，张璐璐的心血也检出安定成分，含量为40.75 μg/100 ml。如此低含量的安定成分，对张璐璐的意识产生何种影响,对张璐璐遭到袭击后的抵抗能力产生何种影响,鉴定机关未能出具相关鉴定意见。而相关的专业资料显示,安定毒性(血浓度)的分析,治疗量:0.1—0.5 mg/100 ml,中毒量:0.5—2.0 mg/100 ml;致死量:大于2 mg/100 ml。张璐璐体内的安定含量甚至未达到最低治疗量的一半。证人杨帆并未证明张璐璐服用了自己和陈灼昊买来的安眠药;陈灼昊虽供述张璐璐曾服用了自己与杨帆购买的安眠药,但供称只是听据,仍然无法完全排除张璐璐自行服用过其他安眠类药品的可能,而部分安眠类药品也含有安定成分。因此,如此微量的安定成分,与证明案件事实关联性不强。

4. 关于搜查

侦查人员于2009年2月24日对陈灼昊的租住处进行了搜查,在案证据显示,侦查人员搜查时被搜查人陈灼昊在场,搜查完毕后拘传了陈灼昊。然而搜查证上陈灼昊署名的日期与实际搜查日期相差7个月20天。根据1996年《中华人民共和国刑事诉讼法》及1998年《公安机关办理刑事案件程序规定》的相关规定,侦查人员只有存在可能隐匿、毁弃、转移犯罪证据等五种紧急情况下才允许无证搜查,而在案的穗公天拘传字[2009]00118号拘传证显示,侦查机关于2009年2月24日对杨帆也进行了拘传,印证了陈灼昊有关杨帆在搜查当天也被侦查人员控制的质证意见。即不存在杨帆转移、隐匿或毁弃物证的可能。结合参与搜查的侦查人员肖某谦、刘某全在庭上的证言,本院认定侦查人员2009年2月24日对陈灼昊的租住处进行搜查的行为属无证搜查,该搜查行为不合法。

5. 关于非法搜查而收集的物证

对于违反法律规定,无证搜查而收集的物证能否采信,这涉及对非法取证所收集物证的证据能力的评判标准。本案侦查行为发生时有效的1996年《中华人民共和国刑事诉讼法》对此评判标准无相应规定,根据"实体从旧,程序从新"的原则,应依据现行刑事法律的规定进行评判。现行《中华人民共和国刑事诉讼法》第五十四条规定,收集物证、书证不符合法定程序,可能严重影响司法公正的,应当予以补正或者作出合理解释;不能补正或者作出合理解释的,对该证据应当予以排除。《最高人民法院关于适用〈中华人民共和国刑事诉讼法〉的解释》第九十五条第二款对"可能严重影响司法公正"作了解释,即应当综合考虑收集物证、书证违反法定程序以及所造成后果的严重程度等情况。具体到本案,侦查人员在没有出现相关办案程序规定所列明的五种紧急情形的情况下,无证对陈的住处进行搜查,构成了无证搜查,属于严重违反法定程序。搜查证日期与被搜查人署名日期的不一致及被搜查人在二审庭审中的指证，不排除侦查人员在时隔近八个月后补办搜查证，把该搜查证的日期倒签至搜查当天，试图隐瞒真实取证过程的可能性。现陈灼昊及其辩护人提出侦查机关非法搜查、栽赃陷害的控告及排除非法证据的申请，导致本院无法判明上述搜查行为收集的物证的真实来源，而这些物证对定案具有关键的证明价值，侦查人员的上述行为已经严重影响了本院对案件事实的准确认定。因此，本院认为无证搜查行为造成了严重的后果，参与搜查的二名侦查人员在二审庭审中均无法对无证搜查及是否存在补办搜查证的行为作出合理的解释。

鉴于此，本院决定支持辩方有关排除非法证据的申请，除了陈灼昊本人无异议的张璐璐的黄褐色布挂包及飞利浦手机二项物证之外，侦查机关于2009年2月24日对陈灼昊租住处搜查所收集的一台黑色直板诺基亚8310型手机、现金人民币62.5元、银行卡、张璐璐的学生证、白色金属链及吊坠等物证，本院认定无证据能力，属非法证据，予以排除。

6. 关于破案报告及情况说明

破案报告反映的是侦查机关如何将陈灼昊列为重点嫌疑对象及如何取证侦破本案的经过。关于报告中的破案经过，本院认为侦查机关将陈灼昊作为重点犯罪嫌疑对象有一定的事实依据，侦破案件经过合理，符合侦查规律。现行《中华人民共和国刑事诉讼法》对侦查终结、提起公诉、审判定罪三个诉讼阶段对证据的要求均表述为"证据确实、充分"，这表明法律对各诉讼阶段的证明标准是统一的。然而司法实践的现实及诉讼规律决定了，证明标准的要求实质上是按三个诉讼阶段的渐次递进而逐步提高的，侦查机关侦查终结时最低，公诉机关提起公诉时较高，法院作出有罪判决时最高，希望在侦查终结后就能够达到法院定罪的标准不符合客观实际。侦查终结时形成的证明体系，较之法院作出有罪判决所要求的证明体系，一般而言，前后两个标准存在一定距离。换言之，案件侦查终结只是意味着达到了将案件移送公诉机关审查起诉的程度。在侦查活动中，锁定犯罪嫌疑人的证明标准较之于侦查终结则更低，锁定犯罪嫌疑人的依据与侦查终结时收集到确实、充分的证据并移送起诉不能相提并论，二者之间的连接仍然需要进一步的侦查取证工作。因此，本院认为，锁定陈灼昊为重点犯罪嫌疑人的依据并不等同于认定陈灼昊有罪的证据，侦破经过的合理性也不等同于侦查取证的合法性。

侦查机关在重审期间出具的说明材料，目的是向原判法院说明侦查人员获得陈灼昊第一份有罪供述的地点是在看守所而非刑警队办公室,并解释为何该次审讯的时间比陈灼昊实际入所收押时间早了两个多小时的疑点,以证明陈灼昊的第一份有罪供述具有证据能力。原判法院经审理已认定该次审讯行为违反有关条例,审讯时间及程序均不合法,审讯笔录不予采信。本院认为,证据的证据能力评判标准是取证行为是否依法定程序进行。在无证据证明侦查机关取证行为依据法定程序而为的情况下,上述说明材料依法不能单独作为证明取证过程合法的根据。况且,以上材料里证明的证据已不被采信,说明材料本身也不应被采信。

7. 关于审讯录像

侦查机关对陈灼昊的审讯进行过一次录像,却没有依照法律及公安部有关办理刑事案件的程序规定制作笔录。本院认为,首先,审讯录像主要是对被告人口供的记录,只不过记录依附的载体是电子数据,其本质上仍属于主观证据,而非客观证据。审讯录像具有直观性,其作用是作为印证审讯笔录的辅助性证据,也是检验侦查人员在审讯时是否遵守法定程序的视听资料,在缺乏审讯笔录的情形下,只有一项有罪供述的审讯录像,难以作为定案的依据。其次,该审讯录像显示陈灼昊接受审讯的时间是自2009年3月2日11:50分起至2009年3月2日12:15分止。而广州市天河区公安分局2009021240号提讯证上显示在该次讯问中侦查人员对陈灼昊的提讯时间,是自2009年3月2日10:55分起至2009年3月2日12:21分止。结合以上两项证据显示的起止时间,证明自陈灼昊被提押出仓进入审讯室起至开始对其进行审讯录像前,侦查人员的审讯活动有四十分钟左右的时间呈现空白状态,既无审讯笔录记录,也无录像记录,该次审讯的视听资料并非全程录音像,没有完整记录审讯的过程。而陈灼昊在重审庭审中提出,侦查人员在录音录像前曾对其进行过恐吓。再次,侦查机关对陈灼昊进行录像时是在2009年3月2日,即在陈灼昊入所后一周之内,也就是在出现伪造陈灼昊签名的新收押人员一周身体状况跟踪检查记录的时间段内。根据以上伪造书证的情况,加之该次审讯录像并未记录完整的审讯过程,又无审讯笔录印证,结合陈灼昊本人的控告,不排除侦查人员对陈进行恐吓、威胁的可能。因此,法院决定支持辩方有关排除非法证据的申请,认定该审讯录像无证据能力,属非法证据,予以排除。

8. 关于提解信息表、指认现场录像及情况说明

以上证据证明侦查人员于2009年2月28日从看守所内提押陈灼昊,由

陈灼昊引领侦查人员到广州市天河区新塘西约新村上十巷横三巷9号203房，指认该地点就是其杀害张璐璐的地点。以上证据取证程序合法，指认现场过程中，侦查人员并无违反程序的行为，相关证据具备证据能力。因此，本院不支持辩方有关排除非法证据的申请，对以上证据予以采信。

9. 关于健康检查笔录、新收押人员一周身体状况跟踪检查记录

根据上述两项鉴定意见，健康检查笔录上有关"陈灼昊"的签名为陈灼昊本人所签署；新收押人员一周身体状况跟踪检查记录上七处有关"陈灼昊"的签名并非陈灼昊本人签署。本院决定支持辩方有关排除非法证据的申请，认定新收押人员一周身体状况跟踪检查记录无证据能力，属非法证据，予以排除；同时采信健康检查笔录作为定案的依据。

10. 有关证人证言

（1）证人杨帆的证言。从杨帆以上五份证言可以看出，其在证明案件事实的关键情节中曾多次出现反复，如张璐璐案发当晚离开陈灼昊住处时是否带走自己的挂包等随身物品，杨帆的第三次证言与第四次证言不一致。由于原判采信了侦查机关搜查陈灼昊住处所收集的张璐璐的银行卡、学生证等物证并认定前述物证是陈从张的住处取回，而陈灼昊则予以否认，那么杨帆有关张璐璐有没有带走自己的随身物品的证言尤为重要。但杨帆前述证言的反复，导致前述物证是陈灼昊从张璐璐处取回还是张璐璐留在陈的住所失去了重要的言词证据佐证。再如陈灼昊陪张璐璐回张的住处时是否带着自己的随身物品，以及陈灼昊在2009年1月13日晚何时回到住所，杨帆的相关证言亦出现多次反复。只有根据在案的手机通话清单的佐证，结合杨帆其中一份证言，本院才确认陈灼昊是于2009年1月14日零时后回到住处。

（2）证人梁达威的证言。梁达威的前述证言，证明陈灼昊对张璐璐与梁达威结交不满，也可以在一定程度上证明陈灼昊可能具有实施原判认定的犯罪事实的动机。但由于侦查机关无法恢复梁达威证言所提的与陈灼昊QQ聊天的记录，因此，梁达威的证言缺乏其他证据佐证，其证言属于孤证。

（3）证人张建华、陈秀慧的证言。张璐璐父母张建华、陈秀慧的前述证言中，只有提及杨帆事后曾说过张璐璐的尸体被送去解剖时，警方电话询问陈灼昊有关事实，陈紧张得说不出话来的证言与案件有关联性，然而该部分证言属于传来证据，且未得到杨帆相关证言的佐证。其他部分的证言与案件并无关联性。

（4）证人叶某、苏某、邓某龙、陈某君、黄某莎的证言。以上证人证言直

接或间接证明了陈灼昊的性格特点,然而证明的事项与本案待证的故意杀人事实并无关联性。

11. 关于上诉人陈灼昊的有罪供述及控告

有关陈灼昊被刑讯逼供仅有陈灼昊本人的控告,而广州市天河区看守所出具的健康检查笔录证明陈灼昊进入看守所收押时其体表无异常,身体状况正常,结合二审出庭作证的六名侦查人员的证言,认定陈灼昊在侦查阶段受到刑讯逼供的证据不足,陈灼昊的相关控告不成立。而陈灼昊于2009年3月2日和同年4月7日所作的有罪供述,对本案有直接证明作用,然而两份相隔一个月零五天的笔录记录文字高度雷同,显示出侦查人员讯问方式违反相关的程序规定,存在明显的指事问供迹象,该迹象与陈灼昊提出侦查人员教授其供述杀人方法和写好了笔录让其签名的控告内容相吻合。而参与审讯及记录的侦查人员在庭审作证时并不能对笔录存在的疑点作出合理解释,陈灼昊以上两份有罪供述的笔录不排除受到指事问供而形成的可能性。因此,本院决定支持辩方提出的相关排除非法证据申请,认定侦查人员在2009年3月2日和同年4月7日对陈灼昊的审讯不合法,该二次审讯形成的审讯笔录无证据能力,属非法证据,应予排除。

12. 关于原判对陈灼昊定罪的理由

原判对陈灼昊定罪的理由共五项。关于第一项,如上所论,叶某等五名证人直接或间接证明陈灼昊的性格特点,与待证的犯罪事实并无关联。梁达威的证言虽然在一定程度上可以证明陈灼昊可能具有犯罪动机,然而缺乏其他证据佐证,此证据属孤证,证明力不强。杨帆的证言多次反复,除了陈灼昊当晚返回住处的时间外,其余的与案件事实有关的关键情节均无法从杨帆的证言中得到证明,杨帆证言的证明力亦不强。关于第二项,本院已认定陈灼昊遭到刑讯逼供的控告不成立。然而新收押人员一周身体状况跟踪检查记录上的七个有关"陈灼昊"的签名系伪造,结合侦查人员对陈灼昊进行审讯录像前出现审讯过程无记录的空白时间段,以及陈灼昊本人的相关控告,本院不排除陈灼昊在录像前受到侦查人员威胁、恐吓的可能性。关于第三项,该项理由主要基于陈灼昊的有罪供述、供述内容与现场勘验相符、侦查人员搜查所收集的张璐璐的物品、陈灼昊用张璐璐的手机给自己的手机发短信及案发后张璐璐的手机没有手机卡与陈灼昊的有关供述相吻合等五个方面的证据。本院已对原判采信的陈灼昊的有罪供述认定为非法证据,不予采信,基于该有罪供述的理由当然不能成立:陈灼昊与杨帆一起到张璐璐的住处,并发现张已经死亡,二人目睹了案发现场的概貌,甚至触动过被害人的尸体,故陈灼昊知晓现场情况属正常,并不当然证明陈灼昊实施了犯罪;本院已认定侦查人员对陈灼昊住处的搜查属非法搜查,搜查所收集的部分物证系非法证据并予以排除,故基于前述物证的理由也不能成立;陈灼昊在重审庭审中对发短信的行为及飞利浦手机无张璐璐原来使用的手机卡作了辩解,其辩解有一定的事实依据。关于第四项,如上所论,侦查机关没有提取并固定陈灼昊持有的张璐璐的房门钥匙,也没有排除陈灼昊以外的人持有房门钥匙的可能,该项理由不成立。关于第五项,张璐璐体内检出安定成分的含量,对张璐璐的意识产生何种影响,对张璐璐遭到暴力袭击后的抵抗能力产生何种影响,鉴定机关未能出具相关鉴定意见。在无专业鉴定意见作为依据的前提下,原判法院将张璐璐体内检出安定成分推断为陈灼昊杀害张璐璐的有利条件,缺乏科学、严谨的依据。

综上所述,本院依法启动非法证据排除调查程序后,原判所采信的新收押人员一周身体状况跟踪检查记录、情况说明等书证、非法搜查所收集的黑色直板诺基亚8310型手机及张璐璐的银行卡、人民币现金、学生证、白色金属链及吊坠等物证、审讯录像等视听资料及上诉人陈灼昊两项有罪供述被认定为非法证据,予以排除。余下的证据中,只有指认现场录像属于直接证据,然而,指认现场录像属于视听资料,其在本案中的证据地位和证明作用,是对陈灼昊有罪供述中关键情节具体化和形象化的显现,本质上也属于主观证据,是依附于陈灼昊审讯笔录的辅助性的证据。在本院已认定陈灼昊的有罪供述为非法证据后,不能依靠该指认现场录像作为直接证据定案,必须依靠其他的间接证据予以佐证。而在案的其他间接证据中,作为侦查活动起始至终结的综合性材料,侦破报告反映侦查机关锁定陈灼昊为犯罪嫌疑人有一定的事实依据,侦破案件经过合理,但锁定陈灼昊为重点犯罪嫌疑人的依据并不等同于认定陈灼昊有罪的证据,侦破经过的合理性也不等同于侦查取证的合法性;由于陈灼昊与张璐璐曾是男女朋友关系,分手后仍有密切的交往,故张的住处铁门留有陈的指纹,以及在陈的住所发现张的挂包及手机在本案中无证明价值;张璐璐体内有安定成分的鉴定意见及相关医院出具的药方、证人张建华、陈秀慧的证言及叶某等五人的证言与待证事实之间的关联性不强;手机通话清单结合杨帆的相关证言可以证明陈灼昊在案发当晚返回住处的时间,却不能进一步证明与案件有关的其他事实。证人杨帆的数次证言内容反复不定,证明力不强。证人梁达威的证言无其他证据佐证,不能单独证明陈灼昊具有实施犯罪的动机。因此,上述的一项直接证据及多项间接证据,无法形成完整的证明体系……

鉴于此,本院决定采纳广东省人民检察院的出庭意见,认为未被排除的证据已达不到认定上诉人陈灼昊构成犯罪的确实、充分的证明标准,无法排除合理怀疑,无法得出陈灼昊实施杀害张璐璐犯罪行为的唯一性结论。原判认定上诉人陈灼昊犯故意杀人罪的事实不清、证据不足,原公诉机关指控上诉人陈灼昊的犯罪不能成立。

可讨论的问题:

1. 二审法院对被告人陈灼昊有罪供述进行排除的理由是什么?
2. 二审法院对侦查人员所制作的讯问录像进行排除,主要有哪些理由?
3. 二审法院对侦查人员出具的情况说明材料进行排除,所依据的理由有哪些?
4. 二审法院对侦查人员的搜查行为认定为非法搜查行为,并适用了裁量性排除规则,其裁判逻辑是什么?

第九章　非法证据排除规则（Ⅱ）
——适用程序

被告通过抗辩成为原告。

一、非法证据排除程序概述

二、非法证据排除程序的基本原则

三、相关的证据规则

四、司法证明机制

五、审判前的排除程序

六、非法证据排除程序的启动方式

七、初步审查

八、正式调查

九、二审法院的审查

【讨论案例之九】　李志周运输毒品案

一、非法证据排除程序概述

传统意义的审判,是指法院为解决被告人刑事责任问题而举行的司法裁判活动。随着法律制度的发展,刑事审判已经逐渐突破原来固有的"实体性裁判"的范围,而衍生出"程序性裁判"的程序机制。所谓"程序性裁判",是指那些为解决控辩双方存在的程序性争议而举行的司法裁判活动。例如,被告人对某一法官提出回避申请的,法院需要对该项申请是否成立作出决定;公诉方或者被告方申请法庭延期审理的,法院要作出是否批准的裁决;控辩双方围绕着管辖问题发生争议的,法院需要就此作出决定;被告方对某一控方鉴定意见提出异议,要求重新鉴定或者补充鉴定的,法院也应决定是否予以采纳;对于被告方有关排除某一控方证据的申请,法院也需要作出是否同意的裁决……在以上情形下,法院都需要举行程序性裁判活动,并对有关程序性争议作出裁判结论。这种裁判结论尽管并不涉及被告人的刑事责任问题,却对刑事诉讼的进程具有程度不同的影响。

根据所要解决的程序性争议的不同,程序性裁判可以有广义和狭义之分。广义的程序性裁判,泛指一切旨在解决程序性争议的司法裁判活动。例如,前面所说的围绕着延期审理、回避、管辖、重新鉴定或补充鉴定等问题所发生的程序性争议,都应被纳入广义的程序性裁判的程序轨道。狭义的程序性裁判,则专指法院针对侦查机关、公诉机关或者下级法院的程序性违法行为,为确定是否实施程序性制裁所进行的司法裁判活动。迄今为止,我国法律确立了两种典型的程序性制裁制度:一是针对非法侦查行为的排除规则,二是针对审判程序违法的撤销原判、发回重审制度。法院为确认初审法院的审判是否违反法律程序的裁判活动,通常发生在第二审程序之中。而法院为审查侦查程序的合法性、确认应否排除非法证据的裁判活动,则可以在第一审和第二审程序中先后发生。这两种旨在实施程序性制裁的裁判活动,都属于狭义的程序性裁判。

作为一种狭义的程序性裁判程序,非法证据排除程序具有较为完整的司法裁判程序要素。我国刑事证据法确立了非法证据排除规则,并根据侦查人员非法取证的情况,将排除规则分为强制性的排除规则、裁量性的排除规则与瑕疵证据的补正规则等三种类型。但是,这些规则仅仅属于一种"实体构成性规则",也就是界定非法证据的内涵、外延以及排除后果的实体性规则。

要使非法证据排除规则得到顺利的实施,法律还必须确立这一规则的适用程序。具体而言,刑事证据法需要确定非法证据排除规则的启动方式、初步审查程序、正式调查程序以及司法救济途径。对于这些旨在保证非法证据排除规则实施的规则,我们可以称为"程序实施性规则"。

2010年颁行的《非法证据排除规定》,首次对非法证据排除规则的适用程序作出了具体规定。根据这一规定,对于依法确认的非法言词证据,法院、检察机关都应将其排除,既不将其作为定案的根据,也不将其作为批准逮捕、提起公诉的根据。该规定确立了先行调查原则,也就是被告方无论是在开庭审理之前,还是在庭审中,一旦提出排除非法证据的申请,法院都应当先行进行当庭调查。该规定确立了初步审查与正式调查这两个相对独立的程序环节,被告方提出被告人审判前供述是非法取得的,应当提供相关的线索或者证据,法庭经审查对被告人供述取得的合法性存有疑问的,可以启动正式调查程序。在正式调查程序中,公诉方可以通过向法庭提供讯问笔录、原始的讯问过程录音录像或者其他证据,提请法庭通知相关证人以及侦查人员出庭作证,对供述取得的合法性进行证明。控辩双方可以就被告人供述取得的合法性问题进行质证和辩论。必要时,法庭可以对相关证据进行庭外调查核实。该规定还确立了第二审法院对于被告人审前供述取得合法性的审查程序。不仅如此,该规定还对非法证据排除程序中的证明责任和证明标准作出了规定,并确立了公诉方不能排除非法证据的法律后果。

2018年《刑事诉讼法》确立了非法证据排除规则,并就非法证据排除程序作出了原则性的规定。该法确立了庭前会议制度,并将被告方申请排除非法证据作为法院启动庭前会议程序的法定必要条件。该法吸收了初步审查与正式调查相对独立的程序设置,规定申请排除以非法方法收集的证据的,应当提供相关线索或者材料。该法还确立了证明责任倒置原则,要求公诉方在正式调查程序中应当对证据收集的合法性承担证明责任,并通过提请法院通知侦查人员出庭等方式来证明证据收集的合法性。对于公诉方无法证明证据收集的合法性的,刑事诉讼法也确立了证据排除的后果。

在此基础上,《最高法院2020年解释》对非法证据排除规则的适用程序作出了较为具体的规定。该解释在确立被告人通过申请排除非法证据启动庭前会议、初步审查与正式调查相对独立、证明责任倒置等制度安排的前提下,又对非法证据排除程序作出了一定的调整。例如,该解释在采纳先行调查原则的前提下,又允许法院在法定例外情形下可以先行进行法庭调查,并在法庭调查结束之前再行调查公诉方证据的合法性问题。又如,为防止被告方滥用排除非法证据的申请权,该解释对于第二审法院审查证据收集合法性的情形,作出了明确的界定和限制。

二、非法证据排除程序的基本原则

非法证据排除程序所要解决的是控辩双方就侦查行为的合法性所发生的程序性争议。这一程序属于广义上的"程序性裁判程序"的一种类型。这一程序性裁判发生在整个刑事诉讼过程之中,并不具有完全的独立性。法院经过一场完整的刑事审判活动,既要解决被告人的刑事责任问题,也要附带解决有关的程序性争议问题。正因为如此,程序性裁判才被称为"诉中诉""案中案"或者"审判之中的审判"。作为一种重要的程序性裁判程序,非法证据排除程序通常也发生在刑事审判过程之中,带有实体性裁判程序的"附属程序"的性质。具体说来,我国刑事证据法在非法证据排除程序中确立了三项基本原则。

(一) 程序性裁判前置原则

根据这一原则,被告人及其辩护人在开庭前申请排除非法证据的,只要提供了相关线索或者材料,法院即应召开庭前会议。由此,有关非法证据排除的程序性裁判就被前置到庭前会议环节。而在这一环节,法院对于被告人的刑事责任问题不得进行审查,而最多了解控辩双方争议的焦点问题。这样,程序性裁判就具有优先于实体性裁判的效力,可以在庭前会议阶段得到率先展开。

庭前会议具有基本的诉讼形态。届时,法院召集控辩双方同时到场,被告人及其辩护人可以当场说明有关申请以及相关线索或者材料,检察机关应通过出示证据材料等方式,对侦查人员收集证据的合法性发表意见,作出说明,还可以有针对性地播放讯问录音录像,控辩双方还可以就证据收集的合法性发表意见。法院要全面听取控辩双方的意见,并对证据收集的合法性问题进行核实。[①]

法院通过庭前会议阶段的听审活动,对于控辩双方达成一致意见的,会

---

① 参见戴长林:《庭前会议程序若干疑难问题》,载《人民司法(应用)》2013 年第 21 期。

作出是否排除非法证据的决定。经过庭前会议程序,检察机关认为辩护方的申请具有充分法律依据,决定撤回相关证据的,该证据即不得在庭审中予以出示。这就等于该证据被排除于法庭之外。同时,假如被告人及其辩护人认为排除非法证据缺乏法律依据的,也可以提出撤回排除非法证据的申请,有关证据就可以在法庭上予以出示。但没有新的线索或者材料,辩护方不得再次对该证据提出排除申请。对于控辩双方达成协议的情况,法官要写入"庭前会议报告",并在法庭调查开始之前予以宣布,在向控辩双方核实后当庭予以确认。

经过庭前会议,控辩双方对于侦查人员收集证据的合法性没有达成一致意见的,法官应对双方争议的焦点问题作出总结和归纳。对于证据收集合法性的审查情况以及控辩双方的争议焦点问题,法官要写入"庭前会议报告",并在法庭调查开始前加以宣布。在随后举行的正式调查程序中,法官将在庭前会议报告的基础上,组织有关非法证据排除的听审活动。

因此,在非法证据排除程序的适用过程中,法院不仅将程序性裁判问题安排在开庭之前,而且对侦查人员收集证据的合法性问题进行了率先审查,在控辩双方形成一致意见的情况下,还作出排除或者不排除非法证据的决定。这种将程序性裁判前置于法庭审理之前的制度安排,使得这种裁判活动相对于实体性裁判具有明显的优先性和独立性。

(二) 先行调查原则

程序性裁判不仅被优先安排在开庭之前举行,而且在法庭审理程序中也具有优先于实体性裁判的效力。根据"先行调查原则",法院决定对侦查人员收集证据的合法性启动正式调查程序的,无论案件进入何种诉讼环节,都应中止庭审程序,优先就非法证据排除问题展开调查。只有在对非法证据排除问题作出裁决后,法院才能恢复实体性裁判程序。而在恢复法庭调查程序之后,法庭不得再将那些被排除的证据纳入法庭调查的对象。由此,程序性裁判就不仅具有优先于实体性裁判的效力,而且对于实体性裁判具有直接的决定作用。

先行调查原则的确立经历了一个曲折的过程。最高人民法院 2010 年参与发布的《非法证据排除规定》,首次确立了"先行调查原则"。这一原则的确立,赋予非法证据排除程序相对独立的诉讼地位,并具有相对于实体裁判程序的优先性,对于保证非法证据排除规则的有效实施具有积极作用。然而,时隔两年,最高人民法院在 2012 年颁行的有关适用刑事诉讼法的司法解释中,就不再将先行调查奉为必须遵循的原则。根据这一司法解释,在被告人及其辩护人提出排除非法证据的申请后,法庭对证据合法性的调查既可以在这一申请提出后进行,也可以在法庭调查结束前一并进行。①

这一司法解释对非法证据排除阶段所作的灵活性规定,客观上使法院在何时启动这一程序方面拥有较大的自由裁量权。在司法实践中,被告人及其辩护人提出排除非法证据申请的,法庭经常不予理会,照常举行法庭调查活动,对所有证据(包括有争议的证据在内)进行举证、质证结束后,再来安排所谓"非法证据排除的听证程序"。这不可避免地导致法庭带着预断和偏见来举行非法证据排除程序,即便发现侦查人员存在非法取证情形,也很难再作出排除非法证据的决定。

为解决这一问题,最高人民法院在《关于全面推进以审判为中心的刑事诉讼制度改革的实施意见》中对先行调查原则作出了重新确立,要求法庭对被告人及其辩护人所提出的排除非法证据的申请应当先行当庭调查,也就是在原来的法庭调查暂时中止的情况下,优先审查侦查人员收集证据的合法性问题。当然,这一先行调查原则可以有适用上的例外。根据这一规范性文件,法庭在"为防止庭审过分迟延"时,也可以在法庭调查结束前审查证据收集程序的合法性问题。那么,究竟何谓"为防止庭审过分迟延"的情形呢?原则上,案件存在"多名被告人及其辩护人申请排除非法证据",或者"其他犯罪事实与被申请排除的证据没有关联"的,法院都可以先不中断法庭调查过程,而在实体性调查完成之后,再来调查侦查人员是否存在非法取证的问题。

《最高法院 2020 年解释》最终确立了先行调查原则。原则上,在法庭审理期间,法庭对于证据收集合法性问题决定启动调查程序的,应当先行进行调查。但为了避免庭审过分迟延的,也可以在法庭调查结束前进行调查。

(三) 当庭裁决原则

过去,法庭对侦查行为合法性进行调查后,并不当庭宣布裁决结果,而是在一审程序结束后,在裁判文书中对非法证据排除问题公布裁决结果。这一方面造成非法证据排除程序流于形式,无法发挥当庭解决程序争议的功能,

---

① 有关先行调查原则的提出以及后来的演变,可参见陈瑞华:《刑事证据法的理论问题》,法律出版社 2015 年版,第 94—99 页。

另一方面也剥夺了被告人及其辩护人的知情权,影响其申请司法救济的效果。

为解决这一问题,我国刑事证据法确立了"当庭裁决原则"。根据这一原则,法庭对证据收集的合法性进行调查后,应当庭作出是否排除有关证据的决定。当然,案件如果需要合议庭评议或者提交审判委员会讨论的,承办法官也需要在合议庭评议后或者审判委员会讨论决定后,在再次开庭时当庭宣布是否排除有关证据的决定。为防止法庭任意重新启动法庭调查程序,法律要求法院在作出是否排除有关证据的决定之前,不得对有关证据加以宣读和质证。

当庭裁决原则的确立,既维护了非法证据排除程序的权威性,也保障了被告人及其辩护人的诉讼权利,还彰显了程序性裁判的结论对于实体性程序的决定作用。当然,法官当庭宣布是否排除非法证据的结论,并不意味着要对非法证据排除问题作出一项独立的书面裁定。对于这一问题的裁决,仍然要与案件的实体裁决一起,被载入统一的裁判文书之中。即便对这一程序性裁判结论不服,被告人及其辩护人也只能在法院宣告判决书之后,就程序问题和实体问题一并提出上诉。

三、相关的证据规则

非法证据排除程序是一种旨在解决程序性争议的裁判程序。与法院针对被告人刑事责任问题所进行的实体性裁判活动不同,这种裁判程序具有"程序性裁判"的性质。根据证据法理论,这种程序性裁判活动不适用"严格证明"的理念,而遵循"自由证明"的原则。尽管如此,法院在这一裁判过程中也面临着对程序性争议事实的认定问题,当然也会遇到对各种证据的合法性加以裁断的问题。

《最高法院2020年解释》对于程序性裁判中的证据合法性的审查判断,确立了一些简单的规则。大体来看,这些证据规则主要涉及对同步录音录像、侦查人员说明材料等辅助证据的采纳判断规则。

(一) 同步录音录像的证据能力

侦查人员对讯问过程的同步录音录像,对于证明侦查行为的合法性具有十分重要的作用。但过去由于缺乏必要的法律规范,侦查人员在制作、移送这些录音录像材料时,存在着随意录制、任意剪辑和有选择移送的问题。公诉机关在法庭调查过程中,也普遍存在着随意不移送或者有选择播放的问题。这既剥夺了被告方的辩护权,也造成法院程序性裁判的形式化。为对侦查人员、公诉方制作、移送、出示证据的行为作出必要的规范,《最高法院2020年解释》确立了以下几项基本规则:

首先,侦查机关对讯问被告人过程进行录音录像的案件,检察机关在提起公诉时没有移送法院的,法院可以通知检察机关在指定时间内移送录音录像。这等于确认了法院依法调取录音录像的权力,也赋予了检察机关移送同步录音录像的义务。

其次,对于检察机关拒绝移送录音录像的案件,法院有权对相关证据作出依法排除的决定。这可以分为两种情况:一是因为无法查阅录音录像,法院无法查明侦查行为是否存在违法取证的情况,造成不能排除侦查人员存在以非法手段收集证据情况的,法院应作出排除非法供述的决定。二是因为无法调取、查阅同步录音录像,法院无法审查被告人供述等证据的真实性的,也可以对其证明力作出否定性评价,不将其作为定案的根据。

最后,法院调取同步录音录像,以及与此相关的排除规定,既适用于公安机关对讯问过程制作的录音录像,也适用于监察委员会在办理职务犯罪案件过程中制作的同步录音录像。

(二) 侦查人员说明材料的证据能力

在司法实践中,面对被告方提出的排除非法证据的申请,检察机关通常会向侦查机关调取相关证据材料。而侦查机关有时会出具一种书面的"情况说明",简要地讲述侦查人员调查取证的情况,说明侦查人员不存在非法收集证据的情况。对于这种说明材料,法院通常允许公诉方采取当庭宣读的方式,接受被告人及其辩护人的当庭质证。但这种说明材料不仅存在制作随意和粗糙的问题,而且无法保证被告人及其辩护人的质证权。

为解决上述问题,我国刑事证据法对这种说明材料的证据能力作出了一些限制。首先,公诉方提交的有关取证过程合法性的说明材料,应当经有关侦查人员签名,并加盖单位公章。未经侦查人员签名或者单位盖章的,说明材料一律不得作为证据使用。

其次,对于公诉方提交的说明材料,法院即便认定其具有证据能力的,也不能将其单独作为证明取证过程合法性的根据,而需要得到其他证据的印证。

最后，控辩双方对于说明材料的真实性或合法性存有疑问，并申请通知侦查人员出庭说明情况，法院认为有必要时，可以通知其出庭说明证据收集情况，并接受控辩双方的交叉询问。

四、司法证明机制

2010 年，最高人民法院在《非法证据排除规定》中曾确立了"公诉方对审前供述的合法性承担证明责任"的原则。[①] 2018 年《刑事诉讼法》进一步确立了"人民检察院对证据收集的合法性承担证明责任"的原则，并且将公诉方对这一待证事实的证明确立为"事实清楚，证据确实、充分"的最高程度。[②] 而《最高法院 2020 年解释》除了重申上述规则以外，还进一步确立了公诉方承担证明责任的具体方式，以及公诉方对不能排除非法取证情形的案件承担败诉风险的规则。

（一）证明责任倒置原则

在法院启动正式调查程序之后，公诉方要对侦查行为的合法性承担证明责任，并且要将这一事实证明到最高的程度。在诉讼理论上，这种由公诉方对侦查行为合法性承担证明责任的原则，又被称为"证明责任倒置原则"。这是因为，根据"谁主张，谁举证"的原则，提出积极诉讼主张的一方，要对该主张所依据的事实承担证明责任。被告方作为非法证排除程序的发动者，在提出了排除某一公诉方证据的诉讼主张之后，也提出了侦查人员取证行为不合法的事实，按理应当由该方对其所提出的事实承担证明责任。但是，我国法律却反其道而行之，免除了提出诉讼主张的被告方的证明责任，而改由作为被申请方的公诉方承担证明责任。这就与行政诉讼中作为被告人的行政机关承担证明责任一样，构成了一种证明责任的倒置现象。

首先，公诉方对其证据的合法性承担证明责任，这是无罪推定原则的必然要求。按照无罪推定原则，法院在对被告人定罪之前应当推定其为无罪的人，被告人无须对其不构成犯罪的事实承担证明责任，而公诉方则要始终对

[①] 参见陈瑞华：《非法证据排除规则的中国模式》，载《中国法学》2010 年第 6 期。
[②] 郎胜主编：《中华人民共和国刑事诉讼法修改与适用》，新华出版社 2012 年版，第 123 页以下。

其指控的被告人犯罪事实承担证明责任。公诉方的这一证明责任是不可转移的。为满足这一证明负担,公诉方不仅要将被告人构成犯罪这一点证明到排除合理怀疑的程度,而且还要证明那些作为指控依据的每一项证据都具有证明力和证据能力。假如被告方对某一指控证据的合法性提出了异议,法院因此对其合法性产生了疑问,那么,公诉方就有义务对该证据的证据能力作出合理的解释和说明。而向法院证明该项证据不属于非法证据,侦查人员的取证行为不存在违法行为,这都是公诉方维护本方证据之证据能力的重要方式。可以说,公诉方向法院证明那些有争议的控方证据的合法性,这是公诉方对被告人有罪承担证明责任的有机组成部分,也是由无罪推定原则所决定的。

其次,从控辩双方取证能力的对比情况来看,由公诉方承担证明责任有助于实现控辩双方在诉讼中的实质对等。在刑事诉讼中,公诉方与被告方在取证能力上存在着天然的不平等情况。一方面,公诉方有侦查人员的强力支持,可以通过强制性侦查手段获取证据,也可以通过强制措施来直接获取被告人的有罪供述,因而在取证和举证方面具有得天独厚的优势。另一方面,被告人一般身陷囹圄,丧失了人身自由,缺乏基本的诉讼经验和技巧,即便得到辩护律师的帮助,也无法通过国家强制力来调取证据,尤其是那些被看守所、侦查人员所掌握的证据材料,辩护律师根本无法顺利获取。正是考虑到控辩双方在调查取证方面所存在的天然不均衡问题,法律才免除了被告方的证明责任,使其享有一定的诉讼特权,而赋予公诉方一定的特殊义务,令其承担证明责任。

最后,法律确立了公诉方对侦查行为合法性承担证明责任,会促使公诉方对于侦查行为合法性提出严格要求,侦查人员也可能为应对法院的司法审查而遵守法律程序,积极做好应对诉讼的准备。这样可以促成一种良性循环:越是强调公诉方的证明责任,侦查人员越会遵守法律程序;而侦查人员越是依法收集证据,公诉方对侦查行为合法性的证明也就变得更为容易。

(二) 公诉方承担证明责任的方式

对于侦查行为的合法性问题,公诉方通过什么方式承担证明责任呢?

原则上,被告方提出排除非法证据申请的,应当向法院提交有关侦查人员违反法律程序的证据材料或者线索。通过审阅被告方的申请和上述材料或者线索,法院对侦查行为的合法性存有疑问的,才能启动正式的非法证据排除程序。这显然说明,公诉方承担证明责任是有条件的,也就是法院决定启动非法证据排除程序之后,才能责令公诉方承担这一证明责任。

法庭决定对证据收集的合法性进行调查的,公诉方可以宣读侦查笔录、出示提讯登记记录、体检记录、对讯问合法性的核查材料等证据材料,可以有针对性地播放录音录像,提请法庭通知有关侦查人员或者其他人员出庭说明情况,来证明侦查行为的合法性。公诉方也可以向法庭提交侦查人员制作的有关取证过程合法性的书面材料。对于以上证据材料,被告人及其辩护人都可以提出质证意见,也可以对出庭的侦查人员或其他人员进行交叉询问。

(三) 证明标准

作为一项基本原则,公诉方对侦查行为合法性的证明需要达到最高的证明标准,也就是与证明被告人构成犯罪相同的证明标准;而被告人即便承担证明责任,也不需要达到最高的证明标准。

对于侦查行为的合法性,公诉方需要证明到"事实清楚,证据确实、充分"的最高程度。根据2018年《刑事诉讼法》,法院确认或者不能排除侦查人员存在非法收集证据情形的,应当对有关证据予以排除。这里所说的"确认",是指法院有足够证据确信侦查人员采用了非法取证的方法;而所谓的"不能排除",是指公诉方对侦查行为合法性的证明并没有令法官排除合理的怀疑。可见,公诉方对于侦查人员取证合法性的证明,依法要达到与定罪标准相同的最高证明标准。不仅如此,在裁量性排除与瑕疵证据补正程序中,凡是公诉方需要通过程序补正方式承担证明责任的,也需要对取证非法或程序瑕疵的危害后果得到补正这一点,证明到排除合理怀疑的程度。

对于公诉方对侦查行为合法性要达到最高证明标准,一些研究者曾提出了质疑,认为这是一种不切实际的证明标准,公诉方不仅根本无法达到如此高的证明程度,而且这种高标准的司法证明也是不必要的。但通常认为,法律对公诉方的证明提出最高的证明标准,不仅是必要的,也是具有可行性的。

首先,公诉方对侦查人员取证行为合法性的证明,目的在于证明本方证据的证据能力,也是对被告人的犯罪事实承担证明责任的有机组成部分。公诉方要成功地证明被告人有罪,就必须将其所提出的各项指控证据的证明力和证据能力逐一加以证明,既要证明这些证据是真实和相关的,也要证明这些证据是合法的。对于这种证明,公诉方也要提出证据证明到排除合理怀疑的最高程度。假如公诉方对于侦查行为的合法性不能证明到最高标准,法院对于有关证据的取证方式是否存在违法行为仍然存在合理的怀疑,那么,这就意味着该证据的证据能力并没有得到令人信服的证明,由该证据所证明的案件事实能否成立,也无法达到排除其他可能性的程度。可见,对控方证据合法性的证明与对公诉方指控犯罪事实的证明,其实是局部与整体的关系。既然公诉方在对犯罪事实的整体证明方面要达到最高证明标准,那么,公诉方对本方证据的合法性所做的局部证明,当然也要达到这一标准。

其次,公诉方对侦查人员取证合法性证明到最高程度,是具有现实可行性的。公诉方在承担证明责任方面可以获得侦查人员的有效帮助。侦查人员对于侦查行为的过程一般都制作了各类笔录证据。包括被告人讯问笔录、证人询问笔录、勘验检查笔录、搜查笔录、扣押清单、证据提取笔录、侦查实验笔录、辨认笔录等在内的所有笔录证据,一般都记载了侦查行为的过程和所获取的证据材料,有的还有见证人的见证和签字。与此同时,检察机关对于自侦案件的讯问过程,还进行了全程同步录音录像,公安机关在侦查重大刑事案件过程中也要对讯问过程进行录音录像。这些笔录证据和录音录像无疑可以成为公诉方证明侦查行为合法性的有力证据。不仅如此,在未决羁押场所,检察机关还派驻专门负责监所监督的检察官,有机会接受嫌疑人的投诉,对侦查人员违法取证的行为进行及时调查核实;未决羁押机构对于侦查人员带嫌疑人出入监所的情况,要进行详细的记录,必要时还会进行身体检查并保留这种检查记录;检察机关为调查侦查人员取证合法性问题,还可以向看管人员、同监所的在押人员等进行询问。在穷尽上述各种调查手段的情况下,检察机关还可以传召侦查人员出庭作证,就侦查行为的合法性当庭提供证言。可以说,公诉方只要想对侦查取证的合法性进行取证和举证,就可以从现行体制中获得一系列的资源,具有相对有利的便利条件。

五、审判前的排除程序

在审判前程序中确立由检察机关主导的非法证据排除程序,这是我国刑事诉讼制度的鲜明特色。一般而言,审判前的非法证据排除存在四个方面的诉讼程序:一是检察机关在侦查过程中,对侦查人员收集证据合法性的全程审查程序;二是检察机关在侦查终结之前,对侦查人员讯问合法性的"核查程序";三是检察机关在审查逮捕环节,对侦查人员收集证据合法性的审查程序;四是检察机关在审查起诉环节对收集证据合法性的审查程序。

（一）检察机关的全程审查程序

为预防侦查人员违法取证行为的发生，我国刑事诉讼法和相关司法解释确立了一些预防性程序规则。例如，在强调侦查机关依法收集证据材料的同时，法律要求侦查人员在逮捕、拘留后应在看守所讯问室讯问嫌疑人，对讯问过程进行不间断的录音录像，同时要依法制作讯问笔录；对于侦查人员提讯嫌疑人的，看守所要进行提讯登记，并在收押嫌疑人时进行身体检查，发现身体有异常情况时，还要进行证据收集和固定活动。当然，在看守所进行身体检查过程中，检察机关驻看守所检察官可以全程参与。

检察机关在整个侦查期间都要审查侦查行为的合法性。原则上，检察机关在侦查阶段拥有排除非法证据的权利。嫌疑人及其辩护人在整个侦查阶段都可以向检察机关提出排除非法证据的申请。通常情况下，接受这类申请的都是检察机关的侦查监督部门。对于嫌疑人及其辩护人提出的相关线索或材料，检察机关应当进行调查核实。对于确实存在侦查人员违法取证情形的，检察机关向侦查机关提出纠正意见，并要求侦查机关将有关非法证据予以排除，而不得作为提请批准逮捕或者移送审查起诉的根据。

（二）检察机关在侦查终结前的"核查程序"

为有效地遏制刑讯逼供等非法取证行为，发挥检察机关对侦查人员侦查行为的制约作用，我国法律确立了侦查终结前的"核查"程序。所谓"核查程序"，是指检察机关在重大案件的侦查程序终结之前，对犯罪嫌疑人进行询问，专门核实调查侦查人员是否存在刑讯逼供以及其他非法取证情形，并对核查全过程进行同步录音录像。经过核查，检察机关发现确实存在刑讯逼供或其他非法取证行为的，应当责令侦查机关及时排除非法证据，不得将其作为提请逮捕、移送审查起诉的根据。

根据相关司法解释，核查程序所适用的重大案件主要是指那些可能判处无期徒刑以上刑罚的重大刑事案件，以及被告人涉嫌组织、领导黑社会性质组织犯罪或者严重毒品犯罪等方面的重大案件。在这些案件的侦查程序终结之前，检察机关驻看守所检察官负责对侦查人员讯问嫌疑人的合法性进行核查。核查的主要方式是询问犯罪嫌疑人，调查核实侦查人员是否存在刑讯逼供等非法取证行为。①

检察机关驻看守所检察官对侦查人员讯问合法性的核查,属于法定重大案件侦查程序的必经程序。对被列入法定情形之中的重大案件,检察机关不举行核查程序或者核查本身违反法定程序的,法院有权将有关证据予以排除。例如,驻看守所检察官在重大案件侦查终结前没有对侦查人员讯问合法性进行核查,或者没有对核查过程进行同步录音录像,或者录音录像存在选择性录制、剪接、删改等情形,而现有证据不能排除以非法方法收集的,法院都可以将有关证据予以排除。

在检察官核查过程中,被告人明确表示侦查阶段不存在刑讯逼供等非法取证行为,而在审判阶段又提出排除非法证据申请的,应当说明理由,也就是提供侦查人员非法收集证据的相关线索或者材料。被告人不提供理由,法院经过审查对证据收集的合法性没有疑问的,在审判阶段将驳回被告人的申请。

(三) 检察机关在审查逮捕和审查起诉环节的审查程序

审查逮捕和审查起诉是检察机关排除非法证据的关键环节。为确保检察机关在这两个诉讼环节有效地行使排除非法证据的权力,我国法律从三个方面确立了程序保障机制:首先,检察机关在讯问嫌疑人时都应将申请排除非法证据的权利告知嫌疑人,并告知其相关诉讼权利,提醒其认罪的法律后果。其次,在审查逮捕、审查起诉期间,嫌疑人及其辩护人有权提出排除非法证据的申请,检察机关应对其申请以及相关线索、材料进行调查核实,必要时还可以自行进行调查取证活动。最后,检察机关经过调查核实发现侦查人员确有刑讯逼供等非法取证情形的,应当依法排除非法证据,不得将其作为批准逮捕、提起公诉的根据。与此同时,在排除非法证据后,检察机关发现其他证据不足以证明被告人有罪,案件不符合逮捕、公诉条件的,还可以作出不批准逮捕或者不起诉的决定。

六、非法证据排除程序的启动方式

在排除非法证据方面,我国法律确立了两种启动方式:一是诉权启动方

---

① 参见《排除非法证据规程》第11条。

式,二是职权启动方式。前者是指被告人及其辩护人向法院提出排除非法证据的申请,法院经过审查认为符合法定条件后才启动排除非法证据程序的启动方式。后者则是法院在检察机关提起公诉后,发现某一证据系侦查人员以非法方法所获取的,依据职权将该证据予以排除的启动方式。在我国司法实践中,法院依据职权主动排除公诉方的非法证据,属于极为罕见的情形。绝大多数案件的非法证据排除程序,都采取了诉权启动的方式。

为保障被告人及其辩护人充分行使辩护权,同时又避免被告方滥用诉权,我国法律确立了在开庭审理前提出排除非法证据申请的基本原则。具体说来,被告人及其辩护人提出排除非法证据申请的,应当在初审法院开庭审理前提出申请。为保证被告方及时地提出这类申请,法院在送达起诉书副本时,负有向被告人及其辩护人告知诉讼权利的义务。但是,被告方提出这类申请的,应当向法院提出相关线索或者证据材料。这是被告方提出有效申请的前提条件。与此同时,被告方在开庭审理前提出排除非法证据的申请,并提供了相关线索或者证据材料的,法院应当召开庭前会议。由此,被告方在开庭审理前提出的有关排除非法证据的有效申请,就具有启动庭前会议的法律效果。

对于被告方在开庭审理前没有申请排除非法证据,而在庭审过程中又提出这种申请的,应当说明提出这种排除申请的理由。经过审查,法庭对证据收集的合法性没有疑问的,应当驳回被告方的申请。法庭驳回上述申请后,被告人及其辩护人在没有新的线索或材料的情况下,再次以相同理由提出排除非法证据申请的,法庭一律不再受理。

与此同时,为避免被告人及其辩护人滥用上诉权,防止出现诉讼拖延、效率下降的问题,我国法律还对被告方在第二审程序中提出排除非法证据的申请作出了进一步的限制。原则上,被告人及其辩护人申请排除非法证据,应尽量在第一审程序中提出;不符合法定的条件,被告方在第一审程序中没有提出这种申请,而在第二审程序提出的,二审法院通常都会予以驳回。

对于被告方在第二审程序中提出的申请,法院只有在法定例外情况下才会予以受理。具体而言,被告人及其辩护人在第一审程序中没有提出排除非法证据的申请,而在第二审程序中提出申请的,二审法院只有在两种情况下才会予以审查:一是一审法院没有依法告知被告人申请排除非法证据之权利的;二是被告人及其辩护人在第一审程序结束后才发现侦查人员存在非法取证的相关线索或者材料的。

七、初步审查

自 2010 年以来,我国非法证据排除程序就具有了"初步审查"与"正式调查"两个环节的区分。所谓"初步审查",是指法院在收到被告方有关排除非法证据的申请后,通过对该项申请以及相关线索或材料的审查,来确定案件应否启动正式调查的活动。通过这种初步审查,法院唯有对侦查程序的合法性"存有疑问"时,才能启动正式调查程序。而所谓"正式调查",则是指法官在法庭审理过程中,对侦查人员收集证据行为的合法性所进行的全面调查活动。在这种正式调查过程中,公诉机关承担对侦查行为合法性的证明责任,并且要达到"事实清楚,证据确实、充分"的最高证明标准。若公诉机关无法证明侦查行为合法性,或者无法从根本上排除非法取证可能性的,法院就要作出排除非法证据的决定。

将非法证据排除程序区分为"初步审查"和"正式调查"两个环节,主要是出于诉讼经济的考虑,也就是通过对被告方诉权的适度限制,避免在被告方毫无根据的情况下启动非法证据排除程序。毕竟,法庭审理程序启动后,法院再受理被告方有关非法证据排除的申请,就要中止实体性裁判活动,而投入时间和资源来组织程序性裁判程序。为避免诉讼资源的不合理浪费,法院也有必要对被告方的诉讼请求进行初步审查,过滤掉那些毫无事实根据的申请,以便集中精力处理那些有一定事实根据的排除非法证据申请。当然,考虑到控辩双方在诉讼对抗能力方面存在着天然的不平等现象,法律也不能对正式调查程序的启动设置过于苛刻的条件,而只需要达到"法官对侦查程序合法性存有疑问",就足够了。

按照最高人民法院的解释,被告方申请排除非法证据的,应当提供相关"线索"或者"材料"。所谓"线索",是指侦查人员涉嫌非法取证的人员、时间、地点、方式等证据信息;所谓"材料",则是指能够反映非法取证的伤情照片、体检记录、医院病历、讯问笔录、讯问录音录像、同监室人员的证言等证据材料。被告方提供这些线索或者材料,是法院启动庭前会议的前提条件。假如被告方拒不提供这类线索或者材料,法院将不会启动庭前会议。与此同时,在决定召开庭前会议后,法院也要对这些证据线索或者材料进行审查,以便确定对侦查程序的合法性是否"存有疑问"。否则,法院将会驳回被告方的排除非法证据申请。

被告方提出排除非法证据的申请后,法院认为该申请具有相关线索或者材料的,就应当召开庭前会议。对于非法证据排除问题,只要控辩双方无法达成一致意见的,庭前会议就具有初步审查的诉讼功能。而通过初步审查,法官对侦查程序的合法性产生疑问的,就可以启动正式调查程序。这种正式调查程序将在法庭审理过程中加以启动。

那么,在庭前会议阶段,法院究竟如何组织初步审查程序呢?

首先,被告人及其辩护人应当提出排除非法证据的申请,并就相关线索或者材料作出说明。公诉人对证据收集的合法性发表意见。控辩双方可以就证据收集的合法性问题展开辩论。在控辩双方对证据收集的合法性问题没有达成一致意见的情况下,审判人员应当归纳双方的争议焦点。

其次,在庭前会议上,检察机关应当通过出示有关证据材料等方式,有针对性地对证据收集的合法性作出说明。经控辩双方申请,法庭可以有针对性地播放讯问录音录像。

经过庭前会议,检察机关可以撤回那些在收集合法性上存在争议的证据。对于这些证据,任何一方都不得在庭审中予以出示。

被告人及其辩护人也可以撤回排除非法证据的申请。撤回申请后,没有新的线索或者材料,不得再次对该证据提出排除申请。

控辩双方无法就侦查人员收集证据的合法性问题达成一致意见的,法庭则要审查案件是否具备启动正式调查程序的条件,也就是对侦查人员收集证据的合法性是否产生疑问。法官得出确定结论的,就要归纳争议焦点,并将审查情况与争议焦点写入专门的庭前会议报告之中。

八、正式调查

正式调查尽管名为"调查"程序,但作为一种"审判之中的审判",基本上属于一种"微型法庭审理程序",具备法庭审理的诉讼形态。法庭首先宣读庭前会议报告,对庭前会议中就证据收集合法性问题的审查情况以及控辩双方的争议焦点加以宣布,并说明启动正式调查程序的理由,确定调查的重点问题。此后的庭审过程基本上由两个环节组成:一是举证和质证程序,也就是公诉方举证,出示证明侦查人员收集证据合法性的证据材料,被告方进行质证,对相关证据发表质证意见,或者对侦查人员或其他证人进行发问;二是辩论程序,也就是控辩双方对证据收集的合法性问题发表辩论意见。

公诉方对证据收集合法性的举证，可以采取几种法定的方式：一是出示讯问笔录、提讯登记、体检记录、采取强制措施或侦查措施的法律文书、检察官在侦查终结前对讯问合法性的核查材料；二是有针对性地播放讯问录音录像；三是提请法庭通知侦查人员或其他证人出庭作证。对于上述证据材料，被告人及其辩护人都可以发表质证意见，也可以对侦查人员或其他人员进行当庭发问，以否定其证言的证明力和证据能力。

被告人及其辩护人也可以向法庭提出出示相关证据线索或者材料的请求。作为行使辩护权的一种方式，被告方可以申请法庭调取、出示以下证据材料：一是申请法庭播放特定时段的讯问录音录像；二是申请调取侦查机关、检察机关收集但未提交的讯问录音录像、体检记录等证据材料；三是申请法庭通知侦查人员或其他人员出庭作证。对于上述证据材料，公诉方也可以发表质证意见，或者对侦查人员或其他人员进行当庭发问。

当然，在正式调查过程中，法庭并不是消极的裁判者，而仍然享有积极的补充调查权。法庭对控辩双方提交的证据存有疑问的，可以责令双方补充证据材料，或者作出说明，也可以进行庭外调查核实证据的工作。法庭既可以单方面进行庭外调查核实证据活动，也可以通知公诉人、辩护人到场，共同参加庭外调查核实证据的工作。但无论如何，控辩双方补充提供的证据材料，以及法庭庭外调查核实取得的证据材料，都应重新接受法庭举证和质证程序。未经举证、质证程序查证属实，这些证据材料一律不得成为认定侦查行为合法性的根据。

九、二审法院的审查

对于一审法院作出的排除或者不排除有关证据的决定，我国法律并没有确立专门的司法救济机制，而是允许控辩双方就一审判决中的程序与实体问题，一并向二审法院提出抗诉或者上诉。二审法院对侦查行为合法性进行重新审查。但是，受两审终审制的限制，二审法院即便对侦查行为合法性作出裁决，控辩双方一般也无法再对这种裁决结果启动进一步的救济程序。二审法院对非法证据排除问题的裁决也不具有相对的独立性，而只能根据该项决定对案件实体问题的影响，对实体问题作出统一的裁判。

考虑到一审法院经常发生侵犯被告人辩护权的情形，因此，二审法院的司法救济主要针对的是一审法院拒绝审查排除非法证据申请或者拒绝排除非法证据的行为。而对于一审法院拒绝审查相关申请和拒绝排除非法证据的行为,我国法律分别确立了两种救济方式。

第一种救济方式是直接宣告一审判决无效。对于被告人及其辩护人提出的排除非法证据的申请,一审法院可能拒绝作出审查,既不启动初步审查程序,也不启动正式调查程序,而直接将那些有争议的证据采纳为定案的根据。对于这种行为,被告人及其辩护人在二审程序中提出救济请求的,二审法院应当直接作出撤销原判、发回重新审判的裁定。这就意味着,一审法院拒绝对被告方排除非法证据申请进行审查的行为,构成一种独立的程序性违法行为,大体可被归入"剥夺或者限制诉讼参与人诉讼权利"的情形。对此行为,二审法院不必考虑其拒绝审查的后果,也不必考虑这种拒绝审查是否会导致错误的裁判结论,而可以无例外地实施程序性制裁,也就是宣告一审判决无效,案件退回一审程序启动前的诉讼状态。

第二种救济方式是排除非法证据,然后根据其对裁判结果的影响,再决定是否撤销原判,发回重新审判。在一审法院启动初步审查或者启动正式调查程序之后,对于那些"应当排除的非法证据"没有予以排除的,二审法院应当依法排除非法证据。但是,这种排除非法证据的决定在当庭宣布后,无法以独立裁判文书的形式加以公布,而只能与案件的实体问题一并在二审裁判文书中加以记载。这样,二审法院就不得不考虑排除有关非法证据的决定对于一审判决结果是否产生直接的影响。根据是否发生这种影响,二审法院在排除非法证据之后,通常可以作出两种裁决方式:

一是在排除非法证据之后,其他证据无法将被告人的犯罪事实证明到法定证据标准的,也就是导致案件"事实不清或者证据不足"的,二审法院就可以直接改判,或者裁定撤销原判,发回重新审判。

二是在排除非法证据之后,其他证据仍然足以证明被告人的犯罪事实成立的,也就是案件在去除非法证据之后,法官仍然对被告人构成犯罪这一事实,达到"事实清楚,证据确实、充分"的程度,没有因此产生合理的怀疑的,就可以作出驳回上诉、维持原判的裁决。

很显然,上述后一种救济方式,尽管导致二审法院排除了非法证据,却并不一定对一审判决结论带来实质性的影响。我国法律根据二审法院排除非法证据的决定是否影响案件实体结论的裁决方式,区分了"无害错误"和"有害错误",将侦查行为合法性的争议问题纳入案件实体争议问题之中,一并作出考量,符合两审终审制下司法裁判的实际情况。①

【深入思考题】

1. 什么是程序性裁判?它与实体性裁判有何区别?
2. 在非法证据排除规则适用过程中,为什么要确立先行调查原则?
3. 庭前会议在适用非法证据排除规则方面可以发挥怎样的作用?
4. 在正式调查程序中为什么要确立证明责任倒置原则?
5. 对于一审法院对非法证据排除问题所作的裁决,二审法院有哪几种救济方式?

---

① 有关非法证据排除程序中"有害错误"与"无害错误"的问题,可参见陈瑞华:《刑事证据法的理论问题》,法律出版社2015年版,第119—121页。

【讨论案例之九】

李志周运输毒品案①

被告人李志周,男,汉族,1983年12月15日出生,无业。2012年8月17日因涉嫌犯运输毒品罪被逮捕。

江西省萍乡市人民检察院以被告人李志周犯运输毒品罪,向萍乡市中级人民法院提起公诉。

被告人李志周辩称,其没有参与指控的犯罪事实,对同案被告人易洪涛运输毒品的事实不知情,不构成犯罪。

萍乡市中级人民法院经审理查明:2012年7月9日晚,易洪涛(同案被告人,已判刑)向"老三"(在逃)联系购买毒品,并将其之前所欠的人民币6000元购毒款通过被告人李志周汇给"老三"。同日23时许,易洪涛、李志周驾驶车牌号为赣JW6969的黑色别克轿车从江西省萍乡市前往湖南省郴州市。7月10日,二人在郴州市"老三"处购得毒品后驾车返回萍乡市。当日20时许,二人驾车行至萍乡市达金大酒店时被公安人员抓获。公安人员当场从二人驾驶的车辆中查获白色塑料封口袋包装的白色结晶颗粒2包,净重196.86克,经鉴定检出甲基苯丙胺成分;红色片剂988片,净重88.9克,绿色片剂10片,净重0.9克,经鉴定检出甲基苯丙胺和咖啡因成分。

本案一审过程中,被告人李志周辩称其在侦查阶段遭到刑讯逼供,申请排除其所作的有罪供述。李志周提出,其在派出所接受讯问时,有一名年龄较大、约40岁模样的侦查人员脱下黑色皮鞋,用鞋跟殴打李志周头部,致李志周头部出血,一名年龄只有十多岁的人帮李志周用卫生纸按住头部止血,但止不住,李志周被迫作出有罪供述。

李志周的辩护人提出,《看守所入所人员身体检查表》显示,李志周入所时曾接受体检,体检表载明:"头顶见血迹,衣服大片血迹,头部肿痛",证实李志周入所前头部有明显伤痕。但该体检表的"体表检查"一栏记载"有伤。自述在楼梯上碰伤";"备注"一栏又记载"自述昨天下午抓捕时头部撞在铁栏杆上"。该两处记载对李志周在何处受伤的描述自相矛盾,不能证明李志周是在抓捕时被撞伤。综合上述线索、材料,不能排除李志周是在进入看守所前遭受刑讯逼供导致头部受伤,其在侦查阶段的有罪供述应当被认定为非法证

---

① 参见管延青:《李志周运输毒品案——如何把握证据收集合法性的证明标准,以及排除非法证据后案件的处理方式》,载《刑事审判参考》第101集,法律出版社2015年版,第11—15页。

据,依法应予排除。

为证明证据收集的合法性,公诉人当庭出示了以下证据:江西省莲花县看守所出具的《说明》,萍乡市公安局安源分局出具的情况说明、关于李志周等人被抓获的情况和审讯情况的补充说明,安源分局后埠派出所出具的情况说明、办案说明,安源分局缉毒大队出具的易洪涛贩毒案抓获情况及审讯情况说明、办案说明,又对参与审讯的陈翔、陶平华、许渤等13名侦查人员逐一进行了询问,提取了证人证言,13名侦查人员也均出具了情况说明,声明在审讯中无刑讯逼供行为。

但是,上述证据材料数量虽多,但本质上都是办案单位和办案人员的说明材料,根据《最高人民法院关于适用〈中华人民共和国刑事诉讼法〉的解释》第一百零一条第二款的规定,此类说明材料不能单独作为证明取证过程合法的根据。对于能够证明证据收集合法性的关键证据,如讯问过程的同步录音录像、被告人李志周出入派出所的监控视频等,公诉机关未能提供。

一审法院经审查认为,对于被告人李志周供述收集的合法性,公诉机关未能提供确实、充分的证据予以证实,本案不能排除存在《刑事诉讼法》第五十四条规定的以非法方法收集供述的情形,对李志周的供述,依法应当排除。主要理由如下:(1)根据《看守所入所人员身体检查表》的记载,李志周头部受伤的事实可以得到确认,控辩双方对此均无异议。现有证据证实,李志周头部伤情是在抓获当时至进入看守所前的时间段内形成的。李志周入所前后表现异常,在入所前均在讯问笔录上签字捺印,入所后在涉及其可能承担刑事责任的讯问笔录上均未签字捺印。(2)针对李志周提供的在派出所接受讯问时遭到刑讯逼供导致头部受伤的具体线索,办案单位所作的李志周头部伤情系抓捕时反抗所致的解释缺乏证据支持:一是一同在现场被抓捕的易洪涛、廖婷证明三人均无逃跑、反抗的行为;二是办案民警均称抓捕当时没有看见李志周受伤。(3)公诉机关提供的证明取证合法的证据材料,均是办案单位和办案人员出具的说明材料,不能单独作为证明取证过程合法的根据。(4)对于能够证明取证合法的关键证据,公诉机关未能提供。例如,李志周出入后埠派出所的监控视频未能提供;讯问李志周的同步录音录像未能提供;第一次讯问笔录中没有记载李志周受伤的情况;抓获情况及审讯情况说明中也没有李志周受伤的反映。据此,公诉机关提供的证明取证合法的证据未能达到确实、充分的证明标准,一审法院依法排除李志周的有罪供述,是依法有据的。

萍乡市中级人民法院认为,公安人员可能存在以刑讯逼供方法收集被告人供述的情形,依法启动证据收集合法性调查程序。公诉机关出示相关办案说明等材料证明取证合法性。萍乡市中级人民法院经审理认为,现有证据不能排除被告供述是公安人员采用刑讯逼供方法收集的,对有关供述应当予以排除。但关于指控被告人李志周的运输毒品事实,仍有同案被告人的供述、相关证人证言以及当场从李志周身上查获的毒品等证据予以证实,起诉书指控的犯罪事实清楚,其他证据确实、充分。

萍乡市中级人民法院认为,被告人李志周违反国家毒品管理规定,非法运输毒品甲基苯丙胺196.86克、甲基苯丙胺片剂89.8克,其行为已构成运输毒品罪。法院认定,被告人李志周犯运输毒品罪,判处有期徒刑十年,并处罚金人民币五万元。

宣判后,被告人李志周不服,向江西省高级人民法院提起上诉,辩称其受到公安人员刑讯逼供;公安人员并非从其身上搜查到毒品,而是从车内搜查到毒品,其自始至终都不知情,更没有参与毒品犯罪。

江西省高级人民法院经公开审理认为,虽然被告人李志周的供述被认定为非法证据,依法应当予以排除,但在案其他证据足以认定其运输毒品的犯罪事实。原判认定事实清楚,证据确实、充分,定罪准确,量刑适当,审判程序合法。该法院裁定驳回上诉,维持原判。

本案中,虽然被告人李志周的有罪供述被法院认定为非法证据,并依法予以排除,但其他在案证据仍能够证明李志周实施了公诉机关指控的运输毒品犯罪行为。例如,搜查笔录及扣押物品清单、照片证实,办案民警系从坐在汽车后座的李志周手中持有的黑色布袋中搜出涉案毒品;证人廖婷的证言、同案被告人易洪涛的供述均证实李志周对此次去湖南联系毒品事宜是明知的,且实施了运输毒品的行为,等等。上述证据足以认定被告人李志周有运输毒品的主观目的,并在易洪涛安排下参与实施了具体的运输毒品行为。

综上分析,人民法院认定被告人李志周的行为构成运输毒品罪是正确的。

可讨论的问题:

1. 一审法院排除非法证据的主要理由是什么?

2. 二审法院为什么确认了一审法院排除非法证据的裁判结论,却仍然维持原判?

第十章　实物证据的鉴真

> 单一证据不能证明,与其他证据相结合可以证明。

一、概述
二、鉴真的性质
三、鉴真的诉讼功能
四、鉴真的方法
五、对无法鉴真的实物证据的排除规则
【讨论案例之十】　吴金义故意杀人案

一、概述

我国刑事证据法确立了大量涉及实物证据审查判断问题的证据规则。其中,值得关注的是在物证、书证的来源方面所确立的排除规则:经勘验、检查、搜查提取、扣押的物证、书证,未附有勘验、检查笔录,搜查笔录,提取笔录,扣押清单,不能证明物证、书证来源的,不能作为定案的根据。与此同时,在物证、书证的收集调取程序方面,刑事证据法作出了近乎繁琐的技术性规定,强调对物证、书证的勘验、检查、搜查提取、扣押,应当附有相关笔录和清单;强调侦查人员、物品持有人、见证人在笔录或清单上进行签名;强调对物品的特征、数量、质量、名称等加以注明……为规范侦查人员的证据提取行为,《最高法院2020年解释》明确要求,对物证、书证的来源及收集过程有疑问,不能作出合理解释的,该物证、书证不能作为定案的根据。

刑事证据法对物证、书证的来源和收集提取过程作出如此具体详尽的规定,并为此确立两项排除性规则,这是值得高度重视的。不仅如此,证据法对视听资料和电子数据的来源和收集提取过程也提出了一系列相似的程序要求。例如,视听资料、电子数据要载明制作人、持有人的身份以及制作的时间、地点、条件和方法;法院要审查视听资料、电子数据的内容和制作过程是否真实,有无经过剪辑、增加、删改等伪造、变造情形……对于视听资料经过审查难以确定真伪,或者制作和取得的时间、地点、方式等有异议的,法院不得将其作为定案的根据。

这种就实物证据的来源和提取过程所提出的要求,其实是一种旨在鉴别证据真实性和同一性的审查方法。具体而言,假如把实物证据的发现、收集、提取、保全以及在法庭上的举证视为一个连续的过程,那么,司法人员必须要确保这一证据在这一过程中具有同一性。而所谓同一性,则是指实物证据没有经过伪造、变造、篡改,而保持其在外观、形态、数量、内容等方面的一致性。在证据法学上,对于这种保证实物证据同一性的方法,一般称为

"鉴真"方法。① 过去，无论是刑事诉讼法还是相关司法解释，都比较强调实物证据的鉴定问题，也就是通过专业人员的知识技能和专业设备，对案件中的专门科学技术问题作出鉴别意见，以便揭示实物证据的真实性和相关性。但是，在那些被用作鉴定检材的实物证据本身来源不明、提取经过没有记载或者保管不善的情况下，这种针对实物证据所作的司法鉴定其实是没有意义的。假如这些实物证据究竟是否存在过、究竟存在于何处等，都无法得到清晰的说明，其本身所包含的事实信息也就更难以得到鉴别了。因此，在针对实物证据的司法鉴定程序启动之前，提交实物证据的一方至少需要证明该证据是来源可靠、提取合法和保管完善的，也就是说明该证据确实属于提交证据的一方所声称的"那份证据"，那么，接下来进行的鉴定才是有意义的。

二、鉴真的性质

根据刑事证据法，对于物证、书证、视听资料、电子数据的来源以及收集、提取、保管过程，都需要由提出证据的一方加以证明；对于那些存在伪造、变造可能的实物证据，也需要通过专门的证明程序加以验证。在这种对实物证据的真实性和同一性加以证明的过程中，勘验笔录、检查笔录、搜查笔录、提取笔录和扣押清单起到了佐证和验证的作用。由此，鉴真成为实物证据具备证据能力的前提条件。

按照前面的分析，实物证据是由证据载体和证据事实组合而成的统一体。需要通过鉴真方法来确认其真实性的是证据载体，而不是证据事实。实物证据的载体有外部载体与内部载体之分。其中，物证只有外部载体，而书

---

① 所谓"鉴真"，在英语中的表述是 authentication，它通常与另一个词 identification 一起使用，具有"确认""证明……为真实"或者"确定……具有同一性"的意思。对于这一术语，国内法学界有不同的译法，有的翻译为"确证"，有的翻译为"鉴证"，还有的直接翻译为"鉴定"。在翻译美国证据法学家罗纳德·J. 艾伦等人所著的《证据法：文本、问题和案例》一书过程中，张保生教授首次使用了"鉴真"的译法。相比之下，"鉴真"的译法与 authentication 的原意更为贴切。这是因为，在英语中，作为 authentication 词根的 authentic 具有"真实的""可靠的"的意思，作为该词动词形式的 authenticate 则具有"证明……是真实的"的意思。在证据法中，authentication 的真实含义就是证明某一证据属提出该证据的一方所声称的那一证据，也就是法庭上的证据与控辩双方所主张的证据具有同一性的意思。很显然，这一术语与"鉴定"是明显不同的，而"确证""鉴证"之说，也无法准确地表达出这种含义。正因为如此，笔者倾向于将 authentication 翻译为"鉴真"，一来说明这是一种对证据的真实性加以鉴别的证明过程，二来显示这种鉴别有别于"鉴定"，具有明显的独立性。有关鉴真制度的全面研究，可参见〔美〕罗纳德·J. 艾伦等：《证据法：文本、问题和案例》，张保生等译，高等教育出版社 2006 年版，第 212 页以下；另参见张保生主编：《〈人民法院统一证据规定〉司法解释建议稿及论证》，中国政法大学出版社 2008 年版，第 270 页以下。

证、视听资料、电子数据则既有外部载体,也有内部载体。据此,实物证据的鉴真就可以具有两个相对独立的含义:一是外部载体的鉴真,也就是证明法庭上出示、宣读、播放的某一实物证据,与举证方"所声称的那份实物证据"是一致的,也就是具有同一性;二是内部载体的鉴真,也就是证明法庭上所出示、宣读、播放的实物证据的内容,如实记录了实物证据的本来面目,反映了实物证据的真实情况。

外部载体的鉴真对于所有实物证据都是适用的。其中,物证是以形状、颜色、数量、重量等物理属性发挥证明作用的物品或痕迹,书证则是以其所记录的内容来发挥证明作用的证据材料,视听资料是通过记录特定的声音、图像等信息来发挥证明作用的证据材料,电子数据则是通过记录特定的电子传输数据或其他信息来证明案件待证事实的证据材料。上述四类实物证据都有各自的外在物理表现形式。无论是物证、书证,还是视听资料、电子数据,一般都是在案件事实发生之前或者之中所形成的实物证据,侦查人员既要发现它们,也有可能通过特定手段将其收集、提取起来,并作为证据加以保存。但在收集、提取、保存过程中,这些实物证据就其物理表现形式而言,存在被伪造、变造、失真的可能性,以至于发生外观、形态、数量等方面的变化,难以发挥证明待证事实的作用。为避免这些问题的发生,举证方就要运用鉴真手段,说明法庭上出现的物证、书证、视听资料、电子数据就是举证方所声称的那份证据,这些实物证据不仅来源是可靠的,也得到了规范化的收集提取、妥当的保管,并与最终提交法庭的证据具有同一性,其真实性是不容置疑的。

至于后一种鉴真,也就是内部载体的鉴真,则对物证不再适用,而主要适用于书证、视听资料和电子数据。无论是书面文件,录音、录像等视听资料,还是包括电子邮件、网络博客、手机短信等在内的电子数据,作为一种外部证据载体本身,它们的真实性固然是需要证明的,这一点与物证的鉴真没有实质性的差异。但更为重要的是,这些实物证据所记录的内容,包括文字、声音、图表、图像、数据等,究竟是否真实反映了案件事实发生时出现的谈话、活动、场景、电子信息,这是需要加以认真鉴别的。对这些实物证据的内容与相关谈话、活动、场景、电子信息的同一性的鉴别,就属于内部载体鉴真制度所要解决的问题了。

相对于外部载体的鉴真而言,内部载体的鉴真更为重要。在对实物证据内部载体进行鉴真的过程中,证据的来源、提取、保管、出示等立体化的程序环节,主要被用来证明该证据所记载的内容是真实无误的,也就是说,这些通过高科技手段所记录的文字、声音、谈话、活动、图像、数据等,真实反映了案件事实发生时的情况,而没有发生错误记载、遗漏记录或者任意增加的问题。为避免书证内容、视听资料所记录的声音或图像、电子数据所记录的数据等出现伪造、变造的问题,提出证据的一方需要对这些证据所记载的内容进行真实性验证。这就需要那些视听资料、电子数据的持有人、提取人、见证人出具证明材料,或者亲自出庭作证,以便证明这些证据的内容不存在错误记载的问题。必要时还需要借助于专家的经验、技术和设备,对这些内部载体的真实性作出鉴定。

三、鉴真的诉讼功能

鉴真既然是一种旨在对实物证据的真实性、同一性加以验证的鉴别手段,那么,人们会提出这样一个问题:对于实物证据的真实性和同一性,鉴真究竟在哪些方面发挥证明作用呢?

之所以要对实物证据进行鉴真,主要是考虑到证据的收集提取与法庭审理会有一个时间距离,而经过这一时间,实物证据的真实性可能会发生变化,实物证据的同一性可能会引起合理的怀疑。尤其是在刑事诉讼过程中,侦查人员收集提取证据的活动大都发生在侦查阶段,而对同一案件的法庭审理,通常都是几个月甚至若干年之后的事情。即便侦查人员内心确信有关实物证据是真实可靠的,也就是他们所声称的"那份实物证据",他们也必须向法庭证明该证据的真实性和同一性。否则,控辩双方就会对该证据的真实性发生争议,法官也会对该证据与侦查人员所收集的"那份证据"是否是同一份,甚至对该证据有无被伪造、变造的情况,产生合理的怀疑。正因为如此,法庭才会借助于鉴真制度来审查实物证据的真伪,平息控辩双方对其真实性的争议,消除各方对该证据真实性和同一性的怀疑,从而为法庭运用该份证据奠定坚实的基础。

鉴真的对象无论是实物证据的载体还是视听资料、电子数据的内容,其实都需要作出两个方面的同一性认定:一是法庭上出现的实物证据与举证方所声称的实物证据的同一性鉴别,二是法庭上提交的实物证据所记载的内容与曾经发生过的事实信息的同一性判断。通过这两个方面的鉴别过程,人们对法庭上出现的实物证据究竟是不是在诸如犯罪现场等处收集的实物证据问题,就难以再发生争议了;人们对法庭上播放、展示的实物证据所记载的内容,究竟与原来存在过的证据或发生过的事实是否吻合,也就不再质疑了。由此,实物证据本身被伪造、变造的可能性就大大降低,实物证据所记录的声音、图像、场所方位等信息,被错误录制的空间也就不大了。

实物证据的鉴真过程在验证其真实性的同时,也对实物证据的相关性进行了证明。在很多情况下,实物证据的鉴真可以揭示证据存在的时间、空间和状态,这本身就可以证明证据与待证事实的内在联系。在一定意义上,恰恰是实物证据的来源、收集和提取方式,决定了它的证明作用。比如说,对物证真实来源的证明,属于典型的鉴真活动,但这种证明也对物证的关联性作出了验证。因为一份物证曾经"存在于某一现场"或者"从一场所提取",这一事实本身就足以证明该物证包含着案件事实的某些信息;恰恰因为物证的真实来源本身,成为该物证转化为定案根据的前提条件。又比如说,对书证、电子证据提取过程的记录,作为通常的鉴真过程,也足以说明书证、电子证据提取的时间、地点、场所、持有人等,与案件事实之间具有了一定的关联性。再比如说,对于一份录音、录像资料的制作过程的证明,作为鉴真程序的一部分,也可以说明这种录制的时间、地点、场景、谈话、活动等,有助于揭示部分案件事实,从而使该录音、录像资料具有了证据价值。

由此可见,鉴真不仅对实物证据的真实性起着不可替代的验证作用,而且还通过对证据载体和证据信息的同一性鉴别,使得实物证据的相关性得到了诉讼程序上的保证。在一定程度上,实物证据的同一性同时也体现了该证据的相关性,如同一枚硬币的两面。

四、鉴真的方法

(一) 一般的鉴真方法

按照一般的证据理论,实物证据的鉴真一般有两种基本方法:一是"独特性的确认",二是"保管链条的证明"。[①]

前一种方法主要适用于对特定物的鉴真,也就是某一实物证据具有独一无二的特征,或者具有某些特殊的造型或标记,证人当庭陈述当初看到的物证具有哪些特征,并说明法庭上的该项证据与原来的证据具有相同的地方。

[①] 〔美〕罗纳德·J. 艾伦等:《证据法:文本、问题和案例》,张保生等译,高等教育出版社2006年版,第219页以下。

由此,证人通过当庭提供证言,对该物证与原来所看到的物证的同一性作出了确定的证明。

作为另一种鉴真方法,"保管链条的证明"主要适用于实物证据为种类物的情形。也就是说,某一实物证据并不具有任何明显的特征,即便组织证人当庭辨认,也无法说清楚它具有特殊的造型、标记或其他特征。在此情况下,"独特性的确认"就变得无法适用了,取而代之的鉴真方法就只能是对该证据从提取到当庭出示的完整过程的展示。所谓"保管链条的证明",其实是指从该证据被提取之后直到在法庭出示它的整个期间,所有持有、接触、处置、保管过该项证据的人,都要就其真实性和同一性提供令人信服的证言,以便证明该项证据在此期间得到了妥善的保管,其真实性是不容置疑的。①

"保管链条的证明"对于证明某一实物证据自始至终没有发生状态的改变,可以起到非常重要的作用。尤其是那些容易被伪造、变造的实物证据,唯有经过每一保管链条的证明,才能使人相信这些在物品被发现时就具有的状态,在其接受检验、鉴定直至当庭出示时,都是一致存在的,而没有发生实质的变化。否则,在有关实物证据的持有、检验、鉴定、出示或者其他处置环节出现任何形式的变化,都将被视为"保管链条的中断"。尽管这种中断并不必然导致证据合法性的丧失,但这毕竟属于证据鉴真环节上的缺陷,控辩双方可据此对该证据的合法性提出合理的质疑。

(二) 外部载体的鉴真方法

那么,对外部载体的鉴真与内部载体的鉴真方面,上述两种鉴真方法是否存在操作上的差异呢?

答案是肯定的。原则上,外部载体的鉴真方法相对要简单一些。通常情况下,对于物证、书证、视听资料、电子数据的外在物理表现形式的同一性的证明,可以采取笔录印证与辨认相结合的方法。首先,侦查人员可以对这些实物证据的来源、收集、提取、保管等环节作出详细的记录,形成各类专门的笔录证据,就可以完成"证据保管链条完整性的证明"。换言之,侦查人员所制作的勘验笔录、检查笔录、搜查笔录、扣押清单、提取笔录、侦查实验笔录等,就对上述证据的来源、收集、提取、保管等环节作出了证明,对有关实物证

---

① Steven L. Emanuel, *Evidence*, fourth edition, Aspen Law & Business, A Division of Aspen Publishers, Inc., 2010, pp. 458-459.

据从其被发现一直到法庭上被出示、播放为止,其全部保管链条的完整性都得到了证明。

其次,对于上述实物证据的外部载体,无论是在侦查过程中,还是在法庭审理中,都要组织辨认程序。通过辨认,作为被辨认物的实物证据,其真实性和同一性就大体可以得到验证了。当然,辨认的运用具有一定的局限性,主要适用于特定物的鉴真。对于作为种类物的实物证据,辨认的鉴真作用就不是很大了。

(三) 内部载体的鉴真方法

与外部载体的鉴真相比,对实物证据内部载体的鉴真是一个十分复杂的证明过程。一方面,那些被记录或者存储在实物证据之中的文字、图画、声音、图像、数据等信息,经常无法得到有效的辨认,辨认人根据自己的经验或常识,常常难以确认这些信息的真实性和同一性。另一方面,仅仅依靠侦查人员制作的笔录证据,来证明上述内在载体来源可靠、收集过程完善、保管完备等,也经常是靠不住的。在这些实物证据从提取到当庭出示之间的较长时间里,有人以各种方式"侵入"这些实物证据,如查阅书面文件、播放视听资料、检验电子数据,就有可能造成这些实物证据所记载内容的失真现象。

正因为如此,对于实物证据内部载体的真实性和同一性,要加以验证和核实的话,就需要引入一些更为专业的鉴真方法。

在"证据保管链条的完整性"方面,内部载体的鉴真通常更强调对实物证据原始存储形式的提取,并对这种原始存储材料进行封存。假如无法提取这种原始存储形式的,则应在见证人见证下,作出较为详尽的笔录,或者对提取过程进行全程录像。在提取或者封存之后,对实物证据进行检查时,都必须对拆封过程进行录像。

而在"独特性的确认"方面,内部载体的鉴真通常更依靠鉴定或者检查手段,由专家通过专业知识、经验、技能或者设备,对实物证据所记录的文字、图画、声音、图像、数据等信息作出真实性的鉴别。在这一方面,专门的鉴定或者检查就起到了"专业辨认"的功能。例如,对于书证所记录的文字、图画、表格等内容,假如被质疑有可能被删除、涂改的,专家的鉴定或者检查就可以对其作出专业鉴别;视听资料所记录的声音、图像等可能发生删除、增加或者改变的,专家的鉴定就可以对此作出鉴别;对于电子数据所记载的数据或者其他电子信息,一旦在形态、内容、数量等方面发生争议,专家的鉴定也可以鉴别真伪。可以说,在实物证据内部载体的鉴真方面,鉴定是一种必要的鉴真方法。

五、对无法鉴真的实物证据的排除规则

我国刑事证据法对实物证据的审查判断确立了一系列证据排除规则。对那些无法依法得到鉴真的实物证据,刑事证据法要求法院不得予以采纳,也不得将其作为定案的根据。从性质上看,这些针对无法鉴真的实物证据所确立的排除规则,也是对这些实物证据的证据能力所作的否认,从而为其确立了消极的法律后果。由此,那些不能满足法定的鉴真要求的实物证据,就被视为"真伪不明"或"虚实难辨"的证据,也就不能转化为定案的根据。

迄今为止,我国刑事证据法对物证、书证、视听资料、电子数据的鉴真问题,分别确立了以下排除规则:

其一,在勘验、检查、搜查过程中提取、扣押的物证、书证,未附有相关笔录或者清单,不能证明物证、书证来源的,不得作为定案的根据。这属于一种强制性排除规则,意味着来源不明的物证、书证,既然无法验证其真实性和同一性,就不具有证据能力。

其二,对物证、书证的来源、收集程序存有疑问,不能作出合理解释的,该物证、书证不得作为定案的根据。这是一项瑕疵证据的补正规则。据此,侦查人员在收集、提取物证、书证的程序方面存在瑕疵,对其真实性、统一性存在疑问的,公诉方有责任作出解释,无法作出合理解释的,该物证、书证也被排除于定案根据之外。

其三,对视听资料、电子数据的制作、取得时间、地点、方式存有疑问,不能提供必要证明或者合理解释的,该视听资料、电子数据不得作为定案的根据。这也是一项瑕疵证据的补正规则。根据这一规则,对视听资料、电子数据的证据保管链条存在疑问,无法证明其真实性和同一性的,一律否定其证据能力。

其四,电子数据系篡改、伪造或者无法确定真伪,或者有增加、删除、修改等情形,影响电子数据真实性的,一律不得作为定案的根据。这一规则所强调的也是对无法验证其真实性和同一性的电子数据,一律否定其证据能力。

其五，电子数据没有以封存状态移送，笔录或者清单上没有侦查人员、电子数据持有人、见证人签名或者盖章，或者电子数据的名称、类别、格式等注明不清的，公诉方有责任对上述程序瑕疵作出补正或者作出合理解释，无法补正或者不能作出合理解释的，该电子数据不得作为定案的根据。这又是一项瑕疵证据的补正规则。根据这一规则，电子数据没有以封存状态移送，或者没有相关人员的签字盖章，或者没有注明名称、类别、格式的，都属于无法保证证据保管链条完整性的情况，也都是在鉴真方面存在着严重的缺陷。对于这类鉴真不能的电子数据，在办案人员无法作出程序补救的情况下，司法人员可以将其予以排除。

以上都是对那些无法鉴真的实物证据所确立的排除规则。假如这些无法得到鉴真的实物证据成为司法鉴定的检材，那么，以此为对象所作的鉴定意见，还是否具有证据能力呢？

在这一方面，我国刑事证据法还确立了鉴定意见的排除规则。具体而言，对于送验材料、样本来源不明，或者因污染不具备鉴定条件，或者鉴定对象与送检材料、样本不一致的，鉴定意见一律不得成为定案的根据。很显然，所谓的"送检材料、样本"，一般被称为鉴定检材，也就是作为鉴定对象的物证、书证、视听资料或电子数据。这类材料、样本一旦出现"来源不明"的情况，即意味着其真实性和同一性无法得到验证，存在伪造、变造、替换的可能性。与此同时，假如"送检材料、样本"与鉴定对象不一致的，也有可能在鉴定环节出现鉴定对象与送检材料、样本无法保持同一性的问题。既然鉴定对象都无法保证其真实性和同一性，那么，根据这一检材所作的鉴定意见，也就失去鉴定价值了。正因为如此，我国刑事证据法对这种依据无法得到鉴真的实物证据所作的鉴定意见，确立了排除规则。作为鉴定对象的实物证据一旦来源不明，或者与送检材料、样本无法保持同一性的，对该实物证据所作的鉴定意见也被否定了证据能力。

【深入思考题】

1. 根据《办理死刑案件证据规定》，"经勘验、检查、搜查提取、扣押的物证、书证，未附有勘验、检查笔录，搜查笔录，提取笔录，扣押清单，不能证明物证、书证来源的，不能作为定案的根据"。为什么只有查明物证、书证的来源，才能确认其证明力？另外，仅仅通过勘验、检查笔录，搜查笔录，提取笔录，扣押清单等"笔录证据"的验证，物证、书证的真实性和同一性就能得到验证了吗?

2. 作为一种对实物证据鉴别真伪的方法,鉴真与鉴定有何区别?

3. 如果说"独特性的证明"是一种适用于"特定物"的鉴真方法,那么,这种鉴真需要通过什么程序来加以实施?尤其是在证人出庭作证难以得到保证的情况下,如何证明某一实物证据的独特性?

4. 如果说"保管链条的完整性"是一种适用于"种类物"的鉴真方法,那么,这种鉴真需要通过什么程序来加以实施?按照一种较为理想的鉴真思路,对于物证、书证、视听资料、电子数据,从其来源、收集提取、保管直到出示给鉴定人或者交由法庭辨认,每一个接触过该证据的人,都应提供证据证明"没有改变过这些证据的形态",或者"保持了原来证据的同一性"。请问:这种对保管链条的严格证明,在我国刑事诉讼中真的能做到吗?为什么?

【讨论案例之十】

吴金义故意杀人案①

河南省周口市人民检察院起诉书指控被告人吴金义犯有故意杀人罪。周口市中级人民法院经审理认为，虽然被告人吴金义当庭拒不供认故意杀人的犯罪事实，但其在公安机关曾多次供认，且从现场提取的血掌印经鉴定确系吴金义所留，足以认定，判决吴金义犯故意杀人罪，判处死刑。一审宣判后，被告人吴金义以"没有杀人"为由向河南省高级人民法院提出上诉。

河南省高级人民法院经审理认为，本案事实清楚，证据确实、充分，足以认定。关于被告人吴金义所提"没有杀人"的上诉理由，经查，吴金义曾多次供述其将孙某某和吴某某杀死的犯罪事实，与证人证言、现场勘验笔录及尸体检查报告相吻合；二审期间委托公安部物证鉴定中心对现场提取的血掌印重新鉴定，与吴金义的左掌有19个细节特征的相同点，结论为：血掌印与吴金义左掌样本同一，足以认定本案系吴金义实施，故上诉理由不能成立。裁定驳回上诉，维持原判，并依法报请最高人民法院核准。

最高人民法院经复核认为，一、二审认定被告人吴金义故意杀人案的主要证据，是经鉴定为被告人所留的"血掌印"和被告人在侦查阶段的有罪供述。但现场勘验、检查笔录不能清楚地反映该掌印的来源，也无提取笔录；该掌印是否是"血掌印"也无证据证实，在案证据不能形成完整的证据链。一审判决和二审裁定认定被告人吴金义故意杀人犯罪事实不清，证据不足。

本案一、二审法院认定被告人吴金义故意杀人的主要证据有证明吴金义在南京市打工期间曾离开南京数日的证人证言，证明被害人孙某某、吴某某系他人扼颈后形成机械性窒息死亡的尸体检验报告，证明案发现场床帮上提取的手印是吴金义左手掌所留的手印痕迹鉴定书，吴金义在侦查阶段的认罪供述等。

经审查，本案在侦查阶段对痕迹物证的收集、固定、鉴定等方面存在重大瑕疵，具体表现如下：第一，作为一、二审定案依据的关键证据"血掌印"来源不明，虽然现场勘验笔录记载提取了该掌纹和另外两枚指纹，但没有见证人证明，"血掌印"也没有单独制作提取笔录，现场照片也不能确切证明血掌印

---

① 参见李智谋：《吴金义故意杀人案——物证提取不全或来源不清案件的证据审查》，载《中国刑事审判指导案例》（第3卷），法律出版社2012年版，第199—201页。

是从哪里提取的。第二，提取"血掌印"的部位不明确，从本案的破案经过看，"血掌印"是从现场床帮上提取的，但卷内只有一块有掌印的木块的照片，看不出该木块来自哪个部位。现场勘查照片不能反映现场重点区域的概貌、局部以及痕迹物证具体特征的细节。第三，侦查人员1998年就将吴金义的手纹与现场床帮上的掌印进行过比对，当时把吴金义排除了。但2004年抓获被告人时，市公安局将本案中的掌印与吴金义的手掌样本进行比对，找出了16个相同点，后来公安部鉴定时找出了19个，而之前县公安局却未能对此作出同一鉴定，不合常理。第四，现场勘查笔录记载，案发现场的床上既有血掌印，又有两枚带血指印。公安机关称"现场提取的3枚手印，除血掌印外均是被害人的邻居、亲属所留"。但卷内无具体鉴定结论或详细说明，不能完全排除作案者系被害人的邻居、亲属的合理怀疑。

综合全案证据审查判断，部分物证提取不全或丢失，导致其他证据证明力减弱；关键物证"血掌印"的来源不清，虽然鉴定结论能够证明在案的掌印系被告人所留，但不能证明该检材就是现场床帮上的"血掌印"；现场勘查中记载的其他"血指印"未通过鉴定等形式予以固定，不能完全排除其他人作案的可能；在案的证人证言亦不能证明被告人作案。尽管被告人吴金义有罪供述的主要内容(如现场房间的结构、尸体的位置和朝向、从现场逃跑的路线等)与现场情况基本吻合，但被告人对被害人家比较熟悉，且在案发多年后才归案，作了有罪供述后又翻供，其口供的可信度较低。综上，本案的有罪证据不能形成完整的证据链，达到确实、充分的程度，故最高人民法院依法作出不核准被告人吴金义死刑，发回重审的裁定。

可讨论的问题：

1. 作为办案重要证据的物证，"血掌印"来源不明，为什么不能作为定案的根据？

2. 尽管该"血掌印"经鉴定为被告人吴金义所留，为什么法院最终还是没有将其作为定案的根据？

第十一章 特殊证据的证据能力

没有证据排除,就没有证据法。

一、概述
二、行政证据
三、监察证据
四、技侦证据
五、境外证据

【讨论案例之十一】 王志余、秦群英容留卖淫案

一、概述

通常说来，刑事证据法对证据证明力和证据能力的限制，最终要落实在证据排除规则上面。没有证据排除规则，就没有刑事证据法的存在空间。尤其是证据能力的限制方面，我国刑事证据法确立了诸多方面的排除规则，它们要么被表述为"应当排除"，要么被规定为"不得作为定案的根据"。这些证据排除规则，具有对证据的合法性作出否定性评价的性质，可以发挥取消证据法律效力的效果。

但是，在对证据能力的规范方面，我国刑事证据法还确立了另一类证据规则，那就是授予特定证据法律资格的规则。具体而言，对于过去在证据资格或证据能力上存在争议，或者没有得到法律明文确立的证据材料，刑事证据法明确规定"可以作为证据使用"，从而赋予该类证据材料以法定的证据资格。根据《最高法院2020年解释》的规定，这些被授予证据资格的证据材料，主要有六大类：一是行政机关在行政执法和查办案件中收集的物证、书证、视听资料、电子数据等证据材料；二是监察机关依法收集的证据材料；三是依法采取技术调查、侦查措施收集的材料；四是来自境外的证据材料，能够证明案件事实，并且符合刑事诉讼法规定的；五是因不存在特定鉴定机构，或者根据法律、司法解释的规定，指派、聘请有专门知识的人就案件的专门性问题出具的报告；六是有关部门对事故进行调查所形成的报告。

对于上述第五种和第六种证据材料的证据能力，本书将在"鉴定意见"中加以专门讨论。这里所要分析的是前四类证据材料。这四类证据材料因其取证主体、取证方式和证据来源具有异乎寻常的特征，因此可以被称为"特殊证据"。为表述方便起见，我们可以将这四类证据材料分别简称为"行政证据""监察证据""技侦证据"和"境外证据"。对于这些特殊证据，刑事证据法既授予了在刑事诉讼中使用的法律资格，也在证据能力上作出了程度不同的限制。

二、行政证据

所谓"行政证据"，是指行政机关在行政执法或查办案件过程中所收集的证据。对这类证据，行政机关可以在行政执法程序中加以使用，将其作为认定行为人行政违法事实的依据,这是没有争议的。但是,刑事诉讼法却赋予这类行政证据在刑事诉讼中使用的资格,这究竟应如何理解呢?

(一) 行政证据具有证据资格的理由

我国刑法确立的罪名中有一百余种属于"行政犯",也就是由行政违法行为转化过来的犯罪行为。刑事司法的实践情况表明,大量刑事案件都是由行政案件转化而来的,行政处罚程序与刑事诉讼程序经常具有前后相连的关系。例如,侵犯知识产权、制造假冒伪劣商品、偷税漏税、非法经营、逃避海关监管、交通肇事等案件,就处于行政违法与刑事犯罪的交叉地带,那些严重的行政违法案件完全有可能成为犯罪案件。在对上述案件的查处过程中,经常是工商管理机关、税务部门、海关、公安机关等率先启动行政执法程序,甚至作出了行政处罚决定。但在发现这些案件具备刑事追诉的条件之后,这些行政执法部门通常会将其移交刑事侦查部门启动刑事诉讼程序。这显然说明,行政违法与刑事犯罪之间的交叉和转换关系,决定了行政执法程序与刑事诉讼程序需要进行有效的衔接。其中,行政机关所收集的行政证据与侦查机关指控犯罪证据之间的转化,就属于这种程序衔接的有机组成部分。

在此背景下,刑事诉讼法确立了部分行政证据在刑事诉讼中的证据资格。具体说来,行政机关在行政执法和查办行政案件过程中所收集的物证、书证、视听资料、电子数据等证据材料,可以在刑事诉讼中作为证据使用。据此,行政机关所收集的上述四种实物证据,可以在刑事诉讼中直接被作为证据使用。

法律之所以授予上述四种行政证据以刑事诉讼证据的资格,主要有三个方面的原因:一是在司法实践中大量行政案件都转化为刑事案件,很多犯罪事实的认定也建立在行为人构成行政违法的前提之下,行政机关所收集的很多行政证据,都可以被用来证明行为人的犯罪事实。假如对于行政机关所收集的行政证据,都仅仅限定为认定行政违法事实的依据,要求侦查机关一旦接手这一案件的立案侦查活动,就将其弃之不用,或者重新启动调查取证程序,这显然会造成司法资源的浪费,大大降低刑事侦查的效率。二是实物证据通常被称为"客观证据",它们稳定性较强,无论是行政机关还是侦查机关,无论所适用的是行政处罚程序还是刑事侦查程序,其外观、形态、数量和内容通常不会发生实质性的变化。可以说,实物证据的取证主体和取证方式对其真实性的影响是微乎其微的。三是在实物证据的调查程序方面,行政法与刑事诉讼法的法治化程度差异不大。这两类法律都要求,调查人员在提取实物证据时,要由两名法定人员进行,尽量调取原件或者原物,要做好相关的调查笔录,重要证据的搜查、扣押、勘验、检查要有见证人在场并在调查笔录上签字,等等。① 因此,行政机关依照行政程序法所收集的实物证据,在合法性上一般都足以满足刑事诉讼法的要求。

(二) 对行政证据法律资格的限制

既然刑事证据法确立了行政证据的刑事诉讼证据资格,那么,为什么刑事诉讼法仅仅将这类证据限定为实物证据呢?为什么不能将行政机关在行政执法中收集的笔录证据、言词证据和鉴定意见,都作为刑事诉讼证据呢?

对于物证、书证、视听资料、电子数据的提取,行政法和刑事诉讼法都确立了各自的取证方法,也都确立了相关的制作笔录材料的法律规定。应当说,与行政程序法相比,刑事诉讼法对于这些实物证据的取证方式作出了更为严格的规范和限制,不仅确立了不同于行政程序的取证方式,而且对相关取证笔录也确立了不同的形式要件要求。可以说,尽管物证、书证、视听资料、电子数据本身的真实性和合法性,不会受到取证主体和取证方式的明显影响,但是,那些记录这些实物证据提取过程的笔录本身,无论是在形式要件上,还是在法治化水平上,都要受到不同法律体系的不同规制。例如,在视听资料、电子数据的提取上,刑事证据法提出了异常严格的鉴真要求,要求记录制作、取得的时间、地点和方式,要求以封存状态移送,除了有调查人员与其他有关人员的签名以外,还要注明相应的名称、类别和格式。又如,对于勘验、检查笔录,辨认笔录,侦查实验笔录等,假如不符合刑事诉讼法所确立的程序要求的,一律不得作为定案的根据。刑事诉讼法对于笔录证据的上述要求,都是行政程序法所无法比拟的。因此,对于行政证据,在行政执法中对其执法过程所制作的书面笔录,一般不能作为刑事诉讼证据使用。

那么,对于行政人员搜集的言词证据笔录,如被告人供述、证人证言、被害人陈述等,侦查人员可否直接采纳为刑事证据呢?答案是否定的。

对于这一点,可以从三个角度加以简要说明。首先,言词证据又被称为"主观证据",其稳定性较弱,其真实性经常会因为取证主体和取证手段的变

---

① 无论是在调查取证的程序控制方面,还是在适用非法证据排除规则方面,我国刑事诉讼法对于实物证据的适用都没有确立较为严格的法律规则。与言词证据相比,实物证据在证明力和证据能力上受到的限制都较为宽松。参见陈瑞华:《刑事证据法的理论问题》,法律出版社2018年版,第103页以下。

化而发生程度不同的变化。与实物证据相比,言词证据会受取证主体与案件的利害关系、取证主体的讯问(询问)方式等因素的影响而呈现出不稳定的状态。刑事诉讼法要求唯有两名以上侦查人员在场,才能获取讯问或询问笔录,其原因就在于此。其次,行政法和刑事诉讼法对于言词证据的取证程序提出了差异较大的法律要求。侦查人员在讯问或询问过程中,被禁止采取刑讯逼供、威胁、引诱、欺骗等非法取证手段,被禁止接受意见证据,对于未成年人或精神病人的陈述,侦查人员也受到严格的法律限制。尤其是在讯问被告人方面,刑事诉讼法为防止侦查人员出现非法取证情况,作出了更为严格的法律限制,如在逮捕、拘留后24小时之内要将其送交看守所进行羁押;在这一时间内也要进行第一次讯问;讯问要在看守所内进行;对于重大案件的嫌疑人进行讯问要进行同步全程录音录像;等等。这些对侦查人员所作的法律限制在行政调查过程中显然是不存在的。最后,刑事诉讼法针对侦查人员非法取证问题所确立的非法证据排除规则,主要是针对非法言词证据来适用的。尤其是对于侦查人员通过刑讯逼供、威胁、非法拘禁等非法手段所获取的被告人供述,以及通过暴力、威胁、非法拘禁等非法手段所获取的证人证言、被害人陈述等,都确立了强制性的排除后果。而反观各种行政法律和法规,对于行政人员以非法手段所获取的言词证据,却极少有排除非法证据的制裁性后果。在行政执法实践中,行政机关因为行政人员非法获取行政证据而将其排除于行政处罚根据之外的情况,一般很少发生过。

除了言词证据以外,行政人员在行政执法过程中所搜集的鉴定意见,能否直接被侦查人员采纳为刑事证据呢?

在这一问题上,我们有必要将行政人员通过委托鉴定机构和鉴定人所作的鉴定意见,称为"行政鉴定意见",而将侦查机关委托或者聘请有鉴定资格的机构或个人所作的鉴定意见,称为"司法鉴定意见"。如同行政机关搜集的言词证据一样,行政鉴定意见也只能作为证明行政不法事实成立的证据材料,而不能被采纳为刑事证据使用。

这里也可以从三个方面进行解释。其一,刑事诉讼法对鉴定机构和鉴定人有明确的鉴定资格要求,无论是鉴定机构还是鉴定人,在不具备特定鉴定资格的情况下所出具的鉴定意见,一律不得被作为定案的根据。相比之下,行政法对于鉴定机构和鉴定人的鉴定资格并没有过于严格的限制,或者即便作出了一定限制,也与刑事诉讼法所作的限制属于完全不同的两套法律体系。例如,对于那些行为人涉嫌污染环境的案件,行政机关在行政处罚过程中经常委托环保行政机关下设的环境科学研究机构出具鉴定意见,也经常没有自然人的签字或者盖章。这种鉴定意见被用在行政程序中是没有太大问题的,但因为这种鉴定机构不具有司法鉴定资格,且鉴定意见不符合刑事诉讼法所要求的形式要件,因此不能作为刑事证据使用。又如,对于那些行为人涉嫌制造或销售假冒伪劣食品、药品的案件,食品药品监督管理部门经常自行对案件专门性问题作出鉴定意见,并将此作为行政处罚的依据,但这类鉴定意见并不符合刑事诉讼法的要求,也不能被直接作为刑事证据使用。其二,行政鉴定意见与司法鉴定意见所发挥的证明作用具有实质性的差异。由于行政不法事实与犯罪事实存在着实质性的差异,行政鉴定意见至多对行为人是否存在行政不法行为提供专业意见,而对于行为人是否存在"特定犯罪构成要件",却难以起到直接的证明作用。其三,行政鉴定意见与司法鉴定意见在形式要件上存在实质性差异。相对于行政鉴定意见而言,司法鉴定意见要被采纳为刑事证据,就要符合刑事诉讼法所确立的各种法律要求。例如,作为鉴定检材的物证、书证、视听资料、电子数据,必须是来源可靠,并且没有受到污染而具备鉴定条件的;鉴定必须符合法定的司法鉴定操作规程;鉴定意见必须有自然人的盖章或者签字,而不能仅仅有单位的盖章;等等。违背这些法定的形式要件,司法鉴定意见一律不得被采纳为认定行为人犯罪的根据。

(三) 对行政证据的审查判断

对于行政机关在行政执法中收集的物证、书证、视听资料、电子数据,刑事证据法赋予其证据资格,这究竟会带来哪些后果呢?

首先,对于行政机关所收集的上述四种实物证据,侦查机关不必再经过重新收集和提取程序,而可以直接作为作出立案和侦查终结决定的依据,检察机关也可以直接将其作为批准逮捕、审查起诉和提起公诉的依据,法院经当庭质证和查证属实,也可以将其作为定案的根据。

其次,对于行政机关在行政执法和办案过程中所收集的其他行政证据,如笔录证据、言词证据、鉴定意见,侦查机关、检察机关和法院不得将其作为认定案件事实的依据。

再次,对于行政机关在行政执法和办案过程中所收集的上述四种实物证据,刑事证据法只是确认了它们的证据资格,并不意味着对它们证据能力和证明力的当然确认。这种证据资格只是承认了其在取证主体方面满足了刑事证据法的要求,但在取证手段和接受法庭调查方面,仍然要对其进行全面的证据能力审查。对于这些证据的真实性和相关性,也要继续进行全方位的审查。对于在取证手段、法庭质证方面无法满足刑事诉讼法所确立的法律要求,或者在真实性和相关性上存在缺陷的证据,仍然不能作为定案的根据。

最后,公诉机关向法院提起公诉后,假如提交了行政机关在行政执法过程中收集的笔录证据、言词证据或者鉴定意见,并以此作为指控被告人犯罪的依据的,法院应当一律否定其证据资格和证据能力,不得将其作为定案的根据。

三、监察证据

2018年,全国人大通过了《宪法修正案》,并通过了《监察法》,这标志着我国监察体制改革终告完成,我国的政权组织形式从原来的"人大领导下的一府两院制",变为现在的"一府一委两院制"。原有的行政监察机构被各级监察委员会取而代之,各级监察委员会与各级政府、法院、检察机关一起,接受同级人民代表大会及其常委会的监督。与此同时,各级监察委员会与同级中共纪律检查部门合署办公,实现了对全体国家公职人员的"监察全覆盖",也实现了国家反腐败资源的有机整合,使得原有的针对公职人员的行政监察、刑事侦查和预防腐败等职权被统一整合进监察委员会之中,实现了针对国家公职人员的党纪调查、政务调查和刑事调查的有机统一。

在我国的政权组织形式中,监察委员会既不是司法机关,也不是行政机关,而是针对国家公职人员行使监察权的国家专门机关。监察委员会在对公职人员涉嫌腐败、滥用职权、玩忽职守等案件作出立案决定后,可依据《监察法》以及相关法律法规的授权,开展调查活动。经过调查,认为被调查人违反党纪的,可以中共纪律检查机构的名义,作出党纪处分;认为被调查人违反政纪的,可以监察委员会的名义作出政务处分;认为被调查人构成刑事犯罪的,可以监察委员会的名义移送检察机关审查起诉。由此,监察委员会对公职人员涉嫌腐败等案件的调查,就可以具有党纪调查、政务调查和刑事调查的性质,所获取的证据材料既可以被作为党纪处分和政务处分的依据,也可以成为移送检察机关审查起诉的依据。

那么,监察委员会经过调查所获取的证据材料,可否在刑事诉讼中具有证据资格呢?答案是肯定的。根据2018年《刑事诉讼法》,监察委员会依法收集的证据材料,在刑事诉讼中可以作为证据使用。

之所以作出如此判断,主要有四个方面的理由:一是监察委员会尽管不是司法机关,也不是行政机关,却是依法对公职人员行使监察权的国家专门机关。对于公职人员涉嫌腐败、滥用职权、玩忽职守等职务犯罪案件,监察委员会尽管不是侦查机关,不享有侦查权,却享有刑事调查权,其调查活动与刑事侦查权具有相同的性质,也具有相同的法律效力。二是监察委员会依据《监察法》展开调查活动,但一旦将案件移送检察机关审查起诉,检察机关既不需要对同一案件重新立案,也不需要重新调查取证,而是直接将监察委员会收集的证据作为审查起诉的依据,发现事实不清、证据不足的,还可以自行补充调查,或者退回监察委员会补充调查。这显然说明,监察委员会收集的证据材料与侦查机关经过立案侦查所收集的证据材料一样,既具有刑事证据的性质,也可以发挥刑事证据的效力。三是检察机关直接将监察委员会移交的证据作为刑事诉讼证据适用,可以最大限度地节省司法资源,避免在刑事调查方面的重复劳动,提高反腐败案件的办案效率,避免过去曾经出现的由监察机关和检察机关对同一案件先后负责行政调查和刑事侦查所带来的重复、低效和资源浪费问题。四是在针对公职人员的立案侦查权被整体转移至监察委员会之后,监察委员会对职务犯罪案件所行使的调查权,其实就是对检察机关侦查权的取代,两者具有相同的性质和法律效力。

既然监察委员会所收集的证据材料可以在刑事诉讼中作为证据使用,那么,这些监察证据的证据能力应当受到怎样的限制呢?

原则上,与侦查机关所收集的证据材料一样,监察委员会所收集的证据材料,在案件被移送检察机关审查起诉之后,就可以被作为刑事诉讼证据使用。检察机关以这些证据材料为依据,可以对嫌疑人作出刑事拘留、逮捕的决定;检察机关通过审查这些证据材料,发现事实不清、证据不足,或者存在遗漏犯罪嫌疑人或者遗漏犯罪行为的,可以自行补充调查,也可以退回监察委员会补充调查;检察机关经过审查起诉,认为案件达到公诉条件的,可以向法院提起公诉,并将这些证据材料移送法院;法院在法庭审理中,也可以将这些证据材料作为法庭调查的对象,经过查证属实,并认定这些证据符合法律要求的,就可以将这些证据作为认定案件事实的依据。

与侦查机关收集的证据材料一样,监察委员会所收集的证据材料,也要经受法定的证据能力审查。除了在取证主体方面赋予其特殊效力以外,司法机关对于监察证据的表现形式、取证手段、证据形式要件和法庭质证等环节,都要按照刑事诉讼法和相关司法解释的要求，进行严格审查。发现监察证据在上述环节不具有合法性的，司法机关可以作出排除非法证据的决定。

四、技侦证据

自2012年以来，我国《刑事诉讼法》对公安机关、检察机关采取技术侦查措施确立了授权性规则。根据这一规则，公安机关在立案后，对于危害国家安全犯罪、恐怖活动犯罪、黑社会性质的组织犯罪、重大毒品犯罪或者其他严重危害社会的犯罪案件，经过严格的批准手续，可以采取技术侦查措施；检察机关在立案后，对于重大贪污、贿赂犯罪案件以及利用职权实施的侵犯公民人身权利的重大犯罪案件，经过严格批准手续，可以采取技术侦查措施。据此，公安机关、检察机关针对特定的刑事案件，可以采取包括电子侦听、电话监听、电子监控、秘密拍照、秘密录像、秘密获取物证、邮件检查等专门侦查手段。

与此同时，在侦查过程中，公安机关还可以采取另外两种特殊侦查措施：一是隐匿身份的侦查措施，也就是通常所说的利用特情、耳目、线人等进行的侦查活动；二是控制下交付措施，也就是对于给付毒品等违禁品或者财物的犯罪案件，侦查机关在发现非法或可疑违禁品后，在对该物品进行秘密监控的情况下，允许该违禁品继续流转，从而查获嫌疑人和查明案件事实的侦查活动。

在授权侦查机关依法采取上述技术侦查和特殊侦查措施的同时，刑事诉讼法还允许公安机关、检察机关在刑事诉讼中将由此所获取的证据材料作为证据使用。根据这一授权性规则，公安机关、检察机关对于通过合法的技术侦查或特殊侦查手段所获取的材料，如物证、书证、视听资料、电子数据、证人证言等证据材料，都可以作为证据使用，可以将其作为提出起诉意见、批准逮捕、提起公诉的根据。但是，这些通过技术侦查和特殊侦查措施所获取的证据材料，要转化为法院定案的根据，还必须经受证据能力和证明力方面的审查。换言之，刑事诉讼法所承认的仅仅是这些证据材料的刑事诉讼证据资格，其并不必然成为法院定案的根据。

之所以在法律上确认技术侦查所获材料的证据资格，主要是因为在侦查特定刑事案件过程中，侦查机关普遍在调查取证方面面临着困难，不仅难以获得实物证据，而且无法获取有用的侦查线索。无论是国家安全机关负责侦查的危害国家安全案件,公安机关负责侦查的恐怖活动犯罪、重大毒品犯罪等案件,还是检察机关负责侦查的重大贪污贿赂案件,都具有以下几个有别于普通刑事案件的特点:一是一般没有犯罪现场,侦查机关难以获取物证、书证等实物证据,也难以制作相应的勘验笔录、检查笔录、辨认笔录、搜查笔录等笔录证据;二是一般没有明确的被害人,侦查人员难以从被害人方面获取证据信息;三是过于依赖言词证据,特别是被告人供述和证人证言,而这些言词证据通常都会因被询问者个体化的因素以及侦查人员的询问方式而在稳定性和真实性方面出现差异;四是一些有组织犯罪具有系统化、职业化的特点,使得犯罪成员之间形成较为严密的组织体系,这经常会导致侦查人员在获取进一步的事实信息方面困难重重。①

正是因为上述刑事案件在侦查方面面临大量困难,因此侦查机关仅仅依靠传统的调查取证方式将难以获得必要的证据和线索。技术侦查以及特殊侦查措施的使用,可以使侦查人员获取大量依靠常规侦查措施所无法获取的事实和信息。例如,通过采取电子侦听、电话监听、电子监控、秘密拍照等技术侦查措施,侦查人员就可以在犯罪实施过程中展开一定程度上的"同步侦查",这显然是一般刑事侦查那种在犯罪发生后才进行的"事后侦查"所不可比拟的。又如,通过采用特情、线人、耳目等人员打入犯罪组织的内部,侦查人员不仅可以获取大量的情报线索,而且还可以及时掌握犯罪人的动态和犯罪行为的下一步走向,为有效地查获犯罪嫌疑人、及时查明犯罪事实创造条件。再如,通过采取控制下交付等特殊侦查措施,侦查人员可以全面了解犯罪行为的进展,及时掌握侦查抓捕的时机,并可以侦破更多的犯罪案件,抓获更多的犯罪人。②

那么,在确认技侦证据具有证据资格的前提下,应当对这类证据的证据能力作出哪些方面的限制呢?

根据《最高法院2020年解释》,侦查机关通过合法技术侦查措施所获取的证据材料,可以作为刑事诉讼证据使用。监察委员会依法采取技术调查措施所获取的证据材料,也具有刑事诉讼证据的资格。但是,对于这类技侦证据,该司法解释作出了以下几个方面的限制。

首先,采取技术侦查、技术调查措施所收集的材料,应当以法定证据形式随案移送。

---

① 参见程雷:《论检察机关的技术侦查权》,载《政法论丛》2011年第5期。
② 参见马方、张红良:《技术侦查措施立法问题解析》,载《人民检察》2012年第16期。

技侦证据应具有法定的证据形式,也就是具备刑事诉讼法所容许的物证、书证、视听资料、电子数据、证人证言、被告人供述和辩解、鉴定意见等法定证据形式。移送证据材料时,应当附上采取技术侦查、技术调查措施的法律文书、证据材料清单和有关说明材料。其中,移送视听资料、电子数据的,应当制作新的存储介质,并附上包括原始证据或原始存储介质的存放地点等信息在内的制作说明,由制作者签名并盖章。

法院认为应当移送的技侦证据未随案移送的,应通知检察机关在指定时间内移送。检察机关没有移送的,法院应根据现有在案证据对案件事实作出认定。换言之,检察机关没有移送技侦证据的,法院应不再将其作为定案的根据。

其次,对于技侦证据,法院除了遵循对一般证据的审查规则以外,还要遵守以下特殊规则:一是技术侦查和技术调查所适用的案件是否符合法律规定;二是技术侦查和技术调查措施是否遵循严格的审批程序和执行程序;三是采取技术侦查和技术调查的种类、适用对象和期限是否遵守批准决定的要求;四是技侦证据与其他证据是否存在矛盾,有关矛盾是否得到合理解释。

最后,技侦证据一律要接受当庭举证和质证程序,才能作为定案的根据。

与一般证据一样,检察机关将技侦证据作为起诉根据的,法院应当要求对这些证据进行当庭出示、辨认、宣读、播放,并接受被告人及其辩护人的当庭质证。只有经过法定举证、质证程序,被查证属实的,技侦证据才能成为定案的根据。

当然,对于技侦证据,法院应采取不暴露有关人员身份和有关技术设备、技术方法等保护措施,必要时也可以在法庭之外进行调查核实证据活动。

五、境外证据

对于在外国以及我国的港澳台地区所获取的证据材料,我国刑事证据法除了要求适用一般规则以外,还确立了一些旨在限制证据能力的特殊规则。在这一方面,《最高法院2020年司法解释》对于公诉方的证据与当事人的证据采取了区别对待的措施。

对于来自境外的证据材料,检察机关作为起诉根据的,应当随案移送有关情况说明材料,说明材料来源、提供人、提取人、提取时间等信息。经法院依法审查并经当庭举证、质证程序,有关证据材料能够证明案件事实,并符合刑事诉讼法规定的,可以作为证据使用。但是,我国法律对于提供人有明确限制,或者我国与有关国家签订的双边条约对材料使用范围有明确限制的,该类证据材料不能作为刑事诉讼证据使用。不仅如此,境外证据也要经受法定的鉴真程序,来源不明或者真实性无法确认的,这些材料不得作为定案的根据。

对于当事人及其辩护人、诉讼代理人提供的境外证据,我国刑事证据法确立了一些特殊的证明或者认证要求。原则上,这类境外证据材料要作为刑事诉讼证据使用,可以有三种证明或者认证途径:一是经所在国公证机关证明;二是经过所在国外交主管机关或者其授权机关认证,并经过中国驻该国使领馆认证;三是履行中国与该所在国订立的有关条约中规定的证明手续。未经上述任何一种证明或者认证程序的,境外证据一律不具有刑事诉讼证据的资格,法院一律不得予以采纳,也不得作为定案的根据。

但是,上述证明和认证程序有其适用的例外。我国与有关所在国签订互免认证协定的,有关境外证据就可以直接作为刑事诉讼证据使用,而无需经过上述证明或者认证程序。

【深入思考题】

1. 刑事证据法在规定了大量排除规则的同时,还确立了一些表述为"可以作为证据使用"的条款。对于这些旨在确认某一证据具有证据资格的规则,如何进行理论评价?

2. 对于行政机关在行政执法过程中所获取的笔录证据、言词证据和鉴定意见,为什么不能作为刑事诉讼证据使用?

【讨论案例之十一】

王志余、秦群英容留卖淫案①

一、基本案情

江苏省海安县人民检察院以被告人王志余犯介绍、容留卖淫罪,被告人秦群英犯容留卖淫罪,向海安县人民法院提起公诉。其中,起诉时指控王志余介绍、容留2名卖淫女在其经营的浴室内向19名嫖客卖淫22次,秦群英参与其中15次容留卖淫。

被告人王志余辩称,其知道卖淫女在浴室内卖淫,但指控的次数偏多。其辩护人提出,本案涉及的治安行政处罚中对当事人的询问笔录,不应直接作为刑事诉讼中的证人证言使用;公安机关已对王志余进行了行政处罚,不应再追究其刑事责任;王志余容留卖淫,未达到"情节严重"的程度。

海安县人民法院经审理查明:被告人王志余、秦群英夫妇共同经营海安县曲塘镇白塘浴室。王志余、秦群英明知周某宜、周某菊系卖淫人员,仍于2012年1月至3月间容留二人在该浴室内向张某、于某、孙某等9名嫖娼人员卖淫9次。卖淫时,由卖淫女直接向嫖娼人员收取嫖资,然后按约定比例与二被告人分成,王志余共从中获利160元。其中,王志余参与全部作案,秦群英参与作案2起。同年3月6日,公安机关查明周某宜、周某菊有卖淫行为。经进一步调查,发现王志余、秦群英涉嫌介绍、容留卖淫,遂于同年5月将该案作为刑事案件立案侦查。公安机关共查获19名嫖娼人员,对相关人员按照《治安管理处罚法》规定的程序制作了询问笔录,后对其中9名嫖娼人员和2名卖淫女按照刑事诉讼法规定的程序重新收集证言。

海安县人民法院认为,被告人王志余单独或者伙同被告人秦群英在经营的浴室内容留卖淫女从事卖淫活动,二人的行为均构成容留卖淫罪。公安机关在查处卖淫嫖娼活动中形成的言词证据可以作为行政处罚的依据,但不得直接作为刑事诉讼证据使用。本案审理过程中,公诉机关提供了侦查机关对张某、于某、孙某等9人的询问笔录,上述笔录与证人周某菊、周某宜的证言和二被告人的供述能够相互印证,充分证实"王志余容留卖淫女在其经营的浴室内卖淫9次,秦群英容留上述卖淫女卖淫2次"。对公诉机关指控的其他容留卖淫事实不予认定。据此,海安县人民法院判决被告人王志余犯容留

---

① 参见《王志余、秦群英容留卖淫案》,载《刑事审判参考》(第97集),法律出版社2014年版,第97—102页。

淫罪,判处有期徒刑三年三个月,并处罚金人民币一万元;判决被告人秦群英犯容留卖淫罪,判处有期徒刑八个月,并处罚金人民币三千元。

一审宣判后,海安县人民检察院提出抗诉认为,公安机关查办治安案件时所作询问的内容、程序与刑事诉讼中的询问一致,指控的被告人王志余、秦群英容留周某宜、周某菊卖淫的事实,已由行政处罚决定书确认,相关卖淫嫖娼人员均无异议。起诉书据此指控王志余、秦群英分别介绍、容留卖淫22人次和15人次并无不当。一审判决对指控的大部分事实不予认定,属于认定事实错误,并导致量刑明显不当。南通市人民检察院对上述抗诉意见予以支持。

二审庭审中,检察员当庭提供了公安机关于二审期间补充制作的孙某等3名嫖娼人员的询问笔录,并说明其余7名嫖娼人员的证言无法及时收集。南通市中级人民法院经审理认为,被告人王志余单独或者伙同被告人秦群英在经营的浴室内容留卖淫女从事卖淫活动,二被告人的行为均构成容留卖淫罪。根据《中华人民共和国刑事诉讼法》第五十二条第二款以及《最高人民法院关于适用〈中华人民共和国刑事诉讼法〉的解释》第六十三条、第六十五条第一款的规定,在刑事诉讼中除物证、书证、视听资料、电子数据等客观性较强的证据材料外,行政机关在行政执法和查办案件过程中收集的言词类证据材料应当由侦查机关重新收集、调取,不可直接作为证据使用,对重新收集、调取的言词证据材料,经法庭查证属实,且收集程序合法的,可以作为定案的根据。故抗诉机关的抗诉意见不能成立,不予采纳。一审法院认定的事实清楚,证据确实、充分,审判程序合法,量刑适当。据此,南通市中级人民法院裁定驳回抗诉,维持原判。

二、裁判理由

(一)行政执法中收集的言词证据,只有经过侦查机关依法重新取证,才具有刑事证据资格。

从现行刑事诉讼理念出发,刑事诉讼中据以定案的证据必须系具有侦查权的主体依照刑事诉讼法的规定收集、调取、制作,并经庭审质证才可以作为证据使用。而行政执法机关并非法定的刑事侦查主体,故严格按照上述理念,无论是行政执法部门收集、调取、制作的物证、书证、视听资料、检验报告、鉴定意见、勘验笔录、现场笔录等客观性证据,还是证人证言、当事人陈述等主观性证据,均应在进入刑事诉讼程序后由侦查机关重新收集。然而,从实际情况出发,特别是从主观性证据和客观性证据的形成过程分析,主观性证据系在取证时临时生成,其内容受取证程序的影响较大;而客观性证据在取证前业已存在,其内容受取证程序的影响较小。为提高诉讼效率,节约司法资源,允许在行政执法程序中收集的客观性证据经一定程序转化为刑事证据是可行的、必要的……《刑事诉讼法》规定:"行政机关在行政执法和查办案件过程中收集的物证、书证、视听资料、电子数据等证据材料,在刑事诉讼中可以作为证据使用。"显然,被害人陈述、证人证言等言词证据未被规定在内,行政执法机关收集的言词证据不具有刑事诉讼证据资格。

言词证据具有较强的主观性,容易发生变化,对行政机关依据行政法律法规取证的程序要求明显不如刑事诉讼严格。根据刑事诉讼法有关规定,证人有意作伪证或者隐匿罪证,严重的可以伪证罪追究刑事责任;采用暴力、威胁等非法方法收集的证人证言、被害人陈述,应当予以排除;法庭审理过程中,当事人有权申请证人出庭作证;证人受到打击报复的,可以请求司法机关予以保护,甚至可以打击报复证人罪追究相关行为人的刑事责任。上述规定赋予证人的刑事诉讼权利、义务,在行政执法程序中并不能完全体现出来。即使同一个证人在不同的程序中证明同一件事,因其作证时具有不同的权利义务,叙述事实时可能会有所取舍。在刑事诉讼中对证人证言进行重新收集,让证人在更为严格的刑事诉讼权利、义务背景下叙述事实,能够保证其证言具有较强的可信性,也更有利于查明案件事实,保障当事人的权利……公安机关查办卖淫嫖娼等行政违法案件时,发现有犯罪线索的,在刑事立案后,对行政执法中收集的言词证据,认为确有必要作为刑事证据使用的,应当由侦查人员依据刑事诉讼法的规定在告知权利与义务、相关法律后果后,向证人、当事人重新取证。不能因其职权的双重性,混淆行政处罚与刑事诉讼程序,任意转换不同程序进行执法。未经重新收集、制作的言词证据,不能作为刑事诉讼证据使用。故本案检察机关所提应当以行政执法过程中获取的证据认定被告人王志余、秦群英容留卖淫22次、涉及嫖娼人员19人的抗诉意见不能成立。

(二)重新收集的言词证据,不能依照《治安管理处罚法》的规定程序提取,且需经庭审质证、查证属实方可作为刑事定案证据使用

本案一审中,检察机关仅向法院提供了重新收集的9名嫖娼人员及2名卖淫女的证言用以质证,对其余10名嫖娼人员的取证情况未予说明。二审中,检察员又向法庭提供了重新收集的3名嫖娼人员的证言用以质证,对未能向其余7名嫖娼人员取证的原因作了说明。在案证据材料显示,公安机关在

刑事立案后，对该 10 名嫖娼人员仍然是依照《治安管理处罚法》的相关程序收集、制作笔录，取证程序不符合刑事诉讼法的规定。同时，这些言词证据材料提及的嫖资数额等内容与卖淫女证实卖淫一次收取 100 元嫖资等内容并不能完全印证，部分笔录记载的询问人与签名人不一致，同一办案人员既参与行政执法调查又参与刑事侦查，有先入为主之嫌。一审法院充分考虑上述证据材料的程序瑕疵以及与其他证据间的矛盾，经庭审质证后，排除其证据资格并无不当。二审中，检察员提交的 3 名嫖娼人员的证言材料仅证实其 3 人在白塘浴室有过嫖娼行为，不能证明王志余、秦群英明知并容留其 3 人嫖娼。且王志余、秦群英对该 3 人的证言亦不予认可，因此不能依据检察机关重新提供的 3 名嫖娼人员的证言，增加认定王志余、秦群英容留卖淫犯罪的次数。

可讨论的问题：

1. 行政执法过程中收集的言词证据材料，是否可以直接作为刑事诉讼中的证据使用？

2. 重新收集的言词证据作为刑事定案证据使用，是否在提取、查实程序上具有特殊要求？

第三部分 证据的法定形式

第十二章　证据的法定形式概述

第十三章　物证与书证

第十四章　视听资料与电子数据

第十五章　笔录证据

第十六章　鉴定意见

第十七章　证人证言

第十八章　被告人供述和辩解

第十二章　证据的法定形式概述

> 形式给予物以存在。

一、证据表现形式的法定化
二、对证据形式法定化的反思
【讨论案例之十二】　田龙泉、胡智慧销售假冒注册商标的商品案

一、证据表现形式的法定化

证据是证据事实和证据载体的有机统一。所谓"证据载体",也就是通常所说的证据的表现形式。本来,无论是实物证据还是言词证据,其作为证据的表现形式不仅是多种多样的,而且也处于不断发展和变化之中。但是,我国刑事证据立法却有一个延续已久的传统,那就是在法律中明文列举证据的"法定形式",从而使得证据载体的表现形式走向了法定化。这种立法体例与证据法对证据概念的法定化,简直如出一辙。

所谓证据的法定形式,又称为"法定证据种类",是刑事证据法所确立的各种证据载体的表现形式。2018年《刑事诉讼法》确立了证据的八类"法定形式":物证;书证;证人证言;被害人陈述;犯罪嫌疑人、被告人供述和辩解;鉴定意见;勘验、检查、辨认、侦查实验等笔录;视听资料、电子数据。相对于1996年《刑事诉讼法》而言,2012年以后的《刑事诉讼法》对证据的法定形式作出了一些调整。例如,将原有"鉴定结论"更名为"鉴定意见",在原有的"勘验、检查笔录"的基础上,增加了"辨认笔录""侦查实验笔录",并确立了一种开放式的法定形式列举体例。又如,在原有的"视听资料"的基础上,增加了"电子数据"这一新的证据形式。

一般说来,在刑事诉讼法中明确规定证据的"法定种类",可以发挥限定证据的法定形式范围的效力。换言之,刑事诉讼法对八种证据形式的限定,意味着只有被法律明文列举的证据种类才属于法律意义上的"证据",而在此范围之外的实物、笔录、陈述等则都被排除于法定"证据"范围之外。

尽管刑事诉讼法限定了证据法定形式的范围,却没有对那些未被纳入法定证据形式范围的其他实物、笔录或陈述等,设定法庭准入资格要求,也没有排除其证据能力。对于这些法定证据形式之外的实物、笔录或陈述等,能否作为定案的根据,法律也没有作出明确的规定。而在司法实践中,公诉方与辩护方有时对某一材料是否属于"法定证据种类"的问题,也确实会发生一些争议。但是,法院几乎从不会因为这一事由而将有争议的材料排除于定案根据之外。

当然,我国刑事诉讼法对法定证据形式的确立,也经历了一种与时俱进的发展过程。随着证据运用规律逐渐为人们所揭示和认识,以及科学技术手段在刑事司法领域中得到越来越多的运用,证据的表现形式也在逐渐发生着变化。一些新的证据载体被法律列为"法定的证据种类"。

例如,我国 1979 年《刑事诉讼法》只确定了六种法定证据形式,没有将录音、录像等"音像资料"列为法定证据种类。但随着科学技术的迅猛发展,传统的物证、书证已经难以涵盖这类带有高科技含量的证据形式了。而在司法实践中,诸如录音磁带、录像带以及电子计算机的软盘、光盘和数码相机的记忆棒等在内的一系列证据载体,逐步被运用到司法活动之中,并被法院采纳为定案的证据。从 1996 年开始,我国立法机关将"视听资料"列为法定的证据种类。

又如,2010 年的《办理死刑案件证据规定》首次将"电子证据"列为法定的证据种类,并将其范围列举为电子邮件、电子数据交换、网上聊天记录、网络博客、手机短信、电子签名、域名等证据形式。[①] 而 2012 年《刑事诉讼法》则抛弃了"电子证据"的称谓,将这一法定形式改称"电子数据"。若非科学技术的发展及其在刑事司法中的广泛运用,这类材料要被立法者先知先觉地纳入法定证据种类之中,这可能是不可想象的。

再如,1979 年《刑事诉讼法》和 1996 年《刑事诉讼法》都将"鉴定结论"确立为法定证据形式。但是,"鉴定结论"这一称谓容易令人误以为凡是鉴定人出具的鉴定报告都可以成为"科学的结论",具有权威的效力。这显然违背任何证据都要经受法庭举证、质证和辩论的基本原则。不仅如此,随着我国司法鉴定体制改革的逐步推进,除了公安机关、检察机关内设的鉴定机构可以就案件中的专门问题出具鉴定报告以外,越来越多的社会专业鉴定机构也开始大规模地接受委托或者聘请,为侦查机关、公诉机关或法院出具鉴定报告。可以说,原来那种由公检法机关内设的鉴定部门完全垄断司法鉴定的局面早已一去不复返了。在此情况下,再将司法鉴定结构出具的鉴定报告命名为"鉴定结论",已经非常不合时宜了。有鉴于此,2012 年以后的《刑事诉讼法》将这一法定证据形式正式更名为"鉴定意见"。

再如,《刑事诉讼法》将"勘验、检查笔录"列为法定的证据种类。但是,作为记录侦查机关某一侦查过程的书面材料,"勘验、检查笔录"只是众多笔录类材料中的一种。除此以外,侦查机关还经常从事辨认、侦查实验等活动,以便查明案件事实真相。而在从事这些活动时,侦查人员也会按照规定制作相应的书面记录,以便对辨认、侦查实验的全过程作出完整的记录。而这些记录辨认、侦查实验的书面材料,也被普遍放置在侦查案卷之中,并被移送到公诉机关和法院,接受法庭上的举证、质证和辩论程序,并最终成为法院定案的

[①] 有关电子证据的法定化问题,可参见张军主编:《刑事证据规则理解与适用》,法律出版社 2010 年版,第 227 页以下。

根据。因此，从 2012 年开始，《刑事诉讼法》将辨认笔录、侦查实验笔录也列为新的法定证据形式。

二、对证据形式法定化的反思

对证据表现形式的法定化，可能会带来一些为立法者所意想不到的问题。一些在司法实践中得到广泛使用的证据形式，并没有被刑事诉讼法列为法定的证据形式。例如，"搜查笔录""扣押清单""证据提取笔录""情况说明""破案经过""抓捕经过"等材料，在刑事司法实践中早已得到较为普遍的使用。就连一些司法解释都将这些材料列为法定证据种类，并对这些证据材料确立了一系列证据规则。但是，这些证据形式仍然被排除在刑事诉讼法所列举的法定证据种类之外。既然如此，这些笔录和书面材料难道就不具有"证据法定资格"了吗？办案人员对这些材料的使用违背证据法吗？但经验事实告诉我们，几乎没有任何法院以"不属于法定证据种类"为由，将上述这些材料排除于法庭之外。换言之，刑事诉讼法就证据法定种类所作的限制性规定，并没有得到有效实施，而几乎处于被搁置、被规避和被架空的境地。既然如此，刑事诉讼法为什么仍然要对证据法定种类作出限定呢？

其实，立法者在成文法中要想穷尽证据的所有表现形式，这几乎是不可能实现的目标。这是因为，证据的表现形式是多种多样的，成文法很难将其列举穷尽。我国刑事司法实践中出现并得到广泛运用的证据形式，远远不限于法律所列举的那八种证据形式。

例如，大量的由侦查人员所制作的笔录类材料，根本无法被纳入传统的证据分类之中。因为这些笔录既可以是书证（作为书面笔录），又可以被转化为言词证据（笔录制作者出庭作证时的陈述）。这种情况可以适用于勘验、检查、搜查、扣押、证据提取、辨认、侦查实验等各类笔录。

又如，侦查人员就侦查过程所作的必要说明，经常以"情况说明""抓捕经过""破案经过"等形式出现在刑事诉讼过程中，并被用来证明侦查程序的合法性或者证明某一量刑事实。这些说明类材料表面看属于书面材料，但一旦侦查人员出庭作证，就可以转化为言词证据。

再如，在少年司法程序中，司法机关有时会委托一些社会工作者或者社区矫正人员，就未成年被告人的成长、家庭、教育、犯罪原因、前科、平常表现等情况提供一份"社会调查报告"，少年法庭有时甚至会传召这类报告的制作者出庭作证，提供当庭口头证言。这些报告和证言尽管与被告人是否构成犯罪的问题没有关联性，却可以成为一种重要的量刑证据，有时还可以成为对未成年罪犯进行延伸帮教的事实根据。

由此看来，刑事诉讼法不可能将如此繁杂的证据形式都列入成文规则之中。而这些证据形式在我国司法实践中都在得到普遍的运用，也没有遇到任何"合法性"方面的挑战。这些证据有些与犯罪事实有着关联性，有些则与程序法事实和量刑事实密切相关。而刑事诉讼法通常所列举的法定证据形式往往都仅仅涉及定罪问题，而不会兼顾程序和量刑问题。在此情况下，要将全部证据形式都限定在刑事诉讼法之中，就变得更为困难了。

其实，在法律中明确限定证据的法定形式，其必要性是值得反思的。作为一种旨在规范证据运用活动的法律，证据法的主要使命在于为证据转化为定案根据设定必要的法律条件和准入资格。至于证据的载体和表现形式，一旦受到法律的限制，就有可能扼杀证据制度的弹性和活力，使得大量明明记载着证据事实的载体形式被排除于证据范围之外。不仅如此，这种旨在限定证据法定种类的规则可能也是难以得到实施的。这本身既显示了法律规则的失灵，也说明这类涉及证据法定形式的规则是有其局限性的。

【深入思考题】

1. 有人认为，证据只有符合刑事诉讼法所确立的法定证据形式，才具有证据能力；控辩双方在法定证据种类之外提交的任何证据，都应被排除于法庭之外。你同意这种看法吗？

2. 刑事诉讼法将"鉴定结论"更名为"鉴定意见"，究竟有哪些实质意义？

3. 2010年颁布的《办理死刑案件证据规定》将"电子证据"列为法定证据种类，2012年《刑事诉讼法》则将"电子数据"列为法定证据形式，你认为哪一种表述更加科学？

【讨论案例之十二】

田龙泉、胡智慧销售假冒注册商标的商品案①

上海市浦东新区人民检察院以被告人田龙泉、胡智慧犯销售假冒注册商标的商品罪,向上海市浦东新区人民法院提起公诉。

上海市浦东新区人民法院经审理查明:

2010年4月,田龙泉、胡智慧经预谋,在浙江义乌小商品市场订购买入大量印有上海世博会事务协调局和国际足球联合会注册商标的打火机、毛绒玩具、钥匙扣、足球、双肩背包等商品,并租借上海市浦东新区雪野路某居室作为仓库存放上述假冒注册商标的商品,伙同王鑫(另案处理)在上海世博园附近进行销售。

2010年5月7日、5月8日,上海市公安局浦东分局的公安人员和上海市工商行政管理局浦东新区分局的执法人员,在田龙泉、胡智慧的前述租住地及该区浦东南路另一租住处当场查获待销售的假冒注册商标的商品共计二十四种14216件,具体包括:大海宝(粉色和蓝色)钥匙扣1453只;四挂头变形海宝钥匙扣984只;印有某注册商标的中国馆钥匙扣405只、水晶海宝69只、单头小海宝挂件3963只、四头小海宝钥匙扣1188只;印有某注册商标的小号(塑料)中国馆模型474只;印有某注册商标的大号海宝打火机397只;印有某注册商标的小号海宝打火机1529只;印有某注册商标的中国馆打火机106只、大号海宝充气玩具(塑料)63只、蓝色珠光大海宝钥匙扣259只、四头蓝色小海宝钥匙扣500只、15cm海宝毛绒玩具21只、25cm海宝毛绒玩具7只、8cm海宝毛绒玩具20只、35cm海宝毛绒玩具6只;印有"SOUTH AFRICA 2010"注册商标的35cm扎库米毛绒玩具1000只;印有"SOUTH AFRICA 2010"注册商标的25cm扎库米毛绒玩具400只;印有"SOUTH AFRICA 2010""FIFAWORLD CUP"注册商标的"纹八"足球85只;印有"FIFA WORLD CUP""SOUTH AFRICA 2010"注册商标的40cm*40cm双肩背袋500只;印有"FIFA WORLD CUP""SOUTH AFRICA 2010"注册商标的吊带690根;印有"FIFAWORLD CUP""SOUTH AFRICA 2010"等注册商标的小饰品87件;印有"FIFA WORLD CUP""SOUTH AFRICA 2010"等注册商标的球队标志徽章10套。经上海市浦东新区价格认证中心按被侵权商品的市场中间价鉴

---

① 参见《田龙泉、胡智慧销售假冒注册商标的商品案》,载《刑事审判参考》(2011年第1集)(总第78集),法律出版社2011年版,第96—105页。

定,上述假冒注册商标的商品共计价值人民币(以下币种均为人民币)466756元。

上海市浦东新区人民法院认为,田龙泉、胡智慧为获取不正当利益,明知是假冒他人注册商标的商品仍予以销售,且待销售额按照被侵权商品的市场中间价计算达46万余元,数额较大,其行为已构成销售假冒注册商标的商品罪。由于涉案侵权商品上未予标价,其实际销售价格亦无法查清,故鉴定机构根据被侵权商品的市场中间价计算侵权商品的价值符合法律规定。两被告人经预谋后共同实施犯罪行为,系共同犯罪,其已经着手实行犯罪,由于意志以外的原因而没有得逞,系犯罪未遂,依法可以比照既遂犯从轻或者减轻处罚。考虑到田龙泉、胡智慧认罪态度较好,可酌情从轻处罚。遂依照《中华人民共和国刑法》第二百一十四条、第二十三条、第二十五条第一款、第五十二条、第六十四条以及《最高人民法院、最高人民检察院关于办理侵犯知识产权刑事案件具体应用法律若干问题的解释》第二条第一款、《最高人民法院、最高人民检察院关于办理侵犯知识产权刑事案件具体应用法律若干问题的解释(二)》第四条之规定,判决如下:对被告人田龙泉犯销售假冒注册商标的商品罪,判处有期徒刑一年十个月,并处罚金人民币七万元;对被告人胡智慧犯销售假冒注册商标的商品罪,判处有期徒刑一年十个月,并处罚金人民币七万元;没收查获的假冒注册商标的商品。一审判决后,原审被告人田龙泉和胡智慧均向上海市第一中级人民法院提起上诉。其主要理由是:其销售的侵权商品有实际销售价格,原判依据的价格鉴定完全依照市场中间价进行鉴定不符合法律规定,鉴定金额明显偏高,原判量刑过重。田龙泉的辩护人还提交了一份送货单,上面记载了被告人销售的部分侵权商品的名称、数量、单价、总金额及收货地址,用以证明被告人销售的部分侵权商品存在实际销售价格,请求二审法院予以采纳,并重新审核涉案侵权商品的销售金额。

上海市人民检察院第一分院出庭意见认为,田龙泉辩护人提供的证据在来源上缺乏合法性,举证程序存在瑕疵,且没有其他证据予以印证,属于孤证,不应采信。本案被告人销售侵权商品的价格是浮动的,且已销售的侵权商品数量不明,导致侵权商品的实际销售平均价格无法查清,公安机关据此委托价格认证中心依照市场中间价进行价格鉴定符合相关司法解释的规定,原审确认的销售金额于法有据,应予支持。原审针对被告人的犯罪事实、犯罪情节及犯罪影响和社会危害性所作的定罪量刑并无不当,且审判程序合法,建议二审法院驳回上诉,维持原判。

二审期间，上海市第一中级人民法院委托上海市公安局物证鉴定中心对田龙泉的辩护人所提交的送货单进行鉴定。经鉴定，辩护人提供的该份送货单上的字迹系被告人田龙泉书写，且在庭审质证时，控辩双方对该鉴定结论均无异议，二审法院予以确认。另经庭审查证，送货单上所载内容与原审庭审查证属实的证人王鑫、周通、孔维根的证言，上海市工商行政管理局浦东新区分局出具的涉嫌犯罪案件移送书所附销货清单及被告人田龙泉、胡智慧的供述在涉及侵权商品的名称与价格方面基本吻合。上海市第一中级人民法院认为，该份送货单与其他相关证据具有关联性，在证明部分涉案侵权商品实际销售价格方面能够形成相互印证的关系，可以作为定案的根据之一。

鉴于证人王鑫、周通、孔维根的证言，被告人田龙泉、胡智慧的供述及销货清单、送货单等书证，共涉及钥匙扣、海宝4挂、海宝手机链、海宝钥匙链、大海宝打火机、小海宝打火机、海宝小水晶、中国馆带灯打火机、充气大海宝等九项实际销售的侵权商品的名称与价格，且除大海宝打火机和中国馆带灯打火机价格固定外，其他七种侵权商品的价格存在一定区间的浮动，其中钥匙扣价格为0.70元或1.80元至2.50元之间；海宝4挂价格为2元或2.50元；海宝手机链价格为0.70元、0.77元或1元；海宝钥匙链价格为1.80元或2元；大海宝打火机价格为6元；小海宝打火机价格为4元或4.50元；海宝小水晶价格为4.50元；中国馆带灯打火机价格为21元；充气大海宝价格为4元或5元。上海市第一中级人民法院以多种销售价格简单平均的方式确认该七种侵权商品的实际销售平均价格，即钥匙扣1.67元/个；海宝4挂2.25元/个；海宝手机链0.82元/个；海宝钥匙链1.90元/个；大海宝打火机6元/个；小海宝打火机4.25元/个；海宝小水晶4.50元/个；中国馆带灯打火机21元/个；充气大海宝4.50元/个。

另查明，价格鉴定结论书上记载有大海宝（粉色和蓝色）钥匙扣、中国馆钥匙扣、蓝色珠光大海宝钥匙扣、四头（蓝色）小海宝钥匙扣等多项品名的钥匙扣，而前述相关证据只表述了钥匙扣这一大类商品名称，难以与具体品名的钥匙扣形成一一对应的关系。此外，海宝手机链在价格鉴定结论书上亦无对应的商品名称。对此，上海市第一中级人民法院认为，田龙泉和胡智慧确有销售钥匙扣的行为，而目前证据状况不能反映两被告人销售的是何种钥匙扣，在该事实问题存在疑问的情况下，应当根据"存疑有利被告"的刑事诉讼原则，确认两被告人实际销售的钥匙扣即鉴定结论书上数量最多的大海宝（粉色和蓝色）钥匙扣。同理，海宝手机链即单头小海宝挂件。结合其他已经确认实际销售平均价格的侵权商品与价格鉴定结论书所载明的侵权商品在数量上的对应关系,上海市第一中级人民法院确认,上述侵权商品的销售金额为21847.62元。另鉴于除钥匙扣等九种侵权商品能够查清实际销售平均价格外,其他十五种涉案侵权商品既无标价,又未实际销售,故对于其他十五种涉案侵权商品的价值按市场中间价计算于法有据。上海市第一中级人民法院据此累计,本案涉案侵权商品的销售金额总共为271242.62元。

上海市第一中级人民法院认为,原审依据的价格鉴定书完全以市场中间价计算尚未销售的全部侵权商品的销售价格,认定侵权商品的销售金额46.6万余元过高,以此为依据对二被告人作出的量刑不当,应予纠正。上海市第一中级人民法院依法改判如下:上诉人(原审被告人)田龙泉犯销售假冒注册商标的商品罪,判处有期徒刑一年三个月,并处罚金五万元;上诉人(原审被告人)胡智慧犯销售假冒注册商标的商品罪,判处有期徒刑一年三个月,并处罚金五万元;没收查获的假冒注册商标的商品。

可讨论的问题:

1. 上海市第一中级人民法院在本案中运用了哪些证据形式?

2. 根据二审法院的判决,原审法院判决所依据的价格鉴定书所计算的侵权商品销售价格过高,以此为依据进行量刑显属不当。这在一定程度上否定了该价格鉴定书的证明力。请以此为范例,讨论一下以"鉴定意见"取代"鉴定结论"的必要性。

第十三章 物证与书证

> 不存在与不能证明是同一回事。

一、物证、书证的概念
二、物证、书证的特点
三、对传来证据的限制使用
四、物证、书证的鉴真
五、物证、书证的排除规则
【讨论案例之十三】 内蒙古高级人民法院刑事再审判决书（2014）内刑再终字第00005号（节录）

一、物证、书证的概念

物证是以其外部特征、物理属性发挥证明作用的物品或痕迹。从证据载体上看,物证通常表现为物品和痕迹两大类,前者是指那些客观存在的物体实物,如刀、枪、石块、砖头、笔、尸体、毛发等,后者则是指那些在其他物体上留下的印记,如血迹、汗迹、精斑、指纹、脚印等。而从发挥证明作用的方式来看,物证之所以能发挥证明作用,是因为该证据的颜色、尺寸、大小、外形等物理属性,使得它能够发挥证明案件事实的作用,从而与案件事实发生了相关性。

例如,根据一个人在犯罪现场留下指纹的事实,办案人员可以推断出该人到过犯罪现场;根据某一锐器上留有与被害人DNA分子结构相同的血迹的信息,可以判定该锐器可能是犯罪人作案所用的工具;根据被告人衣服留有射击所带来的微量元素的事实,可以推论出被告人使用过枪支……

书证是以其所表述的内容和思想来发挥证明作用的文件或者其他物品。从证据载体来看,书证通常表现为书面文件,如信件、文件、裁判文书、票据等。但书证也并不限于书面文件,有时一些实物也可以称为书证,如某些写有符号、文字、图形的纺织物、金属物、石块、墙体等。但是,不论书证具有怎样的证据载体,它们都有一个共同的特点,那就是以其所记载的内容或者所表达的思想来发挥证明作用。也就是说,各种书证所记载的图形、符号、文字等表达了某种证据事实,而这类证据事实与本案的犯罪事实、量刑事实或者程序事实发生了关联性。

例如,信件的内容涉及被告人是否构成犯罪的问题,墙体上的文字牵扯到犯罪是否发生的问题,纺织物上的图形说明了被告人的犯罪意图,等等。

在司法实践中,物证与书证经常存在着交叉关系。有些书面文件,如信件、医疗诊断记录等,如果以其笔迹特征来证明书写者的身份,那么,这些书面文件就有可能属于物证。而有些外形巨大或外形特殊的物品,如上述所说的墙体、金属物、纺织物等,假如是以其所记载的内容或者思想来证明案件事实的,那么,这些物品仍然属于书证。可见,对物证和书证加以区分的关键点,并不在于证据的载体或者表现形式,而在于该证据发挥证明作用的方式。

有些物品和文件有可能既通过其内容来证明案件事实,同时其物理属性又与案件的待证事实发生了逻辑上的联系。在此情况下,这些物品和文件就同时具有物证和书证的性质。例如,对于一封信件,办案人员对其进行了笔迹鉴定，同时又根据其内容证明了被告人的犯罪行为，该信件就可能被法庭同时采纳为物证和书证。

二、物证、书证的特点

上文界定了物证、书证的概念以及两者相互间的关系。但是，物证、书证与其他证据有何区别？比如说，那些同样以实物形式存在的录音带、录像带、优盘、光盘等，究竟算不算物证？侦查人员在收集证据过程中所制作的各类笔录，如辨认笔录、侦查实验笔录、勘验笔录、检查笔录等，同样也是以其所记载的内容和所表达的思想来发挥证明作用的，那么，这些笔录是否属于书证呢？

首先需要指出的是，物证、书证属于广义上的实物证据，而与那种通过言词陈述表达的言词证据有着实质的区别。无论是被告人、证人、被害人、鉴定人当庭所作的口头陈述，还是侦查人员制作的被告人供述笔录、证人证言笔录、被害人陈述笔录，甚或鉴定人所提供的鉴定意见，都属于言词证据。侦查人员即便以笔录形式记录了讯问或询问的内容，或者被告人、证人提交了书面的供词或证言，这些笔录、供词和证言仍然属于言词证据，而不同于物证和书证。甚至就连侦查人员出具的"情况说明""抓捕经过""破案经过"等说明材料，也具有证人证言的性质，而不属于书证。

其次，尽管同样属于实物证据的范畴，物证、书证与视听资料、电子数据也有着实质的区别。一般说来，视听资料、电子数据是以高科技手段所记录的声音、图像或者连续的行为动作。这类证据一般不是以其物理属性或外观特征来发挥证明作用的，因此不属于物证。与此同时，这类证据尽管也以其内容和思想来证明案件事实，但由于其记录的方式是借助高科技手段来进行的，并且记录的内容往往不是文字或图形，而是声音或者动态的画面，因此，我们将其视为一种独立的证据，而不再归入书证之列。

最后，物证、书证不同于笔录证据。作为侦查人员在案件发生后对搜集证据过程所作的书面记录，笔录证据可以包括搜查笔录、证据提取笔录、辨认笔录、侦查实验笔录以及勘验、检查笔录等。这些笔录证据几乎都是侦查人员在案件发生后对其侦查过程所作的记录。而书证则属于在案件发生前或者案件发生过程中所形成的书面文件或其他物品，而这些文件或物品所记载的内容或思想，恰恰能够证明案件的某一待证事实。从形式上看，侦查人员所做的笔录证据也是以所表达的思想或所记录的内容来发挥证明作用的,但是,这类笔录属于侦查人员在案件进入刑事诉讼程序之后对其侦查过程和结果的书面记录,它们与那些形成于案件发生之前或者案件发生过程中的书证,具有本质的区别。

三、对传来证据的限制使用

在司法实践中,物证、书证一般是以原物或原件的形式被办案人员收集起来,并被提交法庭审查的。但办案人员有时在获得物证的原物的同时,也收集到该物证的复制品,或者在获取书证的原件的同时,也获得了该书证的复制件。不仅如此,作为一种例外,在物证的原物、书证的原件不复存在或者不便搬运的情况下,法院经常面临着对物证复制品、书证复制件进行独立审查判断的问题。

在这一方面,我国刑事证据法确立了一些具体的证据规则。原则上,据以定案的物证都应当是原物。但作为例外,原物不便搬运,不易保存,依法应当由有关部门保存、处理,或者依法应当返还的,法院可以将那些足以反映原物外形和特征的照片、录像、复制品作为定案的根据。刑事证据法为此确立了一项专门的限制性规则:物证的照片、录像、复制品,不能反映原物的外形和特征的,法院不得将其作为定案的根据。

与此同时,据以定案的书证原则上应当是原件。但作为一种例外,在原件的取得确有困难时,法院也可以将书证的副本或者复制件采纳为定案的根据。刑事证据法为此也确立了一项限制性规则:书证有更改或者更改迹象,举证方对此不能作出合理解释,或者书证的副本、复制件不能反映原件及其内容的,法院不得将其作为定案的根据。

我国刑事证据法对物证、书证所确立的上述限制性规则,经常被解读为对"最佳证据规则"的移植和吸收。最佳证据规则是英美证据法中的重要证据规则。所谓最佳证据规则,又被称为"原始文书规则",是指原始文字材料作为证据具有优先权。这一规则最初主要适用于文字材料,后来逐渐被适用于录音、照片、电影胶片、X光片等记录声音、图像的材料。原则上,那些记录文字材料的证据必须是原件,而不能是复制件;除非有证据证明原件确实存在过、原件是真实的并且原件的缺失具有正当的理由,否则,复制件是不能被采纳为证据的。①

应当说,我国刑事证据法对书证原件的明确强调,以及对书证复制件的限制使用,确实吸收了英美证据法中最佳证据规则的一些内容。但是,对于物证原物的高度重视,以及对物证复制件的限制使用,却与"最佳证据规则"没有太大的关系。其实,这种对物证复制品和书证复制件的限制使用,从根本上体现了一种对传来证据的限制性使用规则。

根据证据的来源不同,我们可以将证据区分为原始证据和传来证据。其中,物证的原物、书证的原件都属于原始证据,而物证的复制品、书证的复制件则应被归入传来证据之列。一般而言,物证的复制品或传来证据形式可以有照片、录像以及其他形式的复制品,而书证的复制件或传来证据形式则可以有副本、复印件、手抄本等材料。我国刑事证据法对于物证原物、书证原件高度重视,而对物证复制品、书证复制件却采取了慎重使用的态度,这在一定程度上显示出,原物、原件的证明力要优先于复制品、复制件,物证、书证的原始证据形式在证明力上要大于其传来证据形式。毕竟,无论是复制品还是复制件,作为第二手甚至第三手以上的传来证据形式,在传播、复制、摘抄等过程中,都存在着无意失真或者被故意伪造的可能性,并且这种失真或者伪造还很难得到查证。而相比之下,物证原物和书证原件所存在的失真或者被伪造的可能性要小一些,并且这种失真或者被伪造的情况一旦发生,被发现的可能性也更大一些。

四、物证、书证的鉴真

一般而言,物证、书证从其提取到当庭出示会经历长短不一的过程,也有可能为多个办案人员所接触和使用。在这一过程中,物证、书证的形态和特征有可能发生一定的变化,以至于影响司法人员对其真实性的判断;那些接触或使用物证、书证的人员,也可能由于保管不善或者故意破坏而导致物证、书证的同一性受到损害。这些情况一旦发生,物证、书证作为证据载体的真实性就可能受到消极的影响,人们也有可能对该物证、书证是不是"原来的那份物证、书证"提出合理的质疑。甚至在一些极端情形下,那些在真实性、同一性上难以令人信服的物证、书证,还有可能引起人们对其被伪造、变造的怀疑。

---

① 参见〔美〕华尔兹:《刑事证据大全》,何家弘等译,中国人民公安大学出版社1993年版,第335页以下。

为有效地审查物证、书证的证明力,刑事证据法确立了鉴真制度。作为对实物证据真实性、同一性的审查方法,鉴真包含着两种基本的鉴别方式:一是证据保管链条完善性的证明,二是证据独特性的验证。对于这两种鉴真方式,我国刑事证据法都确立了相关的证据规则。

(一) 证据保管链条完善性的证明

1. 对物证、书证来源的鉴真

要对物证、书证的同一性进行有效的验证,司法人员首先要审查这两类证据的来源。这里有两个密不可分的鉴真要求:一是物证、书证是真实存在过的,而不能是被伪造、变造出来的;二是物证、书证是存在于特定场合的,具有特定的方位和形态。例如,与案件事实有关联的血迹、体液、毛发、人体组织、指纹、足迹、字迹等生物样本、痕迹和物品,一旦被办案人员发现并加以提取,就有可能成为案件的重要物证。对于这些物证,办案人员需要对其真实来源作出详细的书面记录,以说明这些证据确曾存在过,并说明它们在何处存在过,它们何时被提取,它们在案发现场的方位和形状等。

在我国刑事诉讼制度中,对物证、书证来源的记录,通常与特定的侦查手段具有密切的联系。对于物证、书证,侦查人员假如采用了勘验、检查、搜查、扣押、提取等侦查手段的,通常都会制作相应的笔录证据,如勘验笔录、检查笔录、搜查笔录、扣押清单、证据提取笔录等。这些笔录和清单通常记录了侦查人员采取勘验、检查、搜查、扣押、提取证据的过程,并有侦查人员、嫌疑人、被搜查人以及见证人的签字或者盖章。当然,为了对某些关键的侦查过程作出准确的记录,侦查人员有时不仅制作书面的勘验笔录、检查笔录、搜查笔录、扣押清单或者提取笔录,还有可能对勘验、检查、搜查、扣押、提取的过程进行录像,从而以视听资料的方式记录这些侦查行为的过程。

在我国刑事诉讼中,对物证、书证来源的鉴真,主要是通过对勘验笔录、检查笔录、搜查笔录、扣押清单、提取笔录的验证来进行的。从形式上看,公诉方要证明物证、书证的真实性和同一性,就必须向法庭提交记录这些物证、书证搜集过程的勘验笔录、检查笔录、搜查笔录、扣押清单或者提取笔录,从而将这些笔录和清单作为证明物证、书证来源的证据。而从实质上看,法庭还应对公诉方提交的上述笔录和清单的内容进行全面的审查,将其与物证、书证进行全面的比对,以确定有关物证、书证的来源,侦查人员提取的时间和地点,以及该物证、书证被提取的全部过程。

2. 对物证、书证提取过程的鉴真

除了对证据来源的证明以外，完整的证据保管链条还包括对证据提取和保全过程的具体验证。我国刑事证据法对于物证、书证的保全并没有提出明确的要求，但对该类证据的提取和收集过程却建立了法律规则，并要求司法人员对这些提取、收集过程进行全面的审查。

具体而言，对物证、书证提取过程的验证可以包括以下具体方法：一是审查物证、书证的收集程序是否符合法律要求，有无违反法律程序的情形；二是物证、书证是否附有相关的勘验笔录、检查笔录、搜查笔录、扣押清单等；三是有关笔录、清单是否有侦查人员、物品持有人、见证人的签名或者盖章，是否注明物品、文件的特征、数量、质量、名称等信息；四是对于物证的复制品、书证的复制件，要审查是否有复制的时间，是否有收集人、调取人的签名或者盖章，还要审查是否有制作人关于制作过程及原物、原件存放地的说明。

（二）证据独特性的验证

对于某些具有鲜明特殊性的物证、书证，司法人员除了要对其证据保管链条的完整性进行验证以外，还要组织辨认程序。所谓辨认，是指那些了解案件事实的人对某一物证、书证是否与原来出现在某一场所的物证、书证具有同一性所进行的辨别和指认活动。通过这种辨认过程，辨认者会将物证、书证的独特性予以指出并加以强调，以帮助司法人员确认该物证、书证的真伪虚实。例如，办案人员有时会请被告人、被害人、证人等对作案的刀具、枪械等进行辨认，以便确认它们就是原来被告人使用过的工具。又如，办案人员也有可能让被告人、被害人、证人等阅读某一合同文本、董事会决议、财务报表等，以便确认这些书面材料没有被伪造或篡改过。

一般说来，对物证、书证的辨认有两个具有密切联系的程序环节：一是侦查人员组织嫌疑人、被害人、证人等对物证、书证进行辨认，并将这一辨认过程予以记录，制作出辨认笔录；二是法院当庭重新组织上述辨认活动，请被告人、被害人、证人再次对物证、书证进行辨别，并且对公诉方提交的侦查人员辨认笔录进行当庭验证。相比之下，前一种辨认属于侦查活动的组成部分，而后一种辨认则属于法院对辨认过程进行重新验证的性质，也就是通过对物证、书证独特性的鉴别，达到对其进行鉴真的效果。

那么，司法人员在对侦查人员制作的辨认笔录进行验证时，如何验证辨认程序的完善性呢？其一，司法人员要审查辨认是否在侦查人员主持下进

行,主持辨认的侦查人员是否是两人以上。其二,在数名辨认人对同一物证、书证进行辨认时,法院需要审查侦查人员是否按照个别辨认的原则组织了辨认活动。其三,法院需要审查侦查人员组织辨认的具体过程,如是否将辨认对象混杂在特征相似的其他对象之中,供辨认的物证、书证的数量是否符合规定。其四,为防止辨认过程完全为侦查人员所操纵,司法人员要审查辨认人在辨认前是否见过作为辨认对象的物证、书证,侦查人员是否对辨认人进行了暗示,或者是否存在明显指认行为。其五,法院还要审查侦查人员的辨认活动是否存在其他违反辨认操作规程,以至于影响辨认笔录真实性的情形。

五、物证、书证的排除规则

我国刑事证据法在对物证、书证设定了审查判断规则的同时,还确立了一系列较为繁杂的排除性规则。根据这些排除性规则,法院对于符合法定情形的物证、书证,"不得作为定案的根据"。这些排除性规则所针对的并不都是传统意义上的"非法证据",也不必然属于通常所说的"非法证据排除规则"。其中,有关物证复制品、书证复制件的排除性规则,更多地带有证明力规则的性质,而有关物证、书证在鉴真方面的排除性规则,则属于对其证据能力所作的限制性规定。

(一) 证明力方面的排除规则

与物证的原物和书证的原件相比,物证的照片、录像、复制品都属于物证的传来证据形式,而书证的副本和复制件则属于书证的传来证据形式。原则上,这些传来证据形式都需要与原物、原件核对无误,并经鉴定或其他方式确认为真实的,才可以作为定案的根据。但是,物证的照片、录像、复制品不能反映原物的外形和特征的,法院不得将其作为定案的根据;书证的更改或者更改迹象无法得到合理解释,或者书证的副本、复制件不能反映原件及其内容,也不得作为定案的根据。

我国刑事证据法对物证、书证的传来证据形式所作的这些排除性规则,并不属于对其证据能力的限制性规则。这是因为,有关物证、书证的传来证据形式能否与原物、原件具有同一性的问题,更多地属于证明力领域的问题。一般说来,对于物证、书证证明力的审查判断,法律本来不应作出限制性的规定,而应交由裁判者根据经验、理性和良知进行自由评判。但是,考虑到物证和书证的传来证据形式在司法实践中得到较为广泛的运用,而一些地方法院在对其审查判断方面却存在着无章可循的问题,因此,刑事证据法才将那些有关物证、书证审查方面的经验法则,上升为具有普遍法律效力的证据规则。不过,就其性质而言,有关物证、书证传来证据形式的排除性规则,属于对该类证据证明力的限制性规则,而与该证据的取证主体、取证方式等没有直接的关系。

(二)证据能力方面的排除规则

1. 强制性排除规则

根据刑事证据法,侦查人员在勘验、检查、搜查过程中获取的物证、书证,公诉方未附笔录、清单,不能证明物证、书证来源的,法院不得将其作为定案的根据。

这一排除规则所针对的是来源不明的物证、书证,而这些证据来源不明的原因则是公诉方没有将相关的勘验笔录、检查笔录、搜查笔录或扣押清单提交法院,使得该证据的真实来源无法得到相应的证明。按照本书前面的分析,这种无法证明物证、书证来源的情况,要么是因为公诉方没有将侦查人员制作的勘验笔录、检查笔录、搜查笔录、扣押清单移交法院,要么是因为侦查人员在进行勘验、检查、搜查、扣押等活动时根本没有制作相关的笔录或清单。面对这种无法验证其真实来源的物证、书证,法院既无法确认其真实存在过,也无法判断其与案件事实的相关性,因此对其真实性的鉴真也就无从谈起了。

对于没有附具相关笔录或清单,也无从确认其真实来源的物证、书证,法院一律要将其排除于法庭之外,既不承认其法庭准入资格,也不得将其作为定案的根据。这一排除是绝对的,法院在是否排除方面不享有太大的自由裁量权;这一排除也是无条件的,法院不会将侦查人员违法取证的严重程度以及是否带来严重后果等作为对物证、书证适用排除规则的前提条件;这一排除还是不可补救的,法院不会给予公诉方进行程序补正或者作出合理解释的机会。

2. 裁量性排除规则

我国刑事证据法对物证、书证还确立了一种裁量性排除规则。对于侦查人员通过违反法律程序的方式收集的物证、书证,法院在同时具备两个条件的前提下,可以作出排除非法证据的决定:一是侦查人员取证程序严重违法,可能严重影响司法公正的;二是公诉方不能补正,也无法作出合理解释的。对于这一问题,本书第八章已作出过讨论,这里不再赘述。

3. 瑕疵证据的补正规则

对于程序瑕疵,我国刑事证据法确立了可补正的排除规则。那么,在物证、书证的收集过程中,哪些程序瑕疵被刑事证据法列为程序补正的对象呢?一般说来,这些程序瑕疵大都属于一些技术性或手续性的不规范取证行为,它们在形式上违反了刑事诉讼法的规定,但既没有侵犯重大的利益,也没有违反那些较为重要的程序规则,更不会造成较为严重的后果。例如,勘验笔录、检查笔录、搜查笔录、扣押清单、提取笔录没有侦查人员、物品持有人、见证人签名,或者对物品的名称、特征、数量、质量等注明不详的。这属于笔录或清单记录的疏漏。又如,物证的照片、录像、复制品,书证的副本、复制件未注明与原件核对无异,无复制时间,或者没有被提取人签名、盖章的。这属于物证、书证的传来证据在提取时缺乏相关的情况说明。再如,物证的照片、录像、复制品,书证的副本、复制件没有制作人关于制作过程和原物、原件存放地点的说明,或者说明中没有签名的。这属于物证、书证的传来证据形式在提取过程中对原始证据记载上的失误。

【深入思考题】

1. 为什么要对物证、书证适用鉴真程序?
2. 我国刑事证据法确立了"最佳证据规则"吗?为什么?
3. 在我国刑事司法实践中,法院对侦查人员非法所得的物证、书证,几乎很少作出排除的决定。请对此作一评论。
4. 既然书证是记载特定思想和内容的证据材料,那么,包括勘验笔录、搜查笔录在内的各种笔录证据,也同样记载了特定的思想和内容,为什么不将它们列入书证的范畴?书证与笔录证据究竟有何不同?

【讨论案例之十三】

内蒙古高级人民法院刑事再审判决书
（2014）内刑再终字第 00005 号（节录）

呼和浩特市人民检察院指控被告人呼格吉勒图犯故意杀人罪、流氓罪一案，呼和浩特市中级人民法院于 1996 年 5 月 17 日作出 (1996) 呼刑初字第 37 号刑事判决，认定呼格吉勒图犯故意杀人罪，判处死刑，剥夺政治权利终身；犯流氓罪，判处有期徒刑五年，决定执行死刑，剥夺政治权利终身。呼格吉勒图不服，提出上诉。本院于 1996 年 6 月 5 日作出 (1996) 内刑终字第 199 号刑事裁定，驳回上诉，维持原判，并根据最高人民法院授权高级人民法院核准部分死刑案件的规定，核准以故意杀人罪判处呼格吉勒图死刑，剥夺政治权利终身。1996 年 6 月 10 日呼格吉勒图被执行死刑。呼格吉勒图父亲李某某、母亲尚某某向本院提出申诉。本院于 2014 年 11 月 19 日作出 (2014) 内刑监字第 00094 号再审决定，对本案进行再审。本院依法另行组成合议庭审理了本案。经过阅卷，听取申诉人、辩护人、检察机关的意见，现已审理终结。

呼和浩特市中级人民法院一审判决认定，1996 年 4 月 9 日晚 20 时 40 分许，被告人呼格吉勒图酒后到呼和浩特市新城区诺和木勒大街内蒙古某厂宿舍 57 栋平房西侧的公共厕所外窥视，当听到女厕所内有人解手，便进入女厕所内将正在解手的被害人杨某某脖子搂住，后采用捂嘴、扼颈等暴力手段强行将杨某某按倒在厕所便坑的隔墙上对杨某某进行流氓猥亵。当听到厕所外有动静，呼格吉勒图便逃离作案现场。杨某某因呼格吉勒图扼颈致窒息当场死亡。认定上述犯罪事实的证据，有证人证言、刑事科学技术鉴定书、物证检验报告、尸体检验报告、现场勘查笔录和呼格吉勒图的供述等。

一审判决对公诉机关提出的关于被告人呼格吉勒图在公共场所采取暴力手段猥亵妇女并扼颈致杨某某窒息死亡，应依法予以严惩的意见，予以支持；对呼格吉勒图辩护人提出的呼格吉勒图认罪态度好等辩护意见，不予采纳；以故意杀人罪、流氓罪对呼格吉勒图数罪并罚，判处死刑，剥夺政治权利终身。

宣判后，呼格吉勒图以没有杀人动机、请求从轻处理等为由，提出上诉。

本院二审认定的犯罪事实、证据与一审判决一致。对呼格吉勒图提出的上诉理由不予采纳，裁定驳回上诉，维持并核准原判。

再审中，申诉人李某某、尚某某请求尽快公平公正对本案作出判决。

辩护人提出原判事实不清，证据不足，应宣告呼格吉勒图无罪的辩护意见。主要理由：1. 杨某某去往案发现场的时间和呼格吉勒图具有的作案时间存在无法合理排除的矛盾,不符合逻辑。2. 呼格吉勒图对实施犯罪行为的手段、情节等有关供述,细节不断变化,难以确定,存在无法合理排除的矛盾。没有直接的书证、物证、检验鉴定等证据证实呼格吉勒图作案。认定杨某某因呼格吉勒图扼颈致窒息死亡的事实不清,证据不足。3. 呼格吉勒图关于杨某某衣着、体貌、口音特征的供述与客观事实存在矛盾,不符合常理。4. 杨某某血型与呼格吉勒图指甲缝中附着物血型鉴定一致,但血型鉴定不具有唯一性和科学性,呼格吉勒图指甲缝内附着物为 O 型人血,难以认定就是杨某某的血迹。

内蒙古自治区人民检察院认为,原判认定呼格吉勒图构成故意杀人罪、流氓罪的事实不清,证据不足,应通过再审程序,作出无罪判决。

经再审查明,1996 年 4 月 9 日晚 19 时 45 分左右,被害人杨某某称要去厕所,从呼和浩特市锡林南路千里香饭店离开,当晚 21 时 15 分后被发现因被扼颈窒息死于内蒙古某厂宿舍 57 栋平房西侧的公共厕所女厕所内。原审被告人呼格吉勒图于当晚与其同事闫某吃完晚饭分手后,到过该女厕所,此后返回工作单位叫上闫某到案发女厕所内,看到杨某某担在隔墙上的状态后,呼格吉勒图与闫某跑到附近治安岗亭报案。

上述事实,有证人闫某、申某某等人证实呼格吉勒图当天晚上活动及报案情况的证言,证实案发现场情况的现场勘查笔录,证实杨某某系被扼颈致窒息死亡的尸体检验报告,原审被告人呼格吉勒图对当天晚上活动情况的供述和辩解等证据予以证实,本院予以确认。

原判认定原审被告人呼格吉勒图采用捂嘴、扼颈等暴力手段对被害人杨某某进行流氓猥亵,致杨某某窒息死亡的事实,没有确实、充分的证据予以证实。

1. 原审被告人呼格吉勒图供述的犯罪手段与尸体检验报告不符。呼格吉勒图供称从杨某某身后用右手捂杨某某嘴,左手卡其脖子同时向后拖动杨某某两三分钟到隔墙,与"死者后纵隔大面积出血"的尸体检验报告所述伤情不符;呼格吉勒图供称杨某某担在隔墙上,头部悬空的情况下,用左手卡住杨某某脖子十几秒钟,与"杨某某系被扼颈致窒息死亡"的尸体检验报告结论不符;呼格吉勒图供称杨某某担在隔墙上,对杨某某捂嘴时杨某某还有呼吸,也与"杨某某系被扼颈致窒息死亡"的尸体检验报告结论不符。

2. 血型鉴定结论不具有排他性。刑事科学技术鉴定证实呼格吉勒图左手拇指指甲缝内附着物检出 O 型人血,与杨某某的血型相同;物证检验报告证实呼格吉勒图本人血型为 A 型。但血型鉴定为种类物鉴定,不具有排他性、唯一性,不能证实呼格吉勒图实施了犯罪行为。

3. 呼格吉勒图的有罪供述不稳定,且与其他证据存在诸多不吻合之处。呼格吉勒图在公安机关侦查阶段、检察机关审查起诉阶段、法院审理阶段均供认采取了卡脖子、捂嘴等暴力方式强行猥亵杨某某,但又有翻供的情形,其有罪供述并不稳定。呼格吉勒图关于杨某某身高、发型、衣着、口音等内容的供述与其他证据不符,其供称杨某某身高 1.60 米、1.65 米,尸体检验报告证实杨某某身高 1.55 米;其供称杨某某发型是长发、直发,尸体检验报告证实杨某某系短发、烫发;其供称杨某某未穿外套,尸体检验报告证实杨某某穿着外套;其供称杨某某讲普通话,与杨某某讲方言的证人证言不吻合。原判认定的呼格吉勒图犯流氓罪除其供述外,没有其他证据予以证明。

本院认为,原判认定原审被告人呼格吉勒图犯故意杀人罪、流氓罪的事实不清,证据不足。对辩护人的辩护意见、检察机关的检察意见予以采纳。对申诉人的请求予以支持。经本院审判委员会讨论决定,依照《中华人民共和国刑事诉讼法》第二百四十五条、第二百二十五条第(三)项、第二百三十一条、第二百三十三条、第一百九十五条第(三)项及《最高人民法院关于适用〈中华人民共和国刑事诉讼法〉的解释》第三百八十四条第三款、第三百八十九条第二款的规定,判决如下:

一、撤销本院(1996)内刑终字第 199 号刑事裁定和内蒙古自治区呼和浩特市中级人民法院(1996)呼刑初字第 37 号刑事判决;

二、原审被告人呼格吉勒图无罪。

可讨论的问题:

1. 本案中被告人指甲缝附着物中含有人血,这被采纳为重要的证据。请问血迹属于什么证据?

2. 再审法院认为,对被告人指甲缝附着物与被害人的血型鉴定为同一血型的鉴定意见,属于种类物鉴定,不具有唯一性和排他性。你认为理由是什么?

第十四章 视听资料与电子数据

如果形式未被遵行,则法律行为无效。

一、视听资料与电子数据的概念
二、视听资料、电子数据的证据属性
三、视听资料、电子数据的鉴真
四、视听资料、电子数据的排除规则
【讨论案例之十四】 北京市海淀区人民法院(2015)海刑初字第 512 号刑事判决书(节选)

一、视听资料与电子数据的概念

视听资料又称为"音像资料",是指以录音带、录像带、移动存储设备、电子磁盘等相关设备记载的声音、图像、活动画面。作为一种证据载体,视听资料通常表现为录音带、录像带、电影胶片等高科技材料,所要记录的主要是与案件事实有关的声音、图像、活动画面。视听资料所能证明的案件事实是多种多样的,既可以是直接证据,如被告人实施犯罪行为的全部过程;也可以是间接证据,如被告人与被害人发生争执的过程。甚至就连侦查人员讯问嫌疑人的过程,也可以通过录音或录像的方式加以记录,从而被用来证明侦查程序的合法性,以便解决控辩双方就侦查行为合法性所发生的诉讼争议。

当然,某一证据是否属于视听资料,并不能仅仅根据该证据的载体来加以鉴别。同样是录像带,假如仅仅对某一物体、痕迹、书面文件作出了记录,那么,这充其量属于物证、书证的复制品,而不具有视听资料的属性。又假如某一DVD光盘对嫌疑人口供、被害人陈述、证人证言作出了记录,那么,这一证据就与讯问笔录、被害人陈述笔录、证言笔录没有实质性的区别,而不具有视听资料的性质。不仅如此,那些通过照相设备拍摄的各种照片,尽管也从形式上记录了特定的图像,但它们通常都属于对特定物证、书证或者言词证据的复制物,而不被列为"视听资料"的范畴。当然,假如某一照片仅仅以其尺寸、颜色、形状等物理属性来发挥证明作用,那么,它还可以被作为物证使用。

电子数据是案件发生过程中形成的,以数据化形式存储、处理、传输的,能够证明案件待证事实的数据。最初,证据法学理论将电子计算机所记录的资料都纳入视听资料的范畴。但随着对电子数据认识的逐步深入,也由于我国的两个证据规定率先将"电子证据"列为法定的证据种类,这类证据才逐渐被认为具有独立于视听资料的地位。对于这类证据,2012年《刑事诉讼法》正式将其命名为"电子数据"。这类证据主要是指在网络传输、电子通讯等过程中形成的信息或者电子文件。这一规定在2018年《刑事诉讼法》中得到继续确立。

根据《电子数据规定》,电子数据主要包括电子邮件、电子数据交换、网上聊天记录、网络博客、微博、手机短信、电子签名或域名等多种证据形式。大体上,这类证据可以分为四大类:

一是网络平台发布的信息,包括网页、博客、微博、朋友圈、贴吧、网盘等信息;

二是网络应用服务的通信信息,包括手机短信、电子邮件、即时通信、通讯群组等信息;

三是其他网络信息,包括用户注册信息、身份认证信息、电子交易记录、通信记录、登录日志等信息;

四是电子文件,包括文档、图片、音视频、数字证书、计算机程序等文件。

视听资料与电子数据属于两种相对独立的证据形式。一般说来,视听资料的载体通常是录音磁带、录像带、VCD、DVD、电影胶片等高科技设备,这些设备所储存的大都是与案件事实有关的声音、图像或者同时兼有声音、图像和连续画面的音像资料。视听资料有可能是侦查人员为调查某一案件所专门录制的音像资料,如通过技术侦查手段对某一犯罪过程的秘密录音或者录像,也有可能是侦查人员从某一证人、被害人甚至嫌疑人那里收集来的音像资料,如在被害人移动电话里截取的一段录像。

相比之下,电子数据则主要是存储于互联网络、通讯网络之中的一些信息资料,有其特有的信息存储介质或者存储空间。从形式上看,电子数据的存储载体一般是存储磁盘、存储光盘等可移动存储介质,也有可能是从这些存储介质中复制出来的书面材料或者照片,但是,这类证据所记载的并不是一般的声音、图像或者带有立体化、连续性的画面,而是那些曾经存在于网络世界里的电子邮件、电子数据交换、网络聊天记录、网络博客、微博、手机短信、电子签名或域名等。换言之,电子数据属于一种形成于互联网络和通讯网络中的交换信息。而这些信息恰恰与案件事实具有一定形式的相关性。

当然,视听资料与电子数据也是具有密切联系的两种证据形式。广义的视听资料也包括那些存储于互联网络、通讯网络中的数据资料。电子数据是从视听资料中分离出来的一种证据形式。迄今为止,对电子数据的存储仍然是通过一些视听资料的载体来完成的,如以录音磁盘、录像磁盘、VCD、DVD等设备来作为电子数据的存储介质。与此同时,电子数据所存储的内容也可以表现为一些声音、文字、图像,这与视听资料也是相似的。正因为如此,电子数据与视听资料在证明力和证据能力方面并没有实质性的区别,它们可以适用极为相似的证据规则。

二、视听资料、电子数据的证据属性

有关视听资料的法律属性问题,法学界有较多的争论。有人认为视听资料不属于一种独立的证据种类,而属于广义上的书证。有人将其看作特殊形式的物证,也就是客观存在的能够证明案件事实的物品。还有人认为视听资料虽然兼具书证、物证的特点,但应被作为独立的证据种类对待。过去,电子数据不被视为独立的证据种类,有关电子数据的法律属性问题无法得到讨论。有关视听资料法律属性的争论也可以适用于电子数据。

首先,作为实物证据,视听资料与电子数据都具有外在的物理表现形式,有其外部载体,这与物证、书证的外部物理表现形式较为相似。物证的外部载体主要是物品和痕迹,书证的外部载体主要是书面材料。而视听资料的外部载体主要是录音带、录像带、光盘、优盘等音像播放设备,电子数据的外部载体则通常是原始存储介质、电子设备、打印件、照片或者录像。无论以何种形式存在,视听资料、电子数据都属于实际存在的证据材料,而不像证人证言、被告人供述和辩解那样属于通过口头表达方式发挥证明作用的言词证据。对于视听资料、电子数据,要像物证、书证那样,审查其真实的来源,还要审查其收集、提取、保管、使用等证据链条的完整性。

其次,不同于物证,但与书证相似的是,视听资料、电子数据都具有较为复杂的内部载体。书证的内部载体通常是文字、图画、符号、表格等表达思想的内容,视听资料的内部载体则是能够证明案件待证事实的声音、图像等信息,电子数据的内部载体则为相关数据、信息或者电子文件。无论是视听资料还是电子数据,都不仅仅是以其颜色、尺寸、硬度、形状等物理属性来发挥证明作用的,它们与一般的物品或痕迹有着实质性的区别。视听资料和电子数据与书证也有较大的差异,因为这两类证据所记录的要么是特定的声音、图像或者动态的画面,要么是形成于网络世界的交换信息,它们不同于单纯记载某种文字资料的书证。相对于物证、书证而言,视听资料、电子数据经常记录了案件事实的行为过程,其中既有文字、声音、图像,还有连续不断的动态画面,成为信息量更大、声音图像也更为立体化的证据载体。对于视听资料、电子数据的内部载体,一般要对其完整性、真实性、同一性进行更为复杂的审查判断。

最后,与其他证据形式相比,视听资料、电子数据无论是在形成、制作、收集环节还是在存储、展示过程中,都要运用更多的高科技手段,其证据价值更容易受到收集和存储方式的影响。从积极的角度来看,这两种证据形式包含着大量的证据信息,可以被用来证明很多案件事实,甚至有时还可以被充当直接证据使用。况且,这两类证据一旦得到较为完善的存储和保管,还不会轻易发生变化和出现反复。尤其是相对于言词证据来说,视听资料、电子数据在稳定性方面的优势要更为明显。但是,从消极层面来看,视听资料、电子数据一般要靠特定的储存载体加以保管,制作、收集、提取、存储、保管方式一旦出现不规范的问题,就极其容易造成该类证据的失真。更何况,相关制作者、收集者、提取者、保管者假如故意对视听资料、电子数据存储介质进行伪造、变造,或者对这两类证据的内部载体进行删改、增加或者剪辑,那么,司法人员就更容易作出错误的判断。

三、视听资料、电子数据的鉴真

与其他实物证据一样,视听资料、电子数据的同一性也需要经过鉴真程序的验证。这种鉴真也同样包括外部载体的鉴真与内部载体的鉴真这两个方面。对于此类证据的鉴真问题,我们可以一个盗窃案的审理情况为例进行分析。

 案例

上海市黄浦区人民检察院以被告人孟动、何立康犯盗窃罪向上海市黄浦区人民法院提起公诉。

上海市黄浦区人民法院经公开审理查明,被告人孟动于2005年6—7月间在广州市利用黑客程序并通过互联网,窃得茂立公司所有的腾讯、网易在线充值系统的登录账号和密码。同年7月22日下午,孟动通过QQ聊天的方式与被告人何立康取得了联系,并向何提供了上述所窃账号和密码,预谋入侵茂立公司的在线充值系统,窃取Q币和游戏点卡后在网上低价抛售。2005年7月22日18时许,被告人孟动通知何为自己的QQ号试充1个Q币并在确认充入成功后,即找到买家并谈妥价格,通知被告人何立康为买家的QQ号充入Q币,并要求买家向其卡号为9558823602001916770的中国工商银行牡丹灵通卡内划款。其间,被告人何立康除按照孟动的指令为买家充入Q币外,还先后为自己及其朋友的 QQ 号充入数量不等的 Q 币。自 2005 年 7 月 22 日 18 时 32 分至 2005 年 7 月 23 日 10 时 52 分,何立康陆续从茂立公司的账户内窃取 Q 币 32298 个,价值人民币 24869.46 元;自 2005 年 7 月 23 日 0 时 25 分至 4 时 07 分,何立康还陆续从茂立公司的账户内窃取游戏点卡 50 点 134 张、100 点 60 张,价值人民币 1041.4 元。以上两被告人共计盗窃价值人民币 25910.86 元。案发后,茂立公司通过腾讯科技(深圳)有限公司追回 Q 币 15019 个,实际损失 17279 个,价值人民币 13304.83 元,连同被盗游戏点卡合计损失价值人民币 14346.23 元。

本案中,能证明两被告人盗窃的电子证据主要有:登录腾讯在线销售平台 mlsoft 账号的 IP 地址(202.97.144.230)、QQ 聊天记录、电脑硬盘中检出的文件、网页截图等。

通过审查,这些电子证据的来源、生成情况是:IP 地址系腾讯公司受被害单位委托查询得来,并经所在地公安机关公共信息网络安全监察机构证实,其用户属于被告人何立康的工作单位;QQ 聊天记录系案发地公安机关公共信息网络安全监察机构从被告人孟动 QQ 号消息管理器中导出;黑客程序和载有被害单位账户和密码的文件,系案发地公安机关公共信息网络安全监察机构从被告人孟动工作地电脑硬盘和其女友处硬盘中检出;特定时间段的网页截图系被害单位、网易公司、腾讯公司提供。上述电子证据都是司法机关依据法定程序收集、制作。

通过审查,这些电子证据能证明的内容主要是:IP 地址为登录行窃的用户终端,而被告人何立康为网管,其有重大嫌疑;QQ 聊天记录能证明被告人孟动已盗取相应账号和密码、两被告人密谋盗卖 Q 币和游戏点卡,但其真实性需进一步印证;黑客程序和载有被害单位账户和密码的文件虽印证了被告人孟动已盗取相应账号和密码,但是否销售不能证明;网页截图证明在特定时间段被害单位财产受损。

应该指出,这些电子证据虽然单独不能完全证明案件事实,但将其与相关证人的证言、被告人孟动使用的牡丹灵通卡进出账情况等证据相互印证,我们完全能够得出排他性的结论。可见,电子证据在与其他证据相互印证并排除了合理怀疑后,可以作为证明案件事实的证据。①

在这一案例中,公诉机关用来证明被告人实施盗窃行为的电子证据主要

---

① 参见朱铁军、沈解平:《孟动、何立康盗窃案——如何认定网络盗窃中电子证据效力和盗窃数额》,载《中国刑事审判指导案例》第 4 卷,法律出版社 2012 年版,第 346—349 页。

有 IP 地址、QQ 聊天记录、网页截图以及硬盘所载的黑客程序和文件。公诉方向法院说明了这些电子数据的来源以及侦查人员收集、提取电子数据的过程,并说明了这些电子数据所要证明的案件事实。经过审查,这些电子数据不仅具有可靠的来源,而且由侦查人员经法定程序加以收集和制作,其真实性和同一性得到了验证。

作为两种重要的实物证据,视听资料、电子数据的真实性经常受到诸多因素的影响。一方面,由于视听资料、电子数据要经历制作、收集、提取、保全等诸多环节,而在每个环节上一旦面临控辩双方对其同一性的质疑,都会影响两类证据的运用。因此,对这两类证据的保管链条加以验证,就属于司法人员审查判断的主要内容。另一方面,由于视听资料、电子数据的形成、收集、存储等对一些高科技设备具有依赖性,且在提取、剪辑等各个环节都有被伪造、变造的可能性,因此,对这两类证据进行专门的鉴真,就显得尤为必要。

(一) 视听资料的鉴真

与一般的物证、书证相似,视听资料的鉴真主要是对视听资料所记录的声音、图像、动态画面的真实性加以验证,以便确认这些声音、图像或画面没有发生实质的变化。在这种鉴真过程中,无论是证据保管链条完整性的验证还是证据独特性的证明,都有可能得到运用。例如,在法庭审判中,法官有时会当庭播放录音、录像或其他音像资料,以便让被告人、被害人、证人等当庭加以辨别。又如,法官也有可能责令举证方对视听资料的来源、收集、提取、保全过程和方式加以举证,以便证明视听资料的保管链条是完整的,也是不容置疑的。相比之下,我国刑事证据法对证据保管链条的验证给予了更多的强调。

对视听资料的鉴真首先要审查该证据的真实来源。与物证、书证来源的验证方式相似,对视听资料的来源进行审查,也主要通过对相关笔录、清单的验证来加以完成。例如,司法人员可以查看相关的勘验笔录、检查笔录、提取笔录、搜查笔录、扣押清单等,以便确认侦查人员对相关音像资料提取的过程,从而确定该视听资料究竟来源于何处,以及它们究竟是如何被提取的。

对视听资料的鉴真要审查复制件的制作和复制过程。对于视听资料的复制件,司法人员需要审查原件无法调取的原因、复制件的制作过程以及原件存放地点的说明。同时,司法人员还要审查制作人、原视听资料持有人是否有签名或者盖章。通过这种审查,司法人员可以对视听资料复制件的制作过程及其与原件的同一性作出判断。

对视听资料的鉴真还需要对制作人、持有人的身份加以检验,并对制作该视听资料的时间、地点、条件和方法加以审查。这样,司法人员就可以判定该视听资料在制作过程中是否存在错误录制的可能性。

不仅如此,对视听资料的鉴真还会涉及对该类证据内容和制作过程的验证,以便确认该证据是否存在剪辑、增加、删改等影响其真实性的情形。

由于视听资料具有较高的科技含量,对于这类证据的真实性和同一性存有疑问的,司法机关应当委托有专门鉴定资质的专业机构或者专业人员进行鉴定。在视听资料外部载体的鉴真方面,司法机关应注重对视听资料的物理载体的真实性和同一性的鉴别,必要时可以对录音、录像等设备作出专业鉴定。而对于视听资料内部载体的真实性,司法机关可能对司法鉴定存在更大的依赖性。尤其是在视听资料作记录的声音、图像、画面、文字等信息存有争议的情况下,由专业机构或专业人员通过科学技术手段加以鉴别,对两份检材的同一性作出权威的认定,这可能是不可取代的鉴真方法。

(二) 电子数据的鉴真

对电子数据的鉴真应如何进行呢?根据《电子数据规定》和《最高法院2020年解释》,电子数据鉴真的关键在于保护电子数据的真实性和完整性,这主要通过以下几个环节来实现:一是扣押、封存电子数据的原始存储介质;二是计算电子数据的完整性校验值;三是制作、封存电子数据备份;四是冻结电子数据;五是对收集、提取电子数据的活动进行录像。而这几个鉴真环节要通过对电子数据的提取、冻结、检查、移送、展示等程序来加以完成。具体说来,要保证电子数据外部载体和内部载体的真实性和同一性,避免电子数据的外部载体发生形态和数量上的变化,同时防止电子数据所记载的信息遭到破坏、篡改、删除、增加,就需要在电子数据的收集、提取、移送、展示等各个环节,确立一系列旨在保障电子数据真实性和完整性的规则。不仅如此,法院在审判过程中,也要从真实性和完整性的角度,对电子数据的同一性进行全面审查。

1. 对电子数据的提取

对电子数据的提取,应以提取电子数据的原始存储介质为原则。只有在法定情形下无法扣押原始存储介质的,才可以直接提取电子数据。作为一种例外情形,由于客观原因无法提取原始存储介质,也无法直接提取电子数据的,才可以采取打印、拍照、录像等方式固定电子数据,并在笔录中说明原因。

所谓"原始存储介质",是指那些具备数据信息存储功能的电子设备、硬盘、光盘、记忆棒、存储卡、存储芯片等电子载体。在扣押电子数据的原始存储介质时,应当制作扣押笔录,并记录原始存储介质的封存状态。与此同时,在封存电子数据的原始存储介质时,应当保证在不接触封存状态的情况下,无法增加、删除、修改电子数据。封存后应当拍摄被封存原始存储介质的照片,清晰反映封口或者张贴封条处的状况。封存手机等具有无线通讯功能的存储介质,应当采取信号屏蔽、信号阻断或者切断电源等措施。

刑事证据法在以下三种情况下允许直接提取电子数据,而不必扣押原始存储介质:一是原始存储介质不便封存的;二是提取计算机内存数据、网络传输数据等不是存储在存储介质上的电子数据的;三是原始存储介质位于境外的。直接提取电子数据时,应当在提取笔录上注明无法扣押原始存储介质的原因、原始存储介质的存放地点或者电子数据的来源等情况,并计算电子数据的"完整性校验值"。这里所说的"完整性校验值",是指为防止电子数据被篡改或者破坏,使用散列算法等特定算法对电子数据进行计算,得出的用于校验数据完整性的数据值。

收集、提取电子数据的过程,应尽量有符合条件的见证人参加,并尽量对收集、提取过程进行录像。

收集、提取电子数据,应当制作笔录。该类笔录应注明以下事项:一是案由、对象、内容、收集提取的时间、地点、方法和过程;二是电子数据清单,包括类别、文件格式、完整性校验值等;三是侦查人员、电子数据持有人签名或者盖章;四是见证人的签名或者盖章。

2. 对电子数据的冻结

在以下法定情形下,对电子数据可以采取冻结措施:一是电子数据数量较大,无法或不便提取的;二是提取时间长,可能造成电子数据被篡改或者灭失的;三是通过网络应用可以更为直观地展示电子数据的。冻结电子数据的基本方法有:计算电子数据的完整性校验值;锁定网络应用账号;其他防止增加、删除、修改电子数据的措施。

冻结电子数据,应当制作协助冻结通知书,注明冻结电子数据的网络应用账号等信息,送交电子数据持有人、网络服务提供者等协助办理。

3. 对电子数据的检查

对于被扣押的原始存储介质或者被提取的电子数据,可以进行检查活动。对电子数据的检查,可以通过恢复、破解、统计、关联、比对等方式进行。必要时可以通过侦查实验的方式进行检查。

对电子数据的检查,应当对电子数据存储介质拆封过程进行录像,并将电子数据存储介质通过"写保护设备"接入检查设备进行检查。有条件的,应制作电子数据备份,对备份进行检查。无法使用"写保护设备"且无法制作备份的,应注明原因,并对相关活动进行录像。

4. 电子数据的移送与展示

在刑事诉讼中,对收集、提取的原始存储介质或者电子数据,应当以封存状态随案移送,并制作电子数据的备份一并移送。

对于被冻结的电子数据,应当移送被冻结电子数据的清单,注明电子数据的类别、文件格式、冻结主体、证据要点、相关网络应用账号,并附上查看工具和方法的说明。

对于那些无法直接展示的电子数据,如侵入、控制计算机系统信息的程序、工具以及计算机病毒等,应当附上电子数据的属性、功能等情况的说明。但是,对于该类电子数据的统计量、数据同一性问题,应当出具说明材料。

控辩双方向法庭提交电子数据的,法庭应通过以下方法进行当庭展示:一是根据电子数据的类型,借助多媒体设备进行出示、播放或者演示;二是聘请具有专门知识的人进行操作,并就相关技术问题作出说明。

如果需要对被告人的网络身份与现实身份的同一性进行认定的,可以通过核查相关 IP 地址、网络活动记录、上网终端归属以及其他证据进行综合判断。

5. 电子数据的鉴定

在收集、提取、冻结、移送、展示电子数据过程中,遇有专门性问题难以确定的,应当由司法鉴定机构出具鉴定意见,或者由专门指定的机构出具报告。尤其是对电子数据所记载的信息、数据和文件本身真实性的验证,经常要借助于专家的知识、经验和技术,需要出具鉴定意见。在此情况下,鉴定本身就属于一种专门的鉴真方法。

6. 法院对电子数据真实性和完整性的审查判断

在法庭审判过程中,法院对于电子数据的同一性要进行全面的审查判断,这种审查应围绕着真实性和完整性这两个方面加以展开。

对于电子数据是否真实,司法人员应重点审查以下内容:一是举证方是否移送原始存储介质,在原始存储介质无法封存、不便移动时,有无说明原因,并注明收集、提取过程以及原始存储介质的存放地点、电子数据的来源等情况;二是是否具有数字签名、数字证书等特殊标识;三是收集、提取的过程是否可以重现;四是是否针对增加、删除、修改等情况作出说明;等等。

对于电子数据的完整性,司法人员应从以下几个角度进行审查判断:一是审查原始存储介质的扣押、封存状态;二是审查电子数据的收集、提取过程,必要时查看有关录像;三是比对电子数据完整性的校验值;四是与备份的电子数据进行比较;五是审查冻结后的访问操作日志;等等。

四、视听资料、电子数据的排除规则

我国刑事证据法对于视听资料、电子数据确立了一些排除性证据规则。这些排除规则既有证明力方面的排除规则,也有证据能力方面的排除规则。但在对证据能力的限制方面,这些规则基本上确立了对鉴真不能的视听资料、电子数据的排除性后果,并给予办案人员进行程序补救的机会。

(一)证明力方面的排除规则

根据《最高法院 2020 年解释》,无论是视听资料还是电子数据,经过审查无法确认其真伪的,法院一律不得将其作为定案的根据。

根据《电子数据规定》和《最高法院 2020 年解释》,对于那些无法保证真实性的电子数据,一律不得作为定案的根据。这主要包括两种情形:一是在外部载体上存在被篡改、伪造的情形,或者无法确定真伪的电子数据;二是在内部载体上存在被增加、删除、修改等情形,影响其真实性的电子数据。

应当说,任何证据只要无法保证真实性的,都不应具有证明力。这本不应属于法律问题,而应属于经验法则和逻辑法则的基本要求。但是,考虑到视听资料、电子数据具有"高科技证据"的性质,经常会发生外部载体被篡改、伪造,或者内部载体被删除、增加、修改等情形,以至于难以辨别真伪,因此,对于此类似是而非的电子数据,假如不在法律上确立排除性法律后果,就容易造成这类证据采信上的混乱,以至于造成事实认定的错误。有鉴于此,刑事证据法对此类真伪不明的电子数据,就确立了一律排除的后果。

（二）证据能力方面的排除规则（Ⅰ）

视听资料、电子数据的排除规则，更多属于鉴真不能的排除规则。所谓"鉴真不能"，是指侦查机关、公诉机关在对电子数据的收集、提取、冻结、移送、展示、鉴定等各个环节，无法确保证据保管链条的完整性，难以证明电子数据外部载体和内部载体的同一性。对于这种在鉴真方面存在缺陷或者瑕疵的电子数据，刑事证据法通常将其视为瑕疵证据，并确立了可补正的排除规则。

对于视听资料的证据能力问题，《最高法院2020年解释》要求，对于视听资料的制作、取得的时间、地点、方式存有疑问，办案人员不能作出合理解释的，司法人员不得将其作为定案的根据。显然，这是一条针对视听资料保管链条的完整性所确立的排除规则。

（三）证据能力方面的排除规则（Ⅱ）

对于电子数据的证据能力问题，我国刑事证据法提出了一系列法律要求，但最终确立的证据排除规则主要是一种针对瑕疵证据的可补正规则。

根据《最高法院2020年解释》，电子数据的收集、提取程序存在下列瑕疵，无法补正或者无法作出合理解释的，一律不得将其作为定案的根据：

一是电子数据没有以封存状态移送的；

二是笔录或者清单上没有侦查人员、电子数据持有人（或提供人）、见证人签名或者盖章的；

三是对电子数据的名称、类别、格式等注明不清的；

四是电子数据存在其他瑕疵的。

刑事证据法将侦查人员违法提取电子数据的行为，基本上列为"程序瑕疵"的范畴，没有确立强制性的排除规则，而给予办案人员进行程序补救的机会。与此同时，与视听资料一样，电子数据的排除规则也基本上适用于那些鉴真不能的电子数据，而没有针对那些在取证手段上存在违法情形的电子数据。作出这种规定的立法初衷，可能是更多地考虑到侦查人员收集、提取电子数据能力的有限性，侧重保证侦查人员发现犯罪证据的有效性。但是，这种可补正的排除规则的适用，对于规范侦查人员调查取证行为，提高侦查人员运用高科技手段及时获取电子数据，遏止违法取证的情况，却是非常不利的。作为一种科技含量较高的证据种类，电子数据的真实性、完整性和合法性,是其发挥证明作用的前提条件。唯有对侦查人员收集此类证据的手段和方式作出严格的规范,并确立一些强制性的排除规则,才能督促侦查人员按照真实性、完整性和合法性的要求,获取合乎法律要求的电子数据,通过司法机关对于电子数据证明力和证据能力的双重检验。

【深入思考题】

1. 有人认为,视听资料、电子数据在发挥证明作用的方式上,与书证并无本质的区别,都是以特定载体的形式,记录与案件事实有关联的证据事实。只不过,前者主要记载的是录音、录像、画面或者电子信息,而后者则记录了文字、图表等内容。既然如此,视听资料、电子数据应当被视为一种特殊的书证。对此,你有何看法?

2. 视听资料、电子数据的鉴真程序有何特点?

【讨论案例之十四】

北京市海淀区人民法院
（2015）海刑初字第 512 号刑事判决书（节选）

北京市海淀区人民检察院以京海检公诉刑诉[2015]1、2号起诉书指控被告单位深圳市快播科技有限公司（以下简称快播公司）和被告人王欣、吴铭、张克东、牛文举犯传播淫秽物品牟利罪，向本院提起公诉。本院于2015年2月10日立案受理，依法由审判员杨晓明、审判员吴扬传、人民陪审员梁铭全组成合议庭，适用普通程序进行了审理。鉴于本案系取证困难的重大复杂单位犯罪案件，及被告单位、被告人王欣变更诉讼代理人或辩护人等原因，经本院报请，北京市第一中级人民法院于2015年4月22日批准同意延长审限一个月。2015年5月28日，本院召开第一次庭前会议，听取控辩双方意见。北京市海淀区人民检察院根据庭前会议情况，于2015年6月5日、10月3日先后两次以需要补充侦查为由提请延期审理，本院予以同意。2015年11月30日，北京市海淀区人民检察院向本院提交了京海检公诉刑变诉(2015)15号变更起诉决定书，并于2015年12月11日向本院移交了补充侦查的证据材料。在向被告单位及各被告人、辩护人送达了变更起诉决定书、辩护人阅卷完毕后，本院于2016年1月7日至8日第一次公开开庭审理了本案。在庭审过程中，控辩双方对部分证据争议较大，本院决定检验核实相关证据。鉴于本案涉及面广，取证困难，经本院报请，北京市第一中级人民法院于2016年1月15日批准同意延长审限二个月，最高人民法院于2016年3月26日、2016年6月29日分别批准同意延长审理期限三个月。在依法向被告人、辩护人送达了本院检验核实的证据材料后，经2016年9月6日第二次召开庭前会议，听取控辩双方意见，本院于2016年9月9日恢复法庭调查，再次公开开庭审理了本案……

一、指控事实

北京市海淀区人民检察院起诉书指控，被告人王欣系快播公司法定代表人及首席执行官，被告人吴铭系快播公司快播事业部总经理，被告人张克东系快播公司快播事业部副总经理兼技术平台部总监，被告人牛文举系快播公司快播事业部副总经理兼市场部总监。被告单位快播公司自2007年12月成立以来，基于流媒体播放技术，通过向国际互联网发布免费的QVOD媒体服务器安装程序（以下简称QSI）和快播播放器软件的方式，为网络用户提供网络视频服务。其间，被告单位快播公司及其直接负责的主管人员被告人王欣、吴铭、张克东、牛文举以牟利为目的,在明知上述 QVOD 媒体服务器安装程序及快播播放器被网络用户用于发布、搜索、下载、播放淫秽视频的情况下,仍予以放任,导致大量淫秽视频在国际互联网上传播。2013 年 11 月 18 日,北京市海淀区文化委员会(以下简称海淀文委)从位于本市海淀区的北京网联光通技术有限公司(以下简称光通公司)查获快播公司托管的服务器 4 台。后北京市公安局从上述服务器里提取了 29841 个视频文件进行鉴定,认定其中属于淫秽视频的文件为 21251 个。被告人吴铭、张克东、牛文举于 2014 年 4 月 23 日被抓获归案,被告人王欣于 2014 年 8 月 8 日被抓获归案。北京市海淀区人民检察院认为,被告单位快播公司及被告人王欣、吴铭、张克东、牛文举以牟利为目的,传播淫秽物品,情节特别严重,其行为均已构成传播淫秽物品牟利罪,提请本院依据《中华人民共和国刑法》第三百六十三条第一款、第三百六十六条、第三十条、第三十一条之规定,对被告单位快播公司及被告人王欣、吴铭、张克东、牛文举分别定罪量刑。

公诉机关提举了证明指控的证据,被告单位、被告人及辩护人提举了支持辩护观点的证据,双方在法庭上相互发表了质证意见。法庭充分保障双方举证、质证的权利,对争议证据依法进行检验核实,最终认定可予采信的证据。

二、第一次庭审

公诉机关在第一次庭审中宣读、出示了侦查机关依法收集和调取的下列证据:

1. 证明快播公司基本情况及在案被告人职务情况的证据(略)
2. 证明快播播放器等产品的技术原理和运行方式的证据(略)
3. 关于被告单位及被告人主观上明知、牟利目的及放任的证据(略)
4. 关于公司盈利情况的证据(略)
5. 快播公司对于淫秽视频等不良信息怠于监管的证据(略)
6. 提取淫秽视频的相关证据

(1) 证人侯爱娇(快播公司市场部员工)的证言,主要内容是:2013 年下半年,其和北京的光通公司签过合同。4 台服务器是由光通公司自己攒的机器,机器里本身需要运行的系统由光通公司自己装好,凡是和快播有关的软件由快播技术部完成。其和光通公司谈好后,对方给了其这 4 台服务器的 IP 地址。其当时给了技术部维护组钟琨,后来钟琨和对方具体沟通,并且给对方服务器安装了快播系统。这 4 台服务器大概运行了两天,钟琨告诉其说服务器停掉了。其和对方联系，对方说因为合同没有签所以停掉了。后来其给光通公司快递了合同，但对方一直没有寄回。

（2）证人钟琨的证言，主要内容是：公司的服务器都有一个IP地址，其不知道淫秽视频在哪台服务器，但肯定是有。这些服务器都是快播公司签约的战略合作伙伴的服务器。快播公司不生产服务器，都是签约用户自己提供，签约之后，快播公司帮他们进行日常维护。维护分为两部分，一是客户的服务器硬件有问题，快播公司联系对方自己处理，二是服务器的软件问题，则由快播公司远程处理。服务器有用户名和密码，只有快播公司的维护人员才能登入服务器，对方进入不了。快播公司的"110"网监组可以监控到所有服务器的内容。北京有好多台服务器，具体其记不清了，都是侯爱娇和用户签约战略合作伙伴，她那儿有合同，然后她把签约的战略合作伙伴的服务器IP地址告诉其，其按照产品部的要求上传导入一个技术部开发的缓存程序，然后进行维护。北京有4台服务器是2013年下半年的时候进行战略合作签约，其维护了两个月左右，2013年底不知道为什么就下架了。其记得用户名是什么联光通，全名记不住了。那4台服务器的IP地址是118.186.27.18、118.186.27.19、118.186.27.20、118.186.27.21。

（3）证人陈辉（光通公司互联互通部员工）的证言，主要内容是：2013年5月的时候，公司用户反映上网用快播下载影片慢，薛经理就联系了快播公司，然后让其和快播公司联系，其通过电话、QQ与快播公司联系，快播公司那边的联系人是钟琨和侯爱娇。快播公司提出由光通公司出服务器，快播公司提供软件支持，快播公司向光通公司提供的服务器里存入热点影片，然后光通公司把公司用户IP提供给快播公司，光通公司用户下载服务器里的热点影片时就能速度快。联系好了之后，光通公司就买了4台服务器，都架设好，由快播公司进行远程操控。4台服务器是每台10T的容量，一共是40T。开始购置的是两台，但是用户的提速不明显，快播公司称是服务器太小，存的热点影片少，所以后来又购置了两台。服务器密码只有快播公司有，服务器里面应该是影片碎片，其不知道影片内容。其将655360个用户IP地址提供给了快播公司，但不是所有用户都在用。快播公司说是从其他各地的服务器里向这个服务器发送影片，服务器入口IP及服务器访问列表由快播公司控制。一开始，其说要给快播公司一个固定入口，但是快播公司称需要很多入口，所以服务器互联网入口就打开了。快播公司给他们发了合同，但还没有最后签署，在测试阶段就被查抄了。

(4)证人张政(光通公司行政经理)的证言,主要内容是:光通公司在北京负责一些企业的宽带业务,2013年8月或10月,部分公司反映用快播下载影片速度比较慢。互联互通部的陈辉联系到了快播公司,最后定了一个战略合作:光通公司买服务器,使用权归快播公司,由快播公司负责服务器的内容,光通公司的业务公司能优先使用服务器,这样就能提高速度。一共是4台服务器,分两次买的,因为第一次买的服务器不够用。服务器放在公司机房,平时归互联互通部负责管理,就是看看服务器是否开启。服务器由快播公司远程操控,只有快播公司有服务器的用户名和密码,服务器的内容应该是影片。架服务器的目的就是为了用户用快播下载影片能快。

(5)光通公司(甲方)与快播公司(乙方)战略合作协议及光通公司出具的情况说明(略)。

(6)北京市公安局海淀分局(以下简称海淀公安分局)向海淀文委调取相关证据的调取证据清单,证明:2014年11月21日,海淀公安分局向海淀文委调取涉案证据共计9份。分别是:著作权鉴定申请书、北京市文化市场行政执法鉴定告知书、北京市文化市场行政执法先行登记保存物品决定书、北京市文化市场行政执法物品清单、北京市文化市场行政执法检查记录、北京市文化市场行政执法询问笔录、工作说明、执法人员证件、北京市文化市场行政执法送达回证。

(7)北京市文化市场行政执法检查记录,证明:2013年11月18日15时,海淀文委对光通公司进行检查,并根据北京市版权局转办案线索,对该公司网络服务器进行检查。发现IP为118.186.27.18、118.186.27.19、118.186.27.20、118.186.27.21的4台服务器涉嫌被用于通过信息网络擅自向公众提供他人作品、表演、录音录像制品。现场对涉嫌的4台服务器进行了先行登记保存,并送北京市版权局进行鉴定。

(8)北京市文化市场行政执法先行登记保存物品决定书及北京市文化市场行政执法物品清单,证明:2013年11月18日,海淀文委从光通公司处对4台网络服务器进行先行登记保存,4台服务器IP地址分别为:118.186.27.18、118.186.27.19、118.186.27.20、118.186.27.21。

(9)海淀文委著作权鉴定申请书及工作说明,证明:2013年11月18日海淀文委执法二队在著作权行政法检查工作中发现,光通公司涉嫌从事侵犯著作权违法活动,依照相关规定对该公司4台IP为118.186.27.18、118.186.27.19、118.186.27.20、118.186.27.21的服务器采取了登记保存强制措施,同日,海淀文委向市版权局出具申请书,根据《著作权行政处罚实施办法》等相关规定,将涉案网络服务器等证据交版权局实施著作权鉴定。

(10) 北京市文化市场行政执法鉴定告知书,证明:2013年11月18日,海淀文委就光通公司于当日被先行登记保存的物品送北京市版权局进行鉴定一事告知了光通公司。

(11) 调取证据清单、接受证据材料清单及北京市版权局、海淀公安分局、田村派出所出具的工作说明,证明:2013年11月18日北京市版权局接到海淀文委著作权鉴定申请,要求对依法采取行政强制措施的涉案证据4台网络服务器进行鉴定。后因工作涉及计算机及网络视频专业技术问题,该局于当日委托北京文创动力信息技术有限公司(以下简称文创动力公司)提供专业技术服务。2014年4月10日,海淀公安分局以该4台网络服务器系刑事案件涉案物证为由,向北京市版权局调取该物证,并提出因案件重大、情况紧急,请求先行办理涉案物品交接手续并当场提取4台网络服务器,调取物证的相关文件在三个工作日内送达北京市版权局。北京市版权局配合公安机关将4台服务器进行移交,且称在上述4台服务器由北京市版权局保管期间,该局未对该4台服务器进行过任何数据的增加、删除或修改操作。2014年4月10日,海淀公安分局及田村派出所的民警从北京市版权局版权管理处接收从光通公司查扣的4台服务器,上述4台服务器IP为118.186.27.18、118.186.27.19、118.186.27.20、118.186.27.21。田村派出所的民警于当日,将上述服务器移交北京市公安局治安管理总队进行鉴定,在此期间未对该4台服务器进行任何操作。

(12) 委托书及工作说明,证明:2014年4月10日,北京市公安局治安管理总队接到海淀公安分局送审的光通公司4台服务器,该队在淫秽物品审验室对4台服务器进行审验时,发现4台服务器内存储的文件为QVOD格式,一般视频软件无法读取。特委托文创动力公司提供专业技术支持,在该公司技术支持下,淫秽物品审验室提取服务器内视频进行鉴定。

(13) 证人李建华(文创动力公司技术员)的证言,主要内容是:其是文创动力公司技术部负责人,2013年年底,公司让其负责对4台光通公司的服务器内容进行了提取、解码。4台服务器中的文件是快播公司独有的QVOD文件格式,只是服务器存储文件,不能用快播直接播放,需要转码后在客户端才能播放。其开发了QVODDECODE软件,解析出快播文件,使这些文件能够通过一般视频播放器进行播放。解码原理是通过QVOD文件反编译,找出和

MP4 的关联关系,把快播文件转化成 MP4 格式。具体过程是,从快播服务器中拷贝 QVOD 文件到硬盘,在 WIN7 系统下通过研发的 QVODDECODE 软件进行解码,自动生成 MP4 文件。这个过程不会对快播服务器文件有改变,原因是 QVODDECODE 只会读取 QVOD 文件内容,不会更换文件内容信息,在整个操作过程中,是单机进行,不与互联网及其他机器相关联。在运行过程中会读取 QVOD 文件内容到内存中,通过二进制计算转换成 MP4,格式数据流保存在硬盘上。

(14) 现场勘验检查笔录,证明:2015 年 1 月 20 日,北京市公安局网安总队民警在见证人见证下对扣押服务器进行了勘验,对服务器内存储内容提取、解码、播放过程进行了记录,利用 QVODDECODE 软件可以对从 IP 为 118.186.27.20 服务器内的文件随机选取文件进行解码,解码后文件可以通过暴风影音播放器进行播放。

(15) 北京市公安局淫秽物品审查及淫秽视频清单(hash 码)、工作说明,证明:公鉴字[2014] 第 1771 号审查鉴定书认定,从编号为 118.186.27.18、118.186.27.19、118.186.27.20、118.186.27.21 的 4 台服务器中提取文件 25175 个,经审验,其中淫秽视频为 17022 个;公鉴字[2015] 第 0061 号审查鉴定书认定,从扣押在案的 3 台服务器 (118.186.27.21、118.186.27.20、118.186.27.19)内提取审验视频 29841 个,其中 21251 个为淫秽视频。公安机关对审验结果进行了文件重复查找工作,审验的 29841 个视频文件无重复。公安机关还对为何在本案中出具多份鉴定意见情况进行了说明。

(16) 快播服务器审验操作记录,证明:公安机关对如何提取扣押服务器内的视频文件进行转码及审验的过程进行了详细记录。具体过程是:针对 IP 为 118.186.27.21 的服务器通过将服务器内的视频文件及转码程序 QVODDECODE 拷入格式化过的外置空白硬盘内进行视频转码;编号 118.186.27.20、118.186.27.19 的两台服务器直接在服务器内使用转码程序 QVODDECODE 对视频文件进行转码,转码后的文件生成在已经格式化过的外置空白硬盘内。然后将上述外置空白硬盘再次搭建审验环境,该环境下可以读取硬盘内的视频,但无法写入任何数据。上述操作步骤由技术人员完成,并由两名民警进行全程监督。然后审验人员通过 printfolder 软件提取硬盘内所有视频文件文件名转换至 WPS 表格中,通过共享文件环境索引表格中的文件名称,查找视频进行审验,淫秽的打√,非淫秽打×。

(17) 鉴定意见书,证明:北京信诺司法鉴定所(以下简称信诺鉴定所)在治安管理总队淫秽物品审验室对扣押在案的 4 台服务器进行鉴定,其中 118.186.27.18 的服务器已经损坏无法开启,其他 3 台服务器在 2013 年 10 月 11 日至 2013 年 11 月 18 日期间有".qdata"格式的文件写入,2013 年 11 月 18 日至 2015 年 12 月 2 日期间没有任何".qdata"格式的视频文件拷入服务器。118.186.27.19 服务器内视频文件共计 12094 个,2013 年 11 月 18 日至 2015 年 12 月 2 日期间创建文件 10 个,创建".qdata"文件 0 个;118.186.27.20 服务器内视频文件共计 18353 个,2013 年 11 月 18 日至 2015 年 12 月 2 日期间创建文件 12 个,是 DECODE 文件的组成部分,创建".qdata"文件 0 个;118.186.27.21 服务器内视频文件共计 18446 个,2013 年 11 月 18 日至 2015 年 12 月 2 日期间创建文件 0 个,创建".qdata"文件 0 个。

7. 其他证据(略)
8. 鉴定人丁燕华出庭作证

鉴定人丁燕华当庭陈述:其是北京市公安局治安总队行管支队淫秽物品审验员,负责审验工作,其受指派进行鉴定工作。本案有三份鉴定书,其和同事赵世才都参与了第二份、第三份的鉴定。2015 年 1 月 20 日的鉴定书上丁燕华、赵世才的名字都是其签的,是其取得赵世才同意后签的。审验的过程是,其同事找相关的技术人员把数据从 4 台服务器中转出来,存在硬盘里,是 MP4 格式的,硬盘都有标记,转出一个就给其一个,架设好电脑环境,硬盘就可以打开了。其先把文件名称抓取下来,复制到 excel 表格,然后按照顺序复制名称,在电脑上搜索硬盘里相同名称的视频,再用完美解码这个播放器播放审验,是淫秽视频的画勾,不是的画叉。里面的视频文件有小段的,有的很小,时间都不一样,也有音频的,但是很少,文件大的也就一个多 G,多数都是几百 M。其根据硬盘里面的数据编码来认定有多少个数据。其没有时间把整个视频从头到尾完全看完,其点开视频后,就用鼠标一拖,基本上就有淫秽镜头出现。所谓的淫秽镜头就是男女性交的镜头。其印象是 4 月 10 日接触的这个案件,月底实际开始鉴定的。工作规范要求是两个人同时进行鉴定。第二次鉴定提取的是 25000 多个视频,鉴定结果是 17022 个淫秽视频。拿来多少硬盘,其就看多少。第三次鉴定是 8 月开始,应该是存储了 12 块硬盘。其在十一假期都没有休息,除了周末都在上班。一天至少看 600 部,多时 800 部,正常情况下一分钟看两三个,慢时也一分钟一个多。如果打开一看是电视台的标,这个视频就不用看。在快播这个案件中没有发现前面是电视台的内容后面是淫秽视频的情况。4 台服务器及存有淫秽视频的硬盘都在其保管之下,行动队张警官负责找技术人员倒数据出来。其在一个屋子看淫秽视频,张警官和其他技术人员在旁边屋子,从服务器中转换出数据,转换完之后就给其,其要封存。进审验室的就是几个审验人员,其工作区是绝对不让外人进的。

经庭审质证,被告单位、各被告人及辩护人就上述控方证据的关联性、真实性、合法性主要发表了如下意见:

(1) 扣押时未对服务器的物证特征进行固定。海淀文委在实施现场扣押行为时,未进行拍照,且登记内容模糊,难以认定服务器的唯一性。公诉机关出具的北京市文化市场行政执法物品清单及北京市文化市场行政执法检查记录,只是记了4台服务器的IP地址(IP地址不能作为识别服务器身份的证据),没有写明特征、型号,没有记载内置硬盘的型号、数量、容量,也没有扣押物品照片。缺乏物理特征的物证,真实性存疑,直接关系到该物证能否作为鉴定检材。

(2) 服务器在行政扣押期间的保管状态不明。扣押当日,海淀文委将4台服务器送北京市版权局实施著作权鉴定。市版权局因工作涉及计算机及网络视频专业技术问题,于当日委托文创动力公司提供专业技术服务。直到2014年4月10日,服务器才移交到海淀公安分局扣押。4台服务器是因著作权侵权问题被行政机关查封的,但刑事立案之前的五个月时间内,这4台服务器到底保管在文化委、版权局还是文创动力公司,地点不明。扣押的4台服务器在五个多月时间里没有由行政执法机构保管,其作为证据使用的合法性存疑。

(3) 服务器内容存在被污染的可能。公诉机关没有提供任何证据证明文创动力公司具有相应技术资质。行政扣押期间,没有相应证据证明文创动力公司在开启服务器时是否有相关行政执法人员在场监督,服务器硬盘内容是否被污染,有无写入、替换视频文件情况。文创动力公司曾经受快播公司竞争对手乐视公司委托从事知识产权侵权行为调查,足以让人怀疑涉案4台服务器及内容是否真实。

(4) 服务器移交程序违法。案卷中有一份海淀公安分局从版权局调取服务器时的调取证据通知书,把打印的2015改成了2014,证明该份材料系后补文件。公安机关从行政机关调取4台服务器时,仍旧没有登记服务器的特征、型号,尤其是没有记载服务器内置硬盘的型号、数量、容量,也没有扣押物品照片。

(5) 淫秽物品鉴定存在程序违法。公安机关于 2014 年 4 月 11 日出具第一份鉴定书,鉴定人是邢政博、许平,记载的服务器内置硬盘数量为 3 台内置 7 块硬盘,1 台内置 6 块硬盘,每块硬盘容量均为 2T。2015 年 1 月 20 日,公安机关出具第二份鉴定书,文号与第一份相同,但鉴定人为丁燕华、赵世才,签名是同一人所签。鉴于上述鉴定书存在程序违法问题,公诉机关申请补充侦查后,于 2015 年 11 月 6 日出具第三份淫秽物品审查鉴定书,该份鉴定的文号与前两次不一致,但鉴定人却同一,违反重新鉴定应另请鉴定人的规定。第三份鉴定是重新鉴定,鉴定程序违法。

(6) 检材真实性存疑。第三次淫秽物品鉴定期间,公安机关委托信诺鉴定所出具一份鉴定意见书,证明上述 3 台服务器从 2013 年 11 月 18 日至 2015 年 12 月 2 日的扣押期间没有任何 qdata 格式(快播专用格式)的视频文件拷入服务器。但信诺鉴定所的送检材料显示,4 台涉案服务器内置硬盘数量和容量与 2014 年 4 月 11 日公安机关第一次淫秽物品鉴定时的记载均发生了变化:3 台服务器内置硬盘数量 6 块,一台内置 5 块,且有一台服务器内的硬盘容量为 1T。服务器内硬盘数量、容量前后矛盾,第三次淫秽物品鉴定检材真实性存疑,怀疑是否为原始扣押的服务器。

(7) 何明科等人系人身受到强制的情况下做出的讯问笔录,不能作为证人证言使用。

(8) 行政机关在行政执法和查办案件中收集的证据材料不能作为刑事诉讼证据使用。

(9) 无法确定公诉人举证的快播公司与光通公司的合作协议上公章是否真实,协议是否经过了公司同意……

经庭审质证,公诉人就辩方上述证据的关联性、真实性、合法性主要发表了如下意见:

(1) 快播公司收入统计表等证据,并不能证明快播公司没有牟利的目的。快播公司虽然不是下载播放器就收费,但是通过与快播软件挂钩的相关资讯服务、捆绑软件等方式来谋取利益,实际上就是通过快播软件来获取收入,且收入和快播软件的用户量直接挂钩。

(2) 往来邮件、新闻报道、奖状及快播公司员工绩效考核表等证据,也并不足以证明快播公司尽到了监管职责。其中来往邮件记录是 2012 年下半年和 2013 年上半年快播公司向网监汇报的情况,发生在网监对快播公司检查处罚期间。辩护人声称快播公司通过"110"系统屏蔽了一千多家网站,这对于快播公司成立以来所播放的视频而言只是较少数字,证明这只是走过场的监管。公诉人出示的多份安全小组的证人证言都证明安全小组在深圳网监验收合格后功能弱化。从快播服务器中起获的淫秽视频数量和比例都可以证明快播公司所谓监管无实质效果。

（3）电子客票行程单、退票收费单等证据并不能证明王欣有自首情节。王欣是被发布红色通缉令后到韩国无法入境被扣留,后被公安机关控制,不具有主动到案情况,不构成自首。

（4）文创动力公司工商登记及文创动力公司的网站宣传等资料不能证明文创动力公司与本案有严重利害关系。文创动力公司仅是开发了转码软件,并没有参与具体鉴定工作,该公司未做出任何结论性的意见,文创动力公司在本案中提供技术支持并不违反诉讼法。著作权行政处罚事先告知书与本案没有关联性。

（5）证据调取通知书并不能看出是2015年形成后,人为改成2014年的情况。

（6）前两次淫秽物品审查鉴定书已经被第三次鉴定书所更正,且信诺鉴定所鉴定意见书能够证实第三份鉴定意见的客观真实性。第三次鉴定解决了前两次鉴定中的一些问题,数量上进行了抽检,服务器数量不同,投入的鉴定时间越多,审验的结果也越多,鉴定结果必然有变化。

三、对鉴定检材检验核实

鉴于辩方在第一次庭审中提出"案件来源不明,涉案4台服务器查封、保管程序存在重大瑕疵,以及原始数据有可能受到破坏"等意见,鉴定检材真实性存疑,且该证据对于案件事实查明和定罪量刑至关重要,本院根据《中华人民共和国刑事诉讼法》第一百九十一条、《最高人民法院关于适用〈中华人民共和国刑事诉讼法〉的解释》第八十七条之规定,决定进行检验核实,故委托国家信息中心电子数据司法鉴定中心（以下简称信息鉴定中心）对4台服务器及存储内容进行了检验。具体委托事项为:（1）通过检索4台服务器的系统日志,查找远程访问IP地址信息,查验IP地址相应注册信息;（2）通过检验4台服务器内现存的qdata文件属性信息,分析确定这些qdata文件是否有在2013年11月18日后被从外部拷入或修改的痕迹;（3）结合在案证据及4台服务器的存储内容,从技术角度分析快播软件对于淫秽视频的抓取、转换、存储、搜索、下载等行为的作用及效果。

在检验过程中,信息鉴定中心在送检的4台服务器内提取用户远程登录日志,发现8个IP地址在2013年间曾使用远程账号多次登录至送检的4台服务器,详细IP地址分别为"218.17.158.115、218.240.16.220、218.240.16.221、218.240.16.222、218.240.16.223、218.240.7.153、218.240.7.152、222.128.116.27"。信息鉴定中心根据委托需求,认为需要对上述IP地址的归属及相关注册信息进行调查分析,要求本院予以协助,并将调查结果以补充材料的形式提交至鉴定机构。本院随即要求公诉机关查核上述IP地址被起获扣押之前的归属使用情况,调取了证人卜建辉的证言,深圳高新区信息网有限公司提供的深圳高新区信息网有限公司的公司名称变更事项登记材料、深圳市高新技术产业园区与深圳市电信局的信息化建设合作协议书、深圳高新区信息网有限公司与中国电信股份有限公司深圳南山区分公司的数据业务租用协议、企业法人营业执照、快播公司与深圳高新区信息网有限公司的上网专线协议、上网网络业务协议、营销登记申请、中国电信股份有限公司深圳分公司出具的合作协议书、情况说明,证人陈辉(光通公司运营总监)的证言,光通公司出具的IP地址分配说明、使用说明,深圳市高新技术产业园区服务中心出具的说明、证明各一份等证据材料。同时,本院就案件来源、涉案4台服务器的移交、保管、扣押、被告人王欣的到案经过等情况进行了调查核实。经过再次召开庭前会议,开示以上证据并听取控辩双方的意见,本院决定再次开庭。

四、第二次庭审

第二次庭审过程中,合议庭当庭宣读、出示了检验核实的如下证据:

1. 司法鉴定协议书、信息鉴定中心出具的电子数据司法鉴定意见书以及鉴定人王笑强出庭作证,证明:国家信息中心电子数据司法鉴定中心于2016年1月25日受理了北京市海淀区人民法院委托,针对委托要求,对送检服务器的检验结果为:

(1) 4台送检服务器所有远程登录IP如下:218.17.158.115、218.240.16.220、218.240.16.221、218.240.16.222、218.240.16.223、218.240.7.153、218.240.7.152、222.128.116.27。218.17.158.115在2013年7月至10月间先后17次访问了涉案4台服务器,其中在2013年8月7日之后的访问为5次,时长为144小时;218.240.16.220、218.240.16.221只在2013年7月访问了118.186.27.18服务器;218.240.16.222在2013年8月6日访问118.186.27.18服务器1次共0分钟,2013年8月1日访问118.186.27.19服务器2次共计1小时26分钟,2013年8月1日访问118.186.27.20服务器2次共计0

分钟,2013 年 8 月 6 日访问 118.186.27.21 服务器 1 次共计 7 分钟,2013 年 10 月 28 日访问 118.186.27.21 服务器 1 次共计 47 分钟;218.240.16.223 于 2013 年 8 月 6 日访问 118.186.27.19 服务器 1 次共计 32 分钟,2013 年 8 月 1 日访问 118.186.27.21 服务器 1 次共计 0 分钟;218.240.7.153 于 2013 年 7 月 1 日访问 118.186.27.18 服务器 1 次共计 38 分钟,于 2013 年 8 月 1 日访问 118.186.27.19 服务器 1 次共计 36 分钟,于 2013 年 8 月 2 日访问 118.186.27.20 服务器 1 次共计 7 分钟;218.240.7.152 于 2013 年 7 月 23 日访问 118.186.27.18 服务器 1 次共计 44 分钟,于 10 月 28 日访问 118.186.27.21 服务器 1 次共计 0 分钟;222.128.116.27 于 2013 年 8 月 4 日前共计 4 次访问了涉案 4 台服务器。

(2) 经过对 4 台送检服务器内现存的 qdata 文件属性分析,未发现在 2013 年 11 月 18 日后有从外部拷入或修改的痕迹。

(3) 4 台送检服务器不是完整的快播系统平台,根据现有存储数据内容不足以从技术角度分析快播软件对于视频的抓取、转换、存储、搜索、下载等行为的作用及效果。

2. 工信部 ICP/IP 地址/域名信息备案管理系统中关于快播公司查询页面,证明:通过登录工业和信息化部 ICP/IP 地址/域名信息备案管理系统,可以核查到快播公司备案网站网址为 www.kuaibo.com 和 www.gvod.com,网站负责人为王欣。

3. 协助调查函、核实证据建议函,证人卜建辉(深圳高新区信息网有限公司网路运营部经理)的证言,深圳高新区信息网有限公司提供的深圳高新区信息网有限公司的公司名称变更事项登记材料、深圳市高新技术产业园区与深圳市电信局的信息化建设合作协议书、深圳高新区信息网有限公司与中国电信股份有限公司深圳南山区分公司的数据业务租用协议、企业法人营业执照、快播公司与深圳高新区信息网有限公司的上网专线协议、上网网络业务协议三份、营销登记申请、中国电信股份有限公司深圳分公司出具的合作协议书、情况说明,证人陈辉(光通公司运营总监)的证言,光通公司出具的 IP 地址分配说明、使用说明,深圳市高新技术产业园区服务中心出具的说明、证明各一份,证明:IP 地址 218.17.158.115 为快播公司专享;光通公司于 2013 年 8 月开始先后将 118.186.27.18、118.186.27.19、118.186.27.20、118.186.27.21 四个 IP 地址分配给快播公司使用;218.240.16.220、218.240.16.221、218.240.16.222、218.240.16.223、218.240.7.153、218.240.7.152 为光通公司使用的 IP 地址;222.128.116.27 的使用单位为北京市联通公司。

4. 北京市公安局治安管理总队出具的工作说明,证明:由于审验员许平对服务器相关硬件技术不了解,在核对服务器内硬盘时,大部分硬盘有很明显的 2.0T 标识,其余硬盘没有明显标识,许平认为都是同一批次服务器,硬盘容量都一样,故没有进行再确认。在确定服务器可插入硬盘数量后,听技术人员说每个服务器有一个系统硬盘,误认为服务器内还有一个专用的系统硬盘。因此,在初步鉴定书中描述每台服务器内硬盘的数量比实际硬盘数量多一个,所以硬盘数量与实际不符。

5. 北京市版权局版权管理处出具的工作说明、文创动力公司出具的工作情况说明,证明:服务器在版权局扣押保管期间没有发生损坏等情况。

6. 国家新闻出版广电总局反非法和违禁出版物司出具的《关于反非法和违禁出版物司(全国"扫黄打非"工作办公室)相关履责情况的说明》(略)。

7. 北京市公安局治安管理总队出具的关于王欣到案过程的工作说明,证明王欣到案的基本经过。

公诉人、被告单位、各被告人及辩护人对上述法庭检验核实证据的真实性、合法性均无异议。各辩护人认为现有证据不足以证明 IP 地址 218.17.158.115 是快播公司所使用,根据电子数据司法鉴定中心的鉴定意见及相关证据仍旧不能确认检材的原始性,不能排除涉案的 4 台服务器中的数据被污染的可能性,无法认定是快播公司抓取、上传了涉案 4 台服务器中的淫秽视频。

公诉人在第二次庭前会议中提出补充出示原案卷中已移交法庭但在第一次开庭时没有出示的部分证据,辩方不持异议,并获本院同意。故此,公诉人在第二次开庭过程中补充宣读、出示了如下证据(略)。

经庭审质证,被告单位、各被告人就控方补充出示的证据均无异议,辩护人认为南山广电局取证视频两份、现场检查(勘验)笔录与本案没有关联性。

五、法院对证据的认定

针对控辩双方在两次庭审中的举证情况和质证意见,结合法庭对证据的检验核实,本院分析认证如下:

证据必须经过查证属实,才能作为定案的根据。本案关键证据能否采纳是必须首先明确的焦点问题。在案证据显示,海淀文委针对侵犯著作权违法活动进行行政执法检查时,于 2013 年 11 月 18 日从光通公司扣押了涉案 4 台服务器,随即移交给北京市版权局进行著作权鉴定。2014 年 4 月 10 日,海淀公安分局依法调取了该 4 台服务器,随即移交给北京市公安局治安管理总队进行淫秽物品审验鉴定。在该 4 台服务器的扣押、移交、鉴定过程中,执法机关只登记了服务器接入互联网的 IP 地址,没有记载服务器的其他特征,而公安机关的淫秽物品审验鉴定人员错误地记载了硬盘的数量和容量,由于接入互联网的 IP 地址不能充分证明服务器与快播公司的关联关系,前后鉴定意见所记载的服务器的硬盘数量和容量存在矛盾,可以让人对现有存储淫秽视频的服务器是否为原始扣押的服务器、是否由快播公司实际控制使用产生合理怀疑。

针对辩方关于该服务器及存储内容作为鉴定检材真实性提出的质疑,本院委托信息鉴定中心对在案扣押的 4 台服务器及存储内容进行检验,分析了 4 台服务器(包括原鉴定当中因无法打开而未提取视频的 1 台服务器)的系统日志,检索到服务器的管理者频繁远程登录使用的 IP 地址 218.17.158.115。经本院进一步要求,公安机关和检察机关调取了快播公司与深圳高新区信息网有限公司的上网专线协议,确认该 IP 地址为快播公司专用 IP 地址。同时,鉴定人员经对 4 台服务器内现存快播独有视频格式文件 qdata 文件属性等各类信息的检验分析,没有发现 2013 年 11 月 18 日后从外部拷入或修改 qdata 文件的痕迹。综合海淀文委、北京市版权局、北京市公安局等办案机关、办案人员出具的证据材料,结合对 4 台服务器的检验结果,本院认定,在办案机关扣押、移转、保存服务器的程序环节,文创动力公司为淫秽物品鉴定人提供转码服务等技术支持,没有破坏服务器及其所存储的视频文件的真实性,检材合法有效。基于该检材,公安机关所作淫秽物品鉴定,虽曾有程序瑕疵,但业已由 2015 年 11 月 6 日出具的淫秽物品鉴定所补正……

综合上述认证分析,除个别依法应予排除者外,控辩双方当庭出示的证据,以及本院检验核实并当庭出示的证据,形式来源合法有效,内容与案件事实具有关联性,可以作为证据使用。

可讨论的问题:

1. 在快播案的审判过程中,辩护方对公诉方出具的电子数据是如何进行质证的?

2. 请以快播案中涉及四台服务器和两万多个视频的质证过程为例,讨论电子数据的鉴真方法有哪些?

3. 对于电子数据外部载体的鉴真与内部载体的鉴真有哪些区别?

第十五章　笔录证据

> 无效的事物不发生任何效果。

一、笔录证据的概念
二、笔录证据的分类
三、笔录证据的作用
四、侦查过程的验证
五、笔录证据的排除规则

【讨论案例之十五】　深圳市中级人民法院(2013)深中法刑一初字第234号刑事判决书(摘录)

一、笔录证据的概念

自 1979 年以来,我国《刑事诉讼法》一直将"勘验、检查笔录"列为一种法定的证据形式。2012 年以后的《刑事诉讼法》又将这一证据种类的范围进行了扩大,增加了"辨认笔录"和"侦查实验笔录"两类证据形式。不过,在刑事司法实践中,由侦查人员以"笔录"形式制作的证据远不止上述三种,还包括"搜查笔录""扣押清单""证据提取笔录"等多种证据形式。为了表述和分析的方便,我们将这些以"笔录"命名的证据形式,统称为"笔录证据"。

所谓"笔录证据",是指侦查人员对其勘验、检查、辨认、侦查实验、搜查、扣押以及证据提取过程所作的书面记录。在我国刑事诉讼中,勘验、检查、搜查、扣押、辨认、证据提取和侦查实验都属于法定的侦查手段。侦查人员在进行上述侦查活动的同时,将收集证据的过程以及所获取的证据情况作出准确的记录,从而形成具有证据效力的书面笔录。

由于笔录证据所记载的都是侦查人员从事某一侦查行为的全部过程,具有对侦查过程的真实性和合法性加以印证的作用,因此,我们也可以将这类证据称为"过程证据"。与此相对应,包括物证、书证、视听资料、电子数据在内的实物证据,所提供的都是某一方面的证据事实,而不涉及对侦查行为过程的证明,因此,又可以被称为"结果证据"。

当然,侦查人员的侦查行为并不限于勘验、检查、搜查、扣押、提取、辨认、侦查实验等行为,还有可能包括讯问嫌疑人、询问证人、询问被害人、委托鉴定等方面的活动。在这些侦查活动中,侦查人员也有可能制作专门的笔录,如讯问笔录(又称为被告人供述和辩解笔录)、询问笔录(包括证人证言笔录和被害人陈述笔录)等。这些讯问笔录或询问笔录既有可能记录嫌疑人、证人、被害人陈述的案件事实,也有可能记录侦查人员讯问嫌疑人或者询问证人、被害人的全部过程。对于这些讯问笔录或询问笔录,我们就不再区分"过程证据"和"结果证据",也不再将其称为"笔录证据",而统一将其视为书面形式的被告人供述和辩解笔录、证人证言笔录、被害人陈述笔录,其效力类似于被告人、证人、被害人向法庭所作的口头陈述。

与此同时,侦查人员在诉讼过程中经常制作一些书面的说明类材料,如"案发经过""抓捕经过""破案经过""情况说明"等,并将这些书面说明类材料纳入案卷笔录。这些说明类材料尽管也大都记录了某一侦查行为的实施过程，但它们并不属于笔录证据，而应被视为一种以书面形式记录的言词证据，其效力与证人亲笔书写的证词、被告人亲笔书写的供述、被害人亲笔书写的书面陈述等较为相似。对于这些说明类材料，法院应当像对书面言词证据那样进行全面的审查判断。

尽管从证据形式上看，笔录证据属于一种对侦查过程的书面记录，但它总体上应被归入言词证据之列，而不属于实物证据。由于它不是以其外在物理属性发挥证明作用的证据，而是以其所记录的内容提供证据事实的，因此与物证有着明显的差异。不仅如此，笔录证据也不同于书证，因为它不是在案件事实发生之前即已存在的书面文件，而是侦查人员在刑事诉讼程序启动后对特定侦查活动所制作的书面记录。严格说来，笔录证据属于一种以书面方式记载的言词证据，它是侦查人员对其侦查过程和结果的记录，经历了较为完整的感知、记忆、储存、表达等言词证据形成过程。需要注意的是，对于笔录证据的证明力和证据能力，在控辩双方不提出异议的情况下，法庭通常都是通过书面方式进行质证的。但遇有一些法定的例外情形，法庭对笔录证据的证明力或证据能力产生合理疑问的，也有可能传召侦查人员出庭作证，责令对其所制作的各类笔录作出解释或说明。侦查人员当庭所作的陈述具有证人证言的性质，并可能对笔录证据的真实性和合法性产生印证作用。

二、笔录证据的分类

根据侦查人员所要记录的侦查过程的不同，笔录证据大体上可以分为勘验笔录、检查笔录、辨认笔录、侦查实验笔录、搜查与扣押笔录以及证据提取笔录等不同形式。下面依次对这些笔录证据的概念和性质作出分析。

勘验和检查是两种有着密切联系的侦查活动，侦查人员通过这种活动所制作的笔录经常被统称为"勘验、检查笔录"。具体而言，勘验、检查是指侦查人员对与案件有关的场所、物品、人身、尸体等所进行的观察、测量、检验活动。其中，对与犯罪有关的场所进行的勘验属于最重要的勘验活动，侦查人员由此可以获得大量的证据信息；为了确定被害人、嫌疑人的某些特征、伤害情况或者生理状态，侦查人员可以进行人身检查，同时采集指纹、血液等生物样本；对死因不明的尸体，侦查人员通常会通过检查、解剖、诊断等活动来进行尸体检查。

根据所要勘验、检查的对象不同，勘验、检查笔录又可以进一步分为场所勘验笔录、尸体检查笔录、物证检查笔录和人身检查笔录等。勘验、检查笔录通常会记录以下内容：提起勘验、检查的事由，勘验、检查的时间、地点、在场人员、现场方位、周围环境等情况，现场、物品、人身、尸体等的位置和特征，勘验、检查的过程。有时候，为了准确记载某一场所、物品、尸体、人身的情况，侦查人员还有可能进行必要的拍照、录像、绘图、制作表格等活动，从而将由此所形成的照片、录像资料、图表等直观的材料载入勘验、检查笔录之中。

辨认是指侦查人员组织的对特定场所、尸体、物品、个人等所进行的辨别和确认活动。根据所要辨认的对象不同，辨认可分为现场辨认、尸体辨认、照片辨认、列队辨认等不同形式。辨认人有可能是本案的嫌疑人，也有可能是本案的被害人、证人或其他自然人。通过组织辨认活动，侦查人员将辨认的过程和结果制作专门的辨认笔录，交由侦查人员、辨认人、见证人签名或者盖章，从而形成辨认笔录。

在刑事侦查过程中，为了查明案情，侦查人员有时需要对在特定环境、气候、场所、时间等条件下出现的事实信息作出重新验证或模拟实验。侦查实验笔录就是对此类实验过程和结果所作的书面记录。在过去的研究中，人们通常将侦查实验视为勘验、检查活动的一部分。但实际上，无论是在活动性质还是在活动目的上，侦查实验都与勘验、检查活动有着明显的区别。正因为如此，2012年《刑事诉讼法》将侦查实验笔录与勘验、检查笔录视为两种相对独立的笔录证据。

搜查与扣押也是有着密切联系的侦查活动。为了收集犯罪证据、查获嫌疑人，侦查人员可以对嫌疑人以及与案件有关的人身、物品、住处和其他有关地方进行搜查。而对于在搜查过程中发现的可用以证明案件事实的各种物品和文件，侦查人员可以进行查封和扣押。当然，侦查人员还可以不经过搜查程序，而直接前往邮电部门扣押嫌疑人的邮件、电报，或者前往银行和邮电部门查询、冻结嫌疑人的存款、汇款。对于上述搜查活动，侦查人员要制作搜查笔录，记录搜查的全部过程；而对于上述扣押活动，侦查人员则需要将扣押的物品、文件、邮件、电报、存款、汇款等制作扣押清单，经由侦查人员、见证人和持有人签名或者盖章后，形成专门的笔录材料。

证据提取笔录是对侦查人员提取证据活动的记录。在有些案件中，侦查人员有可能不通过搜查、扣押、查封等行为而直接调取特定的物品和文件。特别是在特定嫌疑人、被害人、证人主动提交某些实物证据的情况下，侦查人员要依照法定程序将这些证据搜集起来，从而进行专门的证据提取活动。证据提取笔录就属于对这种证据提取过程和结果的书面记录。根据相关规定和惯例，侦查人员的这种证据提取笔录也要记载提取的时间、地点、证据情况以及侦查人员、持有人的签名或盖章。

三、笔录证据的作用

作为一种独立的证据形式，笔录证据在证明案件事实方面究竟能够发挥怎样的作用呢？毕竟，作为特定侦查行为过程的书面记录，笔录证据无法直接被用来证明犯罪事实，甚至对一般的量刑情节都难以起到揭示作用。可以说，在证明一般的案件事实方面，笔录证据与言词证据是不可同日而语的，甚至与物证、书证、视听资料、电子数据也无法相比。既然如此，我国刑事诉讼法为什么要将这类证据列为"法定证据种类"呢？

其实，笔录证据的存在可以对物证、书证、视听资料和电子数据起到"鉴真"的作用，这是该类证据最为显著的作用。换言之，无论是勘验笔录、检查笔录、辨认笔录、侦查实验笔录，还是搜查笔录、扣押清单、证据提取笔录，都可以对各种实物证据的来源、提取、搜集、保全、出示产生直接证明作用，从而证明实物证据的真实性和同一性。正因为如此，刑事证据法才确立了以下针对实物证据的鉴真规则：经勘验、检查、搜查提取、扣押的物证、书证，未附有勘验、检查笔录，搜查笔录，提取笔录，扣押清单，"不能证明物证、书证来源的"，不能作为定案的根据；对物证、书证的来源及收集过程有疑问，不能作出合理解释的，该物证、书证不能作为定案的根据；根据来源不明的送检材料所作的鉴定意见，不能作为定案的根据；等等。

笔录证据所能发挥的第二种作用在于，对勘验、检查、辨认、侦查实验、搜查、扣押、证据提取等过程作出完整的记载，从而证明相关侦查行为的合法性。尽管在控辩双方提出异议的情况下，法庭有时也会传召侦查人员出庭作证，以便对上述侦查行为的合法性进行证明，但是，在绝大多数案件中，公诉方仅凭上述笔录证据，就足以对有关侦查活动的合法性作出证明，法庭仅仅通过审查上述笔录证据的内容，也可以完成对有关侦查行为合法性的审查过程。

笔录证据还有一项不容忽视的作用，那就是对各类言词证据和其他实物证据的证明力产生重要的印证作用。具体而言，这些笔录所记载的事实信息一旦与其他证据所记载的事实发生吻合或者交叉，那么，其他证据的真实性或相关性也就得到了验证。在这一意义上,笔录证据虽然很少能够直接证明犯罪事实或者量刑情节,但是它们却可以被用来佐证言词证据以及其他实物证据的证明力。例如,勘验、检查笔录所记载的犯罪现场情况,经常被用来佐证被告人供述的作案过程;辨认笔录所记录的辨认结果,往往可以用来验证证人证言的真伪;侦查实验笔录所记录的模拟试验结果,有时可以成为验证被害人陈述真实性的依据;搜查笔录、扣押清单所记载的物品、文件等,则可以被用来印证那些旨在说明犯罪结果的证据的真实性;等等。

四、侦查过程的验证

对于各类笔录证据的审查都要围绕着两个方面来加以展开:一是审查勘验、检查、辨认、侦查实验、搜查、扣押、证据提取的过程和方法;二是审查勘验笔录、检查笔录、搜查笔录、扣押清单、提取笔录、辨认笔录、侦查实验笔录是否符合有关规定。对于前者,我们可以称为"侦查过程合法性的审查",而对于后者,我们则称为"笔录形式要件的审查"。

(一) 侦查过程合法性的审查

刑事诉讼法对于各类侦查行为都确立了基本的程序规则,要求侦查人员在收集相关证据时要严格遵守相关的诉讼程序。司法人员在对各类笔录证据进行审查时,也要首先关注侦查人员在从事勘验、检查、辨认、侦查实验等侦查行为时是否遵守了法定的过程和方法。例如,对于勘验、检查笔录,司法人员要审查侦查机关是否指派两人以上进行勘验、检查活动,勘验、检查是否邀请了与案件无关的公民作为见证人参加,勘验、检查是否在侦查人员主持下进行。又如,对于辨认笔录,司法人员要审查辨认是否在侦查人员主持下进行,主持辨认的侦查人员是否不少于二人,辨认是否遵循了个别辨认的原则,辨认对象是否被混杂在其他具有类似特征的对象之中,供辨认的对象数量是否符合法定要求,等等。再如,对于侦查实验笔录,司法人员要审查侦查实验是否已经过县以上公安机关负责人批准,侦查人员是否对侦查实验过程进行了录音录像,侦查实验过程中是否存在造成危险、侮辱人格或者有伤风化的行为。

（二）笔录形式要件的审查

笔录证据的形式要件是指侦查人员在各类笔录证据上是否完整记录了相关的事项和过程，是否有法定人员的签名或者盖章。一般说来，在这些形式要件上存在不规范的行为，如遗漏了相关的内容，没有相关人员的签字或者盖章等，我们一般将其称为"程序瑕疵"。

例如，对于勘验、检查笔录，司法人员需要审查勘验、检查人员和见证人是否签名或者盖章，笔录是否记录了以下内容：(1) 提起勘验、检查的事由；(2) 勘验、检查的时间、地点、在场人员、现场方位、周围环境等；(3) 现场的物品、人身、尸体的位置、特征等情况；(4) 勘验、检查、搜查的过程。除此以外，司法人员还要审查勘验、检查笔录中的文字记录与实物、绘图、照片、录像等是否相符，现场、物品、痕迹等是否存在伪造、破坏情况，人身特征、伤害情况、生理状态有无伪装或者变化。对于侦查人员补充进行勘验、检查的案件，司法人员还要审查再次勘验、检查的缘由，前后勘验、检查的情况是否存在矛盾。

五、笔录证据的排除规则

我国刑事证据法对于勘验笔录、检查笔录、辨认笔录、侦查实验笔录的证据能力作出了较为严格的限制性规定，对于非法取得的笔录证据，确立了排除性规则。大体说来，对于勘验、检查笔录，刑事证据法确立的是一种可补正的排除规则；对于辨认笔录和侦查实验笔录，刑事证据法则确立了强制性排除规则。

（一）勘验笔录、检查笔录的排除

根据我国刑事证据法，对于勘验、检查笔录存在明显不符合法律规定的情形，举证方不能作出合理解释或者说明的，法院不得将其作为定案的根据。这就意味着侦查人员在勘验、检查过程中存在着明显违背法律规定的情形，如主持勘验、检查的人员不符合主体资格，勘验、检查没有依法批准进行，勘验、检查没有见证人在场，所获得的勘验、检查笔录可被视为"瑕疵证据"。对此瑕疵证据，举证方能作出合理解释或者说明的，法院就不再将其排除于法庭之外。

(二) 辨认笔录的排除

对于非法辨认笔录的排除问题,《办理死刑案件证据规定》曾经一度根据侦查人员违反辨认规范的情况,分别确立了强制性的排除规则和可补正的排除规则。但是,《最高法院2020年解释》放弃了这种立法方式,确立了统一的强制性排除规则。这样,遇有法定的侦查人员违法组织辨认的情形,法院都可以作出无条件地排除辨认笔录的决定。那么,法院究竟可以将哪些非法辨认行为排除于法庭之外呢?

其一,辨认不是在侦查人员主持下进行的。这种违反法定程序的辨认笔录,属于取证主体不符合法定的资格,违背了辨认必须由侦查人员主持进行的规定。

其二,辨认前使辨认人见到辨认对象的。这意味着侦查人员错误地让即将辨认的被告人、被害人、证人等事先了解了辨认对象,从而对辨认对象产生先入为主的预断。这样的错误容易造成后来的辨认受到暗示或者偏见的影响,影响辨认的真实性。

其三,辨认活动没有个别进行的。在多个辨认人进行辨认的情况下,辨认活动需要个别进行,以避免多个辨认人相互影响,影响辨认的真实性。假如侦查人员在组织辨认活动时让多个辨认人同时在场,相互影响或相互提示,那么,辨认就违反了个别性原则,也会导致辨认出现错误。

其四,辨认对象没有混杂在具有类似特征的其他对象之中,或者供辨认的对象数量不符合规定的。一方面,辨认对象只有被混杂在其他相似对象之中,如同一性别的人、同一年龄段的人、具有同一生理条件的人等,辨认才会变得富有意义。否则,将某一辨认对象混杂在明显不同特征的对象之中,就极其容易给辨认人造成暗示或者误导,以至于影响辨认的真实性。另一方面,供辨认的对象在数量上也要达到最低的要求,例如辨认嫌疑人时,被辨认的人数一般不少于七人;对嫌疑人照片进行辨认,一般不少于十人;对物品进行辨认,混杂的同类物品不少于五件。假如供辨认的同类对象数量太少,那么,辨认人就容易出现辨认方面的失误,以至于造成错误的辨认。

其五,辨认过程中给辨认人明显暗示或者明显有指认嫌疑的。辨认的随机性是保证辨认结果正确的关键因素。假如侦查人员动辄向辨认人进行暗示,或者直接代替辨认人指认出辨认对象,那么,辨认就变得毫无实质意义,而成为对某一被预先设定的辨认目标的确认过程而已。对于侦查人员存在这种暗示或者指认行为的辨认笔录，法院应当将其排除。

其六，辨认违反规定，致使无法确定辨认笔录真实性的其他情形。这就意味着侦查人员在组织辨认时假如存在其他方面的违法情形，法院也有可能排除辨认笔录的证据能力。但这种排除的前提条件是这些违法情形会导致辨认笔录的真实性无法得到确定。

（三）侦查实验笔录的排除

根据我国刑事证据法，侦查实验的条件与事件发生时的条件有明显差异，或者存在影响实验结论科学性的其他情形的，侦查实验笔录不得作为定案的根据。

原则上，侦查实验是一种通过模拟案件原有条件，将该行为过程加以演示的侦查活动。侦查实验的条件假如与原来案件发生时的条件存在明显差异，如在时间段、光线、地点、风向、天气等方面明显不同，那么，由此所得的侦查实验结果既是缺乏相关性的，也可能是带有误导性的。法院根据这类侦查实验笔录认定案件事实，容易出现错误。不仅如此，组织侦查实验还必须保证组织者具有相关的专业知识，参与者必须遵守基本的实验规范，实验的仪器、设备也要达到基本的水准。这些条件假如无法得到满足，那么，侦查实验结论的科学性都会受到消极的影响。可以说，将这些存在问题的侦查实验笔录排除于法庭之外，是保证侦查实验笔录具有证明力的重要程序安排。

【深入思考题】

1. 有人认为所谓"笔录证据"，其实就是一种"过程证据"。你同意这一看法吗？

2. 一般说来，笔录证据对于物证、书证、视听资料、电子数据的真实性具有鉴真作用。但是，无论是勘验笔录、检查笔录、搜查笔录、扣押清单，还是辨认笔录、侦查实验笔录、证据提取笔录，也都有可能属于被伪造、变造的证据，刑事证据法究竟应如何保证笔录证据的真实性呢？

3. 在很多场合下，笔录证据具有对侦查行为的合法性加以验证的作用。但是，侦查人员所制作的各类笔录，通常都不会记载诸如刑讯逼供、威胁、引诱、欺骗等非法取证情况。既然如此，在被告方对侦查行为的合法性提出异议的情况下，侦查人员要不要出庭作证呢？而在侦查人员出庭作证的情况下，他们当庭所作的证言与笔录证据究竟具有怎样的关系呢？

【讨论案例之十五】

深圳市中级人民法院
（2013）深中法刑一初字第234号
刑事判决书（摘录）

　　广东省深圳市人民检察院指控被告人卓某犯贩卖毒品罪，于2013年11月13日向本院提起公诉……

　　公诉机关指控：2013年3月17日下午，公安机关安排的购毒人员卢某甲电话联系被告人卓某购买两公斤冰毒。3月18日0时许，被告人卓某在本市宝安区沙井街道某小区1单元17e房间内，收取卢某甲支付的购毒定金人民币一万九千元，将房间内藏匿的两包冰毒给卢某甲验货，随后出门继续准备剩余冰毒货源，并将卢某甲反锁在房间内等候。3月18日5时许，被告人卓某携带毒品回到某小区1单元17e房门前楼道处时，在此伏击的公安人员将其当场抓获，并在其随身挎包内缴获一黄色盒子装的一大包冰毒（经鉴定含甲基苯丙胺成分，重988克），后公安人员用卓某遗留在车内的钥匙打开某小区1单元17e房门，在房间餐桌旁的柜子里查获用塑料袋包装的冰毒5包（经鉴定含甲基苯丙胺，共重880克）……

　　本案被告人及其辩护人当庭提出被告人遭受刑讯逼供，多项证据存在疑点，本院依法启动了非法证据排除程序，通过调查被告人入所体检表、询问办案民警、审查公安机关出具的相关情况说明等方式，对本案的取证合法性进行了审查。审查发现，本案被告人在被看守所关押前进行体检，发现其身上有明显的多处外伤且较为严重，公安机关对被告人的上述伤痕不能作出合理解释；被告人提出的对其刑讯逼供的警官并未出庭，负责本案全面侦破工作的公安机关相关领导正在接受组织调查而不能出庭；虽有两名参与侦查等工作的警官出庭，但两名警官均不清楚被告人有无遭到刑讯逼供；本案系重大案件，公安机关未对讯问过程及主要的侦查活动依法全程录音录像。鉴于此，控辩双方均认为本案刑讯逼供之可能性不能排除，故据此取得的被告人供述不能作为定案的根据。

　　经过非法证据排除程序和法庭审理，本院认为本案的书证、物证之收集不符合法律程序，在证据的真实性和合法性上存在重大瑕疵，可能严重影响司法公正，公安机关不能补正或者作出合理解释，亦应当依法排除：

　　1. 本案所有物证（包括冰毒）的搜查笔录、扣押决定书及扣押清单。被告人称其在毒品扣押决定书及扣押清单上的签字系遭到刑讯逼供后所签，并非其真实意愿。经查,本案毒品的搜查笔录记载时间在 2013 年 3 月 18 日,但扣押决定书及扣押清单制作时间均记载为 2013 年 3 月 19 日。根据刑事诉讼法的相关规定,扣押相关物证书证,应当会同在场见证人及持有人清点清楚,当场开列清单。本案的毒品等物证于 3 月 18 日早晨即已缴获,相关扣押清单却相隔一天后才制作并由持有人卓某、见证人严某签字,公安机关对此不能作出合理解释。而如前所述,该段时间被告人可能遭到了刑讯逼供,因此,被告人在相关扣押决定书和扣押清单上的签名由于真实性和合法性存疑,均不应认可。此外,本案见证人严某经我院要求出庭后,公安机关出具证明证实严某系办案机关塘头派出所巡防队员,证据亦显示其参与了本案的侦查抓捕工作。依照相关法律,严某不能作为本案的见证人。综上,本案所有物证(包括毒品)的提取笔录、扣押决定书及扣押清单,制作程序违法,无持有人合法签名,无适格的见证人,对相关扣押过程无录像及其他证据证明,公安机关亦不能作出合理解释或补正,均应予以排除。

2. 本案的所有物证(包括毒品),如前所述,没有合法真实的相关提取扣押笔录、清单,不能证明物证的真实性、合法性,均应予以排除。

3. 与物证有关的本案毒品的公(深)鉴(理化)字(2013)1564 号检验报告,由于相关毒品无法证明与本案的关联性,予以排除……

本院认为,公诉机关指控被告人卓某犯贩卖毒品罪,事实不清,证据不足。理由如下:

一、如前所述,本案由于存在刑讯逼供可能以及公安机关在相关侦查程序中存在违法违规行为,本案所有物证(包括毒品)的提取不符合法定程序,可能严重影响司法公正,公安机关亦不能作出合理解释或补正,相关物证及物证的鉴定意见均依法不能作为定案的根据,意味着本案没有查获任何相关毒品。

需着重指出的是,公安机关出具了数名参与抓捕的民警证言,证明从被告人的包内查获了疑似毒品并当场向被告人展示,上述证据不能被认为足以证明物证来源之真实合法。相关法律规定,在物证的提取过程中应当有中立的见证人或者全程录音录像的佐证。本院认为,这一程序设计的立法本意,就是要在物证等关键证据的提取上,不能仅有公安人员的单方面证明,而应有其他客观证据证明取证的合法性和证据的真实性,通过对侦查权的限制和监督最大程度地保护人权,防止冤假错案。本案中,整个物证提取过程无物品持有人合法签名,无适格的见证人,对相关扣押过程无录像及其他证据证明,即便有再多的公安人员证明,亦不能仅凭公安人员单方面的证言认定物证的合法性和真实性。否则,就违背了这一程序设计的根本目的,难以排除其他合理可能性。

二、如前所述,虽有数名公安人员证言证实从被告人随身挎包内查获了疑似冰毒的白色晶体物,但相应物证及鉴定意见已被排除,不能仅依据公安人员的证言作相关事实认定。

三、经非法证据排除后,目前在案证据中能证明被告人卓某贩卖毒品的直接证据仅有线人卢某丙的证言,但其证言存在大量疑点及与其他证据矛盾之处,如:根据其证言,其作为线人,却将毒品样本带走而不上交,隐瞒公安机关自筹7000元交毒资定金,在整个侦查过程中无任何公安人员获悉毒品交易的种类、数量、价格,而完全交由卢某丙自行进行联络,其交代即将进行大额毒品交易的房间被告人居然邀请两名无关人员去玩……上述情况亦不符合公安机关特情介入侦查的通常做法,亦不符合常理常情。而在其证言存在如此多疑点的情况下,其作为与公安机关长期合作的线人突然失联,而不能出庭接受法庭调查,与其长期合作的公安机关领导亦不能出庭证明卢某丙证言的真实性,令卢某丙的相关证言真实性得不到证明。

综上,由于本案刑讯逼供的可能性不能排除,且公安机关在案件侦查过程中存在取证程序违法违规之行为,致使本案所有查获的毒品物证等证据不能作为定案的根据,最终导致本案证据无法形成证据链条,不能证明被告人卓某有贩卖毒品之行为……判决……被告人卓某无罪。

可讨论的问题:

1. 法院依据刑事证据法不仅排除了被告人供述的证据能力,而且将搜查笔录、扣押清单等笔录证据都予以排除。请问这种排除的依据是什么?

2. 法院在认定搜查、扣押程序违法之后,将所扣押的物证(包括毒品)全都予以排除。这种排除的依据是什么?这种对物证的排除有何特点?

3. 法院在排除非法证据之后,通过对其余证据进行综合审查判断,认为本案无法证明被告人卓某实施了贩卖毒品行为,不构成贩卖毒品罪。请问这种"出罪"判决的依据是什么?

第十六章 鉴定意见

> 证人不是被数的,而是被称的。

一、多维视角下的鉴定意见

二、鉴定意见的性质

三、鉴定人出庭作证问题

四、专家辅助人的地位

五、鉴定检材的鉴真问题

六、鉴定意见的排除规则

七、专门性问题报告和事故调查报告

八、鉴定意见规则的制度空间

【讨论案例之十六】 福建省高级人民法院(2012)闽刑终字第 10 号刑事附带民事判决书(节录)

一、多维视角下的鉴定意见

作为中国司法制度的有机组成部分,司法鉴定制度近年来一直处于剧烈的改革进程之中。2005 年通过的《司法鉴定管理决定》,对中国的司法鉴定体制作出了调整,要求法院和司法行政机关不再设立鉴定机构,检察机关和公安机关保留鉴定机构,但"不能面向社会接受委托从事司法鉴定业务"。2010 年通过的《办理死刑案件证据规定》,首次对鉴定意见的审查判断确立了明确的证据规则,对鉴定意见的证据能力作出了限制性规定,并针对非法所得的鉴定意见确立了排除规则。2012 年《刑事诉讼法》在将"鉴定结论"改为"鉴定意见"的同时,确立了鉴定人出庭作证的制度,并明确规定在法院通知出庭后仍然拒绝出庭作证的鉴定人,法院可将其鉴定意见排除于法庭之外。不仅如此,该法律还允许控辩双方申请专家辅助人出庭作证,对鉴定意见发表意见。对于这些制度,2018 年《刑事诉讼法》都继续确立下来。

迄今为止,司法鉴定领域中的改革主要发生在司法鉴定体制和鉴定意见的证据效力方面。前者属于宏观层面的司法体制问题,涉及鉴定与侦查、公诉、审判以及司法行政管理的关系问题;后者则属于微观层面的证据规则问题,牵涉到鉴定意见的证明力和证据能力问题。至于那些处于中观层面的鉴定程序问题,如鉴定程序的启动、鉴定人的选任、鉴定意见的对抗化等,则尚未有发生变革的迹象。在绝大多数刑事案件中,对司法鉴定程序的启动权仍掌握在侦查机关手中,所聘请的鉴定人多为公安机关、检察机关内设鉴定机构的专业人员。当然,对一些涉及复杂专门问题的事项,侦查机关也有可能委托社会中介机构提供鉴定意见。但无论如何,法院对鉴定程序的启动和鉴定人的选任均无控制力,而最多在个别案件中启动重新鉴定或者补充鉴定程序。至于被告人及其辩护人,即使对侦查机关提交的鉴定意见提出了重大异议,也无权自行委托鉴定人和提交本方的鉴定意见,而只能申请检察机关、法院启动重新鉴定或补充鉴定程序。但这种申请往往都无法得到支持。

与宏观层面的司法鉴定体制和中观层面的鉴定程序问题相比,有关鉴定意见的审查判断问题的研究,存在着零散且深度不够的问题。鉴于《最高法院 2020 年解释》对于鉴定意见的"审查判断"问题确立了一些新的证据规则,本书拟从微观层面的证据规则的角度,讨论在现行司法鉴定体制和鉴定程序之下,对鉴定意见的证明力和证据能力如何进行评判的问题。

二、鉴定意见的性质

（一）鉴定意见的概念

根据所要鉴定的对象和检材的不同，鉴定主要分为"法医类鉴定""物证类鉴定"和"声像资料鉴定"三大类。从鉴定技术的角度来看，"法医类鉴定"又可以细分为"法医病理鉴定""法医临床鉴定""法医精神病鉴定""法医物证鉴定"和"法医毒物鉴定"；"物证类鉴定"可分为"文书鉴定""痕迹鉴定"和"微量鉴定"；"声像资料鉴定"则包括对录音带、录像带、光盘、图片等载体上记录的声音、图像信息的真实性、完整性及其所反映的情况过程所进行的鉴别，或者对记录的声音、图像中的语言、人体、物体所作出的种类或同一认定。

所谓鉴定意见，是指鉴定人运用科学技术或者专门知识，对诉讼中所涉及的专门性问题通过分析、判断所形成的一种鉴别意见。无论进行何种鉴定，鉴定人都要运用自己的专业知识、设备和技能，对刑事案件所涉及的专业问题作出鉴定和判断。而这些专业上的鉴别和判断，一旦为司法人员所获悉，就有可能弥补后者专业知识的局限性，在不同程度上拓展他们对案件事实的认知能力。尤其是对那些种类繁多的物证、书证、视听资料和电子数据，司法人员可以借助专业人员的鉴定意见，对刑事案件发生的时间、地点、行为方式、作案手段、被告人是否在场、行为过程中的言行等问题，有较为全面的了解，对涉及言行、人体、物体等方面的同一性问题，也可以有真切的判断。

（二）从"鉴定结论"到"鉴定意见"

现行法律中的"鉴定意见"，曾经被冠以"鉴定结论"的名称。从"鉴定结论"到"鉴定意见"，这不仅仅代表着该证据种类在概念名称上发生的变化，而且有着较为深刻的法律意义。首先，鉴定人所提交的鉴定意见仅仅属于一种"证据材料"，而不是作为定案根据的"结论"。要使鉴定意见转化为定罪的根据，必须经过合法的法庭审理过程，经历完整的举证、质证、辩论和法庭评议过程。与其他任何证据一样，鉴定意见未经法庭举证、质证和辩论，不得被转化为定案的根据。对于司法裁判者而言，鉴定意见并不具有预定的法律效力，并不是什么"科学的判决"，而鉴定人也更不是"科学法官"。除非法官主动放弃审判权，否则，对一切鉴定意见都只能将其视为一种"证据材料"，而不是"鉴定结论"。

其次,鉴定意见之所以不再被称为"结论",是因为法庭要对其证明力和证据能力进行全面的审查判断,遇有在证明力和证据能力上存在缺陷的鉴定意见,法庭有权作出否定性的判断,甚至可以将那些违法所得的鉴定意见作为"非法证据",将其排除于法庭之外。而假如鉴定意见已经成为"结论",那么,法庭将其排除于定案根据之外,岂不违背理性法则?

最后,鉴定意见之所以不能被称为"结论",还因为它很有可能不是唯一的。尽管鉴定意见通常是由侦查机关委托鉴定人作出,在大多数案件中也是作为控方证据使用的,但现行法律允许公诉机关、法院在对鉴定意见有疑问时作出重新鉴定或补充鉴定,而这种经过重新鉴定或补充鉴定所形成的新的鉴定意见,很有可能与侦查机关所提供的鉴定意见出现不一致甚至直接矛盾的情况。既然对同一鉴定事项可能出现不一致的两份以上的鉴定意见,法庭就必然面临着对这些鉴定意见的全面审查和选择使用。在此情况下,将这种证据材料说成是"鉴定结论",就有违经验和常识了。

(三) 鉴定意见的证据属性

既然鉴定意见与其他证据相比,并不具有证明力上的优先性,其证据资格也要经受严格的审查过程,那么,"鉴定意见"也就真正回归了"证据材料"的本来面目。但是,按照我国现行法律的规定,鉴定意见属于一种法定的独立证据种类,既不同于物证、书证,也有别于证人证言、被告人供述和辩解、被害人陈述。为了深入揭示鉴定意见的性质,我们还需要回答一个问题:作为"证据材料"的鉴定意见,究竟应属实物证据还是言词证据?

应当说,从证据表现形式上看,鉴定意见与书证具有相似之处。鉴定意见通常表现为鉴定人制作并提交的书面意见,这与书证所具有的书面载体性质极为相似;鉴定意见不是以其外观、形状、颜色等物理属性发挥证明作用,而以其所记载的内容和思想来证明案件事实,这也与书证较为相似。不仅如此,在中国刑事法庭上,鉴定意见往往都是以书面方式加以展示并接受控辩双方质证的,这也与言词证据迥然有别,而与书证经历大体相同的审查判断程序。

但是,根据《司法鉴定管理决定》,控辩双方对鉴定意见持有异议的,经法院通知,鉴定人应当出庭作证。而2018年《刑事诉讼法》也强调,法院对鉴定意见有疑问的,可以通知鉴定人出庭作证。既然我国现行法律提出了鉴定人出庭作证的要求，那么，鉴定人所提供的口头陈述也就具有言词证据的属性。不仅如此，鉴定意见的书面形式也不必然意味着它具有书证的性质。在刑事司法实践中，被告人经常向法庭提交书面供述和辩解意见，被害人会提交书面陈述意见，证人也经常书写书面证词。但这些书面意见和证词仍然不属于书证，而具有言词证据的性质，或者属于言词证据的书面形式。同样的道理，鉴定意见的书面表达形式也不影响其言词证据的性质。从根本上讲，鉴定意见属于鉴定人就案件中的专门问题所作的科学鉴别意见，反映了鉴定人对特定专门问题的主观判断。鉴定意见不仅形成于案件发生之后，而且还是在刑事诉讼程序启动后由办案机关委托或聘请鉴定人制作的，这就与那种形成于案件发生之前或案件发生过程中的书证，具有了实质性的区别。

鉴定意见尽管属于一种言词证据，但它与证人证言也具有不同的特征。在有些西方国家的证据制度中，鉴定人经常被称为"专家证人"，鉴定意见也被称为"专家证言"。但在我国诉讼制度中，鉴定人不同于证人，鉴定意见也是独立于证人证言的一种法定证据形式。原则上，鉴定意见不是鉴定人就其所了解的案件事实所作的陈述，而是对案件专门问题所作的判断，具有"意见证据"的属性。鉴定意见的科学性、真实性和权威性，在很大程度上不取决于鉴定意见本身，而依赖于鉴定人的专业资格、鉴定过程和判断能力。如果说证人证言经常因为证人认识、记忆、表达的失误而出现问题的话，那么，鉴定意见也可能会由于鉴定人的资格、鉴定水平和职业操守等原因而发生错误。正因为如此，对鉴定意见的审查判断就不能仅仅通过当庭宣读书面意见的方式来进行，而应建立针对鉴定人的交叉询问程序，并借此来审查鉴定意见的证明力和证据能力。当然，在控辩双方对鉴定意见没有异议、法庭也对其没有疑问的情况下，那些书面的鉴定意见经过简单的宣读并听取各方意见之后，法庭也可以直接将其采纳为定案的根据，而无须通知鉴定人出庭作证。但这也只能说明，鉴定人只在各方对鉴定意见存有异议的情况下才会出庭作证，这与证人出庭作证的情形也是有相似之处的。

需要指出的是，在法院传召鉴定人出庭的情况下，鉴定人当庭所作的口头陈述，仍然属于鉴定意见的有机组成部分。在控辩双方对鉴定意见持有异议，或者法庭存有疑问的情况下，鉴定人就鉴定意见的真实性、科学性和合法性发表意见，这既是对鉴定意见有关内容的重新强调，也有可能对鉴定意见作出新的解释和说明。与鉴定人当初制作的书面鉴定意见一样，这些当庭陈述依然是鉴定人对案件专门问题所提供的鉴定意见。在鉴定人出庭作证的情况下,鉴定人提交的书面鉴定意见与其当庭所作的口头陈述组成了不可分割的整体。要对鉴定意见的证明力和证据能力作出审查判断,就必须在审核鉴定意见的内容的基础上,对鉴定人的当庭陈述作出进一步的评价。正因为如此,我们可以将鉴定人提交的书面材料视为鉴定意见的书面形式,而把鉴定人的当庭陈述看做鉴定意见的口头形式。只有对两者进行综合的审查判断,才能最终确定鉴定意见的证明力和证据能力。

三、鉴定人出庭作证问题

早在2005年,全国人大常委会在《司法鉴定管理决定》中就对鉴定人出庭作证提出了原则性的要求。[①] 最高人民法院曾在一些司法解释中针对死刑案件提出过鉴定人出庭作证的规定,却没有建立系统的程序保障制度,以至于造成我国刑事审判中鉴定人极少出庭作证,法庭主要通过书面宣读和质证的方式来对鉴定意见进行审查。2012年以后的《刑事诉讼法》对鉴定人出庭作证作出了较为全面的规定,初步在成文法中确立了鉴定人出庭作证的规则。

刑事诉讼法从两个角度确定了鉴定人出庭作证的条件:一是公诉人、当事人或者辩护人、诉讼代理人对鉴定意见有异议的;二是法院认为鉴定人有必要出庭的。这意味着控辩双方只要对鉴定意见存有异议,法院也认为鉴定人有必要出庭作证的,就应当通知鉴定人出庭作证。考虑到刑事案件中的鉴定意见几乎都是公诉方委托鉴定人提供的,真正可能对鉴定意见提出异议的通常都是被告人及其辩护律师,因此,该项规则的确立无疑赋予被告人及其辩护律师独立启动鉴定人出庭作证的权利。由此,被告人、辩护律师终于可以通过行使诉权来促使鉴定人出庭作证。这体现了裁判权对诉权的明显尊重。

刑事诉讼法还确立了鉴定人不出庭的程序后果,那就是法院将鉴定意见排除于法庭之外,而不得作为定案的根据。具体而言,法院经过依法通知,鉴定人拒不出庭作证的,不得将鉴定意见作为定案的根据。这意味着立法者为鉴定意见确立了更为严格的证据能力规则,将鉴定人出庭作证作为鉴定意见具备法庭准入资格的前提条件。同时,立法者也没有简单地重申鉴定意见的

[①] 根据《司法鉴定管理决定》第11条,"当事人对鉴定意见有异议的,经人民法院依法通知,鉴定人应当出庭作证"。

合法性条件,而是确立了专门的证据排除规则,也就是针对那些未出庭的鉴定人所作的鉴定意见作出宣告无效的决定,以此作为对该鉴定意见的否定性评价。这些带有制度突破性的规定,无疑使提供鉴定意见的鉴定人要承受较大的出庭压力。

通过传召鉴定人出庭作证,刑事法官借此可以听取鉴定人就鉴定意见所作的说明和解释,听取控辩双方就其鉴定意见所提出的质疑以及鉴定人对此所作的回应。一方面,对于那些鉴定程序不规范、鉴定意见无根据或者鉴定人徇私滥用鉴定权的情形,刑事法官通过当庭察言观色,详细盘问,并发现疑点和漏洞,更容易作出明智的判断。可以说,法官通过对鉴定意见和鉴定人当庭陈述的双重审查,可以更为全面、客观地判断鉴定意见的证明力,防止那些无根据、不科学甚至明显错误的鉴定意见被采纳为定案的根据。另一方面,通过传召鉴定人出庭作证,被告人、辩护律师获得了对鉴定人进行交叉询问的机会,可以提出全部有关鉴定意见的疑问,甚至可以借助于专家辅助人的知识和智慧,对对方提供的鉴定意见进行有效的质疑,以便削弱或者推翻该鉴定意见的证明力。无论结果如何,这种给予被告人、辩护律师当庭有效盘问的机会本身,就是对被告人辩护权的尊重。因此,鉴定人出庭作证规定的确立,有助于实现程序的正义,是司法程序走向公正的象征。

四、专家辅助人的地位

在对鉴定意见的审查方式上,不同的国家存在不同的制度。在英美法国家,刑事诉讼采用的是对抗式程序模式,司法鉴定也采取相应的"专家证人"制度。公诉方在进行诉讼准备时,如果发现"科学、技术或其他专业知识将有助于事实裁判者理解证据或确定争议事实",可以直接委托专家证人进行鉴定,以便对本方指控提供有力的支持。同时,辩护律师如果要向法庭作出某一特定的辩护,或者对控方的专家证据存有疑义,也可以主动委托专家进行鉴定,以便削弱控方的指控,达到使裁判者对指控罪名的成立产生"合理怀疑"的目的。可见,与对抗式的诉讼模式相适应,英美法系司法鉴定的决定权是由控辩双方平等拥有的。①

相反,大陆法国家则采取职权主义的制度,在鉴定制度上确立了"司法鉴

---

① 参见〔美〕乔恩·R. 华尔兹:《刑事证据大全》,何家弘等译,中国人民公安大学出版社 1993 年版,第 353—364 页。

定人"模式。法官不仅在审判阶段居于主导地位,而且在审判前阶段也可以就司法鉴定问题作出决定。鉴定被认为是"帮助裁判者发现真相、实现正义"的活动,是司法权的一部分。因此,不论在侦查还是在审判中,法官都可以根据检察机构和当事人的请求,或者依职权主动决定是否就案件中的某一专门事项进行司法鉴定。例如,法国刑事诉讼法典规定,任何预审法官或审判法官,在案件出现技术方面的问题时,可以根据检察院的要求,或者依自己的职权,或者依一方当事人的要求,命令进行鉴定。在德国,法官有权决定就某一专门事项进行鉴定,如发现鉴定人的鉴定尚有不足,还可以要求原鉴定人或者委托其他鉴定人进行新的鉴定。而根据意大利刑事诉讼法典,"当需要借助专门的技术、科学或技艺能力进行调查或者获取材料或评论时",法官可以任命合格的鉴定人进行鉴定,并决定鉴定人的人数及与鉴定有关的其他事项。可见,在上述国家,司法警察和检察机构都不拥有司法鉴定的直接决定权,即使在侦查活动中发现案件确有技术性事项需要进行鉴定,一般也必须请求法官作出这方面的决定。[①]

在我国刑事司法制度中,鉴定人作为准司法人员,应当独立、客观、中立地提供鉴定意见,而不得与案件具有直接或间接的利害关系。但在现行司法鉴定体制下,绝大部分鉴定人都是由侦查机关自行委托或者聘请的,他们要么来自公安机关、检察机关内设的鉴定部门,属于这些机关的工作人员,要么作为社会鉴定机构的成员,接受侦查机关的聘请,来担任某一案件的鉴定人。这导致鉴定人在提供鉴定意见方面很难保持中立性和超然性。再加上法院不参与整个审判前程序的活动,侦查机关自行启动鉴定程序,整个鉴定过程是高度封闭的,无论是当事人的近亲属还是辩护律师,一般都没有机会参与鉴定的过程,而最多只是事后被通知鉴定的结果。因此,在刑事司法实践中,鉴定大都成为侦查活动的有机组成部分。

这种司法鉴定的启动方式,决定了被告人、辩护律师很难获得独立委托鉴定人的机会。无论是在审判前程序还是在法庭审理阶段,被告人、辩护律师在自行委托专家制作鉴定意见方面很难得到检察机关和法院的支持。他们即便自行委托专家提供了一份鉴定意见,检察机关和法院也往往不予采纳。有时候在法庭审理开始之前,被告人、辩护律师向法院提出了传召某一鉴定人出庭作证的申请,甚至将鉴定人请到法院之外,法院都往往不准许鉴

---

① 参见陈瑞华:《刑事诉讼的前沿问题》,中国人民大学出版社2000年版,第540页以下。

定人出庭作证。当然,委托鉴定人并不属于侦查机关独享的权利,法院也可以进行"补充鉴定"或者"重新鉴定"。但一方面,这种"补充鉴定"或"重新鉴定"启动的时间过于迟延,通常都错过了最佳的鉴定时机,另一方面,被告人、辩护律师只能向法院提出相关的申请,但最终决定是否启动"补充鉴定"或"重新鉴定"程序的权力仍然掌握在法院手里。从近年来引发社会广泛关注的刑事审判的情况来看,被告人、辩护律师向法院提出的"补充鉴定"或"重新鉴定"请求,大多遭到了无理由的拒绝。这种情形在一些社会关注度较高的案件,如云南马加爵案、陕西邱兴华案、上海杨佳案中,都曾经反复出现。甚至在一起曾引起中英外交争端的贩毒案的刑事审判中,被告人、辩护律师所提出的"重新鉴定"申请也遭到了拒绝。

这样,被告人、辩护律师既无法自行委托鉴定人,提供独立的鉴定意见,也很难说服法院启动"重新鉴定"或"补充鉴定"的程序。但是,假如被告人、辩护律师对公诉方提交的某一鉴定意见存有异议的,他们除了在法庭上针对书面鉴定意见发表质证意见以外,难道就没有其他质证方式了吗?

为保证鉴定意见受到有效的质证,2012年以后的《刑事诉讼法》确立了一种特别的程序,那就是公诉人、当事人和辩护人、诉讼代理人可以申请法庭通知有专门知识的人作为证人出庭,"就鉴定人作出的鉴定意见提出意见"。同样考虑到刑事法庭上的鉴定意见几乎都是公诉方提交的证据,这一程序其实是给予被告人、辩护人针对公诉方的鉴定意见,委托专家出庭发表鉴别意见的机会。通过申请有专门知识的人出庭作证,被告人、辩护人获得了"对鉴定意见进行有效质证"的机会。

首先,该程序给予了诉讼各方自行委托专家辅助人的权利。刑事诉讼法至今不允许被告人、辩护人自行委托鉴定人,也不允许被告方提交独立的鉴定意见。但对于公诉方提交的鉴定意见,被告人及其辩护人究竟如何进行有效质证呢?围绕这一问题,2012年以后的《刑事诉讼法》确立了专家辅助人制度。

根据这一制度,公诉人、当事人、辩护人、诉讼代理人可以委托"有专门知识的人",对鉴定意见发表意见。这里所说的"有专门知识的人",在诉讼理论上一般被称为"专家辅助人"。根据最高人民法院2017年发布的《法庭调查规程》,法庭也可以依据职权自行聘请专家辅助人。当然,这种专家辅助人并不具有鉴定人的资格,也不是对自己耳闻目睹的事实提供证言的普通证人,而是凭借其专业技术知识就案件专门问题发表意见的"专家证人"。在法庭审理中,这种具有"专家证人"地位的专家辅助人,通常首先就鉴定意见提出书面"专家意见"。该专家意见经控辩双方提交法庭之后,经过法庭准许,专家辅助人可以被传召出庭作证。

其次,该程序确立了专家辅助人出庭作证的制度。与鉴定人一样,专家辅助人出庭作证是有条件的。原则上,只要控辩双方对鉴定意见存有异议,法院认为有必要的,就可以准许或者通知专家辅助人出庭作证。在法庭审理中,专家辅助人不具有当事人的地位,不享有当事人所行使的举证、质证和辩论的诉讼权利。通常情况下,法庭可以先后分别传召鉴定人、专家辅助人出庭作证,接受控辩双方的交叉询问,并接受法庭的发问。但在鉴定人与专家辅助人各执一词、存在重大分歧意见的情况下,法庭也可以同时将鉴定人与专家辅助人传至法庭上,令其当庭同时接受发问。必要时,专家辅助人也可以就鉴定意见直接向鉴定人发问,并提出质证意见。在质证过程中,专家辅助人既可以直接向鉴定人发问,也可以对案件所涉及的专业问题发表意见。

最后,该程序给予专家辅助人对鉴定意见发表意见的机会。该专家辅助人出庭作证,目的并不是提供独立的鉴定意见,而主要是对公诉方的鉴定意见进行当庭质证。专家辅助人借此可以质疑鉴定意见的真实性、科学性和合法性,甚至可以就鉴定检材的来源、鉴定人的鉴定资质以及鉴定程序的规范性等发表质证意见。很显然,这种专家证人可以起到"弹劾证人"的作用,专门对公诉方的鉴定意见发表质证和反驳意见,但并不提供新的鉴定意见。专家辅助人所要证明的是公诉方鉴定意见不能成立,或者对鉴定意见的证据价值作出专业评论。这或许就是这种专家证人出庭作证制度所要达到的最大效果。

五、鉴定检材的鉴真问题

在刑事证据的审查判断过程中,鉴真与鉴定属于两种具有独立性的证据鉴别活动。鉴真是指提出证据的一方向法庭证明某一证据确属其所声称的那份证据,也就是当庭出示的证据与举证方所指的那份证据具有同一性。鉴真的方法尽管多种多样,但最重要的方法其实就是两种:一是相关证人对证据同一性的辨认和证明,二是对证据保管链条完整性的证明。[①] 相反,鉴定则是指被委托或聘请的专业人员,对案件中所涉及的专门科学技术问题所提供

[①] 张军主编:《刑事证据规则理解与适用》,法律出版社2010年版,第120页以下。

的专家意见。作为一种专业性的鉴别活动，鉴定可以协助司法官员对某一鉴定对象的真实性和相关性产生深刻的认识，避免其专业知识上的局限和不足。

本来，鉴真与鉴定在对证据真实性的证明方面具有独立的价值，两者不论是在证明方法还是在证明作用方面都是不可相提并论的。但是，实物证据的鉴真不仅对于法庭确信其真实性和相关性是有意义的，而且对于司法鉴定人的鉴定也具有极大的制约作用。在司法实践中，物证、书证、视听资料、电子数据除了可以直接在法庭上出示、播放以外，还经常进入司法鉴定的程序，成为鉴定的检材和样本。例如，一把在犯罪现场提取的刀具，除了可以在法庭上出示、接受当庭辨认以外，还会被作为司法鉴定的检材，由鉴定人对其刀口、刀上残留的血迹、刀柄上留下的指纹等作出鉴定意见；一封与犯罪行为有关的书信，除了可以当庭宣读以外，还会被提交鉴定人，对其笔迹作出鉴定意见；一份记录犯罪过程的录像带，除了可以在法庭上予以播放以外，还有可能被提交鉴定人，对其制作、提取时间以及有无剪辑等问题作出鉴定意见；一份记载电子邮件、网络博客等内容的存储光盘，除了可以当庭通过专业设备予以播放以外，还可能被交由司法鉴定人，对其来源和证据保管链条作出鉴定意见……

很显然，一旦实物证据的同一性无法得到鉴真，那么，不仅法庭会对其真实性无法采信，就连鉴定人也无法将其作为"合格的鉴定检材"。换言之，鉴定人对实物证据作出可信鉴定的前提条件是，该证据是真实可靠的检材，而不是被替换、伪造、变造、剪裁、篡改过的实物证据。在实物证据的真实性无法得到保证的情况下，司法鉴定人再具有专业上的权威性，鉴定设备再先进，鉴定的操作程序再合乎规范，也无法保证鉴定意见的可靠性。正因为如此，作为司法鉴定的前提条件，对实物证据的鉴真足以构成鉴定意见具有证明力的基础。在司法实践中，遇有某一重要物证、书证来源不明的情况，公诉方即便将这些证据作为检材制作了鉴定意见，法庭有时也会对该鉴定意见提出疑问。以下的案例也说明了这一问题：

案例

在云南杜培武案件的审理过程中，辩护律师对公诉方提交的现场勘查笔录以及三份鉴定意见提出了质证意见，认为现场勘查笔录根本没有"刹车踏板""油门踏板"附着足迹泥土的记载或事实,无法证明用作鉴定检材的泥土的来源。正因为如此,以汽车中遗留的泥土为嗅源所做的"警犬气味鉴定"就不能作为证据使用;以现场遗留泥土为参照泥土来源与被告人所带钞票上的泥土所做的"泥土鉴定",就无法作为证据使用;将车内泥土与被告人衣领上的泥土通过比较所做的"矿物质含量相同"的"泥土结构比较鉴定",也就不能作为证据使用。

为回应辩护律师的质疑,公诉方在法庭第二次开庭审理过程中,提交了一份《补充现场勘查笔录》,试图证明"刹车踏板""油门踏板"上的泥土是真实存在的。但是,第二次现场勘查的时间(1998年12月20日)距离本案案发时间(1998年4月22日)长达近8个月。辩护律师质疑认为,在长达8个月的时间里,作为现场的汽车已经历了无数次勘验和现场指认,早已被破坏,侦查人员再对现场进行补充勘查已经失去了意义。①

刑事证据法对鉴定检材的鉴真问题确立了一些规则,甚至将其作为鉴定意见具备证据能力的前提条件。具体而言,在审查鉴定意见过程中,司法官员要加强对鉴定检材真实性的审查,包括检材的来源、取得、保管、送检等环节是否符合法律规定,检材是否与相关提取笔录、扣押清单等相符,等等,以保证鉴定检材来源的可靠性以及证据保管链条的完整性。

不仅如此,作为鉴定对象的检材一旦在鉴真环节存在严重缺陷,以致难以令人对其真实性加以确认的,法官还可以将根据这一检材所作的鉴定意见予以排除,而不再作为定案的根据。按照《最高法院2020年解释》的要求,鉴定检材存在以下两种缺陷的,法院就可以对其适用非法证据排除规则:一是鉴定对象与送检材料、样本不一致的;二是送检材料、样本来源不明或者确实被污染,且不具备鉴定条件的。

过去,法院对鉴定意见的审查比较偏重于鉴定过程的规范性和鉴定结论的可靠性,而对作为鉴定对象的检材没有给予足够的重视。而根据现行刑事证据规则,鉴定检材的真实性和同一性已经成为鉴定意见转化为定案根据的前提条件。这显然是我国刑事证据制度发生的重大变化。透过这一变化,我们可以发现司法改革的决策者们已经具有了一种新的理论认识:实物证据的鉴真是司法鉴定程序启动的前提和基础;未经鉴真过程,任何专业人士对实

---

① 参见王达人:《正义的诉求——美国辛普森案与中国杜培武案的比较》,法律出版社2003年版,第74页。

物证据所作的"司法鉴定意见"都将是没有法律意义的；实物证据作为一种"送检材料"，在其真实性和同一性存在合理疑问的情况下，鉴定意见将不具有作为定案根据的资格。

六、鉴定意见的排除规则

如果说《司法鉴定管理决定》的通过意味着中国的司法鉴定体制发生了重大改革的话，那么，《最高法院 2012 年解释》的颁行，则对鉴定意见的证据能力提出了明确要求，并首次确立了针对非法鉴定意见的排除规则。对于这些改革成果和制度安排，2018 年《刑事诉讼法》和《最高法院 2020 年解释》都给予了吸收。这些法律文件对鉴定意见的证据能力所作的规范，意味着鉴定意见的证据资格将会受到更为严格的限制。而非法证据排除规则的建立，则给予被告方挑战公诉方鉴定意见合法性的机会，赋予法院将非法鉴定意见予以排除的权力。

从理论上看，司法解释针对非法鉴定意见所确立的排除规则，属于"强制性的排除"规则，而不是"自由裁量的排除"规则，更不属于"瑕疵证据的补正"规则。① 这是因为，法庭对于司法解释明文列举的非法鉴定意见，无须考虑侦查人员、鉴定人违法行为的严重程度，也无须考虑采纳这类鉴定意见会否"影响司法公正"，而只要发现它们属于司法解释所确立的违法取证情形的，就可以直接加以排除，而不需要附加其他方面的前提条件。这样，法庭就只根据违法取证的行为来确立排除性的制裁措施，而不需要考虑违法取证是否对鉴定意见的证明力造成消极的影响。不仅如此，对于那些违法取得的鉴定意见，司法解释也没有授权法院给予办案机关予以补正的机会。无论是公诉方还是侦查机关，都无权自行重新鉴定或者补充鉴定。

本书将那些作为排除规则适用对象的非法鉴定意见的缺陷分为四类，它们分别是"鉴定机构和鉴定人资格和条件的缺陷""鉴定程序和方法的错误""送检材料鉴真程序的违法"以及"鉴定文书形式要件的欠缺"。下面依次对这些非法鉴定意见及其危害后果作出简要的分析。

---

① 有关排除规则的三种形式，可参见陈瑞华：《非法证据排除规则的中国模式》，载《中国法学》2010 年第 6 期。

(一) 鉴定机构和鉴定人资格和条件的缺陷

鉴定机构和鉴定人只有具备法定的资格和条件,才能依法从事司法鉴定业务,所提供的鉴定意见才能具备证据能力。相反,在鉴定机构或鉴定人不具备法定资格和条件的情况下,无论所提供的鉴定意见是否科学、可靠和权威,都要被排除于法庭定案根据之外。可以说,鉴定机构和鉴定人具备法定的资格和条件,是鉴定意见具备证据能力的前提条件。

对于鉴定机构的资格和条件,我国法律和司法解释有一些原则性的要求。根据《司法鉴定管理决定》的要求,鉴定机构要从事鉴定业务,需要有明确的业务范围,有在业务范围内进行司法鉴定所必需的仪器、设备,有在业务范围内进行司法鉴定所必需的检测实验室,并且每项司法鉴定业务要有三名以上鉴定人参与。鉴定机构要经过省级人民政府司法行政机关的登记、名册编制和公告,而且鉴定事项不能超出鉴定机构业务范围或者鉴定能力。违背上述任一方面的要求,鉴定机构就不具备法定的资格和条件,所提供的鉴定意见就可以被认定为非法证据。

在我国司法实践中,有时会出现鉴定人就案件的实体法律适用问题妄下断言的情况。有些鉴定人在鉴定意见中认为"被告人的行为与被害人的伤害结果之间存在因果关系"。下面的案例就显示出鉴定人对案件法律适用问题的断言,其实已经超越了自己的鉴定范围和鉴定能力。

 案例

在北京市某检察院指控马某某、赵某某受贿、贪污一案的法庭审理中,公诉方提交了由北京某会计师事务所两位注册会计师制作的"鉴证报告"。该鉴证报告对北京某高校所提供的1993年至2004年11月间大额资金流入股市进行交易的情况进行了审计鉴证。"经审计,1998年1月13日,赵某某将北京某高校转入辽宁某信托投资公司北京证券营业部个人股票账户进行股票买卖交易的资金,转到北京某汽车配件公司41万多元换取了现金。"该鉴证报告的结论是:"赵某某从股票账户转出资金换取现金,涉嫌贪污公款41万余元。"[①]

[①] 参见北京市第二中级人民法院(2009)二中刑初字第1903号刑事判决书。

对于鉴定人的资格和要求,法律也确立了一些具体的要求。从实体条件来看,鉴定人应当具有与所申请从事的司法鉴定业务相关的高级专业技术职称,具有相关专业执业资格或者相关专业本科以上学历,从事相关工作5年以上,或者具有所申请的司法鉴定业务相关工作10年以上经历,具有较强的专业技能。同时,鉴定人必须没有受到过刑事处罚,没有受过开除公职处分,且没有被撤销鉴定人登记。而从程序条件来看,鉴定人必须经过省级人民政府司法行政机关的登记、名册编制和公告,鉴定人必须在一个鉴定机构中从事鉴定业务;鉴定人符合法定回避条件和事由的,应当依法回避。违背上述任一要求的,鉴定人就可以被认定为不具备法定的资格和条件。

(二) 鉴定程序和方法的错误

法律、司法解释确立了司法鉴定的程序,公安机关、检察机关以及司法行政机关也就各类司法鉴定确立了较为具体的方法。违背了这些技术性较强的程序和方法,或者违反了特定的鉴定标准,鉴定机构或鉴定人所作的鉴定意见,就可能被视为非法证据。

刑事诉讼法就鉴定程序确立了一些程序规范。例如,侦查机关应当将用作证据的鉴定意见告知嫌疑人、被害人,如果嫌疑人、被害人提出申请,可以补充鉴定或者重新鉴定。又如,在法庭审理过程中,当事人、辩护人、诉讼代理人有权申请重新鉴定,对于这一申请,法院应当作出是否同意的决定。

《司法鉴定管理决定》也对鉴定的程序提出了原则性的要求。例如,委托鉴定的一方应当委托那些列入鉴定人名册的鉴定人进行鉴定;鉴定人从事鉴定业务,应由所在的鉴定机构统一接受委托。又如,司法鉴定实行鉴定人负责制度,鉴定人应当独立进行鉴定,对鉴定意见负责并在鉴定书上签名或者盖章;多人参加的鉴定,对鉴定意见有不同意见的,应当注明。再如,控辩双方对鉴定意见有异议的,经法院依法通知,鉴定人应当出庭作证。

(三) 送检材料鉴真程序的违法

在刑事司法实践中,控辩双方发生争议的经常不是鉴定意见本身的可靠性和权威性,而是作为鉴定对象的"送检材料"的真实性和同一性。这些通常被简称为"检材"的物证、书证、视听资料、电子数据,假如存在来源不明,或者因为受到污染而不具备鉴定条件之情况的,那么,鉴定人纵然遵循科学的程序和方法,使用合格的技术和设备,也无法提供真实可靠的鉴定意见。又假如鉴定人所鉴定的实物证据,与鉴定的委托机关所提供的鉴材、样本,存在不一致情形的,那么,鉴定人所作的鉴定意见将变得毫无意义,甚至还会因为鉴定对象的错误而出现南辕北辙、混淆视听的问题。

法律和司法解释对鉴定检材真实性和同一性的强调,是与实物证据的鉴真制度密不可分的。就鉴定意见所依据的检材而言,公诉方只有充分证明它没有经过伪造、变造,而与其所声称的证据具有同一性,该检材作为鉴定的对象才能具有可信性。而假如鉴定检材的来源、取得、保管、送检违背有关法律规定,与相关勘验检查笔录、提取笔录、搜查笔录、扣押清单等记载的内容不相符,就容易引起人们对送检材料真实性的合理怀疑。又假如鉴定人所鉴定的对象与送检材料的同一性受到合理的怀疑,或者该检材受到污染而改变了原有的形态特征,那么,公诉方对该检材的鉴真过程也无法妥善地完成,该检材的真实性和同一性也就无法得到确认。而在鉴定检材的真实性无法得到认定的情况下,鉴定人对该检材所作的任何鉴定意见也就不具有证据能力,而只能被排除于法庭定案根据之外。

(四) 鉴定文书形式要件的欠缺

法律和司法解释对鉴定文书的制作提出了一些明确的技术要求,这些构成了鉴定意见的形式要件。例如,鉴定文书需要注明提起鉴定的事由,要写明鉴定委托人、鉴定机构、鉴定过程、检验方法以及鉴定文书的日期,还要由鉴定机构加盖鉴定专用章,并由鉴定人签名盖章。鉴定人一旦违背了这类形式要求,比如说,鉴定文书缺乏鉴定机构的盖章或者缺乏鉴定人的签名盖章,鉴定意见的形式要件就不完备。法庭可据此作出排除非法鉴定意见的决定。

七、专门性问题报告和事故调查报告

在我国刑事司法实践中,检察机关有时会向法院提交一些特别的书面报告,并将此作为指控犯罪的证据。其中,最常见的书面报告有两种:一是由没有鉴定资质的专家提交的专门性问题报告;二是由行政机关或事故调查组出具的事故调查报告。这些报告的制作者并不具有从事司法鉴定的资格,所提交的报告也不属于鉴定意见的性质。但是,这些报告却发挥着与鉴定意见较为相似的作用,它们不仅对案件的专门性问题提供了专业性的鉴别意见,而且经过当庭质证,也经常成为法院认定案件事实的依据。为了对这两类报告作出必要的规范,《最高法院 2020 年解释》正式赋予它们证据法定形式的效力,并对它们的证明力和证据能力作出了适当的限制。

(一) 专门性问题报告

专门性问题报告通常会出现在盗窃、诈骗等涉及侵犯财产权案件的诉讼程序之中,并表现为"价格认定书"等证据形式。根据我国的司法鉴定体制,无论是鉴定机构还是鉴定人,都要由法定机构授予特定的司法鉴定资质。但是,随着犯罪案件的日益复杂化和专业化,有不少专业领域并没有被授予鉴定资质的鉴定机构或者鉴定人。为有效地收集证据,证明案件事实,侦查机关不得不指派、聘请有专门知识的人,对案件的相关专业问题,出具专业性意见。这种有专门知识的人不属于鉴定人,这种专门性问题报告也不具有鉴定意见的效力。

为了对这种专门性问题报告作出必要的规范,防止其在真实性和合法性上出现问题,《最高法院 2020 年解释》首先规定,在没有鉴定机构的情况下,或者根据法律、司法解释的规定,侦查机关指派、聘请有专门知识的人,就案件的专门性问题出具的报告,可以作为证据使用。这就等于确认了这类专门性问题报告的证据能力。

其次,对于这类专门性问题报告的审查和认定,一律适用刑事证据法有关鉴定意见的规定。这就意味着,无论是在证明力方面,还是在证据能力方面,法院都要按照有关鉴定意见的审查规则,对专门性问题报告加以审查和认定。

最后,对于出具专门性问题报告的人,法院可以通知其出庭作证。经法院依法通知,出具这类报告的专家拒不出庭作证的,法院不得将其报告作为定案的根据。

(二) 事故调查报告

在涉及重大责任事故案件的诉讼程序中,事故调查报告通常得到较为广泛的运用。在一起重大责任事故发生后,政府有关部门往往组成事故调查组,对诸如火灾、矿难、爆炸事件、运输事件等展开调查。这种调查组一般由政府负责人领导,组成人员既包括各级行政机关的工作人员,也包括相关领域的专业机构、专家。经过调查,调查组所出具的事故调查报告通常包含两个方面的内容:一是对事故发生的时间、地点、领域和原因所作的专业认定;

二是对事故发生负有直接责任的人员的范围,以及这些人员所应承担的法律责任认定。

由于这类事故调查报告形成于刑事诉讼程序启动之前,主持报告制作的主体一般是行政机关或者专门调查组,所形成的调查报告不属于刑事诉讼法所确立的任何一种法定证据形式,因此,对于这类报告的证据资格,一直存在着较大的争议。但是,在我国司法实践中,这类调查报告对事故发生的时间、地点、领域和原因的认定,既具有较高的专业性,也具有不可替代性,对于认定相关案件事实具有至关重要的作用。法院往往将这类报告纳入法庭调查程序,经过当庭质证,作为定案的根据。

为了对这类事故调查报告作出必要的法律规范,《最高法院 2020 年解释》首先确认了这类报告的证据效力:对于有关部门对事故进行调查所形成的报告,在刑事诉讼中可以作为证据使用。这就意味着,这类事故调查报告被赋予证据法定形式的资格,其证据能力得到司法解释的确认。

其次,事故调查报告可能包含多方面的调查结论,只有那些涉及专门性问题的意见,才在刑事诉讼中具有证据资格。而报告中涉及与事实认定无关或者不属于专门性问题的事项,都不具有证据的性质,不能成为定案的根据。

最后,即便对于事故调查报告中涉及事实认定的专业意见,法院也要对其组织法庭调查和法庭辩论,经过查证属实,并且对其调查程序的合法性作出确认的,才能将其作为定案的根据。

八、鉴定意见规则的制度空间

随着我国司法鉴定体制的深入改革,随着鉴定程序所发生的逐步变化,有关鉴定意见的证据规则也有了越来越大的制度空间。而在过去那种侦查机关自侦自鉴、检察机关自诉自鉴、法院自审自鉴的体制下,"鉴定意见"属于彻头彻尾的"鉴定结论",有关鉴定意见的审查判断势必流于形式,有关的证据规则要么无法建立起来,要么即使确立在成文法之中,也无法得到有效的实施。但直至今日,侦查机关仍然垄断着绝大多数刑事案件的鉴定事项,侦查机关自设的鉴定机构和鉴定人所出具的鉴定意见,成为据以解决案件专门问题的主要依据。这就使得大多数鉴定人的中立性和超然性无法得到保证,鉴定意见无法摆脱其"侦查附庸"的地位。同时,法院对鉴定程序的启动和鉴定机构、鉴定人的遴选,在绝大多数案件中都失去了控制力。而作为一种较为罕见的例外，法院也有可能对那些存有争议的鉴定意见，启动补充鉴定或者重新鉴定程序。至于被告人及其辩护律师，则仍然没有被赋予独立启动鉴定程序的权利，他们无法独立地委托鉴定机构或鉴定人出具鉴定意见，即便提出这类鉴定意见，法院也普遍地拒绝接受。被告方最多只能向检察机关或法院提出补充鉴定或重新鉴定的申请，而这种申请则大都遭到无理由的拒绝。这样，与刑事审判的抗辩性形成鲜明对比的是，有关鉴定意见的法庭调查和法庭辩论，则不具有最起码的对抗性，被告方既无权提出新的鉴定意见，也无法对公诉方的鉴定意见展开实质上的质证和辩论活动。

在这种宏观层面的鉴定体制和中观层面的鉴定程序的制约下，微观层面的证据规则很难有较大的制度空间。比如说，尽管各项法律和司法解释反复强调鉴定人出庭作证的重要性，但时至今日，鉴定人在实践中真正出庭作证的情况仍属于凤毛麟角。可以说，鉴定人的出庭作证要比证人出庭作证更为困难。再比如说，尽管司法解释针对非法鉴定意见确立了证据排除规则，但在法院的刑事判决书中，真正记载将某一公诉方的鉴定意见排除于定案根据之外的情况，还是较为罕见的。在这一方面，非法鉴定意见的排除也不比非法被告人供述的排除具有更好的命运。

那么，为确保鉴定意见的真实性和相关性，未来在鉴定体制和鉴定程序方面还应进行哪些改革呢？为确保鉴定人出庭作证、非法鉴定意见排除规则的有效实施，司法改革的决策者们还应进行哪些方面的改革努力呢？

在宏观层面的鉴定体制方面，应当继续推进相应的司法改革。考虑到中国的情况，若将公安机关、检察机关内设的鉴定机构全部转变为社会中介机构，将是非常危险的，也是不切实际的。但是，为改变目前普遍存在的侦查机关自设鉴定机构、鉴定依附于侦查的局面，确有必要将这些内设鉴定机构变成独立的国营司法鉴定机构，使其摆脱侦查机关的直接控制，而改由司法行政机关实施行业化的管理。公安机关、检察机关出于侦查案件的需要，可能会有大量的鉴定需求。即便如此，也可以推动它们与若干国营司法鉴定机构建立长期的合同关系，在保持鉴定机构和鉴定人身份独立的前提下，促使特定鉴定机构与侦查机关建立长期的鉴定委托关系。与此同时，对于当前过度市场化的司法鉴定体制改革，也应作出一些适当的调整。对于那些处于社会中介状态、向社会承担鉴定服务的司法鉴定机构，应当加强行业管理和监控。

在中观层面的鉴定程序方面，可以考虑弱化司法鉴定的垄断化，构建带有一定对抗性的鉴定程序。具体构想是，在嫌疑人、被告人、被害人提出申请的情况下,鉴定机构和鉴定人的遴选可以考虑由法院作出决定,而不是由侦查机关、公诉机关直接作出决定。即便在审判前阶段,法院也可以根据当事人的申请,或者依据职权,委任某一适当的鉴定机构或鉴定人从事鉴定活动。与此同时,对于侦查机关自设鉴定机构所提供的鉴定意见,当事人只要提出合理疑问的,检察机关、法院即应委托新的鉴定机构进行重新鉴定,由该机构出具新的鉴定意见。必要时可以考虑通知前后两份鉴定意见的制作者出庭作证,当庭接受法庭的盘问和控辩双方的交叉询问。

在微观层面的证据规则方面,应当针对刑事司法实践中存在的普遍问题,构建一些新的证据规则。比如说,目前鉴定人几乎普遍查阅公诉方的案卷材料,对侦查机关所认定的"犯罪事实"了如指掌。这使得鉴定人普遍对被告人构成犯罪形成先入为主的预断。有时候,这些产生预断的鉴定人还会对案件的法律适用问题,如行为与结果之间的因果关系、被告人行为的法律性质、被告人的主观心态等,作出超越鉴定范围的判断意见。对于这类越权形成的鉴定意见,法律应当确立非法证据排除规则。唯有确立这种程序性制裁措施,才能使鉴定人出庭作证的规则得到强力推行,而不至于形同具文。

【深入思考题】

1. 英美法中的"专家证人"与大陆法中的"司法鉴定人",究竟有何区别?

2. 一些大陆法国家确立了"技术顾问"制度,中国 2012 年《刑事诉讼法》则确立了"专家辅助人出庭作证"制度。请问:中国的专家辅助人与大陆法国家的技术顾问是一回事吗?

3. 按照一般的制度改革思路,唯有建立鉴定人出庭作证制度,才能确保控辩双方对鉴定意见的有效质证。但是,鉴定人一般都是某一领域的专家,鉴定意见也是就案件中的专门科学技术问题所出具的专业意见,无论是法官、检察官还是辩护律师,一般都不熟悉各个鉴定领域的知识,他们对于出庭作证的鉴定人,仍然无法进行富有成效的交叉询问。既然如此,究竟如何对鉴定意见进行有效的质证呢?

【讨论案例之十六】

福建省高级人民法院
(2012)闽刑终字第10号
刑事附带民事判决书(节录)

福州市中级人民法院审理福州市人民检察院指控被告人念斌犯投放危险物质罪,附带民事诉讼原告人丁某虾、俞甲提起附带民事诉讼一案,于2008年2月1日作出(2007)榕刑初字第84号刑事附带民事判决。宣判后,被告人念斌不服,提出上诉。2008年12月18日,本院以(2008)闽刑终字第141号刑事裁定撤销原判,发回福州市中级人民法院重新审判。2009年6月8日,福州市中级人民法院经重新审判,作出(2009)榕刑初字第25号刑事附带民事判决。被告人念斌不服,提出上诉。2010年4月7日,本院以(2009)闽刑终字第391号刑事附带民事裁定驳回上诉,维持原判,报请最高人民法院核准。2010年10月28日,最高人民法院以(2010)刑三复21722109号刑事裁定不予核准,撤销二审裁定,发回本院重新审判。2011年5月5日,本院以(2009)闽刑终字第391-1号刑事裁定,撤销原判,发回福州市中级人民法院重新审判。2011年11月7日,福州市中级人民法院经重新审判,作出(2011)榕刑初字第104号刑事附带民事判决。被告人念斌不服,再次提出上诉。本院依法组成合议庭,于2013年7月4日至7日依法公开开庭审理了本案。福建省人民检察院指派检察员陈颖、代理检察员曾乐和王琦玮出庭履行职务,上诉人念斌及辩护人张燕生和斯伟江、附带民事诉讼代理人李肖霖和张磊,福建省法律援助中心指派的被害人俞甲的诉讼代理人陈自生和李莉、被上诉人丁某虾及其诉讼代理人姚仲凯、翻译平潭县远大法律事务所法律工作者冯波到庭参加诉讼。法庭依法通知鉴定人林某珲、刘某伟、吴某武、黄某鸿出庭作证,侦查人员朱某胜、丁某华、林某勇、翁某锋、高某、严某飞、林某峰、徐某强、陈某星出庭说明情况,有专门知识的人(以下简称"专业人员")肖某展、胡某强、郭某、夏某海出庭就鉴定意见提出意见。休庭后,检辩双方补充了部分证据材料,法庭依职权对有疑问的证据进行了核实。2014年6月25日至26日,本院再次公开开庭审理了本案。福建省人民检察院指派检察员陈颖、代理检察员曾乐、王琦玮出庭履行职务,上诉人念斌及辩护人张燕生和斯伟江、附带民事诉讼代理人张磊、重新委托的附带民事诉讼代理人公孙雪,福建省法律援助中心指派的被害人俞甲的诉讼代理人陈自生和李莉、被上诉人丁某虾及诉讼代理人姚仲凯到庭参加诉讼。法庭依法通知证人宋某丛、高某鹤、鉴定人刘某伟、吴某武、洪某兴出庭作证，侦查人员徐某强、林某峰、陈某星、翁某锋出庭说明情况，专业人员汪某慧、宋某锦、张某明、傅某锋、曹某出庭就鉴定意见提出意见。双方就补充的证据进行了法庭调查和法庭辩论。在审理过程中，由于本案重大复杂及情况特殊，依法延期审理并报请最高人民法院延长了审理期限。现已审理终结。

福州市中级人民法院判决认定：被告人念斌与丁某虾分别租用平潭县陈某娇家相邻的两间店面经营食杂店，存在生意竞争。2006年7月27日晚，念斌认为丁某虾抢走其顾客而心怀不满。次日凌晨1时许，念斌产生投放鼠药让丁某虾吃了肚子痛、拉稀的念头，遂将案发前在平潭县医院附近，向摆地摊的杨某炎购买的鼠药取出半包，倒在矿泉水瓶中加水溶解后，潜入其食杂店后丁家厨房将鼠药水从壶嘴倒入烧水铝壶的水里。当晚，丁某虾的孩子俞乙（被害人，男，殁年10岁）、俞丙（被害人，女，殁年8岁）、俞甲（被害人，男，时年6岁）食用了使用壶水烹制的稀饭和青椒炒鱿鱼，丁某虾食用了其中的稀饭和青椒，房东陈某娇及其女儿念某珠食用了其中的青椒炒鱿鱼。后俞乙、俞丙、俞甲等人相继出现中毒症状。次日凌晨，俞乙、俞丙经抢救无效死亡，经鉴定系氟乙酸盐鼠药中毒。俞甲接受住院治疗。

另查明，附带民事诉讼原告人丁某虾因本案遭受经济损失医疗费、抢救费、护理费、交通费、伙食补助费、误工费、丧葬费、死亡赔偿金共计人民币216651.09元；附带民事诉讼原告人俞甲因本案遭受经济损失医疗费、伙食补助费、护理费共计人民币3410.67元。

认定上述事实的证据有：被害人俞甲、丁某虾陈述，证人陈某娇、念某珠、俞某发、陈某钦、巫某龙、杨某炎、张某、洪某强、杨某平、张某文、刘某珠、吴某英等人证言；现场勘验检查笔录和现场照片、搜查笔录、扣押物品清单和照片；医院病历材料；福州市公安局法医学鉴定书、理化检验报告、侦查实验笔录、公安部物证鉴定中心物证检验意见书；被告人念斌的供述和辨认笔录，以及户籍证明、经济损失相关票证等。

福州市中级人民法院认为，被告人念斌投放危险物质致二人死亡的行为已构成投放危险物质罪，判决被告人念斌犯投放危险物质罪，判处死刑……

上诉人念斌的上诉理由：其没有作案，有罪供述内容不真实，系违法取证所得，请求宣告无罪，且不承担民事赔偿责任。

在此次二审两次法庭审理中，针对原判认定的事实，上诉人念斌陈述了上诉理由，检、辩双方重点围绕被害人中毒原因、上诉人投毒方式、投放的毒物来源、上诉人供述情况等出示了证据,申请法庭依法通知了相关证人、鉴定人出庭作证,侦查人员出庭说明情况,专业人员出庭就理化检验报告和法医学鉴定意见提出意见。念斌及辩护人、出庭检察员对上述出示的证据进行了质证,对证人、鉴定人、侦查人员和专业人员分别作了询问。被害人俞甲的诉讼代理人、念斌的附带民事诉讼代理人、被上诉人丁某虾的附带民事诉讼代理人,分别发表了与检辩双方基本一致的意见。在审理过程中,法庭依法对有疑问的证据进行了核实。具体是:

(一)中毒食物部分的证据

检方出示被害人俞甲2006年8月8日陈述;证人丁某虾2006年8月1日、8月7日、2009年2月15日证言;证人陈某娇2006年7月31日、8月9日、8月10日、2009年2月15日、2013年6月20日、2014年1月26日证言;证人念某珠2006年8月8日证言;证人陈某钦2006年8月1日证言;证人俞某发2006年7月28日证言;证人高某2006年7月30日证言。上述证据证实:2006年7月27日晚餐时,俞乙、俞丙、俞甲吃了稀饭和青椒炒鱿鱼,丁某虾吃了稀饭和青椒,陈某娇和念某珠吃了青椒炒鱿鱼。其中,鱿鱼由陈某娇使用丁某虾家铝壶中的水捞后,再由念某珠使用丁家的铁锅做成青椒炒鱿鱼,稀饭由丁某虾使用铝壶水和高压锅烹煮,之后壶水又多次使用并续水,最后俞乙往铝壶里添了水。

辩方出示证人陈某娇2006年7月28日2份证言,提出该2份证言证实其捞鱿鱼、丁某虾煮稀饭,均使用丁家的红桶里的水,系案发当天收集,可信度更高;陈某娇同年7月31日证言收集程序存在瑕疵,该证言及其之后的证言皆不可信。

(二)中毒症状部分的证据

检方出示法医学鉴定书和医院病历材料,证实:被害人俞乙、俞丙气管黏膜均见白色泡沫状液体,心脏表面、膈面、双侧肺叶间均见散在出血点,胃壁均有出血斑,生前均有头昏、恶心、呕吐、阵发性抽搐等中毒症状,结合二人心血、尿液中均检出氟乙酸盐鼠药成分的理化检验结论,该二人系氟乙酸盐鼠药中毒死亡;俞甲出现呕吐症状;念某珠出现上腹部烧灼感、恶心、呕吐等症状;陈某娇出现上腹部闷痛伴烧灼感等症状;丁某虾经催吐洗胃后觉上腹部疼痛,静滴"潘妥洛克""乙酰胺";四人均经催吐洗胃后,分别拟以"食物中毒""呕吐待查""腹痛待查"和"鼠药中毒"住院治疗。检方聘请的专业人员提出,据病历记载医生对丁某虾使用了针对氟乙酸盐中毒的特效解毒药"乙酰胺",且考虑中毒症状存在半数致死量(LD50)和个体差异等因素,说明不能排除丁某虾中毒的可能。

辩方出示医嘱单,提出该证据体现将丁某虾的呕吐物送防疫站检验氟乙酰胺,但检验情况不明。辩方聘请的专业人员提出,人摄入剧毒的氟乙酸盐鼠药会出现相应中毒症状,但医院病历材料表明丁某虾无中毒症状,其腹痛系洗胃造成,说明其未中毒。

(三) 物证提取送检部分的证据

检方出示现场勘验检查笔录和现场照片,证实现场位于平潭县陈某娇家一楼天井内的被害人家厨房,2006年7月28日侦查机关对现场作了勘查;提取痕迹、物品登记表,证实在丁某虾卧室内提取呕吐物1份、厨房里提取铁锅、高压锅和铝壶各1个,均为原物提取;证人宋某丛、高某鹤当庭证言,证实现场勘查后作了封锁看护,未发现遭到破坏;侦查实验笔录、照片及情况说明,证实经对提取在案的铝壶进行实验,在壶中盛水的状态下能形成与铝壶原始照片接近的聚光点,而在没有盛水情况下不能形成聚光点,说明拍摄照片时铝壶内有水。侦查人员出庭说明:现场勘验检查笔录综合记载了数次勘查的内容,包括补充提取的铁锅、铝壶和高压锅;铁锅在2006年7月31日提取送检;铝壶和高压锅在同年8月8日傍晚提取送检,提取时铝壶内有水,将水分装到矿泉水瓶中送检,8月9日补做了委托鉴定手续。

辩方提出,侦查人员曾于2009年12月23日、12月24日说明,铝壶水的送检情况因为时间太久记不清楚;鉴定人出庭说明,记不清铝壶及壶水、高压锅的送检时间;检验鉴定委托书和鉴定受理登记表,证实铝壶及壶水、高压锅的送检时间为2006年8月9日,铁锅的送检时间为同年8月1日;现场照片光盘、指认录像显示,同年8月9日晚上念斌辨认现场时,煮稀饭的高压锅还留在现场。

(四) 理化检验部分的证据

检方出示理化检验报告,证实在被害人俞丙的心血和尿液、俞乙的心血、尿液和呕吐物、铝壶水、高压锅、铁锅、碗、塑料盆和铁盆表面残留物中均检出氟乙酸盐鼠药成分;侦查机关出具的函件及情况说明、数据光盘及提取过程材料和存档质谱图(即检验数据的表现形式),证实向鉴定机构提取了153个检验电子数据,以及2006年检验时存档的质谱图;鉴定人出庭说明,归档时把俞丙尿液的质谱图作为标样的质谱图归入档案造成二份质谱图相同,由于文件名近似误把俞乙呕吐物的质谱图当做其心血的质谱图归入档案造成该二份质谱图亦相同,重新提供了俞乙心血的质谱图。法庭通知的专业人员提出,本案仪器检验生成的原始数据和日志文件无法被更改。检方聘请的专业人员提出:俞丙心血和尿液、俞乙心血、尿液和呕吐物、铝壶水、高压锅、铁锅、碗、塑料盆和铁盆的质谱图与检验电子数据相一致;鉴定机构在检验过程中没有完全达到做"空白"对照检验,以防止假阳性检验结果的质量控制要求;俞丙尿液、俞乙心血及呕吐物、塑料盆和铁盆5个检材的上一个检材检验结果为阳性,判断该5个检材不能排除检验结果为假阳性可能,需要结合检验人员的描述进行具体分析;俞丙心血、俞乙尿液、铝壶水、高压锅、铁锅和碗6个检材的上一个检材检验结果为阴性,判断该6个检材的检验结果未发生交叉污染;根据检验电子数据,可以认定在俞丙的心血和尿液、俞乙的心血、尿液和呕吐物、铝壶水、高压锅、铁锅、碗、塑料盆和铁盆表面残留物中均检出氟乙酸盐鼠药成分,但由于俞丙尿液的质谱图显示的目标物含量较高而背景信号较低,对此数据文件是否为尿液样品提出质疑;补充的尿液实验生成的质谱图显示没有残留干扰。

辩方出示上述物证的分析检验记录表、质谱图、检验电子数据包列表及情况说明,提出鉴定机构在检验过程中未如实按照记录表记载的步骤操作;把标样当作了被害人俞丙的尿液检材;被害人俞乙的心血与呕吐物检材的检验数据出现错误;鉴定人出庭证实的俞丙尿液、俞乙心血和呕吐物的检验电子数据,因文件名与检材的名称不相符,真实性不能确认;辩方聘请的专业人员提出:鉴定机构对检材的处理操作不规范,缺乏唯一性标识,把同一个质谱图标记为不同的检材,把标样当成检材,严重影响检材的准确性;本案检验仪器检测氟乙酸盐非常灵敏,鉴定机构未能提供质谱图证实做过"空白"对照检验,说明检验过程未严格遵循操作规程,导致不能排除假阳性检验结果;上述物证的检验结果均不符合相关判定标准,检验结论不可信,本案现场物证的检验结论应该为未能发现氟乙酸盐鼠药成分,没有证据支持氟乙酸盐曾被使用过。

(五)毒物来源部分的证据

检方出示证人杨某炎2006年8月9日、8月12日、11月28日证言及指认卖鼠药地点照片;证人洪某强2006年8月10日、2013年6月20日证言和辨认笔录;证人张某文2006年8月10日、2013年6月21日证言和辨认笔录;证人刘某珠2006年8月8日、2009年10月28日、2013年6月20日证言及辨认笔录;证人刘某印2014年1月26日证言;搜查证、搜查笔录、扣押物品清单及照片;侦查前期查找鼠药来源材料。上述证据证实:在平潭县医院附近洪某强的箱包店门前,只有杨某炎一个人在摆地摊贩卖塑料薄膜袋包装的大米加麦皮混合的氟乙酰胺鼠药等物品;从杨某炎住处查获配制鼠药的铁盆、塑料盆和碗各1个、塑料薄膜袋158个(6厘米×15.5厘米和8厘米×13.5厘米二种规格);杨某炎到案后指认了卖鼠药地点。侦查机关出具情况说明称,根据念斌供述的买鼠药地点及证人刘某珠提供的情况找到杨某炎;杨某炎因为文化程度低证明的氟乙酰胺鼠药名称不准确,应是氟乙酸类毒物。出示证人吴某英证言,证实约2006年7月1日下午,念斌到过"吴老师店"批发香烟。

辩方出示证人魏某娇证言、念斌辨认笔录,提出公安机关事先从魏某娇处扣押掌握了透明塑料袋包装的米糠状鼠药;念斌与杨某炎二人互相不能辨认。

(六)作案工具部分的证据

检方出示证人丁某玉、念某周、陈某国、李某灿、翁某雄证言,证实案发次日凌晨,案发现场门前垃圾筐里的垃圾均已被清理;侦查机关出具情况说明称,根据念斌供述的地点对作案工具作了查找但未果;鉴定人说明,经提取念斌食杂店里的货架及地面上的尘土、门闩,以及丁某虾家煤炉上的表面物质送检,均未检出氟乙酸盐鼠药成分。

辩方提出,据上述证据,所谓的作案工具不存在,在念斌食杂店和丁某虾家厨房里也未能找到氟乙酸盐鼠药痕迹。

(七)供述部分

检方出示上诉人念斌2006年8月7日、8日、9日、17日、18日、9月25日的供述,内容是:案发前其在平潭县东大街小商品市场往汽车站方向的路南边(即县医院附近)"吓强箱包店"门前地摊上,向一个50多岁、理平头的老人,买了2包塑料薄膜袋包装的麦皮和大米混合的鼠药,包装袋约二指宽。当时还到过"吴老师店"批发香烟。7月24日晚,其把其中1包鼠药倒在香烟外包装壳上,放在店内货架上最高一层毒老鼠。7月26日22时许,丁某虾抢走一个买香烟顾客,而且平时也经常抢其顾客,其很气愤。27日凌晨1时许,其到店后天井打水做卫生,路过天井内丁某虾厨房时,突然想在丁的厨房里投放鼠药,让丁吃了肚子痛、拉稀教训她一下,就返回店中取出剩下的1包鼠药倒半包在矿泉水瓶中,用少量水溶解后将鼠药水从壶嘴倒入丁家厨房铝壶的水里,然后将剩余鼠药和矿泉水瓶扔在店南边"吓莲"店门口的垃圾筐里。7

月29日凌晨2时许,其把货架上毒老鼠的鼠药也扔到垃圾筐里。检方出示首次有罪供述过程的审讯录像,证实念斌第1次交代投毒作案时的部分审讯经过;公安部物证鉴定中心的物证检验意见,证实该审讯录像光盘记载的内容未经过剪辑、整合技术处理;指认现场录像,证实念斌辨认了购买鼠药地点和作案现场、演示了投毒过程、指认在货架上放鼠药的位置。

辩方出示公安部物证鉴定中心关于审讯录像光盘检验情况的说明函,提出该中心说明的其检验的审讯录像光盘内容未经过剪辑、整合技术处理,与内容中断的在案审讯录像不相符,在案的审讯录像与物证检验意见均不能作为定案依据。

法庭辩论中,围绕上述举证、质证的证据,念斌作了自行辩护,双方就案件事实、证据和适用法律等问题发表了意见,并于庭后提交了书面意见。

辩护人张燕生的主要辩护观点是:本案现场勘验检查笔录制作不合法、不真实,不能作为定案依据;物证铝壶、高压锅和铁锅提取送检过程不清;理化检验报告均存在检验程序违法、检验结论不真实等问题,不能作为定案依据;现有证据不能证实被害人的中毒原因;没有证据证实念斌购买了氟乙酸盐鼠药,在食杂店内调配好鼠药水,然后潜入被害人家厨房将鼠药水投入铝壶水中;原判认定鼠药投放在铝壶水中,与本案的中毒情况也不相符;念斌曾供述的作案工具均不存在。没有证据证实念斌实施投毒行为,请求宣告念斌无罪。辩护人斯伟江的主要辩护观点是:本案补充勘查提取铝壶未制作相应笔录,物证铝壶应予排除,不能作为定案依据;有关被害人死因的理化检验报告的质谱图出现明显问题,原判据此认定死因错误;毒物检验方法和操作过程不规范,检验结果均不能认定检出氟乙酸盐鼠药成分,理化检验报告不能作为定案依据;上诉人念斌的有罪供述与其他证据不能相互印证。请求宣告念斌无罪。

福建省人民检察院出庭检察员的主要出庭意见是:上诉人念斌在侦查阶段多次稳定供述犯罪事实,在检察机关审查批捕提讯时仍然作了有罪供述;供述的作案动机得到了证人证言印证;供述将鼠药投放在被害人家的铝壶水中,得到了从铝壶水和厨具中检出与被害人中毒相同成分鼠药的理化检验报告、法医学鉴定意见的印证;供述的鼠药来源,得到证人证言及从配制鼠药工具中检出与被害人中毒相同成分鼠药的理化检验报告印证;被害人中毒当天的食物来源、烹制过程、进食情况及食物中毒排查得到了证人证言证实;证据取证程序瑕疵问题经侦查人员、鉴定人出庭作了解释说明。念斌及辩护人提出的上诉理由和辩护意见,均不符合案件的事实和证据。一审定性准确,审判程序合法,请二审法院根据事实、证据与法律规定作出公正判决。

被害人俞甲的诉讼代理人的主要代理意见是:上诉人念斌不能合理说明翻供原因,辩解的理由与证据相矛盾,所作有罪供述与其他证据能相互印证,证据取证程序瑕疵问题已经鉴定人、侦查人员合理解释说明补正,犯罪事实客观存在。请求维持原判,严惩念斌。

上诉人念斌的附带民事诉讼代理人的主要代理意见是:本案事实证据存在一系列无法说明的问题,原判认定上诉人念斌实施投毒犯罪无证据支持,要求其承担民事赔偿责任无事实、法律依据,请求驳回附带民事诉讼原告人的诉讼请求。

被上诉人丁某虾、俞甲的主要答辩意见是:请求判处上诉人念斌死刑并承担民事赔偿责任。

被上诉人丁某虾的诉讼代理人的主要代理意见:原判认定事实清楚、证据充分,上诉人念斌应对其犯罪行为给丁某虾造成的经济损失,依法承担民事赔偿责任;被害人的死亡赔偿金、丧葬费应当按照本次一审法庭辩论终结时的上一统计年度标准计算,分别改判为人民币297074.4元和人民币32652元,其他赔偿项目请求维持原判。

现根据法庭审理查明的事实、证据,结合法庭依法核实的证据情况,针对检辩双方争议的焦点,分别评判如下:

(一)关于被害人中毒原因一节

原判认定,被害人俞乙、俞丙系氟乙酸盐鼠药中毒死亡。主要依据是原审庭审中公诉机关举证的法医学鉴定意见、俞乙的呕吐物的理化检验报告、被害人陈述和证人证言。

检方认为,原判采信的上述证据和检方在二审庭审中新出示的被害人俞乙、俞丙的尿液和心血的理化检验报告、俞乙心血的质谱图、检验电子数据、鉴定人证言、侦查机关的情况说明等证实,在俞丙的心血、尿液、俞乙的心血、尿液和呕吐物中检出了氟乙酸盐鼠药成分,与其中毒症状相符;俞丙的尿液与标样的质谱图、俞乙的心血与呕吐物的质谱图相同的问题,鉴定人出庭说明系归档时弄混导致,并且重新提供了俞乙心血的质谱图和相关检验电子数据、补充的尿液实验,可以予以解释。因此,可以认定二被害人死于氟乙酸盐鼠药中毒。

辩方认为,辩方在二审庭审中新出示的理化检验报告的质谱图和检方出示的上述证据,以及鉴定人出庭说明,证实本案检验过程未进行"空白"对照检验,不能排除检材被污染的可能;根据提取的质谱图,均不能判定检出氟乙酸盐鼠药成分;由于质谱图出现错误,被害人心血、尿液和呕吐物的理化检验报告不能作为认定死因依据。现有证据不能认定被害人死于氟乙酸盐鼠药中毒。

　　本院认为,检辩双方出示的上述证据能够证实,被害人俞乙、俞丙系中毒死亡。但原判认定系氟乙酸盐鼠药中毒,证据不确实、不充分。第一,检材与标样的质谱图不应相同。标注为被害人俞丙尿液和标注为标样的两份质谱图相同,有悖常理。同时,标注为俞丙尿液的质谱图、检验电子数据的文件名,与俞丙尿液检材的名称也不相符。检方聘请的专业人员提出,该质谱图是否为俞丙尿液的质谱图存疑。辩方聘请的专业人员提出,该质谱图就是标样而非尿液的质谱图。鉴定人出庭说明二者质谱图相同,系将俞丙尿液的质谱图当作标样的质谱图归入档案造成;检验电子数据的文件名与检材的名称不相符,系因命名规则不统一造成。该解释不足以采信。补充的尿液实验因检验条件不相同,缺乏证明价值。因此,俞丙尿液检材的检验结果的真实性存疑。第二,分别标注为被害人俞乙心血、呕吐物的两份质谱图也相同,同样有悖常理。同时,标注为俞乙呕吐物的质谱图、补充所称的俞乙心血的质谱图以及检验电子数据的文件名,与俞乙呕吐物、心血检材的名称也不相符。鉴定人出庭说明二者质谱图相同,系因文件名近似误把呕吐物的质谱图当成心血的质谱图归入档案造成;检验电子数据的文件名与检材的名称不相符,系因命名规则不统一造成。该解释亦不足以采信。因此,俞乙心血、呕吐物检材的检验结果的真实性也存疑。第三,鉴定机构在对俞丙的尿液、心血和俞乙的尿液、心血和呕吐物检材的检验过程中,均未按照专业规范要求进行"空白"对照检验,以防止假阳性检验结果,因此难以排除检材被污染的可能。第四,根据俞丙心血、俞乙尿液检材的检验数据,能否判定检出氟乙酸盐鼠药成分,双方聘请的专业人员提出的意见严重分歧。因此,从俞丙心血、俞乙尿液中检出氟乙酸盐鼠药成分的检验结论可靠性存疑。此外,与被害人共进晚餐的俞甲、念某珠有中毒症状,但未做相应检验,无法认定中毒原因;丁某虾、陈某娇自述并无明显中毒症状,也未做相应检验,是否中毒不明。综上,据以认定二被害人中毒原因的理化检验报告不足以采信,其他共进晚餐人员认定中毒原因或有无中毒缺乏充分依据,原判认定二被害人死于氟乙酸盐鼠药中毒的事实不清,相关证据不确实、不充分。

（二）关于投毒方式一节

原判认定上诉人念斌将鼠药投放在被害人家厨房铝壶水中，致使二被害人食用了使用壶水烹制的食物中毒死亡。主要依据是原审庭审中原公诉机关举证的被害人陈述和证人证言、现场勘验检查笔录、现场照片和提取痕迹、物品登记表，铝壶水、高压锅和铁锅的理化检验报告，铝壶的侦查实验笔录，上诉人念斌的有罪供述和指认现场录像等证据。

检方认为，原判采信的上述证据和检方在二审庭审中新出示的理化检验报告的检验电子数据、侦查机关的情况说明等证实，从铝壶水、高压锅、铁锅表面残留物中，均检出与被害人生物检材中相同成分的氟乙酸盐鼠药，与上诉人念斌供述将鼠药投放在铝壶水中能相印证；提取送检铝壶及壶水、高压锅和铁锅过程的程序瑕疵，鉴定人和侦查人员出庭作了说明补正。因此，可以认定念斌将氟乙酸盐鼠药投放在铝壶水中。

辩方认为，辩方在二审庭审中新出示的检验鉴定委托书、鉴定受理登记表、分析检验记录表、质谱图、现场照片光盘、侦查机关的情况说明和检方出示的上述证据，以及鉴定人、侦查人员出庭所作说明，反映现场勘验检查工作及笔录制作不规范，铝壶及壶水、高压锅和铁锅的提取送检程序不合法，物证来源不清，应予排除；鉴定机构对铝壶水、高压锅和铁锅的检验过程不规范，根据检验数据均不能认定检出氟乙酸盐鼠药成分，理化检验报告不能作为定案依据，故不能认定念斌将鼠药投放在铝壶水中。

本院认为，第一，铝壶、高压锅的提取送检问题。现场勘验检查笔录记载的提取送检时间为"7月28日"，与检验鉴定委托书记载的"8月9日"相矛盾。侦查人员出庭说明系"8月8日傍晚"提取送检，与庭前说明提取送检时间是"8月9日"前后不一，而且现场照片、指认现场录像显示，8月9日晚现场厨房还存在相同的高压锅，对此无法合理解释。第二，铁锅的提取送检问题。现场勘验检查笔录记载的提取送检时间为"7月28日"，与检验鉴定委托书记载的"8月1日"相矛盾，检验时间又载明是"7月31日"，送检与检验的时间前后倒置。侦查人员出庭说明提取送检时间是"7月31日"，前述问题系因事后综合制作现场勘验检查笔录和补办检验鉴定委托手续造成，此合理性依据欠缺，不足以采信。第三，鉴定受理登记表记载，侦查机关送检铝壶及里面的3500毫升水，但现场勘验检查笔录未记载提取铝壶时壶中有水。侦查人员出庭说明笔录记载原物提取铝壶即包括壶中的水，缺乏充分依据；出庭说明将铝壶水分装到矿泉水瓶中送检，缺乏笔录记载，且与庭前说明记不清具体送检情况不一致;侦查实验笔录也不能说明提取时铝壶中的水量。因此,该3500毫升壶水检材与提取的铝壶之间的关联性缺乏确实依据。第四,鉴定机构在对铝壶水、高压锅和铁锅表面残留物检材的检验过程中,未按照专业规范要求进行"空白"对照检验,以防止假阳性检验结果,因此难以排除该3份检材被污染的可能。第五,根据铝壶水、高压锅和铁锅表面残留物检材的检验数据能否判定检出氟乙酸盐鼠药成分,双方聘请的专业人员提出的意见严重分歧。因此,从铝壶水、高压锅和铁锅中检出氟乙酸盐鼠药成分的检验结论可靠性存疑。此外,证人陈某娇证实是使用丁某虾家铝壶的水还是红桶的水捞鱿鱼,说法不一,难以采信系使用铝壶的水捞鱿鱼。综上,铝壶水、高压锅和铁锅的提取送检过程不清,检材来源相关证据间的矛盾和疑点得不到合理解释,检验过程不规范,检验结论可靠性存疑,理化检验报告不足以采信,因此,认定铝壶水有毒缺乏确实依据,原判认定念斌将鼠药投放在铝壶水中事实不清,关键证据链条中断。

(三) 关于毒物来源一节

原判认定上诉人念斌投放的鼠药系在平潭县医院附近向摆地摊的杨某炎购买。主要依据是原审庭审中原公诉机关出示的证人杨某炎等人证言及辨认笔录、查获的杨某炎配制鼠药工具的照片、理化检验报告、鼠药包装袋、搜查证、搜查笔录、扣押物品清单及照片,念斌的有罪供述及指认购买鼠药地点笔录和录像等证据。

检方认为,原判采信的上述证据和检方在二审庭审中新出示的理化检验报告的检验电子数据、证人杨某炎指认卖鼠药地点照片、证人刘某印证言、侦查前期查找鼠药来源材料、侦查人员所作说明和侦查机关的情况说明等证实,根据上诉人念斌供述的购买鼠药地点找到了卖鼠药的杨某炎,并从杨某炎配制鼠药的工具中检出了与被害人中毒相同成分的鼠药氟乙酸盐,念斌供述购买鼠药的时间亦得到证人证言印证;念斌与杨某炎相互不能辨认,供述的卖鼠药人的年龄与杨某炎不相符,供述的鼠药包装袋规格与实物不相符,是凭其个人主观感受进行描述,不影响鼠药来源的认定,可以认定念斌投放的鼠药系从杨某炎处购买。

辩方认为,辩方在二审庭审中新出示的理化检验报告的质谱图、侦查机关的情况说明和检方出示的上述证据等证实,上诉人念斌与证人杨某炎相互不能辨认,也未能供述杨某炎的外貌特征,供述卖鼠药人的年龄与杨某炎不相符,供述的鼠药包装袋规格与查获的实物不相符;配制鼠药工具的检验过程不规范,根据检验数据不能认定检出氟乙酸盐鼠药成分,理化检验报告不能作为定案依据,故没有证据证实念斌购买杨某炎卖的氟乙酸盐鼠药。

本院认为,第一,侦查机关找到卖鼠药的证人杨某炎,但上诉人念斌与杨某炎相互不能辨认;供述的卖鼠药人的特征及年龄,与杨某炎情况差异明显;供述的鼠药包装袋规格,与从杨某炎住处查获的实物差异较大;供述在购买鼠药时到过商店批发香烟,时间约为7月中旬,与证人证实其批发香烟时间为7月初不一致。第二,鉴定机构在对配制鼠药工具塑料盆、铁盆检材的检验过程中,未按照专业规范要求进行"空白"对照检验,以防止假阳性检验结果,因此难以排除该2份检材被污染的可能。第三,根据配制鼠药的工具碗、塑料盆和铁盆检材的检验数据,能否判定检出氟乙酸盐鼠药成分,双方聘请的专业人员提出的意见严重分歧。因此,从碗、塑料盆和铁盆中检出氟乙酸盐鼠药成分的检验结论可靠性存疑。综上,念斌与杨某炎相互不能辨认,供证存在不吻合之处,配制鼠药工具的理化检验报告不足以采信,原判认定念斌投放的鼠药系从杨某炎处购买依据不充分。

(四)关于有罪供述一节

原判认定上诉人念斌作过多次有罪供述,供述作案过程没有矛盾之处,所供作案动机和手段亦客观、真实,在检察机关审查批捕提讯和律师两次会见时亦承认作案,其有罪供述可以采信。检方认为,念斌的有罪供述稳定,并与在案证据能互相印证。辩方认为,念斌的有罪供述内容不真实,与客观证据不相符,系违法取证所得。

经查,上诉人念斌到案之初未承认犯罪,在侦查阶段和检察机关审查批捕提讯时曾经作过多次有罪供述,自审查起诉起则始终否认作案。念斌第一次有罪供述的笔录内容与在案的审讯录像内容不完全一致,且审讯录像内容不完整。念斌庭前多次供述的鼠药来源一节,其中关于卖鼠药人的特征、年龄、鼠药包装袋规格以及批发香烟的时间等情节,与证人证言不相符;供述的将鼠药水投放在铝壶水中一节,如上所述认定铝壶水有毒依据不确实,形不成印证;供述把鼠药放在货架上毒老鼠一节,从货架表面与旁边地面上提取的灰尘中均未能检出鼠药成分,亦形不成印证;供述的作案工具、剩余鼠药,均未能查获。本院认为,念斌的庭前供述和辩解存在反复,庭前供述与其他证据不能相互印证,不足以采信。

综上,本院认为,二被害人系中毒死亡,但原判认定致死原因为氟乙酸盐鼠药中毒依据不足,认定的投毒方式依据不确实,毒物来源依据不充分,与上诉人的有罪供述不能相互印证，相关证据矛盾和疑点无法合理解释、排除，全案证据达不到确实、充分的证明标准，不能得出系上诉人念斌作案的唯一结论。因此，原判认定上诉人念斌犯投放危险物质罪的事实不清，证据不足，原公诉机关指控上诉人念斌所犯罪名不能成立。

可讨论的问题：

1. 根据该判决书的认定，公诉方提供的理化检验报告和鉴定意见，究竟存在哪些缺陷和瑕疵？

2. 本案在专家辅助人的运用上有何特点？

3. 判决书将被告人供述排除于定案根据之外，作出这种判决的理由是什么？

第十七章　证人证言

> 一人作证等于无人作证。

一、证人证言的概念
二、证人的资格和条件
三、证言笔录的证据能力
四、证人出庭作证制度
五、交叉询问规则
六、证言排除规则
七、证言印证规则
八、侦查人员作证问题
【讨论案例之十七】　云南省高级人民法院(1998)云高刑初字第1号刑事判决书(节录)

一、证人证言的概念

在我国刑事诉讼制度中,证人证言与被害人陈述是两种独立的法定证据形式。所谓证人证言,是指证人就其所了解的案件事实向司法机关所作的口头陈述。所谓被害人陈述,是指犯罪行为的受害人就案件事实及其所受犯罪侵害的情况,向司法机关所作的口头陈述。在刑事诉讼程序中,证人是因为了解案件情况而负有作证义务的诉讼参与人,而被害人则是与案件有直接利害关系的当事人,享有一系列当事人的诉讼权利,影响着诉讼的进程和结局。但在证据法上,被害人提供陈述与证人作证并没有实质性的区别,两种证据在形成机理上是相似的,并适用同样的证据规则。因此,本书在没有特别指明的情况下,所提到的"证人证言"也包含了"被害人陈述"。

证人证言的形成经历了感知、记忆和表达等三个不可分割的过程。证人之所以能够了解案件事实,是因为他运用自己的感觉器官,对案件情况进行了感知,从而在头脑中形成了直观的印象。例如,证人通过耳闻目睹,感知了犯罪事实的全部过程;证人运用其嗅觉感官,闻到了特定的气味;证人运用其触觉感官,感知到了某一物品、人体的特征;证人通过运用味觉感官,获知了特定食物、饮料的味道……在对案件事实进行感知的基础上,一个有理性的证人会对这些事实形成直观的印象,并对所感知的情况保持一定时间的记忆,或者对所感知的事实信息加以储存。证人作证距离感知案件事实的时间越短,他的记忆就越完整。相反,对于一个时过境迁的案件,证人长时间地没有提供证言,就可能对所感知的案件事实有不同程度的遗忘。在感知和记忆的基础上,证人还要有一个表达证言的过程。通常情况下,通过司法官员的询问,证人就其所了解的案件事实作出口头的陈述。这种通过证人口头陈述所提供的证言,在其证据载体上属于一种陈述,所提供的证据信息则是与案件有关的各种事实信息。至此,证人证言的形成即告完成。

证人证言是通过证人的口头表达来证明案件事实的证据形式。所谓口头表达,既包括证人在法庭上就案件事实所作的陈述,也包括那些以书面方式记录的证言。证人以书面方式所作的证言,通常包括两种形式:一是证人亲笔书写的书面证言,二是侦查人员对询问证人的谈话过程所作的书面记录。对于前者,我们一般称为书面证言;对于后者,我们则称其为证言笔录或者询问证人笔录。对于证人的书面证词或者证言笔录,我们通常称其为"传闻证言"。在英美证据法中,证人所作的传闻证言,原则上不具有可采性。但在法定例外情形下,法官也可以有条件地采纳传闻证言。这被称为"传闻证据规则"。但在中国刑事证据法中,无论是证人当庭所作的证言还是传闻证言,都具有证据能力,也都被允许出现在法庭上,并被采纳为定案的根据。对证人证言的审查判断,法官所关注的不是证人是否出庭作证,而是证人证言的真实性是否得到了其他证据的印证。

在我国刑事诉讼中,鉴定意见是一种独立的证据形式,是鉴定人就案件的专门问题所作的鉴别和判断。根据2018年《刑事诉讼法》的要求,在控辩双方对鉴定意见提出异议的情况下,法庭会传召鉴定人出庭作证。鉴定人当庭所作的口头陈述,仍然属于鉴定意见,而不属于证人证言。但在审查判断过程中,法庭对于鉴定人当庭所作的陈述,适用与证人证言相同的证据规则。不过,控辩双方假如对鉴定意见存有异议,可以申请法院通知专家出庭作证,就鉴定意见发表意见。这种对鉴定意见当庭发表"意见"的专家,通常被称为"专家证人",他们所提供的陈述不属于鉴定意见,而具有"专家证言"的性质。因此,普通证人就其耳闻目睹的事实所作的证言,可以被称为"普通证言"。而专家证人就鉴定意见所发表的意见证据,则被称为"专家证言"。

除了专家证人以外,侦查人员有时也会向法庭提供证言,甚至出庭作证。根据我国法律的规定,侦查人员对其在执行职务过程中所目击的犯罪事实,可以作为目击证人提供证言。对于侦查人员出具的"情况说明""抓捕经过""破案经过"等说明材料,被告方提出异议的,法庭可以传召侦查人员出庭作证,或者提供进一步的说明材料。不仅如此,被告方对于侦查行为的合法性提出异议,要求法庭排除非法证据的,法庭可以启动专门的程序性裁判程序。在此程序中,法庭可以通知侦查人员出庭,就侦查行为的合法性问题提供证言。因此,根据所要证明的案件事实的不同,侦查人员可以分别就犯罪事实、量刑事实和程序事实提供证言。

二、证人的资格和条件

为保证证人证言的真实性和可靠性,法律对证人的资格和条件提出了具体的要求。原则上,凡是知道案件情况的人,都有作证的义务。但是,那些生理上、精神上有缺陷或者年幼,无法辨别是非、不能正确表达的人,不能作为证人。当然,生理上、精神上有缺陷的证人,在对案件事实的认知和表达上存在一定困难,但尚未丧失正确认知、正确表达能力而作的证言,法庭在审查时应当慎重对待,只有在得到其他证据印证的情况下,才可以将其采纳为定案的根据。这主要是考虑到生理上、精神上有缺陷的人,对案件事实的感知、记忆或表达能力存在不同程度的降低,可能无法向司法机关提供真实可信的证言。而年幼的人,则由于认知能力较低,表达能力较弱,有可能提供虚假或不清晰的证言。

与此同时,考虑到证人对案件事实的陈述要经过完整的感知、记忆和表达等形成过程,因此,证人只能是自然人,而不能是法人或者非法人团体或单位。在我国司法实践中,很多证据都是由机关、团体、企业或事业单位所提供的书面材料。例如,一些机关提供了有关案件事实的说明材料,一些企业或事业单位提供了会议纪要,一些团体出具了有关其成员的表现的材料,等等。这些书面材料有时还加盖了这些机关、团体、企事业单位的公章。但就这些材料的性质来看,它们还不属于证人证言,而最多只能算作一种书证。只有那些有自然人签名或者盖章的单位材料,才具有证人证言的属性。

为防止证人在作证方面过于依赖别人的转述或传播,法律要求证人只能就其独知的案件事实提供证言。在调查取证方面,侦查人员只能对证人进行单独询问,而不能将若干名证人召集在一起,进行"集体回忆式"或者"座谈会式"的调查取证。违背了上述"个别取证"规则,侦查人员所获取的证言笔录,不能作为定案的根据。与此同时,在法庭审理过程中,法院应严禁那些可能充当证人的人旁听法庭审理,或者充当本案的其他诉讼角色,以避免证人通过旁听获悉案件事实。对于那些已经旁听过法庭审理或者担任案件其他诉讼角色的人,法庭应禁止其再充当证人的角色。可以说,与担任其他诉讼角色相比,证人作证具有一定的优先性。

为避免证人因为头脑不清晰而提供不可靠的证言,法律还禁止那些不能正确表达的证人提供证言。尤其是那些处于明显醉酒、麻醉品中毒或者精神药物麻醉状态的证人,即便提供了证人证言,法庭也不得将其采纳为定案的根据。

不仅如此,证人原则上应就其亲自感知的案件事实提供证言,而不能发表猜测性、评论性或推断性的证言。这些猜测性、评论性或推断性的证言,属于"意见证据"。"意见证据"之所以一般不能成为定案的根据,是因为法庭只能对证人亲自感知的事实来审查其真实性,而无法对证人的判断或推测作出真伪之判断。法庭可以审查证人是否具备感知能力、证人感知事实的来源、证人的记忆力或者证人的表达能力,但无法对证人的主观判断作出客观与否的判定。当然,对于"意见证据"也并不是一律不能采纳为定案的根据。根据一般生活经验判断符合事实的意见证据,仍然可以作为定案的根据。

三、证言笔录的证据能力

作为一种言词证据,证人证言从其形成的诉讼阶段来看,可以分为庭前证言和当庭证言两种。前者是证人在接受侦查人员、公诉人的询问后,就案件事实所作出的证言笔录;后者则属于证人通过出庭作证并在接受诉讼各方的询问后所作的口头陈述。与被告人供述和辩解一样,证人在法庭上所作的口头陈述,通常在合法性上不会受到控辩双方的质疑,其证据能力很少会成为法庭争议的对象。刑事证据法需要规范的通常是证人所作的庭前证言笔录。

所谓证言笔录,又称为"询问笔录",一般是指侦查人员、公诉人就其询问证人的过程和结果所作的书面记录。这些证言笔录由于记载了证人就案件事实所作的陈述,包含了特定的案件事实信息,因此与案件事实具有程度不等的关联性。但是,无论是侦查人员还是公诉人,对证人的询问都是单方面进行的,被告人及其辩护人都无法参与这一询问过程。侦查人员和公诉人经常会要求证人按照自己的诉讼意图或者顺从自己的追诉思路,来对案件事实进行陈述。这种秘密询问本身就可能带有一定的片面性。不仅如此,在证人向刑事追诉官员提供证言的过程中,由于缺乏控辩双方的质证程序,也没有中立司法机关的居中裁判,因此,证人完全有可能作出不可靠的陈述。

法院对于证人所作的庭前证言笔录,在审查判断方面具有一些天然的局限性。这是因为,法庭所接触的只是一种书面询问记录,而不是证人亲自向法庭所作的口头陈述。这种证言笔录经过了侦查人员、公诉人的传播、转述、文字记载等信息加工过程,它们与其说是证人所作的书面证言,倒不如说是侦查人员、公诉人借助证人所了解到的案件事实信息。在英美证据法中,这种将证人在法庭外所作的证言加以书面记载所形成的证言笔录,被称为"传闻证据"。而那种将传闻证据排除于法庭之外的证据规则,则被称为"传闻证据规则"。①

---

① 参见[英]特纳:《肯尼刑法原理》,王国庆等译,华夏出版社1989年版,第530页以下。

而在我国刑事证据法中，证言笔录相对于证人直接作出的口头证言而言，属于"传来证据"。传来证据由于经过了证据传播、复制或复述等中间环节，程度不同地削弱了原始证据的证明力，容易出现失真和虚假的可能性。而且随着传播和复制环节的增多，这种传来证据失真的可能性还越来越大。然而，无论是2018年《刑事诉讼法》还是《最高法院2020年解释》，都没有对证言笔录本身的证据能力作出严格的限制，而承认其具有证据的法律资格。《最高法院2020年解释》尽管确立了一些"非法证言排除规则"，但所针对的主要是侦查人员询问证人程序的违法以及在制作询问笔录的方式上所存在的不规范情况。至于侦查人员或公诉人所做的询问笔录本身，只要不违反这些排除规则，就都可以在法庭上宣读，并可以被转化为定案的根据。不仅如此，即便在证人出庭作证的情况下，证人当庭所作的口头证言，相对于证人的庭前证言笔录而言，在证据能力上并不具有任何先天的优势。换言之，证人的庭前证言笔录与证人的当庭证言，在证据能力方面是没有高低之分的。

这种对证言笔录的证据能力不加严格限制的做法，与英美证据法中的传闻证据规则形成了鲜明对照，也与大陆法国家对案卷笔录的排斥态度迥然有别。我国法律确立了一种案卷移送主义的传统，也就是允许公诉方将其掌握的案卷材料全部移送法院，法院在查阅、研读案卷笔录的基础上开始其事实裁判活动。对于检察机关移送的证人证言笔录，法庭采取了一律采纳的态度，既允许公诉方在法庭上予以宣读，也可以直接将这类笔录采纳为定案的根据。法庭不会仅仅因为证言笔录系属"传闻证据"，而将其排除于定案根据之外。

由于对证言笔录的证据能力不作法律上的限制，加上法庭普遍对公诉方移送的证言笔录的证明力不加质疑，因此，证人就不再具有出庭作证的必要性，法庭也对通知证人出庭作证持一种普遍消极的态度。在刑事审判中，绝大多数证人证言都是通过当庭宣读证言笔录的方式接受质证的，证人本人并没有出庭作证。这其中既有证人随意拒绝出庭作证的问题，也有法庭拒绝通知证人出庭作证的问题，可能还有公诉方在通知证人出庭作证方面不予配合的问题。结果，作为一种通常的庭审方式，法庭对证人证言的调查都是通过宣读证言笔录的方式进行的。这种宣读笔录并不意味着要对全部证言笔录都逐一加以宣读，而是采取有选择的、摘要的甚至是合并概括式的调查方式。1996年《刑事诉讼法》所完成的"审判方式改革"，使得法庭在调查证据方面不再占据主导地位，公诉方则要对本方证据负举证和回应质证的义务。结果,公诉方对其所掌握的证言笔录可以采取几乎不受节制的节录式宣读,法庭对证言笔录的调查和辩论几乎流于形式,被告人及其辩护人对证言笔录的质证也失去实质意义。

2018年《刑事诉讼法》确立了案卷移送制度,允许检察机关在起诉时将全部案卷材料移送法院。法官在全面阅卷的基础上进行审判前的准备工作,自然对侦查人员所收集的证人证言笔录有了全面的认识,对证人向侦查人员所作的证言笔录有了大体的了解。与此同时,该法律初步确立了证人出庭作证的制度,规定了证人出庭作证的条件,并对在法院通知出庭后仍然拒不出庭的证人,确立了拘传、拘留等强制性措施。对于拒不出庭的证人,法庭仍然可以宣读其证人证言笔录。只有在该证人证言笔录无法查证属实的情况下,法庭才可以将其予以排除。

迄今为止,在案卷移送制度的影响下,刑事法官在开庭之前对证人证言笔录都进行了查阅和研读。这说明公诉方提交的证人证言笔录是具有证据能力的。而在法庭审理过程中,即便证人拒绝出庭作证,法庭仍然承认这些证人证言笔录的证据能力,允许公诉方当庭宣读这些证人证言笔录的内容,并给予控辩双方对该类笔录发表意见和进行质证的机会。这说明,对于拒不出庭作证的证人,法庭仍然承认其向侦查人员所作证言笔录的证据能力。而在证人出庭作证的情况下,法庭仍然允许公诉方当庭宣读证言笔录。甚至在证人当庭改变证言的情况下,法庭仍然对证言笔录的证据能力不持异议,而至多对其证明力进行综合审查。所谓"证言印证规则",所要求的只是证言笔录要得到其他证据的印证,而并不排斥证言笔录的证据能力。

表面上看,只有解决证人出庭作证问题,才能贯彻直接和言词原则,实现庭审实质化改革的目标。但实际上,证人出庭作证问题只是一个制度的表象。在这一表象背后,还存在着证人证言笔录的证据能力问题。而要围绕着证人证言的证据能力构建证据规则,应当首先对证人的庭前证言笔录作出适度的限制,然后再对那些违法和不规范的证言取证行为确立非法证据排除规则。前者解决的是证言笔录本身能否得到法庭采纳的问题,而后者解决的则是非法所得的证言笔录的证据资格问题。

四、证人出庭作证制度

过去,我国法律存在着自相矛盾的规定:一方面,要求证人出庭作证,证人证言只有在接受控辩双方的发问和法庭询问,经查证属实后才能作为定案的根据;另一方面,对于不出庭作证的证人,法庭可以对其证言笔录进行宣读或者出示,接受控辩双方的"质证"。这导致法庭在是否通知证人出庭作证方面享有较大的自由裁量权。但自2012年以来,为解决证人不出庭所带来的一系列问题,推动庭审实质化改革,我国法律确立了证人出庭作证的制度,对法庭的自由裁量权作出了一些限制性规定。

(一) 证人保护和证人补偿制度

为解除证人的后顾之忧,避免证人因为出庭作证而受到打击报复和人身危害行为,刑事诉讼法确立了证人保护制度和证人补偿制度。根据证人保护制度,在危害国家安全犯罪、恐怖活动犯罪、黑社会性质组织犯罪、毒品犯罪等案件中,证人因在诉讼中作证,本人或者其近亲属面临人身安全之危险的,可以向法院、检察院或公安机关申请保护,这些专门机关也可以主动采取保护措施。保护措施可以包括以下几种:不公开证人真实姓名、住址和工作单位等个人信息;采取不暴露外貌和真实声音等出庭作证措施;禁止特定人员接触证人及其近亲属;对其人身和住宅采取专门保护措施等。而根据证人补偿制度,证人因履行作证义务而支出的交通、住宿、就餐等费用,法院、检察院或公安机关都应当给予补助,这类补助还应被列入司法机关业务经费,由同级政府财政给予保障。同时,证人所在单位也不能因证人作证而克扣其工资、奖金及其他福利待遇。

尽管这两项制度被确立在一些原则性很强的法律条款之中,但这毕竟属于我国法律第一次确立证人保护和证人补偿制度。假如最高人民法院、最高人民检察院通过司法解释对这两项制度加以细化,使其具有可操作性,那么,证人因为作证所产生的顾虑、恐惧、担忧将会显著减少,证人接受法院通知出庭作证的积极性也将会得到提高。当然,这两项制度的有效实施,还有赖于法院、检察院、公安机关对于法律规定的"善意理解",以有效解决问题作为司法活动的主要目标。相反,假如像过去那样,一味地推诿负担和转移责任,甚至对法律采取"恶意规避"的态度,那么,这两项制度恐怕也难逃被搁置的命运。

(二) 证人出庭作证的条件

在证人保护和证人补偿制度之外,2018年《刑事诉讼法》还明确规定了证人出庭作证的前提条件。根据这一法律,证人证言只有在同时符合以下三项条件的情况下,法庭才会通知证人出庭作证:一是证人证言"对案件定罪量刑有重大影响";二是公诉人、当事人或者辩护人、诉讼代理人"对证言存有异议";三是法院认为证人"有必要出庭作证的"。

《刑事诉讼法》对这三项条件都没有给出具体的解释。原则上,只要证人证言能够证明被告人是否构成犯罪,或者能够证明法定量刑情节的,就都应被视为对定罪量刑具有重大影响。至于那些仅仅涉及酌定量刑情节或者不涉及罪与非罪问题的证人证言,则都不属于此类证言。同时,无论是公诉人、被害人、被告人还是辩护人、诉讼代理人,只要对某一证言的真实性、相关性或合法性提出了合理的质疑,就可以满足上述第二项条件。在司法实践中,最典型的异议是被告人、辩护人对公诉方移送法院的某一证言笔录提出了质疑。但对证人出庭作证来说,仅仅有上述两项条件还是不够的。法院还可以对证人出庭作证的必要性进行审查,并拥有对证人出庭作证的最后否决权。当然,这种否决也不能任意为之,而需要有正当的理由。所谓"认为有必要",通常可以理解为法院认为不通过出庭作证,根本无法对证人证言的真实性作出准确的核实。换言之,证人出庭作证属于不可替代的证人证言调查方式。

但是,从2018年《刑事诉讼法》对证人出庭作证条件的列举来看,这些条件仍然存在一定的模糊性,并使得法院在是否通知证人出庭作证方面享有太大的自由裁量权。从这些法定条件来看,控辩各方对证言提出异议,属于较为明确的"客观标准"。但是,诸如证言"对定罪量刑具有重大影响""法院认为有必要"等方面的条件,却都是主观性较强的标准,取决于法院自己的判断。假如某一刑事法官坚持程序正义,并从善意的角度来理解证人出庭作证制度,那么,证人出庭作证的可能性就大一些。相反,假如某一刑事法官盲目相信公诉方所提交的证言笔录的真实性,认为动辄传召证人出庭作证属于"没有必要"或者"浪费司法资源",甚至对证人出庭的条件给出恶意的解释,那么,证人出庭作证就将变得极为困难。特别值得指出的是,由法院来决定证人是否出庭作证,而不给予控辩双方申请证人出庭的权利,这无疑剥夺了控辩双方有效行使诉权的机会,使得法院在程序选择方面享有不受限制的裁判权。而法院任意剥夺控辩双方的程序选择权,这向来是中国刑事诉讼制度的一大缺陷,也是造成证人出庭困难的主要原因之一。如今,刑事诉讼法对证人出庭提出了一些新的要求,但只要在证人是否出庭问题上,不赋予控辩双方自由自主的选择权,证人出庭仍然由法院完全掌控,那么,证人出庭作证的问题恐怕仍然难以解决。

（三）证人不出庭作证的后果

为督促证人出庭作证，2018年《刑事诉讼法》对那些拒绝出庭作证的证人确立了惩罚性后果。首先，经法院依法通知，证人没有正当理由拒不出庭作证的，法院可以对其采取强制到庭的措施。所谓强制到庭，也就是法院派员以强制性手段将证人带到法庭上，所采用的手段也就是拘传。这是我国法律第一次授权司法机关对证人采取强制措施，属于强制措施制度所发生的主要变革。

其次，对于证人无理逃避出庭或者出庭后拒绝作证的，法院可以对证人加以训诫，对情节严重的，还可以经法院院长批准，处以10日以内的拘留。这种拘留也就是法院为维护法庭审理秩序所享有的司法拘留措施。

《刑事诉讼法》授权法院对证人采取强制到庭和司法拘留措施，这对于惩罚那些无理逃避出庭作证义务的证人，有望起到积极的作用。而对于那些依法应当出庭作证的证人来说，这些带有责任自负意味的强制措施，还可以起到有效的威慑作用。可以说，从成文法的规则逻辑来说，这种对证人不出庭作证后果的确立，对于完善证人出庭作证制度而言，是不可或缺的制度安排。

但是，证人应当出庭作证而没有出庭的，《刑事诉讼法》对于证人在庭外所作的证言笔录，并没有确立排除性的法律后果。而该法对于应当出庭作证而拒绝出庭的鉴定人，已经明确要求法院不得将鉴定意见作为定案的根据。同样是"应当出庭而拒绝出庭"，法院对鉴定意见就可以采取排除措施，而对证人证言笔录却不适用排除规则。这种对鉴定意见与证言笔录明显区别对待的制度安排，似乎没有令人信服的合理性和相当性。

而对于法院应当通知证人出庭作证而没有通知的，《刑事诉讼法》也没有对法院所进行的法庭审判确立程序性制裁后果。特别是在一审法院应当传召证人出庭作证而没有通知，而是通过宣读证言笔录来组织对证人证言的法庭调查的，二审法院能否将这种法庭审判视为"违反法律程序，影响公正审判"，从而以此为依据作出撤销原判、发回重审的裁定呢？对于这一点，《刑事诉讼法》显然并没有确立有针对性的程序规范。

由此看来，仅仅对拒不履行出庭义务的证人作出惩罚性的措施，而对那些不出庭证人所提供的庭前证言笔录，却不适用排除规则，而仍然允许法院将这些证言笔录采纳为定案的根据，这种制度设计恐怕很难从根本上解决证人拒不出庭的问题,对减少法院拒不通知证人出庭的现象更是难以发挥作用。毕竟,在证人不出庭作证问题上,除了有证人本身拒绝出庭作证的因素以外,还有法院拒绝通知证人出庭、主动选择宣读证言笔录的原因。2012年《刑事诉讼法》对于解决前一问题,或许可以发生一定的效果,但对于后一问题的解决而言,将是无济于事的。要从根本上解决证人不出庭作证的问题,还需要对证人证言笔录确立排除性的法律后果。这可能是无法绕开的制度安排。

为弥补刑事诉讼法的缺憾,《最高法院2020年解释》对不出庭作证的证人所做的证言笔录确立了明确的法律后果。根据这一司法解释,"经人民法院通知,证人没有正当理由拒绝出庭或者出庭后拒绝作证,法院对其证言的真实性无法确认的",该证言不得作为定案的根据。

根据这一解释,法院排除书面证言需要同时具备两个条件:一是法院依法通知证人出庭作证,而证人无正当理由拒绝出庭作证,或者出庭后拒绝作证;二是该证人所作的书面证言,经当庭质证而无法得到确认。显然,证人应当出庭而没有出庭的,其书面证言并不必然失去证据资格,法院仍然可以将其在法庭上予以宣读,交由控辩双方进行质证。法院拒绝将书面证言采纳为定案根据的主要理由,不是证人没有出庭作证,而是书面证言的真实性"无法得到确认"。可见,这里所确立的"证言排除规则",实质上仍然属于一种证明力规则,而不属于证据能力层面的规则。

五、交叉询问规则

自2012年以来,随着证人出庭作证制度的不断完善,有关当庭询问证人的规则被确立在刑事证据法之中。尤其是随着"以审判为中心的诉讼制度改革"的不断推进,"庭审实质化改革"取得了显著的成效,证人、鉴定人出庭作证的制度得到一定程度的保障,有关当庭对证人、鉴定人进行"交叉询问"的问题引起了越来越多的重视和强调。《最高法院2020年解释》就确立了较为完善的针对证人、鉴定人的交叉询问规则。

(一)英美法中的交叉询问规则

英美实行对抗式诉讼制度(adversary system),审判程序被设计成一种控辩双方运用证据、事实和法律所进行的理性争斗模式。在被告人选择无罪答辩的前提下,法庭要通过庭审来解决被告人是否承担刑事责任的问题。在此过程中,控辩双方各自向法庭提出本方的一面之词(ones own case)。对于证人的询问也主要是为了证明本方所提出的事实主张。

交叉询问(cross-examination)是对抗式审判程序所特有的询问证人方式,也是由控辩双方主导证人证言当庭调查的一种活动。交叉询问一般按照"主询问"(direct-examination)、"反询问"(cross-examination)、"再主询问"(redirect-examination)、"再反询问"(recross-examination)的顺序展开。

其中,主询问一般是指提出证人的一方对证人所进行的主导性发问,采取"一问一答"的方式,目的在于引导证人将所了解的有利于本方的案件事实全面完整地展现出来。公诉方和辩护方都可以对本方证人进行这种主询问。在被害人出庭作证的情况下,检察官通常对其进行主询问。而被告人一旦决定出庭作证,通常都是作为辩方证人提供证言的,辩护律师可以对其实施主询问。但无论对何种证人进行主询问,发问方都不得提出诱导性问题(the leading questions),也就是被禁止提出那些问题本身就包含或暗示着答案的问题。

反询问又被称为"诘问",是交叉询问的核心环节。反询问是指由另一方对那些作出对本方不利的证言的证人所进行的反驳性发问。发问方通常会针对证人在主询问中已陈述的内容进行再次核实或者反问,目的在于发现证人证言的矛盾之处以及证人隐而未提的事实。反询问的最大功能在于从不利于自己的证人口中找出对自己有利的事实,或者揭露证人的虚假陈词,令陪审员对该证人的可信性以及该证言的真实性产生合理的疑问,最终目的在于说服陪审员拒绝采信该证人的证言。基于这一目的,反询问不仅被设计成"一问一答"的询问方式,而且允许发问方提出诱导性问题。

在反询问结束后,提出证人的一方通常会对证人进行第二次发问。这种被称为"再主询问"的反问,通常会针对反询问中证人暴露的问题进行一定程度的补充性发问,目的在于维护本方证人的可信性和证言的真实性。而另一方可以根据情况对该证人进行再次反询问。这种交叉询问可以根据案件情况,进行若干轮,直到双方不再提出新的问题为止。

(二)大陆法中的询问证人规则

大陆法国家的刑事审判具有"职权主义"的诉讼模式。刑事审判被设计成一种旨在发现事实真相的司法调查方式,其核心特征是法官依据职权调查证据并探究案件的事实真相。对证人的询问方式自然也要服务于这一诉讼目标。

在开庭审理之前,主审法官通过阅卷和其他庭前准备活动,确定了法庭调查的证据范围、顺序和方式。对于每一位出庭作证的证人,法官都要亲自进行询问。控辩双方只有在取得主审法官准许后,才能向证人作补充性发问。甚至在诸如法国这样的国家,无论是检察机关还是辩护律师,都被禁止直接向证人发问,而只能将所要提出的问题交给职业法官,请后者代为发问。这样做的目的在于防止控辩双方的不当询问干扰庭审过程,避免对陪审员造成误导。在德国法庭上,主审法官允许其他法庭成员、检察官、辩护人、被告人向证人发问,但前提是这种发问不得使主审法官对证人的询问受到削弱。

由于对证人的询问始终由主审法官进行主导,控辩双方对证人的发问只起到辅助性的作用,且随时受到主审法官的严格控制,因此,英美法中的"交叉询问"机制在大陆法国家的刑事审判中没有存在的空间。对证人的发问实际变成法官主导进行的事实探究过程。

(三) 中国法中的证人询问规则

自1996年审判方式改革完成以后,我国的刑事审判制度走出了原来的"超职权主义"诉讼模式,在审判程序中逐渐引入了对抗式诉讼的若干因素,具有明显的"抗辩式"或"辩论式"形态。与此相适应,针对证人的交叉询问规则也大体上得到了确立。当然,这种交叉询问规则既适用于普通证人,也适用于鉴定人、被害人和专家辅助人。

原则上,证人无论由哪一方申请通知出庭作证,一旦到庭,在法庭核实身份完毕后,都应向法庭保证如实提供证言,如实说明鉴定意见,并在相关保证书上签名。对于出庭的证人,法庭首先向其发问,令其就所了解的案件事实作出连续性的陈述,然后交由控辩双方进行交叉询问。首先由提出证人的一方进行发问,这大体相当于"主询问";其次,由对方向证人进行发问,这属于"反询问";再次,在控辩双方归纳本方对证人证言的意见后,经审判长准许,控辩双方还可以按照上述顺序进行再次发问。这也相当于"再主询问"和"再反询问"。只不过,为澄清询问中出现的问题,发现事实真相,法官也可以向证人作补充性发问。

无论是控辩双方还是审判人员,向证人发问可以采取两种方式:一是问答式发问,也就是通过提问的方式向证人询问与案件事实有关的问题;二是陈述式发问,也就是在提出问题后,让证人连续不断地陈述其所了解的案件事实。但审判长发现证人当庭陈述的内容与本案无关,或者明显重复的,可以进行必要的提示和阻止。

任何一方向证人发问,都要遵守五项规则:一是发问内容应当与案件事实有关;二是不得采用诱导方式发问;三是不得威胁或者误导证人;四是不得损害证人人格尊严;五是不得泄露证人个人隐私。

在我国法庭审理中,审判长认为控辩双方向证人的发问违反上述规则的,通常会予以打断,并告知其改变提问方式或者另行提出问题。控辩双方也可以针对对方的不当提问,向法庭提出异议,并要求对方说明发问的理由,审判长视情况作出支持异议或者驳回异议的决定。

迄今为止,存在较大争议的问题是有关"禁止诱导性发问"的规则。本来,在英美证据法中,对证人的主询问是严格禁止提出"诱导性问题"的,但在反询问中则对此并不禁止。甚至有人还将这种"诱导性发问"视为交叉询问的灵魂。但在我国刑事证据法中,无论是作主询问的一方,还是作反驳性发问的另一方,都被禁止作"诱导性发问"。换言之,发问的一方不能提出那些"内容本身包含着答案的问题",也被禁止提出一些带有诱导性的发问,而只能提出一些平铺直叙的疑问。遇有证人的回答自相矛盾、不合情理甚至涉嫌说谎的情形,发问的一方也可以予以当庭指出,并申请法庭予以注意,或者请求法庭追究其伪证责任。

为确保证人当庭如实作证,全面客观地呈现案件事实,《最高法院2020年解释》和《法庭调查规程》对于证人的发问还确立了几个重要的规则。首先,在有多名证人出庭的情况下,向证人发问应当遵循"分别进行原则"。具体而言,证人出庭作证之前,应当在法庭指定的地点等候,不得谈论案情。证人出庭作证后,应当立即退庭。无论是在出庭作证之前还是作证结束后,证人都不得旁听对案件的审理过程。

其次,多个证人所提供的证言存在实质性差异的,法庭可以通知这些证人同时到庭进行当庭对质。审判长可以分别询问证人,就证言的实质性差异进行调查核实。控辩双方也可以依次向各个证人进行发问。必要时,经审判长允许,可以让证人进行相互发问。

最后,原则上,证人出庭作证的,其所作的庭前证言笔录不得再进行出示或宣读。法庭应当对证人当庭所提供的证言进行审查判断,而不再采信其庭前证言笔录。但在以下两种情况下法庭也可以准许宣读庭前证言笔录:一是证人出庭作证时遗忘或者遗漏庭前证言的关键内容,需要向证人作出必要提示的;二是证人当庭证言与庭前证言笔录存在矛盾,需要证人作出合理解释的。不仅如此,为了核实证据来源和证据真实性等问题,或者为了唤起证人的记忆,经审判长准许,控辩双方也可以在询问证人时,向其出示物证、书证等证据。

六、证言排除规则

为规范庭前证言笔录的证据能力,法律除了要对证言笔录的适用进行限制以外,还应确立专门的非法证据排除规则。这种排除规则所针对的既包括那些在取证方法上违反法律程序的"非法证言",也包括那些被否定证明力的证人证言。

(一) 证明力排除规则

应当说,我国刑事证据法对证人证言确立了不少排除性规则,强调特定情况下的证言"不得作为定案的根据"。但这些排除性规定并不都属于非法证据排除规则。其中,对于那些旨在限制特定证人证言之证明力的排除规则,我们可以将其视为关于证明力方面的排除规则。

首先,对于那些处于明显醉酒、麻醉品中毒或者精神药物麻醉状态,不能正常感知或者正确表达的证人所提供的证言,不能作为定案的根据。证人处于醉酒、中毒或麻醉状态下,其证言不一定都不具备证据能力,这里的关键问题在于证人能否正常感知,能否正确表达,这是判断是否排除证言的主要根据。

其次,对于证人的猜测性、评论性、推断性的证言,一般不能作为证据使用。这是前面所说的"意见证据规则"。但是,这一规则存在着例外情形,也就是假如根据一般生活经验判断符合事实的,这种意见证据也可以作为定案的根据。对于这一点,法官显然可以根据经验法则和逻辑法则,进行一定的自由裁量。

再次,经法庭依法通知,证人拒不出庭作证,且其证言的真实性难以确认的,法院不得将该证言作为定案的根据。前面已经说过,证人拒不出庭作证,并不一定会导致证言被否定证据能力。关键在于在证人拒不出庭的情况下,其证言笔录的真实性是否得到确认。假如这类证言笔录的真实性无法得到确认,法院保留将其予以排除的权力。

又次,生理上、精神上有缺陷,对案件事实的认知和表达存在一定困难,但尚未丧失正确认知、表达能力的证人所作的证言,应当采取慎重对待的态度,对于该证言没有其他证据加以印证的,不得作为定案的根据。

最后,对于与被告人有亲属关系或者其他密切关系的证人所作的有利于被告人的证言,或者与被告人有利害冲突的证人所作的不利于被告人的证言,应当慎重对待,对该证言没有其他证据加以印证的,不得作为定案的根据。

(二) 非法证言排除规则

《最高法院 2020 年解释》针对那些非法取得的证言笔录建立了一些排除规则。所谓非法取得的证言笔录,主要是指那些取证程序和制作笔录的方式存在违法和不规范情形的证言笔录。针对这些证言笔录所构建的排除规则,具有"非法证据排除规则"的属性。大体上,我国刑事证据法所确立的非法证言排除规则可分为两大类:一是强制性排除规则,二是可补正的排除规则。前者适用于那些取证手段存在严重违法情况的"非法证言",后者则适用于那些在收集程序和方式上存在不规范情况的"瑕疵证言"。①

1. 强制性排除规则

作为一种最严厉的排除规则,强制性排除规则主要适用于四种"非法证言"。首先,对于侦查人员"以暴力、威胁以及非法限制人身自由等非法手段取得的证人证言",法院都应当无条件地予以排除。所谓"暴力",主要是指那些已经使证人肉体或精神产生痛苦的询问方式;所谓"威胁",则是指侦查人员以对证人造成痛苦或剥夺其利益的结果加以胁迫,从而对证人造成精神强制的取证手段;所谓"非法剥夺人身自由",则是指侦查人员在没有法律依据的情况下对嫌疑人加以羁押,或者在依法羁押期限届满后,没有法律依据的情况下继续羁押嫌疑人的行为。在"暴力""威胁"或"非法剥夺人身自由"手段的逼迫下,证人有可能顺从侦查人员或明示或暗示的思路,作出违心的、不真实的证言。因此,对于这些以非法方法取得的"非法证言",法院应当无例外地加以排除。至于在"暴力""威胁""非法限制人身自由"之外的其他非法

---

① 有关"强制性排除"与"自由裁量的排除"的比较分析,可参见陈瑞华:《非法证据排除规则的中国模式》,载《中国法学》2010 年第 6 期。

手段,究竟应包含哪些内容,2018年《刑事诉讼法》和相关司法解释都没有给出明确的列举,这有待于最高人民法院、最高人民检察院在以后的司法解释或指导性案例中逐步加以解释。

其次,对于"询问证人没有个别进行而取得的证言",法院应适用强制性排除规则。证人就自己耳闻目睹的案件事实所做的口头陈述,形成了证人证言。证人应提供自己独知的案件事实,这些事实具有个别性和优先性,因此证人属于不可替代的诉讼角色。唯有对证人进行个别询问,证人证言的真实性才能得到保证。否则,侦查人员假如将若干个证人召集到一起,令其通过"集体回忆"的方式提供证言,就有可能造成不同证人相互启发和影响,以致形成不知其真实来源的证据信息。在此情况下,司法人员根本无法查清证人所陈述的案件事实究竟来自证人直接的感官感知,还是来自其他证人的传播,因此容易造成对证人证言证明力判断上的失误。正因为如此,两个证据规定才对侦查人员提出了询问证人应"个别进行"的程序要求,并对违背这一程序要求所取得的证言,采取强制性排除的立场。

再次,对于那些"书面证言没有经证人核对确认的",法院也适用强制性排除的规则。与被告人一样,证人假如对于侦查人员的询问笔录既没有进行核对确认,也没有作出签名、捺指印或者盖章的确认表示,就无从判断证言笔录的真伪,也难以鉴别证言笔录与证人所作陈述的一致性和同一性。经验表明,未经证人核对确认或者作出签名等确认表示的证言笔录,完全有可能是伪造、变造的,也有可能是违背证人真实意思表示的。对这类证言笔录,法院唯有加以无条件的排除,才能避免对证言审查判断上的错误。

最后,"询问聋哑人,应当提供通晓聋哑手势的人员而没有提供的",或者"询问不通晓当地通用语言、文字的少数民族人员、外国人,应当提供翻译而没有提供的",也适用强制性排除规则。这一情形与针对被告人供述笔录的强制性排除是完全一致的。

2. 瑕疵证言的补正规则

在针对证言的强制性排除规则之外,《最高法院2020年解释》还确立了可补正的排除规则。这一排除规则主要适用于那些在取证程序和方式上存在不规范情况的"瑕疵证言"。这种取证的不规范主要发生在询问笔录制作方面,属于询问笔录存在疏漏或者错误的问题。对这类"瑕疵证言",司法解释规定法院可以责令办案人员加以补正,或者给出合理的解释,对于无法补正或者不能作出合理解释的,法院仍然保留予以排除的权力。

具体说来,这些"瑕疵证言"主要包括以下五种情况:一是询问笔录没有填写"询问人、记录人、法定代理人姓名或者询问起止时间、地点的";二是"询问证人的地点不符合规定的";三是询问笔录没有记载"告知证人应当如实提供证言"和证人相关法律责任内容;四是询问笔录反映出"在同一时间段,同一询问人员询问不同证人的";五是"询问未成年人,其法定代理人或者合适成年人不在场的"。

这些在取证程序上存在不规范情况的瑕疵证言,由于侦查人员没有采取严重违反法律程序的取证方法,因此没有被视为"非法证据",不能直接适用强制性排除规则。遇有这种瑕疵证言,法庭可以责令办案人员作出必要的程序补正,如弥补原来的不规范取证做法,或者重新制作一份规范的证据笔录。当然,如果进行这些补正行为不具有现实条件的,法庭也可以责令办案人员作出合理的解释,以证明当初并不存在故意违反法律程序的情况,或者有关程序瑕疵并不足以影响该证据的证明力。经过程序补正,法庭认为原有的程序瑕疵得到成功的补正或者获得治愈的,就可以不再计较取证不规范的情况,而将补正后的相关证据采纳为定案的根据。相反,假如经过程序补正,办案人员仍然无法消除原有的程序瑕疵,或者无法令法庭确信该证据的证明力的,法庭仍然保留排除该项瑕疵证言的权力。

七、证言印证规则

与被告人翻供问题一样,证人也会出现提供前后不一致证言的情况。这种证言前后不一致的情况也有两种:一是证人当庭证言与证人庭前所作的证言笔录发生了矛盾,二是未出庭作证的证人提供了相互矛盾的书面证言。在这两种情况下,法官在采信证言方面都会面临艰难的选择。因为在对证言的证据能力没有异议的情况下,法官更为注重的是证言的真实性和可靠性。而证人当庭提供的证言与庭前书面证言,何者更为真实,以及证人庭前所提供的相互矛盾的两份书面证言,何者更为可靠,假如没有其他证据的印证和佐证,都将成为难以作出判断的问题。

按照刑事证据法所确立的规则,证人当庭证言与庭前书面证言发生矛盾的,法庭应当优先采纳当庭证言。表面看来,这似乎体现了直接和言词审理的原则,显示出对当庭证言之证据能力的重视。① 但实际上,这与证据能力问题没有太大的关系。司法解释为法庭作此选择设置了两个前提条件:一是证人"当庭能够对其翻证作出合理解释",二是当庭证言要"有相关证据印证"。假如无法同时满足这两个条件,法庭仍然可以将当庭证言弃之不顾,而采信庭前书面证言。其中,司法解释要求证人"作出合理解释"的规定,使得证人对其翻证的合理性承担了证明责任;而对当庭证言与其他证据相互印证的规定,则实属对当庭证言真实性的验证要求。

对于证人庭前所作的相互矛盾的书面证言,司法解释并没有根据是否有利于被告人的标准来确立采信规则。毕竟,根据逻辑法则和经验法则,两份在证明同一问题上相互矛盾的书面证言,不可能都是真实的,其中必有一份存在虚假的可能性。假如无法确证其中一份书面证言的虚假性,那么,两者就都存在不真实的可能性。更何况,书面证言往往是由侦查人员以单方面调查的方式秘密获取的,不像当庭证言那样在公开的法庭上提供,并使得控辩双方有机会进行当庭质证,因而其真实性是值得怀疑的。因此,对这类自相矛盾、真伪难辨的书面证言原则上应当否定其证明力。但是,作为一种例外,那些没有出庭作证的证人所作的两份书面证言出现矛盾的,法庭仍然可以将其中一份证言作为定案的根据,但前提条件有两个:一是证言的矛盾得到了排除;二是该书面证言得到了其他证据的印证。换言之,两份自相矛盾的书面证言,假如无法排除矛盾,并且也没有其他证据对其加以印证的,法庭一律不得确认它们的证明力。

以上是就一般证人证言的印证问题所作的分析。除此以外,刑事证据法还对一些特殊证人证言提出了相互印证的要求。所谓特殊证人证言,主要是指那些生理上、精神上有缺陷的人所提供的证言,以及那些与被告人存在利害关系的人所提供的证言。生理上、精神上有缺陷的人,由于自身在感知、记忆、表达等方面存在着固有的局限性,他们无论是充当被害人、被告人还是证人,所提供的陈述都有可能是不真实和不可靠的。例如,一个患有精神疾病的人所提供的证言,经常处于真伪难辨的状态。又如,一个盲人或者聋哑人,尽管也感知到了一些案件事实,但由于受自身认识和表达能力的限制,往往难以提供完整清晰的言词证据。对于这些人所提供的特殊言词证据,司法解

---

① 有关直接和言词原则的内涵和要求,可参见陈瑞华:《刑事审判原理论》(第二版),北京大学出版社 2003 年版,第 161 页以下;〔德〕罗科信:《刑事诉讼法》(第 24 版),吴丽琪译,法律出版社 2003 年版,第 428 页以下。

释并没有采取一律摒弃的态度,仍然有条件地承认它们的证据价值,但前提条件是这些特殊的言词证据需要得到其他证据的印证。

另一类特殊证人证言是由那些与被告人存在利害关系的证人所提供的。这些证人要么与被告人存在亲属关系,要么存在其他较为密切的社会关系,要么与被告人存在着利害冲突。他们由于与被告人存在着这方面的关系,很可能人为地作出偏袒被告人的证言,或者故意提供不利于被告人的证言。为防止证人因为与被告人存在利害关系而提供虚假的证言,司法解释强调他们所做的证言都要得到其他证据的印证,使其证明力得到其他证据的验证。否则,这类证人证言也不得被采纳为定案的根据。

八、侦查人员作证问题

在刑事诉讼中,侦查人员负有收集证据、为公诉活动做准备的责任,是行使侦查权的国家工作人员。但在法律明确规定的情况下,侦查人员对其所了解的案件事实,也负有作证的义务,从而具有证人的诉讼角色。

我国 2010 年颁行的两个证据规定,首次在法律中确立了侦查人员作证的制度。这一制度后来在 2018 年《刑事诉讼法》和《最高法院 2020 年解释》中相继得到进一步的发展。

迄今为止,我国刑事证据法确立了侦查人员作证的三种方式:一是目击证人,也就是就其在执行职务时了解的犯罪事实情况提供证言;二是程序证人,也就是对那些发生争议的程序事实,如侦查行为是否合法的事实,提供证言;三是量刑证人,也就是对那些存有争议的量刑情节,如自首、立功、坦白、退赃、退赔等事项,提供相关的证言。与此同时,侦查人员在提供证言方面,只有两种法定方式:一是提供书面的说明类材料,二是出庭作证。

(一)侦查人员的目击证人角色

根据 2018 年《刑事诉讼法》的规定,警察就其执行职务时目击的犯罪情况,可以作为证人出庭作证。这是我国法律首次确立侦查人员的目击证人地位。在刑事案件的侦查过程中,侦查人员了解犯罪事实的情形经常发生。例如,侦查人员接到报案后,迅速赶赴现场,将正在作案的犯罪嫌疑人当场抓获;侦查人员在巡逻过程中,发现了正在进行的犯罪活动,并将犯罪嫌疑人当场或者事后抓捕归案;侦查人员通过采取技术侦查手段,将犯罪嫌疑人所实施的犯罪过程予以秘密录音、录像;侦查人员采取诱惑侦查手段,亲自使用数量引诱、犯意引诱或者双套引诱方法,诱使犯罪嫌疑人实施犯罪活动,并在犯罪嫌疑人进行违禁品交易时将其擒获……

与普通证人一样,侦查人员在作证方面也要经历感知、记忆、储存和表达等几个环节。从证明力的角度来看,侦查人员所提供的证言也有出现虚假的可能性,也有可能与案件事实不具有相关性。这就需要司法人员根据经验法则、逻辑法则,对其证言的真实性和相关性进行审查判断。同时,与其他证人证言一样,侦查人员的目击证言也要具备法律所规定的证据资格,否则,同样不具有证据能力。

当然,侦查人员作为目击证人,也有一些有别于普通证人的特殊性。毕竟,侦查人员是在执行职务过程中目击犯罪事实的人。与一般证人不同的是,侦查人员一般不会接受其他侦查人员的询问,从而形成询问笔录或者证言笔录。侦查人员就其所目击的案件事实,一般是通过提交"情况说明""抓捕经过""破案经过"等方式来提交证言的。原则上,这些说明材料也就是侦查人员提交的书面证言。一般而言,只要控辩双方对这些说明材料的真实性和相关性不持异议,刑事法庭会将其直接采纳为定案的根据。但是,遇有控辩双方对这些说明材料提出异议的场合,特别是被告方对这些材料的真实性和相关性提出合理怀疑的,侦查人员就有必要就此提供进一步的证言。法庭有可能要求侦查人员作出补充性的"情况说明",或者传召其亲自出庭作证,当庭提供口头证言。但无论是提交书面说明,还是出庭作证,侦查人员都是就其所目击的犯罪事实提供进一步的证言。这种证言对于侦查人员载入案卷之中的说明材料,起到补充和强化的作用。两者结合起来,共同成为侦查人员的目击证言。法官要作出是否采纳侦查人员目击证言的决定,就需要将两者视为同一证言的不同组成部分,进行综合审查和判断。

（二）侦查人员的量刑证人地位

在刑事诉讼中,无论是法定情节还是酌定情节,从其生成的时间和来源来看,可以分为两大类:一是犯罪发生后已经生成的量刑情节,二是在刑事诉讼过程中逐步形成的量刑情节。前者往往形成于犯罪发生之前和犯罪行为过程之中,并随着犯罪行为的结束而告形成。诸如犯罪前科、犯罪动机、犯罪起因、被害人过错、主犯或从犯、累犯等方面的情节,都属于这一类量刑情节。后者则是随着刑事诉讼程序的启动而逐渐形成的量刑情节。这类情节可以包括自首、坦白、立功、认罪态度、赔偿被害人、刑事和解、退赃、预交罚金等常见的情节。

通常情况下，对前述第一类量刑情节，侦查人员会在侦查过程中将其搜集起来，制作相关的证据笔录。遇有控辩双方对这些量刑情节发生争议的场合，法庭一般不需要侦查人员提供证言，而最多会责令当初接受侦查人员调查的证人出庭作证而已。但是，前述第二类量刑情节却是在刑事诉讼程序启动之后新出现的，侦查人员有可能直接对其中的自首、坦白、立功、认罪态度、退赃、退赔等情节提供了说明类材料。控辩双方一旦对这些量刑情节提出异议，法庭就有可能向侦查人员进行调查核实，侦查人员也有可能就此类情节是否成立的问题提供证言。

刑事证据法对侦查人员就量刑事实提供证言问题确立了若干项证据规则。首先，被告方提出案件有自首的事实和理由，有关机关未予以认定的，法庭应当要求有关机关提供证明材料或者要求相关人员出庭作证，并结合其他证据判断自首是否成立；其次，对于被告人是否协助或者如何协助抓获同案犯的证明材料不全，导致无法认定被告人构成立功的，法庭应要求有关机关提供证明材料或者要求有关人员作证，并结合其他证据判断立功是否成立；最后，有关被告人是否构成累犯的材料不全，法庭应要求有关机关提供证明材料。

作为对量刑事实提供证言的证人，侦查人员与一般的证人有一定的区别。这是因为，侦查人员所要证明的不是一般的"案件情况"或"犯罪事实"，而主要是量刑事实，也就是与某一量刑情节是否成立密切相关的事实情况。正因为如此，我们可以将那些提供此类量刑事实的侦查人员，称为"量刑证人"。一方面，对侦查人员所提供的此类证言，法庭应主要围绕着量刑事实是否成立的问题来对其证明力进行审查判断。另一方面，侦查人员就量刑事实提供证言，具有事实认定和量刑情节认定的双重功能：一是作为抓捕、破案、讯问过程的亲历者，就有关量刑事实提供目击证言；二是作为侦查机关的成员，代表侦查机关，就有关量刑情节是否成立的问题提供证明材料。

（三）侦查人员的程序证人角色

与提供量刑事实的证人一样，侦查人员在程序性裁判中所要提供的也不是一般的"案件情况"。为证明侦查行为的合法性，侦查人员所要提供的是一种"程序事实"。这种"程序事实"大体可以包括两大类：一是侦查人员所亲历的侦查行为的过程,如讯问嫌疑人、询问证人、辨认现场以及进行勘验、检查、搜查、扣押等侦查活动的过程;二是非法侦查行为的严重程度、危害后果、可否补正等事实,如非法侦查行为是否明显违反法律程序、采纳某一非法证据是否影响司法公正、某一证据究竟属于非法证据还是瑕疵证据、有关瑕疵证据可否得到补正,等等。通过提供前一种程序事实,侦查人员要证明自己不存在非法取证的情况,其侦查活动是合法的;而通过提供后一种程序事实,侦查人员则要证明当初的侦查行为即便存在一些违反法律程序的情况,法庭也不应动辄将某一控方证据排除于法庭之外。

在为侦查行为的合法性提供证言方面,侦查人员一方面处于"程序证人"的地位,另一方面则具有"程序被告"的角色。所谓"程序被告",也就是指侦查人员的诉讼行为处于被控告的境地。与行政诉讼的情况较为类似的是,在这种由被告方所发动的程序性裁判活动中,侦查人员因其侦查行为的合法性面临争议而成为被告,也就是这种程序合法性之诉的当事人。按理说,法庭在宣告启动非法证据排除程序之后,应当组织一个独立的法庭审理程序,使得被告人和侦查人员分别被列为程序上的原告和被告。但考虑到节约诉讼成本的需要,法庭只是在中止实体性裁判活动之后,临时组织一场较为简易的程序性裁判活动,就没有必要将被告人和侦查人员分别列为程序上的当事人。于是,被告人被视为程序合法性之诉的申请方,侦查人员仅仅作为证人出庭作证,而没有必要像行政诉讼中那样将侦查人员列为被告。但是,那些"涉嫌"实施非法侦查行为的侦查人员,之所以要就侦查行为的合法性问题提供证言,并不仅仅因为他们了解案件情况,亲历了整个侦查过程,也是因为他们作为有争议的侦查行为的实施者,有义务向法庭提供证言,以帮助法庭弄清是否存在违法取证问题,以便为法庭适用非法证据排除规则创造可靠的事实基础。因此,与作为目击证人和量刑事实的证人的侦查人员不同,那些充当程序证人的侦查人员,在提供证言和出庭作证方面负有更大的责任。他们不仅要通过提供证言来证明特定的程序事实,还要承担出庭应诉的责任,若不提供证言、不出庭作证就有可能面临"败诉"的后果,其侦查行为的合法性有可能受到否定的评价。

(四) 侦查人员作证的方式(Ⅰ)——提供说明类材料

侦查人员一般有两种作证方式:一是提供"情况说明",二是出庭作证。但根据刑事证据法的要求,出庭作证只是一种例外的情况,侦查人员作证的主要方式还是提供书面的说明类材料。

这些通常被称为"情况说明"的说明材料,往往以侦查机关的名义作出,甚至还加盖侦查机关的公章,侦查人员则签署上自己的名字。对于这种说明材料,法院在大多数情况下都对其证据能力不持异议,甚至直接作为定案的根据。在一些例外情况下,法庭可能最终没有确认这类说明材料的证明力,但仍然允许公诉方将其出示在法庭上,承认了该材料的证据资格。以下的案例就形象地反映了侦查人员出具说明材料的问题:

 案例

2011年7月11日,浙江省宁波市鄞州区法院对章国锡涉嫌受贿一案作出了一审判决。根据该院宣告的(2011)甬鄞刑初字第320号判决书,被告人章国锡原在侦查机关对起诉书指控的全部犯罪事实做了多次有罪供述,并且亲笔书写了《自我供述》《悔过书》。在庭审过程中,控方宣读了被告人章国锡的供述笔录、《自我供述》,并且当庭播放了被告人章国锡有罪供述的审讯录像片段,又提供了侦查机关盖章的和侦查人员签名的关于依法、文明办案,没有刑讯逼供、诱供等违法情况的说明。被告人章国锡辩解称,他审判前的有罪供述是在被侦查机关刑讯逼供、诱供等情况下作出的违心供述,他向法庭提交了《冤案真相》《审讯过程及我的心路历程》《看守所日子》等书面材料,详细记载了何时、何地、何人对其刑讯逼供、诱供等具体情况。在庭审过程中,章国锡又多次陈述侦查人员的上述行为,以证明侦查机关违法获取其有罪供述,该有罪供述不能作为定案的依据。辩护人根据章国锡的供述提出相同的观点,并且申请本院调取相关的证据。法庭根据章国锡提供的线索,到宁波市鄞州区看守所提取了章国锡在2010年7月28日的体表检查登记表,该表载明章国锡右上臂小面积的皮下淤血,皮肤划伤2cm。被告人章国锡和辩护人又多次申请本院要求控方提供章国锡的全程审讯录像并予以当庭质证。控方庭审中明确告知:因为审讯录像涉及机密问题,当庭播放不利于保密,故不能移送法院。辩护人又向法庭申请要求侦查人员出庭说明情况,控方也明确表示不出庭,当庭提交了侦查机关盖章的和侦查人员签名的关于依法办案、文明办案,没有刑讯逼供、诱供等违法情况的说明……

鄞州区法院认为,被告人章国锡及其辩护人指出侦查机关违法获取章国锡审判前有罪供述,并且提供了相应的证据和线索,根据《排除非法证据规定》的相关规定,控方应当移送相关的被告人章国锡的全程审讯录像予以质证,应当通知讯问人员出庭作证等,以证明侦查机关获取被告人章国锡审判前有罪供述的合法性。控方虽然出示、宣读了章国锡的有罪供述笔录、《自我供述》;播放了章国锡有罪供述的录像片段;提交了关于依法、文明办案,没有刑讯逼供、诱供等违法情况的说明,但是上述证据不足以证明侦查机关获取被告人章国锡审判前有罪供述的合法性。相反,法庭却调取到了被告人章国锡的体表检查登记表,证明章国锡在审讯时受伤的事实,控方又不能作出合理的解释。依照《排除非法证据规定》第 11 条的规定:对被告人审判前供述的合法性,公诉人不提供证据予以证明,或者已提供的证据不够确实、充分的,该供述不能作为定案的依据。故章国锡审判前的有罪供述不能作为定案的根据……①

宁波市鄞州区法院判决的这一案件,曾被称为"非法证据排除第一案"。② 法院在认定公诉方无法证明侦查行为合法的前提下,最终根据被告人的陈述以及体表检查登记表,将被告人的有罪供述笔录排除于法庭之外。值得注意的是,法院对侦查人员所提交的说明材料,却没有明确否定其证据能力。这种对证明力和证据能力不加区分的裁判方式,显示出法院在审查判断侦查人员的说明材料方面,享有较大的自由裁量权。当然,这种将非法证据最终排除于法庭之外的情况,在司法实践中还是极为罕见的。而在绝大多数案件中,法院对辩护方有关排除非法证据的申请都直接予以拒绝。侦查人员所提供的说明材料,在这些案件中不仅被确认了合法性,而且还被直接作为定案的根据。而这才是刑事法庭的普遍做法。

那么,对于侦查人员出具的这种说明材料,证据法确立了哪些限制性规则呢? 原则上,未经侦查人员在该类材料上签名或者盖章,法院不得将其采纳为定案的根据。这就意味着,侦查人员出具的情况说明,假如仅仅有侦查机关或者侦查人员所在部门所盖的公章,而没有其个人签名或者盖章,是不具有证据能力的。不仅如此,法院通知侦查人员出庭作证,而侦查人员予以拒绝的,该侦查人员所出具的说明类材料,也不得作为定案的根据。

(五) 侦查人员作证的方式(Ⅱ)——出庭作证

在通过其他方式难以查明事实,尤其是对侦查人员出具的说明类材料存

---

① 参见陈东升等:《"检方指控证据被排除"首现浙江》,载《法制日报》2011 年 8 月 24 日。
② 参见陈霄等:《程序正义催生排除非法证据第一案》,载《法治周末》2011 年 8 月 31 日。

在较大争议的情况下,法院可以通知侦查人员"出庭说明情况",也就是出庭作证,接受法庭的发问以及控辩双方的交叉询问。可以说,出庭作证也是侦查人员作证的一种法定方式。

上海市第一中级人民法院在审理一起贩卖、运输毒品案件时,就通过传召侦查人员出庭作证,对侦查人员当场抓获被告人时所目击的事实进行了证明。

 案例

上海市人民检察院第一分院以贩卖、运输毒品罪对被告人王文勇、陈清提起公诉,公诉事实有:2007年12月18日,被告人王文勇指使被告人陈清从上海乘飞机前往四川省成都市天合酒店与其会面,王将装有毒品的纸袋交给陈。次日,陈按王的要求携带毒品乘坐K292次列车回沪。12月21日上午6时许,二人在上海市中亚饭店2420房间交接毒品时被侦查人员抓获,当场查获装在纸袋内的大量白色晶体。此后,侦查人员又在王驾驶的牌号为苏ACC436的汽车内查获大量灰色及红色药片,从王入住的中亚饭店1317房间内查获少量淡黄色晶体、白色晶体。经上海市毒品检验中心鉴定,纸袋中的白色晶体净重4496.8克,甲基苯丙胺含量为78.39%;汽车内查获的灰色药片净重300.18克,二亚甲基双氧安非他明(MDMA)含量为27.90%;红色药片净重176.17克,甲基苯丙胺含量为11.07%;1317房间内查获的淡黄色晶体净重5.63克、白色晶体净重2.23克,均检出甲基苯丙胺成分。

本案在第一次庭审中,被告人王文勇坚称没有实施毒品犯罪行为,其辩护人提出本案指控王犯罪的事实不清、证据不足,其理由主要是认为本案指控王文勇指使陈清运输、在中亚饭店2420房间查获的4496.8克甲基苯丙胺的证据,只有同案犯陈清的供述,没有其他证据印证。侦查机关出具的《案发经过》称,侦查人员在抓捕王文勇时,王正手提一个黑红相间的纸袋从2420房间开门出来。侦查人员在抓获王后,当场在该纸袋内发现涉案毒品。公诉人认为该份证据对认定王实施毒品犯罪行为具有重要的证明作用。而辩护人则当庭提出,该《案发经过》作为关键证据,在形式和内容上均存在瑕疵,无法确认该证据的真实性,且陈清当庭也称并没有看见王文勇手提纸袋出门。在此情况下,当时负责抓捕王文勇的侦查人员在实施抓捕行为时所目睹的情况,对于本案指控事实的认定,无疑具有至关重要的作用。因此,本案一审决定再次开庭,依公诉方申请通知该侦查人员出庭作证,并在经过控辩双方充分质证的基础上,依法采纳了该侦查人员当庭陈述的证言作为定案依据……①

在本案中,侦查人员通过出庭作证,既对其所提供的《案发经过》的内容进行了补充说明,又对抓捕被告人时亲眼目击的事实进行了证明,尤其是证明了被告人当时手提一个纸袋,并从纸袋中当场发现了涉案毒品。侦查人员的这一证言与本案同案被告人陈清的证言具有相互印证的作用。侦查人员当庭作证,并接受了法庭的询问,接受了控辩双方的交叉询问,其证言也被法庭采纳为定案的根据。这种由侦查人员出庭作证的方式,要比侦查人员简单地提供书面的"情况说明",具有更好的庭审效果。

对于侦查人员出庭作证,我国刑事证据法并没有确立较为完善的证据规则。原则上,在何种情况下传召侦查人员出庭作证,完全属于法院自由裁量的事项。即便被告人及其辩护人提出通知侦查人员出庭的申请,法院也要考虑侦查人员出庭的"必要性",来作出通知或者不通知的决定。对于法庭不通知侦查人员出庭的决定,被告人及其辩护人缺乏必要的救济手段。在接到法院出庭通知后,侦查人员拒绝出庭的,法律也没有制定任何制裁措施。这一点与普通证人出庭形成鲜明的对比。

对出庭作证的侦查人员,控辩双方究竟如何交叉询问呢?一般而言,这与对证人、鉴定人的交叉询问适用同样的规则。刑事证据法没有对此确立专门的证据规则。

【深入思考题】

1. 询问证人为什么需要"个别进行"?某人作为被告人的近亲属旁听了第一天的法庭审理,但法庭第二天通知其作为证人出庭作证。请问这种做法是否妥当,为什么?

2. 在法庭对某一入室盗窃案进行审理的过程中,证人提供了以下证言:"黑暗中看不清盗贼的脸,但根据其声音、身高和步伐,估计就是被告人……根据被告人平常的表现,十有八九是被告人实施了盗窃行为。"请问:对于证人所做的上述证言,法庭可以将其作为定案根据吗?为什么?

---

① 参见余剑:《王文勇、陈清运输毒品——侦查人员出庭作证的范围和程序》,载《刑事审判参考》(总第81集),法律出版社2012年版,第41—48页。

3. 根据《最高法院 2020 年解释》，"询问笔录反映出在同一时间段内，同一询问人员询问不同证人的"，法庭可以将证人证言视为一种瑕疵证据，并对其适用可补正的排除规则。但有人提出，这种情况显示出侦查人员有可能伪造了一份证人证言，而给予他们进行持续补正的机会，则无异于给予他们掩盖伪造证据行为的机会。你对此有何看法？

4. 2018 年《刑事诉讼法》确立了证人出庭的制度。但有人认为，在公诉方仍然可以宣读证人庭前证言笔录的情况下，证人即使出庭作证，也无法从根本上解决法院根据证言笔录直接定案的问题。据此，有人提出，唯有将所有证人证言笔录阻挡在法庭大门之外，使其不得在法庭上出现，唯有使所有证人出庭作证，当庭提供证言，并接受控辩双方的交叉询问，才能从根本上解决法院根据公诉方案卷笔录认定案件事实的问题。对此，你有何看法？

5. 侦查人员在什么情况下可以成为证人？侦查人员作证的方式有哪些？

【讨论案例之十七】

云南省高级人民法院
(1998)云高刑初字第 1 号刑事判决书(节录)

起诉书指控被告人褚时健指使罗以军将华玉公司账外存放的浮价款银行账户及相关的资料销掉,把剩余的 1150 多万美元以"支付设备配件款项"的名义全额转出。褚决定自己要 1150 多万美元,并拿给罗以军一个钟照欣提供的用英文打印的银行收款账号,叫罗把钱转存到该账户。罗以军在褚时健给的收款账号上注明 1156 万美元,连同褚时健签字的授权委托书一起带上,到深圳找到华玉公司总经理盛大勇,叫盛立即办理。1996 年 1 月 23 日,钟照欣提供给褚时健的账户上收到了 1156 万美元。上述款项案发后已全部追回。

对指控的这一事实,公诉机关当庭宣读和出示了银行转款凭证,银行收款凭证,证人罗以军、刘瑞麟、钟照欣的证言,以证明被告人褚时健指使罗以军将华玉公司银行账户上的 1156 万美元转到新加坡商人钟照欣在境外银行开设的账户的过程,被告人褚时健及其辩护人对转款的事实无异议。

被告人褚时健辩解:叫罗以军销掉存放浮价款的银行账户,并把账户上的余款 1150 多万美元全部转到钟照欣的账户上,是因为即将交接工作,为了掩盖私分 355 万美元的事实;款转出后是为玉溪卷烟厂支付购买烟丝膨胀设备款,并不是自己要。辩护人提出,指控褚时健主观上具有非法占有故意的证据不足。

公诉机关针对被告人褚时健的辩解和辩护人的意见,进一步宣读和出示了下列证据:(1)罗以军证言,证明"褚时健说自己要 1150 万美元";同时证明"褚时健给我一个用英文打印的银行账号用以转款"。(2)钟照欣证言,证明"褚对我说要转一笔款到我账上,向我要个账号……我专门买了个公司,开设了银行账户,把账户提供给褚,款转到了这个账户上"。(3)合同书、付款凭证,证明被告人褚时健辩解的购买烟丝膨胀设备的款项,是由其他途径支付的。

被告人褚时健对罗以军、钟照欣的证言表示异议。辩护人提出,罗以军、钟照欣的证言均存在重大矛盾,不能作为认定事实的根据。法庭依法传罗以军出庭作证。罗以军在当庭作证时,证明褚时健说过转出的美元用作赞助款和其他开支。

云南省高级人民法院认为,被告人褚时健指使罗以军将华玉公司账户上的 1156 万美元转到钟照欣在境外的银行账户上,这一事实清楚,双方并无争议。争议的焦点是指控被告人褚时健具有非法占有的主观故意,证据是否充分;争议的实质是被告人褚时健的行为是否具备贪污罪的主观要件,构成贪污罪。经审查:(1)罗以军的证言不能作为认定事实的根据。罗以军直接实施转款行为,在这一指控中有利害关系,作为证人作证时,证言的内容前后不一,特别是出庭作证的内容与开庭前所作证言有重大变化,在重要情节上自相矛盾,对辩护人提出的质疑不能作出合理解释,没有其他证据相印证,故对罗以军的证言不予采信。(2)钟照欣的证言亦不能作为认定事实的根据。证言中关于专门为被告人褚时健转款购买公司、开设银行账户一节,经查证,在时间上、用途上均存在矛盾;关于提供给被告人褚时健账号一节,有多种说法,前后不一致,没有其他证据相印证,故对钟照欣的证言不予采信。[①]

可讨论的问题:

1. 该判决书对罗以军和钟照欣的证人证言笔录不予采信的理由是什么?请对此简要陈述。

2. 请结合这份判决书的内容,讨论一下证人当庭改变证言的,法院究竟如何适用证言印证规则。

[①] 参见云南省高级人民法院(1998)云高刑初字第1号刑事判决书。

第十八章　被告人供述和辩解

> 任何人均无义务指控自己。

一、被告人供述和辩解的概念
二、被告人供述和辩解的特点
三、被告人供述的自愿性
四、非法供述排除规则
五、口供印证规则
六、口供补强规则

【讨论案例之十八】　广东省高级人民法院(2014)粤高法刑四终字第127号刑事附带民事判决书(摘录)

一、被告人供述和辩解的概念

在我国刑事诉讼中,被告人供述和辩解是一种独立的法定证据形式,其全称为"犯罪嫌疑人、被告人供述和辩解"。考虑到证据规则主要是为法庭审查判断证据所设定的法律规范,而被追诉者在法庭审理中的身份为"被告人",因此,我们将这一证据形式简称为"被告人供述和辩解"。通常所说的"口供",也就是被告人供述和辩解。

所谓被告人供述和辩解,是指被告人就有关案件事实情况向司法机关所作的陈述。根据被告人所作陈述的内容来看,被告人供述和辩解可以大体分为两类:一是被告人供述或自白,也就是被告人供认自己犯罪事实的陈述,或者被告人说明他人实施犯罪行为的陈述;二是被告人辩解,也就是被告人就自己不构成犯罪所作的辩解意见,或者被告人在承认自己构成犯罪的前提下就自己的从轻、减轻或者免除情节所作的辩解意见。

根据被告人所作供述和辩解的诉讼阶段,我们可以将这一证据分为被告人庭前供述和辩解与被告人当庭供述和辩解。所谓被告人庭前供述和辩解,是指被告人在法庭审理开始之前,向侦查人员或公诉人所作的供述和辩解。而被告人当庭供述和辩解,则是指被告人当庭就案件事实所作的供述或者就其不构成犯罪或罪行较轻的事实所作的辩解。被告人庭前供述和辩解还可以有两种记录形式:一是被告人亲笔书写的供词或辩解材料,二是侦查人员、公诉人对讯问被告人的过程所作的书面记录,又称为"被告人供述笔录"或者"讯问笔录"。原则上,被告人庭前供述和辩解与当庭供述和辩解,都要适用同样的证据审查规则,也都会经受同样的举证、质证程序。

从形式上看,被告人供述和辩解与证人证言、被害人陈述一样,都属于通过口头陈述方式表达的言词证据。但从实质上看,被告人供述和辩解与证人证言却有着一些区别。首先,被告人与证人的诉讼地位不同。证人是就案件情况承担作证义务的诉讼参与人。而被告人则是处于被追诉者地位的当事人。在刑事诉讼中,被告人同时具有双重诉讼角色:一是作为案件事实的提供者,具有"证据信息之源"的性质,这与证人非常相似;二是作为案件的被追诉者,享有法律所保障的辩护权,可以参与对案件证据的举证和质证过程,这与辩护人的身份具有相似性。可以说,被告人在刑事诉讼中同时具有证人和辩护人的身份。

其次，被告人陈述的内容与证人证言的内容有所不同。证人证言一般是证人就其感知的案件事实所作的陈述。被告人供述和辩解则同时包含着双重内容：一是被告人就案件事实所作的陈述，二是被告人对自己是否构成犯罪、承担何种刑事责任或者应受到何种量刑所作的陈述。可以说，被告人供述和辩解不单纯属于有关案件事实的陈述，还包括了对案件如何适用法律问题的意见。

最后，被告人与证人所要承担的法律责任不同。任何了解案件情况的证人都负有作证的义务，并负有如实提供证言的法律责任。根据2018年《刑事诉讼法》的要求，法庭依法通知证人出庭作证而遭到证人拒绝的，可以对其采取强制到庭的措施；对于逃避出庭作证义务或者到庭拒绝作证的证人，法庭还可以采取司法拘留的处罚措施。不仅如此，证人故意提供伪证，情节严重的，还有可能被追究伪证罪的刑事责任。相反，被告人一般都被采取了刑事拘留、逮捕等强制措施，其人身自由受到了剥夺，刑事诉讼中通常不存在被告人逃避侦查和审判的问题。在审判前阶段，被告人面对侦查人员的提问，负有"如实陈述"的义务。对于那些拒绝回答问题而保持沉默，或者拒不供认犯罪事实的被告人，侦查人员可以将其视为"认罪态度不好"，法庭则可以将其视为"无理狡辩"，从而将其视为从重量刑的酌定情节。

尽管被告人供述和辩解属于一种独立的证据形式，但同案被告人的供述和辩解是否具有这样的独立性，在法学界却存在着一些争议。所谓同案被告人供述和辩解，是指涉嫌共同犯罪的若干名被告人就其本人或其他被告人是否构成犯罪的问题所作的陈述。一种观点认为，同案被告人就其本人是否实施犯罪行为所作的供述和辩解，属于被告人供述和辩解，但对其他被告人是否构成犯罪所作的供述和辩解，则属于证人证言，被告人此时具有证人的身份。另一种观点则认为，同案被告人的供述和辩解无论是涉及其本人的案件事实，还是涉及其他被告人的案件事实，都属于被告人供述和辩解，并适用被告人供述和辩解的证据规则。

在司法实践中，一些法院往往将共同被告人涉嫌犯罪的案件予以分开审理，将同案被告人的供述视为证人证言，与本案被告人的供述结合起来，就可以完成对被告人犯罪事实的认定过程。这似乎规避了刑事诉讼法有关"只有被告人供述没有其他证据的，不能定罪量刑"的规则，因此引起了较大的争议。批评者一般认为，这种分案审理的做法，往往将某一被告人的供述和辩解作为指控其他同案被告人犯罪的证据使用，且通常采取宣读被告人供述笔录的质证方式,这显然剥夺了被告人与同案其他被告人进行当庭对质的机会,侵犯了被告人的辩护权,剥夺了被告人获得公正审判的机会。

二、被告人供述和辩解的特点

通常情况下,被告人供述和辩解包含着较为丰富的证据事实和信息,具有较强的相关性。被告人无论是作出有罪供述还是作出无罪或罪轻的辩解,都会提供涉及其是否构成犯罪的大量事实信息。那些作出有罪供述的被告人,通常会就犯罪的起因和动机、犯罪行为的实施过程、犯罪时的心理状态、犯罪结果等提供较为完整的信息链条。有时候,被告人供述的案件事实本身就包含了几乎全部犯罪构成要件事实。而那些作出无罪辩解的被告人,尽管否认了犯罪事实的发生或者否认了自己就是犯罪事实的实施者,但他们至少就主要案件事实提供了重要的陈述。在大多数情况下,被告人供述和辩解与目击证人的证言、亲自经历犯罪过程的被害人的陈述以及记载犯罪过程的录音录像资料一样,都能就主要案件事实是否成立的问题发挥证明作用,因而都属于直接证据。

被告人供述和辩解尽管具有较强的相关性,但是,这是一种非常不稳定的证据形式,其真实性和可靠性通常会受到多种因素的影响。首先,被告人作为受到刑事追诉的当事人,很可能面临定罪判刑的结局,因此一般都会通过无罪辩解来逃避刑事制裁。在司法实践中,被告人面对侦查人员的讯问,通常首先选择无罪辩解,而只有在外部压力极大、不坦白供述已难以摆脱压力的情况下,才被迫作出有罪供述。如果说被告人因为逃脱罪责的本能,所作的无罪辩解具有天然的不可靠性的话,那么,被告人在压力下所作的有罪供述,也无法保证其真实性。其次,被告人与案件或其他当事人的利害关系,有可能促使其选择不真实的供述或辩解。有些被告人会将责任推卸给与其有利害关系的同案被告人,有些被告人则可能出于保护近亲属的考虑,会主动承认自己没有实施过的犯罪事实。这种基于利害关系所作的供述和辩解,经常处于真伪难辨的状态。最后,侦查人员对被告人进行讯问的时间、地点、方式、手段等会影响被告人供述和辩解的真实性。由于大多数被告人都处于被羁押的状态,其人身自由受到剥夺,侦查人员对其具有较大的心理控制力,因此,侦查人员的讯问方式会对其陈述内容产生程度不同的影响。侦查人员一旦采取刑讯逼供、威胁、利诱、欺骗等非法讯问行为,就有可能促使被告人被迫作出虚假的有罪供述。不仅如此,连续不断的讯问、侦查人员选择的单方面审讯的地点,及其在被告人身心俱疲的情况下所制造的心理攻势等,也有可能促使被告人作出不真实的有罪供述。

至少是基于以上原因,被告人经常会根据外部压力的变化而选择不同的陈述。对于被告人推翻原来的有罪供述而选择无罪辩解的情况,我们通常称其为"翻供"。所谓"翻供",其实是指被告人对同一案件事实先后作出了自相矛盾的不同陈述。被告人的"翻供"一般有两种情况:一是被告人在侦查和审查起诉阶段先后作出了有罪供述和无罪辩解;二是被告人在审判前阶段供认了犯罪事实,但在法庭审理过程中推翻了原来的有罪供述,而改作无罪辩解。

被告人供述和辩解能否具备法定的证据资格,也会受到诸多方面的限制。其中,影响这类证据合法性的主要因素是口供的自愿性问题。有关被告人供述自愿性的证据规则,通常被称为"口供自愿规则"或"自白任意法则"。本书后面会对此作出专门讨论。

一般说来,被告人的当庭供述和辩解在自愿性上是不存在较大争议的。这是因为,法庭审理中控辩双方的共同参与、公开审判的环境以及被告人选择诉讼角色的相对自由,决定了被告人当庭所作的有罪供述,一般不是强迫和压力下的结果,而基本出自被告人的自愿选择。因此,对于被告人当庭所作的有罪供述,法庭一般不会否定其证据资格,更不会作出"排除非法证据"的决定。但是,被告人庭前所作的有罪供述就完全不同了。对于这种庭前有罪供述,侦查人员通常都制作了供述笔录或讯问笔录,法庭所接触的也主要是这类记载着被告人供述内容的书面笔录。考虑到大多数被告人都被采取了未决羁押措施,他们所作的有罪供述都是在被剥夺人身自由的情况下作出的,因此,这类庭前有罪供述在自愿性上具有天然的缺陷。

当然,刑事诉讼法对被告人庭前有罪供述并没有采取一律拒绝采纳的态度,而是对其证据能力作出了严格的限制。首先,在取证主体方面,侦查机关应当拥有对案件的立案管辖权,对被告人的讯问应当由两名侦查人员进行。其次,在取证手段方面,侦查人员应当严格依照法律程序进行讯问,而不得采取刑讯逼供、威胁、利诱、欺骗等法律所禁止的取证行为。最后,在讯问笔录的制作方面,侦查人员应当按照法律制作,并确保讯问笔录符合法定的形式要件,如记载讯问的时间、地点,完整准确地记录讯问内容,讯问人、被讯问人签名或者盖章,等等。

三、被告人供述的自愿性

(一) 被告人供述自愿性的含义

在理论上,被告人同时具有当事人和言词证据提供者的诉讼角色。作为当事人,被告人享有辩护权,可以委托或者被指定律师进行辩护活动,并可以提出无罪或者从轻、减轻、免除刑罚的辩护意见,因而可通过行使诉权来影响裁判的结局。但与此同时,被告人无论是在审判前还是法庭审判过程中,都可以就案件事实作出陈述,这种陈述又是一种法定的证据形式,裁判者可借助这种言词证据来认定案件事实。①

一般说来,作为诉讼主体,被告人在行使辩护权方面的自愿性是可以得到保证的。但作为一种言词证据的提供者,被告人在选择作出有罪供述或者无罪辩解方面,却经常面临受到强迫的问题,其供述的自愿性难以得到普遍的保障。尤其是在侦查过程中,侦查人员为追求迅速侦查破案的结果,有时会使用刑讯逼供、威胁、引诱、欺骗以及其他非法方法进行讯问活动,由此所获取的被告人有罪供述也就属于非自愿的供述。结果,在法庭审理过程中,被告人往往会以"受到刑讯逼供"或者"讯问程序违法"为由,当庭推翻原来的有罪供述,或者对公诉方提交的供述笔录的合法性提出质疑,甚至直接提出有关排除非法供述的申请。可以说,公诉方提交的被告人供述笔录的自愿性问题,已经成为刑事证据法需要加以规范的重要问题。

当然,这里所说的"自愿性",并不是指社会心理学意义上的"自由自愿",而是一种对强迫取证行为的否定。其实,被告人即使获得了非常完善的程序保障,他就犯罪事实的供述也不可能是完全"心甘情愿"的,而完全有可能是外部压力下的产物。证据法所要保障的并不是这种发自内心的绝对自愿性,也并不是对所有外部压力的否定。所谓"自愿性",就是"非强迫性"的另一种称谓。也就是说,只要禁止了那些法定的非法取证行为,侦查人员所获取的被告人供述也就排除了强迫取证的可能,因而应被视为"具有自愿性的供述"。

---

① 对于被告人在刑事诉讼中同时充当当事人和言词证据提供者的双重角色问题,已经有西方学者给予重视,并作出了初步分析。可参见〔德〕罗科信:《刑事诉讼法》(第24版),吴丽琪译,法律出版社2003年版,第226页以下。

(二) 供述自愿性的制度保障

迄今为止,我国刑事诉讼法已经明确将"刑讯逼供""威胁""引诱""欺骗"等讯问方式视为非法取证方法,并针对这些取证方法确立了禁止性规范。在司法实践中,侦查机关却在普遍运用各类带有强迫性的取证方法。例如,以各种方式令被告人在肉体或精神上产生痛苦;在长达几十个小时的时间里进行连续不断的讯问;向被告人许下不切实际的承诺,以诱使其供认犯罪事实;向被告人施加压力,威胁追究其近亲属的刑事责任,令其产生恐惧;等等。对于这些取证方法,各级法院几乎都没有将其视为"刑讯逼供""威胁""引诱"或者"欺骗"的行为。

为防止刑讯逼供以及其他非法取证情况的发生,2012年《刑事诉讼法》确立了三项重要的程序规则:一是拘留、逮捕后应将嫌疑人立即送交看守所;二是在送交看守所之后,侦查人员一律应在看守所内进行讯问;三是对于讯问过程可以进行同步录音录像。

应当说,这些规则的确立,对于减少刑讯逼供的发生,确保被告人供述的自愿性,无疑将会产生积极的效果。毕竟,侦查机关与看守所之间确实存在着一定的相互制约关系。为规避很可能发生的职业风险,看守所并不鼓励侦查人员采取非法讯问手段,甚至对侦查人员的预审讯问会采取各种监控措施。因此,在拘留、逮捕后尽量缩短在看守所以外的场所的羁押时间,有望避免嫌疑人长时间地直接控制在侦查人员手里;将侦查人员的讯问场所限制在看守所,也可以防止侦查人员在避开看守所监管的情况下任意讯问嫌疑人,这对于侦查人员依法进行讯问将会起到有效的约束作用。不仅如此,建立对预审讯问过程的全程录音录像制度,尤其是对那些重大刑事案件构建强制性的录音录像制度,也可以发挥两个方面的积极作用:一是督促侦查人员在讯问时遵守法律程序,避免采取各种强迫手段,尊重嫌疑人供述的自愿性;二是对预审讯问过程具有见证作用,遇有被告人诉称受到侦查人员非法讯问的情形,法庭可以借助于录音录像资料来对侦查行为的合法性作出公正的裁决。

但是,在司法体制和诉讼构造不发生实质性变化的情况下,这些新的程序规则究竟能否起到遏制刑讯逼供、保障被告人供述自愿性的效果,仍然是令人怀疑的。比如说,在公安机关有权决定采取强制措施的制度下,对看守所监控力度的加强,可能会促使侦查人员避开拘留、逮捕措施,而对嫌疑人采取监视居住措施。一旦选择了这种带有变相羁押性质的监视居住,侦查人员就可以成功地控制嫌疑人,而拘留、逮捕措施的适用所带来的看守所的监控机制,就会被侦查人员彻底规避了。

又如,在看守所继续由公安机关掌控的体制下,看守所对于检察机关的预审讯问或许会进行有效的监控,但在公安机关自行侦查的案件中,侦查权与未决羁押权完全集中到公安机关手中。侦查人员即便在看守所内部进行预审讯问,也会得到看守所方面的支持和配合,而对于那些发生在看守所内的刑讯逼供等非法取证现象,看守所也不会给予有效的制止。甚至在违法取证行为发生之后,看守所还有可能有意掩盖非法侦查行为的真相,或者阻挠有关刑讯逼供问题的调查活动。毕竟,在看守所隶属于公安机关的体制下,指望看守所与公安机关的侦查部门进行有效的制衡,是不切实际的。

再如,录音录像制度对于遏制刑讯逼供能否发挥积极的作用,这是不能给予过高估计的。从近年来检察机关全面实施录音录像制度的效果来看,这一制度不仅对减少非法取证没有显著的效果,反而对真正的刑讯逼供具有一定的掩饰作用。侦查机关自行聘用录音录像人员,造成了录音录像人员难以具有中立性和超然性;录音录像根本不能做到同步性和全程性,造成录音录像资料的不完整,甚至容易被任意剪接和变造;录音录像只能在特定预审讯问场所内进行,但侦查人员的讯问却可以在这些场所以外随意进行,法院对于未经录音录像的讯问笔录仍然予以采纳,而不否定其证据能力……这些都造成录音录像制度的形同虚设,对于减少非法取证和改善嫌疑人的处境没有发挥有效的作用。

四、非法供述排除规则

自 2010 年以来,最高人民法院通过一系列司法解释或者规范性文件,在确立了非法证据排除规则的基础上,逐步将非法供述排除规则的适用范围予以扩大,最终确立了一套较为完善的成文法规则。大体上看,这种非法供述排除规则主要适用于侦查人员、检察人员在审判前阶段违反法律程序所获取的被告人有罪供述。对于这种非法供述,刑事证据法分别针对不同情形,确立了强制性的排除规则和瑕疵证据的补正规则。下面依次对这两种非法供述排除规则作出简要分析。

(一) 强制性排除规则(Ⅰ)

自 2012 年以来,我国《刑事诉讼法》对于非法供述排除规则都只是作出了较为简略的规定。原则上,对于采用刑讯逼供等非法方法收集的犯罪嫌疑人、被告人供述,应当予以排除。但对于何谓"刑讯逼供等非法方法",该法却语焉不详,没有作出具体的解释。

经过最高人民法院近十年来的改革探索,在先后发布数个司法解释或规范性文件的基础上,"刑讯逼供等非法方法"得到了较为具体的解释。根据《最高法院 2020 年解释》,刑讯逼供是指"采用殴打、违法使用戒具等暴力方法或者变相肉刑的恶劣手段",使被告人遭受难以忍受的痛苦而违背意愿作出有罪供述的行为。其中,采用暴力方法或者变相肉刑,是刑讯逼供的基本属性,而使被告人产生肉体疼痛或者痛苦,则是刑讯逼供的直接后果。对于这种以刑讯逼供手段所获取的有罪供述,刑事证据法直接适用强制性排除规则。

那么,哪些是"刑讯逼供以外的其他非法方法"呢?原则上,在侦查人员采取刑讯逼供手段之外,可能还存在着多种非法获取有罪供述的方法。其中,与刑讯逼供大体可以相提并论的非法方法,也就是足以给被告人造成疼痛、痛苦或其他伤害的方法,通常被称为"变相的刑讯逼供手段"。而那些违反法律规定的诉讼程序的取证行为,则被称为"一般的非法取证手段"。对于后一手段以及由此所获取的有罪供述,我们后面专门加以讨论。

那么,"变相的刑讯逼供手段"究竟是指什么呢?

《最高法院 2020 年解释》围绕这一问题确立了三种非法供述排除规则,将侦查人员通过威胁、非法拘禁获取的有罪供述,以及违法获取的重复性供述,纳入排除对象。但根据《严格排除非法证据规定》,"变相的刑讯逼供手段"除了上述三种方法以外,还有未依法录音录像、讯问地点不合法以及核查程序不合法等三类非法取证手段。对于侦查人员通过这些非法手段所获取的有罪供述,法院也可以将其予以排除。下面依次作出简要分析。

1. 威胁

所谓威胁,是指三种非法取证行为:一是侦查人员以使用暴力相威胁;二是侦查人员以严重损害嫌疑人、被告人本人的合法权益相威胁;三是侦查人员以严重损害嫌疑人、被告人近亲属的合法权益相威胁。侦查人员只要实施了上述任何一种威胁行为,并达到使嫌疑人、被告人遭受痛苦而违背意愿作出有罪供述的程度,都构成法定的"威胁"行为,司法人员就可以此为依据适用非法证据排除规则。

2. 非法拘禁

所谓非法拘禁,是指那些非法限制人身自由的方法,如不经任何程序即限制人身自由,在刑事拘留期限届满后继续非法羁押,或者在逮捕期限届满后不变更强制措施,等等。当然,与"威胁"行为不同的是,非法拘禁行为并不需要达到令被讯问人遭受难以忍受的痛苦而违背意愿的程度,而只要侦查人员采取了法定的非法拘禁手段的,就可以直接成为强制性排除规则的适用对象。

3. 重复性供述

所谓"重复性供述",又被称为"重复自白",是指嫌疑人、被告人在接受侦查人员以非法方法讯问作出有罪供述之后,在随后由侦查人员、检察人员、审判人员的讯问过程中,再次作出了与前述供述相同的有罪供述。法律假如仅仅将侦查人员通过刑讯逼供等非法手段所获取的供述作为排除的对象,而对于被告人所做的重复性供述不作出任何限制的话,那么,这种排除规则将无法发挥其有效遏制违法取证行为的效果。为解决这一问题,规范性文件确立了重复性供述排除的条件:一是侦查人员采取刑讯逼供方法获取了有罪供述;二是嫌疑人、被告人受到上述刑讯逼供行为影响而作出相同的有罪供述。这就意味着,作为排除重复性供述的前提,侦查人员一开始采取的非法取证行为只能是刑讯逼供行为,而不能是威胁、非法拘禁或其他非法取证行为。与此同时,嫌疑人、被告人后来作出的重复性供述必须受到前面刑讯逼供的影响,也就是说后来作出相同的有罪供述与前面的刑讯逼供行为有着直接的因果关系。

但是,嫌疑人、被告人作出重复性供述的情况是非常复杂的,对这类重复性供述假如采取一律排除的处理方式,也不符合非法证据排除规则的立法意图。为限制司法人员的自由裁量权,《严格排除非法证据规定》也确立了重复性供述排除的例外规则。一是在侦查期间,侦查机关因为侦查人员采取非法方法收集证据而将其予以更换后,其他侦查人员在告知诉讼权利和认罪后果的前提下进行再次讯问,嫌疑人自愿作出有罪供述的;二是在审查逮捕、审查起诉和审判期间,检察人员、审判人员在告知诉讼权利和认罪后果的前提下进行讯问,嫌疑人、被告人自愿作出有罪供述的。换言之,在侦查人员已经采取刑讯逼供等非法方法获取有罪供述的情况下,对重复性供述不予排除的前提条件是,再次讯问的主体必须是原来实施非法讯问的侦查人员以外的其他人员,如其他侦查人员或者检察人员、审判人员。与此同时,其他侦查人员、检察人员或审判人员必须向嫌疑人、被告人进行了诉讼权利和认罪后果的告知。在上述条件都得到满足的情况下,嫌疑人、被告人仍然作出有罪供述的,该供述也就不再被列入排除规则的适用对象。

4. 未依法进行录音录像

对讯问嫌疑人的过程进行同步录音录像,是我国刑事诉讼法为防止刑讯逼供等非法取证手段而确立的一项重要制度。尤其是在被告人可能被判处无期徒刑以上刑罚的重大案件,以及其他需要录音录像的特殊案件,对讯问嫌疑人过程进行录音录像,更是属于法律所确立的明确要求。为此,刑事证据法对侦查人员没有依法进行录音录像所获取的被告人供述确立了强制性排除规则。具体而言,侦查人员对于应当对讯问过程录音录像的案件没有提供讯问录音录像,或者讯问录音录像存在选择性录制、剪接、删改等情形,现有证据不能排除以非法方法收集证据情形的,所获取的被告人供述一律被纳入强制性排除的对象。

5. 未在法定办案场所进行讯问

为预防刑讯逼供等非法取证现象的发生,刑事诉讼法明确要求侦查人员在法定办案场所进行讯问。这种对讯问场所所作的要求,可以防止侦查人员随意选择讯问地点,确保侦查人员的讯问过程受到羁押场所监管人员的监督,减少刑讯逼供等非法取证行为的发生。为此,刑事证据法明确要求,对于侦查人员没有在法定办案场所讯问,现有证据不能排除以非法方法收集证据情形的,一律不得作为定案的根据。

6. 核查程序不合法

所谓核查程序,是指检察机关在法定重大案件侦查终结之前,对侦查机关是否存在刑讯逼供以及其他非法取证行为所进行的专门性调查核实程序。根据这一程序,检察机关对于符合法定条件的重大案件,在侦查终结之前,要询问嫌疑人是否受到过刑讯逼供等非法取证行为。对于这一核查过程,检察机关要进行全程录音录像。根据刑事证据法,对于检察人员在重大案件侦查终结前没有对讯问合法性进行核查,或者没有对核查过程同步录音录像,或者录音录像存在选择性录制、剪接、删改等情形,现有证据不能排除以非法方法收集证据情形的,有关证据应被排除于法庭之外。

根据最高人民法院的解释,核查程序所适用的重大案件主要是指那些可能判处无期徒刑以上刑罚的重大刑事案件,以及被告人涉嫌组织、领导黑社会性质组织犯罪或者严重毒品犯罪等方面的重大案件。

（二）强制性排除规则（Ⅱ）

在刑讯逼供以及变相的刑讯逼供以外,侦查人员还有可能在讯问嫌疑人时违反其他方面的法律程序。对于这类违反一般诉讼程序所获取的有罪供述,我国刑事证据法也确立了强制性的排除规则。具体说来,强制性的排除规则可以适用于以下四种非法取证行为：

首先,讯问笔录没有经被告人核对确认的。这种未经被告人核对确认的有罪供述,很有可能存在伪造、变造有罪供述的情形,也有可能出现记录错误的情况,以至于损害被告人有罪供述的真实性。

其次,讯问聋哑人,应当提供通晓聋哑手势的人员而没有提供的。不为聋哑人提供通晓聋哑手势的人员,既无法保证他们了解侦查人员讯问的内容,也难以确保他们准确无误地陈述案件事实,以至于造成有罪供述的虚假性。

再次,讯问不通晓当地通用语言文字的人,没有依法为其提供翻译的。侦查人员不提供翻译,既会造成被告人无法理解讯问的内容,也难以保证他们准确无误地陈述案件事实,以至于造成有罪供述的不真实。

最后,讯问未成年人,其法定代理人或者合适成年人不在场的。这是《最高法院2020年解释》作出的最新规定,属于非法证据排除规则取得的重大制度突破。过去,刑事诉讼法尽管明文要求侦查人员讯问未成年嫌疑人时,应当通知其法定代理人或者合适成年人到场,但对于违反这一规定的侦查行为,却没有确立程序性制裁措施,结果导致这一规定在实践中经常形同具文。在上述司法解释实施后,侦查人员讯问未成年嫌疑人,不通知法定代理人或者合适成年人到场的,所获取的被告人有罪供述一律不得成为定案的根据。这种排除性的后果等于确立了一种宣告无效的程序性后果,对于侦查人员讯问未成年嫌疑人的行为,将构成一种有力的法律约束。

（三）瑕疵证据的补正规则

针对侦查人员在讯问被告人过程中存在程序瑕疵的,刑事证据法还确立了瑕疵证据补正规则。这一规则主要适用于以下三种情形：一是讯问笔录填写的讯问时间、讯问人、记录人、法定代理人有误或者存在矛盾的;二是讯问人员没有签名的;三是首次讯问笔录没有记录告知被讯问人相关权利和法律规定的。

对于上述存在程序瑕疵的被告人供述,法庭可以责令公诉方进行程序上的补正,或者给出合理的解释或说明。公诉方如果能够进行程序补正,或者可以给出合理解释的,法庭就不再将其排除于法庭之外,而可以作为定案的根据。

五、口供印证规则

在证据能力的审查方面,对于被告人的无罪辩解和当庭供述都很少发生争议,法院需要解决的主要是被告人供述笔录的合法性问题。但在证明力的评判问题上,无论是被告人的无罪辩解还是有罪供述,也无论是被告人庭前供述还是当庭供述,都可能存在不真实、不可靠的问题,也都需要被纳入法庭审查的范围。

本来,在被告人供述和辩解的证明力问题上,证据法不应确立过于具体的证据规则,而应交由法官根据经验、理性和良心进行自由判断。但是,考虑到被告人供述的特殊性,特别是被告人庭前供述与当庭陈述之间经常发生不一致的情形,因此,完全由法官对证据的证明力进行自由判断,也会出现问题。因此,我国刑事证据法针对被告人翻供的情形,确立了旨在限制被告人供述证明力的口供印证规则。

在审查被告人供述的证明力时,刑事法官经常面临一种左右为难的困境:原来作出有罪供述的被告人,一旦推翻了有罪供述,而改作无罪辩解,或者作出了与原来的有罪供述明显不一致的供述,对此翻供或者供述不一致的情形,究竟将何者采纳为定案的根据呢?与证人证言一样,假如被告人作出了前后矛盾或者明显不一致的供述或辩解,那么,这些供述或辩解是不可能同时为真实的。而假如法官无法确认何者为真、何者为假的话,那么,两者的证明力就都无法得到验证。

对于被告人的翻供问题,广东省高级人民法院所作的一份二审判决就给出了一种较为合理的处理方式。

 案例

经广东某市中级人民法院审理查明,2002 年 7 月 14 日晚,被告人余华平因怀疑被害人王金伟偷他的手机,而与之发生争执,后王金伟被建帝公司值班的保安人员和余华平看管。其间,王金伟两次逃走,被保安人员和余华平、余后成发现并带回看管。7月15日凌晨5时许,王金伟趁洗澡之机再次逃脱。当日6时许,余华平、余后成在公司锅炉房内找到王金伟,合力将王按倒在地,采取用手捂嘴、用铁丝勒颈的手段,致王金伟死亡。之后,两人将王金伟的尸体抬到附近配电房侧的小巷内,由余华平伪造了跳墙摔下的假象。法院据此判处被告人余华平犯故意杀人罪,判处死刑,缓期二年执行;被告人余后成犯故意杀人罪,判处无期徒刑。

一审宣判后,被告人余华平、余后成不服,提出上诉。余华平上诉提出:(1)没有杀人,是被冤枉的。没有直接证据证明他和余后成勒死被害人王金伟,仅凭口供不能定案。(2)证人证言可以证实他没有作案时间。(3)侦查阶段指认杀死被害人王金伟的现场是在警察提醒之后才知道是在大锅炉房后面,侦查阶段的有罪供述是被刑讯逼供的。其辩护人的辩护意见为:(1)被害人王金伟死亡时间是7月15日6时至7时30分,证人证言可以证实余华平没有作案时间。(2)提取的作案工具、现场勘验笔录及现场血迹的法医学DNA检验鉴定书均无法证实余华平、余后成到过现场。(3)余华平、余后成在侦查阶段的有罪供述存在矛盾和疑点,与其他证据无法印证。两人被刑事拘留后,未被依法移送看守所羁押。在讯问被告人过程中也未依法保障被告人合法的休息时间,两上诉人提出被刑讯逼供有事实依据。在非法羁押期间的口供应认定为非法证据。本案事实不清,证据不足,应改判无罪。

余后成上诉提出:(1)没有参与杀人。(2)侦查阶段的口供是被逼供的,并由警察提示下供述的。(3)证人证言可以证实他没有作案时间。其辩护人的辩护意见为:(1)本案唯一的直接证据是两人在侦查阶段的供述,两人的供述极不稳定,难以判断真伪,也无其他证据佐证。(2)两上诉人无作案时间。没有充分证据证实余华平、余后成杀害王金伟。应改判余后成无罪。

出庭检察员的出庭意见为:(1)原审判决认定的事实有相应证据支持。(2)原判在以下两个问题的查证上尚未达到"确实、充分"的程度:一是关于被告人余华平、余后成的作案时间问题,证人任小丽、苏光荣等人的证言和两被告人有罪供述之间不尽相符。二是将铁丝圈认定为本案的作案工具的证据相对单薄。一审判决将侦查人员在现场勘查时提取的铁丝圈作为作案工具,此认定虽然有上诉人的现场指认等证据支持,但是,鉴于被告人供述间的矛盾未能充分排伪,这一认定仍缺乏有效佐证。

广东省高级人民法院经开庭审理认为,除上诉人余华平、余后成在侦查阶段的有罪供述外,没有其他直接证据证实两上诉人实施了杀人行为。两人的有罪供述前后之间、相互之间存在矛盾,也缺乏其他证据印证。且侦查机关获取有罪供述的程序有瑕疵。公诉机关提供的诸多证人证言证实了事件大致发生、发展的过程,也能反映出两上诉人有作案的动机和重大嫌疑,但无法确证他们实施杀人作案。尤其从被害人的表妹任小丽、表姨苏光荣证言反映出来的情况看,余华平没有作案时间。本案事实不清,证据达不到确实、充分的定罪标准,不能认定被告人有罪。据此,广东省高级人民法院改判上诉人余华平、余后成无罪。①

在本案中,两名被告人在侦查阶段作出了有罪供述,但在法庭审理中都推翻了原来的供述。二审法院认为本案两名被告人在侦查阶段的供述前后之间和相互之间都存在着矛盾,并且无法得到其他证据的印证。最终,二审法院根据两名被告人所作供述真伪难辨的情况,认定本案事实不清,证据不足。

应当说,与证人改变证言的情形相似,被告人的"翻供"也可以分为两种情况:一是被告人庭前供述一致,但庭审中翻供的;二是被告人庭前供述和辩解出现反复,也就是庭前即出现了翻供情况。对于这两种翻供的情形,司法解释确立了不同的印证规则。

在被告人庭前供述一致、当庭推翻供述的情况下,司法解释确立了优先采信庭前供述的规则。这与对证人证言的采信规则有着明显的差异。这是因为,被告人在整个侦查和审查起诉阶段,都作出了前后内容一致的有罪供述,而没有出现翻供的情形,这显示出有罪供述是比较稳定的。而当庭翻供的原因则很容易得到解释:在公开的法庭上,在控辩双方同时参与的情况下,被告人更容易反悔于当初的有罪供述,利用最后的机会为自己作出辩解。而这种无罪辩解的真实性往往是无法得到保证的。当然,司法解释对庭前供述的优先采纳也不是无条件的。要使有罪供述的真实性得到验证,就必须同时满足两个条件:一是被告人不能合理地说明翻供理由,或者其辩解与全案证据存在矛盾;二是庭前供述与其他证据能够相互印证。

---

① 罗少雄、陈光昶:《余华平、余后成被控故意杀人案——如何把握故意杀人案件证据确实、充分的证明标准》,载《中国刑事审判指导案例》第3卷,法律出版社2012年版,第142—145页。

而在被告人庭前发生翻供的情况下,其有罪供述的证明力就受到严重的削弱。原则上,被告人庭前供述与辩解出现反复的,或者被告人庭前就出现翻供情形的,其庭前供述一般不得被采纳为定案的根据。从保证证据真实性的角度来看,司法解释作此规定,也是不难理解的:在侦查人员或公诉人单方面举行的预审讯问中,被告人尚且都会发生翻供的情形,这显然说明被告人有罪供述是不稳定和不可靠的。

当然,被告人庭前翻供又可以被进一步区分为两种情形:一是被告人当庭作出有罪供述的,二是被告人庭审中拒不供认的。对于前一种情形,考虑到被告人当庭认可了庭前的有罪供述,因此,只要该当庭供述得到了其他证据的印证,法庭就可以采信其当庭供述。而对于后一种情形,鉴于被告人当庭拒不作出有罪供述,无法对庭前供述加以确认,那么,只要庭前供述得不到任何其他证据的印证,法庭就不应采纳该庭前供述。

可见,不论采纳被告人当庭供述还是庭前供述,司法解释都要求该供述得到其他证据的印证。这足以说明,被告人有罪供述的真实性是存在先天不足的,其证明力需要通过其他证据来加以印证。

六、口供补强规则

根据我国刑事证据法的规定,只有被告人供述而没有其他证据的,不得定罪判刑。而根据《最高法院2020年解释》,根据被告人供述提取到了隐蔽性很强的物证、书证,"且被告人供述与其他证明犯罪事实发生的证据互相印证,并排除串供、逼供、诱供等可能性的,可以认定被告人有罪"。按照较为权威的解释,这一规定标志着口供补强规则在刑事证据法中的正式确立。

在笔者看来,强调证据相互印证,排除合理的矛盾,这是中国刑事证据法的一项传统。而证据相互印证规则对于验证所有证据的真实性都是适用的,当然也适用于被告人供述。至于司法解释就被告人供述的补强所作的一些特殊规定,应当具有双重的诉讼功能:一是确立了一种特殊的证据印证规则,从而以其他证据印证被告人有罪供述的真实性;二是通过对被告人有罪供述的印证,达到证明主要犯罪事实成立的作用。

为了解口供补强规则在我国司法实践中的运用情况,我们可以分析以下案例:

案例

2002年7月9日,福建省高级人民法院经过公开审理,对林惠玉涉嫌故意杀人一案作出了二审判决。二审法院认为,"原判认定上诉人前夫被害人章守光农药中毒死亡的事实存在,有证人证言和法医鉴定证实,但认定系上诉人林惠玉投毒的事实不清,证据不足"。判决书认为,在公安机关讯问过程中,上诉人林惠玉于2000年3月25日至4月30日先后七次供认投毒作案,但自检察机关起诉至一、二审开庭期间则翻供否认作案,辩称系被迫违心交代,称其夫是自己喝农药死亡,现除上诉人有罪供述外,没有其他直接证据可以证明系其作案;上诉人林惠玉的有罪供述多次称杀人用的是从海口庄稼医院买的甲胺磷农药,另一次供称是甲胺磷还是敌敌畏记不清楚,但鉴定意见证明死者胃部残留物中既没有甲胺磷也没有敌敌畏,而只有有机磷甲基—1605,因此关于农药的供述与尸体鉴定意见不一致;上诉人供述案发当晚将农药倒在碗中骗被害人是中药让其喝下后即回娘家,但被害人平时生活尚能自理,能够辨别食物的味道,对于散发出刺激性味道的农药,不可能没有辨别出来,因此这种供述不合常理;证人章春证实被害人案发前两次曾去庄稼医院购买农药,其担心章守光喝农药还提醒林惠玉加以注意;证人章春、程美金、章宗旺均证实看见死者床边桌柜上的一瓶农药,瓶内尚遗留小半瓶农药,旁边的一铁碗内残留有农药,"现场遗留物较符合死者自己喝农药的特点"。因此,"章守光之死系自己喝农药所致的可能性不能排除"。最后,二审法院改判上诉人林惠玉无罪。①

在这一案例中,二审法院经过开庭审理,最终以案件"事实不清、证据不足"为由,对被告人改判无罪。按照二审判决书的裁判逻辑,一审法院认定被告人有罪的主要证据是被告人向侦查人员所作的有罪供述笔录,但被告人在庭审中当庭翻供;被告人的有罪供述既没有得到其他证据的印证,也存在明显的矛盾和不合情理之处。换言之,被告人所作的多份有罪供述,其真实性都没有得到其他证据的补强,案件实际存在着事实不清、证据不足的问题。

我们可以来分析一下口供补强规则与证据相互印证规则的相同之处。所谓被告人供述的"补强",其实是指对供述真实性的"补充"和"强化"的意

---

① 参见福建省高级人民法院(2001)闽刑终字第697号刑事判决书,载《刑事审判参考》总第32卷,法律出版社2003年版。

思。要做到对口供的补强,无非是运用口供之外的其他证据,使得口供所包含的事实信息得到其他证据的验证和佐证。因此,所谓的"补强"其实就是一种印证。如果作较为细致的分析,我们可以发现"补强"是以被补强的证据为中心而进行的一种证据验证活动,而"印证"则侧重强调证据相互之间的佐证和验证。而假如将口供作为验证的对象,那么,无论是"补强"还是"印证",其实所说的大体都是同一个意思。

与证据相互印证一样,口供补强也包含着对口供证明力的验证和运用口供所包含的事实信息完成司法证明这两个过程。首先,对口供真实性的补强,也就意味着口供所包含的事实信息得到了验证,这与口供得到其他证据的印证是一回事。其次,由于口供包含着案件主要事实,特别是足以证明犯罪构成的基本要件事实,因此,对口供真实性的补强,也就意味着对犯罪构成要件事实的佐证和验证,使得被告人构成犯罪这一命题得到了完整的证明。可以说,口供补强与其他直接证据的印证具有很大的相似性。

既然如此,口供补强规则是不是就完全等同于证据印证规则了呢?答案是否定的。一般而言,只有在被告人供述包含着全部犯罪构成要件事实的情况下,才有口供补强的必要。这是因为,被告人一旦供述了全部犯罪构成要件事实,就等于提供了可据以定罪的全部事实信息。裁判者只要采纳此类供述,也就完成了对被告人构成犯罪的主观判断过程。对此类供述,刑事证据法必须给予慎重对待,确立强制性的口供补强规则,使得它能够得到其他证据的充分印证和佐证。对此类包含着全部犯罪事实信息的口供,假如不确立严格的补强规则,就特别容易纵容刑讯逼供等违法取证现象,无法保证口供的真实性和可靠性,甚至可能造成冤假错案的发生。

至于那些没有包含全部犯罪构成要件事实的被告人供述,刑事证据法则没有必要确立强制性的补强规则,而只需要适用普通的证据印证规则就足够了。这主要是考虑到,这类口供只包含着部分犯罪事实,裁判者即便对该口供作出了错误的采信,也不足以造成全案的误判。对于这类不足以使法官作出有罪认定的被告人供述,法官可以依据经验法则,通过与其他证据的相互印证,来作出是否采纳的决定。

在缩小口供补强规则适用范围的前提下,为防止对口供补强规则的任意适用,有必要对补强证据的资格提出严格的要求。原则上,来源于被告人供述的传来证据是不能充当补强证据的,否则,就会出现以被告人供述来进行自我补强的局面。因此,补强证据只能是被告人供述以外的其他证据。不仅如此,可用作补强证据的证据,应当同时具有证明力和证据能力,具备被采纳为定案根据的资格。这是其一。

其二,被用来作为补强证据的其他证据,应是办案人员独立搜集的其他证据。假如根据被告人的供述或者指认,办案人员发现了具有补强价值的物证、书证或者其他证据的,那么,这些物证、书证必须是"隐蔽性很强的证据",并且对此类补强证据的获取过程排除了逼供、诱供等非法取证的可能性。这是从取证手段的合法性上对补强证据提出的法律要求。当然,在证明力问题上,补强证据也必须得到其他证据的印证,其真实性获得了令人信服的验证。

其三,补强证据原则上不能是同案共同被告人的供述。对于同案共同被告人能否互相充当证人的问题,法学界一直存在不同的观点。但在笔者看来,同案共同被告人存在着利害冲突,他们很有可能被认定为"共同犯罪人"。更何况,按照我国的侦查惯例,对于同案共同被告人通常采取同案侦查的做法,侦查人员采取诱供、逼供、指名问供的情况更是时有发生。因此,以某一共同被告人的供述来对另一被告人的供述加以补强,既无法防止刑讯逼供等非法取证现象,也难以避免侦查人员通过一份口供逼取其他口供以致"锻炼成狱"的情况发生。由此,对同案共同被告人的供述,只能依赖口供以外的其他证据来建立补强关系。

【深入思考题】

1. 通常情况下,嫌疑人、被告人在刑事诉讼中同时具有双重身份:一方面,作为当事人,享有辩护权,既可以对案件事实也可以对法律适用问题发表辩护意见;但另一方面,作为言词证据的提供者,有义务就案件事实提供真实可靠的言词陈述。作为当事人,被告人享有不被强迫自证其罪的自由,可以自由自愿地选择诉讼角色,也就是在供述有罪、辩解无罪和保持沉默之间进行自由选择;但作为言词证据的提供者,被告人具有与证人相似的诉讼地位,负有如实提供言词陈述的义务,不得翻供或者串供。既然如此,嫌疑人、被告人的诉讼地位和诉讼角色岂不就陷入矛盾之中了吗?你对此有何看法?

2. 刑事诉讼法为嫌疑人确立了"如实回答的义务",并将嫌疑人、被告人保持沉默或者作无罪辩护作为其"认罪态度不好""无理狡辩"的标志,法院可以此为依据对其进行"从重量刑"。有人认为,这种"如实回答义务"违背了"禁止强迫自证其罪"原则,导致嫌疑人无法享有沉默权。你对此有何看法?

3. 有人认为，只有将被告人庭前所作的有罪供述一律视为非自愿的口供，并将其排除于法庭之外，才能真正确立口供自愿法则。但也有人认为，将所有被告人庭前供述都排除于法庭之外，这是不切实际的。现实的做法是将那些得到其他证据印证的庭前有罪供述予以采纳，而将那些得不到其他证据印证的口供予以排除。你对此有何看法？

【讨论案例之十八】

广东省高级人民法院
（2014）粤高法刑四终字第127号
刑事附带民事判决书（摘录）

广东省东莞市中级人民法院审理广东省东莞市人民检察院指控原审被告人陈传钧犯抢劫罪、原审附带民事诉讼原告人方某城、方清花、方某红、方某钿、方某霞提起附带民事诉讼一案，于2011年12月19日作出（2011）东中法刑一初字第99号刑事附带民事判决。宣判后，原审被告人陈传钧不服，以其没有实施犯罪为由提出上诉。本院于2013年9月9日作出（2012）粤高法刑一终字第455号刑事附带民事裁定书，裁定撤销原判，发回广东省东莞市中级人民法院重新审判。广东省东莞市中级人民法院依法重新组成合议庭审理本案，于2014年4月15日作出（2013）东中法刑二重字第1号刑事附带民事判决。宣判后，原审被告人陈传钧仍不服，继续以其没有实施犯罪、不应承担赔偿责任为由提出上诉。本院依法组成合议庭，公开开庭审理了本案。广东省人民检察院指派检察员钟超、周俊东出庭履行职务。上诉人陈传钧及其辩护人江永乔到庭参加了诉讼。现已审理终结。

原审判决认定：2001年9月25日左右，被告人陈传钧意欲抢劫其打工期间所熟识的广东省东莞市沙田镇西太隆村崇兴商店，事先购买了铁锤作为作案工具并进行了踩点。同月27日早上6时许，陈传钧进入崇兴商店假意购买商品，趁被害人方清花不备时，用铁锤猛击方清花后脑数下致其晕倒，随后进入店内卧室，用铁锤猛击正在睡觉的被害人方允崇头部、背部等部位数下，击打方允崇的女儿方某红、方某霞头部各一下，之后取走方允崇裤袋内装有现金500元等财物的钱包并逃离现场。方允崇经送医院抢救无效死亡，方清花、方某红、方某霞所受损伤均为重伤。

另查明，被告人陈传钧的犯罪行为导致被害人方允崇死亡，方清花、方某红、方某霞伤残，给附带民事诉讼原告人方某城、方清花、方某红、方某钿、方某霞造成经济损失，依法应赔偿包括死亡赔偿金、丧葬费、被扶养人生活费、残疾赔偿金及交通费在内的各项经济损失520206.19元。

原审判决认定上述事实，有经庭审举证、质证的下列证据证实……

（六）被告人供述

被告人陈传钧在侦查阶段共作出十份讯问笔录和一份亲笔供词，其中第一、二及八至十次笔录为无罪供述，三至七次及亲笔供词为有罪供述；在起诉阶段及审判阶段均作出无罪供述。

被告人陈传钧于 2010 年 4 月 23 日、4 月 24 日、5 月 28 日、9 月 9 日、12 月 31 日及审判阶段所作无罪供述，内容基本一致：

案发当天早上 7 时左右，我到东莞市沙田镇西太隆村一家食杂店准备买烟，因见店内无人，便进入店后卧室，见老板躺在地上，满身是血，好像在向我求救，我过去扶起老板，老板鼻子里喷出很多血溅我全身，我放下老板，心里很害怕，老板的两个女儿在床上哭，我到床旁的水龙头处洗手，将自己的衣服脱下，换上老板的短袖 T 恤，并到店门口喊"救命"，此时老板的一名亲戚进店，我便跟在后面，见老板亲戚过去抱了老板，扶起了老板娘，我就叫老板亲戚赶快报警。随后我搭乘摩托车离开了现场并于第二天回了福建老家。回家后，东莞警察来找过我但没找到，我因为害怕没有把事情讲清楚，之后离开老家，十年没回。

被告人陈传钧于 2010 年 5 月 1 日 13 时、16 时、5 月 2 日 0 时、15 时、5 月 12 日及亲笔供词所作有罪供述，内容基本一致：

2001 年 9 月 25 日左右，我想搞点钱回老家，便想到以前在东莞沙田做工时常去的食杂店抢钱。次日早上 6 时许，我在大朗镇一家五金店买了一把四磅、红色锤头、木质锤柄的锤子，然后到沙田西太隆村那家店去看情况，老板以为我还在附近花场做工。之后两天，我在寻找下手机会，并以记账方式在店里买了胶手套用于作案。案发当天早上 6 时许，我在店门口等老板娘开门后，假意买鞋，趁老板娘到货架处找鞋时，我戴上胶手套，拿出铁锤向老板娘后脑连打三下，老板娘后脑流血并晕过去，我从货架上拿了一床被子盖住她。之后我进入店内房间，发现老板和两个小女孩在床上睡觉，我看老板好像要睁开眼，便用铁锤连续锤打老板的头部正面，然后把床头的一条沙滩短裤拿到冲凉房搜钱包，刚把钱包拿出来就发现老板掉到地上往门口爬去，我立刻又拿起锤子打老板的后脑、太阳穴及背部，可能因为太用力，锤柄从锤头部位断开，我便用手拿着锤头继续打，直到老板不动为止。这时两个小女孩在床上哭，我怕哭声引人注意，就用锤头打了两个小女孩头部各一下，她俩就不哭了。我接着去冲凉房拿钱包，并脱下自己沾血的衬衫，准备换一件干净衣服。这时老板娘的弟弟进来看见地上的老板，便跑出去叫人。我不确定他有无看到我，就赶快穿上一件老板的衣服跑出食杂店。我怕被人发现自己可疑便在门口装样子喊："救命啊，老板被人打了，赶紧报警。"这时老板娘的弟弟又跑进店里，我便跟在后面，老板娘的弟弟去抱了一下老板，接着又发现了老板娘,我叫他赶快报警。后来我趁人多时偷偷离开,以5元的车费搭摩托车到厚街沙塘路口,第二天回了福建老家。我抢的钱包里有500元人民币等财物。

经辨认照片,陈传钧于2010年5月1日至2日辨认出方清花、老板娘的弟弟(方文盼)、作案所穿的白色长袖衬衣、所使用的锤头及锤柄;指认出案发前临时藏匿睡觉的地点、购买铁锤的地点、案发地点、寄放铁锤的位置、用铁锤打晕老板娘的位置、拿被子的位置、打伤老板及两个女儿的位置、取走老板沙滩裤找钱包的位置、用水龙头冲洗双手血迹的位置、案发后丢弃手套的地点、乘坐摩托车离开现场的地点……

原判认为,被告人陈传钧使用暴力手段劫取他人财物,并致一人死亡,三人重伤,其行为已构成抢劫罪。根据被告人陈传钧的犯罪手段、犯罪情节、犯罪后果等情况,决定对陈传钧判处死刑,不必立即执行……

陈传钧上诉提出:1. 原判认定事实存在根本错误,认定其实施抢劫没有任何直接证据,且疑点未作排除;2. 其在公安机关受到刑讯逼供,在侦查阶段所作的有罪供述不能采信。综上,请求二审改判其无罪且不承担赔偿责任。

其辩护人的辩护意见:1. 本案是一人还是两人作案未查清楚;2. 证人方文盼、方某权和方少华均证实死者陈述凶手是"广西仔",在没有相反证据的情况下,不应被推翻;3. 如果是陈传钧行凶则被害人鲜血一定会大量喷溅到其衣服上,而现场勘验笔录证实,现场遗留的衬衫右袖处沾有血迹,而非喷溅血迹;4. 被害人方清花及证人方少华均没有目击凶手行凶,因而对凶手的指认是错误的;5. 在现场提取的铁锤上,没有提取到任何指纹、血迹等痕迹,不能认定为凶器;6. 本案关键的证物之一沙滩裤在现场勘查笔录中没有任何记录,属于证物缺失;7. 即使在被告人的有罪供述中,作案细节也与案发现场多处细节不符;8. 公安机关的侦查偏离正确方向,且丢失重要物证,存在根本性缺陷;9. 陈传钧称其有罪供述是刑讯逼供的结果,公安机关仅提供了部分审讯录像,公安机关如无法举证其他时间的审讯情况,应对该部分证据予以排除;10. 陈传钧的有罪供述与2001年被害人及证人所做的笔录之间矛盾很多;11. 关于陈传钧在案发现场表现冷静、不合常理的推测没有依据,且不能以此定案;12. 案发时陈传钧在工地上已以现金方式结算工钱,不存在经济困难,没有抢劫的动机,本案的真实情况应该是陈传钧出于本能主动救人。综上,认定陈传钧有罪仅有其有罪供述这一孤证,无法形成有效的证据链条,依照疑罪从无的原则,请二审依法判决陈传钧无罪。

广东省人民检察院出庭检察员提出如下意见：1. 被害人方清花指认，陈传钧是案发当天早上唯一到店买东西的人，证人方少华指认，案发时其在店铺门口见到陈传钧在喊"救命"，以上两人的指认，证实陈传钧有作案时间；2. 根据陈传钧的供述，可以确认现场提取的带血衬衣系陈传钧所留；3. 陈传钧能够指认案发地点、打伤各名被害人的位置、取走沙滩裤找钱包的位置、清洗手上血迹的地方；4. 陈传钧的有罪供述在起因、准备作案工具、作案手段、过程、细节等方面与现场勘查笔录及现场照片、法医学尸体检验报告书、证人证言、被害人陈述等证据相吻合；5. 陈传钧的无罪辩解与常理不符，与现有证据亦存在矛盾，不足采信；6. 陈传钧的家人关于其案发后近十年没有回过老家的证言，从侧面印证了陈传钧犯罪后躲藏的行为；7. 陈传钧的供述反复，前后辩解内容相差较大，且与本案其他证据不符；8. 陈传钧作案手段残忍，造成一死三重伤的严重后果，表现出极大的主观恶性和社会危害性。综上，建议法院依法判决。

庭后，检察机关书面提出补充意见，认为：虽然上诉人陈传钧的翻供有违常理不可信，但本案在侦查取证工作上存在诸多问题，主要证据存在重大瑕疵，对陈传钧作案不能作出唯一认定，建议依法判决。

本院针对原审判决认定的事实、证据以及辩检双方争议的焦点问题，综合分析评判如下：

一、二审阶段证据补查情况

本案案发时间与上诉人陈传钧归案时间相距近九年，被害人方清花及多名证人在案发当年（2001年）和陈传钧归案后（2010年）所做的笔录存在矛盾或前后出现不合理变化，为本案证据体系带来了不稳定因素。为尽力厘清证据状态，稳固证据格局，本院在将本案发回重审时对有关事实和证据的补查与补强提出了要求，但因时过境迁未能取得实效。本次审理期间，又重新找被害人方清花及重要证人方文盼、方某权做了调查，重点了解案发时的有关情况及前后接受侦查人员询问时的情形。上述三人均表示，对于案发当时的情况记忆已经模糊，但每次接受询问时都没有受到不良影响。至此，证据补查工作已经无以为继。

二、全案证据分析

（一）关于物证

原判认定现场提取的一把柄、头分离的红色铁锤是被告人陈传钧实施抢劫犯罪的作案工具；现场提取的一件有疑似血迹的长袖衬衫是被告人陈传钧所遗留。

辩方认为,现场提取的锤子上没有提取到被害人的血迹或痕迹,亦没有提取到被告人的指纹,不能认定为作案工具;现场遗留的衬衫只在右袖处沾有血迹,没有一般情况下作案时所穿衣服会留下的喷溅式血迹,不能认定为作案人员所穿。

检方认为,上诉人陈传钧在有罪供述中提到,案发前购买了红色木柄锤子,打击男被害人时锤柄断掉,现场换下了带血的长袖衬衫,上述细节与现场提取到的锤子及衬衫两个物证的状态相吻合,可以认定现场的锤子系作案工具、现场的衬衫为陈传钧所遗留。

本院认为,现场提取的铁锤照片未显示铁锤沾有血迹、毛发、人体组织等物质,亦未做相关痕迹物证的提取和鉴定,认定该铁锤是作案工具的证据不足。现场提取的衬衫照片显示,衬衫右袖处有疑似血迹,但侦查机关未对该衬衫上的斑迹做相关鉴定,且衬衫尺码为 54 码,与身高 160cm、体型中等的上诉人陈传钧正常情况下所穿衬衫尺码(48 码左右)有一定差距。除陈传钧关于该衬衫系其遗留在现场的供述之外,没有其他证据予以印证,尚不足以认定该衬衫系陈传钧遗留。综上,由于上述两项物证均未进行相关检验、鉴定工作且原物被侦查机关遗失,证明上诉人陈传钧犯罪的客观证据缺失。"狱情之失,多起于发端之差"。由于侦查机关的工作疏忽,导致认定作案人员与案发现场之间具有直接联系的最有力物证灭失,经再三补查无法找回,成为本案证据链条上不可补救的硬伤。

(二) 关于被害人陈述

原判采信被害人方清花关于被告人陈传钧于案发当天假借购物之机袭击她的陈述及其辨认笔录。

辩方认为,被害人方清花被人后面袭击,没有看到凶手,对陈传钧是凶手的指认不能成立。

检方认为,被害人方清花指证,陈传钧是案发当天早上唯一一个到店买东西的男子。这一指证证明陈传钧有作案时间。

本院认为,1. 被害人方清花在案发当年对于陈传钧打伤其的指认,与其关于被人从后面袭击、没有看到凶手的陈述相悖,不足采信。陈传钧归案后,方清花指认陈传钧是案发当天早上到店买东西的男子,这一指认与其陈述内容吻合,但仅证实陈传钧在案发时间出现在案发现场,并非指向陈传钧实施本案犯罪。2. 方清花在案发当年陈述,一名男子进店买被子,但看了之后表示不买并离开了,其将被子放回货架时被袭击;方清花在陈传钧归案后改变陈述称,该男子进店买鞋,其去货架处找鞋时被袭击;后一陈述在购买的物品、被袭击的时机等方面与陈传钧关于假意买鞋、趁老板娘到货架处找鞋时实施抢劫的供述吻合。3. 方清花在案发当年陈述,其被袭击前已将哭闹的8个月大的小女儿抱出放在外面地板上;陈传钧在有罪供述中称其在床上击打两名小女孩,与证人方文盼关于当时见两个受伤的女儿都在床上的证言相印证。方清花在陈传钧归案后改变陈述,称想不起当时小女儿在哪里。综上,被害人方清花作为本案唯一幸存的成年被害人,其陈述及指认的证据意义重大。但是,方清花未能目击凶手作案,其对于陈传钧在其被袭击前一刻出现在现场的指认系间接证据;且方清花在陈传钧归案前后所作的陈述发生多处改变,前后不一,证据的可信度降低。

(三)关于证人证言

原判采信证人方某权关于听被害人方允崇说作案人是"福建人"的证言。

辩方认为,1. 证人方文盼、方少华、方某权在证言中均提及被害人方允崇生前说作案人是广西人的内容,上述证言相互印证,在没有相反证据的情况下,不应推翻方允崇生前关于凶手是广西人的陈述,这与陈传钧是福建人之间存在矛盾;2. 证人方少华不是案件目击者,仅证明陈传钧在案发现场喊"救命"。

检方认为,1. 证人方文盼证实听被害人方允崇说作案人是广西人,证人方某权证实听方允崇说作案人是广西人和福建人,方允崇在熟睡中被人袭击后立即做出一个判断,之后经过思考重新确认作案人的人数及户籍,是正常人的思维,证据之间不存在矛盾;2. 证人方少华指证,案发几分钟后见到陈传钧在现场门口喊"救命",可以证明陈传钧有作案时间。

本院认为,1. 证人方文盼在案发当年证明,其当时听被害人方允崇说作案人是"广西仔",这一证言得到了证人方少华关于听方文盼说到上述情况的证言的佐证;在时隔九年、陈传钧归案后,证人方某权所作的关于听方允崇说凶手是广西人和福建人的证言,在时间长度、有无印证等方面的证明力均弱于方文盼的证言;而陈传钧系福建人,在户籍问题上与证人方文盼、方少华的证言存在重大矛盾。2. 证人方少华关于案发时在现场门口见到陈传钧在喊"救命"的证言及指认,仅指向陈传钧于案发时间出现在案发现场门口,系间接证据。3. 证人方文盼在案发当年明确陈述,其在现场没有见到可疑人员,也没有人跟随其进入现场;陈传钧在有罪供述中称,其未离开现场时见到方文盼进来,之后一直跟随方文盼进出现场,并叫方文盼报警;方文盼在陈传钧归案后改称,其进入现场时见到一名陌生男子在货架处看东西,随后不见。搭客司机冯某胜在案发当年证明,其在现场附近搭载的两名男子均在170cm左右,陈传钧归案后,其改变证言称其中一名男子为160cm多(符合陈传钧的身高特征)。证人证言逐步向被告人供述及其个体特征靠近,证言的证明力减弱。

(四)关于被告人供述

原判采信被告人陈传钧的有罪供述,认为其供述的案件起因、确定犯罪对象、踩点、准备作案工具、作案手段、后果等过程,与本案其他证据在主要事实方面能够吻合;其关于去到现场已见到凶案发生,只是抱了被害人方允崇才将衬衫染血、因害怕才逃离现场回老家的无罪辩解有违正常人的行为逻辑。从陈传钧在整个诉讼过程中的表现来看,其比一般人更冷静。故对其无罪辩解不予采纳。

辩方认为,陈传钧的有罪供述是刑讯逼供的结果,系非法证据,应当予以排除。陈传钧的无罪供述稳定,其作为一个普通人,突然置身凶案现场,出于救助心态抱了被害人并在门口喊"救命",符合正常人的临场反应,其离开现场回老家也并无不妥之处,原判据此对陈传钧作出的有罪推断没有依据。

检方认为,陈传钧的有罪供述与现场勘查笔录、被害人方清花的陈述、多名证人的证言、多份书证等证据相互印证;其无罪辩解不符合正常人的行为逻辑,前后内容相差较大,与本案其他证据所证实的内容亦不相符。

针对上诉人陈传钧及其辩护人提出讯问过程中存在刑讯逼供情形的意见,重审时一、二审法院均启动了非法证据排除程序,分别以通知侦查人员出庭、当庭有针对性地播放审讯录像等方式,对被告人供述这一证据收集的合法性进行了法庭调查,控辩双方就审讯程序是否合法、审讯方式是否恰当等问题对侦查人员进行了充分的询问;当庭播放的有罪供述的审讯录像全程无删节,显示陈传钧被讯问时神态自若,表情轻松,审讯时间和方式合法,不存在刑讯逼供情形。陈传钧关于为救助而抱了被害人方允崇导致衬衫沾血、因害怕别人认为是其作案而在现场更换衣服并于第二天回老家的无罪辩解,虽与一般人的常态反应不同,但与本案其他证据无根本性冲突。因社会个体之间存在的思维、行动等方面的差异及多元化,不能以常态覆盖非常态的存在,不能排除其无罪辩解的情形在现实中出现的可能性。原判作出陈传钧在诉讼过程中表现冷静,因此不可能在案发现场未作案却惊慌换衣及逃回老家的推断,系常理性、不周延推断,在本案证据格局不稳固的情况下,难以起到强化证据的效果。此外,陈传钧在有罪供述中称,其从被害人方允崇的沙滩短裤中搜到钱包,未将该短裤带离现场,但现场勘查笔录及现场照片中均未显示该沙滩短裤的存在。

根据前述分析,本案的证据格局出现两维角力的局面。有多个指向上诉人陈传钧于案发时间出现在案发现场的证据,陈传钧的有罪供述与其他证据之间有一定程度的吻合性。但同时,原判认定陈传钧实施犯罪的证据中,客观证据缺失;言词证据仅指向陈传钧出现在案发现场而非实施犯罪;证据之间存在矛盾,疑点难以合理解释;陈传钧的有罪供述虽排除刑讯逼供情形,但已被其推翻,且仅有被告人供述不足以定罪;其无罪辩解虽有违背常理之处,但例外也属客观世界之常有,常理之悖不足以成就定论。因此,本案虽如检方所主张的有一定规格的证据支持,但更有辩方所提出的证据链条存在硬伤、环节脆弱、疑点重重等缺陷。作为以剥夺人身自由和生命权为主要惩戒方式的刑事法律,其入罪的证据标准无疑应当是最高、最严格的。本案如此规格的证据链条,难以承受定罪之重。在经历过一审、二审、重审等数次审判程序后,本案被害人家破人亡的悲惨遭遇与被告人悬于一线的人身自由,公诉方态度肯定的有罪指控与辩护方旗帜鲜明的无罪辩护,对一审判决权威性的维护与二审有错必纠的程序使命,交织成多重价值的矛盾体,考验着裁判者的法律素养与裁判能力。

本院认为,因受制于犯罪的隐蔽性、复杂性及侦查手段局限性等诸多因素,本案目前无法通过证据体系还原客观事实、认定法律事实。在对于上诉人陈传钧是否本案真凶既无法证实亦无法证伪的两难局面下,人民法院应当恪守证据裁判规则,绝不能为片面追求打击效果而背离"疑罪从无"的刑法精神。"疑罪从无"并非放纵犯罪,而是对司法公权力的合理制约和规范使用,是对任何有可能身陷囹圄的公民基本人身权利的有力保障。在刑事科学日益发达、侦查手段日益精进的时代,本案欠缺的证据链条一旦出现新的弥补和完善,司法机关还可再次启动司法程序,严惩犯罪,以民众看得见的方式来抚慰被害方,以法治的精神和途径来推进公平正义的实现。同时,本院将根据被害方因本案造成经济损失的事实、家庭经济困难的情况及暂时未能获得民事赔偿的状态,依法为其申请必要的司法救助金,从经济上部分地弥补被害方所遭受的创伤。

综上所述,原判认定上诉人陈传钧构成犯罪的证据达不到确实、充分的证明标准,不能得出系上诉人陈传钧实施本案犯罪的唯一结论,认定上诉人陈传钧犯抢劫罪的事实不清、证据不足,原公诉机关指控上诉人陈传钧所犯罪名不能成立。

可讨论的问题:

1. 本案被告人有多份有罪供述,同时在庭前又有多份无罪辩解,且当庭再次作出无罪辩解。对于这种反复翻供的情况,广东高院究竟是如何采信的呢?

2. 对于被告人及其辩护人提出的排除非法有罪供述的申请,广东高院是如何处理的?请对此作出评价。

3. 法官在本案裁判中有多处提及对证据证明力的判断,认为有些证据的证明力较弱。对于这种运用经验法则和逻辑法则所作的证据评判,你认为成立吗?为什么?

第四部分 司法证明

第十九章　司法证明的概念与要素

第二十章　证明对象

第二十一章　证明责任

第二十二章　证明标准

第二十三章　推定

第十九章　司法证明的概念与要素

> 法官的使命是裁断,而不是发现。

一、证明的性质
二、司法证明的定义
三、诉讼构造与司法证明
四、司法证明的基本要素
五、审判前程序中的事实认定
【讨论案例之十九】　吴联大合同诈骗案

一、证明的性质

在现代汉语中,证明又称为论证,是指根据已知的命题或判断,通过逻辑推理,来断定另一个命题真实性的活动。作为一种旨在验证或判断某一命题真实与否的活动,"证明"的内涵是约定俗成的。所谓"证明",可以同时包含论题、论据和论证方式三个要素,其中,论题所要回答的是"证明什么"的问题,是指通过证明所要确定其真实性的命题或判断;论据所要解决的是"根据什么来证明"的问题,是指证明所依据的事实或公理;而论证方式所要解决的则是"如何证明"的问题,是指论据与论题之间的逻辑联系。

作为一种公认的验证命题真实性的科学方法,证明是一种可以接受反复检验的推理活动。也就是说,只要一种证明是逻辑严谨、论据充分的,那么,任何人依据特定的论据,遵循科学的论证方法,就都可以对某一论题的真实性进行验证。正是由于证明具有可反复验证的属性,才使得那些得到证明的命题成为"客观的知识"或者"可接受的理论",科学理论的产生和发展也才成为可能。

按照对命题的真实性进行验证的方向不同,证明可分为"证实"和"证伪"两大类别。其中,"证实"是指根据已知命题或判断来确定另一命题成立或真实的活动,狭义的证明一般就是指"证实"。相反,"证伪"则是指根据已知的命题或判断来验证另一论题不成立或不真实的活动。无论是证实还是证伪,都具有证明的基本属性。

要理解证明的性质,必须将其与"查明"作出区别。所谓"查明",又称为"探知""查证"或者"发现",是指通过收集论据来发现未知命题的活动。与证明不同,查明以命题未知为前提,以调查、收集证据和逻辑推理为手段,以发现一个新的命题为结束。如果说证明具有一种"回溯性",旨在对已知的事实或主张的真实性加以验证的话,那么,查明则带有一种"探知性",属于对未知事实和主张的积极发现。当然,查明过程有可能也包含着证明活动,也就是在尚未完成查明活动的过程中,有可能对某一假设的命题进行验证,但总体上说,查明是一种"直线式"的真相探知活动,是运用已知的命题来发现未知命题的一种认识活动。正因为如此,我们通常将这种旨在发现未知事实或主张的查明活动,称为"认识活动",而将那种旨在确定某一已知命题真实性的证明活动,称为"验证活动"。

在证据法理论中,对"证明"和"查明"进行严格的区别,有着非常重要的意义。在中国法律语境中,大凡提及"刑事诉讼""司法证明"等概念,人们一般都会将其简称为"认识案件事实的活动"。就连刑事诉讼法典本身,都确立了此类模棱两可的规范命题。例如,任何证据都要"查证属实",才能作为定案的根据;审判人员、检察人员、侦查人员必须依照法定程序,"收集"各种证据;公安机关、检察机关、法院进行诉讼活动,都要"忠实于事实真相";法院、检察院、公安机关都有权"收集、调取证据",对一切案件的判处,都要"重证据""重调查研究",等等。按照这一逻辑,"公检法三机关"似乎具有相同的调查事实真相的使命,也可以使用大体相似的调查方法。既然如此,我们为什么还要对侦查、公诉和审判进行职能区分呢?刑事诉讼法典为什么还要强调公诉方和自诉方承担证明责任呢?

其实,在刑事诉讼中,典型的"查明"活动主要发生在侦查阶段,而真正意义上的"证明"活动则存在于审判过程之中。所谓侦查,无非是收集犯罪证据、调查犯罪事实以及查获犯罪嫌疑人的专门活动。作为侦查活动的重要组成部分,无论是收集犯罪证据还是查获犯罪嫌疑人,都属于根据已知的事实(证据事实)来探知未知的事实(犯罪事实)的认识活动。这种侦查活动以假定嫌疑人实施犯罪行为为前提,通过证据的收集和审查判断,运用逻辑推理,最终以完整地发现犯罪事实和犯罪嫌疑人为结束。

与侦查活动不同的是,审判活动则很难被简单地概括为"认识活动",而属于一种司法证明活动。首先,所要证明的论题是已知的,也就是检察机关起诉书所主张的"犯罪事实",这也是司法证明的主要对象;其次,证明所依据的论据是存在的,也就是检察机关提交法庭的各类不利于被告人的证据,以及被告方所提交的各类有利于被告人的证据;最后,证明所要运用的论证方式是确定的,也就是根据证据所揭示的证据事实,运用逻辑推理,来对检察机关所主张的犯罪事实进行当庭验证。很显然,法庭审判中尽管也存在着法官对案件事实的主观认识过程,但主要发挥作用的则是一种特殊的证明活动,也就是在控辩双方参与下,运用证据事实对某个已知命题(犯罪事实)的真实性进行当庭验证和判断的过程。正因为如此,我们才将法庭审判中的证明活动称为"司法证明"活动。

二、司法证明的定义

"法官的使命是裁断,而不是发现。"这句著名的法律格言说明了司法证明的性质,也将法庭审判与旨在发现事实真相的侦查活动区别开来。

一般的证明活动是由负责证明的主体说明某一命题的真实性的活动。人们可以根据既有的论据,按照科学的论证方法,来重新验证这一证明过程。但与一般的证明活动不同,司法证明主要存在于法庭审判过程之中,是指负有证明责任的一方向法庭证明所主张的事实成立的活动,对方有可能同时就该案件事实的真实性进行证伪活动,法官则作为裁判者,对所要证明的案件事实是否存在进行权威的验证和裁断。具体说来,司法证明相对于一般论证过程而言,具有以下几个方面的特征:

首先,司法证明存在于审判之中,是负有证明责任的一方在裁判者面前所进行的证明活动。可以说,裁判方的存在,是司法证明存在的前提。但是,裁判方既不提出任何诉讼主张,也不承担证明责任,更不需要亲自进行司法证明活动,而主要是对司法证明的过程和结果进行审查和裁判。经过听审过程,裁判者认为承担证明责任的一方成功地履行了证明义务的,就可以裁断该方所主张的案件事实是真实和存在的;相反,裁判者假如认为这种证明无法令人信服或者令人产生合理怀疑的,就有可能裁断该方所主张的事实是不真实或者不存在的。正因为如此,司法证明同时包含着两个方面的要素:一是负有证明责任的一方对所主张的案件事实的证明活动;二是裁判者对这一证明过程和结果的审查和裁判活动。

其次,司法证明是在控辩双方同时参与下进行的,可能同时存在着证实和证伪两个方面。其中,负责证明的一方会向裁判方证明所主张的案件事实的存在或真实性,并进而证明本方诉讼主张的成立,所以证明包含着说服裁判方接受本方所主张的案件事实的内容。假如另一方承认这一案件事实,或者接受有关诉讼主张,那么司法证明就不再具有对抗性。而在另一方持有相反诉讼立场的情况下,该方所要进行的就是证伪活动。可以说,对于某一案件事实来说,一方证明该事实的存在或真实性(证实),另一方则证明该事实的不存在或不真实(证伪),由此形成控辩双方的诉讼对抗。

最后,与一般证明相同,司法证明也包括论题、论据和论证方式这三个要素,但在司法证明过程中,这三个要素的具体内容具有其特殊性。一般说来,司法证明中的论题是由举证方提出的案件事实,而该事实是被用来支持其诉讼主张的;论据主要是该方所提出的各种证据;论证方式则是在揭示各个证据所包含的证据事实的基础上,根据经验法则和逻辑法则,来说服法官确认所主张的案件事实的真实性。

三、诉讼构造与司法证明

一般说来,司法证明机制存在于诉讼活动之中。只有在控辩双方同时参与、裁判者居中裁判的诉讼形态中,才有司法证明机制存在的空间。而在那种由国家机关与被处置者双方构成的行政活动中,司法证明机制并不具备存在的制度前提。当然,即便在诉讼活动中,诉讼构造的形态也会影响司法证明的运行方式和效果。作为划分诉讼构造模式的基本标准,诉权与裁判权的关系,直接决定了司法证明的具体形态。在那种控辩双方对裁判程序拥有较大控制力的诉讼构造中,司法证明的完整性就容易得到保障。而在那种裁判者绝对控制诉讼程序的诉讼构造中,法官拥有程度不同的司法调查权,司法证明的完整性就会受到程度不同的影响。可以说,一个制度越是偏向对抗式诉讼的形态,那种由控辩双方主导进行的司法证明就具有越大的存在空间;相反,一个制度越是偏向职权主义的构造,法官的司法调查权就可能对司法证明的运行产生实质性的影响。

例如,历史上曾经出现过的纠问式诉讼制度,由于没有确立控审分离的机制,也不存在平等对抗的控辩双方,加上被追诉者只是接受追究和处置的诉讼客体,而不享有基本的辩护权,因此司法证明机制几乎是不存在的。那些负有侦查使命的调查法官与其说是在从事司法裁判活动,倒不如说在进行与侦查活动更为相似的查明活动。至于那些负责裁判的法庭,则最多通过案卷笔录对被告人的犯罪事实进行重新核实而已,谈不上主持真正意义上的司法证明活动。

又如,在现代对抗式诉讼中,法官作为法律问题的裁判者,对案件事实的调查不承担责任,陪审团成员作为事实问题的裁判者,在事实调查方面保持绝对的消极性和中立性。控辩双方一旦存在对立的诉讼立场,就可以对犯罪事实的真实性分别进行证实和证伪活动;控辩双方假如放弃诉讼对抗,一致认可被告人有罪的主张,则法庭直接确认被告人犯罪事实存在的结论。可以说,这种对抗式刑事诉讼具有与民事诉讼极为相似的构造模式,存在着最为典型的司法证明机制。

再如,在现代职权主义诉讼中,尽管主要证据也是由控辩双方提供的,但法官一般事先通过阅卷熟知了公诉方的证据材料,并对案件事实形成先入为主的判断,在法庭审理中继续充当着司法调查官的角色,不仅要对案件作出权威的裁判,而且还负有发现案件事实真相的使命。法官可以不限于控辩双方提交的证据,而可以依职权启动庭外调查程序,从而将那些未被控辩双方发现的证据收集起来,并通过法定程序使其转化为定案的根据。可以说,这里尽管也存在着司法证明的机制,但法官的职权调查作用,决定了这是一种司法证明与法官查明相结合的诉讼制度。

我国原本实行超职权主义的诉讼模式,但经过1996年的审判方式改革,一种旨在限制法官司法调查权、发挥控辩双方作用以及增强庭审对抗的"抗辩式诉讼"得到了确立。这种诉讼模式吸收了对抗制的若干因素,如公诉方负有证明被告人有罪的责任,并对本方证据当庭举证,被告方则逐一对控方证据进行当庭质证;被告方在公诉方证据的调查完成之后,可以当庭提出本方证据,并接受公诉方的质证;对于控辩双方提交的证据,法庭不再主导当庭调查活动,而只是在控辩双方的举证、质证结束后,再进行带有补充性的调查核实活动。但是,这一诉讼模式不可能走向完全的对抗式诉讼,而是保留了一些职权主义的制度设计。例如,法官不仅可以当庭参与对控辩双方证据的补充调查活动,而且还可以启动庭外调查活动,对某一证据进行庭外调查核实,甚至直接收集控辩双方没有提出过的新证据;通常情况下,法官的庭外调查核实活动都是单方面进行的,控辩双方一般都不参与,法官所获取的新证据还可以被重新纳入法庭调查程序,甚至可以不经法庭调查而直接转化为定案的根据。又如,法官对公诉方的案卷笔录仍然可以查阅和研读,使得整个法庭审判不得不建立在对公诉方案卷笔录熟悉和了解的基础上。1996年的审判方式改革,最终带来的是一种"庭后移送案卷笔录"的制度设计,使得原本的限制法官查阅案卷范围的立法初衷没有实现。但随着2012年《刑事诉讼法》的实施,这种庭后移送案卷的制度被废除,取而代之的是1979年《刑事诉讼法》实行过的"庭前移送案卷笔录"的制度,使得法官在开庭前就可以全面查阅公诉方的案卷笔录,法庭审判成为对公诉方案卷笔录的审查和确认活动。

可以说,中国刑事审判方式所发生的种种变化,都对司法证明机制的存在方式产生了影响。在这种审判构造吸收了一定对抗制因素的情况下,那种由控辩双方主导进行的司法证明就具有了制度前提;而在审判构造保留职权主义因素的情况下,法官拥有的司法调查权,使其在司法证明活动之外,又要主持一些类似于侦查活动的"查明活动"。因此,中国刑事审判中既存在那种控辩双方参与的司法证明活动,又存在法官主导下的真相查明活动。在司法证明活动中,控辩双方要论证所主张的案件事实的真实性,法官也会对这种论证进行验证和裁判；而在真相查明过程中，法官不仅充当了裁判者的角色，还可以调查收集新的证据，发现新的案件事实，并直接将这些证据和事实作为定案的根据。

四、司法证明的基本要素

在对司法证明的概念作出界定的前提下，我们可以对其基本构成要素进行总结了。一般意义上的证明是由论题、论据和论证方式组合而成的，司法证明当然也不例外。但是，作为一种由控诉、辩护和裁判三方同时参与进行的特殊证明活动，司法证明包含着控辩双方对案件事实的论证和法官的验证这两个组成部分。为了防止论证过程的混乱和论证效果的模糊不明，我们在构建司法证明机制之前，就必须对以下几个问题加以澄清：一是需要证明的案件事实究竟是什么？二是究竟由哪一方负责提出证据加以证明，假如该方提不出证据或者无法证明该项事实的，要不要承担不利的诉讼后果？三是对某一案件事实的证明究竟需要达到怎样的程度，裁判者才可以确信该事实的真实性，从而将此作为裁判的依据？四是究竟根据怎样的程序来进行这种司法证明活动？

由此可见，一项完整意义上的司法证明活动至少包含四个方面的构成要素：一是证明对象，是指控辩双方为支持本方的诉讼主张，需要提出证据加以证明的待证事实；二是证明责任，是指提出证据证明待证事实并承受无法证明之法律后果的法律义务，承担证明责任的一方也就是负责进行司法证明的主体；三是证明标准，是指承担证明责任的一方证明待证事实的真实性，确保裁判者形成内心确信的程度；四是证明程序，是指进行司法证明所要遵循的法律程序。由于证明程序与法庭审判程序是大体一致的，审判需要经历什么样的诉讼程序，司法证明也会遵循相应的诉讼程序，因此，对于证明程序问题，本章不再赘述。下面主要对证明对象、证明责任和证明标准加以简要介绍。

（一）证明对象

证明对象又称为"待证事实"，相当于司法证明所要验证的"论题"要素。与一般证明的论题不同，司法证明的论题不是一般意义的观点、主张或判断，而是一项事实命题。根据"不告不理"的原则，未经依法起诉或者申请，法院不得启动法庭审判活动。而起诉或申请的内容通常是各类诉讼主张。如公诉方申请法院认定被告人构成受贿罪的主张,公诉方申请法院对被告人作出从重处罚的主张,被告方申请法院排除非法证据的主张,等等。但是,这些诉讼主张本身并不属于证明对象。而所谓"证明对象",只能是足以支持该项诉讼主张成立的案件事实。例如,要支持被告人构成受贿罪的诉讼主张,就必须证明被告人实施了受贿行为这一事实;要支持对被告人作出从重处罚的主张,就必须证明被告人具备法定或酌定的从重量刑情节;要支持排除非法证据的诉讼主张,也必须证明侦查人员实施了非法侦查行为,并且所收集的控方证据属于"非法证据"。

在刑事诉讼中,根据法院所要裁判的诉讼主张不同,司法证明的对象大体分为三种:一是犯罪事实,也就是支持被告人构成某一罪名(诉讼主张)的案件事实;二是量刑事实,亦即支持对被告人予以从重、从轻、减轻或免除处罚(诉讼主张)的量刑情节;三是程序争议事实,是指支持对某一侦查或审判行为宣告无效(诉讼主张)的程序事实。

(二) 证明责任

证明责任,又称为"举证责任",既包含着一般证明中的"论据"要素,也具有"论证方式"的成分。证明责任既包含着提出证据论证待证事实真实性的义务,也包含着在无法举证或者难以证明的情况下承担败诉风险的责任。原则上,法院作为司法证明的验证者和裁断者,没有提出任何诉讼主张,也不能承担任何形式的证明责任。法院所要从事的主要是司法裁判行为。因此,最终需要提出证据对待证事实承担证明责任的只能是控辩双方。

但是,在控辩双方之间分配证明责任,必须确立一些明确、合理的原则。针对不同的证明对象,证据法一般会确立相应的证明责任分配原则。例如,根据无罪推定的原则,公诉方对所提出的犯罪构成要件事实承担证明责任,被告人无须承担证明该犯罪事实不存在的责任;根据"谁主张,谁举证"的原则,公诉方对于所提出的从重量刑情节,要承担证明该情节存在的责任;而根据"证明责任倒置"的原则,被告方对于所提出的侦查人员存在违法取证的事实,无须承担证明责任,在提出一定证据线索之后,公诉方需要承担证明该非法侦查行为不存在的责任。

(三) 证明标准

与证明对象和证明责任密不可分的是证明标准。所谓证明标准,是指承担证明责任的一方提出证据论证待证事实存在的可信程度,也就是裁判者对待证事实的真实性和可靠性所达到的内心确信程度。针对不同的证明对象,证据法确立了不同的证明标准。例如,对于公诉方指控的犯罪事实,证明标准需要达到"事实清楚,证据确实、充分"的程度;对于公诉方提出的法定量刑情节,证明标准一般也要达到与定罪标准相同的证明标准。与此同时,证明责任的承担者不同,所要达到的证明标准也不相同。例如,检察机关对犯罪事实和量刑事实的证明,一般都要达到最高的证明标准;而被告人对特定案件事实的证明,如量刑情节、程序事实等,一般不需要达到最高的证明标准。

五、审判前程序中的事实认定

在中国刑事审判前程序中,侦查机关、检察机关每作出一项诉讼决定,都要满足一定的证据要求,达到一定的证据标准。例如,侦查机关要对某一刑事案件作立案的决定,必须达到"有犯罪事实需要追究刑事责任"的标准;公安机关报请批准逮捕的,检察机关作出逮捕决定的证据标准是"有证据证明有犯罪事实";侦查机关作出侦查终结的决定,必须达到"事实清楚,证据确实、充分"的标准;检察机关提起公诉也要达到与侦查终结相同的证据标准。应当说,无论是公安机关还是检察机关,要作出上述诉讼决定,并满足法定的证据标准,必须收集或掌握足够的证据,并确保这些证据足以证明案件事实的存在。如果说侦查机关所作决定的根据是其查明的案件事实的话,那么,检察机关在批准逮捕或审查起诉环节所要做的并不是亲自收集证据从而查明案件事实,而是对侦查机关所提交的证据材料进行审查,对其证明过程进行必要的验证。既然如此,这种批准逮捕和审查起诉的环节是不是也存在司法证明活动呢?有关逮捕和审查起诉所要查明的案件事实是不是一种证明对象呢?上述证据标准是否也可以被视为一种证明标准呢?

在笔者看来,无论是公安机关还是检察机关,都是通过一种行政化的方式来从事立案、侦查、批准逮捕、审查起诉活动的。在这些"诉讼活动"中,并不存在典型的控诉、辩护和裁判三方同时参与的诉讼形态,也没有举行基本的庭审活动。无论是公安机关还是检察机关,都无法向中立的裁判者论证某一案件事实的存在,更不存在当庭说服裁判者信服案件事实真实性的验证过程。在审判前程序中,公安机关、检察机关既没有设定明确的证明对象,也没有确立法定的证明责任,更不存在那种在裁判者面前举行的司法证明过程,既然如此,司法证明又从何谈起呢?

表面看来,检察机关在批准逮捕和审查起诉过程中会对侦查机关所提交的证据进行全面审查,对侦查机关认定案件事实的论证过程进行一定的验证,但实际上,这种审查和验证过程并不具有基本的中立性,而大体上属于侦查活动的必要延续。在这些活动中,检察机关除了查阅侦查案卷材料以外,还有可能进行补充性的讯问和调查活动,以便为案件满足批捕或起诉的标准而创造条件。因此,这种兼有审查和调查成分的批准逮捕和审查起诉活动,属于检察机关继续进行刑事追诉活动的一部分,仍然带有显著的"查明"色彩,而不具有司法证明的典型特征。

当然,近年来,我国的刑事审判前程序也出现了一些走向司法程序化的发展趋势。其显著标志在于检察机关在批准逮捕和审查起诉环节开始讯问嫌疑人,听取被害人的意见,也逐步开始听取辩护律师的辩护意见。这似乎意味着检察机关尽管没有举行听证这一程序形式,却已经开始做到居中裁判了。但是,检察机关并不具有中立性,那种由中立司法官员主持批准逮捕和审查起诉的司法审查机制在这些程序中并没有得到确立。与此同时,检察机关也没有真正建立起司法听证机制,没有给予侦查人员与辩护方当庭对抗的机会。因此,那种侦查人员运用证据论证案件事实的真实性的司法证明机制也就没有真正确立起来。

正因为如此,审判前程序中所确立的立案标准、批准逮捕标准、侦查终结标准以及提起公诉标准,都不属于真正意义上的证明标准,而最多可以称为一种"证据标准"。公安机关、检察机关为作出立案、批准逮捕、侦查终结、提起公诉的决定,所要进行的也不是司法证明活动,而大体上都属于一种真相查明活动。这些查明事实真相的活动,从根本上仍然是为法庭审判进行必要的准备,所收集和审查合格的证据,也是为法庭上的司法证明活动提供证据支持的。

【深入思考题】

1. "法官的使命是裁断,而不是发现。"请谈谈你对这句法律格言的认识。

2. 有学者认为,司法证明就是侦查人员、检察人员、审判人员收集证据、发现事实真相的认识活动。你对此有何看法?

3. 有学者认为,司法证明是指"取证""举证""质证"和"认证"等一系列证据运用活动的总和。你对此有何看法?

【讨论案例之十九】

吴联大合同诈骗案[①]

公诉机关:浙江省温州市人民检察院。

被告人:吴联大。

被告人吴联大合同诈骗案,由浙江省温州市人民检察院于2000年7月24日向浙江省温州市中级人民法院提起公诉。

起诉书指控:1998年10月28日,被告人吴联大从上海樱花电气设备有限公司(以下简称樱花公司)得知西门子(中国)有限公司(以下简称西门子分公司)正在寻求8BK80开关柜技术合作的信息后,即与樱花公司约定:由樱花公司就8BK80技术合作和西门子分公司签约,再由吴联大等人就该技术合作和中国长城电器集团公司(以下简称长城公司)签约。为了骗取长城公司的信任,1999年1月9日,吴联大与他人冒用西门子分公司的名义和长城公司签署了8BK80技术合作协议,约定长城公司支付保证金80万元人民币。吴联大在收受保证金的同时,又将协议中冒用的"西门子分公司"变更为"樱花公司",并将保证金中的22万元支付给樱花公司,作为与西门子分公司合作的签约费用,其余部分占为己有。由于樱花公司和西门子分公司签署的8BK80技术合作协议中限定只能由樱花公司在上海使用该技术,导致无法将该技术提供给长城公司使用。长城公司提出异议后,吴联大为拒返保证金,又在长城公司和樱花公司的"低压设备合作协议"中私自加入"原8BK80技术合作有效,长城公司不得退回保证金"的条款。吴联大以非法占有为目的,冒用他人名义签订合同,骗取财物,数额特别巨大,其行为已构成合同诈骗罪,应予严惩。

被告人吴联大辩称:自己根据樱花公司的授权,在与长城公司订立及履行8BK80技术合作协议中,没有违反法律规定,属合法的经营活动。8BK80技术合作协议是樱花公司与长城公司之间的合同,并已实际履行,协议中有关内容的变更,是依据樱花公司的指示而为,符合法律的规定,长城公司提出返还保证金的要求没有事实和法律依据。保证金中的22万元人民币已给付樱花公司用于履行合同,樱花公司又与西门子分公司订立有关协议,同时还促成了长城公司与西门子分公司的其他合作项目,长城公司全面履行合同后

[①] 最高人民法院刑事审判第一、二、三、四、五庭主编:《中国刑事审判指导案例2:破坏社会主义市场经济秩序罪》(增补版),法律出版社2012年版,第1061—1065页。

的经济利益远远超过保证金。本人主观上没有非法占有保证金的故意,不构成合同诈骗罪。

被告人吴联大的辩护人辩称:吴联大不存在冒用西门子分公司的名义签订协议的行为,更没有非法占有80万元人民币保证金的主观目的,其行为不构成犯罪。理由是:(1)起诉书指控吴联大冒用西门子分公司的名义没有根据。8BK80技术合作协议封面上的西门子公司的字样系笔误,吴联大已在修正函中说明,且协议的内容也说明吴联大等人是中介人。长城公司的叶祥尧等人称,吴联大自我介绍是西门子分公司的商务代理,没有其他旁证,不足为据。有关聘书、协议书及樱花公司的陈健鸿均证明,吴联大等人是代表樱花公司与长城公司签订协议的。(2)西门子分公司知道樱花公司准备将该技术转让给长城公司。樱花公司的陈健鸿证明,此事已告知西门子分公司的代表贝克先生。长城公司与西门子分公司直接签订的有关协议,以及长城公司、樱花公司与西门子分公司移交图纸等文件的行为,均能证明西门子分公司明知与长城公司有协议关系存在,并在积极履行协议。吸收樱花公司为长城公司成员企业,是樱花公司与长城公司在履行该技术协议中解决合作障碍的手段,也证明该技术合作协议的主体为樱花公司。因此,吴联大没有冒用西门子分公司的行为。(3)吴联大主观上没有非法占有的目的。吴联大依照有关协议以代理人的身份接收80万元人民币保证金的行为合法,如吴联大意欲占有该款,就不会付樱花公司22万元,存吴尚忠处33万元,也无需再为履行协议而继续奔走和支付费用。检察机关将吴联大动用保证金推定为占为己有,没有法律依据。

温州市中级人民法院经审理查明:

1998年7月间,被告人吴联大在担任温州市锐力健身运动用品公司的法律顾问期间,与该公司董事吴尚忠在业务来往中,从樱花公司总经理陈健鸿处得知西门子分公司有8BK80技术转让的信息,便与一家公司洽谈有关合作事宜,但因故未成。长城公司得知后,决定由副总经理王亚群利用与吴联大的朋友关系,给予更优惠的条件,力争该项目的签约。为此,双方就保证金数额、技术使用费、年产量等事宜,多次联系洽谈。同年12月28日,樱花公司正式聘请吴尚忠为该公司温州地区的商务经理,吴联大为副经理,并书面协议商定:由樱花公司与西门子分公司签署协议,费用由吴尚忠、吴联大支付;由吴尚忠、吴联大与长城公司签署合作生产协议;每台收费6800元,樱花公司得800元,吴尚忠、吴联大得6000元;长城公司以后向西门子分公司订购断路器等部件由吴联大向樱花公司办理具体商务手续。之后,吴联大根据樱花公司提供的西门子分公司生产8BK80开关柜技术咨询协议文本,拟定了技术合作协议,并在协议封面上写明长城公司(甲方)、西门子公司(乙方)为协议的双方当事人,还在每一页的页眉处添加了SIEMENS(即英文西门子)的字样。1999年1月8日,长城公司董事长叶祥尧和王亚群赴上海,先后参观了吴尚忠的和泰公司和樱花公司,得知陈健鸿是西门子分公司的业务代理。1月9日,叶祥尧代表甲方,吴尚忠、吴联大代表乙方,在和泰公司办公室签署了8BK80开关柜技术合作协议。协议规定了西门子分公司通过乙方自行决定向甲方移交技术图纸;协议第4条规定:甲方每生产1台开关柜付乙方技术使用费6800元,第一年最少按100台计算,第二年起最少按180台计算给付乙方,超过部分按实际数额给付;协议第5条规定:协议签署后一周内,甲方须支付乙方保证金80万人民币,协议履行完毕时,乙方全部退还甲方,甲方违反任何条款,保证金全部没收;协议第22条规定:如发生争议,提交温州市仲裁委员会仲裁。协议的乙方由吴尚忠、吴联大签名盖章,没有其他公章。

1999年1月13日,长城公司派职员将80万元人民币的汇票送交吴联大,并取回收条和吴联大的有关协议的修正函。该函主要内容是:(1)技术合作协议属樱花公司代表吴尚忠、吴联大签署,封面上西门子公司(字样)属笔误。(2)协议内容应以西门子分公司同樱花公司签约的协议内容为准。(3)长城公司不另支付技术咨询费。协议的第4、第5、第22条必须履行,其他条款终止执行。(4)长城公司有关8BK80、低压成套项目事务,须经过吴尚忠、吴联大书面确认后再与樱花公司达成协议,否则视为(长城公司)违约。(5)有关低压成套项目的合作,吴尚忠、吴联大尽量提请樱花公司尽快促成(长城公司)与西门子分公司直接签约。若有异议,三天内回复,否则视为认可。双方不另行补充或修改协议。同年1月14日、15日,吴联大从银行提取了80万元保证金中的22万元,于1月19日以汇票的方式支付樱花公司,并支付现金2万元,33万元交吴尚忠保管,剩余25万元自己保管。同年1月27日,樱花公司与西门子分公司签订了8BK80开关柜技术咨询、框架、采购协议。其中规定了该合作项目的生产地点限于上海,不得泄露信息、资料的保密、技术转让等条款。樱花公司于1999年2月支付西门子分公司技术咨询费16万元人民币。2月10日,西门子分公司将8BK80项目的技术图纸及相关文件移交樱花公司。2月20日,吴联大将图纸等文件送交长城公司,遭长城公司拒收。

1999年4月8日,西门子分公司函告樱花公司签约生效,要求安排有关技术、销售及商务人员,按计划进行合作事项的具体洽谈。为了既保证长城公司能生产8BK80开关柜,又不使樱花公司违约,经协商,长城公司同意吸收樱花公司为长城集团成员企业。樱花公司也同意将西门子分公司的低压成套电气设备合作项目移交给长城公司洽谈,并达成协议。该协议规定,长城公司与西门子分公司签订协议后,长城公司应付樱花公司中介费20万元,如合作不成,则如数返还。该协议拟定后,长城公司将该协议交吴联大,吴联大作为该协议樱花公司的代表签字后送樱花公司签字盖章。但吴联大在该协议上增加了有关8BK80项目的条款,除与修正函基本相同的内容外,还加上"长城公司不得以任何理由要求退还保证金"。陈健鸿也在修改后的协议上签名、盖章,吴联大没有将修改的协议送长城公司收执。6月30日,长城公司以吴联大没有履行协议为由,书面要求其退还保证金,吴联大表示拒绝。2000年1月14日,长城公司与西门子分公司签订了有关开关柜框架、采购等协议,随后双方还签订了生产8BK80开关柜的技术咨询协议。同年5月11日,双方又签订了合作生产8BK80技术协议的补充协议。

案发后,吴尚忠已将33万元人民币退还长城公司……

温州市中级人民法院认为:

被告人吴联大是受樱花公司的聘请,作为该公司在温州的商务代理,与长城公司洽谈有关8BK80技术转让协议的。长城公司派员赴上海考察后,与吴联大等人签署了有关协议。事后,吴联大又发函修正,明确告知协议上的乙方为西门子公司系笔误,自己的身份系樱花公司的商务代理,长城公司没有异议,亦没有当即要求退回保证金。该协议签订后,樱花公司便与西门子分公司签订了该技术的有关协议。樱花公司还将低压成套项目亦转让给长城公司直接与西门子分公司洽谈,最终该两项技术合作项目均达成协议。同时,吴联大收取80万元人民币后,已将其中的22万元支付樱花公司,将33万元交吴尚忠保管,这说明吴联大在主观上没有非法占有80万元保证金的犯意,其真正目的是为了获取长城公司生产开关柜后按协议支付其个人的技术使用费。在客观上,吴联大没有虚构单位或冒用他人的名义或者虚构、伪造8BK80技术及转让的事实。在收取保证金后,并无将其挥霍或携款逃匿。反之,在得知8BK80开关柜只限在上海生产后,吴联大还积极建议采取变通的方法,让长城公司达到生产该产品的目的,具有积极履行合同的诚意和行动。故其行为不符合《刑法》第二百二十四条规定的犯罪构成要件,不构成合同诈骗罪,公诉机关指控的罪名不能成立。吴联大及其辩护人辩称吴联大的行为不构成犯罪的意见成立,应予采纳。

据此,依照《中华人民共和国刑事诉讼法》第一百六十二条第(二)项之规定,于2001年1月16日作出判决如下:

被告人吴联大无罪。

一审宣判后,浙江省温州市人民检察院提出抗诉。理由是:被告人吴联大和长城公司签订协议内容不真实,没有履约的可行性。吴联大冒用西门子分公司的名义与长城公司签约,发修正函修改协议主体,变造协议规定内容,拒绝退还剩余的25万元人民币保证金,说明其主观上有非法占有25万元保证金的故意,客观上实施了冒用西门子分公司名义骗取长城公司财物的行为,已经构成了合同诈骗罪。原判认定事实错误,适用法律不当,要求按合同诈骗罪对吴联大定罪处罚。

吴联大的辩护人同意原审判决,认为吴联大客观上没有采取诈骗手段骗取他人财物,是以真实身份与长城公司订约的,并积极履行了合同,主观上不具备占有保证金的目的,要求驳回抗诉,维持原判。

浙江省高级人民法院经审理查明:

……被告人吴联大是受樱花公司聘请,作为该公司在温州地区的商务代理,与长城公司洽谈有关西门子公司8BK80技术转让项目的。吴联大至签约时,并不知道该技术的转让有地域性限制,会影响与长城公司协议的履行。长城公司是在与樱花公司直接接洽,了解了各方关系及8BK80技术转让的具体情况后,与吴联大等人签约并支付保证金的,之后亦未对协议提出异议。吴联大一直努力谋求长城公司能够受让8BK80技术项目,在受让出现障碍后,仍积极促成樱花公司成为长城公司的成员企业,使长城公司得以变通获得西门子分公司的技术项目。另外,在长城公司与西门子分公司进行低压项目技术合作的整个过程中,樱花公司一直都认可吴联大为其温州地区的商务代理,认可吴联大的中介作用,并同意吴联大分得中介费用。

浙江省高级人民法院认为:

被告人吴联大虽系根据与樱花公司的约定与长城公司洽谈签订协议,但其在中介过程中,违背诚实信用原则,为抬高身价,在协议的封面和内容上多处以西门子公司作为主体,给人以代表西门子分公司的印象,待签订协议之后,再予修正;并且在长城公司和樱花公司签订的低压成套项目协议上又私自加进其他内容。上述欺诈行为有相应的证据证实,原判也在事实部分作了相应的认定,检察机关抗诉对此部分提出的异议成立。但综观全案,吴联大在代表樱花公司与长城公司签订和履行技术合作中,一些行为虽然具有一定的欺骗性,但其主观上尚不具有以欺骗的手段非法占有长城公司财产的目的。吴联大与长城公司签约的直接动机,是希望西门子分公司的有关技术合作项目能够转让成功,使其本人能够从中获取高额技术转让费。在客观上,吴联大作为樱花公司的商务代理,具备一定的履约能力,也有积极履行合同的诚意和行动,拒退保证金是事出有因,并不是企图骗取长城公司的财产,不属于最高人民法院《关于审理诈骗案件具体应用法律若干问题的解释》中规定的"明知自己没有履行合同的能力而采取欺骗手段骗取他人财物的"或者"隐匿合同保证金等担保合同履行的财产,拒不返还"的情形。长城公司虽在与吴联大接洽初期,受吴联大某些不当行为的误导,但终究是在经过考察了解后,确认有获得西门子分公司技术合作的可能,同意与吴联大等人签约并支付有关款项,亦不属被骗;且长城公司通过樱花公司及吴联大等人的中介,最终达到了与西门子分公司技术合作的目的,已经成为受益者。有鉴于此,吴联大的行为不构成合同诈骗罪,检察机关要求按合同诈骗罪对其定罪处罚的抗诉理由不足,不予采纳。据此浙江省高级人民法院于2002年3月12日裁定驳回抗诉,维持原判。

可讨论的问题:

1. 本案争议的焦点问题是,被告人吴联大是否具有非法占有的目的。请根据案例所提供的材料,分析两级法院认定被告人不具有非法占有目的的依据。

2. 请围绕着被告人是否具有非法占有目的问题,讨论一下本案的证明对象、证明责任和证明标准。

3. 在合同诈骗案件的审理过程中,对于"以非法占有为目的"的认定,法律在哪些情况下允许适用推定?其中,基本的推定事实有哪些?对于这些推定事实,如何进行证明?

第二十章　证明对象

> 法官只应裁断向其提出和证明的事实。

一、证明对象的概念
二、证明对象的分类
三、严格证明与自由证明
四、免证事实
【讨论案例之二十】　郭永明等绑架案

一、证明对象的概念

没有司法裁判活动，就没有司法证明活动。司法裁判程序的启动，是司法证明赖以存在的前提。法庭审判的对象通常是控辩双方通过起诉、申请、上诉、抗诉等活动所提出的诉讼主张。根据"不告不理"的原则，没有起诉或申请，就没有审判。法庭审判的目的在于确定起诉、申请、上诉、抗诉等诉讼主张是否成立。而要完成这种审判活动，法庭就需要验证申请方所主张的案件事实是否存在，从而启动司法证明活动。可以说，法庭审判的对象是申请方的诉讼主张是否成立，而司法证明的对象则是所主张的案件事实是否存在或者真实。

所谓证明对象，是指提出诉讼主张的一方所要证明的案件事实，而该案件事实可以支持该方所提出的诉讼主张的成立。证明对象属于申请方诉讼主张的组成部分，未经司法证明过程，就不能转化为法院定案的事实根据。在证据法理论上，证明对象又被称为"待证事实"或"主张事实"，这属于一种尚待证明的假定事实，该事实只有经过完整的司法证明过程，其真实性得到法庭的验证，才能转化为法院的"裁判事实"。根据证据裁判原则，认定案件事实，必须以证据为根据。但要认定案件事实的存在，申请方仅仅提出证据是不够的，还必须运用这些证据证明案件事实的存在，并说服法官接受该案件事实的真实性。没有证据，或者未经司法证明过程，任何主张所依据的事实，都是不存在的。相反，那些有充足的证据加以支持，并获得证明的案件事实，则可以被判定为真实存在的。

通常情况下，一项诉讼主张同时包含事实根据和法律评价这两个要素。例如，检察机关指控被告人构成故意杀人罪，该主张包含着被告人实施了故意杀人行为（事实根据）和被告人构成故意杀人罪（法律评价）这两个要素。又如，被告方认为案件存在自首、立功等量刑情节，要求法庭从轻或减轻处罚，该诉讼主张包含着被告人存在自首、立功行为（事实根据）以及对被告人适用从轻或减轻刑事处罚（法律评价）等要素。再如，被告方提出要求某法官回避的申请，该主张包含着该法官与案件存在某一方面的利害关系（事实根据）以及该法官符合法定的回避条件（法律评价）等要素。在上述各类诉讼主张中，真正属于证明对象的，只有申请方所提出的案件事实，至于申请方对该事实所作的法律评价是否成立，则不属于司法证明的对象。申请方只有提出证据完成了对待证事实的证明过程,法庭才会认定该案件事实的存在,并以此为根据,来审查申请方所作的法律评价是否成立。而在待证事实得到证明以及申请方的法律评价得到认可的情况下,申请方的诉讼主张才能被法院所接受,法院也才能作出有利于申请方的裁判。

由此可见,证明对象尽管属于案件的待证事实,但这种待证事实并不能脱离具体的诉讼主张而存在。在诉讼活动中,任何事实都不等于一般的经验事实或者社会事实,而都被纳入了法律规范的轨道,因而带有"法律事实"的性质。从这一角度出发,我们可以总结出证明对象的几个基本特征。

首先,证明对象是提出诉讼主张的一方所主张的案件事实,这一事实也是诉讼主张的组成部分。几乎任何形式的诉讼主张,无论是实体意义上的主张,还是程序意义上的主张,都包含着事实根据。这一事实根据既是支持该诉讼主张的依据,也是申请者所主张的案件事实。也就是说,所有待证事实都是申请方所主张存在的事实。至于这些"被主张的事实"究竟是否是真实存在的,最终还要看主张者是否证明了这些事实的真实性。例如,检察机关指控被告人构成故意伤害罪,在这一诉讼主张中,被告人实施故意伤害行为就是需要证明的案件事实,也成为本案的证明对象。又如,被告人提出对被害方进行了积极赔偿,并取得了被害方的谅解,要求法院将此情节作为从轻量刑的依据。在这一诉讼主张中,被告人积极赔偿以及取得被害方谅解的事实,作为一个酌定量刑情节,就成为需要证明的待证事实。

其次,没有司法裁判程序,就没有证明对象。待证事实只有被纳入司法裁判的对象,才能成为证明对象。控辩双方提出了某一诉讼主张之后,假如该主张没有被纳入司法裁判的轨道,比如法院拒绝受理这一诉讼请求,或者不经审理而直接作出裁判,那么,申请方所主张的案件事实就无法被转化为证明对象。可以说,只有在司法裁判程序启动后,申请方所主张的案件事实才可能成为证明对象。例如,检察机关指控被告人犯有盗窃罪,法院开始审判程序之后,有关被告人实施盗窃行为的事实就成为司法证明的对象;被告人提出了排除某一控方证据的申请,法庭在启动程序性裁判程序之后,有关侦查人员实施非法取证行为的事实就成为待证事实。相反,在法庭不受理某一诉讼主张或者对某一诉讼主张不经审理而直接作出裁决的情况下,任何事实都无法转化为证明对象。例如,针对被告人提出的排除非法证据的申请,法庭拒绝受理,也不启动司法裁判程序,结果,有关侦查行为合法性问题的司法证明活动就无从谈起。又如,对于被告人提出具有立功情节、要求减轻处罚的申请，法庭根据已经调查过的证据情况，直接确认了立功情节的存在。这就等于省略了司法证明过程，而直接确认了主张事实的存在。

最后，控辩双方对待证事实的存在是否存在异议，有时会影响该事实向证明对象的转化。尽管申请方提出某一诉讼主张，就意味着与对方发生了诉讼争议，但是，在诉讼主张提出之后，控辩双方还有可能对其中所包含的事实根据达成共识。例如，在检察机关提起公诉之后，被告人对指控的抢劫事实，不持异议，作出了有罪供述；检察机关认定被告人属于共同犯罪的主犯，建议法庭从重量刑，被告方对于自己在共同犯罪中起主要作用这一事实不持异议；在被告方申请排除非法证据之后，公诉方当庭承认侦查人员确有非法取证的事实，等等。

在申请方提出量刑意见或程序主张的案件中，控辩双方对这些主张所包含的待证事实一旦达成共识，或者不持异议，那么，该事实就可能不再转化为证明对象，法庭也不再就该事实的真实性举行司法证明活动。但对于检察机关所提出的犯罪事实，即便被告人承认了这一事实的真实性，或者当庭供述了犯罪事实，法庭照样要启动司法证明活动，公诉方仍然要对该事实的真实性加以证明。因为根据无罪推定和实质真实的原则，法院不能仅凭被告人有罪供述来认定犯罪事实，无论被告人是否供述犯罪事实，法庭都要对全案证据加以审查，并运用这些证据验证被告人犯罪事实的真实性。但对于量刑事实和程序事实的认定，无罪推定原则和实质真实原则都不再适用，在控辩双方对这些事实的真实性不持异议的情况下，法庭要尊重控辩双方的合意，直接确认该事实的存在，省略司法证明的过程。

二、证明对象的分类

司法裁判活动的启动，是司法证明存在的前提。司法证明与司法裁判是相伴而生的。因此，研究证明对象的分类，离不开对司法裁判程序类型的认识。

从审级制度的角度来说，司法裁判程序可以分为一审程序、二审程序、死刑复核程序和再审程序。与此相对应，在这些审判程序中也存在着相应的司法证明活动，证明对象也可以分为一审证明对象、二审证明对象、死刑复核证明对象和再审证明对象。其中，一审证明对象主要是指检察机关所提出的犯罪事实；二审证明对象原则上可以包括一审法院认定的全部案件事实，但主要是指上诉方或抗诉方提出异议的一审裁判事实;死刑复核证明对象是指法院认定的与死刑适用有关的案件事实;再审证明对象则是指启动再审程序的法院或检察机关认为存在错误的案件事实,而该事实已经为原生效判决所认定。

而根据诉讼主张的具体内容,司法裁判又可以分为实体性裁判程序和程序性裁判程序,其中,实体性裁判程序又可以被进一步区分为定罪裁判程序与量刑裁判程序。与此相对应,证明对象则可以分为定罪裁判程序中的犯罪事实、量刑裁判程序中的量刑事实以及程序性裁判程序中的程序事实。

迄今为止,我国已经初步形成了三大司法裁判程序并存的诉讼格局。具体说来,在同一刑事案件的诉讼过程中,控辩双方有可能提出三类诉讼主张,法院有可能同时启动三种司法裁判程序。其中,检察机关指控被告人构成某一犯罪的主张,引发的是法院的定罪裁判活动;检察机关所提出的量刑建议,或者被告方所提出的量刑意见,所启动的是量刑裁判程序;当事人各方对某一诉讼程序问题提出的异议或者申请,所启动的则是程序性裁判程序。通过这三种司法裁判程序,法院要分别经历三种司法裁判过程,主持三种司法证明活动,并分别作出相应的裁判结论。

(一) 犯罪事实

在定罪裁判活动中,司法证明的对象是犯罪事实。所谓犯罪事实,是指检察机关通过指控所提出的被告人构成某一犯罪的事实。任何一项犯罪事实的成立,都需要满足刑法所确定的犯罪构成要件,检察机关需要证明的就是该罪名所包括的全部构成要件事实。这种构成要件事实通常包括犯罪主体、犯罪主观方面以及犯罪行为及其与犯罪结果的因果关系。其中,犯罪主体事实可以包括以下内容:被告人具备特殊主体资格,如具备国家工作人员、国家机关工作人员等方面的资格;被告人达到法定的刑事责任年龄;被告人具备法定的刑事责任能力;等等。犯罪主观方面的事实则是指被告人具备某一犯罪罪名所要求的主观罪过,如直接故意、间接故意、过失等。而犯罪客观方面的事实则可以包括犯罪行为、犯罪结果以及行为与结果之间的因果关系,当然,有些不需要结果因素的"行为犯",则不需要有犯罪结果,更谈不上行为与结果之间的因果关系了。

当然,被告方提出案件具有正当防卫、紧急避险等免责事由的,这些法定免责事由所包含的事实本身,如被告人实施人身防卫的行为、被告人实施紧急避险的行为等,也会成为与犯罪事实有关的证明对象。与此同时,刑法所确立的巨额财产来源不明罪以及若干种非法持有型犯罪,都存在着证明责任转移的情况,而证明责任一旦转移给被告人,那么,被告人就需要证明巨额财产差额的真实来源以及持有违禁品(如毒品、枪支弹药、爆炸物、伪造货币等)的合法性,这些事实也就成为司法证明的对象。不仅如此,我国司法解释针对刑法分则中的"明知"或"以非法占有为目的"等犯罪主观要件,确立了大量的推定规则,确定在一定的基础事实成立的前提下,不需要提出证据加以证明,而可以直接推定"明知"或"以非法占有为目的"的成立。而在公诉方已经证明基础事实存在的前提下,证明相反事实成立从而对该项推定事实加以否定的责任,就转移给被告方。而被告方所主张的相反事实,也就成为证明对象。

(二)量刑事实

随着我国量刑规范化改革的逐步深入,一种"相对独立的量刑程序"得以建立起来。在普通程序中,法庭调查被区分为定罪调查程序与量刑调查程序,法庭辩论则分为定罪辩论程序与量刑辩论程序;检察机关可以提出专门的量刑建议,被害方、被告方都可以提出专门的量刑意见;而在裁判文书中,法院则要就定罪与量刑问题分别陈述定罪裁判和量刑裁判的理由。这种量刑改革方案尽管没有建立一种定罪与量刑完全分离的程序机制,却使量刑被纳入法庭审判的过程,定罪裁判与量刑裁判在程序上得到了相对的分离。检察机关所提出的量刑建议,作为一种量刑主张,所包含的量刑事实主要是一些法定的量刑情节,其中既可能有主犯、累犯等不利于被告人的量刑情节,也可能有自首、立功、坦白等有利于被告人的量刑情节。而被告方所提出的量刑意见,则包含着有利于被告人的法定情节或酌定情节,如从犯、未成年、认罪悔罪、被害人过错、平常表现、社会评价、犯罪起因、赔偿被害方并取得谅解、积极退赃等,都属于这方面的量刑情节。这些由检察机关和被告方所提出的量刑情节,都有助于支持双方所提出的量刑主张成立,因此属于量刑裁判中的证明对象。

(三)程序争议事实

随着非法证据排除规则在我国法律中的确立,被告方有权向法院提出排除公诉方非法证据的申请。对此申请,法院经过初步审查,认为被告人提出了证据线索并对侦查行为的合法性有疑问的,就可以启动程序性裁判程序,对侦查行为的合法性进行开庭审查,并对被告方的申请作出裁判。由此,被告方所诉称的非法侦查行为的发生就成为司法证明的对象。这是我国法律对程序性争议问题首次确立程序性裁判程序,也是首次明确将侦查行为的合法性纳入司法证明的对象。

其实,程序性裁判中的证明对象远不止侦查行为的合法性问题。我国刑事诉讼法还针对一审法院的程序性违法行为,确立了撤销原判、发回重审制度。根据这一制度,一审法院的审判违反法律规定的程序,影响公正审判的,二审法院可以撤销原判、发回重新审判。在司法实践中,二审法院对一审法院审判程序合法性的审查,大都是由被告方通过上诉方式来启动的。作为被告方的上诉请求,一审法院违反法律规定的程序包含着几个方面的事实,如一审法院违反回避制度,审判组织不合法,违反公开审判原则,或者剥夺了当事人的合法权益,特别是剥夺了被告人的辩护权,等等。这些被纳入被告方诉讼主张的待证事实,作为一种程序性争议事实,属于这种程序性裁判的证明对象。

不仅如此,在庭前会议中,法院可以通知控辩双方参与这一程序,并就证人出庭名单、回避、管辖、非法证据排除等程序性问题发表意见,法庭也会就这些程序争议事项作出裁判。据此,诸如证人出庭作证、管辖、回避、非法证据排除等事项,不仅被纳入法庭裁判的对象,而且有可能成为控辩双方的诉讼主张。而作为这些程序性主张的事实根据,诸如证人证言的真实性、法官与案件存在法定的利害关系、侦查程序的合法性等程序性争议事实,就可以成为司法证明的对象。

三、严格证明与自由证明

证明对象与司法证明的方法有着密切的联系。根据不同的证明对象,司法证明可以分为严格证明与自由证明。在中国证据法理论中,对于检察机关所指控的犯罪事实及其所提出的不利于被告人的法定量刑情节,一律适用严格证明;而对于被告方所提出的法定和酌定量刑情节,以及各种程序性争议事实,则可以适用自由证明。

严格证明与自由证明原本是德国证据法中的基础概念。目前,我国证据法学者普遍接受了这两个概念以及相关的证据理念。在德国法中,法庭对案件事实的认定有证明与释明两种,其中,"证明"是指提出证据并说服法官对所主张的事实产生内心确信的活动,而"释明"则是指通过简单的说明使人相信某一事实具有可能性的活动。对于法官的回避事由、恢复原状的法定事由以及拒绝作证的事由,都不必纳入司法证明的对象,而只需简单的释明即可认定。而在那些被纳入司法证明的事实中,包括犯罪行为、行为人的责任以及刑罚幅度等在内的事实,法律要求通过较为严格的方式加以证明,这种证明就是严格证明。而对于各类程序性争议事实(如涉及宣誓资格的证人年龄等)以及法官作出除判决之外的各类程序性裁决所依据的事实(如羁押命令的裁判依据、开启审判程序的裁判依据等),则适用较为自由的方式进行证明,也就是自由证明。①

严格证明和自由证明不仅在证明方式上有着明显的区别,而且在所运用的证据方法与所要达到的确信程度上,也有一定的差异。首先,在证明方式上,严格证明适用最为严格的方法,贯彻直接和言词审理的原则,而自由证明则可以采取诸如查阅案卷笔录、电话询问等非正式的审查方法。其次,在证据方法的使用上,严格证明的事实一律采取最严格的证据能力规则,法庭不仅只允许采用诸如被告人供述、证人证言、鉴定意见、勘验报告以及文书证据等法定证明方式,而且还要适用各类排除性的证据规则。相反,自由证明所采用的证据方法则较为自由,原则上可以使用所有证据资料来进行证明,不受证据排除规则的限制。最后,在证明程度上,严格证明的事项需要证明至法官产生内心确信、排除合理怀疑的最高程度,该项证明才能完成。相反,自由证明则不需要达到如此高的确信程度,只需达到高度可能性的程度就足矣。

严格证明与自由证明的分类对于我国证据法理论产生了很大的影响。随着司法裁判领域的逐步扩大,越来越多的争议事实被纳入司法证明的对象。至少,量刑事实和程序性争议事实都是随着中国刑事司法改革的逐步深入,而逐渐被纳入法庭裁判范围,也随即被转化为证明对象的。但是,考虑到诉讼经济原则的要求,对所有证明对象都实行整齐划一的证明方法,这显然是不现实的。例如,在诉讼资源没有显著增加、审判期限仍然较为短暂的情况下,对于同一刑事案件在保持原有的定罪裁判的同时,又增加了量刑裁判和程序性裁判这两项司法裁判任务,这无疑会给法院带来沉重的压力和负

---

① 参见〔德〕罗科信:《刑事诉讼法》(第24版),吴丽琪译,法律出版社2003年版,第207页以下。

担。正因为如此,对于不同的证明对象,应采取有所区别的司法证明方法,同时也应采取繁简有别的裁判程序,这一点已经在证据法学者中形成了共识。

检察机关指控的犯罪事实,属于刑事诉讼中最重要的证明对象。受无罪推定和实质真实等原则的影响,对这一待证事实,需要采取最严格的证明方法,适用最严格的证据排除规则,并确立最高的证明标准。对于这一点,在证据法理论中是没有争议的。而对于检察机关提出的不利于被告人的法定量刑情节,究竟采取严格证明还是自由证明的方法,存在一些不同的观点。不过,诸如主犯、累犯之类的法定从重量刑情节,都是对被告人极为不利的量刑事实,一旦得到法庭的采纳,就会变成对被告人从重量刑的事实依据。本着"天平倾向弱者"的理念,对于法定的从重量刑情节,应当适用严格证明。

相反,对于有利于被告人的量刑情节,不论是检察机关提出的还是被告方提出的,也不论是法定情节还是酌定情节,都是支持对被告人从轻、减轻或者免除刑事处罚的事实依据,因此,对此类待证事实,无须采取严格证明,而只需自由证明就足够了。否则的话,对于有利于被告人的量刑事实一旦采取较为严格的证明方法,将会造成对被告人的不公平,违背控辩双方平等对抗的诉讼理念。

至于在刑事诉讼过程中所发生的程序性争议或申请,无论提出诉讼主张的是公诉方还是被告方,对于相关程序事实,都无须适用严格证明,而都可以适用自由证明。不仅可以不采用直接和言词审理的原则,不适用非法证据排除规则,而且还可以采用较为自由的证明方法。我国刑事司法实践中经常出现的那些简易证明方法,如电话查询、阅卷审查、出具情况说明材料等,在自由证明中都是可以采用的。

当然,严格证明与自由证明的划分也是相对的。对于法官而言,即便对那些本应适用自由证明的证明对象,为了慎重和稳妥起见,照样可以采用严格证明方法。但对于那些本应适用严格证明的证明对象,法庭则不可以采取自由证明方法。

四、免证事实

根据证据裁判原则,认定案件事实,必须以证据为根据。据此,认定案件事实,只能通过司法证明活动来完成。未经司法证明,任何事实都不应被认定为定案的事实依据。但是,作为证据裁判原则的例外,认定案件事实除了根据证据来进行司法证明以外,还有一些可以替代司法证明的方法,那就是司法认知和推定。法院通过司法认知和推定所直接认定的案件事实,是可以避开司法证明机制的免证事实。对于这些免证事实,法院可以不经过司法证明而直接确认其真实性,因此,这些事实不属于证明对象。

所谓司法认知,是指法院无须司法证明而直接确认某些事实存在的裁判活动。司法认知是英美证据法中的重要概念,也是英美法所确立的可替代司法证明的认定事实方法。一般而言,司法认知的事实主要是众所周知的事实、无可争议的事实以及法官依据法律职务所获知的法律、法令和制度安排等。我国民事证据法已经初步确立了司法认知制度,允许法院根据法定的司法认知方法来认定案件事实。但是,这一制度在刑事证据法上至今并没有得到确立。不过,作为一种替代司法证明的方法,司法认知的事实在理论上属于免证事实。

与司法认知不同,推定是指根据一定的基础事实来直接认定推定事实存在的事实认定方法。在我国法律中,推定作为一种替代司法证明的方法,已经得到初步的确立。例如,刑法所确立的巨额财产来源不明罪,其构成要件为国家工作人员的财产或支出明显超出合法收入,差额巨大的,可以责令说明来源;本人不能说明其来源是合法的,差额部分以非法所得论。按照正常的司法证明机制,检察机关要指控被告人构成贪污罪或者受贿罪,必须证明被告人财产来源的非法性,否则,就只能认定为合法财产。但根据这一特殊的犯罪构成要件,国家工作人员的收入或支出与其合法收入存在巨大差额,并且本人无法说明财产来源的合法性的,法院就可以据此判定差额部分属于非法所得,并对被告人定罪判刑。法院对被告人财产差额非法性的判定,就是运用了推定方法加以认定的,而没有采用司法证明的方法。

需要指出的是,在通过推定来认定案件事实的过程中,作为推定前提的基础事实,是必须运用证据加以证明的,这些事实本身也属于司法证明的对象。例如,在巨额财产来源不明罪的认定中,被告人具有国家工作人员的主体身份,被告人收入或支出与其合法收入存在巨大差额,以及被告人无法说明财产来源的合法性,这些事实都属于基础事实,也都是需要公诉方提出证据加以证明的待证事实。只有在这一基础事实得到证明的前提下,法院才能通过推定来直接认定案件事实,也就是将"巨大差额属于非法所得"确定为"推定事实"。由于对"推定事实"的认定,避开了司法证明过程,而属于法院根据基础事实所作的直接认定,因此,"推定事实"也就不再被纳入司法证明的对象。

当然,刑法所确立的推定制度还体现在更多的罪名上面,特别是在大量司法解释中,围绕着"明知"和"以非法占有为目的"这两个主观方面的要素,最高人民法院确立了更多的推定规则。由此,这些被推定成立的"推定事实",也都可以被纳入免证事实之列。

【深入思考题】

1. 我国的刑事审判前程序是否存在司法证明机制?有人认为,刑事诉讼法为立案、批准逮捕、侦查终结和提起公诉等程序,都设定了法定的"证明标准",因此,在这些程序中,都存在着法定的证明对象。你对此有何看法?
2. 作为司法证明的对象,犯罪事实与量刑事实有何区别?
3. 作为司法证明的对象,实体事实与程序争议事实有何区别?
4. 哪些待证事实适用严格证明?哪些待证事实适用自由证明?

【讨论案例之二十】

郭永明等绑架案①

　　河南省安阳市人民检察院以被告人郭永明等犯绑架罪,向安阳市中级人民法院提起公诉。

　　被告人郭永明对公诉机关指控的基本犯罪事实和罪名无异议,但辩称其作案时年龄未满18周岁。其辩护人提出,郭永明出生于1988年9月7日(农历七月二十七),犯罪时未满18周岁,应按未成年人定罪量刑;且郭永明系初犯,归案后如实供述罪行,悔罪态度较好,并有检举他人重大犯罪的情节,请求对郭永明依法从轻或者减轻处罚。

　　安阳市中级人民法院经审理后认为,被告人郭永明、王凯以勒索财物为目的,绑架并杀害他人;被告人郭珍付、郭江峰为他人实施犯罪提供帮助,四被告人的行为均构成绑架罪。被告人郭永明、王凯在共同犯罪中起主要作用,系主犯,应当按照其所参与的全部犯罪处罚;被告人郭珍付、郭江峰在共同犯罪中起次要或辅助作用,系从犯,应当从轻或减轻处罚。关于郭永明及其辩护人提出郭永明出生于1988年9月7日(农历七月二十七),作案时年龄未满18周岁的辩护意见,经查,从安阳县蒋村乡派出所出具的户籍证明及底册,以及蒋村乡石涧村委会保存的户籍底册等证据来看,郭永明出生于公历1988年7月27日,作案时年龄已满18周岁。庭审前,本院重新调查,又对控辩双方提供的相关证据材料作了进一步的核实。从核实的证据材料看,郭永明的辩护人目前所提供的材料及本院调查的证人证言材料,尚不足以推翻公诉机关认定郭永明出生于公历1988年7月27日的事实……判决被告人郭永明犯绑架罪,判处死刑,剥夺政治权利终身,并处没收个人全部财产。

　　一审宣判后,被告人郭永明提出上诉,辩称其出生于一九八八年农历七月二十七,犯罪时未满18周岁,原判量刑过重。其辩护人提出,郭永明犯罪时未成年,应当从轻或者减轻处罚。

　　河南省高级人民法院经审理认为,原判认定的事实清楚,证据确实、充分,定罪准确,量刑适当,审判程序合法。关于上诉人郭永明上诉及其辩护人辩称"郭永明犯罪时不满18周岁"的理由和意见,经查,原判认定郭永明犯罪

---

① 参见许建华、牛克乾:《郭永明等绑架案——户籍登记与其他证据之间存在矛盾,如何准确认定被告人的年龄》,载最高人民法院刑事审判第一、二、三、四、五庭编辑:《刑事审判参考》(2011年第2集)(总第79集),法律出版社2011年版,第27—39页。

时年满18周岁的证据有公安机关出具的户籍证明和户籍底册以及安阳县蒋村乡石涧村村委会保存的户籍底册等证据在案证实,因此该辩护意见不能成立,不予采纳。依照《中华人民共和国刑事诉讼法》第一百八十九条第一项之规定,裁定驳回上诉,维持原判,并依法报请最高人民法院核准。

最高人民法院经复核认为,被告人郭永明伙同他人以勒索财物为目的绑架并杀害被害人,其行为构成绑架罪。郭永明在共同绑架犯罪中系主犯,其作案手段残忍,犯罪后果特别严重,应依法严惩。第一审判决、第二审裁定认定郭永明犯绑架罪的事实清楚,证据确实、充分,定罪准确,审判程序合法。但第一审判决、第二审裁定认定郭永明犯罪时已满18周岁的证据不足。遂裁定不核准河南省高级人民法院(2010)豫法刑三终字第00006号刑事裁定中维持第一审对被告人郭永明以绑架罪判处死刑,剥夺政治权利终身,并处没收个人全部财产的部分,发回河南省安阳市中级人民法院重新审判。

安阳市中级人民法院经重新审理认为,被告人郭永明以勒索财物为目的,伙同他人绑架并杀害被害人,其行为构成绑架罪。关于被告人郭永明的年龄问题,经当庭质证郭永明的户籍证明、常住人口登记表、证人程新连、王宝凤、陈保琴等的证言等证据,目前尚无法排除控辩双方证据之间的矛盾,公诉机关指控郭永明犯罪时已满18周岁的证据不足,判决被告人郭永明犯绑架罪,判处无期徒刑,剥夺政治权利终身,并处罚金人民币五万元。

本案是一起向最高人民法院报请核准死刑,因被告人郭永明年龄存疑而未被核准的多名被告人共同实施绑架犯罪的案件。最高人民法院在审查被告人郭永明的年龄时,对户籍证明等书证、证人证言等证据进行了全面审查和综合判断,指出一、二审法院认定被告人郭永明犯罪时已满18周岁的证据不足,不予核准死刑。

本案中,一审法院、二审法院和最高人民法院对被告人郭永明犯绑架罪的事实和证据的认定基本一致,但对郭永明犯罪时实际年龄的认定存在分歧意见。本案有关郭永明年龄的证据如下:

1. 书证

被告人郭永明的户籍证明、常住人口登记表及户口簿复印件均载明其出生日期为1988年7月27日。

2. 证人证言

(1) 证人王宝凤(系郭永明之母)、陈保琴(系郭永明的大伯母)、程新连(系郭永明的二伯母)等的证言,均证明郭永明出生于一九八八年农历七月二十七,同村的郭长兴、郭江涛与郭永明前后相差一天出生。

证人程新连于2006年8月28日在侦查人员向其核实郭永明案发当天的行踪情况时,主动证称农历七月二十七(公历2006年8月20日)是郭永明定亲的日子,也是郭永明的生日。

(2)证人王宝枝(系郭永明同村村民郭江涛之母)的证言证实,郭江涛于一九八八年农历七月二十八出生,为了让孩子早点成家,给他上早了户口。郭江涛户籍登记的出生日期是1987年1月28日。王宝枝还证称,郭江涛出生时,同村的郭长兴农历七月二十六出生,郭永明农历七月二十七出生。

(3)证人王素梅(系郭永明同村村民郭长兴之母)、郭海顺(系郭长兴之父)的证言,证实郭长兴于一九八八年农历七月二十六出生,为了让孩子早点成家,上户口时多报了一岁。郭长兴户籍登记的出生日期为1987年7月26日。

(4)证人王改书(系郭永明的大姨)的证言证实,郭永明于一九八八年农历七月二十七出生,其大女儿耿晓宁比郭永明大10天。耿晓宁的户籍证明、常住人口登记卡上的出生日期为1988年8月28日(农历七月十七)。

(5)证人常某(曾系郭永明女友)的证言证实,其与郭永明2006年前半年在水冶认识后谈过对象,曾约定过在7月27日郭永明生日时(记不清是农历还是公历)双方父亲见面。

证人王宝凤证称,其与郭珍付离婚后,知道郭永明谈过一个对象是水冶街的;证人程新连证称,郭永明出事前两三天说过他生日时要请客;证人陈保琴证称,郭永明有对象,七月二十七去走亲戚(指娶媳妇)。

(6)证人郭贵明、牛来有、李拴明、王新付(均系郭永明所在村户籍干部)的证言证实,上户口需要出生证明和计划生育证明,由派出所填常住人口登记表。按规定报户口应当按公历申报,但不排除有的村民按农历申报。不清楚户口簿上的出生日期是按公历还是农历登记的。1997年该村统一换户口填写常住人口登记表时,系按户口底册抄写,并未逐户核实登记内容。

(7)证人程照广(系蒋村派出所户籍民警)的证言证实,上户口登记出生日期采用的是公历制,不清楚郭永明的出生日期报的是农历还是公历。

(8)证人郭文革、梅玉平、张喜云(均系郭永明同村村民)、李拴明(系郭永明所在村村民组长)、郭美凤(系郭永明的姑姑)、陈保琴、程新连等的证言证实,当地村民户籍申报和登记情况,有的村民报户口时按公历申报出生日期,有的村民系按农历申报,有村民发现登记错误要求户籍管理人员更改而未予更改的情况,还有村民随意报大年龄却按照其所报年龄登记的情况。

3. 鉴定结论

安阳市公安局物证鉴定所出具的文检检验鉴定书证实,郭永明的"常住人口登记表"(登记日期为"1997年3月31日")上"申报人签章"栏后的"郭珍付"签名并非郭珍付本人书写。

4. 同案被告人供述

(1) 同案被告人郭珍付(系郭永明之父)供称,郭永明出生于一九八八年农历七月二十七,郭永明与他对象常某准备在农历七月二十七郭永明生日那天订婚。

郭珍付于2006年8月20日被抓获后的第一次供述即主动交代8月20日(农历七月二十七)是郭永明定亲的日子。

(2) 同案被告人王凯一审原审庭审时供称,其听郭永明说过7月27日与水冶一女孩儿定亲;同案被告人郭江峰供称,其知道郭永明定亲的事,但哪一天忘了。

5. 被告人供述

被告人郭永明供称,其于一九八八年农历七月二十七出生,户口本上填的是1988年7月27日。其准备2006年生日那天跟女朋友常某订婚,但没有订婚就被抓了。

一、二审法院强调户籍证明和常住人口登记表作为书证的至高效力,认为作为反证的相关证人证言的证据效力相对较低,尚不足以推翻公诉机关认定郭永明出生于公历1988年7月27日的事实,据此认定郭永明犯罪时已满18周岁,对其判处死刑。最高人民法院对书证这一客观性证据进行了更为严格的审查,通过对大量反证的审查和分析,认为一、二审认定郭永明犯罪时已满18周岁的证据不足,不能排除合理怀疑,主要理由如下:

(1) 本案书证自身存在瑕疵,可能存在登记错误。一方面,被告人郭永明的常住人口登记表上"申报人签章"处"郭珍付"的签名,经文检鉴定确认并非郭珍付本人书写。另一方面,郭永明的户籍登记的出生日期为1988年7月27日,按规定该日期应为公历,但这不等于该登记完全不可能将农历当作了公历,且本案没有任何直接证据证明该登记准确,间接证据也很少且证明力不强。相反,证明登记错误的证据较充足。在案大量证人证言证明当地户籍登记较为混乱,有按公历登记出生日期的,也有按农历登记的,有发现登记错误要求户籍管理人员更改而未予更改的,还有村民随意报大年龄却按照其所报年龄登记的情况;当地户籍干部、户籍民警的证言证实,上户口按规定应按公历申报年龄,但不排除户口登记的出生日期系村民按农历申报的情况,且均未肯定郭永明户口上的出生日期就是按公历登记。因此,尽管郭永明的户籍证明和常住人口登记表能够证明郭永明犯罪时已满18周岁,但是,由于户籍登记可能存在错误,单独依靠该书证确认郭永明的年龄,尚存重大疑义。

(2) 本案一、二审所采信的书证所证明的内容与其他证据不能印证,无法排除合理怀疑,而相关证人证言、同案被告人和被告人供述等证据之间相互印证,证明郭永明出生于一九八八年农历七月二十七(公历 1988 年 9 月 7 日),犯罪时未满 18 周岁。其一,证人王宝凤、陈保琴、程新连、王改书、王宝枝等的证言证明,被告人郭永明出生于一九八八年农历七月二十七,犯罪时不满 18 周岁。这些证人并非都是利害关系人,与郭永明并无亲属关系。特别需要强调的是,证人程新连于 2006 年 8 月 28 日在侦查人员向其核实郭永明案发当天的行踪情况时,主动证称农历七月二十七(2006 年 8 月 20 日)是郭永明定亲的日子,也是郭永明的生日。从卷中证据看,此时公安机关并非专门针对郭永明的年龄问题进行调查,该证言可信度较高。其二,被告人郭永明及同案被告人郭珍付供称,郭永明出生于农历七月二十七,定于 2006 年郭永明生日当天与常某订婚,所供与相关证人证言相印证,不能排除郭永明犯罪时未满 18 周岁的合理怀疑。郭珍付于 2006 年 8 月 20 日被抓获后第一次接受讯问时即主动供称,8 月 20 日是郭永明定亲的日子。此时公安机关并非专门针对郭永明的年龄问题进行讯问,郭珍付对此并无事先准备,其供述对于认定郭永明的年龄具有一定的意义。郭永明自原一审庭审时供称,其与常某原定于农历七月二十七其生日当天订婚,同案被告人王凯、郭江峰亦当庭供称听说过郭永明要订婚一事。关于郭永明与常某定亲一节,证人王宝凤证称,郭永明谈过一个对象是水冶街的;证人程新连证称,郭永明出事前两三天说过他生日时要请客;证人陈保琴证称,郭永明有对象,七月二十七去走亲戚;证人常某证称,其与郭永明 2006 年上半年认识后谈过对象,并约定过在 7 月 27 日郭永明生日时双方父亲见面。因本案案发时郭永明尚未与常某订婚,可以推定,其二人所约定的日期并非公历 7 月 27 日,而是农历七月二十七。可见,依据在案证据不能排除郭永明出生于一九八八年农历七月二十七,犯罪时未满 18 周岁的可能性,一、二审依据郭永明的户籍登记认定其犯罪时已满 18 周岁,不能达到证据确实、充分的程度。

可讨论的问题：

1. 被告人行为时的年龄,属于何种证明对象？

2. 在被告人行为时是否年满 18 周岁存在相互矛盾的证据时,究竟如何对此作出认定？

3. 对被告人是否达到法定刑事责任年龄存有疑义时,为什么要坚持有利于被告人的原则？

第二十一章　证明责任

> 承担举证责任的是主张者,而不是否认者。

一、证明责任的概念
二、英美法中的举证负担与说服负担
三、大陆法中的结果责任与行为责任
四、我国刑事证据法中的证明责任
五、证明责任的转移与倒置
六、被告人的证明责任
七、法官的真相探知活动
【讨论案例之二十一】　文某非法持有毒品案

一、证明责任的概念

作为司法证明的基本构成要素,证明责任是指提出诉讼主张的一方提出证据证明本方所主张的待证事实的义务。在证明责任的性质问题上,我国证据法理论曾出现了多种观点,存在着诸如"权利说""义务说""责任说""后果说"等不同的学说。笔者持"义务说",将证明责任界定为提出诉讼主张的一方所承担的一种证明义务。具体说来,证明责任的概念可以包含提出主张事实、履行举证义务、完成论证过程以及承担败诉后果等四个密不可分的要素。要全面认识证明责任的性质,我们需要从这四个角度来揭示证明责任概念的不同方面。

(一) 证明责任离不开特定的诉讼主张

通常说来,无利益则无诉讼。诉讼活动的发生起源于控辩双方的利益冲突,无论是指控方还是被告方,都是因为无法通过其他途径解决利益争端而不得不诉诸司法裁判程序的。而司法裁判程序一旦启动,法院就要对控辩双方的利益作出权威的裁决。作为与案件结局有着直接利害关系的人,控辩双方的利益都处于接受法庭裁判的状态。为维护本方的利益,控辩双方向法庭提出诉讼主张,从而通过行使诉权来说服法院接受本方的主张,作出有利于自己的裁决。而提出诉讼主张的一方,要达到说服法院接受本方主张的效果,就必须从事司法证明活动,承担证明责任,向法院提出证据并论证待证事实的真实性。因此,从根本上说,证明责任乃至整个司法证明机制都与诉讼主张的提出有着直接的联系。

罗马法有句著名的格言:"谁主张,谁举证。"一般的理解是,在诉讼活动中,哪一方提出了积极的诉讼主张,或者提出肯定某一事实存在的诉讼请求,该方就负有提出证据对该项主张加以证明的义务,否则,该方所提出的诉讼主张就不被法庭所接受。在某种意义上,提出积极的诉讼主张,就意味着要改变法律关系的现状,使得原已存在的权利、义务和责任格局发生变化。从形式上看,提出积极的诉讼主张也经常具有"诉讼权利"的性质。但是,积极提出诉讼主张本身,并不足以说服法院作出有利于主张者的裁决。主张者必须提出证据并论证本方所主张的待证事实,否则,该方所主张的待证事实就无法成立,该方的诉讼主张也无法得到事实的支持。

(二) 证明责任包含着举证义务

证明责任之所以被界定为一种"义务",就是因为提出诉讼主张的一方必须提出证据,也必须运用这些证据论证本方所主张的待证事实,否则,该方就要承担消极的法律后果。所谓"举证",是指主张方向法庭提出本方证据并逐一揭示证据事实的活动。笔者之所以不同意使用"举证责任"这一概念,就是因为,在现代汉语语境中,"举证"仅仅意味着提出本方证据和展示证据事实的活动,它远远不能概括司法证明的全部含义。而"证明责任"除了包含"举证义务"之外,还同时包含着论证义务和承担败诉后果的内容。可以说,在任何诉讼形态下,承担证明责任的一方假如提不出任何证据,无法履行举证义务,该方所提出的诉讼主张是不可能被法院所接受的。对于主张者而言,提出证据绝不属于该方可以放弃的权利,因为一旦不能举证,就要承受不利后果,因此属于一种法律义务。

(三) 证明责任包含着论证待证事实的义务

提出诉讼主张的一方要承担证明责任,仅仅提出证据也是不够的,该方还必须运用证据论证待证事实的真实性。这种论证既包括对本方主张事实的证实,也包括对对方证据和主张事实的证伪活动。在法庭审判过程中,承担证明责任的一方对对方证据进行的"质证"活动,以及就本方待证事实的真实性所进行的综合辩论活动,都属于这种论证活动。对于提出积极主张的一方而言,他对待证事实的证明贯穿于法庭审判的全过程,而这种对本方待证事实的论证不是可行使也可放弃的权利,而属于该方必须承担的义务。

(四) 证明责任与败诉风险是联系在一起的

证明责任之所以不能被界定为简单的"权利"或者"利益",就是因为提出诉讼主张的一方一旦不能提出证据,或者无法论证待证事实的真实性,那么,待证事实就只能被视为不真实或不存在的,该方所提出的诉讼主张也就不能成立,因此只能承担所主张的诉讼请求不能成立的后果。而提出诉讼主张的一方一旦无法使裁判者接受本方的诉讼主张,就意味着本方诉讼活动的失败,也就是通常所说的"败诉"。在任何诉讼活动中,无论是指控方还是被告方,都有可能提出各种各样的证据,来论证本方的某一观点,但假如该方不承担"举证不能"的败诉后果,那么,该方就不属于证明责任的承担者。

通过上述分析,我们可以发现证明责任与"诉讼主张""举证义务""论证义务"以及"败诉风险"有着密切联系。从维护权益、提出诉讼主张的角度来说,承担证明责任的一方是在为维护实体利益而行使诉讼权利;从承担败诉风险或本方主张不成立的法律后果的角度来看,承担证明责任的一方也确实要承担法律责任。但从总体上看,证明责任本身既不是权利或利益,也不能简单地被归结为责任,而属于提出诉讼主张的一方所要履行的法律义务。

假如我们接受上述对证明责任概念的界定,那么,这一法律义务的承担者显然只能是与案件结局有着利害关系的控辩双方。在刑事诉讼中,承担证明责任的要么是作为公诉方的检察机关,要么是作为自诉方的被害人,要么是那些提出某些积极诉讼主张的被告人。法院作为司法裁判者,负有对诉讼主张进行裁判、对司法证明的过程和结果加以验证的职责。法院与诉讼活动本身既不存在任何利害关系,也不会提出任何旨在改变法律关系现状的诉讼主张,更不会因为"举证不能"而承受消极的法律后果,因此,法院不是证明责任的承担者。那种将法院视为证明责任承担者的观点,要么是将法院与控辩双方的诉讼职能混为一谈,要么是对证明责任的认识存在着误解。可以说,法院不承担任何形式的证明责任,这应当是我们研究证明责任问题的逻辑前提。

二、英美法中的举证负担与说服负担

证明责任是从英美法中引进的法律概念。在英语语境中,所谓证明责任,其实是指"证明负担"(burden of proof)。英美证据法基于陪审制和对抗制的制度背景,确立了一种颇具特色的证明责任双层次理论。根据陪审制,法官对案件的法律适用问题拥有裁判权,而陪审团在法官的法律指导下对案件的事实认定问题拥有权威的裁断权。而根据对抗制,法庭审判以控辩双方诉讼对抗的方式来展开,法官、陪审团所要裁断的就是控辩双方存在争议的事实和主张是否成立。在陪审制的影响下,英美证据法确立了主张者向法官承担举证责任、向陪审团承担说服责任的制度。而在对抗制的作用下,任何承担证明责任的一方都需要首先承担举证责任,使得法官将该方所论证的事实和诉讼主张列为一个诉讼争点,然后才能提交陪审团对该方所主张的事实进行最终的裁断。论证本方事实和主张列为诉讼争点的责任,也就是通常所说的举证责任;而在法官列为诉讼争点之后,向陪审团证明本方待证事实存在的责任,则属于说服责任。

在英美证据法中,"证明负担"是一个多义的、容易被混淆的概念,判例法对此经常作出一些不同的解释。一般而言,有关"证明负担"的法律规则通常规定在实体法之中,证据法只是确立了有关证明负担分配的基本原则。在"证明负担"之下,存在着两个层次的概念:一是举证负担,二是说服负担。所谓"举证负担"(burden of production),又被称为"证据负担"(burden of evidence),在美国证据法中还被称为"提出证据推进诉讼的负担"(the burden of presenting evidence to put forward the proceedings)。任何承担证明责任的一方,首先应当证明某一特定事实的存在具有初步的证据支持,才能被法官纳入诉讼争点。如果负有证明责任的一方对于某一事实的存在没有提供足够的证据,那么,法官不会将该项问题提交给陪审团,而是直接裁断该项事实在法律上不能成立。

另一个概念是"说服负担"(burden of persuasion),是指在法官将某一争议事实纳入诉讼争点的前提下,负有证明责任的一方证明该事实的真实性,并说服陪审团对该事实产生较高程度的内心确信的义务。作为事实裁判者,陪审团在审查完全部证据之后,假如对于所要证明的事实仍然存有疑问的,将会裁断有关待证事实不能成立,承担证明责任的一方也将会承受败诉的后果。

在英美刑事诉讼中,检察官对于其指控的罪行的每一项基本构成要素(essential elements)都承担说服负担。检察官必须将其指控的每一项罪状(count)的成立都证明到排除合理怀疑的程度,才能成功地承担"说服负担"。这一说服负担是不可转移的。但是,在陪审团确定检察官是否成功地承担了这种说服负担之前,检察官还必须就同一事项提出证据进行初步的证明,也就是承担前面所说的"举证负担"。只有在检察官首先满足了举证负担所要求的证明标准之后,法官才会将案件移交给作为事实裁判者的陪审团,后者也才会进一步确定检察官是否已经将其指控的罪状证明到排除合理怀疑的程度。而在检察机关提出证据证明被告人有罪具备初步的或表面的证据之后,举证负担就转移给被告方,后者也要提出证据证明被告人有罪这一事实并不具备初步的或表面的证据。假如被告方发现检察官并没有提出初步的或表面的证据证明自己的指控事实,就可以提出"无辩可答"(no case to answer)的意见,要求法官直接在法律上宣告指控不成立。

在有些案件中,英美法允许被告方提出一些"积极抗辩"(affirmative

defense)事由，以便证明被告人的行为在法律上不构成犯罪，或者证明被告人应被判定较低等级的罪名。通常情况下，这些旨在排除或者减轻被告人刑事责任的积极抗辩事由主要有：精神病、正当防卫、受到强迫、自愿醉酒、极端的情绪障碍等。原则上，被告人以上述事由为根据提出积极抗辩的，应当承担一定的证明责任。例如在美国和英国证据法中，被告方对这些积极抗辩事由都要承担说服负担。也就是说，被告方既要对这些事由的存在承担举证负担，说服法官将此抗辩事由纳入诉讼争点，也要在此基础上，说服事实裁判者对这些抗辩事由的存在形成较强的内心确信。当然，与检察官所承担的说服负担不同，被告方的说服负担不需要达到排除合理怀疑的最高程度，而至多达到优势证据就足够了。当然，在美国一些司法区，法院要求被告方对特定的积极抗辩事由的证明，达到"清晰而有说服力的证明"这一更高的标准。

但在其他一些普通法国家中，判例法通常要求被告人对这些积极抗辩事由承担举证负担。例如，根据加拿大证据法，在提出积极抗辩的情况下，被告人需要承担举证负担。具体说来，辩护方必须提出证据证明自己的抗辩事由具有存在的可能性(a sense of reality)，法官才会将此辩护意见提交给陪审团加以考虑。而一旦辩护方满足了这一举证负担，那么，证明这些抗辩事由不存在的责任，就将转移给检察官一方。不过，检察官证明这些抗辩事由不存在的责任，将不再属于举证负担，而相当于一种新的说服负担。与其他说服负担一样，对抗辩事由不存在的说服负担，也需要达到排除合理怀疑的程度。不仅如此，有权判定检察官是否满足这一说服负担的将是陪审团，而不是法官。

三、大陆法中的结果责任与行为责任

与英美证据法不同，大陆法国家的刑事证据制度并没有接受前述的双层次证明责任理论。这一方面是因为大陆法并不存在陪审团与法官在司法裁判权的角色区分，举证方无须分别向法官和陪审团承担不同的证明责任，另一方面也是因为大陆法实行职权主义的诉讼构造，法官始终拥有对案件事实的司法调查权，控辩双方在调查证据方面只起到辅助的作用，这就导致那种典型的"谁主张，谁举证"的原则并不能完全适用到刑事诉讼之中。尽管如此，大陆法国家的刑事诉讼中仍然存在着一种司法证明过程，也存在着相应的证明责任分配机制。对大陆法中证明责任制度作出理论总结的是德国学者，他们提出了结果责任与行为责任相结合的证明责任理论。

结果责任与行为责任的区分，首先发端于德国民事证据法理论。德国民事诉讼实行的是一种当事人进行主义的诉讼构造，这有些类似于英美刑事诉讼的对抗制构造。按照德国证据法理论，只有当法庭审理后待证事实仍然难以明确时，才会产生证明责任分配的问题。具体而言，在法庭审理进行到最后时，法官有时会面临所要证明的事实无法澄清或者难以查明的情形，对此"事实不明"的案件，法官要进行裁判，就必须遵循一套认定案件事实的规则。其中，证明责任的分配规则就是旨在解决"待证事实最后不明时如何分配法律效果"的规则。

所谓结果责任，又称为客观的证明责任，就是指法官在审理后无法确定待证事实或者对事实存在疑问的情况下，确定由何方承担败诉后果的责任。在当事人进行主义的诉讼构造中，负有结果责任的一方当事人，必须承受最后事实不明时的败诉后果。但是，结果责任与当事人的举证活动并没有必然的联系，法官的裁判直接取决于客观上"什么事实被澄清了"，而不是主观上"什么人澄清了这件事"。正因为如此，承担结果责任的一方在事实不明情况下最终要承受不利的败诉结果。①

在当事人进行主义的诉讼中，行为责任是由结果责任所衍生出来的概念。也就是说，当事人为避免败诉后果，负有提出证据证明待证事实的责任。这种行为责任也称为主观的证明责任。但是，这种行为责任是由结果责任所派生出来的证明责任，承担证明责任的一方为避免败诉的结果，才向法官提出证据，论证待证事实的真实性。正因为如此，这种行为责任并不具有独立性，其主体和范围都取决于结果责任。②

但是，大陆法国家的刑事诉讼采取的是职权主义的诉讼构造。这一诉讼制度确立了实质真实原则和无罪推定原则。根据实质真实原则，法官对案件事实负有查明真相的责任，所认定事实的依据不限于控辩双方提交的证据，还可以自行收集新的证据。而根据无罪推定原则，证明被告人有罪的责任应由公诉方承担，被告人不承担证明自己无罪的责任，在检察官无法证明被告人有罪或者所证明的案件事实不清楚的情况下，法官应作出被告人犯罪事实不成立的无罪判决。

在这两个原则的影响下，那种"谁主张，谁举证"的原则就受到了一定的

---

① 参见林钰雄：《刑事诉讼法（上册总论编）》，台湾元照出版有限公司2004年版，第432页以下。
② 参见林钰雄：《严格证明与刑事证据》，法律出版社2008年版，第164页以下。

限制。由于法官负有调查义务,即使控辩双方不提出任何证据,法院仍然要依据职权调查案件事实,而不能直接作出裁判;法院所调查的证据也不以控辩双方当庭提出的为限,而可以自行调查新的证据。正因为如此,那种建立在诉讼主张基础上的行为责任就无法发挥作用了。尽管如此,在大陆法国家的刑事诉讼中,结果责任的概念仍然是可以适用的。也就是说,法官在审理后如果没有对被告人有罪这一点形成内心确信无疑的程度,就应遵循无罪推定原则的要求,作出被告人无罪的判决。但这种结果责任与民事诉讼中的结果责任有所不同,它仅仅被用来说明法官在案件审理后事实不明状态下的法律后果问题。

通过简要分析大陆法国家的结果责任和行为责任的理论,我们不难发现,这是一种与英美法双层次理论截然不同的证明责任理论。假如有人将这两对概念等同视之,也就是将德国法中的结果责任等同于英美法中的说服负担,而将德国法中的行为责任归结为英美法中的举证负担,则属于一种严重的误读。其实,英美法中的举证负担与说服负担分别是用来向法官和陪审团承担的证明义务,前者是主张者说服法官将争议事实纳入诉讼争点的义务,后者则是在法官同意将待证事实提交陪审团考虑的情况下,主张者向陪审团证明案件事实的真实性具备较高可信度的义务。可以说,没有法官与陪审团的裁判职能分工,就不可能有这种双层次的证明责任理论的存在。

与英美法不同的是,大陆法国家没有确立陪审团制度,法官和陪审员都负有相同的裁判职能,控辩双方不需要将同一事实的证明区分为法律问题和事实问题,更不需要对同一事实前后进行两次证明过程。即使在民事诉讼中,控辩双方的证明责任也是单一的,也就是承担证明责任的一方首先要承受败诉风险,而为避免这一不利的诉讼结果,该方不得不承担行为责任,也就是提出证据证明待证事实的责任。可以说,满足结果责任是司法证明的目标和归宿,而满足行为责任则是避免败诉结果的手段。结果责任和行为责任是合为一体、不可分离的。当然,大陆法国家的刑事诉讼基本上没有接受民事诉讼中的这种证明责任理论。尽管在这一诉讼中也有结果责任的存在空间,但这种结果责任已经与民事诉讼中的结果责任不可同日而语了,它仅仅是指法官在案件受理后事实不明时的法律效果而已。在刑事诉讼中,即便在案件事实不清,法官无法形成内心确信无疑的情况下,也不存在"检察官败诉"的问题,而只存在"犯罪事实无法澄清"的问题。

四、我国刑事证据法中的证明责任

对于英美证据法中的双层次理论，中国证据法理论是无法进行整体移植和吸收的。所谓的"举证负担"和"说服负担"的概念区分，建立在陪审团和对抗制的制度基础上，强调举证方先后分别向法官和陪审团承担不同的证明责任。这对于那些没有确立陪审团制度和对抗制的国家，属于几乎不可接受的制度安排。尤其是在中国司法制度下，法院通过一次连续的法庭审判，既要裁决事实问题，又要决定法律适用问题；合议庭无论是由职业法官与人民陪审员混合组成的，还是完全由职业法官组成的，都既要裁决案件的事实认定问题，又要解决法律适用问题。况且，在这样的法庭审判中，法官（尤其是作为"承办人"的法官）还有权主动进行调查核实证据的活动，除了当庭主导证据调查活动以外，还可以进行庭外收集新证据的活动。因此，在中国刑事审判中，将证明责任区分为"举证责任"和"说服责任"，是没有太多制度基础的。

那么，对于德国法学界提出的"结果责任"和"行为责任"的概念，中国刑事证据法可以直接移植吗？答案也是否定的。尽管在中国民事诉讼法学中，这两个概念已经被整体吸收到证据法理论之中，但是，刑事诉讼的情况要更为复杂。首先，德国证据法理论将证明责任界定为"解决事实不明时分担败诉风险"的制度设计，这不符合司法证明的基本原理。既然是从事司法证明活动，那么，举证方就理应承担提出证据论证待证事实真实性的义务，证明责任的核心就应当是提出诉讼主张的一方论证本方待证事实存在的义务。这一证明义务应当贯穿于司法证明的全部过程，从证明对象的确定，到证明方法的设置，再到证明标准的确定以及证明不能时败诉风险的分担，都应受到证明责任分配原则的影响。其中，所谓事实不明时败诉风险的分担问题，不过是证明责任的一个要素，也就是"败诉风险分担"要素，但绝不等于证明责任的全部。至少，证明责任除了风险分担要素以外，还应有举证要素和论证过程要素。德国证据法将证明责任仅仅界定为审判最后事实不明时的风险分担机制，这显然忽略了司法证明的全部过程，而带有明显的"重结果，轻过程"的意味。

其次，德国证据法理论过分重视法官的澄清义务，而无视控辩双方的证明责任，这不符合中国刑事诉讼构造的现状。按照这一理论，"什么人证明待证事实"并不重要，而"说明事实得到澄清"才是最重要的；即便没有任何证据,法院基于基本的裁判义务,都必须自行调查事实,从而查明事实真相。即使在确立了当事人进行主义构造的民事诉讼中,当事人的行为责任也不具有任何独立性,而只是结果责任所逼迫出来的一种证明义务。至于那种具有职权主义诉讼构造的刑事诉讼,则连当事人的行为责任都没有存在的空间。既然如此,刑事诉讼为什么还要构建基本的诉讼形态呢?法庭为什么还要举行如此形式化的司法证明活动呢?何不像纠问式诉讼那样,直接设计成为法官依据职权进行的查明真相活动呢?其实,根据德国法所确立的无罪推定原则,公诉方肯定要承担一定的证明责任,也就是提出证据论证被告人构成犯罪的责任。这是德国刑事诉讼法所确立的基本程序。唯一富有特色的可能是法官主导法庭调查和组织庭外调查的程序设计,这使得法庭上的司法活动受到了某种程度的冲击。但至少公诉方要提出证据论证待证事实,这一点是毋庸置疑的。既然如此,德国法学界为什么要罔顾这一基本司法现实,而提出一种不合时宜、充满纠问主义色彩的证明责任理论呢?可能唯一的解释就是,这是一种与司法现实严重脱节的理论,是法学家在书斋之中生搬硬造出来的"理论"。对于这一点,中国证据法学者应给予高度注意。

迄今为止,中国刑事诉讼法已经确立了一种基本的司法证明机制。根据1996年《刑事诉讼法》,法院对于证据不足、不能认定被告人有罪的案件,应当作出"证据不足、起诉的罪名不能成立的无罪判决"。2012年《刑事诉讼法》更是确立了检察官在公诉案件中对被告人的犯罪事实承担"举证责任"的条款。与此同时,1996年《刑事诉讼法》确立了"抗辩式审判方式",严格限制法官在庭前所查阅的案卷材料的范围,禁止法官在庭前进行证据调查核实工作,法庭上的证据调查基本上由提出证据的一方自行负责,对方则有权对证据进行质证。这就至少在形式上放弃了原来实行的带有"超职权主义"的审判方式。但2012年《刑事诉讼法》则不再限制检察机关庭前移送案卷的范围,允许法院全面查阅和研读公诉方移交的全部案卷材料。这种对案卷移送主义的全面恢复,也可能对"抗辩式审判方式"造成一定的冲击,职权主义的因素将有所恢复。

在中国刑事审判方式发生巨大变化的情况下,如何才能确立一种具有解释力和前瞻性的证明责任理论呢?在笔者看来,中国刑事诉讼法对"超职权主义"诉讼构造的抛弃,以及对"抗辩式审判方式"的确立,使得司法证明过程在刑事审判中具有了基本的制度前提。这就使得那种建立在"谁主张,谁举证"和"无罪推定"原则基础上的证明责任机制具有了存在的空间。

(一) 谁主张,谁举证

首先,按照"谁主张,谁举证"的原则,证明责任与诉讼主张的提出具有密不可分的联系。检察机关作为国家利益的代表,指控被告人构成某一犯罪,这就等于提出了积极的诉讼主张。这种积极的诉讼主张,既包含着公诉方所主张的待证事实,又有对该事实的法律评价。对这一诉讼主张所包含的待证事实,公诉方负有提出证据论证其真实性的责任。假如检察机关不能提出证据,或者无法证明待证事实的存在,那么,法院完全有权作出指控的犯罪不能成立的无罪判决。这显然说明,检察机关作为积极诉讼主张的提出者,既要履行举证义务,又要对待证事实进行论证,对无法证明的待证事实还要承担败诉的后果。也就是说,检察机关的证明责任同时包含着四个方面的要素:一是提出积极的诉讼主张,并提出所主张的待证事实;二是提出证据,履行举证义务;三是运用证据进行论证,以便说服法官接受所主张的待证事实的真实性;四是对于无法举证或者无法证明待证事实存在的案件,承担所主张的待证事实不能成立的败诉后果。这四项基本要素是不可分离的,它们构成证明责任的有机组成部分。

(二) 无罪推定

根据无罪推定的原则,法律推定被告人处于无罪公民的状态,公诉方承担证明被告人有罪的责任,这一责任是不可转移的,并且要达到最高的可信度和确定性;被告人由于受到无罪推定的保护,因此不承担证明自己无罪的责任;在公诉方无法证明被告人犯罪事实的情况下,无罪推定就不能被推翻,而可以直接转化为无罪的判定。正是无罪推定原则确立了刑事诉讼中证明责任的基本框架,使得检察机关承担对被告人犯罪事实的证明责任。这一为被告人提供诉讼特权保障的原则,与"谁主张,谁举证"的理念不谋而合,既为检察机关承担证明被告人有罪的责任奠定了基础,而且也为检察机关承担败诉后果提供了理论依据。在无罪推定原则的作用下,即便中国刑事诉讼仍然保留了一些职权主义的构造因素,但那种基本的证明责任机制仍然得到了确立。

(三) 公诉方的证明责任

出庭公诉的检察官不仅要向法庭提出本方的证据,而且还要直接论证自己所主张的待证事实的真实性。在中国现行刑事审判程序中,检察机关对本方证据负责进行"举证"活动,辩护方对公诉方的证据进行"质证"活动,而法官则基本不负责对控辩双方的证据加以举证和质证。其中,公诉方通过出示、讯问、询问、播放等各种举证手段,将本方证据及其所包含的证据事实逐一展示给诉讼各方。这种举证活动绝不只是一种简单的"行为"或"形式",而具有证明待证事实的目的和实质内容。

(四) 公诉方的败诉风险

检察机关无法提出证据,或者所提出的证据无法证明待证事实的,法院可以作出"证据不足,指控的犯罪不能成立的无罪判决",这一无罪判决其实就是宣告公诉方诉讼主张的不成立,意味着检察机关公诉活动的失败或者国家的"败诉"。根据中国的刑事司法现实,假如检察机关提不出任何证据,法院别说作出有罪判决,就连启动刑事审判程序都是不可能的。而在法庭审判过程中,检察机关所进行的举证活动假如漏洞百出,根本无法形成完整的证明体系,法院也会建议撤回起诉,并在征得检察机关同意的前提下作出准许撤回起诉的裁定。其实,这种撤回起诉的制度设计本身,就属于对检察机关败诉风险的确认。假如检察机关拒绝撤回起诉而重新起诉的,法院也可以直接作出无罪判决。当然,这里可能有其他一些案外因素在影响着法院的独立审判,但这些案外因素的干预已经不是司法证明机制所能解决得了的。除去这些影响审判独立的因素,中国刑事审判中的司法证明机制其实已经存在并发挥作用了。那种由检察机关承担证明责任,并进而承担败诉风险的证明责任机制也已经得到初步的确立。

通过上述分析,我们大体上可以提出中国刑事诉讼中的证明责任理论。根据这一理论,所谓证明责任,是指提出积极诉讼主张的一方提出证据、论证所主张的待证事实真实性的证明义务。在刑事诉讼过程中,检察机关对其所主张的被告人犯罪事实承担证明责任,也就是承担提出证据论证该犯罪事实真实性的责任;检察机关的举证活动,是其承担证明责任的必要手段;检察机关对犯罪事实的论证活动,是其承担证明责任的必经过程;法院对证据不足的案件作出指控的犯罪不成立的无罪判决,是检察机关在无法证明被告人有罪时承担败诉后果的标志。

五、证明责任的转移与倒置

在证据法理论中,证明责任一般要由提出积极诉讼主张的一方来承担。

但在这一点上,还存在着一些法定的例外。其中,证明责任的转移和证明责任的倒置,就属于证明责任分配中的两种主要例外情形。

(一) 证明责任转移

所谓"证明责任转移",是指在遵循"谁主张,谁举证"原则的前提下,提出诉讼主张的一方在将待证事实证明到一定程度之后,另一方需要承担证明该待证事实不存在或者另一新的案件事实存在的责任。证明责任的转移是有条件的,那就是提出诉讼主张的一方承担了证明责任,并将待证事实证明到法定的程度。证明责任一旦被转移给对方,那么,对方就需要对待证事实的不存在承担证明责任,或者对其他足以推翻原诉讼主张的新事实承担证明责任。对方如果无法提出证据或者无法进行证明,也会承担败诉后果。

证明责任的转移在民事诉讼中经常发生。在我国刑事诉讼中,证明责任的转移通常发生在以下几种情形之下:一是在检察机关对被告人构成犯罪的事实承担了证明责任之后,被告人提出了一些法定的积极抗辩事由,如正当防卫、紧急避险等,对这些积极抗辩事由的真实性,被告人要承担证明责任;二是在那些适用推定规则的案件中,检察机关对作为推定前提的基础事实承担了证明责任,使得那些推定事实初步成立,而被告人为推翻推定事实,就需要承担证明责任,以证明相反事实是真实存在的。

需要注意的是,证明责任的转移必须以法律有明文规定为前提。在法律明确要求某一方承担证明责任的情况下,该方将有关待证事实证明到法定证明标准之后,对方对该事实所进行的抗辩活动,应当被列为"质证权"的范围,而不属于证明责任的转移。只要法律明确了某一方的证明责任,那么,不论对方是否提出了相反的证据,或者是否证明了相反的事实,法院都要审查承担证明责任的一方是否证明了待证事实,以及是否达到了法定的证明标准。而对方有提出相反证据和事实的权利,却不承担证明相反事实的义务。承担证明责任的一方对对方提出的证据和事实仍然承担反驳义务,这种反驳义务是其证明义务的有机组成部分。例如,检察机关对犯罪构成要件事实承担证明责任,但没有法律明文规定,不论检察机关将这一待证事实证明到怎样的程度,法院都不能将证明责任转移给被告方。又如,检察机关提出了某一法定量刑情节,并提出证据进行了证明,但无论这一证明达到多高的程度,被告方都不承担证明该量刑情节不成立的义务,而最多享有对该项量刑情节加以反驳的权利。再如,检察机关提出了某一程序事实,以证明本方所提出的某一诉讼主张,法院也不能责令被告方承担证明该程序事实不存在的义务。

在中国司法实践中,有时会发生法院任意将证明责任转移给被告人的情形。尤其是在法院认为公诉方的证据已经足以证明被告人犯罪事实的情况下,假如被告方未能提出证明自己无罪的证据,就会被视为被告人没有承担证明自己无罪的责任,因此,被告方有关自己不构成犯罪的辩解不能成立。云南省昆明市中级人民法院对杜培武一案的有罪判决就体现了这一裁判逻辑。

 案例

被告人杜培武在公安机关的亲笔供词,证实被告人杜培武在公安机关供述的实施杀害王某某二人的行为。其供词以及作为现场指认的声像资料与本案证据证明的指控事实相互吻合一致。

被告人杜培武及其辩护人对公诉机关出示的证据表示异议,被告人杜培武当庭辩称:"案发当晚未曾见过王某某二人,也未曾驾驶云 OA0455 号昌河牌微型汽车,更未实施杀害二被害人的行为。"其辩护人提出"本案指控的有罪证据自相矛盾,且相关物证是违反《中华人民共和国刑事诉讼法》有关规定所提取的,被告人杜培武在公安机关的有罪供述是在刑讯中产生的假供述,因此,公诉机关出示的证据不能作为认定本案指控事实的证据,本案事实不清,证据不足,被告人杜培武无罪"的辩护意见。但辩护人未能向法庭提供证实其观点的证据,也未能提供证实被告人杜培武无罪的证据……

本院认为:本案控辩双方争执的焦点是指控证据的取得是否违反《中华人民共和国刑事诉讼法》的有关规定。在诉讼中辩护人未能向法庭提供充分证据证明其观点的成立,仅就指控证据材料的部分内容加以分析评述,而否定相关证据的整体证明效力,并推出本案事实不清,证据不足,被告人杜培武无罪的结论,纯系主观……的推论,无充分证据加以支持,该辩护意见不予采纳……①

这份判决书后来因为真凶落网、杜培武被改判无罪而被视为一份"荒唐"的判决。但是,该判决书所表达的裁判逻辑却是带有普遍性的。这种有意无意地将证明无罪的责任转移给被告人的思维,一直存在于部分刑事法官的裁

---

① 参见云南省昆明市中级人民法院(1998)昆刑初字第 394 号刑事判决书,载王达人等:《正义的诉求——美国辛普森案和中国杜培武案的比较》,法律出版社 2003 年版,第 151—155 页。

判文书之中。其实，无论被告人是否提出证据，也无论被告人所提出的辩护意见是否成立，公诉方都始终承担证明被告人有罪的责任，这一证明责任是不可转移的。这是由无罪推定的逻辑所带来的基本结论。

（二）证明责任倒置

与证明责任的转移不同，证明责任倒置是指提出积极诉讼主张的一方不需要承担提出证据进行论证的义务，而对方则需要承担证明前者所主张的待证事实不存在的义务，否则，对方就要承担败诉后果。证明责任的倒置又被通俗地称为"谁主张，谁不举证"或者"一方主张，对方举证"。这种分配证明责任的特殊情形在民事诉讼中时有发生，也普遍存在于行政诉讼过程之中。但在刑事诉讼中，证明责任的倒置发生的概率是比较小的。

迄今为止，唯一可以被归入证明责任倒置的情形存在于被告方申请排除非法证据的案件之中。根据2012年《刑事诉讼法》，被告人有权申请法院对公诉方以非法方法收集的证据依法予以排除，但要提供相关线索或证据。法院在对证据收集的合法性进行法庭调查的过程中，检察机关对于证据收集的合法性承担证明责任；对于存在重大疑点，不能排除以非法方法收集证据可能性的，法院应当排除该项证据。

非法证据排除程序一旦启动，就意味着程序性裁判程序的正式开始。在这一裁判过程中，检察机关始终承担证明侦查行为合法性的责任。被告人作为提出积极诉讼主张的一方，并不需要承担证明责任，检察机关则需要证明被告人所主张的程序事实不存在。这显然属于一种证明责任倒置的情形。

六、被告人的证明责任

对于检察机关指控的犯罪事实，承担证明责任的始终是检察机关。被告人由于受到无罪推定的保护，因此不承担证明自己无罪的责任。但在法定例外情形下，被告人也有可能承担一定的证明责任。但是，这种证明责任并不是证明被告人无罪的责任，而只是对特定案件事实或特定抗辩事由所承担的证明责任。即便被告人无法提出证据或者无法证明有关案件事实的存在，法院也最多在该事实环节作出不利于被告人的裁断。至于被告人究竟是否构成犯罪，最终还要视检察机关能否证明被告人犯罪事实而定。

与公诉方所承担的证明责任一样，被告人的证明责任也同时包含着举证义务和败诉风险这两个基本构成要素。所谓举证义务,是指在法定情形下,被告人需要承担提出证据、证明某一案件事实成立的义务。所谓败诉风险,则是指在举证不能或者所进行的证明没有达到法定证明标准的情况下,法院要裁判某一案件事实不成立的法律后果。没有举证义务,就谈不上证明责任;而没有败诉风险,证明责任就是不完整的。

当然,受无罪推定原则的制约,也由于被告方在收集证据以及举证、质证方面具有先天的劣势,根本不足以与公诉方形成势均力敌的对抗能力,因此,刑事证据法在被告人承担证明责任时并不要求达到最高的证明标准。一般而言,公诉方对于所要证明的案件事实,需要证明到"事实清楚,证据确实、充分"的程度。这无论是对所指控的犯罪事实以及不利于被告人的量刑情节,还是对侦查行为的合法性,都是同样适用的。但是,在被告人承担证明责任的情形下,不需要达到如此高的证明标准。根据一般的证据法理论,被告人所要达到的证明标准一般是优势证明或者高度的可能性。甚至在申请法院排除非法证据的场合下,被告方要申请法院启动非法证据排除程序,只要对侦查行为的合法性证明到"令法官产生合理疑问"的程度就足够了。

总体上看,被告人承担证明责任的情形主要有四类:一是被告人对其所提出的法定积极抗辩事由,承担证明责任;二是被告人对法律所确立的推定事实,承担证明其不成立的证明责任;三是被告人对于所主张的量刑事实,承担证明责任;四是被告人对于所主张的程序事实,承担证明责任。下面对这四种情形依次加以分析。

(一) 积极的抗辩事由

通常情况下,证明被告人构成某一犯罪的责任要由检察机关承担。这就意味着对于所指控的犯罪的每一构成要件事实,检察机关都应承担证明责任。但在法定情形下,刑法还确立了一些积极的抗辩事由。所谓积极抗辩事由,是指刑法所确立的足以免除被告人刑事责任的事实。在我国刑法中,公认的积极抗辩事由主要有两种:一是正当防卫,二是紧急避险。这两种积极抗辩事由只要成立,那么,被告人无论被证明实施了多么严重的危害社会的行为,在法律上就都不构成犯罪。

除了这两种抗辩事由以外,我国刑法在一些分则条款中还确立了其他一些带有积极抗辩性质的事由。例如,根据《刑法》第 243 条第 3 款之规定,行为人"不是有意诬陷,而是错告,或者检举失实的",不按照诬告陷害罪追究刑事责任；《刑法》第306条第2款规定，"辩护人、诉讼代理人提供、出示、引用的证人证言或者其他证据失实，不是有意伪造的，不属于伪造证据"。又如，根据《刑法》第276条之一第3款之规定，有恶意欠薪行为，"尚未造成严重后果，在提起公诉前支付劳动者的劳动报酬，并依法承担相应赔偿责任的，可以减轻或者免除处罚"；根据《刑法》第390条第2款和第392条第2款之规定，行贿人在被追诉前主动交待行贿行为，介绍贿赂人在被追诉前主动交待介绍贿赂行为的，可以减轻处罚或者免除处罚。

上述旨在免除被告人刑事责任或者减轻刑事责任的条款，往往被确立在刑法分则某一条文的第2款或第3款，构成了某一犯罪成立的例外。被告人只要符合这些例外事由的，就应被宣告为无罪，或者被减轻或免除刑事处罚。这些带有"但书"或"豁免"性质的例外情形，也构成刑法上的积极抗辩事由。

通常情况下，检察机关在提起公诉的时候，只需要提出证据证明被告人具备了有关犯罪的构成要件事实，就相当于承担了证明被告人有罪的责任。在支持公诉过程中，检察官不需要在每一案件中逐一证明被告人不具备正当防卫、不属于紧急避险或者不存在有关的"但书"或"豁免"情形。因为大多数情况下，这些抗辩事由的发生概率并不是很高，这种旨在否定特定事实的证明活动是没有必要的。同时，除非被告方主动提出这类积极抗辩，否则，法庭一般也不会对每一个案件逐一审查被告人是否具备上述免责事由。按照证明责任分配的一般原理，只要一方提出积极的诉讼主张，或者提出一种社会生活和经验的例外情形，或者提出旨在改变某一既存法律关系的事实，就都应承担证明责任。而那些仅仅对某一事实进行否认的一方，则不需要承担证明责任。基于这一理由，被告人既然提出了诸如正当防卫、紧急避险以及有关的"但书"情形，就理应承担证明该项抗辩事由存在的责任。否则，该项积极抗辩事由也就不能为法庭所接受。

（二）推定事实

1988年，我国刑法首次确立了"巨额财产来源不明罪"，明确规定对于国家工作人员收入或支出与其合法所得差额巨大的，应责令其说明财产的来源，本人不能说明财产来源的，司法机关可将差额部分视为非法所得，并追究其刑事责任。这标志着我国刑法开始通过确立推定制度来对部分犯罪案件追究刑事责任。

从20世纪90年代以来，最高人民法院更是通过颁行司法解释，确立了大量的推定规则。这些推定规则比较集中地体现在对刑法分则有关"明知"和"以非法占有为目的"等主观要件事实上,所涉及的罪名主要有包括合同诈骗在内的金融诈骗罪,盗伐、滥伐林木罪,盗窃、抢劫、诈骗、抢夺机动车犯罪,侵犯知识产权的犯罪,走私犯罪,走私、贩卖、运输、非法持有毒品的犯罪,以及销售假冒注册商标的商品罪,等等。

例如,根据最高人民法院2000年通过的《关于审理破坏森林资源刑事案件具体应用法律若干问题的解释》,"非法收购明知是盗伐、滥伐的林木"中的"明知",是指知道或者应当知道,对于下列情形可以视为"应当知道",但有证据证明确属被蒙骗的除外:(1)在非法的木材交易场所或者销售单位收购木材的;(2)收购以明显低于市场价格出手的木材的;(3)收购违反规定出售的木材的,等等。

又如,根据最高人民法院2001年发布的《全国法院审理金融犯罪案件工作座谈会纪要》,金融诈骗罪都是以非法占有为目的的犯罪,对于行为人通过诈骗的方法非法获取资金,造成数额较大资金不能归还,并有下列情形之一的,可以认定为以非法占有为目的:(1)明知没有归还能力而大量骗取资金的;(2)非法获取资金后逃跑的;(3)肆意挥霍骗取资金的……

司法解释所确立的这些推定规则都有一个共同的特点:对于犯罪构成的某一要件事实,在检察机关能够证明基础事实存在的前提下,法律免除了检察机关的证明义务,将其视为推定事实,从而直接确认该项事实的存在。但是,这些推定事实在法律上又是不确定的事实,被告方只要提出证据证明了相反的事实存在,就可以推翻该项推定事实,使得检察机关通过推定所认定的案件事实不再成立。例如,对于巨额财产来源不明的案件,检察机关首先需要对基础事实承担证明责任,包括证明被告人为国家工作人员,证明被告人收入或支出与其合法所得存在巨大差额,并且要将这些基础事实证明到法定最高程度。在此情况下,推定事实——被告人巨额财产系属非法所得——即告成立。但是,这一推定事实是不确定的,也就是说被告人只要提出了相反的事实,就可以推翻这一推定事实。于是,推定事实的初步成立,使得证明财产来源合法性的责任被转移给被告人。对于巨额财产来源系属合法所得这一新的待证事实,被告方需要提出证据论证其真实性。只有在将这一事实证明到法定标准的情况下,被告人才能推翻推定事实,从而成功地证明巨额财产来源是合法的,检察机关的指控是不成立的。否则,被告人假如提不出证据,或者无法证明财产来源的合法性,那么,上述推定事实就等于没有被推翻,从而转化为法律上的裁判事实,也就是被告人巨额财产来源属于非法所得,检察机关指控的罪名最终成立。

(三) 量刑事实

我国已经初步确立了相对独立的量刑程序,实现了将量刑纳入法庭审判程序的改革目标。无论是在量刑调查还是在量刑辩论中,控辩双方都有可能提出各自的量刑事实和量刑情节。在我国刑事司法实践中,检察机关提出的量刑情节通常都是法定的情节,但作为一种例外情形,该方也有可能提出一些酌定的量刑情节。与此同时,被告方也有可能提出对本方有利的量刑情节,这既包括法定的从轻、减轻或免除处罚的情节,也包括大量的酌定量刑情节。前者可以有最常见的自首、立功、坦白、从犯、未成年等法定情节,后者则可以有包括犯罪起因、被害人过错、积极赔偿、取得被害方谅解、平常表现、家庭状况等在内的一系列酌定情节。

在量刑事实的证明方面,控辩双方都要遵循"谁主张,谁举证"的原则,对本方所提出的积极的量刑事实承担证明责任。对于被告方而言,由于所提出的量刑情节都被用来证明该方的诉讼主张,也就是证明应当对被告人从轻、减轻或者免除刑事处罚,因此,对这些量刑情节的证明责任,理应由该方承担。对于这些量刑情节,检察机关有可能提出质疑或者予以直接否认,但并不因此承担证明责任。

(四) 程序事实

根据前面的分析,非法证据排除程序明显分为初步审查程序和正式的程序性裁判程序。在前一程序中,被告人需要对侦查行为的非法性提供证据线索,并证明到令法官对侦查行为的合法性产生疑问的程度。被告方假如不能提供证据或者线索,无法令法官产生这一疑问,那么,法官就有可能拒绝启动正式的程序性裁判程序,而直接拒绝被告方的诉讼请求。这显然说明,对于侦查行为的合法性这一程序事实,被告人确实要承担一定的证明责任。

在非法证据排除规则之外,被告人有可能提出其他方面的诉讼请求,如申请回避、申请证人出庭作证、申请延期审理,在上诉程序中还有可能申请二审法院宣告一审法院违反法律程序、影响公正审判,等等。这些诉讼请求都基于一种程序上的争议事实,要么提出了程序上的申请,要么对公诉方或者一审法院的诉讼程序提出了合法性异议。对于这些程序事实,作为申请方的被告人也要承担证明责任。而公诉方作为可能的否定有关诉讼请求的一方，无须承担证明责任；法官作为裁判者，也不能在被告方仅仅提出诉讼请求的情况下，一味地进行司法调查。被告方对这些程序事实承担证明责任，也就意味着同时要承担举证义务、论证义务以及败诉风险。

七、法官的真相探知活动

我国现行的审判程序并没有完全走向对抗制，法官并不是完全消极、超然的仲裁者，而对案件事实的查明负有一定的责任。但是，法官又不可能像过去那样，可以完全依据职权主动收集和调查证据，自行确定证据调查的方式、顺序和范围，而必须将程序的控制权交予控辩双方。这是现行审判制度确立"抗辩式"构造的必然结果。但与此同时，法官对于法庭调查仍然保留了一定的主导权，可以通过询问、讯问、查阅、辨认等方法来参与法庭上的调查证据活动。而最不确定的情况是，法官可以根据案件审理情况自行启动庭外调查核实证据的程序，要么对法庭上出现过的证据进行核实，要么直接收集新的证据。对于这些调查核实的书面笔录或者所收集的新证据，法官既可以恢复法庭调查，接受控辩双方的质证，也可以直接将这种调查核实证据的结果作为裁判的依据。可以说，法官通过庭外调查来查明案件事实真相，这是中国刑事审判制度保留职权主义构造的重要标志。

那么，在一个保留了职权主义因素的"抗辩式"审判制度中，法官的诉讼角色究竟应如何界定呢？正确地解释这一问题，是确定证明责任分配机制的关键之所在。首先可以肯定的是，法官不承担证明责任，而只是司法证明活动的裁判者。法官与诉讼既不存在利益关系，也没有提出积极的诉讼主张，当然就不承担证明义务。法官不仅不应提出证据证明有关待证事实，而且更不承担任何败诉风险。对于提出积极诉讼主张的一方所进行的证明活动，法官所要做的只是验证证明的过程和结果，并作出权威的事实裁判。对法官的诉讼角色唯有作如此定位，才能正确理解司法裁判与司法证明的关系。而那些坚持主张法官承担证明责任或者从事司法活动的观点，要么可能曲解了司法证明和证明责任的本来意义，要么对中国刑事法官的诉讼角色作出了错误的解释。这是应该引以为戒的。

其次，对于检察机关所承担的证明被告人有罪的责任，法官既不能独自承担，也不能代替检察机关予以承担。从理论上看，法院的使命是裁断，而不是从事刑事追诉。尽管在司法现实中,中国法官有一定的刑事追诉倾向和压力,这是一个不争的事实。但在证据法理论上,我们应当坚守一种观念的底线,那就是法官对于犯罪事实的发现和证明不承担法律责任。对于法官在法庭上所进行的证据调查活动,我们应将其解读为一种对司法证明过程的积极验证活动。而对于法官在法庭之外所进行的调查核实证据活动,我们可以不将其视为司法证明活动,而带有对司法证明的补充和替代性质。也就是说,法官所进行的庭外调查核实活动,是在法庭上的司法证明活动无法进行下去的情况下所进行的,这种真相探知活动本身并不是司法证明活动,而属于法官主动发现事实真相的查明活动。当然,对于这种在司法证明活动之外另行组织的真相查明活动,法律也应施加一定的限制。

例如,假如法官发现某一不利于被告人的证据对于真相发现而言确属重要的,就可以责令检察官自行调取,然后将该证据纳入法庭调查的范围之内。法官应尽量不去亲自收集这类证据。又如,在法官不得不进行庭外调查的情况下,应当通知控辩双方同时到场参与,并允许双方提出问题和发表意见。这实际等于在法庭之外举行特别的"法庭调查"。再如,对于庭外调查核实证据的笔录以及庭外所收集的新证据材料,法官应一律恢复法庭调查,给予控辩双方进行举证、质证和辩论的机会,否则,就不能将其作为定案的根据。

最后,考虑到被告方处于较为弱小的地位,法官在被告方承担证明责任的情况下应对其提供必要的协助。在前述四种由辩护方承担证明责任的场合下,一旦被告人提出一定的证据证明了本方的主张,那么,即使这种证明并没有达到法定的证明标准,法官也可以对其待证事实进行必要的调查核实活动,而不应轻易以证明责任未达到法定标准为由,拒绝辩护方的诉讼请求。例如,如果被告人提出了正当防卫的辩护理由,并举出一定的证据或者证据线索,那么,法官就不能仅仅对其证据加以审查,而应采取积极手段调取那些未被提到法庭上的证据,从而对正当防卫是否成立进行积极的调查。又如,如果辩护方认为公诉方的某一证据属于非法证据,并要求法官将该证据排除于法庭之外,那么,法官一方面要审查该方提出的证据和线索,另一方面也要对该证据的调查和收集情况进行必要的调查,甚至可以要求公诉方提供用以说明其证据合法性的材料。再如,对于公诉方提出的"巨额财产来源不明"的指控,被告人只要对财产的来源作出了合乎情理的说明和解释,那么,法官就不应要求其将其财产的合法性证明到过高的标准,而应对被告人的说明进行积极的调查核实。可以说,在被告人承担证明责任的情况下,法官不应简单地坚守中立立场,而应秉承"平等武装"和"天平倾向弱者"的理念,对于被告方的证明活动采取"职权主义"的态度,实施积极的协助和干预。唯有通过赋予检察机关一定的特殊义务,而维护被告人的诉讼特权,法官才能避免司法证明变成一种"弱肉强食"的不公平游戏,从而实现程序的正义。

【深入思考题】

1. 作为证明责任分配的两项基本原则,"谁主张,谁举证"与"无罪推定"是一回事吗?

2. 有人认为,英美法中的"举证负担""说服负担"与大陆法中的"行为责任""结果责任",其实完全是一回事。你对此有何看法?

3. 试以中国刑法中的"巨额财产来源不明罪"为例,分析证明责任的转移问题。

4. 试以非法证据排除程序中公诉方对证据收集程序的合法性承担证明责任为例,分析证明责任倒置的问题。

5. 在中国刑事司法实践中,法官对于案件事实的查明负有责任,他们既可以在法庭上依据职权调查证据,也可以进行庭外调查核实证据的活动,甚至还可以收集新的证据,并将此证据作为定案的根据。据此,有人认为中国法官在刑事诉讼中负有证明责任。你对此有何看法?

【讨论案例之二十一】

文某非法持有毒品案①

某区人民检察院以被告人文某犯运输毒品罪,向某区人民法院提起公诉。

被告人文某辩称,其在侦查阶段的有罪供述系侦查机关刑讯逼供的结果,其行为不构成运输毒品罪。

辩护人基于以下理由提出被告人文某的行为不构成运输毒品罪:(1) 本案言词证据存在矛盾;(2) 本案存在特情引诱;(3) 侦查人员实施了刑讯逼供取证行为,公诉机关提供的相关证据应当作为非法证据予以排除。

某区人民法院经公开审理查明:

被告人文某在公安机关共作出四份有罪供述,分别是2013年2月20日、2月21日在某派出所两份,2月26日、4月10日在某看守所两份。

文某及其辩护人员提出相关供述系侦查人员刑讯逼供所致,并提供如下材料、线索:

(1) 伤痕照片。案卷材料中,拍摄的当时作为犯罪嫌疑人的文某三面免冠照片,能看到其脸部、眼角等处有明显淤青痕迹。

(2) 医院急诊病历。2月22日上午10时30分,文某被送医院就诊,病历载明:"头部外伤后头痛3天,伤者约3天前头部撞伤"。而3天前即抓捕当天2月19日。医院的体征查体为"双眼睑肿胀青紫",诊治项目为"螺旋CT平扫(头颅)"。2月26日下午3时许,文某因高血压被送医院进行常规心电图检查。

(3) 健康检查表。2月21日某戒毒所出具的健康检查表载明文某"双眼青紫",左头部痛,自述在派出所被"吊飞机"和被按在地上所致。

(4) 文某的辩解。在审查起诉阶段,其于3月6日向公诉机关反映,其被抓获当晚及次日,被公安人员打耳光、"吊飞机"、按在地上打,并描述了两位侦查人员的体貌特征。在庭审中,文某再次反映了挨耳光、蜡烛油滴脚背脚跟等受刑讯逼供的情形,并反映自书说明是在侦查人员恐吓环境下所写,在审查起诉阶段其伪害怕公安人员报复,以及2月26日其系因看守所不收押才去医院就诊的。

---

① 参见刘晓虎:《文某非法持有毒品案———如何审查判断是否存在刑讯逼供等非法方法收集证据的情形以及审查起诉阶段未审查排除侦查阶段刑讯逼供取得的有罪供述,继续获取的不稳定有罪供述是否应当排除》,载《刑事审判参考》第101集,法律出版社2015年版,第1—10页。

在庭审调查过程中,公诉人当庭宣读和出示了下列证据:

(1)文某进入某戒毒所时的自书情况说明。该说明载明"本人文某眼睛伤系正常的碰撞,自己撞到的,脚有痛风"。该情况说明系在某戒毒所体检发现文某双眼青紫后所作。从形式看,系在同一张纸上先由侦查人员书写"文某眼睛红肿,其本人称是于2013年2月18日自己不小心撞到,眼睛无大碍",再由文某另起一行书写;从内容看,文字明显不通顺,不排除外部因素干扰;从理由看,将自己撞伤尤其是双眼撞伤不尽合理;从主体看,与取证合法性关系较为疏远的戒毒所尚且因被拘留人员有外伤痕迹而要求有书面说明,而与本案关系更为密切的侦查机关却从未有该方面的要求。

(2)侦查机关关于伤势原因的情况说明。该情况说明载明2月19日晚将文某抓获带至某派出所时才发现其有伤,文自称是18日自己撞到眼部所致。将其送至戒毒所执行行政拘留,其在回答伤势原因时也称是自己所撞。然而,关于文某自称眼部受伤系自身所致的内容,并未在任何一次讯问笔录中得到体现。

(3)侦查机关关于录音录像资料的情况说明。该情况说明仅载明侦查人员就本案审讯过程制作过全程同步录音录像,但因主办人员于2013年4月调离且其电脑已报废,故该录音录像资料已灭失。由于案发地公安机关有对所有刑事案件全程同步录音录像的惯例,只是区分是否属于大案而决定是否另行刻录光盘。该情况说明以主办人员调离、电脑报废作为录音录像资料灭失的理由难以令人信服。

(4)戒毒所出所谈话笔录。该笔录只能证明文某于2月21日至26日在某戒毒所期间未受到戒毒所民警的打骂、体罚,并不能排除侦查期间受侦查人员的刑讯逼供。

在对上述证据当庭质证过程中,被告人文某及其辩护人提出,文某的亲笔说明系因逼迫所写,且根据上述证据不能排除文某被刑讯逼供的可能。而公诉机关认为,根据文某本人所写情况说明,结合其他证据,可以证明文某的外伤与刑讯逼供无关;按照法律规定,文某所犯罪行尚未达到必须要进行全程录音录像的条件,且目前该录像已灭失;文某在审查起诉阶段的有罪供述能够证明其运输毒品的犯罪事实……

某区人民法院认为:(1)关于审判前供述取得合法性的审查。首先,关于文某在侦查机关所作的有罪供述的合法性审查。文某自2013年2月19日被抓获至同月26日进入看守所期间,多份证据证明其有眼睛青紫、面部肿胀的外伤。文某在入所体检及公诉机关提审时均进行了反映,而公诉机关为论证侦查机关证据收集的合法性仅提供了文某自书的情况说明、侦查机关出具的情况说明,未能提供同步录音录像等更有力的客观证据。根据现有的证据及线索,不能排除文某的伤情系侦查人员刑讯逼供所致的可能,故对文某在侦查机关所作的供述笔录应当依法予以排除。其次,关于文某在公诉机关三份有罪供述笔录的合法性审查。文某在侦查、审查起诉阶段的有罪供述具有连贯性,既然侦查阶段的有罪供述应当依法予以排除,那么公诉机关在审查起诉阶段的取证亦应依法予以排除。更何况文某在审查起诉阶段亦未形成多次稳定的供述,且文某当庭供述的犯罪事实与审查起诉阶段的供述存有反复,其关于其在审查起诉阶段所作有罪供述笔录系害怕打击报复且未细看的情况下完成的辩解,具有一定合理性,故其在审判前所有供述都应依法予以排除。(2)关于文某非法持有毒品的事实部分。文某非法持有甲基苯丙胺50克以上,其行为构成非法持有毒品罪。首先,公诉机关指控文某犯运输毒品罪,在排除了文某庭前供述后,剩余证据尚无法形成证据锁链证明文某运输毒品的犯罪事实,故指控文某犯运输毒品罪的证据不足,不予采纳。其次,文某作为吸毒人员被公安机关抓获时现场查获毒品甲基苯丙胺50克以上,有文某当庭的供述及公安机关的扣押物品、文件清单、称量记录、物证检验报告、毒品照片等证据相互印证。现有证据尚无法证明涉案的50.54克冰毒是用于贩卖或者是自己吸食,故对文某的行为应当以非法持有毒品罪论处。(3)关于本案可能存在特情引诱辩护意见的审查。根据公安机关提供的情况说明,证人陈某并非特情人员,且本案是否存在特情,与定罪量刑并无直接关系。该辩护意见与事实和法律不符,故不予以采纳。据此,依照《中华人民共和国刑法》第三百四十八条、《中华人民共和国刑事诉讼法》第五十四条之规定,某区人民法院以被告人文某犯非法持有毒品罪,判处有期徒刑七年,并处罚金人民币一万元。

一审宣判后,被告人文某未提起上诉,检察院亦未抗诉,该判决已发生法律效力。

可讨论的问题:

1. 对于侦查行为的合法性问题,为什么要实行证明责任倒置原则?

2. 围绕着侦查行为合法性问题同时存在两方面的证据材料,侦查人员非法取证和依法取证的可能性都存在时,法院为什么要认定为"无法从根本上排除侦查人员非法取证的可能性"?这一认定为什么会导致非法证据排除的后果?

第二十二章　证明标准

疑义时应作有利于被告人的解释。

一、证明标准的概念
二、英美法中的证明标准
三、大陆法中的证明标准
四、中国法中的证明标准
五、"事实清楚，证据确实、充分"的标准
六、"排除合理怀疑"标准的运用
七、死刑案件的证明标准

【讨论案例之二十二】　最高人民法院(2016)最高法刑再3号刑事判决书(摘录)

一、证明标准的概念

证明标准是一个与证明责任具有密切联系的概念。在一定程度上,承担证明责任的一方要成功地证明所主张的待证事实,就必须将该事实的真实性证明到法定的程度,否则,该方就等于没有履行证明义务,该方所主张的待证事实也无法为裁判者所接受。可以说,成功地履行证明义务的标志,就在于该项证明活动达到了法定的确定程度;而司法证明活动的失败,则往往表现在该项证明活动没有达到法定的证明标准。

所谓证明标准,是指承担证明责任的诉讼一方对待证事实的论证所达到的真实程度。在不同案件中,主张者对待证事实真实程度的论证效果是不一样的。从理论上看,对于待证事实的真实性和可信度,存在着两个可能的极端状态:一是主张者提不出任何证据,无法证明任何案件事实的存在,该事实不具有任何可信性;二是主张者提出了非常充足的证据,不仅提出了多份直接证据,还有大量间接证据与直接证据所包含的事实形成了相互印证,排除了任何合理的矛盾和疑问,于是,有关待证事实就得到了充分证明,裁判者对该事实的真实性达到了"确信无疑"的程度。

但在司法实践中,一般都不会出现这两种极端情况。通常的情况是,承担证明责任的一方对待证事实的证明,达到了一定的真实程度,但又不是达到了百分之百的真实程度,人们对待证事实是否存在既形成了一定程度的相信,但也存在着不同程度的怀疑。比如说,我们在讨论某一事实的存在具有较大可能性时,通常会使用诸如"较大的可信性""较强的可信度"或"更加可信"等表述方式。而当我们说某一事实不太可信的时候,则可能使用"较小的可信性""令人产生怀疑"或"较低的可信度"等诸如此类的说法。当然,我们也会对某一事实的存在与否持一种不确定的判断,并使用"将信将疑""半信半疑"或"疑信参半"等说法。

很显然,根据主张者对待证事实的证明所达到的真实程度,我们可以对该事实的真实性确定一定的量化标准,从而提出诸如从"100%的真实性""80%的真实性"直至"30%的真实性""5%的真实性"甚至"0%的真实性"的数量化概括。但与此同时,根据主张者所提出的证据以及所作的论证效果,裁判者对待证事实的真实性也会产生不同程度的信任度。对于那种排除一切怀疑和矛盾的证明,裁判者可以达到"内心确信无疑"的最高程度;对于那种令人认为待证事实存在高度可能性的证明,裁判者可以达到"高度可能性"的相信程度;而对于那种没有任何可能性的证明,裁判者则只能得出该事实的存在"不具有任何可信性"的结论。

由此看来,证明标准其实具有两个不可分割的层面:一是主张者提出证据论证某一事实的真实程度,这是带有一定客观性的标准,可以通过主张者所提出的证据以及论证的效果来进行衡量,这也就是司法证明的"确定性";二是主张者通过论证某一事实的存在,使得裁判者对该事实所形成的内心确信程度,这属于一种主观性较强的标准,也就是司法证明的"可信度"。可以说,作为客观方面的"确定性"与作为主观方面的"可信度",两者结合起来,才构成了证明标准的完整内容。仅仅强调待证事实的"真实度"或"确定程度",往往会偏向司法证明的外在目标,而忽略了对裁判者的说服效果。用哲学的语言表述,就是略有"机械唯物主义"之嫌。相反,过分重视裁判者的内心确信程度,又有可能走向"唯心主义",使得裁判者无法将待证事实的可信度建立在确实可靠的证据的基础之上,甚至容易纵容裁判者在认定案件事实方面滥用自由裁量权,以致失去了基本的客观性。

那么,在刑事诉讼中,证明标准的分布究竟有怎样的规律呢?一般而言,对于不同的证明对象,主张者所要达到的证明标准是不一样的。例如,相对于案件的实体事实而言,程序争议事实的证明一般不需要达到最高的程度,而最多达到高度可能性即可。又如,相对于犯罪事实而言,量刑事实的证明有时也不需要都达到确信无疑的最高程度,尤其是那些有利于被告人的酌定量刑情节,对其真实性的证明最多达到高度可能性就可以了。

证明标准之所以要根据证明对象的不同进行区分,主要是考虑到不同的证明对象所涉及的诉讼利益是不一样的。一般说来,相对于程序事实而言,实体事实往往涉及定罪量刑问题,可能影响被告人的自由、财产乃至生命,因此需要确立较高的证明标准,从而为法院的定罪量刑设置更多更大的法律障碍,使得被告人乃至其他公民的权益不受国家的任意侵犯。而与量刑事实相比,犯罪事实则涉及罪与非罪的问题,影响到一个公民是否被宣告为罪犯以及有无可能形成犯罪前科等方面的问题。定罪一旦发生错误,往往会形成冤假错案。而量刑事实即便发生错误的认定,也最多影响到某一个量刑情节的适用,最多造成裁判者在量刑时的畸轻畸重,使得量刑种类和量刑幅度的选择发生偏差,而不至于造成刑事误判案件的发生。

证明标准的分布除了要考虑证明对象的因素以外,还要考虑证明责任的承担者因素。通常情况下,凡是在检察机关承担证明责任的场合,法律会确立较高的证明标准。而在被告人承担证明责任的情形下,法律所确立的证明标准则较低一些。例如,对于检察机关指控的犯罪事实,证据法通常会确立最高的证明标准;而在那些被告人承担证明责任的法定情形下,司法证明则几乎都不需要达到最高标准,只需要达到高度可能性就足够了。又如,在量刑事实的证明问题上,检察机关对其所主张的法定量刑情节,需要证明到与犯罪事实持平的标准,但被告人对其所主张的各类量刑情节,则最多只需要证明到高度的可能性。再如,在非法证据排除程序中,被告人对侦查行为违法性的证明只需要达到令法官产生疑问就足够了,而检察机关要证明侦查行为的合法性并排除非法证据的存在,则需要证明到最高的证明标准。

证据法之所以对检察机关与被告人的证明确立不同的证明标准,主要是考虑到检察机关作为国家公诉机关,享有一系列国家司法资源,拥有侦查机关的支持,具有更为强大的取证能力。相反,被告人作为普通公民,仅仅依靠个人力量进行调查取证,即便获得辩护律师的帮助,在取证能力上也难以与公诉方抗衡。因此,基于"平等武装"的理念,唯有令检察官承担一些特殊的诉讼义务,包括承担更多的证明责任,其证明达到更高的证明标准,才能维护控辩双方的诉讼平衡。与此同时,也只有使被告方享有一些诉讼程序上的特权,如尽可能少地承担证明责任,其证明只需达到高度可能性的证明标准,由此才能确保被告人有可能与公诉方进行平等的诉讼对抗。可以说,在证明标准的设置上,证据法对公诉方与被告方的区别对待,体现了一种"天平倾向弱者"的程序理念。

二、英美法中的证明标准

在英美证据法中,大量被纳入司法裁判领域的证明对象,都存在着与之相适应的证明标准。在某种意义上,只要法院启动一项司法裁判程序,就要验证某一待证事实的真实性,也因此会适用特定的证明标准。主张者是否达到这类证明标准,已经成为检验其主张是否成立的重要依据。在审判程序中,检察机关要成功地证明被告人构成犯罪,被告方要成功地论证其积极抗辩事由,都需要达到法定的证明标准。而在审判前程序中,检察机关要申请法官签发搜查令、逮捕令或者启动预审程序,都需要对犯罪事实证明到法定的程度。

例如,美国证据法针对不同的待证事实,确定了多个等级的证明标准。其中,理论上的"绝对确定性"(absolute certainty),也就是达到100%的确信度,对于任何诉讼裁决都不需要达到这种证明程度。而"排除合理怀疑"(beyond a reasonable doubt),相当于达到95%以上的可信度,属于检察机关证明被告人构成犯罪的证明标准,检察机关对于犯罪事实的全部构成要素都需要证明到如此程度;"清晰而有说服力的证明"(clear and convincing proof),属于部分州民事诉讼的证明标准,相当于80%的可信度,在部分州被用来作为检验被告方证明存在精神病等积极抗辩事由;"优势证据"(preponderance of evidence),属于一般的民事诉讼证明标准,相当于50%以上的可信度,被用来作为被告方证明积极抗辩事由的证明标准;"可能的理由"(probable cause),适用于签发令状、无证逮捕、搜查和扣押、提起大陪审团起诉书和检察官起诉书等事项的标准;"有理由的怀疑"(reasonable suspicion),相当于30%以上的可信度,被用来证明进行拦截和拍身搜查之事由存在的证明标准;"单纯的怀疑"(mere suspicion),相当于10%左右的可信度,被用来证明启动侦查或者大陪审团调查程序的证明标准;"合理的疑点"(reasonable doubt),相当于5%左右的可信度,只能被用来证明指控的犯罪事实存在合理的疑点,法院可以据此作无罪之宣告。而从理论上看,还有一种"无信息"(no information)标准,相当于0%的可信度,在此情况下,无论是警察、检察官还是法院,都不得采取任何对被告人不利的诉讼决定。①

在上述证明标准中,最重要的当属"优势证据"和"排除合理怀疑"这两项标准。

所谓"优势证据",主要是被告人用来证明各类积极抗辩事由的证明标准。同时,在量刑事实和程序事实的证明过程中,它也经常被用来作为被告方承担证明责任时的证明标准。

具体而言,优势证据是指支持某一待证事实的证据较之那些证明该事实不存在的证据而言,在证明力方面具有明显的优势。换言之,当证明责任的承担者能够证明某一待证事实的存在要比不存在具有更大的可能性时,也就等于达到了"优势证据"标准。在可信程度上,"优势证据"一般被认为相当于具有50%以上的可能性。

至于"排除合理怀疑"的证明标准,美国判例法很少直接给出准确的定

---

① 参见〔美〕戴尔卡门:《美国刑事诉讼——法律和实践》,张鸿巍等译,武汉大学出版社2006年版,第539页以下。

义。联邦法院与各州法院对此也有一些不同的理解。不过,一般说来,判例法似乎都承认以下基本的理念:

一是无罪推定的理念。被告人在被证明有罪之前被推定为无罪,这被视为排除合理怀疑标准确立的理论依据。具体而言,这种无罪的推定将"排除合理怀疑地证明被告人有罪的责任"赋予检察机关,被告人不承担证明自己无罪的义务;对于检察机关是否证明被告人有罪存在合理怀疑的,法院应当作出无罪裁决。

加拿大联邦最高法院曾经就此解释道:"如果在对全案证据进行仔细的考虑之后,你内心之中仍然对被告人有罪存有合理的怀疑,这就意味着公诉方没有满足法律所要求的证明标准,无罪的推定也就仍然成立,因此你必须——而非'可以'——作出无罪的裁断。相反,如果对全案证据经过仔细的考虑,你对被告人的有罪不存在合理的怀疑,这就意味着无罪推定已经被推翻,你就要作出有罪的裁断。"[①]

二是"合理怀疑"的理念。判例法认为"合理怀疑"是可以界定的。一般认为,"合理怀疑"不能是一种想象出来的怀疑,也不能是一种基于推测的怀疑,它是一种实际的和实质的怀疑,它来源于证据,来源于证据所证明的事实或情况,或者来源于公诉方缺乏证据;合理怀疑"是指案件的这样一种状态,即在全面比较和考虑了所有证据之后,在陪审团成员心目中留下了这样的印象,即他们不能说自己对指控事实的真实性和确信的确定性感到了有一个可容忍的定罪"[②]。

加拿大联邦最高法院也曾对合理怀疑作出过一种著名的解释:"顾名思义,一项合理的怀疑准确地说就是一项建立在理性基础上的怀疑,亦即建立在逻辑推理过程之上的怀疑。它不是一种想象出来的怀疑,也不是基于同情或者偏见而产生的怀疑。它是这样一种怀疑,也就是如果你问自己'为什么我要怀疑'的时候,你能够通过回答这一问题,而给出一种逻辑上的理由。这种逻辑上的理由可以是指与证据有关联的理由,包括你在考虑了全案证据之后所发现的矛盾,也可以是指与某一证据的不存在相关的理由,而该证据在这一案件中属于定罪的前提条件。"[③]

---

① 转引自陈瑞华:《比较刑事诉讼法》,中国人民大学出版社2010年版,第151页以下。
② 〔美〕罗纳德·J. 艾伦等:《证据法:文本、问题和案例》,张保生等译,高等教育出版社2006年版,第818页以下。
③ David Watt, *Watt's Manual of Criminal Evidence*, Thomson Canada Limited, 1999, pp.152-155.

三是"排除合理怀疑不等于排除一切怀疑"的理念。排除合理怀疑并不要求对犯罪事实达到绝对的确定性,或者达到数学上的确定性,也不等于要排除任何怀疑(beyond any doubt),因为"每件与人类事务相关的事情,都对某种可能性或者假想的怀疑开放着",而要达到排除一切怀疑的程度,这既是不可能的,也是不必要的。这一证明标准的真正要求在于,裁判者可能对犯罪事实的真实性达到了"确信无疑"的程度,但他仍然知道自己有犯错误的可能性;裁判者可以基于犯罪事实存在的极大可能性而定罪,但这种可能性必须强大到足以排除任何合理怀疑的程度。

四是减少事实认定错误的理念。定罪达到排除合理怀疑的程度,这既是普通法的要求,也是美国联邦宪法的要求。考虑到刑事诉讼始终存在着错误定罪的可能性,而错误的定罪不仅严重侵犯被告人的个人利益,也使刑事司法的正当性受到质疑,因此唯有将对犯罪事实的证明标准确定为排除合理怀疑的程度,才能为法院定罪设置最为严格的法律条件,避免使一个人轻易而草率地被认定有罪,从而减少错误定罪的可能性。

三、大陆法中的证明标准

大陆法国家的证据制度并不发达,加上实行职权主义的诉讼制度,法官的司法调查权对法庭上的司法证明机制造成了很大影响,因此没有形成较为系统的证明标准制度。原则上,无论是在审判过程中还是在审判前的司法裁判程序中,法官要认定案件事实,就要掌握法定的证明标准。

按照德国的证据理论,认定案件事实分释明与证明两种方式,而证明则又进一步分为自由证明和严格证明。一般而言,那些适用释明和自由证明的事实,并不需要达到令法官内心确信的证明程度,而只要令法官认为"很有可能"或"大致相信",就足够了。在德国,对于管辖权异议、回避争议以及适用证据使用禁止的情形,都可以采取释明或自由证明的方式,其证明标准也就是"很有可能"或"大致相信"的程度。但在那些与定罪判刑有关的实体事实的认定上,法院则遵循严格证明的规则。所谓严格证明,不仅包括适用较为严格的证据规则以及采用较为正式的证明程序,而且也要确立较高的证明标准。具体而言,这种证明标准就是法官内心确信的程度。

所谓"内心确信",是大陆法国家普遍确立的定罪标准,也就是证明被告人构成犯罪的证明标准。根据自由心证原则,法律不对每个证据的证明力大小强弱作出限制性规定,法律也不对裁判者形成内心确信的理由作出任何要求,对案件事实的认定完全交由法官、陪审员根据经验、理性和良心,根据其从法庭审判过程中所形成的主观印象,进行自由裁判。在德国,对于犯罪事实的认定,法官、陪审员应根据整个审判过程中所获得的内心确信来作出裁决。而在法国,刑事诉讼法只要求法官、陪审员"平心静气、集中精神、自行思考、自行决定,本着诚实,本着良心,依其理智,寻找针对被告人及其辩护理由所提出之证据产生的印象。法律只向法官提出一个概括了法官全部职责范围的问题:您已有内心确信之决定了吗?"①

表面看来,内心确信的标准似乎显得主观性很强。但是,根据无罪推定原则和证据裁判原则,被告人因为受到无罪推定原则的保护,不承担证明自己无罪的义务,而证明被告人有罪的责任则由检察机关承担;法官只有对被告人构成犯罪这一点达到形成内心确信的程度,才能作出有罪的裁决。在法官对任何一个犯罪构成要件产生合理怀疑时,法官都不得作出有罪判决,而只能作有利于被告人的解释。根据这一"疑罪从无"的原则,大陆法国家的内心确信标准其实已经包含着"排除合理怀疑"的含义。正因为如此,这一证明标准有时又被称为"内心确信无疑"。

除了要受到疑罪从无原则的约束以外,内心确信的标准还要受到诸多方面的客观限制。无论是内心确信还是自由心证,都特别容易引起人们的误解,以为法官、陪审员可以根据其纯粹的主观判断,来形成对案件事实的内心确信。其实,与其他任何证明标准一样,内心确信的标准既有其主观的一面,也有其客观的一面。作为主观层面的表现,内心确信意味着法官对被告人犯罪事实的真实性形成了最高的确信度。具体说来,法官通过审查全案证据并经历全部法庭审判过程,对被告人有罪这一事实产生了深信不疑的印象。但另一方面,内心确信也有其客观的衡量指标,而不单纯属于法官的主观确信。具体说来,法官对犯罪事实的调查结果,应当认定其具有高度客观的可能性。要达到这一客观标准,法官需要尽力调查全案事实,不仅要着眼于法庭上的证据调查,还要通过庭外调查来发现新的证据和事实;法官在形成内心确信时应当兼顾多种可能性,并对被告人无罪的可能性予以排除;法官不得采用那些无法经受客观验证的经验法则来确立其心证;法官的内心确信应当建立

---

① 参见〔法〕贝尔纳·布洛克:《法国刑事诉讼法》,罗结珍译,中国政法大学出版社2009年版,第79页以下。

在客观事实基础上,并经得起反复的验证。① 这些都显示出"自由心证"并不是完全自由的,所谓的"内心确信"也不是纯主观的确信,而具有其客观的事实基础和可反复验证的效果。

四、中国法中的证明标准

迄今为止,中国刑事审判前程序基本上是由公安机关和检察机关主导进行的,法院不参与侦查和审查起诉活动,而主要局限于对案件进行法庭审判,因此,审判前程序中并没有建立典型的司法证明机制。诸如立案、逮捕、侦查终结和提请公诉等方面的诉讼决定,尽管也要达到法定的证据标准,但这些证据标准并不属于证明标准的范畴。可以说,中国刑事诉讼中的证明标准主要存在于法庭审判程序之中。

我国 1979 年《刑事诉讼法》确立了"事实清楚,证据确实、充分"的证明标准,并要求法院认定被告人有罪必须达到这一标准。1996 年修改后的《刑事诉讼法》对这一证明标准并没有作出任何调整,但对于检察机关没有达到这一证明标准的案件,确立了"证据不足,指控的犯罪不能成立的无罪判决"。同时,1996 年《刑事诉讼法》对于一审判决认定的事实不清、证据不足的案件,仍然保留了由二审法院撤销原判、发回重审的制度。2012 年以后的《刑事诉讼法》对于"事实清楚,证据确实、充分"的标准作出了进一步的解释,要求认定案件事实的证据必须同时达到三个条件,才可以被认定为"证据确实、充分":一是定罪量刑的事实都有证据证明;二是据以定案的证据均经法庭程序查证属实;三是综合全案证据,对所认定的事实已经排除合理怀疑。与此同时,对于二审法院以"事实不清、证据不足"为由撤销原判、发回重审的案件,一审法院重新审判后提出上诉或者抗诉的,二审法院不得再次发回重新审判。

一般认为,我国刑事诉讼法已经确立了定罪裁判、量刑裁判与程序性裁判并存的司法裁判制度。在这三种司法裁判程序中,承担证明责任的一方要达到的证明标准是各不相同的。

(一) 定罪事实的证明标准

在定罪裁判程序中,检察机关对被告人的犯罪事实承担证明责任,并需

---

① 参见〔德〕罗科信:《刑事诉讼法》(第24版),吴丽琪译,法律出版社2003年版,第117页以下。

要达到"事实清楚,证据确实、充分"的程度。检察机关提不出任何证据或者无法达到这一证明标准的,法院可以作出无罪判决。但与此同时,对于法定的积极抗辩事由以及刑法所确立的推定事实,被告人也承担一定的证明责任。但是,无论是法律还是司法解释,都没有对被告人承担证明责任的情形确立明确的证明标准。主流的证据法理论认为,被告人对这些事实的证明无须达到"事实清楚,证据确实、充分"的程度,而只要达到一种较低的证明标准就可以了。至于这一较低的证明标准究竟如何界定,法律和司法解释都语焉不详。而在司法实践中,无论是最高人民法院还是地方各级法院,都没有对被告人承担证明责任时的证明标准作出任何明确的解释和说明。

(二) 量刑事实的证明标准

至于量刑事实的证明,刑事诉讼法也要求部分适用犯罪事实的证明标准。根据刑事诉讼法的规定,没有被告人供述,其他证据确实、充分的,可以认定被告人有罪和处以刑罚。这显然说明,法院无论是认定犯罪事实还是认定量刑事实,都要达到"事实清楚,证据确实、充分"的证明标准。检察机关在对犯罪事实承担证明责任的同时,还要就其所提出的量刑事实承担证明责任,并达到与犯罪事实相同的证明标准。这一点对于检察机关提出的不利于被告人的量刑情节都可以适用。但与此同时,根据"谁主张,谁举证"的原则,辩护方提出有利于被告人的量刑情节的,也应对该项情节的真实性承担证明责任。但对于这些有利于被告人的量刑事实的证明,究竟应达到怎样的证明标准,法律对此也没有作出明确的规定。尽管被告人的证明在理论上不需要达到最高的证明标准,但法律不确立具体的证明标准,也会造成司法证明机制的混乱,甚至带来法官自由裁量权的滥用。

(三) 程序事实的证明标准

对于程序事实的证明问题,法律也没有确立专门的证明标准。迄今为止,包括回避、变更管辖、延期审理、证人出庭、重新鉴定等在内的一系列程序事项,尚未被纳入司法证明的体系之中。有关的程序争议事实也无法成为法定的证明对象。至于就这些事实来确立证明标准,就更谈不上了。

目前唯一被纳入司法证明体系之中的是非法证据排除问题。在非法证据排除程序中,侦查行为的合法性与公诉方的证据是否属于非法证据的问题,属于司法证明的对象。在被告方申请排除非法证据的案件中,被告人承担初步的证明责任,需要就侦查行为的违法性提供证据或者线索。法院只有在对侦查行为的合法性产生疑问的情况下,才能启动正式的非法证据排除程序。这显然说明,被告人为启动非法证据排除程序所承担的证明责任,需要达到令法官对侦查行为合法性产生疑问的程度。而在正式的非法证据排除程序中,检察机关对于侦查行为的合法性承担证明责任。这与行政诉讼中"被告承担证明责任"的情形有很大的相似之处。根据两个证据规定的要求,检察机关通过出示案卷材料、播放录音录像资料或者传召侦查人员出庭作证等方式,需要将侦查行为的合法性证明到"事实清楚,证据确实、充分"的程度。检察机关不能排除侦查人员使用非法方法收集证据的,法院可以认定侦查行为系属违法行为,并作出排除非法证据的裁决。

可以看出,我国刑事诉讼法针对检察机关承担证明责任问题确立了"事实清楚,证据确实、充分"的证明标准。但对于被告人承担证明责任的情形,却没有设置法定的证明标准。尤其是在量刑裁判和程序性裁判程序中,那种有别于定罪裁判程序的证明标准也没有在成文法中建立起来。考虑到中国并没有引入判例制度,无法通过法官造法来建立新的法律规则,这就使得证明标准制度的完善更多地依赖于成文法的修改和完善。然而,成文法立法程序的繁琐以及司法解释的局限性,也造成在证明标准的精密化方面难以出现较大的制度突破。

五、"事实清楚,证据确实、充分"的标准

"事实清楚,证据确实、充分"是我国刑事诉讼中最为重要的证明标准。目前,该标准主要适用于检察机关对犯罪事实和量刑事实的证明方面。过去,对于这一标准的内涵,证据法一直没有给出明确的解释,造成司法实践中对这一标准适用的混乱。特别是自20世纪80年代以来,伴随着"严打"运动的逐步兴起,"从重从快"地惩罚犯罪成为司法机关优先选择的刑事政策。在该运动中,这一证明标准也被修正为"基本事实清楚"和"基本证据确实、充分",也就是所谓的"两个基本"。当然,这里所说的"两个基本",一般是指司法实践中对定罪标准的灵活理解,而从未被确立在刑事诉讼法之中。不过,这种对证明标准一度所作的实践修正,也反映出该证明标准自身可能存在着一些问题。2012年《刑事诉讼法》对"事实清楚,证据确实、充分"的证明标准确立了较为具体的规则,特别是将"排除合理怀疑"的规则引入这一最高证明

标准之中,标志着这一证明标准在法律上具有了明确、具体的含义。

(一) 什么是"事实清楚,证据确实、充分"

自1979年以来,我国三部刑事诉讼法都将"事实清楚,证据确实、充分"确立为法院认定犯罪事实的证据标准,也将其视为检察机关证明所指控的犯罪事实的证明标准。2010年,最高人民法院曾在"两个证据规定"中对这一证明标准的含义作出过初步的解释。2012年《刑事诉讼法》吸收了上述解释的内容,对这一证明标准的含义作出了调整。根据这一法律,只有在下面三项条件同时具备的情况下,案件才被认为达到"证据确实、充分"的程度:一是"定罪量刑的事实都有证据证明";二是"据以定案的证据均经法定程序查证属实";三是"综合全案证据,对所认定事实已排除合理怀疑"。

其中,前两个条件只是案件达到"证据确实、充分"的前提条件,还不属于这一证明标准的含义。第三个条件所表述的"排除合理怀疑"要求,才是对"证据确实、充分"之含义的揭示。换言之,在同时符合前两项条件的前提下,综合全案证据,对所认定的事实已经"排除合理怀疑"的,才被认为达到了"事实清楚,证据确实、充分"的证明标准。

1. 定罪量刑的事实都有证据证明

从语义学上看,这一要求意味着检察机关提出的每一项犯罪事实和量刑事实都要有相应的证据加以证明。但这一要求并没有指出对这些犯罪事实和量刑事实究竟要证明到什么程度。从常识角度讲,假如检察机关指控的每一犯罪构成要件事实,都有证据加以证明,法院据此就认定有罪,这种要求也太低了,根本不足以达到"事实清楚"的程度。

其实,"定罪量刑的事实都有证据证明"的要求与其说是证明标准,倒不如说是对证据裁判原则的强调和重申。换言之,这一要求只是"证据确实、充分"的前提条件。为证明被告人的犯罪事实,检察机关需要提出证据证明犯罪事实已经发生、被告人实施了犯罪行为以及犯罪行为的具体细节、被告人的身份与刑事责任能力、被告人的罪过以及共同犯罪中被告人的地位和作用。而为证明量刑事实,检察机关需要对那些对被告人从重处罚的事实,包括法定情节和酌定情节在内,提出证据加以证明。对于上述犯罪事实和量刑事实,检察机关假如提不出充分的证据加以证明,那么,"事实清楚,证据确实、充分"的标准就没有达到。

2. 据以定案的证据均经法定程序查证属实

从语义学上看,据以定案的每一证据都要经法定程序查证属实,这应当属于对每一项证据转化为定案根据所设立的条件和资格。这一要求应当属于达到"事实清楚,证据确实、充分"的前提条件,但其本身还不属于对这一证明标准的定义。

这一要求其实从证据能力和证明力两个角度,对任何一项证据转化为定案根据的条件作出了法律界定。首先,所谓"经法定程序",是指证据的收集、审查和判断都要经过法定的程序,证据要具备法律所设定的资格要求,只有这样才具备证据能力。其次,所谓"查证属实",则是指证据要满足真实性和可靠性的要求,由此才能具备证明力。这两项要求结合起来,任何一项证据都必须同时具有证据能力和证明力,才能被作为定案的根据。

当然,这一要求强调了合法性和真实性的要求,却忽略了证据的相关性问题。其实,任何一项证据要具有证明力,除了要"查证属实"以外,还应当与案件的待证事实具有逻辑上的联系,也就是对于证明待证事实的成立或不成立具有积极的作用。

3. 综合全案证据,对所认定的事实已经排除合理怀疑

这是从英美证据法中引入的一种证明标准表述方式。所谓"排除合理怀疑",是指综合所有经过法庭调查和法庭辩论的证据,法官对于被告人的犯罪事实已经产生了内心确信,而不再有任何有证据支持或者符合经验法则、逻辑法则的疑问。反过来,只要对被告人的犯罪事实存在着这种合理的怀疑,法官就应当作有利于被告人的解释,也就是宣告被告人不构成犯罪。

相对于原有的"事实清楚,证据确实、充分"的表述来看,"排除合理怀疑"标准的确立,意味着我国刑事诉讼法引入了一种带有主观色彩的证明标准。这是刑事诉讼立法的重大冲突。对于这一点,最高人民法院的一些法官曾给出过权威的解释。针对 2010 年在《办理死刑案件证据规定》中首次使用"排除合理怀疑"这一说法,一些法官认为,这里所说的"排除合理怀疑"就等于结论的唯一性,也就是"只能得出被告人为实施某犯罪行为的犯罪人,完全排除了他人作案的可能性"。[①] 按照这一解释,我国刑事诉讼法从客观方面所确立的证明标准,与那种主观的证明标准并没有实质性的区别。"在诉讼实践中,

---

① 参见张军主编:《刑事证据规定理解与适用》,法律出版社 2010 年版,第 254 页。

清楚、确实、充分都是主观对于客观的一种判断",但"在客观方面设定的证明标准与主观上相信的程度是对应的,如'事实清楚,证据确实、充分'相对应的主观认识程度应当是'确信无疑'"。①

最高人民法院法官的这种解释在2012年《刑事诉讼法》实施后并没有发生实质性的改变。在随后颁布的司法解释中,最高人民法院对于何谓"排除合理怀疑"以及如何运用这一主观性较强的证明标准,并没有作出任何具体的解释。为什么会这样呢?在这些法官看来,所谓"排除合理怀疑",是审判人员对全案证据进行审查后所形成的一种主观标准,"只可意会,不可言传,应当由法官裁量把握,因此不必对其具体内容加以解释"。那么,究竟何谓"排除合理怀疑"呢?这些法官认为,这主要是指证据与证据之间、证据与案件事实之间不存在矛盾或者矛盾得以合理排除,而根据证据认定案件事实的过程符合逻辑和经验规则,由证据得出的结论具有唯一性。②

那么,立法机关在刑事诉讼法中引入"排除合理怀疑"的主观要求,究竟有何种立法考量呢?一些参与过刑事诉讼法修订工作的官员明确指出:

"排除合理怀疑"是指对于认定的事实,已没有符合常理的、有根据的怀疑,实际上达到确信的程度。"证据确实、充分"具有较强的客观性,在司法实践中,这一标准是否达到,还是要通过侦查人员、检察人员、审判人员的主观判断,以达到主客观相统一。只有对案件已经不存在合理的怀疑,形成内心确信,才能认定案件"证据确实、充分"。本条使用"排除合理怀疑"的这一提法,并不是修改了我国刑事诉讼的证明标准,而是从主观方面的角度进一步明确了"证据确实、充分"的含义,便于办案人员把握。③

无论是最高人民法院的法官还是参与立法工作的官员,都认为"排除合理怀疑"属于一种主观性的证明标准,其含义最多等同于"内心确信无疑",而难以提供更为具体的解释。不仅如此,法官和立法官员也都认为,我国刑事证据法将"排除合理怀疑"的主观要求引入证明标准之中,既没有取代原有的"证据确实、充分"标准,更没有降低我国刑事诉讼的证明标准。充其量,"排除合理怀疑"的说法是从主观方面使得"证据确实、充分"的标准被具体化而已。

---

① 参见张军主编:《刑事证据规定理解与适用》,法律出版社2010年版,第95页。
② 参见江必新主编:《〈最高人民法院关于适用中华人民共和国刑事诉讼法的解释〉理解与适用》,中国法制出版社2013年版,第46页。
③ 郎胜主编:《中华人民共和国刑事诉讼法修改与适用》,新华出版社2012年版,第123页。

(二) 对"事实清楚,证据确实、充分"标准的反思

目前,"事实清楚,证据确实、充分"已经得到中国刑事诉讼法的确立和完善,并成为法律人普遍接受的证明标准。但是,这一证明标准也面临着诸多方面的争议和批评。

首先,"事实清楚,证据确实、充分"属于司法证明的理想目标,而很难算得上一种可操作的"证明标准"。在哲学认识论中,"事实清楚"相当于"实事求是"或者"发现了事实真相";"证据确实、充分"也就等于"证据在质与量上都满足了证明要求"。归结起来,"事实清楚,证据确实、充分"的意思就是案件客观事实已经被发现,达到了不枉不纵、客观真实的程度。换言之,法官对待证事实的认定已经达到了百分之百的确定性,也就是完全恢复了曾经发生过的案件事实真相。但是,这一带有哲学认识论意味的证明标准,以理想目标替代了可操作的证明标准,以至于实际否定了证明标准的价值。

其次,"事实清楚,证据确实、充分"过于偏重对证明标准客观层面的表述,而忽略了法官内心确信程度的主观层面。法律上的证明标准不仅要满足客观方面的确定性和真实程度的测量,而且还要着眼于法官对待证事实可信度的描述。而在"事实清楚,证据确实、充分"的表述中,我们看不到法官究竟对待证事实的真实性形成了多大程度的确信,是否存在合理的怀疑,而只发现了一种独立于裁判者主观认识之外的客观目标。这种过于强调司法证明的客观目标的立法表述方式,容易造成法官对"事实清楚"的含义作出任意解读,以至于享有太大的自由裁量权。事实上,在近年来得到披露的冤假错案中,法院的有罪判决几乎都曾作出"事实清楚,证据确实、充分"的表述。而在这些错案得到纠正之后,同样的法院根据同样的证据往往又得出"事实不清,证据不足"的裁判结论。中国法院对定罪标准的解释已经难以受到法律的有效约束了。

最后,证据法对"事实清楚,证据确实、充分"所确立的法律规范,体现了一种"新法定证据主义"的立法理念,也就是对证据的证明力以及待证事实的真实程度确立了限制性的法律规则,而没有交由法官根据经验、理性和良心进行自由判断。这与大陆法国家的自由心证原则形成了鲜明对比。这种对定罪标准的法律规范,固然会发挥限制法官自由裁量权的积极作用,但却以一种公式化的表述方式约束了法官主观能动性的发挥。证据法不去规范和限制证据的合法性,却要对法院定罪的标准确立一些近乎机械、刻板的法律

规则,这可能不符合具体案件的具体情况,容易造成法官的机械司法,使法官成为适用证据规则的机器和奴隶。

基于"事实清楚,证据确实、充分"的证明标准所存在的上述问题,2012年《刑事诉讼法》正式引入了"排除合理怀疑"的证明标准。可以说,"事实清楚,证据确实、充分"属于我国刑事诉讼法所确立的证明要求,而"排除合理怀疑"则属于这一证明要求的基本含义。在一定程度上,案件只要达到了"排除合理怀疑"的证明程度,也就等于达到了"事实清楚,证据确实、充分"的证明标准。

六、"排除合理怀疑"标准的运用

(一) 刑事判决中的"排除合理怀疑"标准

本来,在英美判例法中,法院极少对"排除合理怀疑"的含义作出解释,而倾向于认为这是事实裁判者通过对证据的审查判断所形成的内心确信。甚至有法官认为,"排除合理怀疑"是根本无法定义的证明标准,人们所要做的只能是对"合理怀疑"作出一定程度的界定。那么,究竟什么是"合理怀疑"呢?

通常情况下,英美判例法给了以下四个方面的解释:(1)"排除合理怀疑"属于一种消极性的证明标准,它试图告诉陪审团成员何谓"合理怀疑",以及在存在"合理怀疑"时不得作出有罪裁决,但它并没有说明什么才是"排除合理怀疑"的状态;(2)"排除合理怀疑"属于一种主观性的证明标准,它将判断被告人是否有罪的判断置于裁判者的内心之中,由裁判者根据从法庭审判中所形成的内心确信来判断是否达到了这一证明程度;(3)"排除合理怀疑"并不要求对犯罪事实达到绝对的确定性,或者达到数学上的确定性,也不等于要排除任何怀疑,因为"每件与人类事务相关的事情,都对某种可能性或者假想的怀疑开放着",而要达到排除一切怀疑的程度,这既是不可能的,也是不必要的;(4)"排除合理怀疑"诉诸裁判者的内心判断,是对裁判者对案件事实认识程度的描述,它不等于"恢复事实真相"这一外在的、客观的要求,而属于裁判者内在的、主观的判断标准。

但是,这种将"排除合理怀疑"完全等同于法官"内心确信"的解读方式,对于我国法院和法官来说,简直是难以接受的。毕竟,预防冤假错案,防止刑事误判,向来是我国法院刑事审判的首要目标,也是刑事证据法赖以存在的前提条件。假如将认定犯罪事实的权力完全交给法官,使其"根据经验、理性和良心进行自由判断",那么,一旦法官滥用了自由裁量权,就有可能酿成事实认定的错误,直至造成冤假错案。因此,我国刑事诉讼法尽管引入了"排除合理怀疑"的主观标准,并试图以此来取代那种含混不清、虚无缥缈的"事实清楚,证据确实、充分"标准,但是,法院在实际运用这一主观标准时,仍然进行了对其加以定义、使其走向客观化的努力。具体而言,通过一些重要的刑事裁判文书,我国法院逐渐对"排除合理怀疑"的含义作出了界定,并使其具有了一些可操作的客观标准。

我国法院通过对一系列刑事案件的判决,表述了对"事实不清、证据不足"的认识,也间接地就"合理怀疑"的含义进行了解释。当然,这种解释也是一种"消极层面的解释",也就是对"事实不清、证据不足"的解释,这与英美法院对"合理怀疑"的解释有些相似之处。只不过,我国最高人民法院对"排除合理怀疑"这一主观证明标准的解释,赋予了一些客观化的理解。

综合这类判决书中的裁判理由,我们可以发现,那些无法排除"合理怀疑"的情况,也被解读为"事实不清、证据不足"的情形。这些情形主要有以下几个类型:一是证据之间以及证据与案件事实之间存在矛盾,或者矛盾无法得到合理排除;二是根据全案证据无法得出唯一的结论,或者无法排除其他可能性;三是在被告人作出有罪供述的情况下,所供述的犯罪事实无法得到其他证据的印证;四是在案件没有直接证据的情况下,全案间接证据无法相互印证,难以形成完整的证明体系或证据锁链。

(二) 证据之间以及证据与案件事实之间存在矛盾,或者矛盾无法得到合理排除

证据之间相互印证、证据与案件事实之间不存在矛盾,这当然是最为理想的司法证明结果。但在司法实践中,证据之间以及证据与案件事实之间存在一定的矛盾,这也是证据审查中的一种常态。对于这些矛盾或不一致之处,唯有通过合理的方式加以排除,也就是能够给出合理的解释和说明,才能认定对待证事实的证明达到了法定证明标准。相反,假如两个证据相互间存在着不可排除的矛盾,或者证据与案件事实之间存在的矛盾无法给出合理解释,那么,这就等于证据之间出现了证明方向不一致或者证明效果相互抵消的情况。

当全案证据相互间存在矛盾,或者证据与案件事实之间存在矛盾时,我们通常将此视为存在"合理的疑点",也就是令人产生"合理的怀疑"。对于这些矛盾和疑点,假如无法给出合理的解释和说明,那么,我们就可以认为根据现有证据无法排除合理怀疑。以下的案例就显示出这方面的问题。

 案例

某中级人民法院认定被告人罗某犯有故意杀人罪和放火罪。经被告人上诉,某高级人民法院进行了二审审理,裁定驳回上诉,维持原判,并依法报请最高人民法院核准。最高人民法院经复核认为本案部分事实不清,证据尚未达到确实、充分的程度。裁定不核准执行死刑的刑事裁定,撤销原判并发回重审。

最高人民法院认为,本案有被害人邻居的证言、现场勘查笔录及尸检报告等证实高某、付某在家中非正常死亡后其房屋被放火焚烧,因此故意杀人、放火的犯罪事实客观存在,该起犯罪事实的时间、地点及后果也能够得到相应证据证实。然而,就全案现有证据来说,证实罗某是否实施了犯罪行为、实施犯罪行为的手段是什么的证据,还未达到确实、充分的标准,所得出的结论尚不具有唯一性。主要体现在:一是缺乏案发时被告人罗某是否在犯罪现场的证据。除罗某供述案发当晚至被害人家喝酒后杀人外,并没有相应的证据证明罗某案发时在被害人家。二是缺少证明被告人罗某实施杀人、放火行为的客观性证据。在本案中,没有一个客观性证据能够锁定罗某系犯罪行为实施人,罗某杀人、放火的过程仅有罗某的供述加以证明。三是本案证据之间存在明显的矛盾,在被害人死亡原因和被告人的作案工具问题上,口供与其他证据的矛盾无法得到排除,也无法得到合理解释。例如,关于作案手段的证据存在矛盾。现有证据中,尸检报告证实与被告人供述的作案手段存在矛盾,且对该矛盾无法作出合理解释。又如,关于作案工具的证据存在矛盾。被告人罗某供述其使用砖块砸击被害人,作案后将砖块扔到院内,但是,罗某供称作案用的砖块系半块整砖或者断成两截的砖块,而提取的砖块却有7块,与罗某供述不符。罗某案发后指认案发现场时,确认院内一堆瓦砾处系其扔弃砖块的位置,但当时公安机关并没有提取。从补充勘查的现场照片看,鸡舍下也并没有7块碎砖,碎砖从何处提取不清;从照片上看,提取的碎砖块断层新鲜,按常理不符合救火现场砖块的特征。因提取在案的物证与被告人供述相矛盾,疑点颇多,不能认定为作案工具,导致本案作案工具来源不清。

综上,对罗某是否实施了犯罪行为、实施犯罪行为的手段、作案工具等涉及定罪的关键事实不清,证据链条或存在缺口,或证据间存在无法排除和合理解释的矛盾,全案证据尚未达到判处死刑的证据标准。所以,最高人民法院以部分事实不清、证据不足为由不核准对被告人罗某判处死刑的裁定是符合法律以及《证据规定》要求的。①

既然全案证据与证据之间存在着重大矛盾,而被告人供述与案件事实之间也存在着无法排除的矛盾,那么,我们对被告人是否实施犯罪行为就无法排除合理的怀疑,也无法对被告人实施犯罪行为这一点形成内心确信。在此情况下,我们就可以根据矛盾无法排除这一外在客观要素,推断出无法达到排除合理怀疑这一内在的主观标准。

(三) 根据全案证据无法得出唯一的结论

这一标准又被称为"唯一性"或"排他性"。根据这一要求,检察机关对被告人犯罪事实的证明需要达到排除其他可能性的程度,也就是将其他各种可能性逐一加以排除,而只有被告人构成犯罪这一结论是可以确信的。反过来,司法人员假如综合全案证据仍然认为本案是存在其他可能性的,就应作出事实不清、证据不足的认定。所谓"其他可能性",通常是指两种可能性:一是现有证据证明有可能没有发生犯罪案件,也就是说本案的发生有可能属于意外事故、自杀、民事纠纷、行政违法、正当防卫、紧急避险等情况;二是现有证据证明本案尽管已经发生了犯罪事实,但是却无法证明犯罪为被告人所为,存在其他人作案的可能性。

以上有关证据确实、充分的标准都是较为抽象的,我们可以通过如下案例中对傅兵案件的判决,来分析这一证明标准究竟是如何在实践中得到应用的。

 案例

根据某法院的判决书,关于被告人傅兵伙同被告人郑福田入室抢劫的事实是否清楚,证据是否确实、充分的问题,法院发表以下评判意见。

---

① 参见杨华、丁成飞:《罗某故意杀人、放火案——办理死刑案件如何把握"证据确实、充分"的证明标准》,载《刑事审判参考》(2011年第2集)(总第79集),法律出版社2011年版,第9—17页。

在案证据足以证实郑福田参与作案的事实。但是,对于被告人傅兵的指控在证据上未达到确实、充分的证明标准,不能排除傅兵没有作案时间、郑福田另与他人商议共同作案等疑点。傅兵被抓获后,在侦查机关多次供述其参与作案,尤其是其所作供述中对伤害被害人的身体部位和刀数、对案发现场和被害人具体情况的描述,与尸检报告、现场勘查笔录等载明的情况基本吻合,这是检察机关指控傅兵参与抢劫的主要根据。但是我们认为,在案证据表明傅兵有重大作案嫌疑,但尚未达到证据确实、充分,排除合理怀疑的标准。具体理由如下:

第一,侦破经过对认定傅兵是否参与作案不具有直接的证明作用。本案案发后,公安机关在现场提取了一枚血指纹,经比对发现该指纹系郑福田所留,并利用技术手段抓获使用过郑福田手机号的手机机主傅兵。后经布控,又将郑福田抓获。这种侦破过程表明,傅兵与郑福田有交往,不排除与案件有关联,但不足以据此在傅兵与案件之间建立紧密联系。

第二,被告人傅兵在数次有罪供述中对其作案过程所做的供述不一致,具体包括:(1) 所供作案时间不稳定;(2) 所供作案人数有变化;(3) 所供作案刀具的来源和特征不稳定;(4) 对作案现场的供述及所供开门过程不稳定;(5) 对作案现场室内布局的供述不稳定;(6) 对其本人作案时的衣着和作案后处理情况的供述不稳定;(7) 对所抢赃物男式手表处理情况的供述不稳定。

第三,被告人傅兵的有罪供述与在案其他证据之间存在矛盾,具体包括:(1) 傅兵多次供述案发前打郑福田或郑的女友赵艳倩的手机找到郑福田,而郑福田供称自己没有手机,赵艳倩证实其手机已丢失,通话记录显示赵艳倩的手机自案发前5天起已无通话记录;(2) 在作案时间上,傅兵的供述(凌晨1点)与郑福田的供述(6时,天刚亮)、证人胡龙泉的证言(凌晨3时许被女人的呼救声惊醒)存在矛盾;(3) 傅兵供述郑福田作案时穿深色T恤、黑皮鞋,而郑福田则供称自己当时穿白色T恤、拖鞋;(4) 傅兵供述从作案现场拿走一块金黄色男表,证人熊安阳(系被害人刘某某之子)则证实丢失一块银白色男表;(5) 傅兵供述的所抢现金数额与郑福田所供不一致。

第四,被告人傅兵否认参与犯罪的同时辩称案发当晚与同事陈棵一起在龙华上网,没有作案时间。经查,富士康公司确有陈棵其人,但已无法查找;傅兵所称当晚上网的网吧也未找到,故其上网记录没有提取到。

第五,被告人傅兵与郑福田过去只是普通同事,各自先后从原单位离职后也无交往,且二人也无其他特殊身份关系。因此,郑福田仅因所谓的"攻守同盟"(傅兵曾供称其与郑福田约定,一旦被抓不能供出对方,郑福田在庭审中做过类似供述),而在侦查阶段坚称系其本人单独作案以承担全部责任的行为,不符合一般犯罪分子趋利避害的普遍心理。

通过上述分析,证实被告人傅兵参与作案的证据仅有其先前的有罪供述及被告人郑福田的当庭指证,此外再无任何证据证实其有罪。由于被告人供述的自愿性难以准确判定,在没有其他证据支撑的情况下不能仅凭口供定罪。在主要依靠被告人供述等言词证据定案的情况下,应重点审查被告人的有罪供述是否稳定,其供述的作案细节与同案被告人的供述能否印证(特别是必须亲临现场才能感知的细节),是否根据被告人的有罪供述延伸收集到其他可印证的证据。本案中傅兵的有罪供述前后不一且当庭翻供,之前的有罪供述与郑福田的供述及其他证据存在多处矛盾,其供述中没有现场感知的个性化细节能与郑福田的供述相印证。公安机关也未能根据傅兵的供述延伸收集到其他可印证其有罪供述的证据,如未找到被其扔弃的手表,提取的其"作案"时所穿衣物上未检出被害人血迹,未调查其"作案"后回厂时间及衣着等。认定傅兵有罪的证据不符合"证据与证据之间、证据与案件事实之间不存在矛盾或者矛盾得以合理排除"的要求,其有罪供述及郑福田指证其参与作案的供述的真实性本身也存在疑问。同时,对傅兵提出的没有作案时间的辩解,公安机关也未能找到陈棵(当晚与傅兵一起上网)和网吧核实相关情况,无法排除傅兵没有作案时间的可能。因此,认定傅兵犯抢劫罪的证据不足,无法排除合理怀疑,不能认定傅兵有罪。①

在这一宣告无罪的案例中,虽有被告人傅兵的有罪供述,但其当庭翻供;而另一名被告人庭前一直供称独自作案,只有当庭才指认傅兵与其共同作案。在没有任何其他直接证据的情况下,无论是傅兵的有罪供述,还是另一名被告人的当庭指认,都无法得到其他证据的印证。本案无法排除其他人参与作案的可能性,所得出的结论——也就是傅兵参与了作案过程——无法成为唯一的结论。因此,法院只能得出本案无法排除其他人参与作案的可能性的结论,据此,无法排除合理怀疑,法院故而作出事实不清、证据不足的无罪判决。

---

① 参见李慧群:《郑福田、傅兵抢劫案——对共同犯罪案件,如何把握"证据确实、充分"的证明标准》,载《刑事审判参考》(2012年第3集)(总第86集),法律出版社2013年版,第48—54页。

(四)被告人的有罪供述无法得到其他证据的补强

按照本书前面的分析,刑事诉讼中的司法证明存在着两种不同的方式:一是通过对直接证据所包含的证据事实进行印证和补强,从而达到证明待证事实的效果;二是通过将若干个间接证据所包含的证据事实进行逻辑推理,使其形成较为完整的证据锁链,从而排他性地认定待证事实的存在。其中,在存在直接证据的案件中,对待证事实的证明就等于对直接证据所包含的证据信息的验证和补强。

在我国司法实践中,被告人经常作出相互矛盾的供述和辩解。在此情况下,公诉方提交的其他证据能否与被告人供述形成相互印证,就成为判定案件是否达到"证据确实、充分"的关键标准。以下由河南省平顶山市人民法院所做的一份刑事判决书,就显示了法院认定"证据不足"的情况:

 案例

本院经审理查明:2001年8月2日夜,河南省叶县邓李乡湾李村村民被害人郭某在本村北沙河河堤上捉蝉蛹,被人扼压颈部窒息死亡,尸体被抛入沙河。

本院认为,公诉机关指控被告人李怀亮犯故意杀人罪证据不足。理由如下:

(1)公诉机关提交的现场勘查笔录证实的是被害人郭某死亡的现场位置;鉴定意见确认了被害人的身份,并证实了被害人的死亡原因;证人杜某、郭某某、李某等十余人的证言,证实被害人在案发当晚捉蝉蛹时失踪,后发现尸体被抛入沙河。上述证据不能证实系李怀亮作案。

(2)本村村民李某、孙某、杨某等十余人以及被告人亲属孙甲、孙乙的证言,证实李怀亮案发时也在捉蝉蛹,同时证明当晚河堤上捉蝉蛹的人较多,也有过往行人在案发现场河堤上经过。但不能证实李怀亮作案。

(3)公诉机关提供的本案物证有拖鞋、裤头、矿灯、发夹、花生叶及泥土上的血迹等,经郭某亲属辨认和有关部门鉴定,上述物品系郭某所有,遗留的血迹也是郭某的。该组证据只能证明被害人的身份及被害地点,与被告人李怀亮犯罪没有关联性,不能证明是李怀亮作案。

(4)被害人李怀亮归案后虽作过有罪供述,但随后又翻供,其供述不稳定,有罪供述在被害人衣着、裤头及矿灯所扔的位置等主要情节上前后不一致,开始供述被害人上身穿短袖,下身穿黑裤子,后又供述穿裙子;先供述被害人"可能穿着运动鞋",后又供为光脚,实际上被害人当时穿的是拖鞋;李怀亮先供述将郭某的裤头装在自己衣袋里,扔进了沙河里,案发一个月后在中心现场东侧花生地里发现了被害人的裤头后,李怀亮却又供认将裤头扔在花生棵下边;关于被害人的矿灯,先供述扔在了地里,后又供述扔到了沙河里。其有罪供述与证人证言、现场勘查笔录、鉴定意见等证据也存在矛盾……因此,李怀亮的有罪供述不能作为定案根据。

(5) 公安机关提供的与李怀亮同监室人员杨某、白某、朱某关于被告人是否承认自己杀人奸尸的证言相互矛盾,不能作为定案的根据。

(6) 侦查机关制作的人身检查照片证实,被告人李怀亮身上划有血痕,但不能证实该血痕产生的原因、时间、地点,因此不能得出此伤痕系其作案后抛尸所留。

综上,公诉机关提交的证据达不到认定李怀亮犯罪的证明标准,本案事实不清、证据不足,指控的犯罪不能成立。①

这一案件反映了我国近年来被披露的冤假错案的典型情况:公诉机关有大量证据证明犯罪行为已经发生,但证明被告人实施犯罪的证据只有被告人供述,并且这种供述还因为被告人翻供和得不到其他证据的印证,而难以辨明真伪。由此,在被告人供述无法得到其他证据印证的情况下,其他证据根本不足以证明被告人实施了犯罪行为。

《最高法院2020年解释》通过确立被告人口供补强规则,确立了一种根据直接证据来认定犯罪事实的标准。具体说来,在案件存在直接证据,而该直接证据又能够证明被告人全部犯罪要件事实的情况下,唯有通过其他间接证据对该直接证据真实性的有效印证,方能达到法定的证明标准。这就要求根据被告人口述收集了隐蔽性很强的实物证据,而这些实物证据与被告人供述这一直接证据相互印证,并排除了串供、逼供、诱供等可能性的,方能认定案件达到了"事实清楚,证据确实、充分"的程度。

其实,对被告人口供的补强规则可以适用于其他直接证据上面。不论这种直接证据是被告人口供、证人证言、被害人陈述还是实物证据,只要该证据包含着被告人犯罪行为的全部要件事实,那么,对被告人犯罪事实的证明就

---

① 参见河南省平顶山市中级人民法院(2013)平刑初字第23号刑事附带民事判决书。

相当于对该直接证据的印证和补强了。只要该直接证据的真实性得到了补强，那么，检察机关对待证事实的证明也就达到了"事实清楚"的标准。

（五）在没有直接证据的情况下，全案间接证据无法形成完整的证明体系

在案件只有间接证据的情况下，司法证明主要采用构建证据锁链或证明体系的方法。要达到"事实清楚"的证明标准，对待证事实的证明必须同时满足以下要求：一是每一间接证据都已经查证属实；二是间接证据之间相互印证，不存在无法排除的矛盾和无法解释的疑问；三是间接证据已经形成完整的证明体系；四是依据间接证据认定的案件事实，结论是唯一的，足以排除一切合理怀疑；五是运用间接证据进行的推理符合逻辑和经验判断。

对于运用间接证据认定案件事实的情况，我们可以通过下面的案例作出分析。

案例

北京市第二中级人民法院经公开审理查明："2005年9月27日16时许，被告人杨飞在北京市丰台区五里店南里27号楼2单元002号，因感情问题与李雪莲发生争执，杨飞持菜刀砍击李的颈部、腕部，造成李左侧颈总动脉破裂、左侧颈静脉完全离断，致李雪莲急性失血性休克死亡。杨飞自杀未遂被当场查获。"

"庭审中，杨飞辩称李雪莲系与其一同自杀，其没有故意杀人。侦查期间，杨飞一直保持沉默，拒绝回答讯问，仅有的一次供述称李雪莲在案发前说自己有病，经常吐血，没有钱看病，说要跟其一起死，就自己拿刀先抹脖子，然后其用菜刀砍自己脖子，又割了左手腕，后来晕倒了，醒来就在医院。其辩护人提出，没有任何直接证据证实杨飞故意杀害李雪莲，认定李雪莲系杨飞杀害的证据不足，请求法院按疑罪从轻处理。"

北京市第二中级人民法院认为，"被告人杨飞不能正确处理感情问题，持刀故意非法剥夺他人生命，致人死亡，其行为已构成故意杀人罪，且犯罪后果严重，依法应予惩处。关于杨飞所提其没有故意杀人的辩解及其辩护人所提本案认定被告人杨飞故意杀人证据不足的辩护意见，经查，本案证人证言可以证实被告人杨飞与被害人李雪莲之间存在感情纠葛，尸体检验鉴定书、专家会诊意见能证实被害人李雪莲系他杀，上述证据与现场勘查笔录、生物物

证鉴定书等证据能够相互吻合、相互印证,故杨飞的辩解及辩护人的辩护意见不予采纳。"①

这是一个运用间接证据认定被告人构成犯罪的案例。在这一案例中,被告人与被害人被发现双双倒在同一房间内,被害人已经死亡,而被告人则辩称自杀未遂。被告人始终不承认有杀人行为,致使本案没有直接证据。但根据现有的间接证据,法院认为被告人实施杀人的事实得到了充分的证据证明。比如说,多个证人证明被告人具有以自杀、杀人方式胁迫李雪莲与其交友的心理倾向,具有杀人动机;多个证人证明被害人尽管与被告人存在感情纠葛,但无自杀或和杨飞相约自杀的想法;多个证人证言与现场勘验、检查笔录、鉴定意见共同证明,房间内只有被告人与被害人两人,排除了第三人在场作案的可能性;尸体检验鉴定书、专家会诊意见和法医的证言证明被害人李雪莲系他杀,排除了自杀可能。正因为如此,本案总体上已经形成了完整的间接证据锁链,排除被害人自杀或者第三人作案的可能性,得出的结论是唯一的,并且也排除了合理的怀疑。显然,被告人实施杀人的事实得到了确实、充分的证据的证明。

那么,在一个刑事案件不存在任何直接证据或者直接证据属于不可靠证据的情况下,法院依据间接证据来认定案件事实,究竟在什么情况下才算事实不清、证据不足呢?从司法实践的经验来看,案件事实不清、证据不足的情况可谓千差万别,但一般都具有一些普遍的规律。以下的案例就显示出依据间接证据定案时证据不足的情况。

 案例

北京市人民检察院第二分院以被告人陈亚军犯故意伤害罪,向北京市第二中级人民法院提起公诉。根据检察机关的指控,2007年10月21日晚,被告人陈亚军因琐事与吴光全发生争执,遂起意报复。当日21时许,陈亚军在北京市怀柔区怀柔镇的北京常友物流有限公司门口附近,持镐把猛击吴光全头部,致吴颅脑损伤合并胃内容物阻塞呼吸道致窒息死亡。

公诉机关指控上述事实的主要证据包括:

---

① 黄小明:《杨飞故意杀人案——对于被告人拒不认罪且无目击证人的案件,如何运用间接证据定案》,载《刑事审判参考》总第65卷,法律出版社2008年版,第7—16页。

（1）证人刘京出庭作证称，案发当晚闫长余让其与郑旭东携带两根镐把，三人一起到常友物流公司附近，陈亚军从郑旭东手中接过一根镐把，后四人与常秀梅等人发生争执，其见陈亚军用右手持镐把抡了一下，应该是打在被害人头、肩部了，但没看清具体打在哪。

（2）证人郑旭东出庭作证称，案发当晚其与刘京跟着闫长余到现场后，陈亚军从其手中拿走了一根镐把。在双方争执过程中，其未看见刘京、陈亚军用镐把打人。

（3）证人闫长余作证称，其拿了两根镐把到案发现场，在其与田路松发生争执时，陈亚军曾在其身后。刘京持镐把要打田，被人拉开，田路松也被拉走。后其和常秀梅谈话时，陈亚军在其身后。在双方争执过程中，其曾看见一名男子从院内走出。

（4）证人常秀梅作证称，案发当晚陈亚军酒后骑自行车撞了其汽车，其与吴光全打了陈亚军。不久，陈亚军带了三个人返回，且陈亚军和另一人拿了镐把。后双方发生言语争执，其上前劝阻时有一段时间没看见陈亚军，再见到陈时，他手中的镐把不见了。

（5）证人周振江作证称，其听到常秀梅的叫声后与吴光全、田路松等人一起去了公司门口，见对方有人持镐把、砖头，就上前劝阻。后吴光全不知去向。在众人去办公室时，林增说吴光全跑到西边的仓库去了。待陈亚军等人走后，其在西面仓库里发现了吴光全，次日发现了吴的手机。

（6）证人林增作证称，其看见常秀梅等人回来，听见单位东边有人吵嚷。半小时后，其见姓吴的男子一人回到单位，向院内西边走去。十多分钟后，周振江、常秀梅与另三个男的一起到常的办公室去，当晚除了小吴，没有其他人往西边库房去。

（7）证人王宏君作证称，其未见陈亚军及陈找来的人打人，开始时见吴光全在门口打电话，后就未再见到吴，其间，有十五六分钟未见到陈亚军，其与陈一起走时将陈的镐把带回家。

（8）现场勘验、检查笔录证实，中心现场位于常友物流公司西侧B区内西侧靠墙处，中心现场内北侧并排有两列成箱的货物，距北侧纸箱30厘米处的木板上有少量擦蹭血迹，该处西有血泊，血泊中有少量呕吐物。血泊南有点状血迹，血泊北侧地上有散落的2厘米左右长的毛发少许（毛发缺乏鉴定条件）。西数第三列南侧纸箱上有少量擦蹭血迹。中心现场北侧西数第二列纸箱顶部有大面积擦蹭痕迹，且有不完整足迹1枚（经现场排查，为吴光全所留），下层纸箱有不完整足迹1枚（经现场排查，为吴光全所留）。院中央有一东西向的矮墙，矮墙北侧地上的货物间有一灰色"夏新"手机。

（9）尸体检验鉴定书证实，吴光全头部有条形棍棒伤，胳膊有挫伤，符合被人用条形钝器（棍棒类）叩击头部致颅脑损伤合并胃内容物阻塞呼吸道窒息死亡。

（10）生物物证鉴定书证实，现场地面血迹和纸箱上血迹为吴光全所留。

北京市第二中级人民法院经公开审理后认为，在场的多名证人中，只有证人刘京一人作证称见到陈亚军用右手持镐把抡了一下，但没看清具体打在哪，而在场的其他证人均作证称未看到陈亚军持镐把打吴光全，陈亚军本人也从未供认其打了吴光全，故对刘京的证言不能采信。本案证据不能形成指向陈亚军作案的完整证据链，公诉机关指控陈亚军犯故意伤害罪的事实不清，证据未达到确实、充分的标准，指控陈亚军犯故意伤害罪不能成立。

一审宣判后，北京市人民检察院第二分院提起抗诉。抗诉意见主要有：证人刘京当庭证言证实其在案发时看见陈亚军持镐把击打被害人，与其在侦查阶段的证言一致，也与在案其他证人证言、鉴定意见、现场勘验检查笔录等证据相印证，应予采信。同时，本案证据系合法收集，在内容、证明指向上形成逻辑一致性，证据的结论具有排除合理怀疑的唯一性，证据已经形成完整的证据链，足以证明被告人陈亚军的犯罪事实。

北京市高级人民法院经二审审理认为，原审公诉机关指控被告人陈亚军犯故意伤害罪所提供的证人证言、现场勘查笔录、尸体检验鉴定书、侦查实验笔录、刑侦专家会诊登记表、工作说明等证据，能够证明本案被害人系非正常死亡及陈亚军有报复被害人的动机，但是，上述证据尚不足以证明公诉机关指控的陈亚军故意伤害吴光全的事实成立。北京市人民检察院第二分院的抗诉意见及北京市人民检察院支持抗诉的意见，理由不充分，缺乏充分证据支持，不予采纳。①

从这一案件的情况来看，依据现有的间接证据来认定被告人实施了犯罪行为，属于事实不清，证据不足。因为本案唯一目击证人刘京的证言尽管能够证明被告人有过抢镐把的动作，但并不能证明他打向何处，且该证言无法

---

① 参见罗灿：《陈亚军故意伤害案——直接言词证据为孤证，其他间接证据不能形成完整证据链的，应作出无罪判决》，载《中国刑事审判指导案例》第3卷，法律出版社2012年版，第452—455页。

得到其他证据的印证,其真实性无法得到验证;现有证据能够证明镐把可以形成被害人的脑部损伤,部分证人的证言证实案发前被告人陈亚军与吴光全发生过矛盾,且陈亚军当时持有镐把,但是,这对于证明被告人实施抢镐把打向被害人并造成其伤害致死的结果来看,仍然没有形成完整的证明体系,本案无法排除其他可能性。因此,根据现有间接证据,尚存在一些无法排除的合理怀疑,本案属于事实不清,证据不足。

七、死刑案件的证明标准

近年来,围绕着死刑案件的证明标准问题,法学界展开了讨论和争鸣。一些学者基于慎用死刑、避免死刑案件出现冤假错案的理念,提出了适当提高死刑案件证明标准的观点。有些人士甚至认为,在死刑案件的审判过程中,对于被告人犯罪事实的证明需要达到"排除合理怀疑"的程度,但对被告人适用死刑的量刑事实的证明,则需要达到"排除一切怀疑"的程度。于是,在死刑案件的证明标准问题上,就出现了一种将量刑事实置于犯罪事实之上的主张。

其实,对于死刑案件的证明标准问题,我们在发表观点之前,需要认真研究一下我国刑事诉讼法所确立的规则。根据我国现行刑事诉讼法的规定,检察机关对于定罪事实和量刑事实都要承担证明责任,并且都要达到"事实清楚,证据确实、充分"的程度。这就意味着,对于被告人构成犯罪的要件事实,检察机关需要提出证据加以证明;同时,对于所有从重量刑情节,无论是法定情节还是酌定情节,检察机关也都要承担证明责任。无论是对犯罪事实,还是对从重量刑的情节,检察机关的证明都要达到上述最高证明标准。否则,法院就可以裁判检察机关指控的犯罪不能成立,或者检察机关提出的从重量刑情节不被接受。

应当说,无论是死刑案件还是非死刑案件,上述针对定罪量刑的证明标准都是可以适用的,在理论上也是不存在争议的。但是,由于我国近年来屡屡出现冤假错案,而这些错案大都属于死刑案件,因此,基于对中国法院制造冤假错案以及滥用死刑问题的担忧,一些学者开始对死刑案件的证明标准进行反思,提出了确立超越犯罪事实证明标准的量刑事实证明标准的理论观点。这种颇具吸引力的观点,尽管在提出的动机上情有可原,但却是站不住脚的,也是不可接受的。

首先,在死刑案件的司法证明过程中,对于被告人犯罪事实的证明责任仍然要由检察机关承担,证明标准仍然是"事实清楚,证据确实、充分",这一点是没有争议的。而根据前面的分析,这一证明标准已经达到百分之百的确定程度,也就相当于法官对被告人实施了犯罪行为达到了百分之百的确信,而不存在任何合理怀疑。这种几乎等于"实事求是"或"客观真实"的证明标准,已经达到了司法证明的极致,不可能还存在高于这一确定程度的证明标准。因此,除非将被告人犯罪事实的证明标准予以降低,否则,所谓确立高于犯罪事实证明标准的量刑事实证明标准的观点,将是一种不能成立的命题。

其次,将死刑案件的量刑事实证明标准置于犯罪事实的证明标准之上,这明显违背无罪推定的原则。根据无罪推定原则,被告人未经证明有罪之前,一律被推定为无罪的人。检察机关要推翻无罪推定,就只能承担证明被告人有罪的责任,并将被告人犯罪事实证明到最高的证明程度。否则,在对被告人是否构成犯罪存在合理怀疑的情形下,法院应作有利于被告人的解释。这显然说明,无罪的推定决定了检察机关对被告人犯罪事实的证明要达到最高的证明标准。相反,所谓量刑事实,无非是指那些足以证明对被告人适用死刑的从重量刑情节,如共同犯罪的主犯、犯罪集团的首犯、累犯、认罪态度不好、犯罪激起"民愤",等等。对于这些从重量刑情节,检察机关只要证明到"事实清楚,证据确实、充分"的程度,也就是足以排除合理怀疑了,而实在没有必要确立更高的证明标准。

最后,将死刑案件的证明标准确立为"排除一切怀疑"的程度,这在现行审判制度中是不可行的。之所以说这是不可行的,是因为在现行审判程序中,对犯罪事实的证明适用较为正式的普通程序,而对量刑事实的证明所适用的则是较为简易的程序。在量刑事实的法庭调查中,法庭不仅不传唤证人、鉴定人出庭作证,无法贯彻直接和言词审理的原则,而且就连案卷笔录都难以全面宣读和出示,更谈不上有针对性的举证和质证了。可以说,相对于犯罪事实的法庭调查而言,对量刑事实的调查采取了更为简易和粗糙的程序。既然对量刑事实采取了如此自由和简易的证明方式,那么,要指望对此事实的证明达到高于定罪事实的证明标准,这岂不是有违情理和常识吗?

以下是最高人民法院的刑事法官对一起故意杀人案不核准死刑的证据分析。

案例

某市人民检察院以被告人朱某犯故意杀人罪、盗窃罪,向某市中级人民法院提起公诉。中级人民法院认定被告人朱某犯故意杀人罪,判处死刑。一审宣判后,被告人朱某不服,以一审量刑过重为由,向某省高级人民法院提出上诉。某省高级人民法院经审理认为,朱某对其杀人、盗窃犯罪的过程和细节供述稳定,与其他证据相互印证,形成了完整的证据链条,足以支持一审认定的案件事实,对朱某所提其他上诉理由不予采纳。朱某所犯罪行极其严重,且无法定从轻处罚情节,应依法惩处。对于辩护人所提朱某系初犯,请求对朱某从轻处罚的辩护意见,不予采纳。最高人民法院经复核认为,第一审判决、第二审裁定认定的部分事实不清、证据不足,据此撤销原判,发回某省高级人民法院重新审判。

就本案而言,现有证据能够认定本案与被告人朱某密切相关,朱某具有重大作案嫌疑,理由包括:(1)根据朱某的供述和指认,从现场附近的恒张公路桥下河中打捞出一部康佳牌 K6288 型手机,该手机经被害人亲友混合辨认,确认系被害人生前所用手机。(2)被害人手机的通话清单证实被害人失踪前曾与朱某通话 4 次,朱某极有可能系被害人失踪前最后接触的人。(3)朱某送给情妇倪某一枚铂金戒指,根据倪某的证言,该戒指与被害人生前所戴的戒指从质地、外观、花纹等方面均相似。(4)朱某在侦查期间虽多次否认作案,但后来供认杀死被害人并窃取被害人财物的事实,直至我院复核提审时仍未翻供。

但是,认定被告人朱某杀死被害人并盗窃财物的事实,除朱某的有罪供述外,没有其他直接证据证实。本案虽有一定的客观性证据印证朱某的有罪供述,但存在以下疑点不能得到排除:(1)朱某的工友周某、陈某、谢某曾多次证实被害人失踪那天上午,朱某与谢某在一起,三人证实的情况能够吻合,故朱某是否有作案时间存在疑问。虽然周某、陈某后来改变证言,称以前受朱某的指使作了伪证,但周某、陈某与朱某关系一般,他们为何多次坚持为朱某出具伪证难以理解,且改变后的证言也不完全一致,所作的解释不能令人信服。另外,谢某是证实朱某没有作案时间的最关键证人,但因其下落不明,其证言的真实性待查。仅根据周某、陈某作伪证的情况,就推定谢某也作了伪证,这种推断既不符合逻辑,也缺少证据支持。(2)根据朱某指认提取的康佳牌 K6288 型手机未进行串号比对,不能准确无误地认定该手机就是被害人的。虽然被害人亲属对手机进行了混杂辨认,确认手机是被害人生前使用的,但该辨认只能证实该手机在品牌、型号、颜色等外部特征方面与被害人使用的手机一致,不足以证实手机就是被害人的。根据朱某供述的内容和手机照片显示,该手机显示屏已经被朱某砸坏,外观上存在明显破损,说明手机的外观与被害人使用时相比有了一定的变化。在这种情况下,被害人亲属为何能辨认出该手机,依据什么特征确定该手机是被害人的,在辨认笔录中均没有体现。(3)从现场被害人右大腿旁提取了一只旅游鞋,公安机关出具说明称该鞋与本案无关,但没有说明理由。公安机关根据什么推断该鞋与本案无关,为何出现在被害人尸块旁边,没有提供相应的证据,该疑点没有得到合理排除。(4)现场提取的女式高跟鞋经被害人亲属辨认,无法确定是被害人的鞋。朱某既然承认了用被害人的高跟鞋砸被害人头部的事实,却为何坚持否认提取的高跟鞋是作案工具这一次要事实,难以理解。如果朱某的供述属实,则该鞋不是作案工具,而现场又没有发现其他的高跟鞋,那么真正的作案工具是什么,无法确定。(5)朱某送给情妇倪某的铂金戒指已被化为金锭,无法确定该戒指是否为被害人生前所戴的戒指。朱某亦曾供述送给倪某的戒指是他购买的,并较为详细地供述了买戒指的地点和售货员的相貌特征,对此公安机关未予核实。(6)朱某在前6次讯问中一直否认犯罪,虽然后来供认了杀死被害人并窃取财物的主要事实,且不再翻供,但对于是否掐过被害人颈部的细节,供述的内容并不稳定。综上,本案存在诸多疑点未能得到合理解释和排除,现有证据尚未达到死刑案件所要求的"证据确实、充分"的证明标准。①

这位最高人民法院的刑事法官对于死刑案件的证明标准持有这样的立场:对死刑案件应当实行最为严格的证据规格。其证明标准高于其他刑事案件,既要求认定被告人犯罪事实存在,特别是被告人实施的犯罪行为要达到排除其他可能性的程度,又要求死刑适用的事实即对被告人从重处罚的事实同样适用"证据确实、充分"的标准。但从该案的死刑复核过程来看,最高人民法院对死刑案件的犯罪事实适用的仍然是"事实清楚,证据确实、充分"的标准。最高人民法院之所以不对该案核准死刑,主要是因为该案在证明被告人实施故意杀人的事实认定上存在诸多疑点,这些疑点也无法得到合理解释

---

① 参见李彤、闫宏波:《朱某故意杀人、盗窃案——如何把握死刑案件的证明标准》,载《中国刑事审判指导案例》第3卷,法律出版社2012年版,第246—269页。

和排除。

在笔者看来,死刑案件的证明标准并没有多少特殊之处。我们不能根据个别国家的司法程序或者个别学者的学术观点,而对死刑案件的量刑事实确立更高的证明标准。与其他刑事案件一样,死刑案件的定罪标准和量刑标准都是一致的,也就是"事实清楚,证据确实、充分"。这一标准对检察机关证明被告人构成犯罪与证明从重量刑情节,都是可以适用的。要避免死刑案件出现冤假错案,要防止死刑的滥用,我们唯一要做的是坚守司法证明的底线,在对被告人犯罪事实的证明上不降低证明标准,摒弃那种"留有余地"的判决方式,对未达到法定证明标准的犯罪指控,勇于作出无罪判决。在此基础上,对于那些可能导致死刑适用的从重量刑情节,也要按照"事实清楚,证据确实、充分"的标准进行采纳。对于被告人在是否适用死刑方面存有疑问和争议的案件,应当作有利于被告人的解释,也就是尽量不适用死刑。这才是避免误判、减少死刑滥用的正确道路。

【深入思考题】

1. 什么是"排除合理怀疑"?为什么2012年《刑事诉讼法》将"排除合理怀疑"列为"证据确实、充分"的一项重要衡量标准?

2. 为什么在检察机关承担证明被告人犯罪事实之责任的情况下,证据法确立了最高的证明标准?

3. 为什么在被告人承担证明责任的情况下,证据法没有设定最高的证明标准?

4. 为什么在量刑裁判程序中,证据法对那些有利于被告人的量刑事实的证明,没有设定最高的证明标准?

5. 有人认为,为严格控制死刑的适用,避免对死刑案件作出不可补救的误判,需要将适用死刑的证明标准加以提高,甚至可以提高到超过定罪标准的程度。比如说,对于犯罪事实的证明可以达到"排除合理怀疑"的程度,而对适用死刑的事实则要证明到"排除一切怀疑"的程度。你对此有何看法?

【讨论案例之二十二】

最高人民法院
（2016）最高法刑再3号刑事判决书（摘录）

河北省石家庄市人民检察院指控被告人聂树斌犯故意杀人罪、强奸妇女罪一案，石家庄市中级人民法院于1995年3月15日作出（1995）石刑初字第53号刑事附带民事判决。宣判后，被告人聂树斌、附带民事诉讼原告人康某2分别提出上诉。1995年4月25日，河北省高级人民法院作出（1995）冀刑一终字第129号刑事附带民事判决，并根据最高人民法院授权高级人民法院核准部分死刑案件的规定，核准聂树斌死刑。

2005年1月，涉嫌犯故意杀人罪被河北省公安机关网上追逃的王书金，被河南省荥阳市公安机关抓获后自认系本案真凶。此事经媒体报道后，引发社会关注。2007年5月，申诉人张焕枝、聂学生、聂淑惠向河北省高级人民法院和多个部门提出申诉，请求宣告聂树斌无罪。2014年12月4日，根据河北省高级人民法院请求，本院指令山东省高级人民法院复查本案。

山东省高级人民法院依法组成合议庭，对本案进行全面审查后认为，原审判决缺少能够锁定聂树斌作案的客观证据，在被告人作案时间、作案工具、被害人死因等方面存在重大疑问，不能排除他人作案的可能性，原审认定聂树斌犯故意杀人罪、强奸妇女罪的证据不确实、不充分。建议本院启动审判监督程序重新审判，并报请本院审查。

本院对山东省高级人民法院的复查意见进行了审查，于2016年6月6日作出（2016）最高法刑申188号再审决定，提审本案。本院依法组成合议庭，根据《中华人民共和国刑事诉讼法》第二百四十五条第一款、《最高人民法院关于适用〈中华人民共和国刑事诉讼法〉的解释》第三百八十四条第三款之规定，依照第二审程序对本案进行了书面审理。审理期间，本院审查了本案原审卷宗、河北省高级人民法院和山东省高级人民法院复查卷宗；赴案发地核实了相关证据，察看了案发现场、被害人上下班路线、原审被告人聂树斌被抓获地点及其所供偷衣地点，询问了部分原办案人员和相关证人；就有关尸体照片及尸体检验报告等证据的审查判断咨询了刑侦技术专家，就有关程序问题征求了法学专家意见；多次约谈申诉人及其代理人，听取意见，依法保障其诉讼权利；多次听取最高人民检察院意见。就附带民事诉讼部分通知原附带民事诉讼原告人康某2，其近亲属告知，康某2已去世，并表示不再参与本案诉讼。本案现已审理终结。

石家庄市中级人民法院一审判决认定:1994年8月5日17时许,被告人聂树斌骑自行车尾随下班的石家庄市液压件厂女工康某1,至石家庄市郊区孔寨村的石粉路中段,聂树斌故意用自行车将骑车前行的康某1别倒,拖至路东玉米地内,用拳头猛击康某1的头部、面部,致康某1昏迷后将其强奸,尔后用随身携带的花上衣猛勒康某1的颈部,致其窒息死亡。认定上述事实的依据是:石家庄市公安局郊区分局在侦破此案时,根据群众反映将聂树斌抓获后,聂树斌即交代了强奸后勒死康某1的犯罪经过,并带领公安人员指认了作案现场及埋藏被害人衣物的地点,与现场勘查一致;聂树斌对康某1生前照片及被害现场提取物进行了辨认,确认系被害人照片及所穿衣物;聂树斌所供被害妇女的体态、所穿衣物与被害人之夫侯某某、证人余某某所证一致。据此,一审法院认为,被告人聂树斌拦截强奸妇女,杀人灭口,手段残忍,情节和后果均特别严重,其行为已构成强奸妇女罪、故意杀人罪。对于辩护人提出的指控聂树斌犯强奸妇女罪证据不足的辩护意见,因有被告人聂树斌多次供述,且与现场勘查吻合,供证一致,不予采信。依照《中华人民共和国刑法》第一百三十九条、第一百三十二条、第五十三条、第三十一条及全国人大常委会《关于迅速审判严重危害社会治安的犯罪分子的程序的决定》之规定,以故意杀人罪判处被告人聂树斌死刑,剥夺政治权利终身;以强奸妇女罪判处其死刑,剥夺政治权利终身,决定执行死刑,剥夺政治权利终身。

一审宣判后,聂树斌上诉提出,其年龄小,没有前科劣迹,系初犯,认罪态度好,一审量刑太重,请求从轻处罚。

河北省高级人民法院二审判决认定的事实、证据与一审判决一致。二审法院认为,一审认定聂树斌故意杀人、强奸妇女的事实、情节正确,证据充分。聂树斌拦截强奸妇女,杀人灭口,情节和后果均特别严重。聂树斌所述认罪态度好属实,但其罪行严重,社会危害极大,不可以免除死刑。原判决对聂树斌犯故意杀人罪的量刑及民事赔偿数额适当,对强奸妇女罪量刑重。依照《中华人民共和国刑事诉讼法》第一百三十六条第(一)、(二)项之规定,判决维持对聂树斌犯故意杀人罪的定罪量刑,撤销对聂树斌犯强奸妇女罪的量刑,改判有期徒刑十五年,与故意杀人罪并罚,决定执行死刑,剥夺政治权利终身。根据最高人民法院授权高级人民法院核准部分死刑案件的规定,河北省高级人民法院核准聂树斌死刑。

本院再审期间,申诉人张焕枝提出,聂树斌系被错抓、错判,是冤枉的,请求宣告聂树斌无罪。主要理由是:(1) 1994年9月23日聂树斌被抓获之后前 5 天的口供缺失,怀疑因对聂树斌有利而被办案机关销毁。(2) 聂树斌供述勒死被害人的花上衣,是从废品堆、三轮车上拿的,但三轮车主根本就没有丢花上衣,作案工具不吻合。(3) 聂树斌根本没有作案时间。考勤表被办案机关提取了,应该入卷,该考勤表可以证明聂树斌 1994 年 8 月 5 日是否上班,没有考勤表就不能认定聂树斌有作案时间。(4) 王书金自认真凶,且供述出案发现场有串钥匙,本案是王书金所为。

诉讼代理人李树亭提出,原审认定聂树斌强奸妇女、故意杀人的事实不清、证据不足,应当依法宣告聂树斌无罪。主要理由是:(1) 公安机关在没有掌握聂树斌任何犯罪事实和犯罪线索的情况下,仅凭主观推断,就将骑一辆蓝色山地车的聂树斌锁定为犯罪嫌疑人,对聂树斌采取的监视居住,实际上是非法拘禁。(2) 不能排除侦查人员采用刑讯逼供、指供、诱供方式收集聂树斌有罪供述的可能性。(3) 聂树斌供述、证人证言和尸体检验报告均不能确定案发时间,被害人遇害时间不明,原审认定的聂树斌作案时间事实不清。(4) 原审认定的作案工具事实不清,物证彩色照片上的半袖上衣极大可能在原始案发现场并不存在,是侦查人员为印证聂树斌供述的作案工具而编造出来的物证。(5) 现场勘查笔录无见证人参与,不符合法律规定;尸体检验报告结论不具有科学性,真实性、合法性存疑,原审认定被害人系窒息死亡的证据不确实、不充分。(6) 聂树斌 1994 年 9 月 23 日至 9 月 27 日的供述材料以及聂树斌的考勤表缺失,原办案人员的解释不合理,不排除公安机关隐匿了对聂树斌有利的证据。(7) 证人余某某后来证明,被害人尸体被发现后公安机关立即展开调查,并形成了调查材料,但原审卷宗中余某某等人的多份初始证言缺失,去向不明,这些证言可能对聂树斌有利。(8) 现有卷宗中存在签字造假等问题,不排除伪造或变造案卷的可能。(9) 被害人落在案发现场的一串钥匙是本案中具有唯一性和排他性的隐蔽细节,聂树斌始终没有供出,使其所供作案过程真实性受到严重影响。(10) 王书金异地归案后即主动交代了石家庄西郊玉米地强奸、杀人的犯罪事实,特别是供述出案发现场所留的一串钥匙,且其供述的作案时间、作案地点、作案过程以及抛埋衣物地点等都与本案情况相符,王书金的供述应视为本案出现了新证据,其作案的可能性远远大于聂树斌。李树亭还向本院提交了聂树斌的同学聂某某、伴某1、伴某2 的证言,以证明聂树斌胆小、性格内向,思想比较保守,家庭经济状况较好,平时没有偷窃、打架等不良行为。

最高人民检察院向本院提交的书面意见提出,原审判决采信的证据中,直接证据只有聂树斌的有罪供述，现场勘查笔录、尸体检验报告、物证及证人证言等证据均为间接证据，仅能证明被害人康某1死亡的事实，单纯依靠间接证据不能证实康某1死亡与聂树斌有关，而聂树斌有罪供述的真实性、合法性存疑，不能排除他人作案可能。原审判决认定事实不清、证据不足，依据现有证据不能认定聂树斌实施了故意杀人、强奸妇女的行为，应当依法宣告聂树斌无罪。主要理由是：(1) 被害人死亡原因不具有确定性，原审判决所采信的尸体检验报告证明力不足。(2) 作案工具来源不清，原审判决认定花上衣系作案工具存在重大疑问。(3) 聂树斌始终未供述出被害人携带钥匙的情节。(4) 原审判决所采信的指认笔录和辨认笔录存在重大瑕疵，不具有证明力。(5) 证实聂树斌实施强奸的证据严重不足。(6) 聂树斌供述的真实性、合法性存在疑问。应当依法改判聂树斌无罪。

经再审查明：1994年8月5日17时许，河北省石家庄市液压件厂女工康某1(被害人，殁年36岁)下班骑车离厂。8月10日上午，康某1父亲康某2向公安机关报案称其女儿失踪。同日下午，康某2和康某1的同事余某某等人在石家庄市郊区孔寨村西玉米地边发现了被杂草掩埋的康某1连衣裙和内裤。8月11日上午，康某1尸体在孔寨村西玉米地里被发现。同日下午，侦查机关对康某1尸体进行了检验。

上述事实，有现场提取的自行车、凉鞋、连衣裙、内裤和钥匙等物证，证人康某2和余某某等人证明康某1失踪和发现康某1衣物情况、证人侯某某证明上述现场提取物品系康某1生前所用之物的证言，以及尸体检验报告、现场勘查笔录和照片等证据证实。本院予以确认。

原审认定原审被告人聂树斌于1994年8月5日17时许，骑自行车尾随下班的康某1，将其别倒拖至玉米地内打昏后强奸，尔后用随身携带的花上衣猛勒其颈部，致其窒息死亡。本院认为，这一认定事实不清、证据不足，不予确认。具体评判如下：

一、聂树斌被抓获之时无任何证据或线索指向其与康某1被害案存在关联

原审认定，石家庄市公安局郊区分局在侦破此案时，根据群众反映将聂树斌抓获。诉讼代理人提出，公安机关没有掌握聂树斌任何犯罪事实和犯罪线索，仅凭主观推断锁定其为本案犯罪嫌疑人，并对其采取强制措施；检察机关认为，聂树斌到案经过与原案缺乏直接关联，确定其为犯罪嫌疑人缺乏充足依据。对此问题，本院经审查，评判如下：

1. 原审卷宗内没有群众反映聂树斌涉嫌实施本案犯罪的证据或线索。经查,离案发现场约2公里的石家庄市电化厂平房宿舍区有一个公共厕所,据公安机关出具的抓获证明记载,附近有群众反映,一名骑蓝色山地车的男青年常在附近闲转,看到有人就进厕所;破案报告记载,群众反映在电化厂平房宿舍周围有一名男青年经常出现,有流氓、盗窃行为,康某1被害案专案组遂组织人员在此蹲守。1994年9月23日18时许,聂树斌骑一蓝色山地车路过时,侦查人员认为其像群众反映的男青年而将其抓获。因此,聂树斌被抓获仅因其疑似群众反映的男青年,并非因群众反映其涉嫌实施本案犯罪。聂树斌被抓获之前,办案机关并未掌握其实施本案犯罪的任何证据或线索。

2. 原审卷宗内无证据证实聂树斌系群众反映的男青年。经查,原审卷宗内仅有"群众反映"的表述,没有关于具体是何人反映的证据,也没有组织群众对聂树斌辨认的证据,更没有群众反映的那个男青年与康某1被害案存在关联的证据。

综上,对诉讼代理人提出的侦查机关抓获聂树斌时并不掌握其任何犯罪事实和犯罪线索的意见,对检察机关提出的确定聂树斌为犯罪嫌疑人缺乏充足依据的意见,本院予以采纳。

二、聂树斌被抓获之后前5天的讯问笔录缺失,严重影响在卷讯问笔录的完整性和真实性

从聂树斌1994年9月23日18时许被抓获,到9月28日卷内出现第一份有罪供述笔录,共有5天时间,原审卷宗内没有这5天的讯问笔录。申诉人及其代理人对此提出诸多质疑,认为缺失的笔录可能对聂树斌有利。检察机关也提出,从聂树斌到案至作出第一次有罪供述间隔5天时间,而卷内没有一份此间的讯问笔录,侦查机关没有作出合理解释。对此问题,本院经审查,评判如下:

1. 聂树斌被抓获之后前5天办案机关曾对其讯问且有笔录。一是聂树斌在卷供述证明有讯问笔录。据二审期间的提讯笔录记载,审判人员当时问聂树斌,在其被抓获之后的前5天,侦查人员是否对其讯问并作了笔录,聂树斌回答,侦查人员将其带至郊区分局的当晚就审问了,其交代了强奸妇女的事,并说"记着可能作了(笔录)"。二是原办案人员证明有讯问笔录。本案复查和再审期间,经调查询问原办案人员,多人证实这5天有讯问并制作了笔录。此外,据原办案机关干警撰写并发表在1994年10月26日《石家庄日报》上的《青纱帐迷案》一文反映,聂树斌被抓获并被关进派出所后的一个星

期内,办案机关一直在对其"突审"。

2. 聂树斌在该5天内,既有有罪供述,也有无罪辩解。一是聂树斌在卷供述可以证实。在1994年9月28日的讯问笔录中,办案人员在聂树斌供认有罪后问道:"为什么原来不讲实话?"聂树斌答:"我想隐瞒,抱着逃避打击的心理。"9月29日聂树斌在自书的《检查》中写道:"在审问时,我心里还隐着一些侥幸心理,想隐瞒过关。"在同年12月26日送达起诉书笔录中,送达人员问聂树斌什么时候交代的犯罪事实,聂树斌答:"一开始没交代,第二天晚上交代的。"二是原办案人员可以证实。有办案人员称:"聂树斌头一天只承认了一些偷看女人解手的流氓行为,到了第二天,开始陆陆续续交代了一些犯罪事实,到了27日就彻底交代清楚了。"此外,据《青纱帐迷案》一文反映,聂树斌刚被抓获时"只承认调戏过妇女,拒不交代其他问题",办案人员"巧妙利用攻心战术和证据,经过一个星期的突审",聂树斌终于供述了强奸杀人的事实。

3. 对原审卷宗内缺失该5天讯问笔录,原办案人员没有作出合理解释。本案复查和再审期间,河北省高级人民法院、山东省高级人民法院和本院均就前5天讯问笔录全部缺失的原因,询问了公安机关原办案人员,他们作了多种解释:一是聂树斌的供述断断续续,笔录不完整;二是这些笔录可能入了副卷,但由于搬家或时间长,副卷找不到了;三是当时存在对完整的讯问笔录入卷移送,不完整的讯问笔录不入卷移送的习惯做法等。

全面收集、移送包括讯问笔录在内的案件证据,是1979年《刑事诉讼法》和1987年公安部印发的《公安机关办理刑事案件程序规定》的明确要求;公安部1991年印发的《公安业务档案管理办法》对副卷的内容也有明确规定,犯罪嫌疑人的供述笔录不属于入副卷的材料;原办案人员在接受本院询问时也表示,当时石家庄市公安局郊区分局办理案件比较规范,即使前期嫌疑人不供述,也会把这些材料入卷。因此,聂树斌被抓获之后前5天讯问笔录没有入卷,既与当时的法律及公安机关的相关规定不符,也与原办案机关当时办案的情况不符。

综上,由于上述讯问笔录缺失,导致聂树斌讯问笔录的完整性、真实性受到严重影响。对申诉人及其代理人提出聂树斌被抓获之后前5天有讯问笔录,且缺失的笔录可能对聂树斌有利的意见,对检察机关提出缺失这5天讯问笔录存在问题的意见,本院予以采纳。对申诉人及其代理人提出办案机关故意销毁、隐匿讯问笔录、制造假案的意见,因无证据证实,本院不予采纳。

三、聂树斌有罪供述的真实性存疑，且不能排除指供、诱供可能

原审卷宗显示，自1994年9月28日出现第一份供述至1995年4月27日被执行死刑，聂树斌共有13份供述，其中有讯问笔录11份（侦查阶段8份，审查起诉、一审、二审阶段各1份），自书《检查》1份，一审当庭供述笔录1份。申诉人及其代理人提出，这些供述不能排除系刑讯逼供、指供、诱供形成，合法性和真实性存在疑问。检察机关提出，聂树斌的有罪供述说法不一、前后矛盾，供述偷拿花上衣的情节因证人证言而变化，侦查机关讯问过程明显具有指供倾向，聂树斌供述的真实性、合法性存在疑问。对此问题，本院经审查，评判如下：

1. 聂树斌对关键事实的供述前后矛盾、反复不定。关于作案时间，先后有被车间主任葛某某批评后的第二天、当天、记不清和8月5日等说法；关于偷花上衣的具体地点，先后有三轮车上、破烂堆上等说法；关于脱去被害人内裤的时间，先后有将内裤脱下后实施强奸再捡起内裤带走、将内裤脱到膝盖下面即实施强奸再将内裤脱下带走等说法；关于被害人的自行车，先后有二六型、二四型等说法。此外，关于作案动机、被害人年龄和所穿连衣裙特征等事实和情节，聂树斌的供述也前后不一。在卷供述中，聂树斌一方面始终认罪，另一方面又供不清楚作案的基本事实，特别是对关键事实的供述前后矛盾、反复不定，不合常理。

2. 供证一致的真实性、可靠性存疑。聂树斌供述的作案地点、藏衣地点、尸体上的白背心、颈部的花上衣及被害人凉鞋、自行车的位置等，虽然与现场勘查笔录、尸体检验报告等内容基本一致，但由于以上事实都是先证后供，且现场勘查没有邀请见证人参与，指认、辨认工作不规范，证明力明显不足，致使本案供证一致的真实性、可靠性存在疑问。

3. 不能排除指供、诱供可能。对办案机关是否存在刑讯逼供、指供、诱供等非法取证行为，经审查原审检察人员和审判人员讯问聂树斌的材料、一审开庭笔录、原审辩护人的有关证言以及原办案人员的解释，没有发现原办案人员在制作这些笔录时实施刑讯逼供的证据。但是，聂树斌曾经供述自己本来想不说，后在办案人员"劝说和帮助下说清整个过程"；聂树斌供述偷花上衣的地点存在随证而变的情形；一些笔录显示讯问内容指向明确；参与现场勘查的办案人员曾称被安排到讯问场所与聂树斌核对案发现场情况等，故不能排除存在指供、诱供的可能。

综上，对申诉人及其代理人提出聂树斌有罪供述的真实性、合法性存疑，

不能排除指供、诱供可能的意见,对检察机关提出的侦查机关讯问过程明显具有指供倾向的意见,本院予以采纳。对申诉人及其代理人提出侦查机关存在刑讯逼供的意见,因无证据证实,本院不予采纳。

四、原审卷宗内案发之后前50天内证明被害人遇害前后情况的证人证言缺失,严重影响在案证人证言的证明力

原审卷宗显示,康某1丈夫侯某某、同事余某某在康某1失踪前曾与其见面,康某1失踪后还参与寻找,余某某和康某2最先发现了康某1的衣物。但是,从1994年8月11日发现康某1尸体到同年9月底聂树斌认罪,即从案发到破案,其间50天内办案机关收集的这些重要证人的证言,无一入卷,全部缺失。卷内显示,直到1994年10月1日才出现侯某某的首次证言,10月11日和10月21日才首次出现康某1同事王某某、余某某的证言。这些本应是破案重要线索的证人证言,却出现在聂树斌认罪并破案之后。申诉人及其代理人提出,办案机关隐匿了这些对聂树斌可能有利的证据。对此问题,本院经审查,评判如下:

1. 多名证人证明案发之后50天内,办案人员对其进行过询问并制作了笔录。证人余某某证实,找到康某1的尸体后,办案机关立即进驻康某1所在工厂,全面开展调查工作;1994年10月21日之前,办案人员曾多次找其取证,并作了记录。证人侯某某证实,在1994年10月1日之前,办案人员不止一次找过他,每次都有询问笔录,且明确说办案人员第一次对其询问是在其租住地孔寨村,而非首次询问笔录显示的留营派出所。

2. 多名原办案人员证实案发之后即作了询问证人笔录。在本案复查和再审期间,十多名原办案人员接受询问时证实,发现康某1尸体后立即分成多个工作小组,同时展开调查摸排,有的小组专门进驻死者单位。摸排范围包括被害人单位职工、现场附近两个村庄村民以及方圆数公里范围内的外来民工等相关人员。当时对康某1亲友和同事都进行了调查询问,询问内容包括死者何时上下班、何时失踪、最后见面的是何人,等等。多名原办案人员证实,对康某1亲友及同事这些重要证人的询问,肯定制作了笔录。此外,相关报道反映,案发之后办案机关即开展了大量调查摸排工作。据《青纱帐迷案》一文记述,石家庄市公安局郊区分局1994年8月11日即成立专案组,迅速展开侦破工作,办案人员"奔波于工厂、农村、居民区和田间地头认真调查访问,先后调查访问群众上千人次,经过一个多月的艰苦细致工作,终于获得了有价值的线索"。

3. 原办案人员对案发之后前 50 天内相关证人证言缺失原因没有作出合理解释。本案复查和再审期间,就原审卷宗内为何没有这 50 天的证人证言,询问了多名原办案人员,他们作出了两种解释:一种说法是当时摸排大多用笔记本记录,破案需要的材料才会整理,不需要就不整理,没有入卷可能是这个原因造成的;另一种说法是当时的办案习惯是侦查卷宗不装订,先送给预审科去挑,没有用的预审科就剔出去,这些证人证言可能被预审科当作没有用的剔除了,入了副卷,副卷后来搬家时丢失。这些解释对于一般的摸排对象是合乎情理的,但是对于询问与本案有直接关系的证人,明显不符合常理,也不符合当时的办案规范和惯常做法。首先,侯某某、余某某是本案重要证人,对其询问应当按照当时的刑事诉讼法和公安部 1987 年《公安机关办理刑事案件程序规定》,规范制作笔录入卷,并随案移送。其次,侯某某、余某某等人在案发之后前 50 天所作的证言,是初始证言,是确定被害人遇害时间和被告人有无作案时间的重要依据,是侦破本案的重要线索。即使当时有将材料送预审科挑选的做法,对于这些重要的证人证言也不应当剔除。

综上,案发之后前 50 天内多名重要证人证言全部缺失不合常理,且关键证人侯某某后来对与康某 1 最后见面时间的证言作出重大改变,直接影响对康某 1 死亡时间和聂树斌作案时间等基本事实的认定,导致在案证人证言的真实性和证明力受到严重影响。原办案人员对有关证人证言缺失的原因没有作出合理解释,故对申诉人及其代理人提出的这些缺失证据对聂树斌可能有利的意见,本院予以采纳。

五、聂树斌所在车间案发当月的考勤表缺失,导致认定聂树斌有无作案时间失去重要原始书证

本案复查和再审期间,申诉人及其代理人提出,聂树斌所在车间有一份考勤表,该考勤表可以证明聂树斌 1994 年 8 月 5 日是否上班,没有考勤表就不能认定聂树斌有作案时间,认为这张对聂树斌有利的考勤表被办案机关有意隐匿。对此问题,本院经审查,评判如下:

1. 有证据证明考勤表确实存在且已被公安机关调取。本案复查期间,证人葛某某证实,聂树斌出事后,办案机关找他问了聂树斌的出勤情况,并拿走了这份考勤表,他曾经让办案人员用后归还,但办案机关没有退还。本案再审期间,原办案人员也承认,当年曾对葛某某调查走访,见到并应当提取了考勤表。

2. 考勤表对证明聂树斌有无作案时间具有重要证明价值。葛某某证实,

考勤表记载了聂树斌所在车间员工的每日出勤情况,他当年作证时是"照着考勤表说的"聂树斌出勤情况。当时办案人员还曾问他考勤表上的"√"和"×"是什么意思,他解释说"√"表示出勤,"×"表示没有出勤。因此,考勤表是证明聂树斌1994年8月出勤情况和有无作案时间的重要原始书证。

3. 原办案人员对考勤表未入卷没有作出合理解释。对于考勤表的下落,原办案人员都说记不清了,但认为有两种可能:一种可能是当时证明作案时间的材料要求有公章,聂树斌单位出具了盖有公章的出勤证明,该证明比考勤表更重要,所以考勤表没有入卷;另一种可能是在预审阶段被剔除出来入了副卷,后来副卷丢失了。经审查,这些解释不属于合理解释。考勤表是原始证据,更能客观、真实反映聂树斌的出勤情况,而单位出具的出勤证明是传来证据。即使在单位出具盖有公章的出勤证明后,也应当将考勤表一并入卷,以便核对传来证据和原始证据是否一致。考勤表是证明聂树斌有无作案时间的重要原始书证,根据公安部1987年《公安机关办理刑事案件程序规定》,应当认真登记、妥为保管,考勤表不入卷不符合相关规定。

综上,考勤表的缺失,导致认定聂树斌有无作案时间失去原始书证支持。对申诉人及其代理人提出的考勤表系对聂树斌可能有利的证据,本院予以采纳。对申诉人及其代理人提出的原办案机关故意隐匿考勤表的意见,因无证据证实,本院不予采纳。

六、原审认定的聂树斌作案时间存在重大疑问,不能确认

原审认定,聂树斌于1994年8月5日将康某1强奸、杀害。申诉人提出,聂树斌根本没有作案时间;诉讼代理人提出,原审认定的作案时间事实不清。检察机关提出,聂树斌并没有供述出作案的具体日期,而其对作案时间的供述在葛某某对其进行批评后第二天和受到批评的当天之间不断变化,前后存在多次反复。对此问题,本院经审查,评判如下:

1. 聂树斌的供述不能证实系1994年8月5日作案。聂树斌在卷的13次有罪供述中,共有9次供及作案时间。在侦查阶段,聂树斌对作案日期的6次供述反复不定,且始终没有供述具体的作案日期。在1994年9月28日的首次讯问笔录中,称是在8月初上班被葛某某批评后的次日作案;在9月29日书写的《检查》中,称系在被葛某某批评的当日作案;在10月1日供述中,又称是被批评的次日作案;自10月17日开始,再次改称系被葛某某批评的当日作案。自审查起诉阶段起,聂树斌的3次供述均明确称是8月5日作案。聂树斌到案初期,无法供出作案具体日期,数月之后反而能够明确、稳定供

述,聂树斌为何能从记忆不清到记忆清晰,卷内没有任何解释或说明,故聂树斌关于 8 月 5 日作案的供述不足采信。

2. 聂树斌被葛某某批评的日期不能确定是 1994 年 8 月 5 日。聂树斌供述的作案日期是被葛某某批评的当日或次日,查清聂树斌被批评的具体日期至关重要。聂树斌在侦查阶段多次供称,虽然记不清 8 月初上班的具体日期,但确定 8 月初歇了两天没去上班,第三天去上班被葛某某批评,是在被批评的当日或次日作案;葛某某证实,1994 年 8 月 3 日聂树斌是上班的,4 日没有上班,记不清 5 日还是 6 日聂树斌来上班时被其批评,聂树斌一气之下离开单位;办案机关调取的出勤证明证实,8 月 4 日至 11 日聂树斌未到厂上班,印证了聂树斌 8 月 3 日是上班的。因此,聂树斌所供的歇了两天没上班应当是 8 月 4 日、5 日,而第三天到单位被葛某某批评则应当是 8 月 6 日。如果聂树斌是被批评的当日作案,应当是 8 月 6 日;如果是被批评的次日作案,应当是 8 月 7 日。原审认定聂树斌 8 月 5 日作案,与在案证据存在重大矛盾。

3. 证人侯某某后来的证言对与被害人最后见面时间作出重大改变。原审卷宗内侯某某的两份证言均称,其妻康某 1 于 1994 年 8 月 5 日中午 1 点差 5 分离家上班,后未再见面。而在本案复查和再审期间,侯某某多次称,当年他的证言中有关与其妻最后见面的时间肯定不对,他 8 月 5 日晚上 11 时许还与其妻见了最后一面。经查,侯某某在原审卷宗内的两份证言分别形成于 1994 年 10 月 1 日、10 月 27 日,第一份证言询问人不明,第二份证言系在预审阶段作出,此前的证言全部缺失,严重影响这两份证言的证明力。现其证言又发生重大改变,导致原审认定的聂树斌作案时间产生重大疑问。

综上,原审认定聂树斌于 1994 年 8 月 5 日作案的证据不确实、不充分。对申诉人及其代理人质疑原审认定的聂树斌作案时间的意见,对检察机关提出的聂树斌关于作案时间的供述前后存在多次反复,真实性、合法性存在疑问的意见,本院予以采纳。对申诉人及其代理人提出办案机关有意隐匿考勤表的意见,因无证据证实,本院不予采纳。

七、原审认定的作案工具存在重大疑问

现场勘查笔录记载,在康某 1 尸体颈部缠绕一件短袖花上衣,原审将其认定为聂树斌故意杀人的作案工具。申诉人及其代理人提出,上述事实不能认定,该花上衣根本不存在;检察机关提出,花上衣来源不清,现场提取的花上衣与让聂树斌辨认、随案移送的花上衣是否同一存疑,聂树斌供述偷花上衣的动机不合常理,原审判决认定花上衣系作案工具存在重大疑问。对此问题，本院经审查，评判如下：

1. 聂树斌供述偷取一件破旧短小的女式花上衣自穿不合常理。根据聂树斌供述及相关证人证言，聂家当时经济条件较好，聂树斌骑的是价值四百余元的山地车，月工资有几百元，并不缺吃少穿，衬衣就有多件。平时除了上班有些散漫外，无任何证据证明聂树斌此前有过偷盗等劣迹，也无任何证据表明其对女士衣物感兴趣，而涉案上衣是一件长仅61.5厘米且破口缝补的女式花上衣，显然不适合聂树斌穿着，故聂树斌所供偷拿该花上衣自穿，不合常理。

2. 花上衣的来源不清。据聂树斌供述，该花上衣是其从石家庄市郊区张营村一收废品处偷取。经查，收废品人梁某的证言与聂树斌供述明显不符，聂树斌所供偷取花上衣的具体地点前后矛盾，该花上衣究竟来源何处，缺乏证据证实。一是花上衣是否系梁某所丢，没有得到梁某证言的证实。卷内仅有聂树斌供述其从张营村一收废品处偷拿了一件花上衣，但梁某称其捡垃圾、拾废品多年，捡回来的东西没有数，丢没丢也说不清楚。因此，梁某对是否有过、丢过该件花上衣不能确定。二是聂树斌所供偷取花上衣的具体地点前后不一，有多种说法，不能确定，甚至在改变了此前所供的偷衣地点并作出解释之后，再次供述又出现反复，不合常理。三是聂树斌所供偷衣地点与梁某证言存在矛盾。梁某证实其捡来的衣物均放在道边晾晒，而聂树斌多次供称是从三轮车上偷取的衣服，并在绘制的方位图上标注了"偷拿衣服处的三轮车"，二者明显不符。四是聂树斌供述存在随梁某证言改变供述内容的情形。梁某9月29日作出捡来的衣物均在道边晾晒的证言之后，聂树斌10月1日供述的偷衣地点即从三轮车上改为垃圾堆上。

3. 对花上衣的辨认笔录缺乏证明力。原审卷宗中用于辨认的花上衣照片，与现场照片显示的尸体颈部的衣物存在明显差别，原办案人员事后解释称，从尸体颈部提取的花上衣因受到雨水及尸体腐液侵蚀，为方便辨认，对花上衣进行了清洗。但在卷内对此没有记载和说明，以致用于辨认的花上衣与尸体颈部的衣物是否同一存在疑问。而且，据辨认笔录记载，让聂树斌对花上衣进行辨认时，用作陪衬的3件上衣，有2件系长袖，与辨认对象差异明显，另一件虽系短袖但新旧状况不明，且辨认物均无照片附卷。辨认有失规范，辨认笔录缺乏证明力。

综上，对申诉人及其代理人、检察机关提出的花上衣来源不清，将其认定为作案工具存在重大疑问的意见，本院予以采纳。但经审查现场勘查笔录及照片、尸体检验报告等在案证据,可以认定被害人尸体颈部缠绕一件短袖花上衣,故诉讼代理人提出的原始现场并不存在花上衣、该作案工具是侦查人员编造出来的物证的意见,与在案证据明显不符,本院不予采纳。

八、原审认定康某1死亡时间和死亡原因的证据不确实、不充分

原审认定康某1于1994年8月5日17时许在下班途中被聂树斌强奸后勒颈致死。申诉人及其代理人提出,康某1遇害时间不明,原审认定康某1系窒息死亡的证据不确实、不充分;检察机关提出,康某1死因不具有确定性,原审判决所采信的尸体检验报告证明力不足。对此问题,本院经审查,评判如下:

1. 尸体检验报告对康某1死亡时间没有作出推断。本案因案发时尸体高度腐败,法医在尸体检验时没有提取、检验康某1的胃内容物以确定死亡时间。现场勘查时,尸体及周围布满蛆虫,但法医未根据尸体蛆虫情况对死亡时间作出推断。

2. 在案证言不能证实康某1死亡时间。证人余某某、王某某等人的证言仅能证实1994年8月5日下午康某1仍在厂正常上班,下班后离厂,之后再未见面,但并不能据此认定康某1于8月5日下班后即遇害身亡,不能将康某1的失踪时间认定为死亡时间。

3. 尸体检验报告关于康某1死亡原因的意见不具有确定性。尸体检验报告记载"康某1符合窒息死亡",同时记载这只是"分析意见",不是确定的鉴定结论。对此,当年检验尸体的法医在本院再审期间解释称,检验时尸体已经高度腐败,失去了很多检验条件,无法作出明确的鉴定结论,只能作出倾向性分析意见。山东省高级人民法院两次咨询法医学专家,专家对康某1死亡原因均未作出确定性结论,只是认为死于机械性窒息的可能性较大或者是不能排除机械性窒息死亡。

综上,对申诉人及其代理人提出的原审认定康某1死亡时间和原因的证据不够确实、充分的意见,对检察机关提出的康某1死亡原因不具有确定性、尸体检验报告证明力不足的意见,本院予以采纳。

九、原办案程序存在明显缺陷,严重影响相关证据的证明力

申诉人及其代理人提出,聂树斌被抓获后,被违法采取强制措施,所谓的监视居住实际上是非法拘禁;现场勘查违反法律规定;卷宗中存在签字造假等问题,不排除伪造或变造案卷的可能。检察机关提出,原审判决所采信的指认、辨认笔录存在重大瑕疵,不具有证明力。对此问题,本院经审查,评判如下:

1. 对聂树斌监视居住违反规定。办案机关在没有掌握聂树斌任何犯罪线索的情况下就将其抓获，对其采取监视居住措施，且监视居住期间一直将其羁押于派出所内，违反了1979年《刑事诉讼法》及公安部1987年《公安机关办理刑事案件程序规定》的有关规定。

2. 现场勘查无见证人违反规定。本案现场勘查没有邀请见证人参与，且勘查笔录除记录人外，其他参加勘验、检查人员本人均未签名，违反了1979年《刑事诉讼法》、1979年《公安部刑事案件现场勘查规则》及公安部1987年《公安机关办理刑事案件程序规定》的有关规定。

3. 辨认、指认不规范。原审卷宗显示，办案机关组织聂树斌对现场提取的花上衣、自行车和康某1照片进行了辨认，对强奸杀人现场、藏匿康某1衣物现场进行了指认，并制作了5份笔录，但所有辨认、指认均无照片附卷；对现场提取的连衣裙、内裤和凉鞋，未组织混杂辨认，只是在讯问过程中向聂树斌出示；对花上衣、自行车虽然组织了混杂辨认，但陪衬物与辨认对象差异明显；对康某1照片的混杂辨认，卷内既未见康某1照片，也未见两张陪衬照片。上述问题，致使辨认、指认笔录证明力明显不足。

综上，对申诉人及其代理人提出的聂树斌归案后被违法采取强制措施、现场勘查违反法律规定的意见，对检察机关提出的指认、辨认笔录不具有证明力的意见，本院予以采纳。经鉴定，原审卷宗内的送达起诉书笔录、一审宣判笔录及多份送达回证上聂树斌的签名虽系办案人员代签，但指印均为聂树斌本人所留，故对诉讼代理人提出的办案机关伪造或变造卷宗的意见，本院不予采纳。

本院认为，原审认定原审被告人聂树斌犯故意杀人罪、强奸妇女罪的主要依据是聂树斌的有罪供述，以及聂树斌的有罪供述与在案其他证据印证一致。但综观全案，本案缺乏能够锁定聂树斌作案的客观证据，聂树斌作案时间不能确认，作案工具花上衣的来源不能确认，被害人死亡时间和死亡原因不能确认；聂树斌被抓获之后前5天讯问笔录缺失，案发之后前50天内多名重要证人询问笔录缺失，重要原始书证考勤表缺失；聂树斌有罪供述的真实性、合法性存疑，有罪供述与在卷其他证据供证一致的真实性、可靠性存疑，本案是否另有他人作案存疑；原判据以定案的证据没有形成完整锁链，没有达到证据确实、充分的法定证明标准，也没有达到基本事实清楚、基本证据确凿的定罪要求。原审认定聂树斌犯故意杀人罪、强奸妇女罪的事实不清、证据不足。根据1979年《中华人民共和国刑事诉讼法》的相关规定，不能认定聂树斌有罪。对申诉人及其代理人、最高人民检察院提出的应当改判聂树斌无罪的意见，本院予以采纳。对申诉人及其代理人提出的王书金系本案真凶的意见，因王书金案不属于本案审理范围，本院不予采纳。

可讨论的问题：

1. 最高人民法院再审改判聂树斌无罪的主要理由有哪些？请简要陈述一下。

2. 在聂树斌案件的侦查过程中，侦查人员在调查取证方面存在哪些违反法律程序的地方？

3. 最高人民法院没有采纳申诉人及其代理人提出的王书金系本案真凶的意见，你认为王书金是否为本案真凶，与聂树斌是否构成犯罪有无关联性？

第二十三章　推定

> 人的外部行为反映其内心秘密。

一、推定的性质
二、刑事法中的推定
三、推定的功能
四、推定与司法证明
五、推定与犯罪构成要件的可证明性
【讨论案例之二十三】　胡祥祯诈骗案

一、推定的性质

根据证据裁判原则,认定案件事实需要根据证据加以证明,没有证据或者未经司法证明,任何事实都不能被认定为真实的。但作为这一原则的例外,有些事实不需要提出证据或通过司法证明就可以得到认定。在证据法中,这种不通过司法证明即可认定案件事实的方法,一般被称为"替代司法证明的方法"。其中,推定就属于最重要的替代司法证明的方法。为了准确地解释推定的概念和性质,我们可以先分析下面的案例。

 案例

被告人李某协助同案人余某等人自1997年12月至2001年5月间,在河南省巩义市四方制药厂制造甲基苯丙胺2950余千克,"摇头丸"、安眠酮1240余千克,李某从中获取非法利益120多万元。由于在制毒过程中同案人均只称是制药,李某归案后又坚称其对于制毒不明知,所以,没有直接证据证明李某具有制造毒品的主观故意。在此情况下,司法机关根据李某作为制药人员,协助同案人购买麻黄素等制毒原料;作为工厂管理人员,在领导面前故意掩饰同案人的可疑行为;在工厂发生工人中毒和周围农作物受毒害枯死的事件后,曾经试探性地问同案人生产的是不是冰毒(同案人给予否认);在短时间内,从同案人手中获得120多万元的高额报酬等一系列行为,推定李某对于制造毒品是明知的,故以制造毒品罪对李某进行审理。李某对上述问题无法解释或者解释的理由不能令人信服,因此,广州市中级人民法院和广东省高级人民法院经过审判,以制造毒品罪判处其无期徒刑。①

根据刑法的规定,认定制造毒品罪必须以行为人"明知是毒品"为前提,否则,即便有证据证明行为人实施了制造毒品的行为,也无法认定行为人存在犯罪故意。在前面的案件中,被告人李某辩称不知道所制造的是毒品,而同案人也辩称所制造的是药品,因此没有直接证据证明李某"明知是毒品"。但是,检察机关提出证据证明了以下事实的存在:李某是制药人员,协助他人购买过麻黄素等制毒材料;李某掩饰过同案人的可疑行为;在中毒事件发生

---

① 郑岳龙:《论推定规则在审理毒品犯罪中的适用》,载《人民司法》2005年第7期。

后,李某曾询问同案人制造的是不是冰毒;在短时间内获取了超过100万元的高额报酬……法院根据这些已经得到证明的事实,推定李某明知是毒品的事实成立。换言之,对于李某明知是毒品的事实,检察机关并没有提出证据加以证明。法院之所以认定李某明知是毒品,是因为根据那些业已得到证明的事实,运用推定方法,可以推定这一事实成立。

在证据法理论中,那些作为推定前提的案件事实都是要通过提出证据加以证明的,它们被称为"基础事实";那些未经司法证明而被直接认定成立的事实,则被称为"推定事实"。通常情况下,在"基础事实"与"推定事实"之间,可能存在着某种逻辑上的因果关系。根据经验法则或者逻辑法则,在绝大多数情况下,只要确认了基础事实的存在,那么,推定事实即告成立。在前面的案例中,通过经验和常识,检察机关只要证明了那些基础事实的成立,被告人一般就很可能"明知是毒品"。但是,对于被告人事实上是否"明知是毒品",法院并没有形成内心的确信。法院最后认定被告人"明知是毒品",并不是根据证据的验证所得出的结论,而是在推定规则的作用下,从法律上所作的事实认定。

很显然,与司法证明一样,推定也是一种认定案件事实的方法。具体说来,推定是一种根据所证明的基础事实来认定推定事实成立的方法。其中,基础事实的成立,是认定推定事实成立的前提;而推定事实的成立,并不是根据基础事实所直接推导出来的结论,而是法官运用推定规则所作的法律认定;在基础事实与推定事实之间,并没有建立必然的因果关系,而可能存在一种逻辑推理上的跳跃。因此,推定对司法证明具有一种替代作用,是以特殊方式认定案件事实成立的方法。

由于推定是一种替代司法证明的方法,它跟人们的社会生活经验和常识存在着一定的距离,因此,对其内涵和外延作出准确的认识,是十分必要的。为做到这一点,我们有必要对一些与推定相关的概念加以比较分析,以便澄清推定的性质。

(一)推定与推论、推断、推理的关系

所谓"推论""推断"或"推理",都属于作出某种判断或者认定某一事实的逻辑方法。在司法证明过程中,举证方在提出证据并揭示相关证据事实之后,需要对多个证据事实进行综合推理,以便论证所主张的待证事实的真实性。可以说,司法证明的过程包含着对各个证据事实的揭示以及对全案证据

的综合判断过程,其中对全案证据的综合判断过程往往需要运用推论、推断或者推理的方法,否则,这些证据事实就会处于孤立存在的状态,它们的逻辑联系也无法得到揭示,案件的待证事实也难以得到令人信服的证实。尤其是在案件只有间接证据的情况下,举证方要证明待证事实的真实性,就需要将各个证据事实结合起来,运用经验法则和逻辑法则,运用逻辑推理,论证待证事实的存在。在审查判断证据过程中,法官除了要审查各个证据的证明力和证据能力以外,还要审查举证方运用证据进行逻辑推理的过程和结论,尤其要观察最终的证明是否形成了完整的"证明体系",是否存在合理的疑问,有无其他可能性,是否得出了唯一的结论,等等。

可以说,"推论""推断"和"推理"都是司法证明过程的组成部分,是证据裁判原则的有益补充。但是,"推定"则属于一种替代司法证明的方法。对于"推定"这种源自英美证据法的认定事实方法,我们不应仅仅根据汉语语境,对其作字面上的解释。这种语义解释经常会混淆人们的认识。其实,所谓"推定",既是对司法证明方法的替代,也是对逻辑推理方法的规避。在基础事实已经得到证明的前提下,所谓的"推定事实",并不能从基础事实中直接推论出来,也不能得到直接的推断。在基础事实与推定事实之间,存在着逻辑推理上的断裂和跳跃。这就足以说明推定与逻辑推理之间的区别了。既然根据基础事实无法合乎逻辑地说明推定事实的存在,那为什么还要确认推定的正当性,这就属于另一个需要论证的问题了。

(二) 推定与法律拟制的关系

在有些场合下,推定还容易与"法律拟制"的概念发生混淆。比如说,有人认为,"推定就是一种法律拟制"。这其实是一种误解。

所谓法律拟制,是指法律将两个本来并不相同的事实作出相同的法律评价。具体而言,对于某一案件事实,法律本来确立了一种法律后果。但是,为了实现特定的法律功能,对于另一案件事实,法律也要求确立相同的法律后果。一般来说,法律拟制都确立在实体法之中,通常以"以……论处"或者"视为"的形式表达出来。

例如,我国《刑法》第66条规定:"危害国家安全犯罪、恐怖活动犯罪、黑社会性质的组织犯罪的犯罪分子,在刑罚执行完毕或者赦免以后,在任何时候再犯上述任一类罪的,都以累犯论处。"本来,那些被判处有期徒刑以上刑罚的犯罪分子,刑罚执行完毕或者赦免以后,在5年以内再犯罪的,才构成累犯。但为了体现对上述三类犯罪实施严厉惩罚的政策,刑法将在刑罚执行完毕或者赦免后任何时候再犯这类犯罪的犯罪人,一律视为累犯。这就将那些本来不属于累犯的犯罪人作出了构成累犯的法律评价。

又如,我国《刑法》第67条第2款规定:"被采取强制措施的犯罪嫌疑人、被告人和正在服刑的罪犯,如实供述司法机关还未掌握的本人其他罪行的,以自首论。"本来,犯罪以后自动投案,如实供述自己罪行的,才属于自首。但刑法为了体现惩办与宽大相结合的刑事政策,鼓励犯罪人主动坦白犯罪事实,将那些如实供述司法机关尚未掌握的本人其他罪行的行为,也视为自首。这就将两种不同行为都确立了自首的法律后果。

再如,我国《刑法》第236条第2款规定:"奸淫不满14周岁的幼女的,以强奸论,从重处罚。"本来,强奸是指以暴力、胁迫或者其他方法强行与妇女发生性关系的行为。但为了对未成年人实施特殊保护,严厉处罚那些利用幼女认识的限制而与其发生性关系的行为,刑法将那些与不满14周岁的幼女发生性关系的行为,一律视为强奸。这就以法律拟制的形式对强奸与奸淫幼女的行为确立了相同的法律后果。

由此可见,法律拟制基本上属于实体法律适用层面的问题,也就是在两种案件事实都已经查证属实的情况下,对其作出了相同的法律评价。相反,推定则属于一种事实认定的方法,而不直接涉及实体法律适用问题。推定是在作为前提的基础事实已经得到证明的情况下,要求司法机关确认另一事实成立的事实认定方法。

(三)事实推定与法律推定的关系

作为一种替代司法证明的事实认定方法,推定一旦为法律所确立,就变成一种法律规则。我们将那些为法律所确立的推定称为"法律推定"。而那些尽管没有为法律所确立,却由法官作为经验法则和逻辑法则所运用的推定则属于"事实推定"。

从推定规则产生和发展的规律来看,推定最初大都是作为一种事实认定的经验法则而存在的。法官们会根据这一法则来认定案件事实,也就是根据一些基础事实,认定另一些推定事实的真实性。但是,这种认定事实方法并不等于前面所说的"推论""推断"或者"推理",而属于基于经验法则和逻辑法则所作的跳跃式的事实认定。例如,根据一个人在新近发生盗窃或抢劫案件之后拥有被盗或被抢物品的事实,再结合该人无法说清楚物品的真实来源这一事实,法官就可以推定该人有可能实施了盗窃或者抢劫行为。但是,这一推定由于没有被确立为法律规则,因此还不具备普遍的法律约束力,而最多属于个别法官的个别裁判经验。而假如某一事实推定经过长期的司法实践,能够为大多数司法人员所接受,从而最终为法律吸收,那么,它就有可能转化为一种法律推定。于是,在一些国家,被告人拥有新近被盗、被抢物品,同时在犯罪发生前后曾出现在犯罪现场,而本人又无法说清楚物品来源的,法官就可以直接认定该人构成"拥有新近被盗、被抢物品罪"。至此,法律就对该种持有行为的非法性确立了一种法律推定。

(四) 不可推翻的推定与可推翻的推定

根据推定事实的确定程度,推定可分为"不可推翻的推定"与"可推翻的推定"两种。所谓"不可推翻的推定",又称为"确定的推定",是指该项推定事实一旦确立,即变成一种确定性的法律规则,即便有相反事实的出现,该项推定也不能被推翻。而所谓"可推翻的推定",又称为"不确定的推定",是指某一推定事实成立的前提是不存在相反的事实,而相反的事实一旦出现,该项推定事实即可被推翻的推定。

"不可推翻的推定"的最典型例子,莫过于刑法所确立的未满12周岁的人一律被视为不具备刑事责任能力的规定。作为一种旨在对犯罪主体作出限制的规则,这一刑事责任能力的推定就是不可推翻的。这是刑法根据普通情况下未满12周岁的人都不具有辨别或控制自己行为能力这一事实所作的规定。即便出现相反的特例,如某一未满12周岁的未成年人具有超出同龄人的智商和行为能力,完全能够辨别和控制自己的行为,法院也不能认定其具有刑事责任能力。在某种程度上,不可推翻的推定已经变成实体法所确立的基本法律规则。

刑事法中的绝大多数法律推定都是"可推翻的推定"。作为这一推定成立的前提,与推定事实相反的事实尚未得到证明。例如,某国家工作人员拥有巨额来源不明的财产,这一基础事实一旦得到证明,那么,该巨额财产的非法性即被推定成立。在该巨额财产的合法性无法得到证明的前提下,法院只能认定该推定事实是真实的。当然,在与推定事实相反的事实得到证明的情况下,该项推定事实即被推翻,相反的事实也就被法院确认为裁判事实。例如,被告方提出证据证明前述巨额财产属于其合法收入,或者属于朋友的合法赠与,或者属于代为他人保管的财产,那么,有关巨额财产系属非法所得的事实即被推翻,检察机关指控的巨额财产来源不明罪也就被宣告不成立。

二、刑事法中的推定

我国刑法确立了大量推定规则。其中,刑法典针对巨额财产来源不明罪的特定构成要件事实,确立了以推定替代司法证明的事实认定方法。而最高人民法院颁布的一些司法解释,则主要围绕着特定犯罪的"明知"要素和"以非法占有为目的"要素,确立了越来越多的推定规范。从性质上看,这些推定尽管被确立在实体法之中,却都属于替代司法证明的事实认定方法;这些推定都属于"法律推定",也都是可推翻的推定。下面依次对这些推定进行简要的类型化分析。

(一)巨额财产来源非法性的推定

迄今为止,刑法确立了多个"持有型犯罪",如非法持有毒品罪,持有伪造的发票罪,持有伪造的货币罪,非法持有枪支、弹药罪,等等。对于这些"非法持有型犯罪"的性质问题,法学界存在着不同的认识。按照刑法学界的主流观点,这些犯罪都有着较为完整的构成要件,并没有确立推定规范。例如,非法持有毒品的犯罪,除了要具备"持有毒品"这一行为要素以外,行为人还必须明知是毒品而故意持有之。又如,非法持有枪支、弹药的犯罪,除了要具备"持有枪支或者弹药"的客观要件以外,行为人也必须明知是枪支或弹药而故意持有之。可以说,对于这些持有违禁品的非法性本身,刑法并没有建立那种根据基础事实认定推定事实成立的推定规范。但根据一些诉讼法学者的观点,刑法对这些持有型犯罪的构成要件,确立了推定规范。在这些持有型犯罪中,检察机关只要证明了行为人持有某种特定的违禁品,就等于确立了基础事实。根据这些基础事实,法院可以直接认定非法持有违禁品这一推定事实的成立。

在笔者看来,考虑到刑法就上述持有型犯罪所确立的构成要件本身都是较为模糊的,基本上属于空白罪状,而且各级法院对这些持有违禁品的违法性的认定,又没有运用推定规范来规避司法证明,因此,笔者倾向于认为,刑法对这些持有型犯罪的认定并没有确立典型的推定规范。在刑法所规定的各类犯罪中,真正构建起推定规范的只有巨额财产来源不明罪。

关于巨额财产来源不明罪构成要件的推定问题,我们可以先分析云南省

高级人民法院对褚时健案所作的判决书。在这份判决书中,该法院对被告人构成巨额财产来源不明罪的理由作出了以下解释:

 案例

在褚时健案件的公诉过程中,公诉机关认为,被告人褚时健对其巨额财产明显超过合法收入的部分,不能说明其合法来源,经查证也无合法来源的根据,其行为已构成巨额财产来源不明罪。被告人褚时健对指控证据无异议,但提出上述财产中有一部分是外商赠与的。辩护人提出对被告人褚时健夫妇的共同财产中其妻子的合法财产应予扣除……公诉机关针对被告人褚时健及辩护人的异议,进一步说明,被告人褚时健对辩解的外商赠与,未能准确地陈述事实,也未能提供外商姓名、住址等查证线索,不能查证属实,辩解不能成立。对被告人褚时健夫妇的共同财产中其妻子的合法财产,起诉书认定时已作扣除……

云南省高级人民法院认为,依照法律规定,被告人褚时健对其财产明显超过合法收入的部分,负有说明的责任。被告人褚时健的说明和辩解没有可供查证的事实予以证明,其辩解不能成立。公诉机关的指控事实清楚,证据充分,罪名成立,本院予以确认……①

根据这一案例,在认定巨额财产来源不明罪的过程中,法院对于行为人财产明显超出合法收入的巨大差额部分,在行为人不能说明财产来源的情况下,一律推定为非法所得。作为适用推定规范的前提,基础事实是行为人的财产与其合法收入之间存在巨大差额,并且行为人无法说明财产的来源。而作为适用推定的结果,推定事实则是差额部分属于非法所得。在适用推定规范的过程中,作为推定前提的基础事实必须得到充分的证明。换言之,检察机关必须提出证据证明被告人财产与合法收入之间存在巨大差额。对于这一事实,检察机关必须证明到事实清楚、证据确实、充分的程度。在此前提下,法院可以直接认定财产与合法收入之间的巨大差额系属非法所得。对于这一推定事实,检察机关不需要提出证据加以证明,而只需要说服法院直接认定就可以了。不仅如此,行为人财产与合法收入之间的巨大差额系属非法

---

① 褚时健等贪污、巨额财产来源不明案判决书:http://vip.chinalawinfo.com/Case/displaycontent.asp?gid=117462448,2009年3月4日访问。

所得,这一推定事实是不确定的,也是可以推翻的。只要被告人能够提出证据证明相反的事实存在,也就是巨大差额系合法所得,或者不属于非法所得,那么,巨大差额部分的非法性就可以被推翻,法院也不能认定被告人构成巨额财产来源不明罪了。

假如被告人不能说明财产来源的合法性的,法院就可以认定推定事实没有被推翻,推定事实可以转化为裁判事实,巨大差额部分最终以非法所得论处。根据相关的司法解释,所谓"不能说明",是指行为人不能说明巨额财产来源的合法性,包括以下情况:(1)行为人拒不说明财产来源;(2)行为人无法说明财产的具体来源;(3)行为人所说的财产来源经司法机关查证并不属实;(4)行为人所说的财产来源因线索不具体等原因,司法机关无法查实,但能排除存在来源合法的可能性和合理性的。遇有上述任何一种情况,法院都可以认定被告人"不能说明"财产来源的合法性,从而认定巨大差额部分系属非法所得。

(二)明知要素的推定

在那些以故意为主观方面的犯罪案件中,行为人对犯罪对象的"明知"属于故意中的主观意识因素。在明知作案对象以及自己行为后果的前提下,行为人积极追求或者促成犯罪结果的,构成直接故意。对于行为人的"明知"要件,在被告人拒不供述,案件也不存在其他直接证据的情况下,经常会出现司法证明困难的问题。但根据检察机关提出的诸多证据,足以从被告人的行为和案件其他情况中作出被告人明知的推定。根据最高人民法院自行颁布或者参与颁布的司法解释,对于行为人"明知"要素的推定,通常发生在毒品犯罪、走私犯罪、盗抢机动车犯罪、盗伐或滥伐林木犯罪以及销售假冒注册商标商品的犯罪案件之中。①

---

① 在最高人民法院自行颁布或者参与颁布的司法解释中,明确就行为人"明知"问题确立推定规范的主要有:最高人民法院、最高人民检察院、公安部、原国家工商管理总局 1998 年发布的《关于依法查处盗窃、抢劫机动车案件的规定》;最高人民法院 2000 年发布的《关于审理破坏森林资源刑事案件具体应用法律若干问题的解释》;最高人民法院、最高人民检察院、公安部、国家烟草专卖局 2003 年发布的《关于办理假冒伪劣烟草制品等刑事案件适用法律问题座谈会纪要》;最高人民法院、最高人民检察院 2004 年颁布的《关于办理侵犯知识产权刑事案件具体应用法律若干问题的解释》;最高人民法院、最高人民检察院 2006 年发布的《关于办理与盗窃、抢劫、诈骗、抢夺机动车相关刑事案件具体应用法律若干问题的解释》;最高人民法院、最高人民检察院、公安部 2007 年颁布的《办理毒品犯罪案件适用法律若干问题的意见》;最高人民法院、最高人民检察院、海关总署 2002 年颁布的《关于办理走私刑事案件适用法律若干问题的意见》;最高人民法院 2008 年发布的《全国部分法院审理毒品犯罪案件工作座谈会纪要》,等等。

例如,根据最高人民法院、最高人民检察院、公安部 2007 年颁布的《办理毒品犯罪案件适用法律若干问题的意见》,走私、贩卖、运输、非法持有毒品主观故意中的"明知",是指行为人知道或者应当知道所实施的行为是走私、贩卖、运输、非法持有毒品行为。具有下列情形之一,并且犯罪嫌疑人、被告人不能作出合理解释的,可以认定其"应当知道",但有证据证明确属被蒙骗的除外:(1) 执法人员在口岸、机场、车站、港口和其他检查站检查时,要求行为人申报为他人携带的物品和其他疑似毒品物,并告知其法律责任,而行为人未如实申报,在其所携带的物品内查获毒品的;(2) 以伪报、藏匿、伪装等蒙蔽手段逃避海关、边防等检查,在其携带、运输、邮寄的物品中查获毒品的;(3) 执法人员检查时,有逃跑、丢弃携带物品或逃避、抗拒检查等行为,在其携带或丢弃的物品中查获毒品的;(4) 体内藏匿毒品的;(5) 为获取不同寻常的高额或不等值的报酬而携带、运输毒品的;(6) 采用高度隐蔽的方式携带、运输毒品的;(7) 采用高度隐蔽的方式交接毒品,明显违背合法物品惯常交接方式的;(8) 其他有证据足以证明行为人应当知道的。

又如,根据最高人民法院、最高人民检察院、公安部、原国家工商管理总局 1998 年发布的《关于依法查处盗窃、抢劫机动车案件的规定》,有下列情形之一的,可视为应当知道,但有证据证明属被蒙骗的除外:(1) 在非法的机动车交易场所和销售单位购买的;(2) 机动车证件手续不全或者明显违反规定的;(3) 机动车发动机号或者车架号有更改痕迹,没有合法证明的;(4) 以明显低于市场价格购买机动车的。

再如,根据最高人民法院、最高人民检察院 2004 年颁布的《关于办理侵犯知识产权刑事案件具体应用法律若干问题的解释》,具有下列情形之一的,应当认定为"明知"所销售的是假冒注册商标的商品:(1) 知道自己销售的商品上的注册商标被涂改、调换或者覆盖的;(2) 因销售假冒注册商标的商品受到过行政处罚或者承担过民事责任、又销售同一种假冒注册商标的商品的;(3) 伪造、涂改商标注册人授权文件或者知道该文件被伪造、涂改的;(4) 其他知道或者应当知道是假冒注册商标的商品的情形。

这类就行为人"明知"问题所确立的推定规范,具有推定的基本构成要素。首先,作为适用推定的前提,行为人必须具有特定的行为,这一事实需要有证据加以证明。例如,被告人体内藏匿毒品,这一事实就构成行为人明知所藏匿的物品是毒品的基础事实。又如,行为人以明显低于市场价格购买机动车的,这一事实也成为行为人明知所购买的机动车为被盗、被抢或被骗而来的机动车这一基础事实。其次，在前述基础事实得到证明的前提下，法院可以不经过司法证明而直接认定行为人"明知"要素的成立。例如，法院可以根据那些得到证明的法定基础事实，直接认定被告人明知是"毒品""被盗机动车"或者"假冒注册商标的商品"，等等。最后，法院所认定的推定事实，也就是被告人明知是毒品、被盗机动车或者假冒注册商标的商品，是可以推翻的事实。被告人只要提出证据证明自己是"被蒙骗"的，也就是自己不知道属于毒品、被盗机动车或者假冒注册商标的商品，那么，被告人的明知就可以被宣告不成立，法院也可以认定行为人没有明知，因而得出行为人不存在犯罪故意的结论。

（三）犯罪目的要素的推定

刑法分则确立的一些金融诈骗类犯罪，都是以非法占有为目的的犯罪。根据主客观相一致的原则，认定是否具有非法占有目的，既要避免单纯根据损失结果进行客观归罪，也不能仅凭被告人自己的供述，而应当根据案件具体情况具体分析。但考虑到在被告人拒不供述、案件也不存在其他直接证据的情况下，认定行为人"以非法占有为目的"经常会面临困难，因此，最高人民法院在司法解释中确立了推定规范，也就是根据那些已经得到证明的基础事实，来对被告人的犯罪目的作出直接的推定。

例如，根据最高人民法院2001年颁布的《全国法院审理金融犯罪案件工作座谈会纪要》，对于行为人通过诈骗的方法非法获取资金，造成数额较大资金不能归还，并具有下列情形之一的，可以认定为具有非法占有的目的：（1）明知没有归还能力而大量骗取资金的；（2）非法获取资金后逃跑的；（3）肆意挥霍骗取资金的；（4）使用骗取的资金进行违法犯罪活动的；（5）抽逃、转移资金、隐匿财产，以逃避返还资金的；（6）隐匿、销毁账目，或者搞假破产、假倒闭，以逃避返还资金的；（7）其他非法占有资金、拒不返还的行为。

与明知要素的推定一样，对"以非法占有为目的"的推定也是根据特定基础事实的存在，来直接认定行为人主观方面的一种方法。作为推定前提的基础事实，大都是通过证据证明的客观行为，这种根据客观方面的事实来认定被告人主观心态的方法，是推定规范所发挥的主要功能。根据经验法则，行为人只要具有法定的客观行为，如非法获取资金后逃跑、肆意挥霍骗取的资金，或者使用骗取的资金进行违法犯罪活动的，那么，其通常也就具备了"以非法占有为目的"的要素。但考虑到行为人本身拒不作此供述，案件也不存在其他直接证据，因此，司法人员无法直接证明行为人的主观心态，而只能根据客观行为方面的事实来直接认定其具有非法占有的目的。

当然，作为一种法律推定，对行为人非法占有目的的推定也是可以推翻的。被告人假如能够提出证据证明这些基础事实根本不存在，或者自己即使实施过这些行为，也并不是以非法占有为目的，那么，法院就可以认定行为人并不存在"非法占有的目的"。

三、推定的功能

作为一种替代司法证明的方法，推定究竟能够发挥怎样的功能？为什么在强调主客观相统一原则的情况下，我们要根据客观方面的事实来直接认定主观要素的成立？为什么在我国刑事诉讼法确立了实质真实原则的情况下，对于特定犯罪构成要件的认定可以规避司法证明方法？对于这些问题，我们可以从三个方面进行解释。

（一）解决特定事实的证明困难

之所以要建立推定规范，首先是因为对于特定犯罪构成要件事实而言，司法证明将是非常困难的。例如，在巨额财产来源不明罪的认定过程中，检察机关对于行为人的财产及其合法收入都是能够通过提出证据加以证明的，这种证明的完成也并不困难。但是，在行为人拒绝承认财产真实来源的情况下，侦查机关将很难收集到足以证明财产来源的证据，公诉机关也很难对这种财产来源的合法性进行有效的证明。更何况，在信息不对称的情况下，检察机关提出证据证明被告人财产来源的非法性，要比被告人证明财产来源的合法性，会遇到更多、更大的困难。又如，作为犯罪主观方面的构成要素，"明知"和"非法占有目的"的证明也是非常困难的。尤其是在被告人拒绝提供自己的主观心态，而案件又不存在其他直接证据的情况下，检察机关将很难对此类主观要件事实作出令人信服的证明。同样，在检察机关证明被告人明知或者证明被告人具有非法占有目的，与被告人证明自己不明知或者不具有非法占有目的之间，前者具有更大的难度，而后者则显得更为容易一些。

推定规范在刑法中的确立，在很大程度上缓解了检察机关的证明困难。

检察机关在证明了基础事实存在的前提下,可以绕开司法证明,而直接推定那些难以证明的犯罪构成要件事实,使之直接得到法院的认定。这一方面将证明责任转移给被告人,由被告人承担否定推定事实存在的责任,另一方面也使得那些推定事实不经司法证明而直接得到法院的认定。这显示出检察机关在证明被告人构成特定犯罪方面变得更加容易了。例如,检察机关只要证明行为人财产与合法收入存在巨大差额,那么,就可以直接认定这些巨额财产的非法性。除非被告方能够证明财产来源系属合法所得的,否则,法院就可以借助推定直接认定被告人构成犯罪。这种对财产来源非法性的认定,属于以推定替代了司法证明,也就是减少了检察机关所要证明的待证事实,因此使得证明被告人犯罪变得更加容易了。

(二) 贯彻特定的刑事政策

在刑事司法实践中,对犯罪构成要件事实的证明经常会面临困难。比如,在危害国家安全、危害公共安全、侵犯公民人身权利等方面的犯罪案件中,检察机关也经常面临证明上的困难。甚至可以说,在每一种犯罪案件中,检察机关都有可能遇到司法证明上的困难。既然如此,为什么刑法只对少数特定犯罪案件确立推定规范呢?为什么推定规范往往与毒品、走私、机动车、销售假冒注册商标商品等方面的犯罪案件发生密切联系呢?

其实,只要稍加分析就不难看出,刑法适用推定规范的案件,往往都是我国近年来一直强调严厉惩罚的犯罪案件。例如,刑法对巨额财产来源不明罪的确立,其实就是为了严密法网,避免那些贪污贿赂犯罪人逃脱刑事制裁,逍遥法外。事实上,行为人作为国家工作人员,财产与合法收入之间存在巨大差额,就很有可能是通过贪污、受贿等不正当方式所获得的。检察机关纵然无法证明其巨额财产的来源,也难以排除行为人非法获取财产的可能性。正因为如此,为了体现对贪污贿赂犯罪的严厉惩治政策,刑法才针对这类犯罪确立了推定规范。又如,诸如毒品、走私、机动车以及假冒注册商标的商品等方面的犯罪,不仅属于多发性犯罪,而且具有严重的社会危害性。在刑法确立"明知"要素的情况下,检察机关要证明被告人确实"明知"犯罪对象属于毒品、走私物品或者假冒注册商标的商品,也经常面临很大的困难。正因为如此,为了避免犯罪人逃脱法网,实现对此类犯罪的严厉惩罚,刑法才确立了推定规范,使得法院不经过司法证明就可以完成对此类犯罪的认定。

无论是对贪污贿赂案件,还是对诸如毒品、走私、金融诈骗等方面的案件,国家法律为了严密法网,解决特定犯罪构成要件证明上的困难,体现对这类犯罪的严厉惩治政策,才确立了一系列推定规范。正是出于不放纵这类犯罪的政策考量,我国法律才集中在这类案件中确立了较多的推定规则。

(三) 提高认定事实的效率

司法证明机制是一种认定事实的正常方法,对于避免冤假错案、实现程序正义都是积极有效的。但是,依靠司法证明机制来认定案件事实,也需要投入很多司法成本。在中国现行司法制度下,司法资源的有限性经常制约着刑事诉讼活动。由于在司法活动中人力、物力、财力以及时间投入的限制,司法人员经常面临案件积压、诉讼拖延的问题。为了提高诉讼活动的效率,避免诉讼的拖延,刑事立法就需要考虑对司法证明机制的适用作出一定的限制。而推定规范的确立,就是提高诉讼效率的有效方法。通过运用推定方法,检察机关只需要将基础事实加以证明,就大体上完成了司法证明活动。而在检察机关证明了基础事实的情况下,法院可以直接认定推定事实的成立。对此推定事实,被告人不得不承担证明其不成立的责任,否则,法院就可以根据推定事实直接作出有罪裁判。显然,这种推定规范的运用不仅使检察机关的证明活动变得更为容易,而且使得整个定罪过程变得更加简单了。推定方法的运用,在不同程度上提高了诉讼效率,节省了诉讼成本,避免了疑难案件的产生,减少了诉讼拖延,缩短了结案周期。

四、推定与司法证明

推定尽管是一种替代司法证明的事实认定方法,但却与司法证明有着密不可分的关系。事实上,作为推定前提的基础事实,仍然属于司法证明的对象,要由举证方承担证明责任。而在基础事实得到证明的情况下,推定事实是不需要提出证据加以证明的,也就是所谓的免证事实。但对方要推翻该项推定事实,则需要承担证明该推定事实不成立的责任。这里就出现了一种证明责任的转移。而在对方证明推定事实不成立并达到法定标准的情况下,举证方需要证明对方所提出的事由不能成立,并且要达到法定最高的证明标准。否则,法院仍然会认定推定事实不成立。可以看出,在推定的适用过程中,存在着证明责任的分配、转移以及再转移问题。那种将推定视为无须任何司法证明的观点,有些简单化了。在下面的讨论中,笔者依次对上述过程作出分析。

(一) 基础事实的证明

推定成立的前提是基础事实得到证明。在我国刑法所建立的推定规范中，基础事实都是由法律明确规定的。根据无罪推定原则，检察机关要承担证明被告人犯罪事实存在的责任，并且要达到事实清楚，证据确实、充分的最高程度。这一证明责任是不能转移的。即便是在那些适用推定规范的犯罪案件中，检察机关仍然要承担证明被告人犯罪事实的责任，这是没有例外的。据此，对于作为推定前提的基础事实，检察机关也要承担证明责任，并且要达到事实清楚，证据确实、充分的程度。

下面结合一个实际的案例，对这一问题作出说明。

 案例

2005年12月21日，嫌疑人黄某从云南芒市乘CA4456航班到达昆明，在昆明机场被公安民警抓获，民警当场从嫌疑人黄某所携带的黑色旅行包内查获一套溶有毒品可疑物的女式乳白色保暖内衣，后采用无水乙醇分离法从该套内衣中提取毒品海洛因净重298克。在该案诉讼过程中，嫌疑人一直辩称，这套女式乳白色保暖内衣是其在云南某地玩时，一个叫"王子"的女子送给他的，其"根本不知道其中有毒品"。检察院在审查本案过程中，认为嫌疑人的辩解存在诸多不合理之处：嫌疑人解释到云南的目的是做生意，但是从其行程和携带钱物来说不相符合；嫌疑人说乘飞机是回家，但是其随身携带的钱不够回家的路费；嫌疑人曾多次向"王子"等人借钱赌博，且芒市到昆明的机票也是"王子"代为购买，如果仅仅是赌友，与常识不符；"王子"为何送给嫌疑人保暖内衣，而且是女式的，没有合理解释；女式内衣浸入毒品后手感较硬，比一般内衣重，且有醋酸刺激性气味，常人通常会认为内衣有问题。通过以上方面的分析，昆明市检察院认定嫌疑人的"明知"是成立的，遂以运输毒品罪向昆明市中级人民法院起诉，法院以运输毒品罪，判处被告人无期徒刑。①

在毒品犯罪案件中，刑法对行为人"明知"是毒品的问题确立了推定规

---

① 参见黎国梁：《毒品犯罪中主观明知推定的运用》，昆明市人民检察院调研材料。

则。但要成功地适用推定规则,检察机关首先需要证明基础事实的真实性。在本案中,嫌疑人携带含有海洛因成分的女士内衣,这应属于一个基础事实。除此以外,基础事实还包括嫌疑人携带的保暖内衣是女士内衣,且手感较硬,比一般内衣重,且有醋酸刺激性气味,这说明嫌疑人"采用高度隐蔽的方式交接毒品,明显违背合法物品惯常交接方式"。这些基础事实结合起来,可以推定嫌疑人应当"明知"所携带的内衣中含有毒品。对于这些基础事实,检察机关不仅要通过证据加以证明,而且还要证明到事实清楚,证据确实、充分的程度,并排除合理的疑问。

(二) 推定事实的自动成立

推定的核心特征在于,基础事实的成立是推定事实成立的前提,而推定事实的成立,并不是举证方提出证据加以证明的,而是由法律通过推定而使其自动成立的。在基础事实与推定事实之间,尽管根据经验法则,可能在大多数情况下都存在着一定的逻辑联系,但这种逻辑联系并不是必然的因果关系。按照逻辑推理的规律,根据基础事实是无法推导出推定事实成立的。在前面这一案例中,即便行为人携带了含有毒品的女士内衣,即便行为人对于别人转送他女士内衣无法给出合理的解释,即便内衣坚硬,气味刺鼻,与一般内衣相比明显有异样的特征,即便他对于自己的行程和与送内衣人的关系无法给出令人信服的说明,但这一切都只不过说明行为人"可能"明知所携带的内衣含有毒品,而无法排除其他可能性,尤其是无法排除行为人不明知的可能性。很显然,推定事实的成立,并不是依靠证据而得到证明的。在从基础事实向推定事实的认识过程中,明显存在着一种司法证明过程的中断以及逻辑推理环节的跳跃。而这一跳跃则是由推定机制所完成的。

可以说,在基础事实得到证明的前提下,法院对推定事实就自动地进行了认定。下面的案例更加充分地说明了这一点。

 案例

被告人张某携带毒品外出时被公安人员抓获,公安人员并在其住处搜出毒品。在一审法院认定被告人构成贩卖毒品罪的情况下,被告人提出上诉,辩称自己不知道所携带和持有的是毒品。二审法院认为,应当把被告人的犯罪事实作为一个整体看待。如果行为人主观上有贩卖毒品的故意,客观上有贩卖毒品的经历,并且行为人本人不吸毒或者行为人虽然吸毒,但藏匿或者储存的毒品数量明显超过个人吸食所需数量,行为人非法持有毒品的行为应视为贩卖毒品的准备,是贩卖毒品的组成部分,应以贩卖毒品罪定罪。该案中有证据证明被告人曾经有贩毒的经历,家中查获的毒品被分装为62小包,检查证明被告人本人不吸毒,由此可以推定被告人持有毒品是为了贩毒做准备,应认定其构成贩卖毒品罪。①

在这一案例中,那些得到证明的基础事实是,被告人携带毒品,并在住处藏匿毒品;被告人曾有贩毒的经历;住处藏匿的毒品被分装成60余包;被告人本人不吸毒。根据这些基础事实,法院直接推定被告人"明知是毒品"。对于这一推定事实,检察机关并没有提出证据加以证明,法院对此事实的成立也可能存在合理的怀疑,最多认为存在着可能性,但并没有达到内心确信无疑的程度。尽管如此,法院对被告人"明知是毒品"这一事实的认定,也并不是根据证据或者根据逻辑推理所作的认定,而是依据推定规范,根据已经得到证明的基础事实,作出了确定性的判断。

根据推定制度的原理,推定事实一旦自动成立,就具有了法律意义:检察机关对该推定事实不再承担证明责任;如果没有相反的证据和事实,那么,该事实就将转化为裁判事实,并成为法院裁判的根据。

(三)为推翻推定事实而进行的证明责任转移

我国刑事法所确立的推定,都是不确定的推定,也就是可推翻的推定。在相反事实成立的情况下,推定事实就将被推翻,相反的事实也就得到证明,并转化为法院裁判的根据。因此,要推翻该项推定事实,被告人需要承担证明责任,证明该项推定事实是不真实或不成立的。可以说,在推定规范的作用下,检察机关被免除了证明推定事实成立的义务,而证明推定事实不成立的责任则转移给被告人。由此,推定规范的适用导致了证明责任从公诉方向被告方的转移。

为了准确地认识这一证明责任转移的问题,我们可以通过下面的两个案例进行分析。法院在两个案件的判决书中,都提及了被告方在巨大差额存在的情况下承担证明责任的问题。

---

① 参见《张敏贩卖毒品案》,载最高人民法院刑事审判第一庭、第二庭:《刑事审判参考》第16辑,法律出版社2001年版。

 案例

案例一:"经查,根据法律规定,上诉人张射对其财产明显超过合法收入的差额部分,负有举证责任,其未能提供证据或证据线索,原审法院根据公诉机关所举证据,经质证后依法认定其差额为人民币 3672331.53 元、128 美元、1520 港币,并无不当……"①

案例二:"被告人李国蔚有责任证明其所说的 250 万余元收入来源的合法性,然而被告人李国蔚在侦查阶段除了对其参加公路系统工程技术咨询活动报酬 3.33 万元列出证明人外,没有提供充分证据证明其所说的其他 240 余万元收入的合法性。侦查机关针对被告人李国蔚的供述,经过调查取证核实了其中的 128.40236 万元为合法收入。这 128 万余元收入包括了李国蔚夫妇在工作单位的收入、兼职收入、入股分红收入、技术咨询报酬、论文奖金、接受赠与、住院时他人送的慰问礼金、借贷利息等各项收入。因此,公诉机关指控认定被告人李国蔚的家庭收入为 128 万余元证据确实充分……"②

在第一个案例中,被告人张射对其财产明显超过合法收入的差额部分,没有提供任何证据或者证据线索,法院最终认定 360 余万元的差额为非法所得。而在第二个案例中,法院查明了被告人收入中的 128 万余元的合法性,但被告人仅仅对 3 万余元的来源列出证明人,而对其余收入的来源无法提供任何证明,法院也将其认定为非法所得。这两个案例都足以说明,在检察机关提供证据证明了被告人财产与合法收入之间存在巨大差额的情况下,巨大差额的非法性就成为推定事实。被告方要推翻该项推定事实,就需要提供证据,证明自己财产来源的合法性。假如被告人无法提供证据或者证据线索,或者所提供的证据无法证明差额部分的合法来源的,法院就可以直接将差额部分以非法所得论。这样,在被告人无法承担证明义务的情况下,败诉的风险就将由其承担。

(四) 证明责任的再次转移

在被告人提供证据证明推定事实不成立之后,证明责任再次转移给检察机关。根据无罪推定原则,检察机关始终要承担证明被告人有罪的责任,这

---

① 张射受贿、巨额财产来源不明、挪用资金案判决书:http://vip.chinalawinfo.com/Case/displaycontent.asp?gid=117447540,2009 年 3 月 4 日访问。
② 李国蔚受贿、巨额财产来源不明案判决书:http://vip.chinalawinfo.com/Case/displaycontent.asp?gid=117474363,2009 年 3 月 4 日访问。

一责任是不可转移的。推定规范的适用所带来的只是推定事实证明责任的转移,而并不意味着被告人要承担证明自己无罪的责任。而在被告人提供证据证明推定事实不成立或者证明相反事实成立的情况下,检察机关仍然要承担证明推定事实成立的责任。为此,检察机关需要对被告方提出的证据加以质证,对其辩解理由加以证伪。换言之,检察机关一般是通过证明被告方辩解不成立的方式,来承担证明责任的。检察机关的这种证明责任,归根结底是由其所承担的证明被告人有罪的责任所决定的。

以下的两个案例都显示出检察机关在推翻被告方辩解理由方面的证明责任。在这两个案例中,法院的判决书都就被告人财产来源的非法性陈述了理由。

 案例

案例一:"上诉人张俊及其辩护人关于10万元系借款和巨额财产来源不明罪的事实不清,证据不足的上诉理由和辩护意见,经查,上诉人张俊虽然辩称该10万元系借款,但无其他证据证明其辩解成立,且证人翟志高及相关证人均证实该笔款项系上诉人张俊以返还款名义索要的贿赂款;上诉人张俊及其辩护人虽然举证证实张俊曾拥有整版'猴票',但是其不能举证证实该整版'猴票'的合法来源及其变现的事实,因此,上诉人张俊及其辩护人的上诉理由和辩护意见缺乏事实依据,不予采纳……"①

案例二:"对于被告人刘长贵及其辩护人提出,水城钢铁集团公司的证明及吴仁祺等人证实刘长贵在水钢工作期间的奖金、福利收入的证据:经查,水城钢铁集团于2003年11月6日向检察机关出具的刘长贵在1968—1994年期间总收入的证明及附有的相关依据、凭证、文件,已包含奖金、福利收入,以此认定刘长贵在水钢期间总收入的证据充分。辩护人在庭审中提供的水钢2004年3月14日出具的补充证明,仅根据吴仁祺、石光前等人回忆和推测,无其他书证、文件佐证,难以证明其真实性,不予采信。辩护人提出的新增加的利息部分,因未能提供具体证据和线索,不具有可查性,难以证明其真实性,不予采信……"②

---

① 张俊受贿、巨额财产来源不明案判决书:http://vip.chinalawinfo.com/Case/displaycontent.asp?gid=117444512,2009年3月4日访问。
② 刘长贵受贿、巨额财产来源不明案判决书:http://vip.chinalawinfo.com/Case/displaycontent.asp?gid=117460427,2009年3月4日访问。

在上述第一个案例中，被告人为证明自己巨额财产来源的合法性，提出了两个方面的辩护理由：一是该10万元为借款，二是被告人曾拥有整版"猴票"。检察机关为证明被告方的辩解不成立，也分别提出证据进行了证伪：被告人所说的借款没有证据加以证明，且其他证人证明该款系贿赂款；被告人无法证明所说的"猴票"的合法来源以及如何变现的事实。而在第二个案例中，被告方提供了一份补充说明，并提出了被告人利息增加的事实。对此辩解理由，检察机关认为所谓的"补充说明"，仅仅属于证人的回忆和推测，并无其他证据加以佐证；被告方所提出的利息增加问题，并无证据和证据线索加以支持，难以证明其真实性。

这显然说明，对于被告方为推翻推定事实所提出的证据，或者所作的辩解理由，检察机关确实负有证伪的责任，也就是承担证明其辩解理由不成立的义务。否则，在被告方的辩解足以造成对推定事实真实性的合理怀疑的情况下，法院是不可以认定推定事实成立的。

（五）证明标准

我国刑事诉讼法对于检察机关证明被告人有罪问题，确定了"事实清楚，证据确实、充分"的证明标准。在运用推定规范认定案件事实的情况下，这一证明标准也是可以适用的。具体说来，检察机关对于基础事实的证明，承担证明责任，并且要达到事实清楚，证据确实、充分的程度。检察机关不能提出证据，或者没有达到这一证明标准的，法院都可以作出被告人无罪之宣告。与此同时，在推定事实初步成立的情况下，被告方承担证明相反事实的责任。对于被告人的证据或者辩解理由，检察机关承担证明其不成立的责任。对于这一证明责任，检察机关也要达到"事实清楚，证据确实、充分"的程度，也就是证明与推定事实相反的事实之不成立达到内心确信无疑的程度。否则，法院也会认定推定事实不能成立，以至于作出有利于被告人的解释。

但是，对于被告人所承担的证明责任，法律却没有确立明确的证明标准。从前面所分析的案例来看，法院在判决书中大多回避了这一问题，没有对被告人的证明标准给出明确的解释。但根据司法证明的基本原理，被告人承担证明责任的，原则上不需要达到"事实清楚，证据确实、充分"的程度。这是因为，被告人往往身陷囹圄，失去了人身自由，不具备取证能力；被告人即便委托或者被指定了辩护律师，其取证能力也是与检察机关无法相提并论的。因此，在被告人承担证明责任的情形下，为平衡控辩双方的诉讼地位和对抗能力,法官不应使被告方承担过高的证明标准。在推定规范适用的案件中,检察机关在证明基础事实成立的情况下,被告方对推定事实的证伪或者对相反事实的证明,最多达到高度可能性的程度就可以了。所谓"高度可能性",是指被告方对于与推定事实相反的事实的真实性,只要证明到令法官产生高度的可信性,而法官对推定事实的可靠性产生合理的怀疑,就可以认定推定事实不成立。

五、推定与犯罪构成要件的可证明性

我国刑法坚持主客观相统一的原则,要求对任何犯罪的认定,既要具备主观上的故意或过失要素,又要具备客观上的行为或结果要素。与此同时,我国刑事诉讼法也坚持实质真实原则,要求对任何犯罪事实的认定都要达到事实清楚,证据确实、充分的程度,即使被告人作出了有罪供述,法院仍然要结合全案证据来判定被告人的犯罪事实是否得到证明。在上述两个基本原则的作用下,那种源自英美证据法的推定制度在中国刑事法中一直没有生长的空间。

近年来,随着我国刑事政策的调整,为了有效地惩治贪污贿赂、毒品、走私、盗抢机动车、销售假冒注册商标的商品等方面的犯罪,刑法相继确立了一些推定规范,试图以此来解决检察机关在证明犯罪事实方面所存在的困难,减轻检察机关的证明责任,以达到严密法网、提高惩治犯罪效率的效果。刑事司法实践的经验表明,推定规范的建立,在很大程度上发挥了积极作用。以毒品犯罪案件为例,通过运用推定规范,司法机关在很多案件中避免了因为"明知"要素无法证明而不得不终止诉讼的情况,使得那些拒不供认犯罪事实的被告人受到了刑事处罚。

然而,我国刑法在对各类犯罪构成要件的确定方面,仍然存在一些值得注意的问题。立法者过于重视构成要件的严密性,忽略了构成要件事实的可证明性。特别是在主观要件的列明方面,过分重视诸如"明知""以非法占有为目的"等主观要素,并将此类主观要素的认定,视为认定被告人有罪的前提条件。最高司法机关通过司法解释,确立了推定规范,通过将一些客观事实列为"基础事实",来自动认定"明知"或"非法占有为目的"的成立。这种替代司法证明的事实认定方式,在很大程度上缓解了司法机关的证明困难。但是,这种推定规范并没有从根本上解决相关犯罪构成要件证明困难的问题。

尤其是在被告人拒不作出有罪供述、案件也不存在其他直接证据的情况下，司法机关完全根据客观方面的事实来推定行为人的主观故意，是非常不容易的。尽管最高人民法院、最高人民检察院在司法解释中将行为人的一些客观行为视为可用以推定的基础事实，但这种列举还是无法穷尽司法实践中的全部客观事实，那些作为基础事实的客观行为仍然显得举不胜举。不仅如此，在立法机关对推定规范的建立持较为谨慎态度的情况下，单靠两个最高司法机关的司法解释，可能很难建立起较为完善的推定制度。最高司法机关有时候更多地考虑了办案的便利和效率，而不一定完全顾及推定规范的合理性和正当性。

其实，推定只是替代司法证明的一种事实认定方法。在考虑适用推定规范之前，立法者完全可以尽量在刑法典中构建多层次的犯罪构成要件。也就是说，按照严密法网的理念，立法者完全可以将同一类型的行为设置多个罪名，并使之具有层层递进、相互包容的关系。例如，在"明知"要素的设置上，立法者完全可以先设置一种罪名，不以行为人明知为前提，而根据行为人的客观行为即可认定构成犯罪。然后，在行为人具备明知要素的情况下，刑法再设置另一个独立的罪名。这两个罪名的构成要件不同，但前一罪名成立是构成后一罪名的必要条件；而在明知要素无法证明从而导致后一罪名不成立的情况下，司法机关完全可以根据前一罪名进行定罪。不仅如此，对于"以非法占有为目的"的主观要素的设置，也可以遵循同样的原则。

另一方面，刑事法应当尽可能严格地限制事实推定的适用。按照前面的分析，推定的适用意味着司法证明过程的中断，意味着推定事实并不是从基础事实中合乎逻辑地推导出来，而出现了一种逻辑推理环节的跳跃。也就是说，仅仅根据基础事实，是无法合乎逻辑地证明推定事实成立的。法院根据推定方式来认定案件事实，并不像司法证明那样达到内心确信无疑的程度。从某种意义上讲，推定的适用有可能会带来事实认定的错误，甚至造成一定的冤假错案。正因为如此，刑事法一方面应当适度扩大法律推定的适用，将更多难以证明的犯罪构成要件纳入推定适用的范围，但另一方面，也应要求法官尽量减少事实推定的适用，严格限制法官在此方面的自由裁量权，减少事实推定产生负面作用的空间。

【深入思考题】

1. 有人认为，推定与逻辑推理没有本质区别。比如说，在没有直接证据的案件中，公诉方依据间接证据进行逻辑推理并证明犯罪事实的过程，就属于一种事实推定。你对此有何看法？

2. 有人认为，法律推定的适用意味着犯罪事实不经司法证明即得到认定，这尽管在多数情况下是符合经验法则的，但也存在着作出误判的危险，因此对推定应当慎用。你同意这一看法吗？为什么？

3. 在最高人民法院制定的司法解释中，绝大多数推定都集中在对"明知""以非法占有为目的"等主观方面的要件事实上。请对这一现象作出理论上的解释。

4. 我国刑法确立了"主客观相统一"的原则，强调认定任何犯罪，都必须同时存在犯罪行为和主观恶性；刑事诉讼法则确立了"实质真实"原则，要求对任何犯罪事实的认定都必须查明案件事实真相，达到"事实清楚，证据确实、充分"的程度。既然如此，为什么在越来越多的犯罪案件中，法律都确立了推定规范，使得法院对特定待证事实的认定可以避开司法证明，而借助推定直接加以认定？

5. 有人认为，推定规范的建立在很大程度上是克服刑法犯罪构成要件事实证明困难的制度保障。既然如此，刑法为什么不确立一些具有包容关系的罪名，从根本上解决司法证明的困难呢？

【讨论案例之二十三】
胡祥祯诈骗案[①]

浙江省金华市中级人民法院审理金华市人民检察院指控被告人胡祥祯犯合同诈骗罪,附带民事诉讼原告浙江超三超集团有限责任公司(以下简称超三超公司)提起附带民事诉讼一案,于1999年3月26日作出(1999)金中刑初字第9号刑事附带民事判决,认定被告人胡祥祯犯诈骗罪,判处无期徒刑,剥夺政治权利终身;追缴胡祥祯诈骗所得人民币6574.32万元,胡祥祯退赔占用赃款的利息人民币27316882.80元;驳回附带民事诉讼原告超三超公司的诉讼请求。宣判后,胡祥祯不服,提出上诉。浙江省高级人民法院于同年10月10日作出(1999)浙法刑终字第222号刑事判决,驳回胡祥祯上诉;撤销一审判决中胡祥祯退赔占用赃款的利息人民币27316882.80元的部分,维持其余部分。二审判决发生法律效力后,胡祥祯仍不服,向最高人民法院提出申诉。该院于2003年5月26日作出(2002)刑监字第18号再审决定,对本案进行提审。该院依法组成合议庭对本案进行了审理,现已审理终结……

原一审判决认为,被告人胡祥祯以非法占有为目的,在与他人签订合同中,虚构事实、隐瞒真相,骗取他人财物,其行为已构成诈骗罪,骗取财物数额特别巨大,情节特别严重,应依法惩处。本案的赃款应由公安机关依法追缴,胡祥祯占用赃款的利息依法应退赔。超三超公司的附带民事诉讼请求不属于《中华人民共和国刑法》第三十六条规定的范畴,不予支持。

浙江省高级人民法院原二审判决认为,本案事实清楚,证据确实、充分。被告人胡祥祯及其辩护人关于本案属经济合同纠纷、民事欺诈的辩解和辩护意见,经查与事实不符,不予采信。胡祥祯以非法占有为目的,采用虚构事实和隐瞒真相的方法,骗取他人钱财,其行为已构成诈骗罪。数额特别巨大,情节特别严重,应依法严惩。原一审判决定罪正确,量刑适当,审判程序合法,唯判决胡祥祯退赔占用赃款的利息不当,应予纠正。

再审中原审被告人胡祥祯及其辩护人提出如下辩解和辩护意见:1. 胡祥祯向乌北工程投入了5100万元(其中5000万元为银行存单),其在向超三超公司转让乌北工程受益权时出示投资3100万元收据复印件的目的,不是为了非法占有该公司资金,而是为了诱使该公司早日投资乌北工程,争取合作早

[①] 最高人民法院刑事审判第一、二、三、四、五庭主编:《中国刑事审判指导案例2:破坏社会主义市场经济秩序罪》(增补版),法律出版社2012年版,第1037—1041页。

日成功;胡祥祯对大中华商厦全额投入了资金,其在转让时虽然隐瞒了产权争议并为此诉诸法律的事实,但根据上海市高级人民法院作出的民事判决,胡祥祯可以获得退还的3000余万元投资款,足以抵顶超三超公司支付的3000万元转让款。故胡祥祯的行为不构成诈骗罪。2. 1979年《中华人民共和国刑法》第一百五十二条只规定个人犯罪,而胡祥祯在本案的整个过程中都是以其恒丰公司的名义,对外实施合作开发行为,经济往来都出入公司账户。故胡祥祯的行为亦不构成诈骗罪。

本院经再审查明:1994年4月14日,恒丰公司经上海市青浦县工商局登记注册,领取企业法人营业执照。公司经济性质为集体企业,注册资金人民币500万元,原审被告人胡祥祯为总经理、法定代表人。

1993年5月至1994年12月间,亚细亚集团公司为新建乌北工程向有关行政机关办理了建设用地许可证等一系列审批手续。1995年1月1日,亚细亚集团公司出具委托书,全权委托该公司所属的亚细亚房产公司对乌北工程等项目进行规划、建造、开发和经营。

1995年1月8日,原审被告人胡祥祯代表恒丰公司与亚细亚集团公司签订乌北工程联合开发协议书。协议书约定由亚细亚集团公司负责动迁工作、提供有关行政机关批文、办理开发建设的所有前期手续等;由恒丰公司承担项目建设所有的成本费用估计约人民币1.8亿元。利益分配,亚细亚集团公司占13.15%(4000平方米),恒丰公司占86.85%,并按此比例取得所有权。同年1月18日、25日和5月10日,恒丰公司与亚细亚集团公司又先后签订了三份补充协议,其中约定在恒丰公司的年投资回报率不足20%时,亚细亚集团公司要进行补偿;恒丰公司补偿给亚细亚集团公司人民币100万元;利益分配,改为在可建筑面积30400平方米中,亚细亚集团公司占6.58%(2000平方米,其中底层50%),恒丰公司占93.42%。同年2月17日,恒丰公司付给亚细亚房产公司人民币100万元作为乌北工程补偿款,此后再无资金投入。

1995年2月,原审被告人胡祥祯与婺城工行副行长兼金华拍卖中心经理程伟民、金华拍卖中心副经理商正等人谈妥,通过胡祥祯介绍,由婺城工行出面向中国工商银行温州支行拆借资金人民币5000万元后,将其中的2500万元借给胡祥祯。同年2月和4月,金华拍卖中心依约并以与恒丰公司签订商品房(乌北工程)订购合同付款形式,借给恒丰公司人民币2500万元。同年9月,胡祥祯又找到程伟民,以签订购房(大中华商厦)协议形式向金华拍卖中心借款人民币500万元(实际支付400万元,扣下100万元作为前面2500万元借款的利息)。胡祥祯将上述向金华拍卖中心的借款用于恒丰公司归还借款和日常开支等。

上述借款到期以后,程伟民多次向原审被告人胡祥祯催讨。胡祥祯为应付程伟民等人催讨到期借款,谎称金华拍卖中心的借款已经全部投入乌北工程,暂时不能偿还。1995年11月,胡祥祯又指使公司会计卫建芳虚开亚细亚房产公司收到恒丰公司投资乌北工程款人民币3000万元的收据,并加盖私刻的"亚细亚房地产开发公司财务专用章",尔后将伪造的收据复印后交人带给程伟民。

1995年11月至12月间,为帮原审被告人胡祥祯融资,程伟民携带两张空白的婺城工行单位定期存款存单到上海交给胡祥祯。胡祥祯在一张空白存单上填写恒丰公司存入人民币5000万元,存期1995年10月15日至1996年4月15日的内容,抵押给亚细亚房产公司。1996年1月31日,胡祥祯出具内容为"本公司存款人民币伍仟万元整到期直接解汇上海亚细亚食品集团公司账户作动迁费用"的授权书。同日,亚细亚房产公司出具收到恒丰公司人民币5000万元动迁费的收据。1996年10月,程伟民将该存单从胡祥祯处追回。

1996年初,程伟民为收回借给恒丰公司的人民币3000万元,找到超三超公司总经理杨佰群,对其讲,婺城工行和恒丰公司在上海搞了乌北工程,已经投入3000多万元资金。现在根据政策银行不能搞房地产开发了,婺城工行想撤回资金,但这个项目回报率较好,准备转让给超三超公司,项目资金由婺城工行解决。杨佰群与超三超公司副总经理潘顺初等人到上海实地考察了乌北工程后,认为地理位置较好,属于黄金地段,项目可行。其间,胡祥祯与杨佰群商谈了转让乌北工程的具体情况,并将乌北工程的一些批文以及伪造的亚细亚房产公司收到恒丰公司投资款收据等复印给杨佰群。杨佰群、潘顺初从上海回来以后,专门召集公司董事杨佰伟、唐群、周国有以及张胜华等人开会研究,认为项目的回报率较好,资金又有婺城工行支持,而且超三超公司是靠婺城工行扶持起来的,要帮婺城工行的忙,一致同意接手乌北工程。

1996年2月5日,原审被告人胡祥祯代表恒丰公司与亚细亚集团公司、超三超公司在上海签订了乌北工程联合开发(投资)协议。协议约定,原恒丰公司的出资责任由恒丰公司、超三超公司共同承担;恒丰公司与超三超公司的投资比例为1∶5。当天,胡祥祯又代表恒丰公司与超三超公司签订了乌北工程部分投资受益权转让协议。协议约定恒丰公司原投资的3100万元及其所获利益全部转让给超三超公司。1996年2、3月间,超三超公司按照协议共付给恒丰公司乌北工程转让款人民币3574.32万元,其中3337.72万元应胡祥祯等人委托付给婺城工行和金华拍卖中心,替恒丰公司偿还借款。同期,超三超公司还向亚细亚房产公司支付乌北工程款人民币3800万元。

1997年6月3日,因在批准用地二年后没有对乌北工程有关地块进行开发,上海市静安区政府依法收回了亚细亚集团公司的土地使用权,并注销建设用地许可证。

1994年5月30日,天主教上海教区代江西(浙江)省天主教教务委员会与大中华商店签订协议书。协议书约定,由大中华商店出资,对上海金陵东路461—473号、浙江南路114—126号、128弄24—27号(系天主教首善堂产业,产权属江西、浙江二省天主教教务委员会)进行拆除,改建大中华商厦;新房建成后,双方各占50%的产权。同年7月8日,大中华商店与开城公司签订大中华商厦联建协议及补充协议。协议约定,由大中华商店负责计划、立项、请照、水电煤等配套工作,由开城公司全额投资;商厦建成后,从底层往上算,部分产权归教会,余下部分的产权归开城公司,大中华商店具有底楼(部分)、二楼(部分)商场使用权。

原审被告人胡祥祯得知开城公司开发大中华商厦缺少资金后,代表恒丰公司与开城公司进行商谈。双方于1994年6月28日签订协议,约定双方联合开发建设大中华商厦,由开城公司负责计划立项、建设和所有配套工作,由恒丰公司负责按期筹措建设资金人民币3500万元。商厦建成后,开城公司分得建筑面积为800平方米,恒丰公司分得建筑面积为3000平方米(其中二、三、四层永久使用权房1580平方米,五楼以上产权房1420平方米)。因缺少开发建设资金,胡祥祯经人介绍于同年7月20日代表恒丰公司与银信公司在上海签订联建大中华商厦协议书,约定银信公司负责筹集人民币2000万元,一次汇入恒丰公司指定的开城公司;资金使用期为180天,到期恒丰公司保证归还银信公司2000万元本金和300万元利息;项目完成和销售后,恒丰公司在支付必需费用之后所产生的经济效益或留下的房产,双方各得50%。同年7月21日,银信公司依约付给恒丰公司人民币2000万元。不久,胡祥祯因还缺少开发大中华商厦资金,又向银信公司借款人民币1000万元。同年7至

11月,恒丰公司向开城公司共支付大中华商厦参建款人民币3500万元。同年12月,大中华商厦建成。

1996年4月11日,上海市房产管理局颁发沪房市共字第00476号房屋共有权证,确认大中华商厦为江西省天主教教务委员会和大中华商店共有,共有份额双方各占50%。开城公司于同年4月16日向上海市第二中级人民法院起诉大中华商店和上海电子商厦总公司(以下简称商厦总公司),要求大中华商店移交大中华商厦2248.616平方米的产权房,并由商厦总公司承担连带责任。

胡祥祯因客轮公司购买高速客轮缺少资金,欲将大中华商厦转让给超三超公司。经过商谈,并经程伟民等人做工作,1996年5月1日,恒丰公司副总经理罗启明受胡祥祯委托代表恒丰公司与超三超公司在金华签订了大中华商厦房地产权转让协议。协议约定恒丰公司将大中华商厦2—7层的房地产权转让给超三超公司,总建筑面积约4000平方米(上下正负不超过100平方米),价格按14000元/平方米计算;恒丰公司负责办理所转让房地产权的过户手续,过户手续办理时间为1996年5月30日前;正式签约后15天内由超三超公司付给恒丰公司人民币2000万元作为定金,其余房款在年底前后付清。按照协议,超三超公司于1996年5月3日和14日共付给恒丰公司人民币2000万元作为定金。同年5月24日,胡祥祯因购买高速客轮急需资金,要求超三超公司提前支付人民币1000万元,并在明知肯定办不好房产过户手续的情况下,向杨佰群允诺5月30日前可以办好过户手续。杨佰群同意后又付给恒丰公司人民币1000万元。至此,恒丰公司共收到超三超公司支付的大中华商厦转让款人民币3000万元,其中2700万元用于购买高速客轮,其余款项用于向金华拍卖中心偿还借款等。

大中华商厦建成后,恒丰公司曾向开城公司催办大中华商厦中该公司应得部分房屋权证。

1998年3月15日,金华市公安局决定对方铸号高速客轮中胡祥祯所占资产予以扣押、查封。

1998年12月29日,上海市第二中级人民法院作出(1996)沪二中民初字第46号民事判决。该判决认为,开城公司与大中华商店签订的联建协议中涉及土地使用权的转让及建设项目的变更,且该土地为国有划拨土地,开城公司与大中华商店签订联建协议后未按规定办理报批手续及土地使用权变更登记手续,违反了我国房地产开发经营的有关法律规定,应认定协议无效。

据此判决大中华商店返还开城公司 36563171.62 元并支付相应利息,大中华商店因系独立的企业法人,故商厦总公司对大中华商店不承担连带责任。开城公司不服,提出上诉。上海市高级人民法院于 1999 年 3 月 25 日作出(1999)沪高民终字第 58 号民事判决,驳回上诉,维持原判。

　　以上事实,有原审被告人胡祥祯的供述,证人杨佰群、潘顺初、程伟民、商正、罗启明、曹雪琴、卫建芳、黄培义、丁近初、裘保成、吴剑强、李钢、华洪源等人的证言,有关行政机关的批复、意见书、通知,建设用地规划许可证、建筑工程执照、建设工程竣工规划验收合格证明、房屋共有权证,及有关协议书、委托书、转账支票、汇票委托书、进账单、借款条、收条、收据等书证,伪造的印章、收据,公安机关提取笔录、印章印文鉴定结论、笔迹检验鉴定结论、扣押、查封决定书、解除扣押查封通知书,方铸号高速客轮和大中华商厦照片,有关会计师事务所出具的审计报告,恒丰公司营业执照,上海市第二中级人民法院和上海市高级人民法院民事判决书等证据证实,足以认定。

　　本院认为:原审被告人胡祥祯在将乌北工程转让给超三超公司的过程中,虽然客观上有指使他人伪造亚细亚房产公司收到恒丰公司投资款收据等欺诈行为,但在上海市静安区政府收回土地使用权并注销建设用地许可证以前,乌北工程是经有关行政机关批准真实存在的,恒丰公司已向该工程投入人民币 100 万元;乌北工程最终下马主要是由于市房地局不允许拆迁等原因,胡祥祯转让时并不知道该工程会下马;胡祥祯派人私刻亚细亚房产公司财务专用章,并指使他人伪造亚细亚房产公司收到恒丰公司投资款收据,借以表明其已将金华拍卖中心的借款投入乌北工程的行为,主要目的是为了应付程伟民等人催讨债务;超三超公司决定接手乌北工程并帮助金华拍卖中心收回借款,主要是因为程伟民向杨佰群做了工作,以及超三超公司经实地考察后认为乌北工程有利可图,并且考虑到超三超公司是靠程伟民所在银行扶持起来的,要帮助程伟民;超三超公司支付转让款的流向清楚,没有证据证实胡祥祯有将转让款个人占有或者挥霍等行为;恒丰公司投资建成了大中华商厦并购买了方铸号高速客轮,具有较强的经济实力和一定的履约能力,非"皮包"或"空壳"公司。原审被告人胡祥祯在为客轮公司购买高速客轮而向超三超公司转让大中华商厦的过程中,虽然客观上也实施了一些欺诈和违法行为,但恒丰公司依约向大中华商厦投入人民币 3500 万元,大中华商厦亦实际建成,根据协议,恒丰公司可以获得 3000 平方米的产权房和永久使用权房;收到超三超公司转让款后,恒丰公司曾向开城公司催办有关房屋权证;后上海市两级法院的民事判决认定开城公司与大中华商店签订的有关协议无效,开城公司没有获得大中华商厦产权,以致恒丰公司亦无法办理相应的房产过户手续,并不是胡祥祯当时所能认识到的;胡祥祯获得的转让款主要用于购买方铸号高速客轮,流向清楚。

综上,认定原审被告人胡祥祯在上述行为中具有非法占有他人财物目的的证据不足,其行为不构成诈骗罪。原一、二审判决对胡祥祯以诈骗罪定罪量刑不当,应予纠正。胡祥祯及其辩护人提出的其行为不构成诈骗罪的主要辩解和辩护意见成立,应予采纳。

原审被告人胡祥祯的行为虽不构成诈骗罪,但其派人私刻亚细亚房产公司财务专用章,扰乱了公共秩序,其行为已构成伪造公司印章罪。且胡祥祯利用私刻的财务专用章,指使他人伪造亚细亚房产公司收到恒丰公司乌北工程投资款收据,对超三超公司决定接手乌北工程并签订转让协议、支付转让款具有一定影响,情节严重,应依法惩处。

最高人民法院再审判决如下:

一、撤销浙江省高级人民法院(1999)浙法刑终字第222号刑事判决;

二、原审被告人胡祥祯犯伪造公司印章罪,判处有期徒刑三年(刑期从判决执行之日起计算)。

可讨论的问题:

1. 对于被告人是否存在"非法占有"的目的,本案一审和二审法院的裁判逻辑是什么?

2. 任何推定的成立都要以"基础事实"得到证明为前提条件,请问在本案中,最高人民法院是根据哪些基础事实来进行认定的呢?为什么最高人民法院无法得出被告人具有非法占有的目的这一推定事实?

参 考 文 献

一、中文部分（按作者姓氏拼音字母顺序排列）

（一）中文著作

卞建林主编：《证据法学》，中国政法大学出版社2000年版。
陈瑞华：《比较刑事诉讼法》，中国人民大学出版社2010年版。
陈瑞华：《程序性制裁理论》（第二版），中国法制出版社2010年版。
陈瑞华：《量刑程序中的理论问题》，北京大学出版社2011年版。
陈瑞华：《论法学研究方法》，北京大学出版社2011年版。
陈瑞华：《刑事审判原理论》（第二版），北京大学出版社2004年版。
陈瑞华：《刑事诉讼的前沿问题》（第四版），中国人民大学出版社2013年版。
陈瑞华：《刑事诉讼的中国模式》（第二版），法律出版社2010年版。
陈瑞华：《刑事证据法的理论问题》（第二版），法律出版社2018年版。
陈一云主编：《证据学》（第二版），中国人民大学出版社2000年版。
樊崇义主编：《证据法学》，法律出版社2001年版。
顾昂然：《新中国的诉讼、仲裁和国家赔偿制度》，法律出版社1996年版。
何家弘、刘品新：《证据法学》，法律出版社2004年版。
胡适：《读书与治学》，生活·读书·新知三联书店1999年版。
江必新主编：《〈最高人民法院关于适用中华人民共和国刑事诉讼法的解释〉理解与适用》，中国法制出版社2013年版。
江礼华等主编：《美国刑事诉讼中的辩护》，法律出版社2000年版。
郎胜主编：《中华人民共和国刑事诉讼法修改与适用》，新华出版社2012年版。
林钰雄：《刑事诉讼法》，台湾学林文化事业出版有限公司2001年版。
林钰雄：《严格证明与刑事证据》，法律出版社2008年版。
宋冰：《读本：美国与德国的司法制度和司法程序》，中国政法大学出版社1998年版。
王达人、曾粤兴：《正义的诉求——美国辛普森案和中国杜培武案的比较》，法律出版社2003年版。
王兆鹏：《美国刑事诉讼法》，北京大学出版社2005年版。
熊选国主编：《刑事诉讼法司法解释释疑》，中国法制出版社2002年版。
徐京辉、程立福：《澳门刑事诉讼法》，澳门基金会1999年版。
张保生主编：《〈人民法院统一证据规定〉司法解释建议稿及论证》，中国政法大学出版社 2008 年版。

张保生主编:《证据法学》,中国政法大学出版社 2009 年版。

张军、姜伟、田文昌:《刑事诉讼:控辩审三人谈》,法律出版社 2001 年版。

张军主编:《刑事证据规则理解与适用》,法律出版社 2010 年版。

(二) 译著

〔美〕艾伦等:《证据法:文本、问题和案例》,张保生等译,高等教育出版社 2006 年版。

〔美〕爱伦·豪切斯泰勒·斯黛丽、南希·弗兰克:《美国刑事法院诉讼程序》,陈卫东等译,中国人民大学出版社 2002 年版。

〔法〕贝尔纳·布洛克:《法国刑事诉讼法》,罗结珍译,中国政法大学出版社 2009 年版。

〔美〕戴尔卡门:《美国刑事诉讼——法律和实践》,张鸿巍等译,武汉大学出版社 2006 年版。

〔美〕菲尼、〔德〕赫尔曼、岳礼玲:《一个案例两种制度——美德刑事司法比较》,郭志媛译,中国法制出版社 2006 年版。

〔美〕戈尔丁:《法律哲学》,齐海滨译,生活·读书·新知三联书店 1987 年版。

〔日〕谷口安平:《程序的正义与诉讼》,中国政法大学出版社 1996 年版。

〔美〕华尔兹:《刑事证据大全》,何家弘等译,中国人民公安大学出版社 1993 年版。

〔法〕卡斯东·斯特法尼等:《法国刑事诉讼法精义(上、下)》,罗结珍译,中国政法大学出版社 1998 年版。

〔德〕拉德布鲁赫:《法学导论》,米健等译,中国大百科全书出版社 1997 年版。

〔法〕勒内·达维德:《当代主要法律体系》,漆竹生译,上海译文出版社 1983 年版。

〔英〕理查德·梅:《刑事证据》,王丽、李贵方等译,法律出版社 2006 年版。

〔德〕罗科信:《刑事诉讼法》(第 24 版),吴丽琪译,法律出版社 2003 年版。

〔英〕麦高伟等:《英国刑事诉讼程序》,何家弘等译,法律出版社 2003 年版。

〔日〕松尾浩也:《日本刑事诉讼法》,丁相顺译,中国人民大学出版社 2006 年版。

〔英〕特纳:《肯尼刑法原理》,王国庆等译,华夏出版社 1987 年版。

〔日〕田口守一:《刑事诉讼法》,张凌等译,中国政法大学出版社 2010 年版。

〔德〕托马斯·魏根特:《德国刑事诉讼程序》,岳礼玲等译,中国政法大学出版社 2004 年版。

〔美〕虞平、郭志媛编译:《争鸣与思辨:刑事诉讼模式经典论文选译》,北京大学出版社 2013 年版。

二、英文部分(按作者姓氏字母顺序排列)

Carlson, R. L., *Criminal Justice Procedure*, fourth edition, Anderson Publishing Co., 1991.

Choo, Andrew L. T., *Abuse of Process and Judicial Stays of Criminal Procedure*, Clarendon Press, 1993.

Israel, J. H. and LaFave, Wayne R., *Criminal Procedure: Constitutional Limitation*, West

Publishing Co. , 1993.

Klotter, J. C. , *Criminal Evidence*, fifth edition, Anderson Publishing Co. , 1992.

LaFave, Wayne R. and Israel, Jerold H. , *Criminal Procedure*, second edition, West Publishing Co. , 1992.

Murphy, P. , *Murphy on Evidence*, Blackstone Press Limited, 1995.

Saltzburg, S. A. and others, *American Criminal Procedure: Cases and Commentary*, sixth edition, West Publishing Co. , 2000.

Samaha, J, *Criminal Procedure*, Wadsworth Publishing Company, 1999.

Sprack, J. , *Criminal Procedure*, eighth edition, Blackstone Press, 2000.

Stuart, D. , *Charter Justice in Canadian Criminal Law*, Thomson Canada Limited, 2001.

Twining, William, *Theories of Evidence: Bentham and Wigmore*, Weidenfeid & Nicolson Co. , 1985.

Wyngaert, C. V. D. and Others, *Criminal Procedure Systems in the European Community*, Butterworths & Co. (Publishers) Ltd. , 1993.

Zander, M. , *The Police and Criminal Evidence Act 1984*, revised second edition, Sweet & Maxwell, 1990.

索　引

（按汉语拼音顺序排列）

1979年《刑事诉讼法》　23，70，143，189，270，271，430，491，520，528

1996年《刑事诉讼法》　23，25，46，55，70，189，270，271，368，467，491

2012年《刑事诉讼法》　23—29，38，70，72，86，117，130，143，190，202，271，273，292，321，331，349，373，399，430，467，472，493，494，496，498，514

2018年《刑事诉讼法》　22，24，25，27，35，49，57，65，70—72，75，123，143，191，193，217，223，225，257，270，292，331，333，342，365，368—372，378，382，390，395

B

《办理死刑案件证据规定》　22，23，29—31，35，49，190，247，271，273，324，331，495

保管链条的证明　243，244

补强证据　104，117，157，410，411

不可推翻的推定　535

不利于被告人的证据　102—104，113—115，121，140，185，427，478

C

裁量性排除　33，173，178，190，195—197，214，225，286

程序审查优先　190

程序事实　13，54，95，106，279，365，382，384，385，432，433，444，445，449，470，472，473，476，477，485，487，492

程序瑕疵　30，65，114，146，178，190，197，198，201，202，206，225，247，266，287，302，317，324，356，357，359，380，404

程序性裁判前置原则　218

初步审查　28，29，34，36，65，190，191，215，217，229—231，233，446，476

传来证据　11，102—104，107，108，117，131，152，157，159，160，211，278，281，282，285—287，368，410，524

传闻证据　39，67，99，101，107，108，117，365，367，368

待证事实　10，11，31，92—94，132，133，137—141，158，164，165，185，213，223，241，243，279，280，292，294，431—433，442—444，447，449—451，459—462，464—470，472，475，477，478，484—487，495，497，499，504，506，532，533，542，552

D

当庭裁决原则　34，191，220，221

《电子数据规定》　22，24，31，32，37，292，298，301

毒树之果　183，184

独特性的确认　243—245
对抗制　124,430,461,464,466,477

F

法定证据制度　38,51,52,128,153—155
法定证据种类　24,25,270—273,322
法律拟制　533,534
法律推定　468,534—536,541,551,552
翻供　31,46,89,99,100,131,132,162,163,168,169,172,205,250,290,357,380,397,405,407—409,411,416,421,503—505,512,513
《非法证据排除规定》　22,23,28,30,190,217,219,223
非法证据排除规则　10—12,15,16,23,24,26,28,30,33,35,38,54,65,74,75,116,124,125,127,146,148,173—182,184,185,189—191,194,197,202,203,215—217,219,223,234,254,255,285,341,342,349,369,377,378,385,400—402,404,446,449,476
　　强制性的排除规则　23,26,38,65,146,202,216,302,303,325,400,404
　　裁量性的排除规则　23,26,146,216
　　瑕疵证据的补正规则　23,35,173,190,197,216,246,247,287,400,404

J

积极抗辩　462,463,470,473,474,486,487,492
基础事实　54,59,446,450,470,475,532—537,539—541,543—546,549—551,559
鉴真　31,38,106,108,116,117,146,158,181,238—248,254,262,278,282—287,291,295,297,298,300—303,317,322,326,330,339—342,344,345

结果责任　458,463—467,479
结论的唯一性　495
禁止强迫自证其罪原则　48,49,72,74,76,77
举证负担　458,461—463,465,466,479
巨额财产来源不明罪　16,446,450,474,479,535—538,541,542,548
绝对排除　33

K

可补正的排除　16,30,33,38,65,136,145,146,192,197,203,287,302,324,325,378,379,390
可采性　5,7,108,122,124—126,128—131,141,147,160,183—186,364
可推翻的推定　13,535,536,546
口供补强　35,38,56,103,129,131,156,165,172,393,408—410,505
口供印证　162,393,405
口供自愿法则　412

L

两个证据规定　23—25,35,52,56,65,70,75,108,117,157,190,191,202,203,292,379,382,493,494

M

免证事实　441,449—451,543

N

内心确信　13,53,60,153,156,242,431,433,448,462,463,465,484,485,489—491,495—498,501,546,549,551

P

排除合理怀疑　12—14,23,24,26,36,38,

112,158,186,205,206,214,224,225,
448,455,456,462,463,483,487—491,
493—496,498—503,509—511,514
排除一切怀疑 484,488,489,498,510,
511,514
排他性 23,82,121,289,290,296,501,
504,517

Q

强制性的排除 35,186,191,192,196—198,
255,342
情况说明 30,95,98,115,116,139,150,
202,205,209,210,213,214,222,236,
261,272,280,287,307,314—316,319,
327,353—355,357,359,360,365,383,
385—387,389,449,481,482

R

认识论 4—6,87,497
如实回答义务 76,411

S

实质真实原则 48,49,54—58,77,115,444,
464,541,550
事实不清、证据不足 15,25,62,81,82,214,
258,388,409,421,491,499,501,503,
505,507,512,517,518,528
事实清楚 12,13,20,24,26,27,41,46,49,
54,56,57,60,81,98,119,131,135,223,
225,230,233,237,249,264,357,391,
433,452,453,473,483,491—499,505,
506,510,511,513,514,528,537,544,
545,549,550,552,553
事实推定 534,535,551,552
释明 127,342,447,448,489
谁主张,谁举证 87,223,432,459,463,464,

467,468,470,476,479,492
说服负担 458,461—463,465,466,479
司法认知 450
司法证明 4,5,7,9—14,16,23,25,31,35,
51,54,60,61,90,109—112,156,190,
215,223,225,410,424,425,427—434,
442—451,459—461,463,465—467,
469,477—479,484—486,489,491,492,
497,499,503,506,510,511,514,530—
534,536,538,540—543,545,549—552
司法证明科学 5

T

弹劾证据 70,104,117
弹劾证人 339
庭前会议 34,36,98,150,151,191,217—
219,229—231,234,304,314,316,447
推定 8,10,13,14,16,48,54,58—60,62,
80,81,137,223,436,440,446,450,451,
456,470,473—475,488,492,511,512,
530—552,559

W

威格莫尔 5
无罪推定 13,14,25,48,49,58—63,74,77,
78,223,224,432,444,449,464,465,
467,468,472,473,479,488,490,511,
544,547
物证 5,14,16,20,26—28,30,31,35,36,
38,52,56,66,69,73,80,81,86—92,95,
102—108,112,115—117,119,121,133,
134,136,143,145,146,154,158—161,
164,171,172,176,181—183,189—192,
194—201,203,205,208,209,211,213,
238—250,252—254,256,259,260,264,
265,270,271,275,278—289,292,294,

295,297,308,311,319—323,326—329,331—333,340,341,344,345,351,353,354,356,359,377,408,411,415—417,455,471,482,500,504—506,509,517,518,527

X

瑕疵证据　16,30,35,37,38,65,117,145,146,178,197—203,225,302,324,342,385,390,404

先行调查原则　34,191,217,219,220,234

相对独立的量刑程序　72,446,476

新法定证据主义　157,497

行为责任　458,463—467,479

宣告无效　75,147,174,179,180,192,198,336,404,432

Y

《严格排除非法证据规定》　22,24,33,34,191,401,402

严格证明　127,128,153,154,221,248,441,447—449,451,464,489,560

以非法占有为目的　93,435,440,446,451,475,536,540,541,550—553

以事实为根据,以法律为准绳　50

意见证据　106,141,158,255,334,365—367,377

印证　21,23,31,42,46,56,90,99,101,107,112,119—121,131,133,134,136,149,150,152,154,157,159—167,169,171,172,175,206,208,210,222,244,263,266,275,276,296,319,320,322,323,356,357,359—361,363,365,366,369,378,380—382,388,389,392,406—412,416—418,456,484,499,503—506,509,512,517,525,528

优势证据　463,487

原始的存储介质　91

Z

正式调查程序　34,36,190,191,217,219,223,230,231,233,234

证据裁判原则　10,35,48—54,64,77,82,442,449,490,494,531,533

证据的法定形式　4,87,103,268—270,273

证据法学　3—8,17,38,39,49,86,104,109,123,128,154,239,292,447,449,467,560,561

证据合法原则　48,49,63—65,74,77,147

证据科学　4—6,17

证据确实、充分　12,13,24—27,29,35,41,44,46,49,54,60,81,98,119,131,135,164,171,209,223,225,230,233,237,249,264,407,433,452,453,456,473,483,491—499,501—505,510,511,513,514,528,537,544,545,549,550,552,553

证据事实　51,85,88—90,92—96,101,104,105,109—112,114,121,133—139,158,159,162,164,165,167,240,270,273,279,303,319,320,396,427,428,460,469,504,532,533

证据相互印证　112,136,161—164,167,169,296,381,408—410,419,482,505,512

证据学　4—6,86,560

证据载体　85,88—90,92,94—96,101,103—105,107,109,133—137,145,158,240,241,243,270,271,279,282,292,294,364

证明标准　8—15,24,26—28,35,38,49,54,56,57,60—62,79,135,137,154,157,

169,171,190,209,214,217,225,226,230,235,236,362,407,420,431—434,440,449,451,462,466,470,473,478,483—499,501—503,505,506,510,511,513,514,528,543,549

证明对象 8,10,11,14,35,137,431—433,440—451,457,466,485,486,492

证明力 8,14,19,23,24,26,30,31,35,38,49,51—53,77,84,95,104,106,107,110,115—117,120,122—124,126—137,141—143,151—167,171,175,181,203,206,207,212,213,222,224,225,232,247,250,252,254,256,259,277,282,285,286,293,301,303,320,322,323,326,331,333—336,340,342,346,368,369,373,377,379—384,386,387,405,407,408,410,411,418,419,421,455,487,489,495,497,518,521—523,525—528,533

证明责任 8—11,14,16,24,26,28,29,36,60—62,190,191,217,223—226,230,234,381,427,428,431—433,440,446,458—479,482,484—487,491—493,510,514,542—544,546—550

　　说服负担 458,461—463,465,466,479

　　提出证据推进诉讼的负担 462

　　行为责任 458,463—467,479

　　结果责任 458,463—467,479

证人保护 370

证人补偿 370

证人出庭作证 11,12,16,27,29,70,117,232,248,265,334,339,348,363,368—373,376,382,384,385,389,390,395,447,476

直接和言词原则 48,49,65—72,77,369,380

职权主义 7,55,68,336,374,375,429,430,463,464,467,468,477,479,489

重复性供述 33,191,193,401,402

重复自白 193,402

专家辅助人 38,330,331,336,338,339,349,362,375

自由裁量的排除 16,28,65,186,196,203,342,378

自由心证 38,49,52,77,78,128,129,131,132,141,153—157,489,490,497

自由证明 127,221,441,447—449,451,489

《最高法院2012年解释》 24,35,199,342

《最高法院2020年解释》 22,24,25,35—37,49,50,55,112,123,157,164,165,191,193,196,217,220—223,239,252,260,298,301,302,325,331,341,342,345—347,368,373,376,378,379,382,389,401,404,408,505

最佳证据规则 160,161,281,282,287